# 學海奇觀

## 龔鵬程學思初探

龔鵬程學術與文學研討會 編

臺灣學生書局 印行

# 編輯報告

一、本書為黎活仁教授策劃主持「承傳與創新——文化研究國際研討會」的成果之一。該研討會下分三個分會：㈠兩岸三地文學現象研討會；㈡龔鵬程的學術與文學研討會；㈢白靈與二十世紀華文文學研討會。規模龐大，本書僅為其中第二項分會之論文結集。

二、上述國際研討會，係由香港大學、北京大學文化資源研究中心、北京師範大學香港浸會大學聯合國際學院、澳門大學中文系、臺灣佛光大學世界華文文學研究中心、重慶西南大學新詩研究所聯合主辦。於二○一○年十二月十八、十九日在廣東省珠海市北京師範大學香港浸會大學聯合國際學院召開。

三、各分會論文集，因論旨各異，讀者不同，故皆獨立出版。

四、本次研討會屬於當代文化思潮研究之一環，關注當代社會發展與人文表現。故無論是總論兩岸三地文學現象，或專論龔鵬程、白靈，都有整體之社會關懷，敬祈讀者留意。

五、本書集中討論龔鵬程先生的學術思想。然因龔氏汪洋浩瀚，涉及面相極廣，因而本書所論，又僅較偏重於其文學思想與散文創作，其他部份，留俟爾後繼續鑽研。

六、當代學術史之研究，其實較研究古代更為困難；研究龔先生則尤難，凡熟悉龔氏學行者，於此皆當深有會心。本書各論文專研究一端，讀者合而觀之可也。

# 學海奇觀——龔鵬程學思初探

# 目　次

# 自戀與懺悔：
# 《龔鵬程四十自述》的分析

## 黎活仁*

**摘 要** 《龔鵬程四十自述》是個人的實錄，筆者與傳主的二十年交往，可以作出證明，傳主的反傳統，像堂吉訶德言人之不敢言，對中國文學研究，開創一代局面，然從敘述學而言，主觀的批評，多元角度的評鑑，因為思想發展而前後不一的看法，都造成所謂不可靠敘述。

**關鍵詞** 《龔鵬程四十自述》 自戀 嘆老 轟動情結 敘述的可靠性

## 一、引言

下筆之先，以為胡適（胡洪騂，1891-62）《四十自述》，可為互文，原書只寫到留學前，雕潤恨少，《胡適雜憶》未知看官意下如何，自白話文以來，堪稱獨步，初稿原刊於七十年代的《傳記文學》，應入於臺灣文學經典，評審諸家弗論，故世與共遺。臺灣專崇儒學，散文以閨秀為正宗，《幹校六記》以喜劇寫亂世人心，格局又非個人雜憶所能及。珠玉在前，有助研閱窮照。不為五斗米折腰，《龔鵬程四十自述》的結尾（318 ❶），似擬作中隱，大隱隱於朝，中隱隱於市，小隱

---

* 黎活仁（Wood Yan LAI），男，1950 年生於香港，廣東番禺人。京都大學修士，香港大學哲學博士。香港大學亞洲研究中心院士。著有《盧卡契對中國文學的影響》（1996）、《林語堂瘂弦簡嫃筆下的男性和女性》（1998）、《文藝政策論爭史》（2007）等。

❶ 龔鵬程：《龔鵬程四十自述》（北京：中國工人出版社，2008 年）。

隱於山林，如是十有五年，又過了幾個回合。

# 二、聚眾講論：作者的理想

1986 年 10 月，香港浸會書院舉行了「國際唐代文學研討會論文」，鵬程教授與李瑞騰教授等順便到香港大學座談（284），會後鵬程教授提出合辦研討會建議，層峰欺來人年少，不予回應，其時香港的研討會一組論文邀約一位資深教授隨口講講，類似中天電視「全民最大黨」。其時香港中文大學有一兩位參加過中國古典文學會的老師，歸言不期而遇百人，又有誠品書店，郁郁乎文。鵬程教授在回憶錄記初訪香港，即微服入秦，足跡及深圳廣州，驛馬星動，不數年走遍大江南北（285），除了在陸委會供職期間有所忌諱外。最後，還定居北京南京，則非始料所及。

## ㈠中國古典文學會初期的盛況

第二次碰到鵬程教授，大概是香港大學的「儒學與中國文化國際研討會（1987.12.16-19）」，王樾教授也來了，他對大會有點看法，總結時作了發言，因此還有點印象。王教授會後去了深圳，離港前還給我電話，講述所思所感。

我到臺灣參加淡江大學中文系和中國古典文學會的研討會，已是兩三年後的事，在「五四文學與文化變遷學術研討會」與劉漢初教授重逢，漢初兄日後對我提點頗多，我每次都邀他到港大來參加個人主持的會議，前後有十多二十次，他給我介紹了輔仁大學的廖棟樑教授，廖教授走馬薦諸葛，諸葛即鍾宗憲教授，開展了我跟幾代的輔大人學術上的交誼。

## ㈡大觀園見聞記

「五四文學與文化變遷學術研討會」的出席者，值得一提是侯健教授（1926-90），他應邀前來講評，我喜歡他的文筆，有梁實秋（梁治華，1903-87）的淺易文言的風格，能得簡約之旨。侯教授講評陳器文教授有關蕭紅的短論，他不以為蕭紅（張迺瑩，1911-42）是重要作家，在現代文學行情而言，似不該如此，臺灣當時得書不易，五四文學難免管窺。2008-10 年，我帶了香港大學的研究生本科

生，到中興大學❷交流，合辦研討會，陳器文教授實在是幕後推手。1984 年 4 月的臺灣行，日後三十年的布局，幾乎已大定。走筆至此，對鵬程教授的知遇，感激涕零。

### ㈢合辦研討會的代表作：關於柏楊研討會等

陸委會其時就在臺北火車站天城大飯店對面，就算是當上大官，每逢邀約，鵬程教授也會撥冗接見，有點受寵若驚，陸委會是敏感單位，轉向聯絡李瑞騰教授次數就逐漸多起來，直至瑞騰教授到了中央大學任教為止。「二十世紀中國文學」（1995）和「柏楊思想與文學國際學術討論會」（1999.6.10-11）是鵬程教授、瑞騰教授和我的代表作，前者與日本《野草》雜誌合辦，仰賴瑞騰教授的通天本領，在幾個單位募到經費，晚宴獲廖政豪新聞局副局長、祝基瀅國民黨秘書長接待，至感榮幸。林耀德（1962-1996.1.8）應邀前來評議，十分火爆，給日本學者留下深刻的印象，林當時還有一點胖，據云為了完婚，積極瘦身，頗獲成功，不久即以下世聞。柏楊會在香港大學亞洲研究中心舉行，晚宴極為隆重，遠流的王榮文總經理在中環著名飯店鋪記請客。出版的論文集，至今仍放在銅鑼灣商務印書館的架上，未曾間斷，表示一直有其銷路，否則早已進倉庫。「柏楊思想與文學國際學術討論會」邀請唐德剛教授（1920-2009）擔任主題演講，有機會向這位文體大家當面輸誠，合照留念，亦感無憾。

### ㈣淡江大學中文系所的黃金歲月

瑞騰弟子陳玉玲（1964-2004）遵恩師吩咐前來協調接待「二十世紀中國文學」嘉賓事宜，閒談時知道有意到香港大學蒐集碩論沈尹默（1883-1971）研究資料，後掛我名下，攻讀博士學位，不數年畢業。先後講學於靜宜大學、臺北教育大學，後為臺大醫院所誤，胸部腫瘤確診未幾即擴散，藥石無靈，不幸辭世❸。錢鍾書

---

❷ 「金庸作品的常見主題與場景國際研討會」（2008.10.17）、「俗文化與俗文學國際研討會」（2009.6.27-28，以上於中興大學舉行）和臺灣大學舉行的「金庸國際研討會」（2009.4.11）。

❸ 翁聖峯：〈以生命寫詩──悼念詩人學者陳玉玲〉，《文訊》221 期（2004 年 3 月），http://blog.xuite.net/weng1256/catolog/11816022。

（1910-98）說得對，醫生與屠夫無異❹，但丁（Dante Alighieri，1265-321）當年沒有把大夫打下地獄，是《神曲》（*Divina Commedia*）的敗筆。

### 1. 弟子心目中的好老師

其時自臺灣負笈港大，必須定期往返兩地，玉玲因往陸委會求助於龔師，獲好言勸勉，後終獲學生簽證。玉玲畢業於輔仁大學中文系，慕鵬程教授、瑞騰教授之名，由少林改投武當，如《龔鵬程四十自述》所記，課業極嚴，諸生忙於低首記錄，未敢稍息（181-82，186）。淡江的黃金歲維繫不到幾年，已有多位教授應聘至中央大學，鵬程教授又到了陸委會，人物星散。

### 2. 郁郁乎文的淡江

在鵬程教授主掌時期，我參加了兩次淡江的研討會，即「三十年代文學研討會」（1989.4.23）和「文學與美學」（1991.4.13-14），之後，王文進教授接任，又參加了兩次❺。中國古典文學會的年會，則參加了兩次❻。鵬程當官前，談興不淺，我對鵬程教授的理解也許比較多，之後，我邀約了他到香港十多次，來去匆匆，事隔多年，細節已不復記憶。淡江的黃金歲月，出了很多人材，老師的鼓勵，為日後的發展提供了廣闊的視野和機緣。

## ㈤曹丕聚眾講論的傳統

《龔鵬程四十自述》的末尾，是有感於大學變成工廠，他的理想，是古代的書院制度。南華大學教學生以六藝，學生必須會一種樂器或舞蹈，又購置古代敲擊樂扁鍾，以便宏揚。周純一教授主其事。其徒席地而坐，與講壇成馬蹄狀，以便講論。

嘗讀《魏書·文帝紀》，說曹丕（187-226）為太子時，「集諸儒於肅城門內，講論大義，侃侃無倦❼」，我非常嚮往這種活動，覺得可以付諸實踐。

### 1. 鵬程教授跨刀相助：八十年代的 12 次研討會

---

❹　錢鍾書：〈讀伊索寓言〉，《錢鍾書散文》（杭州：浙江文藝出版社，1997 年），頁 36。

❺　「戰爭與中國社會之變動」（1991.6.22-23）、「俠與中國文化」（1993.12）。

❻　「五四文學與文化變遷學術研討會」（1989.4.29-30）、「中國古典戲曲及小說研究與前瞻」（1995.5.20-21）。

❼　陳壽：《三國志》，漢籍電子文獻資料庫，臺北：中央研究院。

　　研討會是很好的聚眾講論的形式，可以開拓議題，或深入研究某一朝代文學或詩人，我還提倡酌引方法論，避免流於讀書報告形式。從 1998 年到 2002 年 1 月，我連讀 12 次邀請鵬程教授蒞臨擔任主題演講，每次研討會的規模，論文約 15-20 篇左右；如是 8 年，與會臺灣學者、研究生過百人。多得鵬程教授的介紹，在臺灣學生書局出了多種書，《李白杜甫詩的開端結尾研究》（2002）屬於經典之作。另外在臺北大安出版社出版了《宋代文學與文化研究》、《柳永、蘇軾、秦觀與宋代文化》、《宋詞的時空觀》和《女性的主體性：宋代的詩歌與小說》，一直十分暢銷。

　　我開始試辦兩岸三地活動，是「中國現代文學批評國際研討會（1998.6.19-20），年代上已逸出《龔鵬程四十自述》記錄的範圍，漢初兄常說鵬程教授人極厚道，這是有感於一些口耳相傳的月旦評，會議無論大小，鵬程教授都欣然許諾，同學們也感到能邀得大學者共析疑議，極為難得。鵬程教授的豐富閱歷，無論宏觀微觀，同學得到啟迪，不言而喻。最後一次邀約，阻於繁忙公務而中斷，而我也在賽諸葛鍾宗憲教授協調下，把舞臺搬到費用較為廉宜的內地，有一年在鄭州下機，走馬黃河，觀楚漢相爭處，過伊闕，求宓妃之所在，不數年，三訪徐州師範大學。

| 龔鵬程履歷❽ | | 黎活仁赴臺灣參加研究會簡表 |
|---|---|---|
| 1979-1991 | 淡江大學<br>中文系講師<br>副教授、教授 | |
| 1984-1990 | 淡江大學<br>中文系主任<br>中文所創所所長 | 三十年代文學研討會（1989.4.23，淡江大學）<br>五四文學與文化變遷學術研討會（1989.4.29-30，中國古典文學研究會）❾ |
| 1990-1991 | 淡江大學<br>文學院院長 | |

---

❽　龔鵬程教授學術簡歷，http://baike.baidu.com/view/471352.htm#3，2010 年 9 月 25 日檢索。

❾　拙稿：〈小詩運動（1921-1923）〉，中國古典文學研究會主編：《五四文學與文化變遷》（臺北：臺灣學生書局，1990 年），頁 305-332。

| 1991-1993 | 行政院<br>大陸委員會<br>文教處處長 | 文學與美學（1991.4.13-14，淡江大學）<br>戰爭與中國社會之變動（1991.6.22-23，淡江大學）❿<br>俠與中國文化（1993.12，淡江大學）⓫<br>二十世紀中國文學（1991.8.20-22，中國古典文學研究會） |
|---|---|---|
| 1993-1996 | 中正大學<br>歷史所教授 | 中國古典戲曲及小說研究與前瞻（1995.5.20-21，中國古典文學研究會）⓬ |
| **龔鵬程履歷** | | **以下是黎活仁籌辦的研討會** |
| 1996-1999 | 南華大學教授<br>創校校長 | 中國現代文學批評國際研討會（1998.6.19-20）⓭<br>香港新詩國際研討會（1998.11.27）⓮ |
| 1993-2003 | 佛光人文社會學院<br>教授 | 中國小說研究與方法論國際研討會（1999.3.26-27）⓯<br>柏楊思想與文學國際學術討論會（1999.6.10-11）⓰ |

❿　拙稿：〈胡風的主觀戰鬥精神〉，淡江大學中文系編：《戰爭與中國社會之變動》（臺北：臺灣學生書局，1991 年），頁 193-221。

⓫　拙稿：〈顏崑陽的「風劍花」：一位武林盟主的啟蒙過程〉，淡江大學中文系編：《俠與中國文化》（臺北：臺灣學生書局，1991 年），頁 497-508。

⓬　拙稿：〈烏托邦與女性主義：近四十年有關《鏡花緣》研究回顧〉，《古典文學》13 集（1995 年 11 月），頁 135-164。

⓭　黎活仁、黃耀堃主編：《方法論於中國古典和現代文學的應用》（香港：香港大學亞洲研究中心，1999 年）。

⓮　黎活仁、龔鵬程主編：《香港新詩的大敘事精神》（嘉義：佛光大學南華管理學院，1999 年）。

⓯　黎活仁、龔鵬程、劉漢初、黃耀堃、梁敏兒、鄭振偉等主編：《方法論與中國小說研究》（香港：香港大學亞洲研究中心，2000 年）。

⓰　黎活仁、龔鵬程、劉漢初、李瑞騰、黃耀堃、梁敏兒、鄭振偉主編：《柏楊的思想與文學》（臺北：遠流出版社，2000 年）。

⓱　黎活仁、龔鵬程、劉漢初、黃耀堃、鄧昭祺、梁敏兒、鄭振偉主編：《香港八十年代文學現象》（臺北：臺灣學生書局，2000 年）。

⓲　黎活仁、單周堯、龔鵬程、劉漢初、黃耀堃、鄭振偉、陳恬儀、黃自鴻主編：《宋代文學與文化研究》（臺北：大安出版社，2001 年）。黎活仁、龔鵬程、劉漢初、黃耀堃、鄭振偉、王晉光、廖棟樑、黃自鴻主編：《柳永、蘇軾、秦觀與宋代文化》（臺北：大安出版社，2001 年）。黎活仁、龔鵬程、劉漢初、黃耀堃、鄭振偉、趙孝萱、陳慷玲、葉瑞蓮、黃自鴻主編：《宋詞的時空觀》（臺北：大安出版社，2001 年）。黎活仁、龔鵬程、劉漢初、黃耀堃、鄭振偉、李世珍、莫雲漢、黃自鴻主編：《女性的主體性：宋代的詩歌與小說》（臺北：大安出版社，2001 年）。單周堯、黎活仁主編：《中國文學的開端結尾研究》（臺北：臺灣學生書局承印，2002 年）。

⓳　部分論文刊登於《漢學研究集刊》1 期（2001 年 12 月）。

| | 創校校長 | 香港八十年代文學現象國際學術研討會（1999.12.2-3）❶ |
|---|---|---|
| | | 明清文學國際學術研討會（2000.4.27-28） |
| | | 九十年代兩岸三地文學現象國際研討會（2000.6.1-2） |
| | | 何沛雄教授榮休紀念中國散文國際學術研討會（2000.10.26-27） |
| | | 李白杜甫與盛唐文化國際學術研討會（2001.3.29-30） |
| | | 「宋詞與宋文化國際研討會」（2001.6.21-22）❶ |
| | | 「上古秦漢三國六朝文學與中國文化國際學術研討會」、「第1屆盛唐詩的開端和結尾模式國際研討會」（同時舉辦，2001.10.11-12）❶ |
| | | 「元明清詩詞歌賦與中國文化國際研討會」、「第2屆盛唐詩的開端和結尾模式國際研討會」（同時舉辦，2002.1.17-18）❷ |
| | | 「華文文學國際學術研討會」（2002.6.6-7） |
| | | 「錢鍾書與20世紀中國學術國際研討會」和「第3屆盛唐詩的開端和結尾模式國際研討會」（2002.10.11-12） |
| 2001- | 北京大學<br>社會科學研究中心<br>客座研究員 | |
| 2003 | 北京大學<br>蔡元培講座教授 | |
| 2004 秋 | 北京大學客座教授 | |
| 2005 春 | 清華大學客座教授 | |
| 2005- | 南京師範大學<br>唐圭璋講座教授 | |
| 2005 秋- | 北京師範大學<br>中國人民大學<br>客座教授 | |
| 2006- | 北京師範大學<br>香港浸會大學<br>聯合國際學院<br>客座教授 | 鵬程教授在江蘇太湖召開<br>「太湖論道」國際研討會（2006.5.26-27）<br>因往出席 |

❷　部分論文刊登於單周堯、黎活仁主編：《李白杜甫詩的開端結尾研究》（臺北：臺灣學生書局承印，2002 年）。

　　1999 年，文建會和《聯合報》副刊主辦了「臺灣文學經典」的評選，並在同年 3 月 19-21 日，於臺北國家圖書館召開了研討會，以便集思廣益，為讀者提供作品導讀的《臺灣文學經典研討會論文集》也在同年 6 月問世❹，這次與會的陳義芝教授實主其事。「臺灣文學經典」首先由 7 位學者專家組成委員會，列出 150 本參考書，再由近百位大專院校教授進行投票，初次殷選 54 種，然後交 7 位提名委員覆議，決出 30 本。

| 小說類 | 白先勇「臺北人」、黃春明「鑼」、王禎和「嫁妝一牛車」、張愛玲「半生緣」、陳映真「將軍族」、吳濁流「亞細亞的孤兒」、王文興「家變」、七等生「我愛黑眼珠」、李昂「殺夫」、姜貴「旋風」。 |
|---|---|
| 新詩類 | 鄭愁予「鄭愁予詩集一九五一至一九六八」、瘂弦「深淵」、余光中「與永恆拔河」、周夢蝶「孤獨國」、洛夫「魔歌」、楊牧「傳說」、商禽「夢或黎明」。 |
| 散文類 | 梁實秋「雅舍小品」、陳之藩「劍河倒影」、楊牧「搜索者」、王鼎鈞「開放的人生」、陳冠學「田園之秋」、簡媜「女兒紅」、琦君「煙愁」。 |
| 戲劇類 | 姚一葦「姚一葦戲劇六種」、賴聲川等「那一夜，我們說相聲」、張曉風「曉風戲劇集」。 |
| 評論類 | 夏志清「中國現代小說史」、葉石濤「臺灣文學史綱」、王夢鷗「文藝美學」。 |

### 2. 「臺灣文學經典研討會」帶來的變化

　　三訪徐州師範大學的結果，是香港大學中文學院和徐州師範大學、武漢大學文學院簽訂為期 10 年的「中國新詩研究合作計畫」備忘錄（2005 年 7 月 4 日），在「臺灣文學經典研討會」上碰到白靈，他協助我展開了臺灣十大詩人研究系列：

「瘂弦與二十世紀華文文學研討會」（2005 年 7 月 4 日，武漢大學中文系）

「鄭愁予與二十世紀華文文學研討會」（2006.4.16，廣東茂名信宜市）

「洛夫與二十世紀華文文學」（2007.4.7，蘇州大學）

「余光中與二十世紀華文文學」（2008.3.23，徐州師範大學）

「周夢蝶與二十世紀華文文學」（2009.12.20，臺灣明道大學）

「商禽與二十世紀華文文學研討會」（2010.4.3-4，廈門大學）

---

❹　陳義芝主編：《臺灣文學經典研討會論文集》（臺北：聯經出版公司，1999 年）。

以上十大詩人系列

「蕭蕭與二十世紀華文文學研討會」（2010.10.16-17，復旦大學）

「白靈與二十世紀華文文學研討會」（2010.12.18-19，珠海北京師範大學與香港浸會
大學合辦國際學院）

　　臺灣文學經典小說類，我也主辦過得票最多的白先勇的研討會（2003 年 12 月
13 日），說不定日後就據這一般選範圍陸續進行。其實很多會議，鵬程教授都應
邀出席，譬如這次，他就負責評論夏志清的《中國小說史》。瘂弦教授擔任主席，
特別點名，要我就鵬程論文在臺下發言，本來文學史已是過時的學科，只好顧左
右而言他。那天臺北的名校建中的學生來了不少，座無虛席，是名符其實的大場
面，有緣躬逢其盛，又碰到日後積極合作夥伴詩人教授白靈，可謂不枉此行。「瘂
弦與二十世紀華文文學研討會」（2005 年 7 月 4 日，武漢大學中文系）也邀過鵬程教授
作總評，順便一遊王昭君（生卒不詳，前 33 年答應嫁與匈奴王）和屈原（前 340-前 278）
故里，最後因為公務纏身而罷。

### 3.屬於全世界的鵬程教授：全攻型的學術

　　當上南華大學校長之後，鵬程教授的朋友遍天下，鵬程教授已屬於全世界，
與中國大陸學術界的交往，奠定應邀擔任北京大學蔡元培講座教授、南京師範大
學唐圭璋講座教授的基礎。以足球為例，他的方法是由守門員把球開出，大腳傳
到對方的禁區，這種方式，需要體力，另一種巴西足球，是打小組短傳，兩三人
傳來傳去，始終把球控制在腳邊，球員消耗的體力較少，前者是進攻型，後者隱
守突擊，失球率較低，得失球會影響出線，故後者是主要的策略。

### 4.「太湖論道」國際研討會：闊別的重逢

　　「太湖論道」國際研討會（2006.5.26-27）是闊別十年之後，在研討會上重逢的
唯一一次，規模宏大，十年二十年的經營，故有此陣仗，得以叨陪末席，拜會了
很多久仰大名的的學者，亦屬緣分。讀《龔鵬程四十自述》，才知道他跟《三三
集刊》的馬叔禮是淡江大學同班同學（118），否則我一定想辦法請鵬程教授引薦，
給「朱天文、朱天心與比較視域下的世界文學研討會」（2010 年 6 月 5-6 日，復旦大學）
與會者一個驚喜。

## ㈥小結

臺灣研討會的規劃,在中國古典研究會的帶動下,平日老死不相往來的學者,終於共聚一堂,學生也可以舉手問難,增廣見聞,慢慢各校各系都辦研討會,論文寫作風氣也為之一變,以前學報還登不寫注釋和引用頁碼的論文,在研討會帶動下,有了目前所見的嚴謹制度。這一點,鵬程教授是開風氣的先行者,也是臺灣地區學者所首肯的。韓國漢學家都把學生送到中國內地深造,但卻又認為臺灣學術水準,遠超彼岸,好幾位的韓國老師都跟我提過,事實正如此。

# 三、「露才揚己」與轟動情結

屈原的〈離騷〉從儒家觀點來看,是一切自以為是,自己絕對正確,家世和命運也不錯。中國人不覺得屈原是有問題的,忠君愛國,是很正面,他是貴族,自然如此。班固(32-92)認為屈原「露才揚己」。做學術以至從政,沒有自己一套,執善固執,那麼理想就沒法如願進行。甚至寫一本書,要向讀書爭訴一己的體會,盼能接受,進一步推翻前輩學者的立論,更有具備超乎常人的自信心。《龔鵬程四十自述·初版序》說是尼采(Friedrich Wilhelm Nietzsche,1844-1900)給他這種靈感:

> 幾年前起心動念寫這部稿子時,曾破題謂:「自傳有許多種寫法,如尼采《看哪這人!》一開頭除自序外,第一章叫〈我為什麼這樣智慧〉、第二章曰〈我為什麼這樣聰明〉、第三章是〈我為什麼寫出這樣的好書〉。真是石破驚天,傲然不可一世。但這又有何不可呢?」(7)

自以為是,以心理術語出之,是所謂自戀。夏爾·博杜埃(Charles du Bos,1882-1939)說自戀情結與自炫其喜好,與「轟動情結」裸體或華麗首飾題材,照鏡、懼怕衰老,都是自戀的特徵㉒。

---

㉒ 伊夫·塔迪埃(Jean-Yves Tadié,1936-),史忠義譯:《20世紀的文學批評》(*La Critique littéraire au XXe siècle*)(天津:百花文藝出版社,1998年),頁155。

### ㈠轟動情結

「轟動情結」是要引起人注意。「我由歷史事蹟的歸納中發現：政治上的成功與否，往往不是經由仁義的手段，而是靠著權謀與實力。」（《龔鵬程四十自述·逆俗》，4）個人的權謀的發展，分四個階段：⑴受他人啟示；⑵自我控制中；⑶對其他人的支配；⑷對社會或獨裁的權威無法接受❷。階段地發展的過程，又有 3 個特徵，⑴會引人注意，包括上書陳情，滔滔雄辯，發表意見，以及著裝奇特；⑵尋求好的人際關係，結交可靠的朋友，主動參加重要的聚會；⑶喜望獲得別人好感，因為處事規劃也會較佳，是行政組織的長才，他會排斥他人的想法，但同時也非常在意別人的想法❷。鵬程教授通過公務員甲級考試，口才自然了得。

#### 1.否定臺灣過去的博碩士論文

鵬程教授的「轟動情結」，較為特別的有兩次，一次是全面否定臺灣過去的博碩士論文（131，141，142，208〔對此又作自我否定〕，142，275），發表了題為〈中華民國國家文學博士論文內容與方法評析〉大文（1983，208-09），另一是離開陸委會，發表了公開的批評（304）。後者我不大清楚當年的背景，至於前者，我一點也不感到驚訝。論文應有論文的要求，輯佚不能當作論文，老實說正如鵬程後來的自我否定（208），有其功能，而且非常有參考價值，但學位論文不該如此，學位論文應是一篇論述。

#### 2.哲學能力問題

臺灣學術論文最根本的問題是哲學並不強調，後現代哲學羅蒂（Richard McKay Rorty，1931-2007）曾經說過，美國學者再不致力於思辨，學術將會是法國人的天下，事實上，目前仍是如此。像鵬程教授，由擁護國粹，獨尊儒術、再而宋明理學，之後，無師自通，學貫東西，在臺灣一地，實在是少數民族。港臺中文系大部分老師不懂哲學，與一般都具備美學或馬列哲學訓練的大陸學者作一比較，明顯不過，沒有哲學能力，鑑賞力停留於讀書報告，無法鑑定優劣。

#### 3.對扶桑漢學的理解

---

❷ 中西信男（NAKANISHI Nobuo，1927-），王志明譯：《梟雄心理學》（臺北：遠流出版社，1994 年），頁 17。

❷ 同前註，頁 6-7。

《龔鵬程四十自述》也一度談及日本漢學 (24)。王孝廉教授是臺灣出身的知日家，長居九州，以神話研究成一家言，亦一代宗師，但臺灣對扶桑的中國文學研究，理解不到十萬分之一，有些臺灣學者也致力的專題，如《龔鵬程四十自述》提及的時空觀研究（黃永武《中國詩學》，145），東瀛學者做了不少資料蒐集，建構為一解釋體系，不妨留意❷❺。

### 4. 中國大陸學術界需要堂吉訶德的精神

什麼時候都需要有人以堂吉訶德的精神，像皇帝的新衣故事的小孩，指出真相。譬如中國大陸的學報，一般只八千字，注釋也不齊全，學報不學報，學術不學術，這一點很多內地學者都知道不妥當，但沒有人振臂一呼，於是積非成是，積重難返。

## ㈡嘆老

《龔鵬程四十自述》兩度提到自己在 30 多歲，就感到早衰。嘆老起源於《詩經》和《楚辭》❷❻，中國古代男子年壽約 50 歲，因為前列腺肥大，壓著輸尿管，中尿毒身亡，現代醫學則可以用手術切除，遂延年益壽。古代三、四十左右，已始嘆老：

> 昔日少年，今未白髮，然而滄桑之感，亦未必非待白髮之後方有。
>
> 記得有一年在講臺上，隨口問那班大學生「你們是幾年次的呀？」青春爛漫的少年盯嘻嘻哈哈地回答了。我暗暗算了一下，什麼？我們相差竟已十幾年。我在上庠執教，居然已過了十年嗎？流水十年，呀，十載流光，就

---

❷❺ 拙稿：〈秋的時間意識在中國文學的表現：日本漢學界對於時間意識研究的貢獻〉，林徐典編：《漢學研究之回顧與前瞻》（北京：中華書局，1995 年），上卷，〈文學語言卷〉，頁 395-403；日本學者相關著作中譯，可參青山宏（AOYAMA Hiroshi，1931-）：〈中國詩歌中的落花傷惜春〉，王水照（1934-）、保苅佳昭（HOKARI Yoshiaki）等編選，邵毅平、沈維藩等譯：《日本學者中國詞學論文集》（上海：上海古籍出版社，1981 年），頁 85-98。松浦友久（MATSUURA Tomohisa，1935-2002），孫昌武（1937-）、鄭天剛（1953-）譯：《中國詩歌原理》（瀋陽：遼寧教育出版社，1990 年）。

❷❻ 黎活仁：〈從嘆老到喜老：《詩經》《楚辭》到白居易的演變〉，單周堯主編：《香港大學中文學院八十周年紀念學術論文集》（上海：上海古籍出版社，2009 年），頁 337-357。

如此消逝了嗎？一陣昏眩，幾乎讓我掉下淚來。現在距此感傷又欲十年，
鴻飛東西，已離開淡江而去嘉義中正大學，行又將再赴宜蘭。兩肩一口，
依然如賣藝人糊食四方。初登教壇時之青澀與豪情仍在，昔日聞法之人禽
風雨則已俱杳，傷哉！（189）

每每想起昔年校園中熱血激昂的議論，想起那些才氣豔發、豪情萬丈而漸
漸飄散流失在莽莽紅塵中的友人，我就會輕輕撫摸我飽經風霜刻鏤的皮
膚，喟然而歎。我是逐漸老大了，但自由、隨興、遊戲的心情與精神，仍
活跳在我的皮層底下。（《龔鵬程四十自述·遊學》，61）

## (三)親師

《龔鵬程四十自述》談到黃門（黃侃，1886-1935）。有一位曾經照顧我很多的
恩師，說過一則關於黃季剛的故事，無傷大雅，聊引為談助，以饗讀者。黃門重
視拜師磕頭的儀式（95），一直有所傳聞。至於弟子望季剛師指點迷津，宜備美酒
嘉肴，伍俶教授（?-1966）長於四六文，有一次得蒙惠予錦囊，提示多讀《史記》。
《史記》有助於文章，雖三尺小童，皆能言之。季剛師似嫌菜薄，有所保留。《龔
鵬程四十自述》寫了很多師友的交友，以張夢機教授（1941-2010）最為感人，以下
是《聯合報》的訃告：

當代臺灣傳統詩壇巨擘張夢機教授，於8月12日凌晨，因心臟衰竭辭世於
新店耕莘醫院，享壽七十。張教授原籍湖南永綏，1941年生於四川成都，
1948年來臺。畢業於臺師大體育系，轉讀國文研究所，探究詩學，獲國家
文學博士學位。張教授習詩甚早，後入李漁叔先生門下，詩藝大進，蜚聲
騷壇，曾先後得中興文藝獎章、中山文藝獎。1991年秋天不幸中風，……
以詩自娛並療傷，生命之大悲轉化成詩，沉鬱之氣充塞字裡行間。著有《思
齋說詩》、《詞律探源》、《讀杜新箋》等論著，《師橘堂詩》、《鯤天
吟稿》、《藥樓近詩》等詩集。（丹墀：《聯副文訊·詩人張夢機教授辭世》，《聯

合報》❷）

瑞騰教授閒談時提過夢機教授與顏崑陽教授是忘年交，至為感人，網上所見，崑陽教授寫了悼文（〈詩人張夢機教授傳略〉），以誌哀思。夢機教授也碰過兩三次，最後一次是在「二十世紀中國文學」（1991.8.20-22）的晚宴，瑞騰教授以通天本領，請新聞局接待，在官邸大廳筵開數席，門外則有憲兵站崗。夢機教授喜歡短靴，因為出身體育教師，腰肢挺拔，很有親和力。夢機教授是中國古典文學會的核心人物，依慣例引領日本蒞臨的貴賓趨前敬酒，不亦樂乎。不久聽到夢機教授中了風，夫人又剛過世，幸而弟子們很照顧老師，讓老師繼續在家上課，《龔鵬程四十自述》不少地方很感念這位長者提攜（23），情感真摯，事實正如此。

## 四交友

《龔鵬程四十自述》的評論，由瑞騰教授執筆，至為理想，不過他是大忙人，一天大概有不少時間趕會議，終日絡繹於途。作為鵬程教授的死黨，非周志文教授、王樾教授、顏崑陽教授莫屬，鵬程教授掌南華大學之後，社交圈子變得更大，足跡遍全球，這部分由誰來執筆，則要問本人。死黨其實應該不少，王文進教授的交情也不淺。我有一陣子與沈謙教授（1947-2006）❷也有往還，沈教授很推崇鵬程教授，說鵬程教授手不釋卷，對清人別集用力甚勤。沈教授的博碩士論文當亦在「轟動情結」否定之列，我應邀登門夜話，無所不談，夫人還準備了茶食。沈教授是臺灣研討會紅人，臺灣的研討會講求明星效應，因為申請補助要看您請何方神聖，在香港亦如是。翌日南下嘉義中正大學，也多得沈教授預購長途車票，又聊了一陣子。臺灣的圖像，就從多方面拼貼起來，我其實沒有在臺灣長期生活過，好處是置身事外，但很多細節並不精確。

---

❷ 丹墀：《聯副文訊·詩人張夢機教授辭世》，《聯合報》http://udn.com/NEWS/READING/X5/5799101.shtml，2010-08-22。

❷ 沈謙，筆名思兼，江蘇省東臺縣人，1947 年生，國立臺灣師範大學國文研究所文學博士，曾任《幼獅月刊》主編，黎明文化公司總編輯，國立中興大學中文系主任，國立空中大學人文學系主任，東吳大學中文系教授等教職。曾獲教育部青年研究著作獎、臺灣省文藝協會中興文藝獎章等獎項。

# 四、敘述的可靠性

我在前面借評《龔鵬程四十自述》，自己賣了膏藥，確實有點高攀，無非都為了讓大家知道其實一直跟龔大師在學術上有聯繫，有緣向他請教，可以判斷《龔鵬程四十自述》所表述的思想感情是真實的。但從目前流行的敘述學來分析，有些地方似乎前後不一致，而造成「敘述可靠性」的問題。

「不可靠敘述」是布斯（Wayne C. Booth，1921-2005）《小說修辭學》（*The Rhetoric of Fiction*）❷提出的，小說基本上是「不可靠敘述」。《當代敘事理論指南》（2005）的出版，展示了敘事學最新的發展，安斯加·F·紐寧（Ansgar F. Nünning）❸對「不可靠敘述」的研究，作了綜合的報導。紐寧認為要建構「不可靠敘述」概念，涉及四個方面，(1)不可靠敘述的理論和定義；(2)不同類型的不可靠敘述的區分；(3)顯現不可靠敘述者的文本線索和參照框架；(4)讀者、文本以及（隱含）作者各自的作用。（紐寧，82-83）

## ㈠雷蒙·凱南與紐寧於「不可靠的敘述」的概括

施洛米絲·雷蒙－凱南（Shlomith Rimmon-Kenan）《敘事虛構作品：當代詩學》（*Narrative Fiction: Contemporary Poetics*），於「不可靠的敘述」總括為下列 3 點，右邊的是紐寧的詮釋：

| | 雷蒙－凱南的說法 | 紐寧的補充 |
|---|---|---|
| 1 | 讀者有懷疑對故事的內容和評論 | 一個倫理或道德不正常的敘述者覆述矚目驚心的事件，卻顯時會異常冷靜，認為不足為奇；另一種情況是一個「正常」人卻表現出反應遲緩，做出愚蠢的分析。（86） |

---

❷ Wayne C. Booth, *The Rhetoric of Fiction* (Chicago: University of Chicago Press, 1961), pp.158-159.

❸ 安斯加·F·紐寧（Ansgar F. Nünning）：〈重構「不可靠敘述」概念：認知方法與修辭方法的綜合〉（"Reconceptualizing Unreliable Narration: Synthesizing Cognitive and Rhetorical Approaches"），James Phelan 和 Peter J. Rabinowitz 主編，申丹等譯：《當代敘事理論指南》（*A Companion to Narrative Theory*）（北京：北京大學出版社，2007 年），頁 81-101，這篇論文回顧了對「不可靠敘述」的討論，有助於深入了解。

25

| 2 | 敘述者的所知有限，比方太年幼，文化水準不高，另一方面，成年人與精神正常的人也會講一些他們不完全了解的事情 | 瘋子、幼稚的人物、偽君子、變態者、道德低下的民眾、流浪漢、撒謊者、騙子、丑角，都值得懷疑。(87) |
| 3 | 文本內容的描述帶有可疑的價值體系的色彩」就變得不可信。特別是敘述者和隱含作者的道德價值有差異，那麼就感到可疑。❸ | |

紐寧又提出「不可靠敘述」的「預設規範」，但沒有舉例，以下的案說，是我嘗試作出的理解：

1. 被稱為「常識」的概念（活仁案：譬如「合法」、「正義」、「愛國」）；
2. 正常的心理行為（活仁案：譬如精神分析所說的非理性行為，目前小說所描寫的同性戀，雖然合法，但不為社會道德和倫理所接受）；
3. 語言規範問題（活仁案：譬如政府公文、新聞發布中使用不適當的俚語、王文興《家變》中使用不規範的漢語、元雜劇使用部分目前仍不易明白的方言）；
4. 道德與倫理問題（活仁案：因為代溝、宗教、民族，差異極大）。（紐寧，90）

在我們現今多元化、多文化、後現代主義的時代，要決定什麼是「道德規範標準」……，比以往更困難。（紐寧，91）

### 1. 費倫和瑪汀的六種「不可靠敘述」類型

費倫（J. Phelan）和瑪汀（M. P. Martin）認為敘述者的主要功能有三種：(1)對人物、事實和事件進行報導；(2)對所報導的人物、事實和事件做出評價或認識；(3)對所報導的人物、事實和事件進行闡釋或解讀。就是這三種主要功能產生「不可靠性」：(1)沿著事實／事件軸發生的是不可靠報導；(2)沿著倫理/評價軸發生的是不可靠評

---

❸ 施洛米絲・雷蒙－凱南（Shlomith Rimon-Kenan），賴干堅譯：《敘事虛構作品：當代詩學》（*Narrative Fiction: Contemporary Poetics*）（廈門：廈門大學出版社，1991 年），頁 118-21。

價；⑶沿著知情/感受軸發生的是不可靠解讀或闡釋」（紐寧，87），最後得出「不可靠敘述」類型的 6 種：

　　1.-2.不充分報導與錯誤報導；

　　3.-4.不充分認識與錯誤認識（或錯誤評介）；

　　5.-6.不充分解讀與誤讀。（紐寧，87）❸❷

### 2.「文本矛盾」

　　⑴言行不一；⑵對事件的多角度講述（雷蒙－凱南）；⑶敘述者的慣常用語，這些用語帶有主觀性（紐寧，91）；形成「不可靠」的信號，譬如：「我是一個大忙人」、「我也不是一個簡單的人」，或者對別人作了很多批評（紐寧，96）；⑷以反諷❸❸的調子來敘述（紐寧，97）；⑸「頻繁出現的針對說話人和針對受話人的詞句就是顯示不可靠性的語用標記」（紐寧，98）；⑹「不可靠敘述者都是些不可救藥的自我主義者和獨白者，他們的絕大部分言談確實是以說話人為中心的，總喜歡以『我』開頭。」（紐寧，99）；⑺「不可靠性還有一些句法上的標記，例如不完整的句子、感歎句、插入語、遲疑不決和動機不明的重複。」（紐寧，99）

## ㈡反傳統與倒退

　　《龔鵬程四十自述》是前半生的回憶，40 年來的思想，當有演變過程，前後認識未必一致。

### 1.反傳統與倒退

　　《龔鵬程四十自述》從反傳統出發，對權威作一否定，如「轟動情結」，否

---

❸❷　費倫（J. Phelan）和瑪汀（M. P. Martin）：〈威茅斯經驗：同故事敘述、不可靠性、倫理與《人約黃昏時》〉（"'The Lessons of Weymouth': Homodiegesis, Unreliability, Ethics and The Remains of the Day"），赫爾曼（D. Herman）編：《新敘事學》（*Narrratologies: New Perspectives on Narrative Analysis*）（北京：北京大學出版社，2002 年），頁 42。

❸❸　「又稱反諷法、反語，為說話或文章時一種帶有諷刺意味的語氣或寫作技巧，單純從字面上不能了解其真正要表達的事物，而事實其原本的意義正好是字面上所能理解的」，http://www. google.com.hk/search?q=反諷。

定了過去的做法,用紐寧的說法,是「不充分認識與錯誤認識(或錯誤評介)」:

> 我執此見解以衡鑒歷來一四九位國家文學博士,即我之學長或老師們的論
> 文,便發現它們大多不能稱為「論文」。而學界對於論文居然不應再討論
> 生平爵里及著作版本等,亦頗感不解,難以適應。……
> 其實,論文當然可以不如此寫。佇思抒感,申而論之,何嘗不是論文?學
> 術研究,也未必出諸論文之形式,例如箚記、注疏、校讎,都不是論文,
> 也不可能論文化,何嘗沒有價值?昔日執於性氣之偏,矯俗立異,以我異
> 端者之精神意態,貫注於學術活動中,故有此激僻之論,其非中道正行,
> 確實不容諱飾。然而此中曲折,他人何能知之。(141)

尼采認為「權力意志」的能動力,被迫分離或剝奪,都會內在化,轉向自身,使
能動力變成反動力,是為內疚的起源。內疚取代怨恨,怨恨用愛來蓋過恨,使我
成為一個痛苦的、虛弱的人❸❹。

《龔鵬程四十自述》大概同意新儒學的一部分,不是全部,對孔孟之道於生
活實踐,卻認為不大可能,形成雷蒙·凱南所說的多角度敘述,對《孟子》則從
《厚黑學》解讀,如前所述,從權謀的生活實踐鑑定《孟子》思想的有效性,這
就形成不可靠效述:

> 我是讀孔孟之書的人,幼受仁義之教,長而欲以聖賢人格為依歸。可是,
> 老實說,涉世行權,往往以才情氣魄摻和擬議運通變化之,距聖人之中道,
> 恐怕甚為邊遠。而處世對境,亦不能無私欲愛憎行乎其間。且嗜欲冗雜,
> 諸多邪妄過惡,不勝痛悔。(《龔鵬程四十自述·困知》,246)

「反常的」省敘("paradoxical" paralipsis)和「模稜兩可的疏遠」(ambiguous distancing)

---

❸❹ 德勒茲(Gilles Louis Réné Deleuze,1925-95),周穎、劉玉宇譯:《尼采與哲學》(*Nietzsche and Philosophy*)(北京:社會科學文獻出版社,2001 年),頁 189。

這一概念❸，有助於作進一步的分析。聚焦之時，成年人的敘述回憶童年事件，可能有著成年人和幼年不同的感知，這種情況十分普遍。「反常的」省敘（"paradoxical" paralipsis），是將成年人和幼年不同的感知作一省略，一般是省略幼年的感知，即抹去天真的經驗，使讀者覺得與幼童不相吻合。「模棱兩可的疏遠」（ambiguous distancing）剛相反，會突現天真幼稚的局限性。以上兩者可以同時並存。

書中也有重溫舊夢，保留童真，有馬克吐溫（Mark Twain，1835-1910）自傳那樣重視滑稽行動的特點，可結合後面的狂歡化書寫研閱：

> 但此時並非沐化聖賢教誨中那樣端嚴莊重，而是新鮮好玩的。有時同學二三友人，在背了一段以後，也會胡猜孟老夫子到底講的是啥。例如一次背到「老吾老以及人之老，幼吾幼以及人之幼」一節，我們即想：老吾老者，那很老的我老爸也，此必為孟子的父親。既如此，則幼吾幼，當指孟子的母親了。說給黃老師聽，把她笑得打跌，伸出胖子，在我腦門上敲了一個爆栗。（《龔鵬程四十自述·道俗》，4）

《龔鵬程四十自述》一書很多篇幅是談論儒家思想，但又不斷提出新的閱讀方法，即後現代所謂「誤讀」，在後現代而言，「能指」的「所指」即意義已不存在，任意閱讀是可以的，評注式的任意閱讀，也就是把文本解構，造成不穩定性，也就是敘述不可靠的原因之一。

欲言又止，盡在不言中，坦白說書寫上感到困頓，也造成不可靠敘述：「唉，此處寫得實在太潦草太凌亂了。或許大多數人看不懂我在說什麼吧。」（《龔鵬程四十自述·困知》，248）

## 2.狂歡化的文體

---

❸ 艾莉森·凱斯（Alison Case），〈敘事理論中的性別與歷史〈大衛·科波菲爾〉和〈荒涼山莊〉中的回顧性距離〉（"Gender and History in Narrative Theory: The Problem of Retrospective Distance in David Copperfield and Bleak House"），James Phelan 和 Peter J. Rabinowitz 主編，申丹等譯：《當代敘事理論指南》（*A Companion to Narrative Theory*）（北京：北京大學出版社，2007 年），頁 357-68。J. Phelan. *Narrative as Rhetoric: Technique, Audience, Ethics, Ideology.* (Columbus: Ohio State UP. 1996), pp.82-104.

　　巴赫金（Mikhail Bakhtin，1895-1975）在《陀思妥耶夫斯基詩學問題》（*Problem of Dostoevsky's Poetics*，1929）裡面認為小說的體裁有 3 個來源，即史詩（epic）、雄辯術（rhetorical）、狂歡節（carnivalistic），形成了歐洲小說發展史上的 3 條線索❸❻，其中狂歡節影響最大，他在《拉伯雷研究》（*Rabelais and His World*，1965 ❸❼）和《陀思妥耶夫斯詩學問題》之中，提出一種「笑文化」的理論，稱為「狂歡文化」，認為小說的「狂歡文化」來自古代的嘉年華會。

　　據巴赫金的介紹，由古羅馬到中世紀，狂歡節沒有中斷過❸❽，每年合計起來，大約有三個月或更多時間，是過著慶祝各種節日的狂歡生活，於是中世紀人就有兩種生活，一種是嚴格的階級森嚴的生活，充滿恐懼、教條、虔敬，另一種顛倒過來，是對神聖人事的不敬和放縱猥褻的狂歡行為❸❾。

　　狂歡節特別重視寫地球和身體的下半部，即地獄和生殖器。為了顛覆和表示不敬，帝王都到了地獄，淪為奴隸，原是奴隸的，卻在地獄變成帝王。狂歡式文學特別重視寫身體開口器官，譬如口（大吃大喝）、鼻（排泄系統之一）、生殖器、肛門。糞便、分娩、性交的描寫至為特徵❹❶。巴赫金在《陀思妥耶夫斯基詩學問題》以「梅尼普」諷刺（Menippean Satire）❹❶。說明狂歡化，列舉出 14 種特徵：

| 1. | 是笑的文化； |
|---|---|
| 2. | 對情節和哲理作極度的虛構； |
| 3. | 充滿不著邊際的幻想和驚險故事；主人公上天堂，入地獄，或到達幻想的國度； |
| 4. | 探險和奇遇，發生在通衢大道、妓館、竊賊的巢穴、小酒館、市場、監獄和秘密崇拜者的放蕩的歡筵上；哲理的對話、崇高的象徵、驚險的幻想，與貧民窟的環境最能作有機結合； |
| 5. | 在虛構和幻想之中，表達出主人公最後作出的決定及其行動；每一行動又表達出整個人 |

---

❸❻　巴赫金，白春仁、顧亞玲譯：《陀思妥耶夫斯基詩學問題》（石家莊：河北教育出版社，1998年），頁 143。

❸❼　巴赫金：《拉伯雷研究》，李兆林、夏忠憲等譯：《巴赫金全集》（石家莊：河北教育出版社，1998 年）。

❸❽　巴赫金：《陀思妥耶夫斯基》，頁 170。

❸❾　巴赫金：《陀思妥耶夫斯基》，頁 170。

❹❶　巴赫金：《拉伯雷》，頁 368。

❹❶　巴赫金：《陀思妥耶夫斯基》，頁 150-156。

| | |
|---|---|
| | 以及全面反映這個人的生活； |
| 6. | 與死者的對話成為特色，天堂和地獄描寫有著重要意義； |
| 7. | 從不尋常的角度觀察，如從高處俯瞰，生活現象和身體大小也會變形； |
| 8. | 描寫不正常的心理狀態，如精神錯亂、人格分裂、異常的幻想、近於發狂的欲念和自殺等； |
| 9. | 場面方面，出現種種鬧劇、古怪行徑、插科打諢、不得體的演說； |
| 10. | 充滿矛盾的組合，如善心的妓女、高尚的盜賊、具備哲人思維能力的奴隸、淪為奴隸的帝王、道德墮落和清高、奢侈和貧困； |
| 11. | 描寫烏托邦社會； |
| 12. | 插入各種文體，如故事、書信、演說、筵席交談，或散文與詩歌的結合等； |
| 13. | 插入文體形式，有多重體裁、多種情調； |
| 14. | 是時代的百科全書，充滿各種哲學的、宗教的、思想的、科學的思潮流派作公開的或隱蔽的辯論。 |

　　《龔鵬程四十自述》「是時代的百科全書，充滿各種哲學的、宗教的、思想的流派作公開的或隱蔽的辯論」（第14點），「從不尋常的角度觀察，如從高處俯瞰，生活現象和身體大小也會變形。」如同哈哈鏡，考試日本有稱為受驗地獄者，地獄正是狂歡化的「下向運動」❷，《龔鵬程四十自述》把臺大和師大的研究院考試（91，1036）置於哈哈鏡窮照，而達致「笑」文化的特質。

### ㈢「梅尼普」諷刺的「下向運動」：地獄和下體描寫

　　成功大學也像個地獄，要知臺灣向重北輕南，學術上至今如此，北邊資訊發達，油水垂手可得，研討會主席、講評、論文發表、外校碩博士口試、教育部的案子，兼各大報主筆，都有進賬，南部就會少很多，學者裹足不前，不但成大，高雄一些高校，也有不敬之辭：

> 時唐亦男先生接掌成大中文系，北上邀張夢機師南下授課，張老師推薦我
> 去。我便又每兩周去臺南一趟。每週日晚上，我妻送我至桃園火車站乘車。
> 到臺南，摸黑抵禮賢樓，打門喚工友，來領我上樓。樓甚古，漆黑幽穆，

---

❷　巴赫金：《拉伯雷》，頁429。

老榕蔭蔽，洋樓的落地長窗，罩上大灰布窗簾，夜風吹來，便森然有魅影幢幢、古屋驚魂之感。有時去，都無人在，房間裡一床床白被單，如睡在殯儀館中。（《龔鵬程四十自述·執教》，184）

「下向運動」除寫地獄之外，也包括下身器官，《龔鵬程四十自述》記中文系辦「情色文學展」，把入口扮成女陰形狀，性的作用，在於顛覆正統文化，尤其是當年臺灣長期把儒學定於一尊，可從這一方向理解：

我們每年辦主題性中文周、文學周，別的學校或亦有類似之法。然我們策劃「情色文學展」，把大門扮成陰道口形狀，展出各種情色書刊及相關資料，配合舉辦座談、電影及文學作品討論，別的學校辦得到嗎？若干年後，友人杜潔祥印出高羅佩的線裝本《秘戲圖考》，卻被查禁。周安托到一九九四年編譯《世界性文學大系》，也仍遭禁。我還以古典文學研究會理事長的名義，為他去法院接受詢問，作證表示此類書刊應可流通哩。十幾年後的社會尚且如此，當年我們在戒嚴時代辦這些活動，在中文學界能說不激進嗎？（《《龔鵬程四十自述·感興》，236》）

## ㈣小結

《龔鵬程四十自述》全書，充滿不確定、敘述不可靠的因素。首先是自傳，敘述者是「我」，有其主觀性，因為反傳統，有著各種各樣的批評，孔孟的權威，也用評註方式解構，崇高也以「性」來顛覆，多元角度的觀察，也變得不可靠。提出種種批評，與社會造成矛盾，感慨遂深，憂生之嗟，也成為不可靠的訊號。

# 五、結論

《龔鵬程四十自述》的文體，按作者的表白，是仿劉申叔（劉師培，1884-1919）的四六體（《龔鵬程四十自述·逆俗》13），有人稱這種放腳文言為梁啟超（1873-1929）體，五四以來，除梁實秋的《雅舍小品》稍為近似之外，在散文上大幅度地實踐，

似乎也只有鵬程教授，好其堂吉訶德式的騎士精神者，在修辭上未必具備「理想讀者」的能力。文辭麗雅，是空間化的寫法，即讓讀者專注於辭藻，而忘卻內容，減慢閱讀速度，而達到因為賞鑑把玩而停頓下來的效果。「複雜的句子構造，罕用詞彙，複雜的隱喻都能減慢閱讀速度」，達到「反敘述」（anti-narrative）的效果，「使人們通常在文字意義上『不能閱讀』」❸。堂吉訶德以風車為巨人，進行攻擊，終於受了點傷，大陸版的序過去的「生命基本上是失敗的」（3），這可能也言之過早。中國的變革，實在需要更多具備堂吉訶德式精神的人，《龔鵬程四十自述》這本時代實錄，能一而再地重版的原因，就在於此。

---

❸ 戴維・米切爾森（David Mickelsen）：〈敘述中的空間結構類型〉（"Types of Spatial Structure in Narrative"），周憲主編，秦林芳編譯：《現代小說中的空間形式》（北京：北京大學出版社，1991 年），頁 156。

# 繼往聖，開來學
## ——讀龔鵬程《儒學新思》

金春峰*

**摘　要**　本文以龔鵬程先生《儒學新思》為其研究物件，旨在説明龔先生在儒學研究上的幾個特點：第一，龔先生的儒學研究在方法學上既非以西套中，亦非國粹主義；其治儒學之方式乃是以生命融入儒學。第二，龔先生以性、男女婚姻以及飲饌切入儒學研究，可謂得儒學之真味。第三，龔先生〈儒家的星象政治學〉〈儒家的曆數政治學〉等文有助重新認識具有傳統的早期儒家，讓人們見到完全理性化之孔子與儒家之外的儒家傳統。第四，龔先生的朱子學研究乃從朱子的禮學、政治學等「外王」學入手，其有力地糾正了對宋明理學之僅為心性內聖之學的偏頗看法，更有力地批駁與糾正了朱子為儒學歧出的不當看法。第五，龔先生對於新儒家的反思乃洞明之見。第六，龔先生從人間佛教與生活儒學的建設中來談儒學的出路，其見解亦頗為深刻。龔先生，成人成己，其可謂「人能弘道」之典型也。

**關鍵詞**　龔鵬程　《儒學新思》　朱子學　新儒家　儒學出路

---

*　　金春峰，美國歐亞大學教授。

# 一

「五四」以後，對中國哲學特別是儒家思想的研究，幾乎都很難避免以西套中的路子。如馮友蘭先生三十年代與八、九十年代的中國哲學史與新編，兩本哲學史雖同出一人，但研究的工具與方法卻都是西方的。牟宗三與勞思光先生六十年代後寫的哲學史，以發掘中國哲學之特點為任務與目標。但他們寫出的哲學史，仍然避免不了予人以以西套中的印象。從這點看，龔鵬程先生的儒學研究，是值得大加肯定和讚賞的。因為這裏沒有以西套中的套子，而是全面的佔有和掌握材料，從中找出儒學思想的本質精神與特點之所在；結論既不是全盤西化的，也不是國粹主義的；既不是乾枯的學院與學究式的高頭講章，也不是傳統的混雜不清、缺乏深入分析和論證的著作。它真正是中國式的——文史哲一體，娓娓道來，深入淺出，引人入勝。它展示給我們的儒學就在我們日用常行之中，可謂「極高明而道中庸」。一些「雖聖人有所不能至焉」的道理，經龔先生的論述，頓時清楚、明白了起來，以「繼往聖，開來學」形容，是當之而無愧的！

龔先生對儒學的研究既深且廣，其根本特點，即是將自己的生命融入儒學，與之為一。如果說許多哲學史對哲學的研究是作純學術與客觀的觀察、解剖，有如隔岸觀火，那麼作者對儒學的研究是帶著自己深切的摯戀、關懷——即對整個中國文化生命與出路的最熱切的關懷投入其中的。有如作者悼念錢穆先生的文章所說：「在錢先生那個時代，某些人做學問，是以整個人投浸在整體歷史文化關懷之中，對文化問題做總體的掌握，而非以學問為客觀的材料，並以學科來限制自己。所以他不同於現代學術規格中某一科門的專家。其論述也不求符合學術市場上的規格。他以他雄渾的生命力以及對歷史文化的熱切關懷，隨時可以對文化上任何一個問題深入鑽研，熱烈發言；但又不能以某事某問題圍限住他，因為他所關切的乃是整個文化的生命與出路。這樣的人物，在清末民初極多，如康有為、章太炎、梁啟超，甚至胡適、熊十力等都是。為學之途不一，然對文化之整體關懷則無二致。現在的學風，不容易再培養、也不易再容許或欣賞這樣的學者了。」龔先生正是和錢先生一樣的人，其治學風格和精神、特點，可以說是錢先生這一典範之極好的承傳。

但作者的眼光又是現代的、客觀的，對儒學採取的絕不是國粹式的態度，而

是批判的、分析的，對當代新儒學的評論，尤其如此。

龔先生出身道教世家，其大作《漢代思潮》之〈太平經思想分析〉，對道教思想之精通與功力，令人歎服；對佛教典籍亦下過大量鑽研工夫；又能詩能文，對中國文學有系統研究，可謂集文史哲及儒佛道於一身。這在現代講究專才專業的治學風氣中，乃鳳毛麟角。故本書對儒學的研究，也遠遠超出專門研究的範圍。作者謂：「談儒家的飲饌政治學、星象政治學、曆數政治學、聖典詮釋學、性學，以及儒家與道教之關係，都屬於替大家補習的性質。民國以來，對於這些課題，學界大抵不知道、沒想過，或是在其視域中被遮蔽、被漠視了。開發這些課題出來，才有助於推展儒學之研究。否則學界講來講去，大家都以為已經很懂儒學，儒學也講得爛熟、聽得煩膩了。可是實際上還早著呢！許多材料，研究儒學的人根本沒看過；許多論域，大家根本沒想到。故現有的一些研究成果，也是淺陋不足以語儒學之深美閎約的。」（〈自序〉）這確非自大之言。當今，如要對儒學有全面、具體、鮮活而生動的瞭解，研讀龔先生的有關著作，無疑是最好的「法門」與快捷方式。

## 二

儒學的核心是哲學思想，但它不是西方式的純思哲學，而和基督教、佛教有某種類似，是生命的學問，其任務是為人生意義問題提供答案；但它同時又是「內聖外王」的一體兩面，由修身而齊家治國以至平天下，故「天人合一」、「政教合一」是它的特點。孔子說：「鳥獸不可與同群，吾非斯人之徒與而誰與？」對生命與生活的極度的熱愛，並使生命、生活條理順暢，以完成「天地之大德」，「贊天地之化育」，乃是儒學的基本宗旨和特點。龔先生對儒學的研究牢牢地抓住了儒學的這一特點。

生命，包括自然生命與德性生命、文化生命。德性生命、文化生命是自然生命的昇華、潤澤，所謂「富潤屋，德潤身。」在德性、文化的潤澤下，自然生命走向高級的自為自由的階段，以至可以「與天地合其德、日月合其明、鬼神合其吉凶。先天而天弗違，後天而奉天時。」這生命與生活是人自己創造的，是它的無限潛能和生命力之呈現，因而有無限豐富、提高與發展的可能性，予人的心靈

以美的享受和及自由與尊嚴。作為生命的學問，儒家不是鄙視肉體、拯救靈魂，而是教導人們熱愛生活與生命，使人經過禮樂、文化、文明的教化，成為一真正的人。培養這樣的人，使生活成為充滿詩情畫意和崇高理想，是孔子一生孜孜以求的目標，也是他為儒學規定和指陳的使命。龔先生論儒學，從性、男女婚姻、飲饌切入，條分縷析，是食髓知味，真正把握了儒家這一特點的。

「性」是人的自然需要，性生活是生活的重要部分。婚姻使這種生活成為人的社會的活動。《禮記·郊特牲》：「天地合而後萬物生焉。夫婚禮，萬世之始也。」〈詩序〉：「〈關雎〉，后妃之德也，風之始也，所以風天下而正夫婦也：故用之鄉人焉，用之邦國焉。」漢儒謂：「家室之道修，則天下之理得，故詩始國風，禮本冠昏。始乎國風，原性情而明人倫也；本乎冠昏，正基兆而防未然也。福之興，莫不本乎室家；道之衰，莫不始乎閨內；故聖人必慎后妃之際，別適長之位。……昏姻之禮正，然後品物遂而天命全。故詩曰：『窈窕淑女，君子好逑』。言能致其貞淑，不貳其操。情欲之感，無介乎容儀；宴私之意，不形乎動靜；夫然後可以配至尊而為宗廟主。此綱紀之首，王教之端也。」（《漢書·匡衡傳》）龔先生關於〈儒家的性學與心性之學〉的論述，使這一特點與精神，系統而有深度地呈現在讀者面前。

在基督教中，龔先生指出，「人與上帝之愛，其實與男女愛戀之精神狀態非常一致，人成為他所愛物件精神上的俘虜，對方佔據在他的心中，自我消失或卑屈下來了。」「在這裏，二元對立，色欲是罪惡，因腐朽的肉體重重壓著靈魂、拖著把人往下拉，才使人不能與上帝之神性契合。人即使衷心喜悅天主的法律，可是在他肢體之中，另有一種律法，和他內心的律法對抗，把他囚禁於肢體的罪惡法律中」。儒家不同。「儒家雖教人勿好色而應好賢，但對食色等生之本能是承認也尊重的，不以為是它本身就是罪或惡。只有沈湎於此，才會被認為是小人。故對此生之本能，儒家指出向上一路，要人勿僅只知食色，更應重視飲食和色之德；但食與色並不是要揚棄的。所以儒家不辟穀、不忌口、不茹素、也不禁男女之欲。其修養工夫，只是寡欲，而非禁欲。只有少年血氣方剛時，才特別說此時戒之在色。『戒』亦非禁止之意，只是說要注意，勿放縱。只有在德與色衝突時，才在價值上選擇德。正因如此，故儒家不用『肉體／精神』『神性／欲望』之類二元截然對立的架構來處理德與色的關係。孔子希望人『好德如好色』，孟子說

人應『從其大體』，『先立乎大者』，以類擬或主從關係來談德與色，德與色即成為較複雜的動態的關係。」從德色的動態關係入手，既指出儒學和基督教等宗教的不同，又指出宋儒特別是程朱理學之重理壓欲而不同於先秦儒學，並指出其演變的過程和特徵，很能給人以啟發。

關於食，孔子說：「足食足兵，民信之矣。」「既庶矣又何加焉，富之。既富矣又何加焉，教之。」龔先生〈飲饌政治學〉一文，由飲饌切入，指出儒家主張的王道政治，核心內容就是孔子的這幾句話，並指出：孟子「士道雖重人禽之辨；王道（面對一般人民之需要）卻以禽獸性的生物需求為著眼點」。「後世儒者不能如孟子般在仁義心性之問題上跟飲食經驗關聯起來說，又不能談飲食等王道教化之事，乃以為可繼武於聖人，豈不謬哉！」。又以《周易》〈象傳〉如〈豫〉卦、〈鼎〉卦、〈頤〉卦、〈需〉卦等等等為例，指出其中都貫徹著由飲食以論政的思想，更顯得別開生面。在結論中，龔先生進一步指出：「西方的政治學重點在統治，故重在管理、監督、處罰。政治學理論中最主要的部分則是討論國家（政府）基於何種權力而有權統治、是何種形態之統治、人民為何同意被統治、與統治者之權利義務關係為何等等。儒家論政，所重卻在於『養』。」可謂畫龍點晴晴，言簡意賅。

<h2 style="text-align:center">三</h2>

儒學，其內容涵蓋兩大部分。一是由社會生產和經濟環境、生活條件所決定的家庭、氏族組織、社會制度、法律政治觀點等等，可稱為「世俗」部分。另一部分則是以特定信仰為核心的精神和價值系統。這可稱為「神聖」的部分，也是文化系統中之核心的長久穩定的部分。儒家講「內聖外王」之一體兩面，其「內聖」本質上亦以特定「信仰」為背景。與這一部分對應的，在西方是基督教、天主教、新教及神學哲學等。但在基督教中，上帝與自然分離，完全是人格化、位格化的。中國的傳統則從殷周以來，一方面有上帝崇拜，但它似人格非人格，基本上與天、與自然合一，沒有話語，沒有《舊約》所描述的種種反常的離奇的神跡顯示。另一方面，更多或更直接依賴、畏懼和信仰的，是自己死去而賓於帝廷的祖先的亡靈。這構成了中國不同於猶太教、基督教之二元的信仰系統。由於這

種特點，一方面，中國之信仰心靈不向西方宗教正規化——天人兩分的方向發展、而走向天人合一，亦天亦人；神性寓於自然，自然含寓神性；另一方面亦使亦人亦鬼的巫文化長期居於支配地位，由此而有以後周文化之壓倒性的孝德觀念之出現，又在此基礎上經由孔子的反思、總結而有仁與禮及兩者內在結合的人文主義思想系統之形成與發展。故不僅儒學哲學的基本命題，如「天何言哉？」「天命之謂性」、「仁之美者在於天」、「得天地生物之心以為心」等，是以此種信仰為背景而提出的。「不孝有三，無後為大」的家庭價值觀念，父慈子孝的倫理道德，慎終追遠的喪葬與祭祀傳統，以至重視歷史與「三不朽」之人生意義追求，報恩、「不忘本」、「不忘所生」、「推己及人」——由親親而仁民、由仁民而愛物，與天地萬物為一體，以及由修身而齊家、而走向社會，對社會、民族負責之之倫理道德思想，等等，也直接、間接是以這種信仰作為臍帶的。飲食、婚姻等，儒家也莫不以之與信仰相關聯。

儒家源於相禮先生，與天文時曆及種種陰陽風水有密切關係。《說文》謂「儒是術士。」《中庸》謂「仲尼上律天時，下襲水土。」孔子自己說：「吾少也賤，故多能鄙事。」故研究星象、時曆，原是儒者的本分。子產論禮，謂：「為政事庸力行務，以從四時；為刑罰威獄，使民畏忌，以類其震曜殺戮；為溫慈惠和，以效天之生殖長育。」（《左傳》昭公二十五年）《管子‧四時》：「惟聖人知四時。不知四時，乃失國之基；不知五穀之故，國家乃路。故天曰信明，地曰信聖，四時曰正（通政）」。司馬遷說：「神農以前尚矣！蓋黃帝考定星曆，建立五行，起消息，正潤餘，於是有天地神祇物類之官，是謂五官，各司其序，不相亂也。民是以能有信，神是以能有明德。民神異業，敬而不瀆，故神降之嘉生，民以物享，災禍不生，所求不匱。」（史記‧曆書）星象與時曆在古代政治與社會生活中之重要地位，於此可以概見。儒家對之極其重視，是必然的，亦是儒之為儒的本色。孔子相信天命、祥瑞（鳳鳥、河圖之類）。《論語‧堯曰篇》講「天之歷數在爾躬」，「天命」「曆數」觀念亦為早期儒家政治學的大根本。但儒學被近人確立其貢獻在於破除傳統迷信，挺立人的主體性或道德主體性以後，這一傳統就被刻意割棄或被說成是漢人對儒學的倒退了。實際上這樣完全理性化的孔子和儒家，並不是歷史上真正的儒家。龔先生〈儒家的星象政治學〉〈儒家的曆數政治學〉對此進行系統、全面的闡釋，極有助於認清儒家的這一傳統與本色，可以說填補了這方

面的研究空白。

## 四

宋明理學是儒學發展的新階段，人們以新儒學稱之。龔先生雖未對理學作全面的研究和論述，但卻抓住了最關鍵最重要的部分，那就是對朱子思想的再認識和研究。

龔先生〈生活儒學的重建〉一文，從朱子的禮學、政治學——「外王」學入手，系統地進行發掘、綜述、闡釋，不僅有力地糾正了對宋明理學之僅為心性內聖之學的偏頗看法，更有力地批駁與糾正了朱子為儒學歧出的不當看法。龔先生指出：「儒者之學本來就不能只講仁、講本心、講性體。論朱子猶應注意這一點，因為這就是朱子的見解。而這個見解，他主要是根據孟子來發揮的。」（頁501）「依朱子說，心與法應合起來，內聖外王不能岐為二途，故《語類》卷一〇八（論治道）引朱子告升卿曰：『古者修身與取才、恤民與養兵，皆是一事，今遂分為四』。修身、齊家、治國、平天下皆是一事。不如此，徒能修身而已，焉能治天下哉？」（頁504）「讀孟子書的人千千萬，但能秉承孟子之意，落實推動，而且從實務層面詳言其法者，朱子之外，實所罕見。」（頁516）這些論點極為中肯，可以說抓住了朱子學的根本。

朱子《語類》：「聖人將那廣大底收撿向實處來，教人從實處做將去。佛老之學則說向高遠處去，故都無工夫了。聖人雖說本體如此，及做時須事事著實。如禮樂刑政、文為制度，觸處皆是。體用動靜，互換無端，都無少許空闕處。若於此處有一毫之差，則便於本體有虧欠處也。」（《語類》卷六十四）龔先生在引用朱子類似語錄和詳析朱子一生究心於禮（包括政在內）的思想與實踐之後，指出：「仁禮雙彰，而實欲以禮行仁也。此為朱子學之格局。」（頁551）「牟先生式的解釋，可能會令我們放棄了儒學在社會性實踐上一些有用的資源，與臺灣早期儒學傳統也無法接合。牟先生的用心在於立人極，教人逆覺體證仁心覺情，而存養於道德踐履中，這是我們明白且能深有領會的。但識仁之功多，而究禮之意少，偶或論之，亦皆攝禮歸仁，於禮俱為虛說。對於宋代儒者如何藉其性理之學開務成物，實均不甚了了。此殊不能謂其為善繼人之事，善說儒學之義者。」可謂大

哉斯言。

實際上，在心性之學上，朱子也是孟子思想之承傳與發揮者，且也是第一個把孟子心性思想樹立為道統之道體思想的人，從而大有功於孟子之亞聖地位的確立。孟子講「四端之心」、「良知良能」，其根基是一血緣親情之知（所謂孝親敬兄之知），與康得之基於理論分析而得出的：道德只是、也只能是一基於善的意志的絕對命令、律則之說，在精神上本不相同。這裏，「良知」雖因人人同具而具普遍性，但並不直接就是具客觀性、普遍性之道德法則。局限於良知，其成就的，只能是《禮記·禮運》所謂「天下為私，各親其親，各子其子」的「小康」社會。所以孟子強調要以此為基礎而「達之」，也即「推廣」、「擴充」，由「親親而仁民，仁民而愛物」（〈盡心上〉），使之成為一客觀性普遍性的道德。血緣親情之知是「天與之」，是「天」。「擴充」、「達之天下」，是人的自覺努力，是人之「贊天地之化育」。也就是說，「天」所與的只一點點根苗、萌芽，其人文化成，有賴於人自己的自覺擴充和提升，而非所謂「道德法則」在自我意識中之自然湧現。朱熹講仁，強調「克之而又克之」、「莫不因其已知之理（指生而具有的良知）而益窮之，以求至乎其極」，講「惻隱羞惡之心，人皆有之，故莫不有所不忍不為，此仁義之端也；然以氣質之偏、物欲之蔽，則於他事或有不能者，但推所能，達之於所不能，則無非仁義矣。」「親親敬長，雖一人之私，然達之天下無不同者，所以為仁義也。」「能推其所不忍，以達於所忍，則能滿其無欲害人之心，而無不仁矣。能推其所不為，以達於所為，則能滿其無穿窬之心，而無不義矣。」（《孟子集注》）這些，可以說是最忠實地秉承和發揮了孟子思想，亦表現出仁禮雙修、內聖外王一體兩面而不可分割的的精神。

故就為政者而言，「克己復禮」之心性修養或道德踐履，必須表現為現實的仁政，不能停留於個人的獨善其身，更不能停留於個人的「逆覺體證」。故講求仁術，講求仁政之實行方法，是「踐仁」之內聖本身所要求的。《孟子·離婁上》：

「不以仁政，不能平天下。今有仁心仁聞，而民不被其澤，不可法於後世者，不行先王之道也。故曰：徒善不足以為政，徒法不足以自行。」朱注：「有其心、無其政，是謂徒善。有其政、無其心，是謂徒法。程子嘗言：『為政須要有綱紀文章，謹權、審量、讀法、平價，皆不可缺。』而又曰：

『必有關雎、麟趾之意，然後可以行《周官》之法度』，正謂此也。」

「以德行仁者王」朱注：「所謂德者，非止謂有救民于水火之誠心。」

龔先生指出：「術」字古即與「道」同義；「道術」古亦常連為一詞，如莊子所稱「古之道術有在於是者」是也。先王之道，在孟子的用法中，其實也就是指術。先王之道，不是就其仁心而言，乃是指行政措施、實踐仁心的方術，這事實上也就是禮。在附注中，龔先生又引用朱子《論語》注中的類似言論及王船山《讀四書大全》中對朱熹思想的引用及發揮，對此加以重申，更增強了它的說服力，予人以極深的印象。

# 五

近代，中國內憂外患，深重的民族及文化危機，引起了「五四」新文化運動，儒學遭受空前厄運。幾十年後，馬克思主義終於在批判和排斥儒學及西方自由主義思想之鬥爭中，取得支配地位。但三種思想或思潮的鬥爭並未結束。梁漱溟、熊十力及港臺唐君毅、牟宗三、徐復光三先生所代表的新儒學隨之而起，有力地表明了儒學的生命活力及其在中國思想文化領域中之深厚根基與力量。

對大陸儒學，龔先生以梁漱溟、熊十力為代表，進行了深入分析。

梁漱溟「五四」打倒孔家店之聲響徹雲霄的北大，大聲為儒學作宣傳，以人類三種文化之新說，為儒學作了全新的定位。但龔先生所著重指出的是梁思想的另一面，提出的深刻問題是：儒學與馬克思主義及毛澤東思想的關係。經過細緻分析，有力地指出，梁對毛思想之強調人的主觀能動性的讚揚，顯現出其思想之膚淺、混亂和對儒學的真精神亦未能深切體悟。這一新的看法，對深入研究梁個人思想及儒學與毛思想的關係，是很有意義的。

對熊十力先生，龔先生則以其論張江陵之「立理以限事」的史學評論為例，深入地揭示了宋代理學以及繼承它的現代新儒家之輕忽史事研究，而高懸一「天理」以口誅筆伐歷史人物的偏頗傾向，指出，這種傾向實際上也背離了儒家「六經皆史」、十分重視歷史研究的傳統。

　　作者與臺灣新儒學的朋友長期研磨切磋，相濡相染，對之有真摯的同情與親切瞭解，故對新儒學在當前臺灣的狀況與處境、觀察、分析更為精到。其論述對僅能從書本上瞭解港臺新儒學的人，是極好的幫助。

　　據龔先生的分析，港臺現代新儒學面臨著深度的來自本身的矛盾與困境，這就是：他們反對全盤西化、特別是學術與教育（包括形式與內容）的西化，但自己卻在西化的環境與立足點上思考與工作（如以西式哲學講儒學，以康德的架構解讀孔孟陸王與批評朱熹等）；講生命的學問，卻離不開課堂式宣講與義理解析。以此，他們無剗根民間與生命的「實踐」，其式微是必然的。

　　我要補充的是，深受「五四」理性崇拜的影響，新儒學自覺地摒棄了傳統與儒家的信仰背景，自己沒有任何真正的信仰，因此，剩下的只有光禿禿的道德理性（被大大誇大和膨脹了的良知）。它在實踐上的失敗，這亦重要原因。

　　龔先生指出：「綜括來說，批評新儒家及傳統儒學的人，大體上只是套用了西洋現代思潮對西方文化傳統之批評架構，將中國文化類擬為西洋傳統，謂其為政治道德化、政教合一、一元論而已。到底中國儒家是否如此，其實是另外的問題。……新儒家表面上是較保守的，但其對應的、所思考的，確為中國文化在面臨西洋衝擊時的調適發展之道。其思慮所得之恰當與否，自可再予檢討。然而現今批評新儒家，貌似開明進步者，卻根本未曾面對中國的問題，亦未發展出屬於自己的思考模式與批評架構，故儘管挽強弓、控硬弩，射的卻是旁人的靶子。這實在是非常遺憾的事！要批評新儒家，他們恐怕得另闢蹊徑才行。」這一分析，既有助於反新儒學學者的深入反省，促進爭論和批評的深入，也將促進新儒學的自我反省與發展。

　　新儒學的特點是強調「存在的感受」，突顯了儒學的宗教性格，這是大家所熟知的。龔先生與一般論述的不同之處，是善於透過新儒學種種辭句和面相，指出新儒學強調的「存在的感受」，主要是對人的痛苦與陰暗面的觀察與體驗：「對人自身生命的反省，他們都是從陰暗面的把握開始。」（頁399）「新儒家由存在，由生命之陰暗面展開觀解體察之路，與天台宗在形態上是吻合的。」（頁400）牟宗三先生之所以欣賞天台宗，原因蓋在於此。對「良知坎陷」以開出科學與民主之說，龔先生也指出：這是與它對存在、現存的感受及「致曲」相互聯繫的。故新儒學所看到的人的生命，不是光明直遂的，「乃是在不斷的曲與『曲之曲』中，

使人的生命遠離其自己而復回歸於其自己」（頁 413），因而遠比宋明理學深刻和深邃。這些評論，可以說真正是一種同情和欣賞的瞭解，也是更為深刻的瞭解。

另一方面，龔先生亦指出：「新儒家的思路，未必無自我異化之可能」：㈠「如何能復性歸仁？古代儒家多從節制情欲及薰習正聞、變化氣質這方面立論。新儒家則覺得這條路子太消極，且未能立超越依據之大本，道德只成為外鑠他律的。所以集中力量正面說明德性實踐之動源：心性，欲以此踐仁知天。然而，這只是說明了轉之必要以及能轉的根據，並不即是轉。㈡「通讀新儒家之說，似乎只能給予我們一些『人必能復性，必須復性』的信念，時代性的復性之道，則尚未能了然也。」㈢「他們談這些問題（指民主與科學）多半只是虛地談，亦即重在說明民主科學與中國文化不相斥，中國亦應該民主化科學化。」並未現實地爭取民主。幾十年來，「反而只去深化他們道德實驗之超越根據的討論。如此，勢必越來越抽離於歷史性、情境性之上，成為普遍性超越性的儒學。形成另一種可能的危機。」換句不客氣的話，這是批評新儒學空談心性，「未真能看清時代的學術動向與意義。」㈣「對治學的問題，可能也並沒有真正處理。……牟宗三自謂他治學是從美之欣趣、想像的直覺解悟，再做進一步的凝斂，轉入邏輯的架構思辨。……才性氣質幾乎決定了一切，邏輯概念及客觀問題的討論，乃是由主觀氣質所導出的。此反智及反學的態度，不僅將使得新儒家智識化所建構之各種理論與言說，變成一種奇妙的自我模糊，具有戲論性格。對於學術、歷史文化問題的客觀意義與價值，也無法安立。」龔先生說，「對於這些問題，我相信新儒家們也應該都已有所感知。……新儒家在近代思想史上，已成就了它的悲壯。後繼者，宜如何成就，則仍待我輩努力。」顯然，龔先生是把自己擺在儒學陣營的。因此以上對新儒學的批評，也可以看作是儒學學者對儒學自己的一種反省。這就更值得珍貴了。

# 六

儒學的的未來與出路何在？

在〈人間佛教與生活儒學〉一文中，龔先生提出：「面對現代社會，若想重建禮樂文化，讓儒學具體作用於生活世界，就需要在反現代性的世俗化及形式化

方面著力。反世俗化，有兩個方式，一是重新注意到非世俗的神聖世界，由其中再度尋回生命歸依的價值性感受，重新體驗宗教、道德等的實質力量，並以之通達於美感世界。二是針對世俗化本身再做一番釐清。現代社會的世俗化，其實並未能真正符應於社會生活的原理。要讓社會世俗生活恢復生機，即必須恢復禮樂揖讓之風，使人各得其所，各安其位，顯現出人文之美來。」龔先生所謂「神聖性」，即指與信仰有關的心靈生活。這一建議，確是非常切中要害的。為了恢復這種「神聖性」，龔先生建議大學應繼承古代禮樂與信仰的傳統（中國古代大學——辟雍，向來與宗廟、明堂合在一塊兒。州府所辦學校，亦必連接著孔廟），開學時舉行類似古代大學授教的儀式，以加強師生數與被教的神聖性。在婚、喪、祭、生活起居、應對進退、飲食男女各方面，也應重新「恢復禮之精神。」（頁 483）這些，我以為是十分重要的。

儒學要恢復信譽，更重要的是要在政治上體會與發揚傳統儒學之真正的民本精神。因為政治從來是社會力量與生活的重心。對於「民本精神」可以批判與指出其不符合近代民主原則的實質，但更重要的，是體會與發揚其何以在古代、在等級——分封、世襲之封建制社會，能率先喊出「革命」、「有教無類」、「民為貴、社稷次之，君為輕」、「去奴隸，除專殺之威」、「天地之性人為貴」這些站在當時時代之前列的口號與精神。作為「聖之時者」，孔子和儒家之「時」絕不是趨炎附勢，而是站在時代潮流的前列。這，在當今，也就是要求站在爭自由、民主、人權而鬥爭的前列，所謂「異地則皆然。」因此，儒學應該和自由主義結成內心與行動的聯盟，有如徐復觀與殷海光先生晚年的榜樣所示範。如果不是這樣，而只是一味維護與讚美傳統，是不可能使儒學之生命與活力重現的。

龔先生是教育家（多年擔任大學校長，有理想、理念和成功的實踐）、教師、學者、詩人（工於舊體詩詞）、政論家和思想家，博學多能，精於專業而超乎專業。在從政與辦學中，又敢於站在時代的前列，堅持理想和原則，是自由主義精神的體現者，可以說其精神氣質是和古之所謂真儒、大儒同類的。龔先生說他自小浸染儒學，「童而習之，迄今浸淫四十餘載。對它感到熟悉、親切，自然是不在話下。而與一般人不同的，是我還相信孔子、喜歡孔子。」「我能知孔子，殆如莊周之知魚於濠上，千古遙契，莫逆於心。」故龔先生之成己成人，是儒學在今天仍然享有生命活力、能隨時代而前進的有力見證，也是「人能弘道」的極好見證。

# 廖平的經學與道教——從龔鵬程〈道教影響下的儒家經學〉談起

劉芝慶*

**摘　要**　廖平經學六變，論者多矣，學界或從儒者經世角度而言，或從經書解經而論，對於廖平經學的内涵與精神，至今已有許多累積成果。龔鵬程則獨具慧見，以「道教影響經學」為主軸，著眼於廖平經學三變以後，由鑽研醫論與病理、研究道家與道術起始，然後分析廖平思想的演變，指出廖平經學多受道教影響。本文即是以此為基礎，更進一步論證廖平經學與道教、醫術的關係，最後再回歸到廖平經學三變以後的思想脈絡，探究廖平經學宗旨。

**關鍵詞**　廖平　經學　道教　龔鵬程

## 一、三變到六變——道教影響下的儒家經學

回顧廖平的學思歷程，而有經學六變之說。由一、二變的平分今古與尊今抑

---

* 　劉芝慶，1980 年生，輔仁大學進修部歷史系、臺灣大學歷史所碩士班畢業，目前就讀於政治大學中文所博士班，主要閱讀興趣為中國學術思想史與文學史。曾發表《修身與治國——從先秦諸子到西漢前期身體政治論的嬗變》、〈論康有為與廖平二人學術思想的關係——從《廣藝舟雙楫》談起〉、〈北宋理學「天人之道」溯源——以唐中葉「氣、天、易」為線索〉、〈從《中國——理性之國》來看梁漱溟的内心世界〉、〈博學於詩——論「胡適論黃遵憲」〉〈浮生若夢，為歡幾何——從「情」「景」到《浮生六記》〉等論文。

古，到三變以後的皇帝王伯、小統大統、天學人學等等，其論愈見恢奇怪誕。且經學三變以後的內涵，不再是今古文經義的解釋而已，而是道通多方，牽引釋道醫方技等範疇，廖平的弟子蒙文通就說：「廖師大小統以後之說，多推於方技術數，援緯候、醫學、陰陽家以立義。」章太炎也說：「君之學凡六變，其後三變雜梵書及醫經刑法諸家，往往出儒術外。」❶

順著這樣的線索，許多學者探究三變以後的經學發展，因而不限於經學本身，而更旁涉其它，並予以更細化的分析。其中龔鵬程〈道教影響下的儒家經學〉，別出新解，指出廖平自經學三變以後，❷開始鑽研並著述老、莊、尸、命理地理與醫學。特別是晚年熱衷醫理，並非如蒙文通等人所言，是為了醫病治療所致，因為廖平既不行醫又不執業，所以他論醫乃基於理論興趣，故許多著述重在闡述醫理，而非實際治病。❸更進一步來講，這些醫論之作，當可與廖平論老莊堪輿命理等書並觀，皆可視為廖平論道術之一環，而醫術正是道術之一，此乃中國「道

---

❶ 蒙文通：〈井研廖師與漢代今古文學〉，收於廖幼平編：《廖季平先生年譜》（成都：巴蜀書社，1982年），頁153。章太炎：〈清故龍安府學教授廖君墓誌銘〉，收於廖幼平編：《廖季平先生年譜》，頁94。

❷ 關於廖平經學三、四、五變的起迄時間，學界尚有分歧。但不管如何，經學三變顯然是一個關鍵期，此時廖平一改以今古解經的說法，不再單以〈王制〉通說群經，而是與《周禮》互補共說，其後漸進發展，於經書中分小學大學，由人企天再到人天小大，又於天學人學中再各分大小，其間雖陸續各有變化，但顯然可將經學三變到六變視為一個整體。因此本文的研究，並不在考證分期時限，而是在說明廖平經學三變以後的思想內涵。可參龔鵬程：〈道教影響下的儒家經學〉，收於氏著：《道教新論》（北京：北京大學出版社，2009年），頁287。各學者對於廖平經學三變以後的時限界定，可參考林淑貞的整理：

| | 經學三變<br>小統大統 | 經學四變<br>天人之學 | 經學五變<br>人天小大 | 經學六變<br>五運六氣 |
|---|---|---|---|---|
| 自序 | 一八九八戊戌 | 一九〇二壬寅 | | |
| 柏毓東 | 一八九八 | 一九〇二 | 一九一二壬子 | 一九一九 |
| 李耀仙 | 一八九八迄一九〇七 | 一九〇五 | 一九一二迄一九一八 | 一九一九迄一九三二 |
| 向楚 | 一八九八 | 一九〇二 | 一九一八 | 一九二一 |
| 黃開國 | 一八九七至一九〇六 | 一九〇六至一九一八 | 一九一八至一九二一 | 一九二一至一九三二 |
| 陳文豪 | 一八九七迄一九〇一 | 一九〇二迄一九〇四 | 一九〇六迄一九一一年 | 一九一九年 |

林淑貞：〈廖平經學六變所建構的歷史圖像〉，《中國學術年刊》，第十八期（1997年3月），頁51-52。

❸ 龔鵬程：〈道教影響下的儒家經學〉，收於氏著：《道教新論》，頁286。

醫」傳統流衍。❹因此不管是以《老》《莊》《楚辭》釋經，建構天學，還是以
《素問》《靈樞》為修身之最高等，又或是以《黃帝內經》五運六氣解《詩》《易》……
等等，從三變到六變，廖平都企圖將道家道教之學收攝到經學中。此時所謂的經
學，就廖平來講，其目的仍在於通經致用，不將經書視為客觀研究對象，而是生
活世界意義的來源，考古是為了用今。❺但實際上卻是將孔子與六經道教化與道
家化，論六合之外、講白日飛昇、說長生服氣，此等道術之說，顯然深刻影響廖
平經學三變以後的論點。❻

　　本文的研究，即是順著龔先生開創出來的脈絡前進，企圖更進一步分析，廖
平談醫術，究竟如何聯結到他的人學天學？經學的道教化，事實上是有選擇式的
詮解經書，並非將道教全盤地移用於經學，因此對於道教之說，廖平本身亦有捨
取，這又與他本身的理論架構有關。更有甚者，廖平屢援道術，事實上是為了尊
孔，經學的道術化，又曲折地反映了廖平藉經以言道，以經學經世的理想。

　　我們先從他的醫術與道術談起。

## 二、以經學經世——廖平的醫術、道術與學術

　　廖平從第三變起始，就已漸擺脫一、二變注重今古經的做法，開始分列皇帝、
王伯之學，❼〈王制〉詳解中國，專說《春秋》，乃王霸小一統，而《周禮》為
全球治法，專說《尚書》，是為皇帝大一統。且大統小統盡歸於孔子，❽小統是

---

❹　關於道教與醫學的關係，可參龔鵬程：〈道醫論〉，收於氏著：《道教新論》，頁 304-318。
　　蓋建民：《道教醫學》（北京：宗教文化出版社，2001 年），第四、五章。

❺　丁亞傑：《晚清經學史論集》（臺北：文津出版社，2008 年），頁 138。

❻　龔鵬程：〈道教影響下的儒家經學〉，收於氏著：《道教新論》，頁 282-292。

❼　所謂的皇帝王伯，並非實指古代的歷史人物，只是作為一種象徵性的符號而已。廖平在《孔經
　　哲學發微》就說：「所有帝、王、伯、君四名詞，不過如優等、上等、次等、下等之符號（為
　　代名詞）」「高者為皇、帝，其次為王，其次為伯，又其次為君。」廖平：《孔經哲學發微》，
　　收於李耀仙編：《廖平選集》（上冊）（成都：巴蜀書社，1998 年），頁 344。亦可參黃開國：
　　《廖平評傳》（南昌：百花洲文藝出版社，2010 年），頁 134。

❽　廖平認為，大統與小統都是孔子的規畫。其中有些經書，便同時具有兩者，他說：「小康王道
　　主〈王制〉，大同帝德主《帝德》。兩篇同在《戴記》，一「小」一「大」，即小大共球之所
　　以分。」《周禮》也是如此，〈大行人〉〈小行人〉〈職方〉〈量人〉等等，同樣也有大小之

孔子為中國立法，大統是孔子為全球立法，其中又可細分，《詩》《易》為大學，〈王制〉《春秋》為小學。❾至於《老》《莊》《列》等道家學說，亦屬大統，不但可與《詩》《易》《周禮》互通，❿道家又集孔門四科之大成，專詳大同之說，又兼論瀛海治法，⓫其後釋又出於道，更源起於老子化胡，故「孔子為老子之統帥，佛教為聖門之前鋒。」⓬不止如此，再加上《山海經》《淮南子・天文》《淮南子・精神》，或講天之宣夜、大地浮沉、三萬里中、四遊成四季、五大州疆宇、大九州等名目，皆由「孔子於二千前以前，預知百世以後世運，而為之制作。」⓭

從第四變開始，廖平說法又有變化，主要是將《詩》《易》分屬天學，為周遊六漠，魂夢飛身，邀於六合之外，皇帝王霸則全屬人學。原本以皇帝王霸配《詩》《易》《尚書》《春秋》，如今只配《尚書》《春秋》，⓮至於《老》《莊》等書，亦隨著《詩》《易》而「升級」，〈四變記〉就說：⓯

> 今故以經傳為主，詳考「至人」「神人」「化人」「真人」「神人」「大德」「至誠」「大人」，以為皇天名號，而以《靈樞》《素問》、道家之說輔之，以見聖人人帝之外，尚有天皇，此「天人學」之所分也。

> 周遊六漠，魂夢飛身，以今日時勢言之，誠為力所不至。然以今日之民，視草昧之初，不過數千萬年，道德風俗，靈魂體魄，已非昔比。若再加數千年，精進改良，各科學繼以昌明，所謂長壽服氣，不衣不食，其進步固

---

分。因此廖平在經學三變以後雖屢言《周禮》為皇帝之學，便是專究於大統著眼。廖平：《知聖續篇》，收於李耀仙編：《廖平選集》（上冊），頁 226、229-230。

❾ 廖平：《知聖續篇》《四益館經學四變記》，收於李耀仙編：《廖平選集》（上冊），頁 224、550。

❿ 廖平：《知聖續篇》，收於李耀仙編：《廖平選集》（上冊），頁 231-233、247。

⓫ 廖平：《知聖續篇》，收於李耀仙編：《廖平選集》（上冊），頁 227。

⓬ 廖平：《知聖續篇》，收於李耀仙編：《廖平選集》（上冊），頁 271。

⓭ 廖平：《知聖續篇》，收於李耀仙編：《廖平選集》（上冊），頁 237。

⓮ 陳文豪：《廖平經學思想研究》（臺北：文津出版社，1995 年），頁 191、194。

⓯ 廖平：《四益館經學四變記》，收於李耀仙編：《廖平選集》（上冊），頁 553-554。

可按程而計也。近人據佛理言人民進化，將來必可至輕身飛舉，眾生皆佛。

廖平怎麼以「《靈樞》《素問》、道家之說輔之」呢？他認為《靈樞》《素問》裡的「黃帝」當為「皇帝」，「岐伯」當為「二伯」，為治「皇帝學」之專書。其中又可分為天學人學、治天下、治病三門，治天下者為「帝學」；言天道人身應天地者，則為「皇學」；醫學專書則是入「藝術」。而醫書中屢屢言及「道」，廖平認為這就是求道，亦即孔子之道，是以身比天地，因修身以存道，相較於《容經》為普通修身、《洪範五行傳》為仕宦修身，《靈樞》《素問》可謂最高等的修身，為《中庸》（屬天學）「至誠」的基礎，其後漸序進展，再加上科學發達，「近人據佛理言人民進化，將來必可至輕身飛舉，眾生皆佛。」此外，《楚辭》《山海經》《老》《莊》《列》《穆天子傳》等書，或言地理，以地球為齊州，或言形神俱融，辟穀飛昇之事，又或是佛教說世界進化，眾生皆佛，而佛又出於道，諸書皆盡屬天學之列。❶❻

到了經學五變，廖平先是延承前說，認為真人神人至人之類，皆為天學。但有所不同者，是天學又分大小，《詩》為神遊，《易》為形遊，神遊是「如遷家之嬰兒鍊魂，神去形留，不能白日飛昇，脫此軀殼」；❶❼形遊則是更高一級，是「所謂履虛若實，入石不礙，無待風雲而行」。❶❽其中神遊又每借夢境以立，即便身形仍在，但神遊範圍仍可是六合天外，上窮碧落下黃泉，無所不至，「其《詩》全為思想學，全為夢境思夢，全為靈魂學」，而《楚辭》的周遊六虛，《莊》的夢為魚而潛淵，《周》《列》的掌六夢，全屬此說。❶❾

此外，廖平更進一步探究道教之說，企圖更具體地貼近經學，他在《莊子經說敘意》中，明確反對道教的鉛汞煉丹，認為此派出自魏伯陽，不可以列入神遊之說。因為神遊形遊等天學，皆出於自然程度的發展：❷❶

---

❶❻ 廖平：《四益館經學四變記》，收於李耀仙編：《廖平選集》（上冊），頁554-557。

❶❼ 黃鎔箋述：〈五變記箋述〉，收於李耀仙編：《廖平選集》（上冊），頁607-608。

❶❽ 廖平：《莊子敘意》，收於嚴靈峯編：《無求備齋莊子集成初編》（臺北：藝文印書館，1972年），頁4。

❶❾ 陳文豪：《廖平經學思想研究》，頁222。

❷❶ 廖平：《莊子敘意》，收於嚴靈峯編：《無求備齋莊子集成初編》，頁4。

> 世人學仙喜以莊子附會鉛汞家言……，所有神遊亦出自然程度，初非黃婆
> 姹女嬰兒結胎。莊子本為神仙之學，特為經術化世，初非自私自利，厓穴
> 枯稿（芝慶按：應為「槁」），妄求飛昇者比。

神仙之學，是為經術化世，與經學相通，但鉛汞煉丹等道術，就非廖平所能接受。
換句話說，他雖然屢言「辟穀飛昇」、「長壽服氣」，並附會於他的經學世界，
說這是人類自然進化，[21]再加上科學進步的普遍成果：「若再加數千年，精進改
良，科學繼以昌明，所謂長壽服氣，不衣不食，其進步固可按程而計也。」[22]這
種理想世界，當非鉛汞煉丹之術可比。再者，道教的金丹或是佛教的禪寂，乃至
於俗儒只求自己成聖成賢，專重本身利益，自私自利，不重世人萬民福祉，此皆
不足以取法，故為廖平所不取，他在《孔經哲學發微》就說：「萬部金丹，徒勞
妄想，清淨無象，於世何益？俗儒每以自了為聖賢，須知戶戶道學，家家禪寂，
天下正自瀰亂耳。」[23]徒勞妄想，無益於世，以自了為滿足，正是廖平所反對的。
　　最後，廖平更是總合天學人學，將《大學》《中庸》《黃帝內經》視為由人
企天的關鍵。此三書中都包涵天人之學，《中庸》為人天合發，《大學》以修身
為本，八德目中以「修身」為人學基礎，「格物」「致知」為進學等級，「誠意」
是由人到天，為天人之交，其後定靜安慮得則為天學。[24]而二書屢引《書》《詩》，

---

[21] 在近代中國思潮中，許多學者常常把歷史發展視為是進步的，是有意志的，這種導向某一個目
標的「線性歷史觀」，正是晚清以來的普遍思潮。可參王汎森：〈近代中國的線性歷史觀〉，
收於氏著：《近代中國的史家與史學》（香港：三聯書店，2008 年），頁 50-108。但是這種歷
史進程又非突然而變，而是一種漸進式改良主義，康有為便是持此觀點的代表之一，可參黃俊
傑：〈康有為對中西思想的調融：以《孟子微》為中心〉，收於氏著：《孟學思想史論（卷二）》
（臺北：中央研究院文哲研究所，2006 年），頁 391-402。劉芝慶：〈論康有為與廖平二人學
術思想的關係──從《廣藝舟雙楫》談起〉，《中國歷史學會史學集刊》，第 41 期（2009 年
10 月），頁 301-303。
廖平談及進化次數亦多，主張以漸不以驟，其觀點亦多有類似，從此可看出近代中國思潮對於
當時學者的影響。

[22] 廖平：《四益館經學四變記》，收於李耀仙編：《廖平選集》（上冊），頁 554。

[23] 廖平：《孔經哲學發微》，收於李耀仙編：《廖平選集》（上冊），頁 300。

[24] 廖平：《孔經哲學發微》，收於李耀仙編：《廖平選集》（上冊），頁 332-334。

《書》為人學，《詩》為天學，❷即為人天學的標目，是從人學到天學的階梯。至於《黃帝內經》其中亦有天學人學，例如〈病能篇〉末有上下經，上經言氣之通天，為天學；下經言病理變化，屬人學。又例如〈天元紀大論〉〈五運行大論〉〈六微旨大論〉……等七篇，發明五運六氣、六甲五子，當可為《詩》之本，自是天學，而論疾病諸篇，乃為醫學專書，當為人學，因此《黃帝內經》同樣也可視為人天合發，包括六合內外之作。❷

從這個角度來看，廖平從民國元年（1912）著成《人寸診比類篇》《古今診皮篇》開始（此時約屬經學三、四變之間），便開始致力著述醫學，不但有治病的考量，同樣也有闡釋自身理論，建構大統或天學的需要。因為前者屬人事，後者則是天道，然後再搭配《大學》《中庸》等書，縮合了他由人學到天學的理路進程。因此廖平〈古今診皮名詞序〉指出「尺」，應當作「皮」，「尺之為文與皮字之形相似」，❷診尺即是診皮，尺膚就是皮膚，於是集匯診皮者為一門，並進而提倡「五診法」：「《診皮》末附以《五診法》，《經》每以皮（膝理）、絡（一作肉分）、經（三部九候診經脈）、筋（有經筋篇）、骨（筋骨亦作臟腑）以淺深層次，分屬臟腑，及邪風傳移，最關緊要，今別匯為一門，名曰《五診法》」，❷這些都是就實際的人體治療來講的；《診絡篇補證》則是解釋經脈與絡脈之異，及其相關主病治法，例如廖平解釋《靈樞·血絡篇》的題旨，就說「絡為輕病，其絡有淤血，可以目見，以瓷針或針刺出惡血，則病自愈，故以血絡名篇」，❷又說《內經》結脈，乃指絡脈，而非經脈。❸辨別經絡脈，重在闡述辨析，但以針刺出惡血，就是在講具體醫法；《診骨篇補證》則是注述骨節大小、長短與廣窄，然後定其脈

---

❷　黃鎔箋述：〈五變記箋述〉，收於李耀仙編：《廖平選集》（上冊），頁 598。

❷　黃鎔箋述：〈五變記箋述〉，收於李耀仙編：《廖平選集》（上冊），頁 603。黃鎔在《靈解五解篇序》（廖宗澤輯）裡，闡述其師廖平之意：「《靈樞》、《素問》分政治、醫診二大派，天道人事，異轍殊途，釐定部局，剖析涇渭。庶政學收功於大統，醫術不遁於虛玄……」，《靈樞》、《素問》分政治、醫診二派，政學又收於大統，其意亦是如此。廖平：《廖平醫書合輯》（天津：天津科學技術出版社，2010 年），頁 1357。

❷　廖平：〈古今診皮名詞序〉，收於氏著：《廖平醫書合輯》，頁 95。

❷　廖平：〈古今診皮名詞序〉，收於氏著：《廖平醫書合輯》，頁 96。

❷　廖平：《診絡篇補證》，收於氏著：《廖平醫書合輯》，頁 190。

❸　廖平：《診絡篇補證》，收於氏著：《廖平醫書合輯》，頁 199。

度，「故曰骨為幹，脈為營，如藤蔓之營附於木幹也」，❸並以圖文並列方式，附錄〈周身名位骨〉以證之；❸《藥治通義輯要》，更說病有新舊，故療法亦有不同，用膏、藥酒、湯、煎、丸等等，各有特性，「邪在毫毛，宜服膏及以摩之，不療，廿日入於孫脈，宜服藥酒……不療，六十日傳入經脈，宜服散……」，❸如此種種，都可視為是「人學」的一環，是專為闡述醫理與治疾病理而作，既是醫學專書，當然就注重人體，闡述醫理更是為了要治病，而要探究人體疾患，就更必須分析醫理，兩者是不可分的。

但是反過來講，廖平也屢言《黃帝內經》《靈樞》等醫書的天學精義，顯然都是就「六合以外」的角度而言，❸再加上未付刊行的《五運六氣說例》《五運六氣即詩易緯候之徵》《內經三才學說》，其書雖今皆未見，只存書目，❸但很可能也是就醫書的天學部分來講的。為什麼這麼說呢？前面已經講到，《黃帝內經》中講的五氣六運、六甲五子之類，皆可為《詩》所本，因此屬天學，廖平著書的目的，可能就在於闡釋這層關係。❸到了經學六變，廖平更是直接以五氣六運解《易》，柏毓東記述廖平：「悟六經之師說存於《內經》。訂『四風』『五

---

❸ 廖平：《診絡篇補證》，收於氏著：《廖平醫書合輯》，頁 417。

❸ 廖平：〈周身名位骨〉，收於氏著：《廖平醫書合輯》，頁 426-442。

❸ 廖平：《藥治通義輯要》，收於氏著：《廖平醫書合輯》，頁 1002。

❸ 在〈五變記箋述〉中就列有〈《內經》天人四等名詞表〉，其中「天學」部分，廖平就引《素問·上古天真論》為證。可見黃鎔箋述：〈五變記箋述〉，收於李耀仙編：《廖平選集》（上冊），頁 600。

❸ 陳文豪：《廖平經學思想研究》，頁 89、90、95。

❸ 其中《內經三才學說》，其內容雖也不可知，但廖平在〈天學神游說〉裡曾有〈《詩》《易》上中下三才圖〉，是以三才的概念來解釋天學神游，而《黃帝內經》與《老》《莊》既同屬天學，又與《詩》《易》互通，我們或許可從此圖中窺知《內經三才學說》的一些宗旨：

上為三才中的「天」，即取《莊》「夢為鳥而戾天」之意；中為地球，就是三才中的「人」；下則為「地」，亦取《莊》「夢為魚而潛淵」之意。神游既然為夢境學、為靈魂學，則上（天）與下（地），自然皆以夢為說。廖平：《孔經哲學發微》，收於李耀仙編：《廖平選集》（上冊），頁 379。

運」『六氣』『小天地』『大天地』『二十八宿』為六門，以應《樂記》。」「因訂《周南》十一篇，起『五運六氣』例；《召南》十四篇，起二十八宿例；《檜詩》《曹詩》各四篇，以起八風例……」❸。至於在《易》方面，則是分為上經三朋與下經五朋，上經三朋先以乾、坤、屯、蒙、需、頌、師、比、小畜、履十卦，但乾、坤為雙卦，所以共十二卦，以此相對六氣與三陰三陽、地支，上知天人。其次以泰、否、同人、大有、謙、豫、隨、蠱、臨、觀十卦，與五運天干十支相應，下知地理。最後則是離、坎、大過、頤、大畜、無妄、復、剝、賁、噬嗑十卦，而大畜、無妄只作一卦，故為九卦，此卦在天與地之中，呼應其它二朋，故為知人事；而下經五朋三十四卦，以咸、恒、遯、大壯、晉、明夷、家人、睽、蹇、解等陰陽五卦，共十卦為一朋，以表氣運太過與不及；損、益、夬、姤、渙、節六卦，為治化而人應之，是以《周禮》六官相對應；巽、震、升、萃、革、鼎六卦，追司上局，以表天者；兌、艮、漸、歸妹、困、井六卦，專司下局，以表地；既濟、未濟、中孚、小過、豐、旅六卦，則是專司中局，以表人事。❸

對於這種以醫書解經的作法，我們不妨可以借用蒙文通的話：「先生以醫治之故而移以說經」。❸若不論蒙文通原意為何，用本文的脈絡來講，則可解釋為廖平研究醫學，不單只是為了醫治自己，更是要醫治天下人，因為「醫治」正是修身的一種，醫書（《靈樞》《素問》）是修身的最高等，也是由人企天的準備。更進一步來講，醫書包涵天學人學，醫書固然有專門治病的部分，但亦多處論及神仙之道，此正是與《楚辭》相通處，所以廖平才說：「其中惟論疾諸篇，乃為醫學專書」「《上古天真論》，真人、至人為《楚辭》之師說，專為道家神仙去世離俗之所本，讀《內經》而後《楚辭》之本旨（明）。」❹因此由病理而言，醫書包括人學，屬六合之內；從神仙之學來講，醫書又可為天學，屬六合之外，所以真人至人等神仙之學即屬後者，故曰：「凡言皇帝學派者，每以疾病為標目，如《月令》《繁露》，皆有民病之說，不必皆為醫書也。」❹因此就廖平看來，諸

---

❸　柏毓東述：〈六變記〉，收於李耀仙編：《廖平選集》（上冊），頁618。

❸　黃開國：《廖平評傳》，頁182-187。

❸　蒙文通：〈廖季平先生傳〉，收於廖幼平編：《廖季平先生年譜》，頁103。

❹　廖平：《孔經哲學發微》，收於李耀仙編：《廖平選集》（上冊），頁368。

❹　廖平：《孔經哲學發微》，收於李耀仙編：《廖平選集》（上冊），頁368。

如《內經》等醫書，正是天學人學的展現，分別觀之，當可知其進路，依序開發，則近道矣。

由上述可知，廖平經學三變之後，其說之所以愈見恢奇怪誕，並非全從經學一、二變中的解經衍繹而出，**❷**而是他在藉由接觸道術，乃至於佛教的過程中，漸受影響所致。但他又屢言佛出於道，為老子化胡，因此道術之說，正是他思想轉變的主因之一。可是他顯然有所選擇，因此對於道教煉丹之術，又為他所棄，但是《老》《莊》《列》等「道家與道教」**❸**「道術與道教」**❹**的神仙之說、道教的辟穀飛昇之道，又為他所取，而取捨之間，正反映了廖平以道術詮解經學的立場。至於他致力於醫學，固然如龔鵬程所言，是受道教影響，因為「道醫」本為道術之一，廖平既鑽研命理堪輿地理等術，自然也很有可能對醫術產生興趣。**❺**但除此之外，廖平研究醫術，同時也是因為他漸漸意識到，不管是由人企天，還是人學為天學、為世界進化之本，人的「身」（形）都是基礎，「是以血氣精神，奉於一形之生，周於形體所儀之性」，**❻**形體，是血氣精神之所聚，也唯有先立

---

**❷** 當然廖平經學六變仍有一些不變的因素貫穿其中，例如他以經典安排整個世界秩序，其尊孔與通經致用的精神，始終未改。可參魏怡昱：〈孔子、經典與諸子〉，《經學研究集刊》，第三期（2007），頁137-138。

**❸** 《老》《莊》《列》和神仙修煉思想，其與道教的關係，乃至於兩相結合之原由，可參蕭登福：《周秦兩漢早期道教》（臺北：文津出版社，1998年），頁37、73-74。蕭登福：《先秦兩漢冥界及神仙思想探原》（臺北：文津出版社，2001年），頁225-227。

**❹** 龔鵬程：〈道·道家·道教·道教史〉，收於氏著：《道教新論》，頁51-65。

**❺** 龔鵬程：〈道教影響下的儒家經學〉，收於氏著：《道教新論》，頁286。

**❻** 廖平在〈《內經》平脈考〉注曰：「太初之无，謂之道也；太極未形，物得以生，謂之德也；未形德者有分，旦然无間，謂之命也；此命流動生物，物成生理，謂之形也；形體保神，各有所儀，謂之性也。是以血氣精神，奉於一形之生，周於形體所儀之性，亦周有分無間之命，故命分流動成形體，保神為性，形性久居為生者，皆血氣之所奉也。」這段話與《莊子·天地》「泰初有無，无有无名，一之所起，有一而未形。物得以生，謂之德；未形者有分，且然無間，謂之命；留動而生物，物成生理，謂之形；形體保神，各有儀則，謂之性。性脩反德，德至同於初」，頗為類似，廖平顯然是有所本。此處廖平基本上是融用莊子文句與一部分的文意來注解《內經》，但重點又有不同，莊子主要在說明人必須性脩返德的復初工夫，然後與天地為合，同乎大順；廖平此處卻強調血氣精神與形性的關係，以呼應注解《內經》文句：「人之血氣精神者，所以奉於生而周於性命者也」，就廖平看來，重「生」重「性命」，就不能不重視其所居存的「形」，如此才能進一步談脈象變化。廖平：〈《內經》平脈考〉，收於氏著：《廖平醫書合輯》，頁1462。郭慶藩：《莊子集釋》（北京：中華書局，2004年），頁424。

此基礎，求之於身，才可能從人學發展到天學，從神遊到脫殼飛昇的形遊。如此發展，既不可躐等，更不會一蹴可幾。

而這些思想觀點，最後都被廖平投射到經書裡，以此解經釋經。如章太炎所言，就是「雜梵書及醫經刑法諸家」；如蒙文通之語，則是「多推於方技術數，援緯候、醫學、陰陽家以立義」。由經學進而梵書醫經方技術數，通涉多方，然後再回過頭來詮釋經書，塑造了廖平經學三變以後的內容，形成了廖平獨特的經學學術，並企圖以經學重整世界，規畫未來藍圖，建構他的理想世界與人間秩序——經學，始終是致用與經世的關鍵，是廖平感受時代的資源，也是廖平學術生命的意義所在。

# 三、求道者之路——中西會通，以孔子為宗

可是，廖平講佛出於道、說神遊形遊、論醫學病理，乃至於通融西方學說等等，他的目的都是為了尊孔，而且一以貫之，終身不改。與經學一、二變相比，經學三變以後，廖平更是深化孔子「素王改制」的意涵，因為他認為孔子不但為中國萬世立法，更是為全球進化所宗。例如在經學二變時，廖平將《周禮》視為劉歆偽造，但經學三變以後，《周禮》已成為孔子寄託的「周公」所作，當然「周公」只是一個符號，廖平只是借用歷史上的周公，作為孔子託古改制而寓居的理想人物。《周禮》之「周」，亦非歷史上的「周代」，而是「周遍」之意，《周禮》的內容，也不是周代的典章制度，而是孔子為後世制作，是規畫世界的藍圖。❹《周禮》既為全球治法，又專說《尚書》，《尚書》同樣也是孔子所作，也存有孔子為世界立法的意義，至於《尚書》所談到的周公，當然也是孔子所託。由此可知，可以看出廖平心目中的孔子，不但是中國的孔子，同時還走進世界，是世界的孔子。❹

既然如此，孔子制作六經，六經又無所不包，既講天學人學，又與釋道醫術

---

❹ 黃鎔箋述：〈五變記箋述〉，收於李耀仙編：《廖平選集》（上冊），頁570。
❹ 魏怡昱：〈孔子、經典與諸子〉，《經學研究集刊》，頁126-127。

數互通。❹因此廖平就要在經典中尋求孔子之道,按圖索驥,明孔子之意,立孔子之法,以與道通,這就是廖平心目理想的世界,《知聖續篇》:「孔子為生民未有之聖,世界中一人已足」「此世界中,盡用孔子之教以歸大同」。❺而在人學部分,這個大同世界,在六合之內,是書同文,是齊風俗,是純樸與文明至極的進化社會:❺

> 孔子之教,始創於春秋,推行於唐宋。今當百世之運,施及蠻貊,方始推行海外。數千百年後,合全球而道一風同。

> 由小康以臻大同,是由春秋以返古之皇帝,疆域最大,風俗最純……,文明與純樸,皆盡其長,乃為盡善盡美。經傳古說兼存二義,相反相成,各有妙理。……不知即純樸一事,古來猶雜滿野,必後世之皇帝一統大同,文明與純樸皆盡,乃真所謂純樸。則亦未嘗不後人勝於前人。

當孔子之教推行於海外,由小康以臻大同,如此循序漸近,數千百年後,道同風俗亦同,必成文明與純樸兼具的世界。但廖平並不止於此,他更要由人企天,從人學到天學,天學又以人道為基礎,其後神遊形遊,遨於六合之外,眾生成佛,辟穀飛升,人人皆為至人:❺

> 天學以人道為基礎,世界進化資格以禽獸、野人、庶人、士大夫、君子、諸侯、天子,分八等。今日中國孔教開化二千年,可謂由庶人以進士。海外其高者,則常在庶人之域。以時局言,又為一大戰國,所謂處士橫議,諸侯放恣之世界。必數千百年地球共推數大國為主,然後為帝局,全球人民略有人士之程度。又數百年而後地球大一統,如秦始之并合而後為皇局,人民程度由士大夫以進天子,則更非數萬年不能。然此為人皇尚書之學,

---

❹  在經廖五變時,廖平更認為六書亦是孔子所作。陳文豪:《廖平經學思想研究》,頁215-216。
❺  廖平:《知聖續篇》,收於李耀仙編:《廖平選集》(上冊),頁273。
❺  廖平:《知聖續篇》,收於李耀仙編:《廖平選集》(上冊),頁268-269。
❺  廖平:《莊子敘意》,收於嚴靈峯編:《無求備齋莊子集成初編》,頁8-9。

> 至此始滿其量，乃由人而企天，至其歸極，人人有至人資格，釋氏所謂眾
> 生皆佛……，人人可以上天入地，同行同歸……。

禽獸、野人、庶人、士大夫、君子、諸侯、天子不過七等，❸至人為最後一種，
故有八等。而地球大一統，人民程度由士大夫進步到天子，但尚非至善，只是「人
皇尚書之學，至此始滿其量」，要到了人人有至人資格，至其歸極，人人可以上
天入地，同行同歸才算是圓滿境界。

　　只是欲明孔子之道，除中國原有學術之外，亦該加進西方學理與科學，像是
天文學、進化論、科學技術等等。❺但西方學說實又可歸宗於經學，直溯孔子：

> 西人重公，公理、公法，皆不主一偏，原本於經。《詩》以九州比井田，
> 京為公，八州為私，……，四隅顛倒，皆折中於公。公者不偏不倚，皇極
> 居中，一貫之道，忠恕之訓，即《詩》中心。❺

> 泰西學制，統以六藝統之，歸入孔前，倫禮立坊為撥亂反正之成法。❺

西人的公理公法，正合與中國經籍提到的「一貫」「中行」「公」等等。❺至於
射、御、書、數、禮、樂等六藝，經過孔子的修訂之後，當可比為六經，禮、樂
與六經中的《禮》、《樂》同名；「書」是文字語言，定為名學，可比《尚書》；
「數」則是古法，以數合道，就可比於《詩》；「射」是天道，仰之彌高，則比
於《易》。❺但是六藝本為古制技藝，為何可比於六經？那是因為六經是孔子所
作，六藝則是孔子所述，是由孔子刪修序訂所成，故六藝六經當可互通。泰西學

---

❸　在〈倫理約編敘例〉中，廖平正是以此七等來談進化資格。廖平：《孔經哲學發微》，收於李
　　耀仙編：《廖平選集》（上冊），頁325-327。
❺　廖平：《四益館經學四變記》，收於李耀仙編：《廖平選集》（上冊），頁554。關於廖平取
　　用進化論與天文學等西方學理，可參黃開國：《廖平評傳》，頁161-163。
❺　廖平：《知聖續篇》，收於李耀仙編：《廖平選集》（上冊），頁270-271。
❺　廖平：《孔經哲學發微》，收於李耀仙編：《廖平選集》（上冊），頁300。
❺　廖平：《知聖續篇》，收於李耀仙編：《廖平選集》（上冊），頁271。
❺　廖平：《孔經哲學發微》，收於李耀仙編：《廖平選集》（上冊），頁329。

制，以六藝統之，雖可歸入孔子以前，但這是因為孔子未生以前，中國所無，反而為今日西方所有，如器械工藝之類，六藝科目亦是如此。但反過來講，中國所獨有，則是今日西方所無，這就是六經，而古人每以六藝包涵六經，是針對孔子述而不作來講的，因此以六藝六經互文互證，所以六藝就不止是單純器械工藝而已，更包括了六經的深意。❺換句話說，孔子刪訂六藝，配以六經，是為創革文明，實屬大功，乃至六經六藝相互推衍，立倫理，撥亂反正，用微言以彰大義，以改制而為萬世法，這就是「經學派」的託古精神。明為託古，實則致用，故曰：「世界初未有此文明，數千年後改良精進，乃有此等事實。孔子之大，真為生民未有，不惟吾國所當崇拜，凡有血氣，莫不尊親者也。」❻孔子之道，其真義正當於此求焉。

由前面一系列的分析可知，就廖平來講，明道為體，經世為用，體用必然是合一的，而體用的取資對象，正是他的經學，欲明之道，自然是孔子之道，且所用之法，自然也是出自孔子。只是孔子之意，其微言在後世不顯，為彰明孔子改制學說，求作萬世法，於是廖平深考經籍，旁涉釋道，亦不時牽引西方學說，正是欲求中西共通共融，以得孔學宗旨，以證萬世之理，最後則是以孔子包容諸說，為天下所趨。從明道到經世，由尊孔而致用，體用一源，顯微無間，「（廖）平畢生學說，專以尊經尊孔為主」，❻故在求道之路上，廖平建構了他的經學，可以說廖平學術生命中的經學世界，與他尊孔的理想精神是分不開的。

最後，我們不妨以龔鵬程的一段話作為結束：❻

> 故吸收西學，非以能將西學奉為中心尊崇之地位為貴，貴在能消化之，且能藉而開展之。或藉西學以開展傳統之視境，或藉傳統以開展西方的學術論戰，不是隨著學術行情地追逐，而是切應於時代，從我們自處的文化脈絡與存在境遇中，依我生命主體之期盼與需求，真誠地展開的。

❺　廖平：《孔經哲學發微》，收於李耀仙編：《廖平選集》（上冊），頁 328-329。

❻　廖平：《孔經哲學發微》，收於李耀仙編：《廖平選集》（上冊），頁 325-326。

❻　廖平：《孔經哲學發微》，收於李耀仙編：《廖平選集》（上冊），頁 303。

❻　龔鵬程：《春夏秋冬》（臺北：新自然主義出版社，2000 年），頁 213-214。

西學雖非廖平學術的重心，但若再加上道術、醫學等等，就學術生命與時代境遇的感受而言，則略有相通。畢竟廖平不論是藉由傳統的一部分再重述傳統，又或是以半生不熟的西學來開展傳統的視域，廖平顯然呼應了他的時代，且重在明道與用世。然後在他自處的文化脈絡與存在境遇中，去努力，去追求，去尋找，真誠地思考他的問題，為傳統尋求解答，為孔子量身定位，為儒學繼往開來。其說雖愈見恢奇附會，但怪誕的另一面，其實就是他的救世之心，這當又是源自於他的時代感受。從一個人到一個時代，從個人學說到晚清思潮，尊孔與求道，道術與經世，交織而成了廖平的思想世界。他的經學六變，出之於生命境遇，回應於文化危機，於是就在夕陽西下，國勢已衰的晚清中，我們彷彿看到了具體實在的生命主體，時而沉思，時而浮躁，踽踽獨行在這三千年未有之變局。

# 徵引文獻

丁亞傑：《晚清經學史論集》。臺北：文津出版社，2008。

王汎森：《近代中國的史家與史學》。香港：三聯書店，2008。

李耀仙編：《廖平選集》。成都：巴蜀書社，1998。

林淑貞：〈廖平經學六變所建構的歷史圖像〉，《中國學術年刊》，第十八期（1997 年 3 月）。

陳文豪：《廖平經學思想研究》。臺北：文津出版社，1995。

郭慶藩：《莊子集釋》。北京：中華書局，2004。

黃俊傑：《孟學思想史論（卷二）》。臺北：中央研究院文哲研究所，2006。

黃開國：《廖平評傳》。南昌：百花洲文藝出版社，2010。

廖平：《莊子敘意》，收於嚴靈峯編：《無求備齋莊子集成初編》。臺北：藝文印書館，1972。

廖平：《廖平醫書合輯》。天津：天津科學技術出版社，2010。

廖幼平編：《廖季平先生年譜》。成都：巴蜀書社，1982。

蓋建民：《道教醫學》。北京：宗教文化出版社，2001。

劉芝慶：〈論康有為與廖平二人學術思想的關係——從《廣藝舟雙楫》談起〉，《中國歷史學會史學集刊》，第 41 期（2009 年 10 月）。

蕭登福：《先秦兩漢冥界及神仙思想探原》。臺北：文津出版社，2001。

蕭登福：《周秦兩漢早期道教》。臺北：文津出版社，1998。

魏怡昱：〈孔子、經典與諸子〉，《經學研究集刊》（2007）。

龔鵬程：《春夏秋冬》。臺北：新自然主義出版社，2000。

龔鵬程：《道教新論》。北京：北京大學出版社，2009。

# 龔鵬程與佛學研究

## 屈大成[*]

**摘　要**　龔鵬程發現佛典有大量縱欲行為和邪魅術法的記述，故從哲學、歷史、修證等角度，對這種現象的源流，嘗試作出解釋，寫成〈縱欲以證菩提——佛教的例子〉一文，為漢語佛學界的異數。其選題之獨到、資料之豐贍、詮釋角度之周延，足以反映龔氏的敏銳眼光和研究功力。而他勇於面對問題，不畏誤解和攻擊，更因此辭任佛光大學校長職，亦顯示出知識分子應有的學術氣概。可是，此文流通不廣，似已被遺忘，筆者期望趁是次會議機會，令此文得到重讀，嘉惠後學。

**關鍵詞**　龔鵬程　大乘佛教　密宗　唯身觀　順世論

有關龔鵬程（1956-）的學術生涯及著作，已有不少論介，本文不詳列。簡言之，龔氏對中國文化各個方面，無論文史哲藝、琴棋書畫，皆有研究心得，佛教是其涉獵範疇之一。在職務方面，龔氏曾任佛教團體倡辦之佛光大學校長及教授、國際佛學研究中心主任，亦指導不少學生寫佛學論文；在著述方面，主要出版了《佛學與佛教》（1996）和《佛學新解》（2009）二書。故龔氏是不折不扣的佛學家。按《佛學新解》是《佛學與佛教》的增訂本，刪去〈論學詩如學道〉一文，以及「兩岸佛教的互動」和「佛學雜議」兩組短文，增添六篇新作；論文涵蓋範圍很廣，

* 　屈大成，香港大學哲學博士。現為香港城市大學中國文化中心助理教授。著有《大乘大般涅槃經研究》、《中國佛教思想中的頓漸觀念》、《佛學概論》、《學習巴利文》、《四分律行事鈔譯注》等。研究方向為中國佛教思想史、佛教戒律學。

如純佛學課題，有〈蕅益智旭唯識學發隱〉；更多是跨領域的研究，如佛教跟文學，有〈李商隱與佛教〉、〈袁中郎的佛教與文學〉；佛教跟儒道思想，有〈孔穎達《周易正義》與佛教〉、〈成玄英《莊子疏》與佛教〉；佛教與武術，有〈達摩《易筋經》論考〉；佛教在當前世界的發展，有〈人間佛教的開展〉、〈佛教模式與企業管理〉等。總括來說，龔氏既掌握一手材料，對二手研究也十分嫻熟和充分利用，加上個人強大的綜合能力和敏銳觀察，每每能發人之所未發。例如〈晚唐的禪宗與道教〉一文指出禪宗跟道教雙向交流的媒介都是《參同契》和《陰符經》，〈蕅益智旭唯識學發隱〉一文探究智旭之唯識學及其綜合會通的精神等。這些論文，在海峽兩岸出版，很容易找到，不贅述。本文要詳細介紹的，是龔氏另一篇佛學文章〈縱欲以證菩提——佛教的例子〉（2003；下簡稱〈縱欲〉）。時龔氏任佛光大學校長，他發表這文之餘，又辦「草原文化周」，舉行烤全羊的活動，凡此引起佛教徒猛烈的抨擊，最後導致他丟去校長一職。在這次辭任事件中，〈縱欲〉是關鍵之一。可是，或由於這文僅是講稿，未修訂成正式論文，沒有收錄在前述二書，而見於文學叢書《異議分子》第五輯「佛光大學校長辭職的爭議」中。❶更令筆者驚訝的，此文在互聯網只有數筆檢索結果，全文更欠奉。〈縱欲〉一文，可說遭遺忘了。

〈縱欲〉一文的內容及其所要解答的問題，頗具爭議性，在漢語學界，包括在佛學圈子裏都較少見；兼且行文條理分明，很值得細讀；龔氏亦頗以此文為傲。❷而他為回應批評而寫的〈如何可證菩提〉、〈苦行以證菩提〉、〈縱欲如何證菩提〉等後續短文，對〈縱欲〉的論點，也有補充和加強。以下析述〈縱欲〉一文的主要內容和論點，最後作一總結，以見此文的貢獻以及龔氏的研究手法。

# 一、問題的提出

〈縱欲〉全文分五節，第一節開首指出，宗教是教人淨化人心，提升心靈層

---

❶ 龔鵬程：《異議分子》（臺北：印刻出版公司，2004 年），頁 216-246。為免繁瑣，以下凡引用此文，皆不注出。

❷ 龔氏說這文的分析，是「我對佛教研究最大的貢獻；要為佛教做解釋，更需要花很多腦筋」。見《異議分子》，頁 248。

次，但如探究下去，會發現不止是民間宗教，就算是制度化的大宗教，也會試圖滿足人類的世俗欲望；而以出世、離欲為核心主張的佛教，也不例外。龔氏抄錄大量佛典，以證明佛教教學包含對財富、長壽、色欲等世俗的追求，跟人所熟知之厭離、無生、清淨等佛教主張，大相逕庭。在財富方面，龔氏引用《大佛頂廣聚陀羅尼經》、《不空羂索神變真言經》、《觀自在菩薩隨心咒經》，當中講及運用錫銅、藥品等物料製造黃金的術法。這種「點藥成金」的法術，龔氏揶揄為「自己印鈔票」。在長壽方面，龔氏的引用包括：《大黑天神法》記大黑天神有長年藥，供人購買；《不空羂索神變真言經》記吃藥精的骨髓，延壽七千大劫；《大佛頂廣聚陀羅尼經》、《蘇悉地羯羅供養法》、《聖賀野紇哩縛大威怒王立成大神驗供養念誦儀軌法品》、《大威力烏樞瑟摩明王經》等記載用尿、糞、血、肉入藥服用，可得長壽。在色欲方面，《菩薩藏文殊師利根本儀軌經》教人降伏夜叉女作為自己的妻子，《金剛手菩薩降伏一切部多大教王經》教用咒術傳召各種天女，提供淫欲、飲食等各方面的供養。《金剛薩埵說頻那夜迦天成就儀軌經》教用燒屍的木材造頻那夜迦天像，引誘世間的童女婦人等。龔氏總結時，再摘引《聖歡喜天式法》、《五大虛空藏菩薩速疾大神驗秘密式經》，舉出不同種類的方術，可滿足不同欲望，無論是想獲得福德，殘害仇人，戰勝兵陣，懷孕生子，治療瘡癧，降雨止旱，加官晉爵等，無往而不利。

龔氏或為強調佛教術法之詭異，聳人聽聞，特別再引述用人及動物的血肉、體液、穢物、骸身之類的東西，作為術法材料的說法。例如《摩醯首羅大自在天王神通化生伎藝天女念誦法》教人用羊尿、驢眼、燒薑入藥，醫狐魅病；《金剛香菩薩大明成就儀軌經》教人混和牛肉狗肉牛屎，製成怨家的形象，埋在尸陀林，可令他們失心狂亂。《蘇悉地羯囉經》所述的降伏法，十分惡毒：用豬羊狗糞、人糞、燒屍灰、自身血、毒藥、鹽、鵄雕鷲鸛鵲鳥等肉脂，作為塗抹、供養、護摩及塑造怨家人偶的材料；而用刀割人偶的肢體，腳踏心上，用杖鞭打，用皂莢刺等，可令怨家肢體殘斷，家人離散，突生重病。《金剛薩埵說頻那夜迦天成就儀軌經》舉出多種成就法，其一是用旃陀羅等下賤人肉，製成頻那夜迦天像，持咒者用屍灰塗身，裸形被髮往尸陀林，進行禪觀，然後吃掉人肉像，五百由旬內所有怨家，立即命終。其他經典還有《瑜伽大教王經》、《妙臂菩薩所問經》、《蕤呬耶經》等，文繁不錄。

# 二、現象的解釋

龔氏稱只要略為熟讀佛經，很容易發現上述內容，沒甚麼稀奇。困難的是對這些現象的出現和含義，進行解釋。〈縱欲〉因為是講稿，不同角度的解釋沒分得清楚。龔氏後在回應別人的批評時，表示在這文提出了「三個哲學性的解釋、三個歷史性的解釋、二個修證性的解釋」。❸據筆者的閱讀，整理如下：

## ㈠哲學性的解釋

### 1.方便教學

去除對世俗的執著，是佛教教學的主調。可是，如刻意遠離世俗，反是另一形式的執著，要做到色空不二、真俗不二，才能真的撇除一切執著。這種融通和會的精神，應用在修行法門上，則以正覺為最終目的；而修行法門，可因應受者根器和社會環境，因材教授，不一定局限於戒定慧這些傳統的修法；甚至是詭異、邪惡的術法，在方便施教的大前提下，都在容許之列。龔氏指出《金剛薩埵說頻那夜迦天成就儀軌經》提到喚起女屍的術法，便是在屍首面前，飲食葷辛，做到「心無二相」，則「食如非食」。《慈氏菩薩略修愈誐念誦法》說製作假金，是為了「貧乏眾生，廣施利益」。《金剛薩埵說頻那夜迦天成就儀軌經》記拿著用屍骨造的頻那夜迦天像，見者歡喜，入軍陣不會受傷，諍訟能以理勝他等；又持咒者利用手印，可以驅趕惡象馬。《雙身大聖天菩薩修行秘密法儀軌》記酒對凡夫來說是毒，對病人是藥，對菩薩是歡喜水。

### 2.象徵的意味

上述佛典種種駭人聽聞的記述，可理解為僅是象徵的手法，並非叫人真的這樣做。龔氏引用《大威德一尊略軌》記觀想或供養忿怒戰鬥之神後，會變身為大威德金剛，現忿怒相。《大威德成就方便略引》對之進行象徵性的解釋：忿怒相，顯示對一切無盡不平的瞋恨。手中所持的法物，各有喻指，匕首表示「廣大作為，最初必須光細明利趣入」，箭是「急利致遠之意」，人腳表示「行若貞女」，人腸顯示「獲得難得之等持、等引之用意」，死屍布意謂「遮止味解之貪心及慎口

---

❸ 同上註。

業」，戴五骷髏表示「五智之用」等。而上文屢提及引誘女子交合，女方代表智慧，即佛教義理中的空性；男方代表慈悲，即達到空性的方法和外在表現方式；所謂男女交合，其實象徵智慧與慈悲合一的極高境界。

### 3.性力崇拜和身諦論

殺生、性交等修行方式，跟道德敗壞無關，而是觀念不同使然。古時人以為自然既是大地的母親，由模仿人的生育活動，可誘發和提高自然的生產力，因此性交乃促使世界運轉、農產豐盛的動力；故古時佛蘭德人、巴龍加人、希達察人，都有性力崇拜。古印度《奧義書》、《薄迦梵歌》的一些篇章，也談到世界起源於陰陽交合，在人類來說，即男女的結合，因此性交是神聖偉大的行為。佛教密宗有所謂「五摩」的說法，即酒、肉、魚、手印、性交，而性交是最重要的一環，近乎性力崇拜。

性交乃男女雙方身體的直接接觸，在某種意義上，包含了鍛煉身體的意味。古印度有重視「身諦」的源流，即認為身體才是生命的意義所在。《奧義書》曾記載毗盧遮那向魔鬼們宣稱應重視自己的身體和現世的幸福，可見印度自古以來，已有身諦論的存在。其後有順世論者，採納這觀點，主張賦有理智素質的身體才是自我，物欲享受是人生的目的，故飲酒食肉，縱情聲色。龔氏認為，佛教密宗也有類似的主張——唯身觀，認為發揮人身固有的力量，可以令宇宙力量有利於自己，以至由自己控制，獲得成就。龔氏更指出，密宗中的性力派，在「關心身體，重視飲食男女」方面，不會遜於順世論者。

還值得一提的，是龔氏後撰短文〈縱欲如何證菩薩〉，提出縱欲證果有六種理論型態，詳盡而周延，可視為對上述第一點哲理性解釋的補充：(1)證果的關鍵在心而不在行為，正面面對欲望，而非逃避，才能徹底消除欲望。(2)縱欲是修行歷程的一環，通過縱欲的考驗，方可證果。(3)順著欲望，給予適量的滿足，疏導而非壓制，最終才能止息欲望。(4)以己身供他人縱欲，由犧牲自己而證果。(5)以欲望吸引人入道，正如《維摩經》所言「先以欲鉤牽，後令入佛道」。(6)貪欲與法性，乃一體兩面，可即就欲望而得觀實理，從而解脫。❹

---

❹ 參看《異議分子》，頁 267-269。

## (二)歷史性的解釋

　　象徵性手法的解釋，乃不少佛學家的立場。如接納這解釋，上文種種術法，即跟傳統佛教僅在表面文字上有衝突，只不過用了更偏激的話，凸顯佛教的融通精神而已。龔氏覺得，經典的描述，例如《大威德成就方便略引》教人吃血補血，吃心補心，去舊代新，令「入定持戒，能具力精進，速成聖種」，十分具體，不宜以象徵性解釋，加以抹煞。龔氏並引用藏文文獻作佐證：赤松德贊（742-797）的大妃才邦氏斥責金剛乘密法的儀軌，例如「嘎巴拉」是人的頭蓋骨，「巴蘇大」是掏出人的內臟，凡此是「從印度進入吐蕃的罪惡」。寧瑪派大師索洛巴·洛珠堅贊的文集中，有一份天喇嘛益西沃的文告，他對雙修、救度、藥修、尸修、供修等術法，令人殺戮無辜有情，沉溺女色，濫用藥物，表達出強烈不滿，由此反映出這些「罪惡」，確實存在。此外，不少西方學者認為雙修是男女真正的交合，不見得只是象徵；龔氏指出在道教裏，某些道士真會採陰補陽，以少女為鼎爐之法，他估計佛教的做法相若。

　　既然身體修煉有其哲理根據，佛教事實上也採用這類型的術法，問題是為何佛教會走上這條路呢？因此龔氏接著從三個歷史角度，作出解釋：首先，印度密教滲入佛教信仰。佛教密經中對坎堤、多羅母、婆羅奚、不淨真言、本母、五摩的信仰，其實是受到印度教或印度密教的影響。其次，佛教密宗本身可分為左右兩派，右派接近吠檀多或瑜伽傳統，左派承襲了印度密教中濕婆教和性力教派的內容，因而以般若和方便的結合來說性交。最後，龔氏引述李約瑟（Joseph Needham，1900-1995）的說法，謂密教徒的性交和身體崇拜等，「全部形式都非常類似中世紀初的道教」。龔氏本身也是道教專家，亦有引用道教的說法作旁證：例如點藥成金，跟道教的黃白術相類似，今天的模擬實驗，確可製造出含砷量極高的銀白色的砷銅合金或金黃色錫砷藥金，龔氏認為「佛教的點金法，與此大同小異」。又如吃屎尿穢物求長壽，道教也有同樣的做法。密教中之北斗本命延生之術法和經典，完全抄自道教。龔氏總結說，一個宗教在漫長的流傳過程中，不可能不發生變異，以及跟其他教派互相滲透融合，佛教也逃不出這軌跡。

### ㈢修證性的解釋

佛教密宗的術法雖然確有其事,但明顯混雜了印度密法和道教方術,跟傳統佛教的修行方式,有很大距離,亦常常為所謂「正信」的佛教所摒棄,就此龔氏提出兩個修證性的解釋。與其說是解釋,實乃兩個例證。龔氏舉出善無畏(637-735)是密而修禪,一行(683-727)是禪而修密,兩人既奉持禪法,又同時講「悉蘇地羯羅供養法」,在歷史上彰彰明甚。因此,持戒和淫欲之間,似乎水火不容,但在修行者的實證活動中,不成矛盾。龔氏並嘗試作出辯解,認為修證的目的在最終解脫,而能導致解脫的法門無量,因此修行者依據自己的機緣根器,修習不同的法門,密法是選擇之一。善無畏是密教祖師和密典譯者,一行師事善無畏和金剛智(約 671-741),也是密教五祖之一,他們的修為自然甚高,但達到那個境界,以至是否得到解脫,不得而知。由是,龔氏引用「鎖骨菩薩」的故事,作為另一修證性的解釋。「鎖骨菩薩」見於《續玄怪錄》、《太平廣記》,佛教史傳《佛祖統紀》也載及。簡單來說,唐代延州有一美女,人盡可夫,不久身故,草草葬於路旁。大曆(766-779)中,一胡僧竟到這女子的墳前焚香敬禮,村民大惑不解。胡僧指她所做的一切,都出於慈悲,並力言她的骨節相鈎,有如鎖鏈,即佛三十二相之第八鈎鎖骨相。當墳墓被打開以後,果然是這樣。如是,通過密法或淫欲法,可達到相當境界,值得世人尊崇。龔氏在另文,舉出鳩摩羅什(約 344-413)也不禁絕色欲,史有明載,但不妨礙他成為中國佛教歷史上最偉大的譯經家;窺基(632-682)出家後,「不斷情欲、不斷葷血、過中可食」,而且出外時,女眷飲食相隨,多達三車,但不妨礙他是玄奘(約 602-664)高弟、法相宗巨匠。❺所以,看似「邪魅」的密教法門,實有修證價值,絕不可抹煞。由是龔氏指出,所謂純正或邪魅的教法,孰優孰劣,有待商榷,「不能想當然以為純正必比邪魅的為好」。

## 三、總結

龔氏曾形容自己「集古怪、促狹、激切、峭冷於一身」,❻在撰寫論文方面,

---

❺　《異議分子》,頁 265、269。

❻　龔鵬程:《四十自述》(臺北:印刻出版公司,2002 年),頁 218。

他也常走偏鋒，挑選冷門和具爭議性的題目，試圖從新的或相反的角度，作出探索，令人耳目一新。❼早於 1994 年，龔氏〈佛學與學佛〉一文末段提到「佛經中還有許多跡近邪魔的東西」，可見他對這課題注意已久；❽至〈縱欲〉一文，作全面開展，指出認識這部分內容，「有助於我們更了解佛教，不能僅從禁欲或不飲酒食肉這方面來認知。本文主要的目的，也即在此」。

〈縱欲〉一開首大量摘引佛經中各類型「邪魅」術法的記述，跟所謂「正信」的佛教，南轅北轍，形成巨大張力，正如龔氏所言，會「讓佛教徒看得瞠目結舌」，一方面收到儆人之效，一方面挑起讀者繼續看下去的興趣，接著龔氏便從哲理、歷史、修證等多個角度，對這現象作出全方位的解釋。觀龔氏所徵引的經典，多是菩提流支（北魏宣武帝永平元年〔508〕至洛陽）、善無畏、金剛智、般若惹羯羅等人的譯述，全收入《大正藏·密教部》。很明顯，龔氏的討論聚焦在印度佛教中之密教。可是，〈縱欲〉的題目沒交代；內文首節僅一次用到密教一名，第二節全無，第三節兩次提及金剛乘、金剛乘密法，最後兩節才順理成章地討論密教。這或是龔氏行文匠心之處，是要人先接觸「邪魅」術法，在大惑不解或驚愕之餘，才分析其源與流，令人茅塞頓開；但亦很容易惹來誤會，以為全文在討論佛教一般情況，失諸偏頗。又據筆者的翻檢，〈縱欲〉一文所摘引的佛經，大部分參考蕭登福《道教星斗符印與佛教密宗》（1993）、《道教與密宗》（1993）、《道教術儀與密教典籍》（1994）三書；❾最後兩節有關印度密教、順世論以及它們跟佛教關係的討論，主要抄錄 Debiprasad Chattopadhyaya 著、王世安譯之《順世論》（1992）。不用諱言，此文襲用了不少前人的材料和研究成果；但龔氏把眾多龐雜的資料，整理分類，本著自己的佛教和宗教學養，試圖為欲望和神聖之對立與統一，提供多個角度的詮釋，為漢語佛學界少見。可以說，詮釋比資料舖排難得多，對學術的貢獻，亦大得多。

---

❼ 不止是佛教，龔氏對道教的「邪魅」題材，同樣感興趣。他於 2005 年有會議論文〈以人為藥〉，論及道士用血肉、排泄物、月經入藥等，初看也頗為驚怪，但筆者不見道教中人有任何反響。文見《萬象》10 卷 3 期（2008），頁 62-78。

❽ 龔鵬程：《佛教與佛學》（臺北：新文豐出版公司，1996 年），頁 232-233。

❾ 蕭登福三書同樣大量排比佛典中的所謂「邪法邪術」，但未見遭佛教界的攻擊，或跟書名已標明是密教有關。

　　按佛教密宗的修習涉及淫欲成分，西方學者多有論及，如參看 David L. Snellgrove 之 *Indo-Tibetan Buddhism*（1987，頁 243 以下）、Jeffrey Hopkins 譯述的 *Tibetan Arts of Love*（1992）、Geoffrey Samuel 之 *The Origins of Yoga and Tantra*（2008，第 11 章）；Diana J. Mukpo 等著之 *Dragon Thunder: My Life with Ghogyam Trungpa*（2006），更對邱陽創巴仁波切（1939-1987）的性生活，有大膽揭露。❿可是，中文著作，例如張曼濤（1933-1981）編《密宗教史》、《密宗概論》、《密教思想論集》（1979）、林崇安《西藏佛教的探討》（1993）和《印度佛教的探討》（1995）、呂福海《中國密教史》（1995）、陳兵《佛教與密宗入門》（1998）、許得存《西藏密教史》（1998）等，對密教這種修法，或一字不提，或略述數語，也沒有嘗試追本溯源。反而深受道俗尊崇的學僧印順（1906-2005）談到秘密大乘佛法時，沒有否定男女性交乃修行的一種：「即身成佛，非修天色身不可，非與明妃實行和合大定不可，所以這一修行，名為具貪行」；又自言沒有這種修持經驗，但承認「應該確認為是有相當事實的」，並以為這跟中國的方士道術、印度神教的瑜伽派和性力派，甚有比較研究的價值。⓫不過，印順的追隨者都沒有接著探索下去。此外，實修者則一向不避談男女雙修的法門，著者有陳健民（1906-1987）。⓬古子文《深入藏地》有一章名「歡喜金剛雙身修佛母朱巴‧基米爾」，由佛母現身說法，談到這法門的具體實踐。⓭因此，在今天，特別是作學術研究，密宗的術法，無保密或驚怪的必要。還值得一提的，是龔氏曾表示在密教以外佛教其他各宗派都有「順世縱欲之說」，只要細讀《大藏經》便會知道，⓮這其實比密宗的術法，更鮮為人知，值得舉出及探討，期待龔氏將來補足。

　　龔氏在政壇和學壇久經歷練，跟佛教中人來往甚多，時更任佛光大學校長，對〈縱欲〉一文會引來抨擊，不可能全無敏感度。他自認只是「老老實實讀過佛

---

❿　這書最近有中譯本：吳茵茵譯：《作為上師的妻子》（臺北：橡樹林文化，2009 年）。

⓫　參看印順：《印度佛教思想史》（臺北：正聞出版社，1988 年），頁 439-441。

⓬　參看陳健民：《佛教禪定》（北京：宗教文化出版社，1997 年），頁 249 以下；同氏著：〈忍精、採鉛、提點辨〉，《曲肱齋全集》（北京：中國社會科學出版社，2002 年），第 1 冊，頁 103-105。

⓭　參看《曲肱齋補遺節錄》（攸縣佛教協會，2003 年），下冊，頁 774-784。

⓮　《異議分子》，頁 255。

經」，❺看到了這些材料，不用亦不必逃避，如怕有人誤會佛教，隱而不宣，反非忠於學術，故他明言：「護教思想非學術研究之態度」。❻龔氏偏向虎山行，挑戰學術底線，實是其一貫性格的表現。❼而〈縱欲〉一文儘管未雕琢成正式論文，但其選題之獨到、資料之豐贍、詮釋角度之周延，足以反映龔氏的敏銳眼光和研究功力。筆者草成此文，期望〈縱欲〉一文再得到重視，嘉惠後學。

# 徵引文獻

古子文：〈歡喜金剛雙身修佛母朱巴·基米爾〉，收入《曲肱齋補遺節錄》（攸縣佛教協會，2003 年），下冊，頁 774-784。

印順：《印度佛教思想史》（臺北：正聞出版社，1988 年）。

陳健民：《佛教禪定》（北京：宗教文化出版社，1997 年），頁 249 以下。

——：〈忍精、採鉛、提點辨〉，《曲肱齋全集》（北京：中國社會科學出版社，2002 年），第 1 冊，頁 103-105。

龔鵬程：《佛教與佛學》（臺北：新文豐出版公司，1996 年）。

——：《異議分子》（臺北：印刻出版公司，2004 年）。

——：〈以人為藥〉，《萬象》10 卷 3 期（2008），頁 62-78。

Diana J. Mukpo、Carolyn Rose Gimian 著，吳茵茵譯：《作為上師的妻子》（臺北：橡樹林文化，2009 年）。

---

❺ 同上註。

❻ 《異議分子》，頁 249。

❼ 臺灣有不少藏密專家和團體，竟無為自身的修法挺身說句公道話，令人惋惜。

# 汲古以更新：
# 關於《晚明思潮》的文化圖像

鄭幸雅*

**摘　要**　本文的論述，以讀者立場為出發點，藉著讀者與文本的對話、文流的事件和過程，理解《晚明思潮》在文化語境中的意義，詮釋《晚明思潮》所展現的文化圖像。論文以想像作者的意圖、傾聽文本的話語以及理解視域的差異三者為進路，期能為晚明的思潮與文化創造更豐富多維的開放性空間。

**關鍵詞**　晚明思潮　詮釋學　文化圖像　話語

## 一、前言

　　《晚明思潮》是龔先生在關注文化變遷的時代與問題的前提下，對晚明學術思想與文化變革的書寫。由於龔先生博學多聞、才思敏捷，所撰著的《晚明思潮》，話語博贍，文本內容兼涉文史哲的學科主題，欲一窺廟廊之堂奧，實非易事。再者，晚明思潮是一個內涵亟待開發的概念，豐厚的文化義蘊當如何理解，都有待考掘。在上述的前提之下，理解《晚明思潮》以及晚明文化的意義，便是一項艱

---

*　鄭幸雅，女，臺灣雲林人。中正大學中國文學博士。現任教於南華大學文學系副教授。著有《興象風神，天機自張──論興之自然觀與道家思想》（2010）、〈召喚經典──何良俊《語林》對《世說新語》體裁的因創〉（2009）、〈識趣，空靈與情膩──論晚明文人的審美意識〉（2007）等。

鉅的挑戰。

本文以《晚明思潮》為研究對象，擬議以「汲古以更新：關於《晚明思潮》的文化圖像」為研究課題，主要的研究動機有三：其一是《晚明思潮》是一個晚明文化意蘊豐富的訊息場，對於長期關注晚明文化的研究者來說，很難拒絕魅惑與需要。其二是《晚明思潮》的話語，看似充滿來源性、間斷性和離散性，但整體的陳述似又指向某一核心意念，企圖揭示晚明思潮不同的支流餘裔。其三是《晚明思潮》分流的網絡，在歷時性和共時性的交織之下，拼貼出怎樣的晚明文化圖像？

本文的論述，以讀者立場為出發點，藉由讀者與文本的對話、文流的事件和過程，理解《晚明思潮》的意義，期許自己是一個理想讀者，對《晚明思潮》文化圖像的詮釋，可以避免意義理解的專斷性和任意性，並為晚明的思潮與文化創造更豐富多維的開放性空間。

本文的研究方法採取伽達默爾（Gadamer）哲學詮釋學（Philosophical Hermenneutics）影響下的文學詮釋學為理解維度。將哲學詮釋學中的理解（intelligendi）、解釋（elplicandi）、視域融合（Fusion of Horizon）等基本觀點，作為文學詮釋學的哲學和美學基礎，應用於《晚明思潮》的文本詮釋。詮釋學的任務，是在其所有的關係中揭示意義的整體，哲學詮釋學不是去發展一種關於理解的方法和程序，而是澄清理解本身得以發生的條件，考察理解究竟是否可能。❶

哲學詮釋學理論影響下的文學詮釋學，乃是以理解事件為中心，進行文本詮釋，關注文學作品的意義，而非文學作品對象性的結構分析和認識。哲學詮釋學面對文本時，既不把理解視為一種發現作者意圖的心理學，也不視為客觀事物的印證，當然也不是把理解當作一種文本解釋的策略，主要標舉理解是一種意義事件，文本的意義依賴讀者和理解的存在。❷

伽達默爾哲學詮釋學中，以「理解」為理論的核心概念，理解具有本體性、

---

❶ 吳正勇、歐陽曙：〈加達默爾哲學詮釋學的基本特徵──《真理與方法》解讀〉，《上饒師範學院學報》22卷第4期（2002年），頁40。

❷ 李建盛：《理解事件與文本意義──文學詮釋學》，〈第四章　文學意義的詮釋學視域〉（上海：上海譯文出版社，2002年3月），頁177-207。

歷史性、循環性、語言性以及創造性與開放性的特點。❸居此特點之下，哲學詮釋學的立場是將理解視為一個發展、開放的過程，理解事件包含著分離與具體化，是在歷史的理解過程不斷建構、生成、檢驗和反思的經驗。在交流與對話的理解過程中，理解者藉此深入對文本的理解並擴大自身的視野，而文本的意義，也在每一次新的理解者的視域融合中豐富和擴大。

伽達默爾的哲學詮釋學中，理解是不斷地向未來籌畫的過程，並在這種籌畫中實現文學理解的可能性和意義的可能性。文學作為一種審美經驗總是有所模仿、有所再現、有所反映和有所認識的，藉著伽達默爾學說中的理解理論的框架，來揭示和理解《晚明思潮》的作品意義，應是一種可被接受的方式。

根據文學意義的詮釋學視域，本論文對《晚明思潮》所採取的理解進路有三：其一是想像作者的意圖，分別從撰述的意念、撰述的立場以及撰述的目的三者，想像作者撰述《晚明思潮》的意圖。作者的意圖是文本意義的側重或重要性的來源之一，但並非經由理解就能重構作者的意圖，進而得以客觀地理解作品的意義。但任何一種有效的解釋都基於對作者所意指的東西的這種認識（含有想像性），❹藉由認識作者在文本中提出的意念設想，理解作者的邏輯、態度與文化給定物，對作品意義的理解多所裨益。

其二是傾聽文本的話語，由文本總體的話語形構與文本話語的陳述個體兩者加以闡述。想像作者的意圖，是想像性地去重建陳述主體和作者的世界，所體現的意義未必是客觀性和有效性，而是帶有主觀性和相對性。文學要實現文學理解的可能性和意義的可能性，傾聽文本的話語是必要之務。文學文本是一種自律性文本，自身具有表現意義和真理的自律性，要理解文本的意義，就要傾聽文本向理解所傳達的話語。話語一詞由於為各學科輾轉的使用，意義衍生複雜而多元，本文藉由福柯的話語概念，❺將《晚明思潮》置於晚明文化的語境中，對文本話語的建構功能以及發揮作用的細微環節進行理解。在文本與解釋者的對話、交流

---

❸ 成守勇：〈哲學詮釋學：自身認識的範式轉換——以《真理與方法》為中心〉，《淮南師範學院學報》59 卷第 12 期（2010 年），頁 43-44。

❹ 蘇醒：〈福柯「作者—功能」說及其理論基礎〉，《學理論》2010 年第 3 期，頁 73-76。

❺ 米歇爾‧福柯著，謝強、馬月譯：《知識考古學》，〈第二章　話語的規律性〉（北京：三聯書店，2003 年 1 月一版三刷），頁 20-83。

中，理解《晚明思潮》的文化意義，使意義理解和解釋發生，具備有效性。

其三是理解視域的差異，以依循異位視域，尋繹晚明思潮與破斥眾說拼貼晚明文化圖像二者為論述主軸。哲學詮釋學接受形式結構理論中文本自律論的理論影響，主張不能根據作者的意圖，或作品所再現和反映的客觀實在，來理解文學作品的意義。文本意義理解的重構，並不是簡單地回到作品文本原有視域之中。理解事件應從讀者和理解者的角度，與文本進行對話、交流，形成視域的融合，理解文學作品的意義。所有的理解者，以自己所具有的前理解結構，去創造性地理解同一對象，在不同的視域融合中建構新的意義空間。晚明思潮及其文化的理解，有著許多不同的文本話語，各種文本話語都帶有理解者的偏見，從各自的視域中，構成不同的文化理解。通過對視域差異的理解，在理解者與文本的問答辯證中，重構《晚明思潮》在晚明文化語境中的意義，及其呈現的文化圖像。

本文理解《晚明思潮》在文化語境中的意義，以想像作者的意圖、傾聽文本的話語以及理解視域的差異三者為進路，茲分別加以論述於下。

## 二、想像作者的意圖

龔先生撰述立說，往往於其文前自序言明個人撰述的意念，直截地交待撰文的因由、立場、方法或體例。《晚明思潮·自序》、〈有關文學與文化的晚明思潮研究〉以及《思想與文化》等文獻，皆是與龔先生撰述《晚明思潮》的意念密切相關的記載。依據相關的載記可分別從撰述的意念、撰述的立場以及撰述的目的三者，想像作者撰述《晚明思潮》的意圖。

首先，就撰述的意念來說，身處現代有感於政治、經濟、軍事、科技以及文學等諸多危機橫阻於前，這些總括而言可稱之為「文化的危機」。文化危機來自於內外兩方面的交煎，外來的危機，自西方對我們的侵略與中共的摧殘和壓迫而生，主要表現在傳統價值與世界觀的崩潰。內在的危機則是我們本身對文化之流失尚無自覺，在文化不斷的流失中，我們中空了，喪失了自我。對歷史、文化沒有熱情，對本身文化之建立缺乏信心與盼望，處於喪失意義的危機之中，不但迷

失了道德與存在，甚且失落了終極信念。❻

面對意義喪失的危機，龔先生認為意義就是文化的實質內容，意義與文化的起源、發展、演變與導向的關係，可通過文化史的理解，進而做意義的選擇、判斷、改造和投入，產生意義的追求。❼據此，龔先生以文化史為治學之領域，由於要通古今之變，對文化變遷的時代與問題特為關注，其歷年之撰述，主要即在揭明中國歷史上幾個重要的變遷時段，如春秋戰國、漢魏之際、唐宋之際、明清之際、清末民初以及當代的社會變遷和文化狀況，通過這些關鍵變革期的抉微闡隱，除了欲通古今之變外，並為「五四運動」以來之文化變遷找到對比勘照的模型，以經世濟民。❽龔先生對《晚明思潮》的撰述意念，承續其對文化史的關注，企圖通過晚明的文化經驗，創造地轉化出現代的文化取向。

其次，就撰述的立場來說，主要分視域的揭示和方法的提點兩方面加以說明。在視域的揭示方面，龔先生於《晚明思潮・自序》開宗明義地說：

> 本書所論之晚明思潮，係以所謂「泰州學派」及「公安派」為主。這當然不能涵括整個晚明，但現今我們假若尚不打算再寫一冊《明儒學案》，便只能採取這種辦法，挑選一些晚明思潮中值得討論的問題，以見思潮動向。❾

文中指明，「泰州學派」及「公安派」雖不能涵括整個晚明，但此二者卻是晚明思潮中值得討論的問題，通過二者的討論可見晚明的思潮動向。接著龔先生提出對晚明以泰州和公安為主之相關討論的幾點質疑：

---

❻ 龔鵬程：《思想與文化》，〈第一章　危機時代的中國文化史學〉（臺北：業強出版社，1986年4月初版），頁7-16。

❼ 同上註，頁2-7。

❽ 龔鵬程：《中國傳統文化十五講》，〈後記〉（臺北：五南圖書出版公司，2009年7月初版一刷），頁410。

❾ 龔鵬程：《晚明思潮》，〈自序〉（臺北：里仁書局，1994年11月初版），頁1。以下引用之文獻出於此書者，不再贅記，僅標題名、頁碼於引文之後。

1. 泰州和公安在晚明文化圖像中的代表性為何？二者的變異精神，應是晚明文化中的一部分而已，尚有一大部分並不如是。觀於泰州和公安所造成的波瀾自是壯瀾而且色彩斑爛，但僅是管中窺豹，花斑的一小部分，以一偏而言盡全，其中實大有逕庭之處。（〈自序〉，頁5）

2. 將泰州和公安視為反禮教的浪漫主義，經由詮釋脈絡的還原其所謂的晚明，只是他們自己想像的景觀，以自己製造出來的歷史圖像對現實與所謂封建禮教的批判。（〈自序〉，頁7）

3. 從大趨勢上說，晚明恐怕並不以陽明學為主要的思潮，王學法席盛行，於嘉靖後以迄清初，備受批判。討論晚明，以王學之流衍為主要著眼點，不但會使我們將大趨勢看偏，而且無法解釋萬曆、崇禎以迄清初經世之學風趨嚮。（〈自序〉，頁7-8）

4. 文史哲分科愈細之後，對泰州和公安相關人物的具體研究甚少，故難以對各個專家的思想體系，甚至於一個學派到一個時代風潮，有深入的理解，概念太多，常識太少。（〈自序〉，頁16）

　　《晚明思潮》的研究視域，雖認同「泰州學派」及「公安派」是晚明思潮中值得討論的問題，通過二者的討論可見晚明的思潮動向。但有別的是，龔先生對多年來研究者偏好由「王學－泰州學派－公安派」的脈絡來觀察晚明思潮，習以「研究者共同遵奉的基本假設」對晚明文學與思想做為解說的視域，多所質疑。秉持詮釋學的詮釋原則，堅持從一開始就必須向文本的「他在性」保持敞開的立場。企圖通過《晚明思潮》展現理解晚明文化的多元視域，指出晚明研究的誤區，一洗陳腔濫調與謬誤的理解，揭示晚明文化圖像在中國文化史上的意義。

　　另則，在方法提點方面，龔先生認為治思想文化之史是極為困難之事，必須具備總攝一個時代的心量與氣魄，以照覽全局。同時鑒察社會各階層各陣營的捭闔縱橫之態勢，了然歷史潮流之所趨，體察時代中各色人等的心境智解，掌握其思維方式與學術偏向，凡此俱關學養識見，非儀式形式化的論文寫作格式的學究伎倆所能企及。除此之外，時時注意自己運思、舉證、敘述之際進行方法論的後設思考外，泛覽博觀是非常必要的。（〈自序〉，頁22）

　　泛覽博觀除了在知識能力上，較能了解一個時代，甚或一位思想家的表現外，

在研究進行中，一方面挖掘、提供、整理資料，一方面找出新的問題。面對新舊問題時，如何突破詮釋的困境、深化意義的解析、導引方法意識的反省、提示後續研究的各種途徑與可能，更是龔先生為學主張泛覽博觀之用心所在，其旨無非是調整舊有詮釋模型與方法，以開拓新的研究視域，面對文化問題，生發文本的創造性詮釋。[10]

最後，就撰述的目的來說，面對今日的文化危機，從歷史中類似的經驗可知，人類應付危機不外守故與循新二者，所謂守故者，乃是堅持傳統理念，對新興或外鑠的文化質素，展開對壘的型態。而與此相反者為循新，循新則是為了進入現代化，放棄傳統原有的存在物，以追求或適應現代的新需要。守故與循新看似相斥，實則不然，循新雖是一種文化運動，在創新的同時，也有著對傳統的重新解釋與選擇性繼承，文化的運動方不至於缺乏價值與意義之內涵。[11]

循新的文化運動若與傳統剝離，便缺乏了價值與意義的內涵。依哲學詮釋學的說法，人是在歷史中活動的，我們的存在總是一種歷史性的存在，意義總是通過具有歷史性的理解而生成而建構的。[12]龔先生於〈華夏文明的異化與再生〉中也借用詮釋學的說法，進一步地說「不是歷史屬於我們，而是我們屬於歷史」。認為我們屬於歷史有兩層意義：一是我們永遠在傳統之中，歷史的理解，不是主體去接近一個獨立自存的客體，實際上即是一個理解自己的活動。二是人的理解之所以可能，乃是由於真理在過去的傳續，使我們有一立足點。歷史傳統是人立足於世界，並向世界開放的唯一依據，理解歷史就是理解自己。[13]

晚明是個社會文化劇烈變動的時代，周作人於二十世紀的三〇年代對晚明文學中的公安派特為推崇，甚且認為明末的文學是民國五四新文學運動的來源。這樣的說法，一方面高度透顯晚明思潮與當代社會文化間的關聯，一方面展現文化史上汲古以更新的常例。時至今日，五四的跫音，雖已日漸遠去，影響畢竟難以

---

[10] 龔鵬程：《文化、文學與美學》，〈自序〉（臺北：時報文化出版公司，1988 年 2 月初版一刷），頁 10。

[11] 龔鵬程：《思想與文化》，〈第一章　危機時代的中國文化史學〉，頁 20-21。

[12] 李建盛：《理解事件與文本意義──文學詮釋學》，〈第一章　哲學詮釋學與審美理解問題〉，頁 41-47。

[13] 龔鵬程：《中國傳統文化十五講》，〈第十五講　華夏文明的異化與再生〉，頁 403。

抹滅。當時對晚明文學與思想所作的解說，仍以「研究者共同遵奉的基本假設」的姿態而存在著，局部的修正和擴充，並未動搖它（晚明）的地位。❹

　　龔先生於《晚明思潮》中承續周作人之說，有見於晚明思潮與社會變動成為文史哲各界所關注的時代與思索的對象，由於晚明學術包蘊宏富、問題複雜，各界學者解釋觀點存在著極大的歧異性，但這現象代表了研究者對中國未來之路向的思考與態度。❺故希望藉著《晚明思潮》的撰述，一方面重新理解泰州學派和公安派，展現理解的開放性。一方面擴大理解晚明的視域，使論者不再一昧依從「王學－泰州－公安」的路徑去理解晚明思潮。龔先生撰述《晚明思潮》的目的，無非是主張泛覽博觀地對晚明人文加以深入的觀察，再由對世變事異的時代潮流加以考察，得以知類通達，得以汲古以更新，進而產生創造性的詮釋，為現代文化危機，找到一個足以對比勘照的模型。

　　由於龔先生撰述的慣習，使得讀者在理解《晚明思潮》時能夠找到作者的創作意圖，只要不把文學作品的意義視為某種已經確定的、等待著我們去認識和確定的東西。即使我們不能把作者的意圖等同於作品的意義，但作者的意圖仍然有助於我們對作品意義的理解。在此種情況下，根據作者的意圖來理解《晚明思潮》的意義，也不失為一種文學作品的理解方式。❻

# 三、傾聽文本的話語

　　文學文本是一種在自身中表現意義和真理的自律性文本，但文學文本的意義和真理並不指向語言發聲的最初的、或根源的行為，而是以自己自身的權力，規定言說的所有重覆和行為。所以，要真正理解文本的意義，就必須傾聽文本向理解所說的東西，從作品文本自身出發去理解這部作品，而不是把它視為作者意圖的實現。作品文本的意義發生和出現在文本向解釋者，以及解釋者向文本的相互

---

❹　龔鵬程：《現代與反現代》，〈有關文學與文化的晚明思潮研究〉（臺北：幼獅文化事業公司，1989 年 4 月），頁 14。

❺　同上註，頁 15。

❻　李建盛：《理解事件與文本意義——文學詮釋學》，〈第四章　文學意義的詮釋學視域〉，頁 180。

提問和應答間的傾聽事件過程中。❶文本的理解和詮釋過程，是作者和讀者兩個主體圍繞文本而展開的對話過程，此一對話，一方面消解文本作者對文本理解和詮釋中的優先地位，另一方面反對讀者凌駕於文本和作者之上，肆意將自己的主觀性強加於文本。傾聽體現的是對文本和文本作者的尊重。❶

《晚明思潮》兼攝晚明文化與文學的龐大內容，欲傾聽文本話語而理解其意義，可由文本總體的話語形構與文本話語的陳述個體兩者加以闡述。

## ㈠文本總體的話語形構

文本總體的話語形構，主要就《晚明思潮》總體話語的陳述表述系統，描述其間的離散體系，定義陳述的類型間、觀念間或主體選擇間的規律性，即一個秩序、相互關係、地位和功能、轉化等。❶《晚明思潮》文本總體的話語形構分為五部分：晚明思潮的再考察、泰州學派的訾議、公安派的誤解、經世致用的學風以及捃摭遺逸。

第一、晚明思潮的再考察：《晚明思潮》開章明義直指晚明思潮可以克己復禮之路向重新考察，以泰州學人焦竑、李贄、袁宏道等人之重禮講禮以為例證，意圖呈現晚明思潮非僅有泰州一系，即使泰州學派亦非僅是赤手搏龍蛇之狂者。於輔教護國一節，特指出泰州學人對君與政權的全然肯定，突出晚明思潮已有經世之意態，經世之風或可於泰州學術尋一來源，而非僅是以轉化說來詮釋明末清初經世學風的興盛。

第二、泰州學派的訾議：以羅近溪和焦竑師徒二人為代表人物，細述二人克己復禮之學，以承晚明思潮的再考察，提出泰州學派的再認識。另就羅近溪之學術，指其蘊含經世趨向，表明王學並非不能經世。指出羅近溪學術體系含具克己復禮之學與經世趨向之言，藉此反駁既有研究對泰州學的偏解。除此之外，焦竑

---

❶ 李建盛：《理解事件與文本意義──文學詮釋學》，〈第四章 文學意義的詮釋學視域〉，頁177-207。

❶ 梁艷：〈論伽達默爾對詮釋學的發展及其當代意義〉，《內蒙古農業大學學報》（社會科學版），11 卷第 43 期（2009 年），頁 306。

❶ 王德威譯：《知識的考掘》（*L' Archeologie DU Savoir*）（臺北：麥田出版社，2001 年 1 月），頁 116。

之學術以「攝道歸佛的儒者」為標目，揭示焦竑學術三教歸一的特性，鑽研佛道，不失儒者性格。另於焦竑對於死生之情切的陳述，指稱晚明文人面對生死的問題，或修命養性、或以養性為養生、或性命雙修，皆透顯晚明文士對死亡的態度，不同於原始儒者視死生為本分。

第三、公安派的誤解：對公安派的理解，從文學視域出之，與前論泰州學派之思想展現離散性。文中描述袁中郎文學與佛教的密切關係，更指出其文學理論得力於禪宗、[20]袁小修詩畫藝術與山水小品的關係、至於袁宗道則直指公安派論文學之宗旨，與李卓吾為同聲相求耳，公安之文論未必由李贄之〈童心說〉出之，或可從羅近溪處討來源等陳述。另於三袁中置入〈位在聖凡之間的清言小品〉，其意圖指出清言小品，表達特殊的人生態度，既想超越世情、克己復禮，又不免流連光景，沉湎於欣賞玩味人生的情趣中，成了晚明時代特有的標幟。清言小品不但是袁氏兄弟處理自己生命的一種類型，亦是晚明人奇特的生命美感展現。[21]

第四、經世致用的學風：主要於〈克己復禮的路向：晚明思潮的再考察〉〈羅近溪與晚明王學的發展〉、〈儒學經世的問題：以顏元為例〉加以討論。其話語的規律是：晚明思潮的再考察，指出經世之風於晚明有之，且泰州學人非不講求。再由羅近溪的學術證明泰州學人關心經世濟民之務，藉此上推王學有經世之勢，非僅是虛浮的空談。再借徑顏元對儒學經世的偏執理解，一方面點出顏元經世實學偏僻矯激之弊，有不仁不義不人道之虞慮，故對其經世實學的學術應重新評價。一方面認為儒書在某種思想傾向及某種讀法下，是會讀出專橫獨裁的復古者。學者應於詮釋方法和思考傾向兩方面加以斟酌，時時默察反省，避免上述二途在認識上之謬誤。顏元儒學經世的問題，間斷經世之學的正面陳述，聲明儒者對儒學經世之認識應再詳審明辨。

第五、捃摭遺逸：含括〈經學、復古、博雅以及其他〉、〈黃宗羲與道教〉、〈南北曲爭霸記〉以及〈附錄：腐儒、白丁、酸秀才——晚明笑談裡的讀書人〉等四個陳述。〈經學、復古、博雅以及其他〉以何良俊的學術為例，指出蘇州文

---

[20] 關於袁中郎與佛教的密切關係，可詳參鄭幸雅：〈論袁宏道的自適〉，《文學新鑰》第 2 期（2004 年 7 月），頁 107-126。

[21] 關於晚明文人的美感情趣，可詳參鄭幸雅：〈識趣，空靈與情膩——論晚明文人的審美意識〉，《文學新鑰》第 5 期（2007 年 6 月），頁 103-126。

苑或有主張博學為古文詞者，亦有提倡博雅而主於經術者。提倡博雅而主於經術者，為清代經學考證之學術來源；博學為古文詞者，復古態度和思潮，與李攀龍的復古文風殊不相同，但並非無互通之處。此一陳述展現晚明思潮在時間與空間上的多元立體外，同時聲明地域文人集團及文學傳統，是理解晚明思潮必要的關注角度。

〈黃宗羲與道教〉不從宋明理學發展的角度，觀察黃宗羲的傳統，而從博學多藝的視角觀之，一方面為明代博學多藝的傳統作例證，並藉此加以彰顯。一方面突出理解明代思想史其他可能的脈絡，或從博學多藝的傳統，作為理解之途、或從道教之視域對明代思想史重新加以理解。

〈南北曲爭霸記〉主要藉著南北曲爭霸過程，揭示文學史的思考與研究。聲明在文學史研究（如創作觀念、批評意識）優先性的考量下，認為劇種、聲腔等音系戲劇成分的研討，模糊了文學史的大綱維大脈絡。至於〈附錄：腐儒、白丁、酸秀才——晚明笑談裡的讀書人〉則指明儒學教育與其官僚系統相聯結，迫使儒生墜入荒謬的處境，形成儒學理想性、社會性以及權利三重失落的人生。同時聲明，笑話是通俗文化的一種表現，卻蘊藏豐富的知識階層色彩，是研究明代文化值得留意的研究視域。

《晚明思潮》總體話語的陳述表述系統，已如上述。其話語強調差異和去中心，通過陳述間或離散體系、或將同一主題間的陳述加以定義，或揭示並置、對立、隱含之關係，或描述觀念間或主體選擇間的規律性，辯證地呈現多元綜合的意識形態再生產的實踐概念與意圖。

## ㈡文本話語的陳述個體

文本話語的陳述個體關注的是，陳述在文本話語中的功能，在陳述功能的運作中，如何呈現話語的來源性、間斷性、離散性等原則。[22]《晚明思潮》的文本話語體系，有著無數個陳述所構成，難以一一言明其功能，僅以「克己復禮」和「死生情切」二者為陳述個體之例證，藉以表述陳述在文本話語之功能運作。

---

[22] 陶徽希：〈福柯「話語」概念之解碼〉，《安徽大學學報》（哲學社會科學版）33卷第2期（2009年），頁46-47。

　　第一就「克己復禮」的陳述功能而論，《晚明思潮》的文本話語體系，涉及「克己復禮」之主題者，集中於文本的前三章，分別是第一章克己復禮的路向：晚明思潮再考察中的〈克己復禮〉、〈即心即禮〉，第二章論羅近溪的〈復禮之學〉、〈克己之學〉以及第三章論焦竑〈克己復禮〉。就話語的形構而言，「克己復禮」之陳述，集中於文本的前三章，開門見山揭露晚明思潮中的核心概念，同時標誌泰州之學亦講明克己復禮，藉以破舊有之泰州學人反禮教之習說。

　　「克己復禮」之陳述中，標舉焦竑、李贄、羅近溪為代表人物，陳述的次第是先李贄、次焦竑、再羅近溪，最後又回到焦竑。此三者之關係焦李為好友，羅焦有師徒之關係，一方面以此三人為小社群，擴大泰州學講「克己復禮」之來源，一方面人物排列的次第，並不依從時間性或師徒傳承的歷史發展性，代之而起的是間斷性，彰著三人克己之學雖有隱含之關係，但並不缺乏並列或對立性。藉此彰現「克己復禮」之陳述，僅是諸多不同元素間的一組關係而已，在不同的話語系統中，有無限的具體模式得以成立。

　　泰州三學人對「克己復禮」的陳述不乏相通者，如焦李同樣主張以心即禮，恢復真禮，一種能使人達到生命和諧的禮，直謂「唯禮可以為國」。且以忠孝為說，用禮法以評斷或處理世務的原則，此與現今論晚明思潮或泰州學之認識，大相逕庭。（〈克己復禮的路向〉，頁14）另如李羅二者在禮的本體的認識上，借佛家一心開二門之義，主張即心即禮的本體是相通的。再論羅近溪的學說「始於仁而歸於禮❷，始於中庸而終於大學」，將仁禮並言，主張為學在識仁則明覺，求心光之朗現，不克而克，反之則為迷惑利欲所障，此說影響焦竑、李贄。

　　羅焦二者在「克己復禮」的陳述中，焦竑承其師羅近溪之說，主張「克己復禮」之關鍵在於一個「復」字，對工夫上的側重是一致的。但二者於「復」的工夫論進路，師徒二人則有其間斷性。羅近溪對「復」字的指涉是復者，反觀也，唯有反觀乃能明覺良知。羅近溪主張「覺」「復」先於不學不慮的初心，本心，尚可借助於經典的規矩，以有所「覺」，有所「復」其良知本心。羅近溪視禮雖

---

❷　「始於仁」即要求人人均能識仁，以明此本具之良知；在踐形履現於日常生活時，則是要人「敬畏小心」，以祛除游氣雜擾與耳目嗜欲。「歸於禮」使天下均能過著一種合理的生活時，世界便合乎禮。〈第二章〉P43。

為一種規定，一種矩式，但非人為造作，乃是一種天地自然律則的顯示，主張禮由中出，非由外作。

焦竑「克己復禮」之陳述，一方面有取於佛家者，在其直指本心，但只取佛教之理而遺其教，認同性體說，不同意工夫論。其講明克己復禮的工夫採用道教的修行養生法門。將克己復禮的工夫分為內外兩端：其一外者，取師說博文約禮的踐履修習來歸仁復性。其二內者，以艮背之法講心上的工夫，通過《易經》艮卦貫通佛道。焦竑將其師羅近溪先格物致知（博文）之後再約禮（誠正修齊治平）的工夫論，從呼籲發顯主體良知的逆覺體證之路，加快步伐地外推，傾向講究考察禮文、遵守禮法的道路。而內在工夫則由艮背之法加以置換，再度使「克己復禮」充滿間斷性與離散性。使得焦竑之禮未必由中出，尚有待於博文約禮之外作，此於「克己復禮」中即心即禮之陳述，形成重大之衝擊。

第二就「死生情切」的陳述功能而論，《晚明思潮》的文本話語體系，涉及「死生情切」之主題者，置於文本的第三、四、五章，分別是第三章論焦竑的〈死生情切〉，〈第四章　死生情切：袁中郎的佛教與文學〉以及第五章論袁小修〈道求無生：死生性命之學〉。就話語的形構而言，「死生情切」之陳述，錯置於泰州學派的論述話語之末，以焦竑為鏈條連接點，勾連公安派的論述話語。一方面依循泰州－公安的晚明論述關係，一方面並不以學術思想之體系傳承為陳述核心，而是轉出死生情切的生命之學，做為泰州與公安的接軌，於此離散公安與泰州的密切關係。焦竑、袁中郎、袁小修三者的「死生情切」陳述，以焦竑為其總提，以袁中郎為最佳陳述典範，以袁小修標誌儒佛合一之說。三者之間看似間斷而離散，實則隱含泰州－公安之理解的合理性，只是二者之接軌不應單一定位於狂禪之說。

「死生情切」的陳述，旨在聲明晚明李卓吾、焦竑、袁氏兄弟這個交遊圈的這批人，在思想史上最大的意義，就在顯示他們的核心關懷與存在之焦慮，是生死問題。於此彰現傳統儒學在面對死亡問題時，對人存在的安頓有所不足。死生情切成為這批晚明文人根本的意識問題，所以，他們努力運用三教知識去處理這個問題。其處理方法基本上是「以禪詮儒，使知兩家合一之旨」，而反對修命長生之說，此為這個群體在「死生情切」陳述的相通處。「死生情切」的這群人雖取資於佛學，但個人對生命的基本關懷不同，面對佛學時，或吸收禪學，或談唯

識，或講淨土，以因應個人對「死生情切」的不同需要。

焦竑「死生情切」的陳述，其吸收禪學的功能，主要在於取佛法性論之作用，說明性空，以破生死生滅之心，強調見性，同時廣泛採擷道教言說並參酌轉化。焦竑「死生情切」的陳述，最終的關懷仍回到儒家，雖然其學術涉足三教，而且有著攝道歸佛的話語，但其基本立場不出儒者，對生死的看法亦秉持儒家的核心價值，故謂之為儒者。其「死生情切」的陳述，與朱子學或王學並列，展現晚明思潮的另一種色調。

袁中郎「死生情切」的陳述，為其學術的根本問題意識之所在，以「死生情切」為主軸，構成袁中郎獨特的話語體系。生死大事，自知自證，各家自有一套體系。袁中郎根本關切在於了脫生死，在面對三教時，與焦竑的儒家本位，特重佛學不同。中郎對三教皆注重，不專守學術的客觀分界與門戶，凡有助生死問題之解答者皆吸收。袁中郎自覺三教義理之受用處在「破執任性」而已，破執，指出生死、禍福、功德與災害均不可執著，本此見解去註釋儒、道、佛三家的義旨，充分顯示一種三教注我的態度。至於任性者，中郎的生命實踐，本得力於禪宗之明心見性，後將曾經縱放嗜欲習氣的情欲流遁，轉而強調修，強調學。人生之歸向棄禪悅，回返儒學正道，至於生死問題，則修淨土以求往生。

袁小修「死生情切」的陳述，主要依循以禪詮儒之途，雖與焦竑攝道歸佛以立儒，最後皆回歸儒學，有相通之處。但從歸趣說，焦竑是通過道教之法門，以養性達成養生的目的，消解對死亡的恐懼。小修則依禪悟之觀點，提出生死乃是業力流轉，修道者唯有依其覺悟之力，勘破生死，才能超越業力，證入不生故不滅的無生涅槃。小修遵從佛家的業力積負之說，故接受王學「無善無惡心之體的講法」，以善惡為習染（生前各世習染積累所得），於此為儒佛合一說。小修以佛家覺悟釋陽明的復其良知工夫，兼強調修證的工夫，在王學中特為推崇王龍溪與羅近溪。小修更以發揚二溪之學自命，對泰州末流講良知本體，忽略修證，或言「良知現成」甚為不滿。

概括地說，《晚明思潮》中「死生情切」的陳述，首由焦竑從泰州學之「良知」「克己復禮」中轉出，導向公安以死生情切為學術根本問題意識的核心，顯露其死生情切的生命關懷與泰州心性之學的間斷性。再由焦竑、袁中郎與袁小修三者在「死生情切」陳述上的差異，突顯泰州與公安的離散性。最後又由袁小修

以禪詮儒，通過業力積負之說，一來使公安回歸泰州，一來突出泰州後人並非不重修證之工夫。

通過總體的話語形構與文本話語的陳述個體兩者的分析可知，晚明思潮在文化語境下的意義，不應只從「王學－泰州－公安」一系加以了解，晚明思潮有更多的支流餘裔，非是上述之詮釋偏見可含括。即使由「王學－泰州－公安」的視域理解晚明，其間亦並非只有歷時的時間性串聯，尚有共時的空間性組構，以形成晚明思潮諸多不同的景致。

## 四、理解視域的差異

理解是人存在的根本激動，視域就是一個人所能夠看到的範圍和區域，它包括了從某一特殊的有利觀點能夠看到的一切。意義是理解過程中的一種事件，在這一事件中，文本與理解者都是置身於事件之中，文學作品的意義只有在這種理解事件中才得以發生和呈現。[24]理解者的經驗與流傳物（文本話語）進行對話，在問答的辯證往來之間，相互參與意義生成過程。理解者以自己所具有的前理解結構，創造性地理解同一對象，形成多種視域的融合過程。並在一種不同的視域融合中，創造新的意象，建構新的意義空間，形成創造性的理解過程。文本意義不是視界融合中的某種認可，而是作為一種矛盾運動結構的無限延異。

《晚明思潮》的意義，不是客觀地、中立地存在於作者、文本之中，而是諸多理解事件的積累。在不斷的理解過程中，理解者帶著前理解結構去理解對象，並在不同的視域融合中，重新創造《晚明思潮》，凸顯了意義的開放性與理解的差異性。個人經驗參與文本的理解，並非是一種無法彌補的缺憾，而是真正的理解從來就未能擺脫理解者的經驗參與。《晚明思潮》的意義，可藉由依循異位視域，尋繹晚明思潮與破斥眾說拼貼晚明文化圖像二個論述主軸，在理解者與文本話語的問答辯證中，說明理解事件中視域的差異，重構《晚明思潮》在晚明文化語境中的意義，及其呈現的文化圖像。

---

[24] 李建盛：《理解事件與文本意義——文學詮釋學》，〈第四章　文學意義的詮釋學視域〉，頁183。

## ㈠依循異位視域，尋繹晚明思潮

　　文本話語作為一種存在，不出時間與空間的坐標。文本話語的理解，或從時間主線串聯話語、或從空間構型組織話語。二者之應用皆為揭示文本話語存在於時空中並置、對立、隱合的狀態，藉此擴大理解視域，以尋繹文本話語可能的意義。《晚明思潮》的話語，在時間主線串聯話語與空間構型組織話語的陳述原則下，雖不乏時間主線串聯話語，但更多是採用空間構型的異位組織話語，異位開啟了異時，成為時間斷裂處的標誌，龔先生便於斷裂處存思察省，開掘出眾多富有衝擊力的陳述主題。

　　《晚明思潮》以異位作為時間的斷裂點，對各種知識話語的生成與相互作用進行探究，話語在不同的歷史空間中，以不同的方式生成、存在、運作與變遷，並與歷史事件相糾結而成就不同的文化結構。❷⑤「晚明思潮」的出現，在線性歷史觀下，出現與傳統有著相異的新傾向、新特質，或稱之為文藝復興、或稱之為浪漫主義，或稱之為啟蒙運動，或稱之為人文主義思潮。這些知識話語各有其運作模式，但同以泰州學派為知識話語的重要角色。

　　泰州學派成為晚明思潮色彩最鮮明之標誌，應歸功於嵇文甫先生對泰州學派的高度讚譽。嵇先生於《左派王學》中聲明：王學左派諸子的言行，有一種償張躍動的氣息，狂則是王學的特色，而最能表現王學狂者胸次的真精神，非泰州學派莫屬。此論一出，自由解放的色彩，反抗傳統思想的精神，成為晚明思潮制式的認識。

　　嵇先生又於《左派王學·序》直言：「道學界的王學左派，和文學界的公安派、竟陵派，是同一時代精神的代表」。❷⑥此言一出，開啟了泰州學派與公安派傳承的契機。李濟雨（1992）在討論晚明小品之文藝理論，便借嵇先生之助，遂以王學－泰州學派－公安派的模式來加以解說，結構泰州學派與公安派密不可分的關係。❷⑦左東嶺（1997）又將李贄放在王陽明－泰州學派－李贄－三袁－金聖嘆這

---

❷⑤　陶徽希：〈福柯「話語」概念之解碼〉，頁 45-46。

❷⑥　嵇文甫：《左派王學》，〈序〉（臺北：國文天地雜誌社，1990 年 4 月初版），頁 2。

❷⑦　李濟雨：《晚明小品之文藝理論及其藝術表現》，臺灣師範大學國文研究所博士論文，1992 年。

一條文化鏈中，❷更形鞏固彼此之間的鏈條關係。爾後論晚明的文藝理論者，皆依此而行。甚或論晚明思潮者除此一路外，別無所見。今日這個路向仍是通向晚明思潮最便捷之途。

《晚明思潮》基於異位原則，處於與傳統時間絕對斷裂的視角，企圖打斷王學－泰州－公安的鏈條關係，尋繹晚明思潮的開放性意義。首先，以「王學分派」（〈羅近溪與晚明王學〉，頁 21-24）的發展，斷裂王學與泰州之連結。文本藉由黃宗羲《明儒學案》的分派說，指出王學雖有浙中派、江右派、泰州派三派，其中以江右派最能得陽明學說的真傳。此中之斷裂點有二：其一是所謂某一派別，或為師弟授受之關係，或為地域流傳的狀況，或為方法理論之駕御，未必即代表了義理的分歧。其二是何派最得王學真傳？此為見仁見智之說，當中鑒別區分的關鍵在於視域的差異。將理解者視域含糊籠統的地域派別，視為義理間的畛域，並不妥當。

其二是泰州學派的大將羅近溪，其克己復禮之工夫論，有著朱子道問學的色彩。文本指出羅近溪的工夫論之說，以性地為先，工夫繼之。此一門徑不是盡掃浮雲以見日，所以並非用克己工夫以存天理。但羅氏又有先格物致知（博文）之後再約禮（誠正修齊治平）之說，強調「援引六經格言而旁加點綴發揮」的述聖之學類型，並且用聖賢格言教訓來呼喚點醒人的良知。觀上述二說，羅近溪之學術體系中是否與良知學，不學不慮的基本認定產生衝突？近溪之學具有講究禮文、遵守禮法之傾向，此與泰州發顯主體良知的逆覺體證之路，產生了距離。（〈羅近溪與晚明王學的發展〉，頁 61）

其次，以生命關懷的差異，斷裂泰州與公安的鏈條。王龍溪與王心齋時時越過師說，向「狂者」發展，以使徒精神宣揚陽明的教義，充滿儥張躍動的生命力。他們發心為性命之學，一心做聖，有著萬物一體的胸懷。立志「出為帝者師，處為天下萬世師。」這是何等的胸襟氣魄！

對應於公安派來說，生命的關懷與泰州學派大相逕庭。窮究生死是公安派最主要的人生關懷，死生情切是公安派關注的根本問題，也是意識的核心。公安參

---

❷　吳承學、李光摩：〈20 世紀晚明文學思潮研究概述（二）〉，頁 5。http://www.guoxue.com/www/xsxx/txt.asp?id=2925，2010 年 10 月 12 日檢索。

究人天性命之學，無非希望破執任性，道求無生，在在皆是了脫生死，以求個體存在的解脫。

泰州學派與公安派於心性論上未可定斷其無關，但就生命關懷的取向而觀，泰州學派向外為公，當下承擔。公安派則是向內修持以了脫生死，甚且求無生之道，此與視死生為本分的儒學傳統有所背離。但死生情切不僅是三袁生命關懷的根本問題，亦是晚明儒士具有的核心意識。通過死生情切之論述，斷裂泰州與公安的關係，足以擴大理解晚明思潮的視域，掘發更多可能的文化意義。

《晚明思潮》的異位視域，斷裂時間主線串聯話語的單一可能，促使晚明思潮在空間構型組織話語之下，得以開掘諸種知識話語的並置、對立、隱含的狀態，展現主體視域的不斷否定、揚棄、擴展與提升。這種不同視域的融合與辯證，不是一種視域對另一種視域的吞噬策略，而是在承認其他視域的獨立性。拓展晚明思潮自身的價值與意義，不斷地創造與建構文化景致。

## ㈡破斥眾說拼貼晚明文化圖像

理解事件從不同的視域，產生不同的意義。視域作為理解的可能性立足點，既是理解和解釋的前提，也構成理解和解釋的局限。這種規定性決定了不同理解者對同一部作品的意義理解，總會具有差異性。龔先生對《晚明思潮》的理解，在異位視域的前提下，想要通過辯證之道，破斥兩端之後，俱存兩端而得一辯證綜合，借以超越歷來眾解。在辯證綜合的過程中，不斷地默察反省，層層辨析，往覆思量，破斥眾說，獨樹觀解。（《儒學經世的問題：以顏元為例》，頁320）破斥眾說成為解消現有晚明思潮知識話語的局限，彰現前所未見之晚明文化圖景的必要之途。

《晚明思潮》中破斥眾說之處甚多，如：王學－泰州學派－公安派，此為理解晚明者共同遵奉的基本假設、經世致用學風的發展脈絡、晚明文人文化的旨趣、明代曲學的發展以及文學家、思想家的重新評價。其中王學－泰州學派－公安派的認識脈絡前已述及，茲不贅述；文學家、思想家的重評，論述紛繁瑣碎，未便破斥眾說之具體闡述。茲將破斥眾說拼貼文化圖像的論述，聚焦於其餘三者。

首先，就經世致用學風的發展脈絡而論，關於明清之際，一直是學術界的熱點，尤其是經世致用之學。關於這個課題的討論點有四：一是名義，涉及此課題

的名稱有「經世之學」、「實學」、「經世實學」。不同的名義，引領不同的話語體系。二是關乎時代斷限，對於思潮時限的說法，計有明中葉以下持續四百年、明中葉至清末、明中葉到清初等說。由於未弄清楚名義和內涵，造成種種差異自是當然。三是就內容觀，不論時代的斷限為何，時代的思潮並非一成不變，如何洽切地設定範圍，是必須面對的問題。四是就實學的衰落來說，在歷史的進程中，思潮的消長是相對而言，未有明確發展，何來相對的衰落？❷⁹

除卻上述四點之外，明清之際經世學風之來源課題，研討者最眾，常見的論述模式是晚明心學的沒落與實學思潮的興起相提並論。這一模式樹立了心學與實學的相對性。《晚明思潮》為了破斥心學與實學、晚明與清初學術斷裂的偏見，於其〈自序〉提出三種考慮經世學風之來源的路向。（頁18）一是王學本身可能發展出經世學風，如羅近溪。（〈羅近溪與晚明王學的發展〉，頁 59）二是復古思潮導生復古經世的學說如顏元。（〈儒學經世的問題：以顏元為例〉，頁 299-321）三是明代在區域學風中，有博雅之學的傳統。這一學術傳統講究博識群經子史與術藝，和清初經術之學和考據之學淵源甚深，文中舉何良俊和黃宗羲為例。（〈經學、復古、博雅以及其他〉、〈黃宗羲與道教〉，頁 329-382）

《晚明思潮》破斥晚明經世學風的眾解，就思想史的發展與時代思潮的流變觀，主張萬曆、天啟、崇禎、順治以迄康熙初年，應視為一個階段，後半期的表現為前半期的延續與發展。將思想史的視域納入晚明文化思想研究的視野中，在一個更大的文化視角下，開啟晚明思潮研究新的可能。

其次，就晚明文人文化的旨趣而論，龔先生於〈自序〉提及，承續五四的流風餘韻，認為小品文最能代表晚明文學以及文人生活態度，也是最能貫通到現代的文學傳統。爾後，多方與友問學，逐漸掙脫五四對小品的知識話語之說，❸⁰轉出關注當時文人「談說玩賞」的發言方式、顯示才辯的趣味與隔離的美感等課題，指出晚明文學有矯柔造作的一面。此類說法，是顛覆舊典範的嘗試，對晚明小品的性質與定位產生新的詮析。（〈自序〉，頁 18-20）《晚明思潮》以小品中的清言

---

❷⁹ 林慶彰：〈「實學」概念的檢討〉，收於中國實學研討會主編《實學文化與當代思潮會議論文集》，2002，頁 8。

❸⁰ 吳承學、李光摩：〈20 世紀晚明文學思潮研究概述（七）〉，頁 1-2。http://www.guoxue.com/www/xsxx/txt.asp?id=2961，2010 年 10 月 12 日檢索。

作為例證，試圖展現晚明另一種文化面向，豐富晚明的文化圖像與時代精神的特色。

《晚明思潮》中涉及清言小品者，標目為〈位在聖凡之間的清言小品〉。（頁245-294）清言的體裁形式特出，語言簡鍊明儁，撰述者多，讀者亦眾。堪稱晚明小品或晚明文學的典型之作。清言小品的內容，往往展現以俗境為聖境，以鄉愿之處世法則為修道真幾。既想依從儒家之教，敦人倫，厚教化，但卻行向與傳統儒家悖離之途。故龔先生標舉「位在聖凡之間的清言小品」的陳述，以聲明其語言特色、美感趣味與價值。

《晚明思潮》對清言小品的闡述可分三點：其一清言的性質，清言中盡多學道語與見道語，修悟僅是談資，談修行工夫則是霧裏看花。由於未在身心上作工夫，並不正視面對克消人欲的工夫。僅從「隔」的態度，滑轉人的欲望。以文學藝術的態度去品鑒體道之風光。以一種審美態度對人生問題做觀照，是一種飽含空靈美感的文學作品。其二清言的內容，以護持個人自適自娛的心境為要務，以閒適清賞的生活安排及個人獨特品味的經營為關注課題，偶於其中透顯出處世原則的指點。其三清言的美感，清言所呈現的審美意識，乃是在主體追求超越的、無執的精神自由下，以閒適之樂為美，隔離的智慧與美感，使人易於走上隨順情欲嗜好之路，由去執除縛的欣賞品味人生而轉向有所偏執耽溺的享受人生。❸

最後，就明代曲學的發展而論，《晚明思潮》於〈南北曲爭霸記〉中，以文學史的視角，運用時間主線串聯話語，就明曲的來源、南北曲的演變以及總體的明曲文學史觀三者，指出明代曲學文學史，應當關注的問題。〈南北曲爭霸記〉對明曲的觀察重點有四：一是主張南北曲的爭霸過程，即是明曲的發展史，凡地域區分和文學史正統的辨識、傳統與時代變遷的關係，曲的藝術歸屬……等問題，皆可藉南北曲的爭霸，一窺究竟。二是釐正北曲為中州正音，南曲為時世新聲，指明北曲是南戲之典範與參據對象，即使為南曲發微闡幽的徐渭，以及為南曲爭地位的王世貞，仍未曾移易北曲傳統正宗的地位。三是陳述明曲於南北曲爭霸的過程中，有諸多問題。明以後南曲漸盛，北曲漸衰，南北曲交雜為用，南北合套的現象繁多，此中蘊涵一代有一代之文學、復古的文學觀、「本色／文藻」「文

---

❸　詳參鄭幸雅：《晚明清言研究》，中正大學中國文學研究所博士論文，2000年6月，頁123-348。

采／音律」、傳統與新變、南北風格論等諸多問題。四是特別指出王世貞對曲史的描述頗為謬誤，卻為五四以來諸文學史，講述元明戲曲史往往順著王氏的理解。而五四時期形成的文學觀念，對今世文學史研究的影響深遠，所以對明曲文學史的認識，至今仍一如往昔。

《晚明思潮》中雖論南北曲之爭霸，實則揭示明代文學史與文學理論研究存在的諸多問題。重新認識明代，針對歷來的習見與盲點，將評述觀點區分為幾個大脈絡，提出超越的辯證之道，以解決歷來之詮釋困難，應是研究明代文化的當務之急。

《晚明思潮》通過依循異位視域，尋繹晚明思潮與破斥眾說拼貼晚明文化圖像的論述，打破晚明思潮由王學－泰州學派－公安派單一的圖景，展示晚明朱學與王學的漸層互染，以及三教交融的基調。對於經世致用之學的來源，匯入王學、復古以及區域博學傳統的涓流，擴展了經世實學的源流。在晚明理學莊重的氛圍中，掘發清言小品談說玩賞的發言方式，及其彰現才辯之趣味與隔離的美感，呈現在學術思想下，文學的關懷與美感。除此之外，晚明對明代南北曲學的流衍多所留意，展現當中正音與新聲的和鳴。統括錯置這些圖景，重構《晚明思潮》在晚明文化語境中的意義，同時展現了晚明豐富的圖像。文化的話語體系，不是單音獨鳴（monoglossia）而是具有多聲調（multiaccentuality）的意義特性，這一意義特性，使得文化含具動態的特性，以及彈性與變化的潛力，它允許眾聲喧嘩（heteroglissia）。㉜

## 五、結語

龔先生曾說：「所有的文章，皆存思錄，亦皆為自反錄。」，作為讀者對《晚明思潮》的理解，通過與文本的對話、交流，藉由個人前理解中的晚明文化圖像，與《晚明思潮》做一種視域的融合，得出《晚明思潮》在晚明文化語境中的可能意義，藉以擴展個人對晚明思潮的理解而已。理解是一種不斷的循環，在晚明思

---

㉜　Philip Smith 著，林宗德譯：《文化理論面貌導論》（*Cultural Theory: An Introduction*），〈視文化為一種文本：敘事與詮釋學〉（臺北：韋伯文化國際出版公司，2007 年 9 月），頁 265。

潮的運動和解釋者的運動中，形成一種內在的相互作用。理解的循環是一個效果歷史事件（視域形成和視域融合的全部），使得晚明思潮的義蘊在不斷變動的歷史過程，產生汲古以更新的可能。

　　文學作品意義的理解和解釋不是一種靜止的事件，而是一種隨著不同語境而變化的意義參與和建構過程。它出現和產生於理解者與文本不斷的視域融合中，它無法被輕易的確定，它從未完全存在於任何一個理解事件之中。當代對晚明思潮的理解並不會結束，因為理解者的偏見構成了意義理解的動力，敞開了意義解釋的廣闊空間。

# 徵引暨參考文獻

## 一、龔鵬程著作

龔鵬程：《思想與文化》，臺北：業強出版社，1986 年 4 月初版。

龔鵬程：《文化、文學與美學》，臺北：時報文化出版公司，1988 年 2 月初版一刷。

龔鵬程：《現代與反現代》，臺北：幼獅文化事業公司，1989 年 4 月。

龔鵬程：《晚明思潮》，臺北：里仁書局，1994 年 11 月初版。

龔鵬程：《中國傳統文化十五講》，〈後記〉，臺北：五南圖書出版公司，2009 年 7 月初版一刷，頁 410。

## 二、近人論著

王德威譯：《知識的考掘》（*L' Archeologie DU Savoir*），臺北：麥田出版社，2001 年 1 月。

成守勇：〈哲學詮釋學：自身認識的範式轉換——以《真理與方法》為中心〉，《淮南師範學院學報》，59 卷第 12 期，2010 年。

米歇爾·福柯著，謝強、馬月譯：《知識考古學》，北京：三聯書店，2003 年 1 月一版三刷。

吳正勇、歐陽曙：〈加達默爾哲學詮釋學的基本特徵——《真理與方法》解讀〉，《上饒師範學院學報》，22 卷第 4 期，2002 年。

李建盛：《理解事件與文本意義——文學詮釋學》，上海：上海譯文出版社，2002 年 3 月。

李濟雨：《晚明小品之文藝理論及其藝術表現》，臺灣師範大學國文研究所博士論文，1992 年。

林慶彰：〈「實學」概念的檢討〉，收於中國實學研討會主編《實學文化與當代思潮會議論文集》，2002 年。

梁艷：〈論伽達默爾對詮釋學的發展及其當代意義〉，《內蒙古農業大學學報》（社會科學版），11 卷第 43 期，2009 年。

陶徽希：〈福柯「話語」概念之解碼〉，《安徽大學學報》（哲學社會科學版），33 卷第 2 期，

2009 年。

嵇文甫：《左派王學》，〈序〉，臺北：國文天地雜誌社，1990 年 4 月初版。

鄭幸雅：《晚明清言研究》，中正大學中國文學研究所博士論文，2000 年 6 月。

鄭幸雅：〈論袁宏道的自適〉，《文學新鑰》第 2 期，2004 年 7 月。

鄭幸雅：〈識趣，空靈與情膩──論晚明文人的審美意識〉，《文學新鑰》第 5 期，2007 年 6 月。

蘇醒：〈福柯「作者－功能」說及其理論基礎〉，《學理論》2010 年第 3 期。

Philip Smith 著，林宗德譯：《文化理論面貌導論》（*Cultural Theory: An Introduction*），臺北：韋伯文化國際出版公司，2007 年 9 月。

吳承學、李光摩：〈20 世紀晚明文學思潮研究概述（二）〉，頁 5。http://www.guoxue.com/www/xsxx/txt.asp?id=2925，2010 年 10 月 12 日檢索。

吳承學、李光摩：〈20 世紀晚明文學思潮研究概述（七）〉，頁 1-2。http://www.guoxue.com/www/xsxx/txt.asp?id=2961，2010 年 10 月 12 日檢索。

# 道器之辯：語言符號意義的生成與建構——兼評《文化符號學導論》中的語言符號闡釋[*]

方環海[**]

**摘　要**　基於中國古代語文學的考察，龔鵬程的《文化符號學導論》對中國的文化符號學作了比較系統的介紹，自成一家之言。文章擬從文化符號學的語義視角為切入點，以符號學的意義觀為核心，從語言符號的文化思維、語義生成、心理認知等三個方面對文化符號學的語義研究進行闡述，並兼評龔氏《文化符號學導論》的語言理論價值。

**關鍵詞**　語言符號　文化系統　意義　思維　認知　隱喻

[*]　本課題的研究得到了廈門大學科研啟動項目和漢語國際推廣南方基地專項專案的資助，謹此一併致謝。

[**]　方環海（Huan Hai FANG），男，江蘇沭陽人，文學博士，廈門大學海外教育學院教授，主要研究方向為認知語言學。近年發表論著有《爾雅譯注》（2004）、《現代漢語連動式研究概觀》（2006）、《「X了」的詞化、虛化及其機制》（2007）、《V法結構的演變及其動因》（2008）、《從名詞小句看漢語動詞不定式結構》（2008）、《「法」的詞綴功能與相關動詞語義結構》（2009）、《認知語言學的理論分析與展望》（2010）等。

# 一、引言

符號學的研究歷史非常悠久，在中國古代早有關注❶，古希臘時期柏拉圖（Plato，約 427-347 B.C.）和亞里斯多德（Aristotle，384-322 B.C.）等以及中國的哲學家們都曾論及語言符號問題❷。近代的培根（F. Bacon，1561-1626）、洛克（J. Locke，1632-1704）、貝克萊（G. Berkeley，1685-1753）、萊布尼茨（G. Leibniz，1646-1716）等也都有所涉及。到了 20 世紀初，瑞士語言學家索緒爾（F. de Saussure，1857-1913）將其命名為 "semiology"，進行系統闡述，並將其模式分為能指（signifier）和所指（signified）。❸從 20 世紀符號學的發展狀況來看，符號學研究的方向大致可以分為三大類：語言學的、非語言學的和折衷的，其彼此學術研究立場之間的主要區別在於語言結構是否應成為非語言文化現象的模型。

當代符號學研究中一個值得注意的趨向是，人們在對符號形式的研究中，開始把符號與特定的文化意識形態關聯起來。站在語言學的本體來看，語言與文化的關係一直屬於見仁見智的論題，如果語言屬於文化的載體，抑或語言自身就是文化系統中的一個部分，那麼符號與文化的關係就耐人尋味了。若是站在民族主義立場，中國學者更應該爭奪文化符號學研究領域的學術話語權，大力研究中國文化中的符號問題❹，諸如象、數、言、文，中國文化符號學常常關注不夠，仍值得開發，好在這項工作近年來已經獲得開展，其中臺灣學者龔鵬程（1956-）的《文化符號學導論》，即是基於中國古代語文學的研究傳統，以西方符號學的基本理

---

❶ 我們的祖先早在東周時期，便開始對漢民族獨特的語言符號系統——漢語和漢字進行研究，該研究在兩漢時期達到空前繁榮，但是符號學作為一門現代科學，則興起於 20 世紀初，瑞士語言學家索緒爾和美國哲學家皮爾斯被公認為現代符號學的兩位奠基人。

❷ 春秋戰國時期是中國哲學史上對符號問題進行哲學探討的高峰時期，各派哲學家圍繞「名實之爭」形成了名辯思潮，此處的「名」就是名稱，與現代意義的「符號」大致相同。龔鵬程認為，文化的符號可以是語言文字，也可以是名物度數、典章制度，他的文化符號學就是從語文學角度，主要關注名學發展的符號學問題，參見龔鵬程：《文化符號學導論》（北京：北京大學出版社，2005 年），頁 183、138。

❸ 索緒爾著，高明凱譯：《普通語言學教程》（北京：商務印書館，1998 年），頁 3。

❹ 根據湯一介（1927-）的觀點，如果我們對中國文化中的各種符號及其相互關係進行一個系統的研究，就有可能創建出我們中國的符號學體系，參見湯一介：〈序〉，《文化符號學導論》（北京：北京大學出版社，2005 年），頁 2。

論，結合中國文化的概念和思維習慣，對文化符號學作了比較系統的介紹，當可自成一家之言的論著❺。如龔鵬程自己所言，對形式的操練、對語言文字的雕琢，是有關美感的，然後才能成為文學作品，而對形式的研究，仍然大有可探討的空間。❻

本文擬從文化符號學的語義視角為切入點，以符號學的意義觀為核心，對符號中最複雜最綜合的符號——語言進行研究，從語言符號的文化思維、語義生成、心理認知等三個方面對文化符號學的語義研究進行闡述，兼及評述龔氏《文化符號學導論》的語言理論價值。

## 二、語言符號的文化思維本質

人類思維可以粗略劃分為三類，即意象思維、語言思維和文化思維，其中語言思維與意象思維的特點並不相同，但是意象思維也可以反映在語言思維之中❼。包括語言在內的所有符號都必須具備三個特徵：(1)符號必須是物質的；(2)符號必須傳遞一種本質上不同於載體本身的資訊；(3)符號必須傳遞一種社會資訊。而語言符號對其物質性的超越，也就在其符號性和結構性❽。

龔鵬程通過考察，認為古人並不認為語言主要是繼手勢而用或代手勢而起，所以才說音是「聲也，生於心而節於外」❾。通過語詞符號所表現的概念聯繫有關的表像，尋求主觀與客觀的統一，形象地認識和反映生活。正由於有「主觀」

---

❺ 趙毅衡（1948-）：〈符號學文化研究：現狀與未來趨勢〉，《西南民族大學學報》（人文社科版）期12（2009年），頁169-172。

❻ 參見樊寶英：〈臺灣著名學者龔鵬程學術訪談〉，《聊城大學校報》2008年9月27日，3版。其實，根據索緒爾的理解，語言符號就是「形」的，而不是「物」的（Language is form, not substance）。

❼ 參見黎志敏（1962-）：《詩學構建：形式與意象》（北京：人民出版社，2008年），頁197。

❽ 在我們看來，語言符號具有根本性，而文字符號則是再生性的，語言與文字的地位屬於父子關係，雖然人類的文明主要是由文字承載下來的，但是我們在文章中涉及的語言符號仍然相對排除文字符號系統，所以索緒爾的符號學不討論文字，只把語言視為所有符號的結構原型，而在中國傳統語文學的研究傳統裡，文字符號的地位大大超過語言符號，所以才有以《說文解字》為代表的「說文學」的出現。參見龔鵬程，頁56，137。

❾ 龔鵬程，頁2。

的因素在，所以，對於語言的意識，各個民族並不一樣，各個民族的語言所以不同，也正是基於此❿。龔氏甚至認為，語言是人類心靈狀態在聲音上的表現，不同的民族、不同的心靈狀態，就有不同的語言、不同的表現方式⓫。此論說無疑是來源於美國的薩丕爾－沃爾夫假說（The Sapir-Whorf hypothesis），看起來龔氏很是服膺此假說，不過他似乎無意去論證這樣的命題，那就是漢語言的特色究竟如何揭示了古代中國人造語時的思維狀態與傾向。

語言符號的認知結構在文化發展中起著主要的、決定性的作用，語言符號甚至被賦予了本體論的地位。語言符號的概念體系是符號文化思維的成果，借助語言符號概念進行符號思維是全人類共有的，各民族語言中往往有著相同或相近的語言符號概念，例如對時間的一維性徵，中西方都說「光陰似箭」，都揭示了人類大腦中相類似的思維認知模式，反映了民族文化對符號概念形成的影響，表明符號概念體系和文化在某種程度上的一致性。符號認知結構通過語言這個最重要的載體以符號概念的形式固定下來，體現在一定的語言形式中。

學界大多數人認為，較之西方注重邏輯思維，中國人更注重形象思維，從具體形象符號中去把握抽象意義⓬，古人所謂「觀物取象，立象盡意，設象喻理，取象比類」，在龔氏看來就包含幾種不同的思維活動，一是「觀象」，這是視知覺對外物的觀視；二是「取象」，有見物象，而對此象有所認知、有所理解，經過取象以後，象已非物象，已是心象，這就是認知活動對事物進行抽象化的結果⓭。

思維活動過程可由下圖表示：

---

❿　龔鵬程，頁 4。
⓫　龔鵬程，頁 18。
⓬　印歐系等形態優勢的語言講究形式邏輯的關係，時態、語態、人稱等均有比較明確的規定，語句的意思可以由結構形態上分析而得，所以句意較為固定，而以漢語為代表的意念優勢的語言，是意念的直接連接，不必仰仗形式上的連結，所以形約而義豐。參見龔鵬程，頁 13。
⓭　龔鵬程，頁 25、90。

**圖1　思維活動過程示意**

　　觀象域到心象域的認知過程建立在取象的基礎上，兩種完全不同的概念經過大腦的過濾、壓縮和整合在觀象與心象之間建立取象關聯。此時的心象無疑已經獲得了新的「象」義，而有別於它之前的所觀之「象」。從過程上看，無論所觀之「象」是一個抽象概念還是一個具體事物，心象都體現為一個具體意象。對於抽象的所觀之「象」，由心象到觀象的投射經過了一個由「抽象」到「具體」的取象過程；而對於具體的所觀之「象」，則經過了一個由具體到抽象再到具體的過程。

　　與邏輯思維不同，語言符號思維未必遵循從部分到整體的一般認識規律，而可能直接指向本質，似乎更體現為一種靈感思維，帶有形象性、創新性和跳躍性的特點，思維容量巨大，對現實本質的把握有著本能的敏感，它更強調對本質的整體認知。符號思維超越了事物的概念範疇直接進入心象域進行判斷推理，其後產生的心象雖然在形式上仍然可能是一個具象，但它已經處於高一層次上，體現了人類認識世界的成果。

　　不過在龔氏看來，觀念符號層次在時間上應該是居前的，而物質器用層次則可能是居後的，說是無觀念不可能造出任何東西，要創造出某一個物象，心中必先有心象，心象形成後才能觀物取象❶❹，這一看法確乎與常規認識迥異，但是這樣的認識無疑已上升到哲學思辨的層次，可歸於「雞生蛋還是蛋生雞」類問題，已不再屬於符號學的討論範圍。也可以說，龔氏在原本推斷正確的基礎上又繼續向前多邁了半步，對此本人不敢苟同。凱西爾（Enst Cassirer，1874-1945）論及該問題則說，符號「決不只是思想的偶然外殼，而是它的必然的根本媒介物」，「並非用來傳遞某種完整的確定的思想內容，而是一種工具，思想內容通過它發展自身，充分地規定自身」。❶❺李澤厚（1930-）對此也有所質疑，認為人類的最終實在、本

---

❶❹　龔鵬程，頁28。
❶❺　凱西爾著，于曉等譯：《語言與神話》（北京：三聯書店，1988年），頁219。

體或事實是人類物質生產的社會實踐活動，在這基石上才生長起符號生產。事實上，基於直觀經驗的符號思維，形象地反映客觀事物，漢語的句法、形態的結構等符號現象尤為明顯，這是一種無所不包的工具，最不同的文化都在這裡匯合。⑯龔鵬程對此評價說，如果把思維或概念外化為語言的過程稱為投射，則漢語是直接投射式的，英語等則須經過詞的形態變化、結構成形等程式整合手續，所以是間接投射的，相比較而言，漢語具有簡約直接的特點。⑰語言學界有人認為，漢語符號這樣的語言符號特點，完全摒棄了機械式的關聯式結構，可能會導致中國人的不善於推理思維，漢語的概念直接投射形態，也使其善於直覺。龔氏似乎對此頗不贊成，他索性反其意而言之，認為漢語符號以意定形，在不同的語序中體會不同詞義的變化、比較其差異，同樣也應該是一種推理思維⑱，龔氏此論頗為新穎。

正是思維創造了語言，語言又反轉過來創造了思維，因此，漢語本身既型塑了後來的思維，後來的思維也逐步完善了漢語。⑲符號思維體現了人對世界認識的特殊表現，包括對自然與整個人類社會的一種能動性認知思維。思維與實在的一體性，成就了語詞只能是分離的實體，存在於連貫的言語行為之中。⑳如果符號與其物件之間沒有一種自然的聯繫，那麼語詞就不可能指稱一個物，人類的任何語詞也就會成為難以理解的符號。可見，符號思維就是基於人對世界的體驗來感知的一種特殊的思維方式，句式所表達的思維是一種與客觀實在相對應的理據性的思維，在用語言闡釋對世界的觀察與認知時起到了十分重要的作用，正如羅素（Bertrand. Russell，1872-1970）所指出的，為使某個語句能斷言某個事實，不論語言如何構成，在語句的結構和事實的結構之間必須有某種共同的東西。

---

⑯　在中國傳統文論中，文學所表現的人文與天文、地文、物文同屬「自然之文」的性質，「自然之文」的寫作觀源於「天地之心」，如此空靈，恰如劉勰（約 465-520）所言，「形在江海之上，心存魏闕之下」，「神思之謂也」。參見〔梁〕劉勰著：〈神思〉，孔祥麗、李金秋譯注：《文心雕龍》（北京：中國社會科學出版社，2004 年），頁 175。

⑰　龔鵬程，頁 13-14。

⑱　龔鵬程，頁 17。

⑲　龔鵬程，頁 18-19。龔鵬程還陳述說，語言符號系統建立後，人類就一直活在語言符號世界裡，對世界的理解也都是通過語言符號來，語言符號成為人存在的居所，參見龔鵬程，頁 29。

⑳　周紅紅：〈從符號學的角度看隱喻的生成〉，《福建外語》期 2（2000 年），頁 12-15。

同時，符號思維作為一種超越型與創造性思維，是人類認識世界的一種最為普遍的思維方式，它能夠超越概念、判斷、推理的精確性和有序性，直接對認知物件進行抽象化處理[21]。符號思維的突出特點，帶有明顯的感性體驗和情感評價。認知心理學認為，語言符號表現為存在於人大腦中的概念體系，是符號思維的認識成果。它以人大腦內的智慧系統為基礎，利用已經掌握和存儲的資訊對認知物件的本質及規律性進行概念化、一體化認識。理查茲（I. A. Richards, 1893-1979）指出，「好的語言是一種完滿的實現，能表達人的感知本身不能表現的事情。語言是不同領域的交匯點，不僅是認知的表現形式，而且也是它的組成部分，源於日常經驗的認知系統構成了語言運用的心理基礎。」[22]

龔鵬程在符號思維部分比較深刻闡釋了語言和認知的關係，認為符號思維遵循的也是演繹推理的思維過程，這說明認知過程及其符號學闡釋體現了人類思維本質的共通性，同時也為符號思維作了恰當的語文學注解。符號思維依據內化於人腦的世界知識對世界進行能動、創造性地反映，是日常概念體系的基本，符號是人類的本體思維，已經成為人們認知、思維、經歷、語言甚至行為的基礎，是人類認識世界的一種基本思維方式。無論是漢語還是英語，「用符號思維」，從語詞的音形層面到句法層面，其內涵無疑顯現了實踐論意義價值，具有很高的概括性功能和範疇化功能，使語言符號能夠更為有效地表述世界。

# 三、語言符號的語義生成機制

符號系統滲透著一個社會的傳統、意識形態、風俗習慣、社會禮儀等非物質的、抽象的東西，這種抽象的東西就是符號的意義內涵。人類創造符號的最初動機，即是為了進行概念語義的認知，說到底就是人們為了探究客觀事物的有關資訊。由於資訊不是具體物質，而是看不見、摸不著的思想或意義，它必須有自己

---

[21] 自覺地透過或利用這種抽象能力，並尋找、提取物象的特點或性質，讓物象對人形成意義，才是取象，這樣的活動本身就是一種創造性思維，參見龔鵬程，頁91。

[22] 趙豔芳，〈隱喻的認知基礎〉，《解放軍外國語學院學報》期2（1994年），頁30-34。

的載體才能被認知。❷❸語言符號的能指和所指之間由於存在一個較大的語義空間而極富張力，其意義也不是單一和直接的，而體現為一個遞迴性衍生過程，其所指也不單純是一種外延意義，而派生出一定的內涵意義❷❹。劉勰（約 465-520）認為，「意翻空而易奇，言征實而難巧也。是以意授於思，言授於意。」❷❺如果說意義決定於思想，那麼語言則決定於意義。

中國詩歌追求言有盡而意無窮，體現為語義的開放性❷❻，而西方詩歌源於敘事，語義趨於封閉性，所以李白（701-762）的《靜夜思》，常讀常新，而華茲華斯（W. Wordsworth，1770-1850）的"I wandered lonely as a cloud"（我孤獨地漫遊，像一朵雲）則少了許多語義的空間❷❼，司空圖（837-908）說：「詩家之景，如藍田日暖，良玉生煙，可望而不可置於眉睫之前」。可望而不可及的原因，正是由於語言符號撇開明確的外延所指。魏晉言意之辯，最根本之處就在於討論言語究竟能否盡意，語言表達能力究竟可以達到何等程度。所以陸機（261-303）擔心「意不稱物，文不逮意」❷❽，力求意能稱物，文可逮意。先秦聖哲說：「言以足志，文以足言」，「書不盡言，言不盡意」，相較之下，陸機的認識更高出一籌。劉勰云：「夫形而上者謂之道，形而下者謂之器，神道難摹，精言不能追其極；形器易寫，狀辭

---

❷❸ 胡壯麟：〈當代符號學研究的若干問題〉，《福建外語》期 1（1999 年），頁 1-9；王銘玉：〈對皮爾斯符號思想的語言學闡釋〉，《解放軍外國語學院學報》期 6（1998 年），頁 1-7。

❷❹ 人們平常認為漢語的表意性比較強，其實說的是漢字的表意功能比較強，各種語言符號的表意性應該沒有什麼太大差異，在龔鵬程看來，其他的所謂表音系統應該不在嚴格意義的文字系統之內，漢字的表意功能彌補了漢語的不足，參見龔鵬程，頁 59、71。

❷❺ 〔梁〕劉勰著：〈神思〉，孔祥麗、李金秋譯注：《文心雕龍》（北京：中國社會科學出版社，2004 年），頁 176。

❷❻ 這有點解構主義的意思，德里達（Derrida，1930-2004）就相信語言沒有確定的意義，表徵和符號有無限多層面的解釋可能性。一定意義上說，中國古典詩歌進行解構主義分析非常適合的文本。

❷❼ 許多人覺得中國人學習西方寫出的大量新詩，有成就者十分罕見，大概也是這個原因，參見黎志敏，頁 199。對此，毛澤東（1893-1976）曾經指出舊體詩束縛人們的思想，年輕人不宜學，而極力主張學新詩，但是他本人從未寫過一首新詩，個中玄機，耐人尋味。

❷❽ 〔晉〕陸機：〈文賦〉，楊明譯注：《文賦詩品譯注》（上海：上海古籍出版社，1999 年），頁 3。

可得喻其真。」❷可見，言語形式對道和器的效能難以一致，道者，意義也，器者，物件也，神妙的道怎可描摹？最為精微的語言恐怕也難以得其妙處，而具象的器則易於描繪，運用描寫的語言就可以呈現其真實面貌。❸有形可見、有體可觸的東西，語言的效力明顯，無形可追的意義領域，言語的效能自然就大為弱化。

　　語言是用來表達人對世界的感知結果，語言符號是一種創造性的意義活動，無論是表達意義，還是理解意義，而文化則是一個社會所有意義活動的總集合，符號學為文化研究的各種課題提供了基本的方法論，必然以文化研究為最主要目標。索緒爾指出，符號的意義是與受眾發生互動而產生，是一個能動的、創造性的語義生成過程，所以羅蘭·巴爾特（R. Barthes, 1915-1980）認為，「意義並不終止於所指，意義是序列的重新排列」，他指出語言符號有兩層意義，即表面意義（denotation）和隱含意義（connotation）❶，語言符號依賴的是一個語言構成的意義世界。❷所以，對文本的組合分析揭示的就是其顯性意義，聚合分析揭示的則是隱性意義，文本的顯性結構就是文本中發生的事件，隱性結構則是文本包含的內容。這裡需要涉及到隱喻和轉喻的概念，隱喻和轉喻所蘊含的，正是符號的隱含意義，揭示隱喻和轉喻，也正是為了揭示隱含之義，這種隱含義就來自社會的文化觀念、心理結構、意識形態，這也正是符號產生所依託的環境❸。故上古生民之「音」曰「言」，如果從文字學起源上看，確乎是如此，有學者考證「言與音

---

❷　〔梁〕劉勰：〈誇飾〉，孔祥麗、李金秋譯注：《文心雕龍》（北京：中國社會科學出版社，2004年），頁247。

❸　龔鵬程，頁88。

❶　巴爾特認為內涵意義固定或凍結了所指意義的多樣性；通過將一個單一的，通常是意識形態的所指歸為第一符號，從而使第一符號的意義減弱。因此，大眾傳媒傳遞意識形態的主要途徑就是內涵意義，巴爾特也稱這種意義為「隱喻」。費斯克則認為符號意義有三個層次：表面意義（denotation），深層意義（myth），潛在意義（ideology），與此比較類似。參見王銘玉：《語言符號學》（北京：高等教育出版社，2004年）；苟志效：《意義與符號》（廣州：廣東人民出版社，2003年）。

❷　布龍菲爾德（Leonard Bloomfield, 1887-1949）把古今的語言、不同地區的語言和語言結構進行比較，認為「有些創新改變了一個形式的詞彙意義而不是它的語法功能那個，這一類的創新叫做意義變化或語義變化」。

❸　隱喻研究的歷史可謂源遠流長，中國最早的詩歌總集《詩經》中就已廣泛運用了「比」的手法。「比」即比喻，其中就包括隱喻。

初本同字」❸，「言」蓋可指語音，即便是最為馬克思主義的語言學也必須承認，語言是出自勞動過程裡的交際行為，而文字只是表達形式而已，讓語音形式固化或者形化了。

語言符號的意義構成在超線性層面上的，則完全是隱喻的作用。隱喻不僅僅是一種修辭手段，也不僅僅是一種語義現象，而是人類的一種認知方式。在認知語言學中，隱喻不再僅僅被認為是語言現象，而是一種人類的認知現象，是人類將其某一領域的經驗用來說明或理解另一類領域經驗的一種認知活動。萊考夫和詹森（Lakoff, G. & Johnson, M.）也認為，隱喻在日常生活中是無處不在的，不但在語言中，而且在思想和行為中。人們用來思考和行動的日常概念系統，在本質上也是隱喻的，所以根據他們的定義，隱喻的實質就是通過另一類事物來理解和體驗某一類事物。人們按照相似性和相關性進行映射，而不是自發地按人類固有的基於形式的更抽象的推理過程；由於採用不同的類型學知識並進行投射，根據各自的知識、經驗、意向和動機，對文本產生意義，從而有不同解釋。❸

索緒爾認為意義僅存於符號體系之中，或者說意義通過符號體系產生，而並非獨立存在於真實世界，這種「結構之外不存在意義」的觀點使學者們更多地把隱喻放在與其相關的結構中考慮。理查茲（I. A. Richards，1893-1979）提出了隱喻「無所不在的原則」（omnipresent principle），認為語義不是孤立的現象，它與話語有密切的聯繫。萊考夫（Lakoff）則認為，「隱喻普遍地存在於我們的日常生活中，不但存在於語言中，而且存在於我們的思維和行動中。我們賴以思維和行動的一般概念系統，從本質上講是隱喻式的」。

同樣是符號的構成，語言符號的二重性即言與意。莊子認為，「言」只能表現「物之粗者」，而「意」才可以把握「物之精者」❸，語言的運用，確實不應該僅僅著眼於語言形式上的設計，而應隨意而變，正如《莊子·天道》所言：「語之所貴者，意也」，而不是如孔子（前 551-前 479）所說的那樣，「君子于其言，無所苟而已矣」。魯迅（1881-1936）在《漢文學史綱要》中提出了「意美以感心、音

---

❸ 于省吾（1896-1984）：〈釋言〉，《甲骨文字詁林》（北京：中華書局，1996 年）。

❸ Brandt, Line and Per Arge Brandt. Making Sense of a Blend: A cognitive-semiotic approach to metaphor. *Annual Review of Cognitive Linguistics*, Volume 3, Number 1 (2005): 216-249.

❸ 龔鵬程，頁 89。

美以感耳、形美以感目」❸的觀點，可見，作為語音的「言」，就是通過聲音現象表達人的心理活動，這就是「言」所表達的「意」，所以從造字法上看古文「意」字從言從心，到小篆才改為從音從心，但是表達的意義完全一致，這是傳統語言學之不同於現代語言學之處，或許也正是中國傳統語言學價值之所在。

有研究認為，漢語語詞與語義系統的關係是實現性的（透視性的，有文化的映射過程），而英文的語義與語詞系統的關係是構成性的（一體性的，無文化的映射過程），漢字的表意性徵起到了非常重要的作用❸。在文化框架下的漢英兩種語言語詞與語義的關係示意如下：

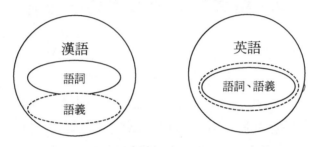

**圖2　漢英兩種語言語詞與語義的關係圖**

有關實現性與構成性的概念，是就隱喻而言的，隱喻的本質就在於運用一個具體的概念來表達一個相似的抽象概念，這是為了便於人們借助於具體概念來體認（realize）抽象概念，所以具體概念也就是抽象概念的實現，但究竟僅僅是解釋，還是本身如此，是讓許多學者頭疼的問題，例如「宇宙黑洞」，可能對天文學家而言肯定是解釋而已，但是對普通大眾而言，則是構成性的，離開這一隱喻，一般人根本就難以理解宇宙裡這一獨特的天文現象，所以在他們的想像裡，就認為宇宙間存在著一個巨大無比的黑洞。

在凱西爾看來，語言符號即所謂的「語詞」是「有意味的形式」，充滿了文化意義。一個語言符號並非是一個封閉的符號，而是開放的、在文化環境中產生多層重疊效應的符號系統。雖然「語言」是一個隱喻，用以突出「形式」成分的

---

❸　胡奇光（1935-）：《中國古代語言藝術史》（上海：上海人民出版社，2010年），頁3。
❸　沈家煊（1946-）：《不對稱與標記論》（南昌：江西教育出版社，1999年），頁25。

重要性與自主性，但這種形式是否等同於符號，是否可以將之看作「文本」的構成部分，因為作為解釋的過程，視覺再現與言詞表達有其各自的形式特性，最終指向「指涉、再現和意義」的相關問題。

美裔俄國語言學家雅可布遜（Roman Jakobson，1896-1982）強調，符號的產生與解釋有賴於代碼的存在，有賴於交流的慣例。❸一個符號的意義是由所處某種情境的代碼所決定的，亦即代碼提供參照系，而符號在這參照系中產生意義，這說明符號關乎交流，而交流則是一個特定的文化與意義過程。

## 四、語言符號的心理認知功能

語言的意義難以統一，宛如一千個人有一千個哈姆雷特一樣，這就與認知緊密關聯，所謂「認知」，就是人們去探求客觀事物的有關資訊。資訊必須有自己的載體才能被認知，因此在認知的過程中，就用某一事物來表徵物件事物，也就是說，用某一事物作為載體（能指），來把握物件事物的資訊，並儲存於大腦之中。❹蘇珊・朗格（Susanne K. Langer，1895-1982）認為，一個有形呈現的人類環境，表現了組成某種文化特定節奏的功能樣式。或抽象議論、或具體分析，但卻都無一例外地關注符號的象徵意義，將語言符號看作一種特殊的物質，看作是對某種心理事實的詮釋。

在索緒爾看來，語言符號本身就是一個兩面的心理實體。具體地說，就是在對話出發者的腦子裡，被稱為概念的意識事實是跟用來表達它們的語言符號的表像或音響形象聯結在一起的，即某一概念在腦子裡引起一個相應的音響形象，這完全是一個心理現象❹。正是這樣一種性質，才把一個物體的心理意象與它的自然實體區別開來，每個東西，看到的人，在心裡的感覺與認知並不相同。❹載有

❸ Roman Jakobson：〈結論：語言學與詩學〉（Closing Statement: Linguistics and Poetics），in《語言的風格》（*Style in Language*, ed. Thomas Sebeok (MA: Cambridge, 1960)）。

❹ 結構主義被認為與有關心理結構和文化結構普遍特徵的各種主張相一致，也與有關它們在引起可見的社會現象方面的因果作用的主張相一致。

❹ 索緒爾，頁 23。

❹ 龔鵬程，頁 78。

概念含義的語言符號屬於純心理的認知現象，通過符號把所謂的思想表達出來，接受者對符號的理解，這個過程也是純心理認知的過程。語言符號的語音和概念兩個要素合起來看都是心理的。[43]對語言符號的作用，索緒爾有著深刻的認識，人類在思考問題時，假如不借助語言符號，那麼思考就是沒有任何形狀的心理意識流。語言符號的作用就是把沒有形狀的心理意識流和心理音流結合起來，使無形流變為有單元的形狀鏈。圖示表達如下：

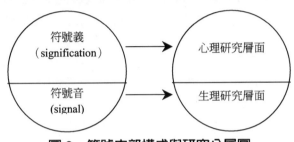

**圖 3 符號內部構成與研究分層圖**

高級認知能力的基礎便是使用有意義的符號（常稱為語言符號或象徵符號[44]），這些高級認知手段的內容可以通過所指稱的意義表達的交換而共用，這些意義又轉而使符號結構和頭腦如何識別成為可能，也是使意義產生和理解成為可能的認知機制。凱西爾從認識論的角度出發研究人的認知過程，認為應當找出那些產生人類關於世界概念的原初的和史前形式，並且這些形式不在人的經驗範疇之內。[45]當代的認知理論認為，人類語言不是存在於大腦中的孤立的結構系統，而是足以使大腦將經驗概念化的一般的認知過程。隱喻作為認知的橋樑，通過映射將源域中的身體或文化經驗圖式結構投到抽象的目標域中。如在基督教的觀念中，亞當的肌膚類似土地，骨骼類似岩石，血液像海洋，頭髮像草原，思想則像是雲朵。[46]可見，符號是以自然的人化和人化身於自然為基礎的。

[43] 顧曰國（1956-）：〈當代語言學的波形發展主題一：語言、符號與社會〉，《當代語言學》期3（2010年），頁193-219。

[44] 羅蘭‧巴爾特著，李幼蒸譯：《符號學原理》（北京：三聯書店，1988年），頁130-135。

[45] 凱西爾著，黃龍寶、周振選譯：《神話思維》（北京：中國社會科學出版社，1992年），頁24。

[46] 凱西爾著，于曉等譯：《語言與神話》（北京：三聯書店，1988年），頁103。

作為深層的心理認知機制，隱喻還有巨大的語言生成力。通過隱喻概念衍生出的各種觀念和語言表達方式有助於我們描述新的情景，處理新獲得的抽象概念，擴大語言和思想的界限。王國維（1877-1927）在《人間詞話》中曾對北宋詞人秦觀（1049-1100）的詞做出這樣的評價：「少遊詞最為淒婉，至『可堪孤館閉春寒，杜鵑聲裡斜陽暮』，則變而為淒厲矣。」詞人的作品風格本是只可意會不可言傳的，但詞評家卻通過巧妙地運用隱喻，化無形為有形，使讀者仿佛切身感受到了秦觀「淒婉乃至淒厲」的文風。符號就是這樣一個動態和靜態的認知結構系統，符號自身通過認知關聯使得我們認識自身和外部世界，其關係可以示意如下：

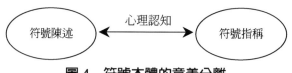

**圖4　符號本體的意義分離**

從陳述到指稱，沒有心理因素的參與是難以實現的。語言符號的陳述與指稱的功能，無疑已經跨越了符號的本體層面而進入語用的範圍，進入語言風格的層面，語言美的追求必須把語詞和表像聯繫在一起，運用語言符號時，隨之會有相應的表像認知活動。讀者接受時，也會因語言引起表像的聯想，映現具體的表像。荀子（約前313-前238）言：「言語之美，穆穆皇皇。」[47]何意？晉代郭璞（276-324）注釋說：「皇皇，自修正貌；穆穆，容儀謹敬也。皆由言語之美，所以威儀修飾。或曰：穆穆，美也；皇皇，有光儀也。《詩》曰：皇皇者華。」依照學者胡奇光（1935-）的解釋，這裡的解釋二者並呈，言語之美包括兩層意思：其一，「穆穆皇皇」解作「容儀謹敬，自修正貌」，那麼言語之美相當於從倫理上說的禮貌語言，尤其是美善的結合，更是如此；其二，「穆穆皇皇」解釋為「美」，那麼言語之美相當於修辭上所說的語言藝術美。[48]每段言語，都自成一個獨立的世界，顯示出獨特的意義，每一文體，都有其特殊的語言格式與風格規定。龔鵬程在語言符號美的研究層面，比較重視時間因素，考察了語文學範圍內不同歷史時期對語言

---

[47]　〔戰國〕荀子著：〈大略〉，張覺校注：《荀子校注》（長沙：嶽麓書社，2006年），頁357。

[48]　胡奇光：《中國古代語言藝術史》（上海：上海人民出版社，2010年），頁30。

符號美的思索,並且主張對語言符號美學的研究最終仍然要與內在的「情志」相結合,正是在這個意義上,龔氏的文化符號學才自成一說。[49]因為通字義,可以稱為「語言的理解」;通制度與名物,則是為了達成「歷史的理解」,這樣兩種理解性質並不相同,「語言的理解」是從語言符號本體層面的認識,而「歷史的理解」則涉及到了語境語用的認識,這樣看來,戴震的由字義、制度、名物以通語言,正可以兼括二者的理解。[50]

美國語言學家雷科夫認為,人們借助一個概念領域結構去理解另一個不同的概念領域結構,即是符號認知過程,即符號思維過程。目標概念領域是作符號理解的領域,始源概念領域是用其比喻理解目標概念領域。概念領域就是這兩個部分的映現。二者之間發生關聯的基礎主要是靠說話者發揮創造相似性聯想,更體現為一個創造性的過程。比如老子說:「上善若水」,再如「君子之德,風也。小人之德,草也」,如此看來,這樣的過程帶有鮮明的個人性、創新性特點,開闢出一個廣闊的創造空間,極富心理張力。[51]

語言符號也是由未知通向新知的橋樑,符號從說話人一方來說依據的心理基礎是聯想,固化於人大腦的意識深處,成為人類認識活動的原型;從受話人接受符號的角度看,依據的心理基礎是演繹和推理。[52]語言符號的認知功能正在於定義新事物或賦予舊事物以新觀念,它避開對概念的科學闡釋,直接將事物的本質訴諸於「形象」,從一個獨特的視角使人對事物有一個整體、實質性的認識。

---

[49] 龔鵬程,頁170-176。

[50] 龔鵬程,頁188。

[51] 俄國形式主義根據結構主義語言學的學術旨趣,將詩學視為語言學的分支,也是整個符號理論的一個部分,其他如布拉格學派也將語言學與詩學關聯起來,參見龔鵬程,頁119。

[52] 但在解構主義者德里達認為,可重複性才是符號存在的前提條件。只有當一個符號能夠在不同情況下都被認作為「相同」時,符號才能夠成其為符號。符號的另一必備條件是:當聽話人對最初講話人的意圖一無所獲時,同樣也能借助於符號系統瞭解其意圖。換言之,符號應該在不考慮講話人的意圖的情況下,依然能被人們正常地加以理解和接受。考慮到龔鵬程的符號學論述基本約束在結構主義的範圍,本文對後現代的語言符號觀不予評論。

# 五、結語

　　符號最基本的功能，就是認知和交際，人類交流最早使用的媒介應該是自己的身體，包括手勢語言、肢體語言和非言語的聲音等，這就構成了可以理解的資訊系統。久而久之，特定的手勢、動作和聲音就成了表達意義的符號。這些符號一旦意義相對固定，有一系列變化和組合規則並遵循一定的結構規律，語言也就誕生了。難怪索緒爾說：「語言的問題主要是符號學的問題，我們的全部論證都從這一重要的事實獲得意義」，「語言比任何東西都更適宜於使人瞭解符號學問題的性質」。這裡涉及的是兩種語言符號觀，一種是因言求道，道在語言符號之中；一種則認為言道關係不一，道不在語言符號之中，而在語言符號之外[53]。《易經‧繫辭》云：「形而上者謂之道，形而下者謂之器」，道器之辯，正在此也。對此進行反省，龔鵬程認為應該有兩個路徑，一是直接反對因言明道，一是從另外一種語言觀出發，強調人與傳統或與道之間，必須透過一種體證之知，代替言說分析所獲得的認知。[54]

　　人類正是應用了精巧的「符號之網」，從而創造了豐富多彩的文化方式。德國哲學家凱西爾有句名言：人本身是「符號的動物」。從文化符號學思潮產生、演變的歷程及其流派與代表人物來看，是凱西爾早在 20 世紀 20-30 年代提出了文化符號論，他以「人是符號的動物」之立論為基礎，對人類所有的精神文化現象作了全面的符號形式研究，為文化符號學的創立奠定了堅實的理論基礎[55]。30-40年代，美國人類學家懷特（Leslie Alvin White，1900-1975）在凱西爾的研究基礎上，進一步把「符號」看作是文化學的基本「範式」，認為文化是一種模式化了的符號交互作用系統，其本質、意義生成及進化規律須從人類特有的符號編碼活動方面來加以說明，文化學就是對這個自給自足的符號系統的科學研究。

　　由於我們身處漢語符號的世界，所以我們的思維、 語言和交際都離不開漢語符號，對漢語進行深入研究勢必促進我們對世界、對思維乃至人類自身的認識，

---

[53]　龔鵬程，頁 180。

[54]　龔鵬程，頁 196。

[55]　龔鵬程，頁 137。

基於此，應該說龔鵬程的《文化符號學導論》達到了其闡釋的目的。

# 徵引文獻

樊寶英：〈臺灣著名學者龔鵬程學術訪談〉，《聊城大學校報》2008 年 9 月 27 日，3 版。

龔鵬程：《文化符號學導論》，北京：北京大學出版社，2005 年。

苟志效：《意義與符號》，廣州：廣東人民出版社，2003 年。

顧曰國：〈當代語言學的波形發展主題一：語言、符號與社會〉，《當代語言學》期 3（2010 年），頁 193-219。

胡奇光：《中國古代語言藝術史》，上海：上海人民出版社，2010 年。

胡壯麟：〈當代符號學研究的若干問題〉，《福建外語》期 1（1999 年），頁 1-9。

凱西爾，黃龍寶、周振選譯：《神話思維》，北京：中國社會科學出版社，1992 年。

凱西爾，于曉等譯：《語言與神話》，北京：三聯書店，1988 年。

黎志敏：《詩學構建：形式與意象》，北京：人民出版社，2008 年。

劉勰：〈神思〉，孔祥麗、李金秋譯注：《文心雕龍》，北京：中國社會科學出版社，2004 年。

陸機：〈文賦〉，楊明譯注：《文賦詩品譯注》，上海：上海古籍出版社，1999 年。

羅蘭·巴爾特著，李幼蒸譯：《符號學原理》，北京：三聯書店，1988 年，頁 130-135。

沈家煊：《不對稱與標記論》，南昌：江西教育出版社，1999 年。

索緒爾，高明凱譯：《普通語言學教程》，北京：商務印書館，1998 年。

王銘玉：〈對皮爾斯符號思想的語言學闡釋〉，《解放軍外國語學院學報》期 6（1998 年），頁 1-7。

王銘玉：《語言符號學》，北京：高等教育出版社，2004 年。

荀子：〈大略〉，張覺校注：《荀子校注》，長沙：嶽麓書社，2006 年。

于省吾：〈釋言〉，《甲骨文字詁林》，北京：中華書局，1996 年。

趙豔芳：〈隱喻的認知基礎〉，《解放軍外國語學院學報》期 2（1994 年），頁 30-34。

趙毅衡：〈符號學文化研究：現狀與未來趨勢〉，《西南民族大學學報》（人文社科版）期 12（2009 年），頁 169-172。

周紅紅：〈從符號學的角度看隱喻的生成〉，《福建外語》期 2（2000 年），頁 12-15。

Brandt, Line and Per Arge Brandt. Making Sense of a Blend: A cognitive-semiotic approach to metaphor. *Annual Review of Cognitive Linguistics*, Volume 3, Number 1 (2005): 216-249.

Roman Jakobson，《結論：語言學與詩學》（Closing Statement: Linguistics and Poetics），in《語言的風格》（*Style in Language*, Thomas Sebeok, eds. (MA: Cambridge, 1960)）。

# 存在感受下的「意義重建」：
# 龔鵬程先生與抒情傳統論述

曾守正*

**摘　要**　在中國古典文學研究中，「抒情傳統」逐漸成為臺港學者注目、關心的學術議題，並發展為主流論述。龔鵬程先生自一九八〇年代開始，從反思者的立場出發，進行修正與補充，並且運用於歷史敘述與歷史解釋之中。更重要的是，龔先生的學術主張，乃起自於存在感受的體貼、傳統意識的伸展，具有濃厚對抗時代與拒絕遺忘的人文色彩。本文嘗試勾勒龔先生對於「抒情傳統」的思考過程，並指出其主要特色，最後說明該思考的時代意義。

**關鍵詞**　抒情傳統　抒情自我　抒情美典　詩言志　詩緣情

　　整個五四運動以來中國人都處在「意義失落」的危機中，因意義失落而導致文化危機。

　　我發現臺灣的學術界，事實上已經不能使用中國的語言與方法思考

---

* 曾守正，臺灣臺中市人。淡江大學中國文學系學士，國立臺灣師範大學國文研究所碩士、博士。曾任淡江大學中文系、國立政治大學中文系副教授，現任國立政治大學中文系教授。著有《先秦兩漢文學言志思想及其文化意義》、《唐初史官文學思想及其形成》、《權力、知識與批評史圖像──《四庫全書總目》「詩文評類」的文學思想》、〈歷史圖像與文學評價的疊合──兩《唐書》文學類傳「時變」思想的落差〉、〈《舊唐書・文苑傳》的文學思想〉、〈南朝正史中的文學思想〉等等學術論文。研究領域為中國古典文學思想、文學批評。

問題了。哲學暫且不說，於文學領域，談起來總是古典、抒情、浪漫、寫實、悲劇英雄、情節、唯美云云，把中國文學，講成一套套有系統的偏見，觸處皆誤。因此必須重建，從廢墟上重新搭鷹架、蓋房子。

龔鵬程：《龔鵬程四十自述》

　　龔鵬程（1956-）先生近年發表的著作，〈不存在的傳統：論陳世驤的抒情傳統〉❶（2008 年）、〈成體系的戲論：論高友工的抒情傳統〉❷（2009 年）二文，對於當代中國抒情傳統論述的重要學者，陳世驤（1912-1971）與高友工（1929-）先生，提出許多學理上的批評。〈抒情傳統的論述〉❸（2009 年）則以敘述的筆調，描繪臺灣抒情傳統論述形成的背景與歷程；《中國文學史（上）》（2009 年）❹一書中，多處反省抒情傳統的缺罅，並且重構文學史圖像。

　　事實上，龔先生早在 1987 年底，中國古典文學研究會、臺灣師範大學共同主辦「中國文學批評研討會──以文心雕龍為中心的中國文學批評研討會」所宣讀的論文：〈從《呂氏春秋》到《文心雕龍》──自然氣感與抒情自我〉❺，已開始進行抒情傳統論述之商榷。同年完稿的〈論李商隱的櫻桃詩──假擬、代言、戲謔詩體與抒情傳統間的糾葛〉❻，也環繞著抒情傳統論述，進行另一側面的反思。

---

❶　龔鵬程：〈不存在的傳統：論陳世驤的抒情傳統〉，《政大中文學報》第十期，2008.12，頁 39-52。

❷　龔鵬程：〈成體系的戲論：論高友工的抒情傳統〉，《清華中文學報》第三期，2009.12，頁 155-190。

❸　龔鵬程：〈抒情傳統的論述〉，中興大學人文與社會科學研究中心主辦「社會變遷與人文書寫：文化場域中的話語流動成果發表會」，2009.10.22，頁 109-124。

❹　龔鵬程：《中國文學史（上）》（臺北：里仁書局，2009.1）。

❺　龔鵬程：〈從《呂氏春秋》到《文心雕龍》──自然氣感與抒情自我〉，中國古典文學研究會主編：《文心雕龍綜論》（臺北：臺灣學生書局，1988.5），頁 313-345。後又收入氏著：《文學批評的視野》（臺北：臺灣學生書局，1990.1），頁 47-84；氏著：《中國文學批評史論》，（北京：北京大學出版社，2008.6），第二卷「文學批評的理則」第二章，頁 92-113。以下徵引該文，據《文學批評的視野》。

❻　龔鵬程：〈論李商隱的櫻桃詩──假擬、代言、戲謔詩體與抒情傳統間的糾葛〉，《書目季刊》第二十二卷一期，1988.6。後收入氏著：《文學批評的視野》（臺北：臺灣學生書局，1990.1），頁 193-219。唯據《文學批評的視野》文末所誌，應完稿於 1987 年 11 月。以下徵引該文，據《文學批評的視野》。

二十餘年來，龔先生一方面對於抒情傳統論述提出反思與批判，另方面在反思批判的基礎上，做出創造性的詮釋與建構，並且時時流露出關於這時代的存在感受和文化抱負。

# 一、抒情傳統的指涉與反思

## ㈠「抒情傳統」的字面意義

「抒情傳統」一詞的字面意義，或有兩層：一是做為歷史客觀現象的第一序意義；二是做為學術主觀詮釋的第二序意義。龔先生不是一位歷史的實證主義者，因為他認為「歷史，並不如某些幼稚的實證論或史料論者所說，可以客觀而完整地藉著資料來說話、來呈現。」❼但他也不是一位歷史的虛無者，「歷史研究是詮釋的科學，而詮釋必然由某一觀點展開，故所謂意義的了解，基本上即是詮釋者與被詮釋者的一種融合。若無一套價值觀，只能稱為史料或史纂，這便是史觀的必要性」❽人文詮釋的特定基礎觀點，乃是詮釋者主觀價值與態度的朗現，故具有主觀性。但「須知所謂『主觀與歷史對象互相融攝』，固然歷史對象深受主觀態度與價值之影響，但意義結構之形成，卻仍受到歷史對象的限制，主觀態度或價值是否溢出或背離了對象所能涵容荷負的量度，不難對證出來，這即是卡西勒在《論人》一書中所提出的『辯證的客觀性』……除了價值之外，歷史解釋的方法，也可以適當地制約主觀意識的泛濫，例如韋伯即認為：所謂再體驗的直覺法，必須在『可能的範圍內，以一般因果解釋來約束，以成為「可理解的解釋」』換言之，研究者的直覺，也須經得起系統理論概念的批判，而且需以『客觀的表述方式』來說明。」❾這段出現在 1985 年《文學散步》的意見與態度，重見於24 年後的《中國文學史・導論》❿中，故具有思想上的一貫性。因此，我們可以

---

❼　龔鵬程：《文學散步》（臺北：漢光文化事業公司，1987.3），頁 242。該書初版為 1985 年 9月。

❽　龔鵬程：《文學散步》，頁 244。

❾　龔鵬程：《文學散步》，頁 246。

❿　龔鵬程：《中國文學史（上）・導論》，頁 21。

簡潔地說，龔先生認為歷史研究是一種不可以隨意曼衍、無端旁生的主觀詮釋活動。就此說來，「抒情傳統」可以是經過重建的客觀歷史，唯其重建乃透由主客觀交融，並經客觀的推論與表述方式予以證成。因此，我們必須簡別的是：在龔先生的思想中，是否認為中國文化中具有「抒情傳統」之客觀歷史？若中國文化存在著「抒情傳統」，那麼他的「抒情傳統論述」又是什麼？與其他論述有何差異？

### ㈡抒情傳統具體指涉之一：魯迅、朱自清的論述

在 1980 年代，龔先生認為「抒情傳統論述」乃指魯迅（1881-1936）、朱自清（1898-1948）所建立的解釋模式，而蔡英俊先生《比興、物色與情景交融》則為此說法之集大成者。魯迅在 1927 年發表的〈魏晉風度及文章與藥及酒之關係〉提出「曹丕的一個時代可說是『文學的自覺時代』」，1932 年《中國新文學的源流》認為中國文學的變遷乃是「詩言志」的言志派與「文以載道」的載道派交替起伏而構成的。朱自清藉著魯迅說法，轉出了〈詩言志辨〉的歷史解釋模型。龔先生認為這個解釋模型大抵為：

> 魏晉之文學及文學觀念，便大體可說是：抒情、抒情的自我、抒情的自我寄意託情於自然。這個自然，可通之於劉勰原道的道，也可具形為山水詩和物色、形似之觀念。⓫

此解釋模型，綜合出一幅歷史影像：中國「文學自覺」、「詩緣情」的時間起點在於魏晉。這時候人們發現並強調抒情、抒情自我等觀念，融鑄了「詩緣情而綺靡」的標目；詩賦也不必再寓有訓勉教化，故轉出「詩賦欲麗」之說，此正如近代｜為藝術而藝術」的觀念。

龔先生認為，蔡英俊先生以魯迅、朱自清的解釋模型為前理解，進一步解說〈古詩十九首〉，並為抒情的內部活動，諸如比興、物色、情景交融做出理論層次之詮釋與重構。但這種解釋，乃建立在兩漢「詩言志」與魏晉「文學自覺」「詩

---

⓫　龔鵬程：〈從《呂氏春秋》到《文心雕龍》──自然氣感與抒情自我〉，頁 48。

緣情」為對蹠、斷裂的文化史觀點上。

　　事實上，就蔡先生的論述表層看來，他受到陳世驤、高友工乃至牟宗三、徐復觀、葉嘉瑩、廖蔚卿等先生的直接影響，應較魯迅、朱自清為多。1982 年，蔡先生曾主編《中國文化新論》分冊「文學篇一」《抒情的境界》、「文學篇二」《意象的流變》，其在《抒情的境界》〈導言〉中說：「（中國）文學創作的主流便在『抒情詩』這種文學類型的拓展中逐漸定型，終而匯結成標識中國文化特質的抒情傳統，甚至影響、改變了小說、戲劇這些文類本身獨具的敘事本質。」⑫在該文集中，蔡先生〈抒情精神與抒情傳統〉一文指出：「整個中國的文學傳統……它們往往都在訴說一種個我的情懷，一種自我的心靈對外在世界觀、感、思；他們在本質上都是抒情的。緣此，我們可以像陳世驤先生一樣，極度自信的宣稱中國文學的榮耀就在抒情的傳統裏。……」⑬ 1986 年，蔡先生發表《比興、物色與情景交融》一書，即以陳世驤〈中國抒情傳統〉（1971）、高友工〈文學研究的美學問題〉（1979）的「抒情傳統」、「抒情言志傳統」、「抒情精神」說法為基礎，進行「理論上的反省」。⑭因此，我們不可否認，蔡先生所使用的重要術語「抒情傳統」，確實是經過陳世驤、高友工接續而來的。⑮

---

⑫　蔡英俊：《抒情的境界》（臺北：聯經事業出版公司，1982.10），〈導言〉，頁 7。

⑬　蔡英俊：《抒情的境界》，頁 106。

⑭　蔡英俊：《比興、物色與情景交融》（臺北：大安出版社，1986.5），頁 18-19。

⑮　就時間來說，高友工在 1979 年發表的〈文學研究的美學問題（上）（下）〉一文，已就陳世驤的抒情傳統問題進一步申述，將抒情傳統的問題由「抒情詩」擴大到「不專指某一詩體、文體，也不限於某一種主題、題素。廣義的定義涵蓋了整個文化史中某一些人（可能同屬一背景、階層、社會、時代）的『意識形態』，包括他們的『價值』、『理想』，以及他們具體表現這種『意識』的方式。更具體地說，我所用的『抒情傳統』是指這種『理想』最圓滿的體現是在『抒情詩』這個大的『體類』之中。」此顯然將「抒情」的概念內涵，及其可能指涉的文學「體類」，做了某程度的鬆動與擴大。蔡英俊也指出：若將創作者或批評者將重點放在主觀情志的抒發上，那就容易產生混淆各種文學類型間本有的界限，還有使得創作也一直停留在片段的警語或簡明的點悟語等等侷限。分見高友工：《美典：中國文學研究論集》（北京：三聯書店，2008.5），頁 83；蔡英俊：〈抒情精神與抒情傳統〉，《抒情的境界》，頁 106-107。因此，陳國球、蕭馳等學者以陳世驤、高友工到蔡英俊、呂正惠為臺灣抒情傳統的譜系，亦非純然虛構。見陳國球：〈從律詩美學到中國文化史的抒情傳統——高友工「抒情美典論」初探」〉，《政大中文學報》第十期，2008.12，頁 53-90；蕭馳：〈導言〉，見柯慶明、蕭馳編《中國抒情傳統的再發現（上）》（臺北：國立臺灣大學出版中心，2009.12），頁 6-14。龔先生對此譜系持有不同

　　蔡先生認為中國文學傳統的本質,是一個抒情的文學傳統,而其根源在於《詩經》。伴隨著《詩經》發展,〈詩大序〉的「詩言志」觀念,原本指陳兩種相互對峙、卻又相輔而成的內容:一是個人情感、懷抱,因詩歌創作而抒情;一是個人內在情思昇騰而表露出的社會公共意志,所以「詩言志」蘊涵簡單的「以語言表現個人情思」或複雜的「以藝術媒介表達整的社會公眾的意志」。後來,隨著漢代經學發展,《詩經》中原有的情感性質,以及借景起情的表現手法,逐漸被隱埋起來。直到魏晉,時人才重新申述「情」的重要性與意義,並產生文學、文化上的轉變。在文學創作現象中,〈古詩十九首〉繼承中國抒情傳統兩個精神原型(亦是「濫觴」)──《詩經》、《楚辭》後,成為中國抒情傳統的「歷史起點」。「起點」之所以成為開端,在於前行者《詩經》《楚辭》不只是詩歌的歷史起點,更是創作精神的根源與歸趨。漢代之後,詩歌發展以「五言詩體」為主,而〈古詩十九首〉呈現了五言詩體的藝術形式,揭露了抒情主體及其存在處境間的關係,啟引魏晉以後「緣情」的創作理論,故意義重大。[16]就此可知,蔡先生在陳世驤的基礎上,更進一步以〈古詩十九首〉連貫由《詩》《騷》跨越到〈文賦〉(「詩緣情而綺靡」)的歷史縫隙。

　　《比興、物色與情景交融》中關於兩漢到六朝的轉變,明顯接續臺灣大學廖蔚卿教授的說法。廖教授認為「『情之所鍾,正在我輩』是六朝人自我反省後對個人生命特質的肯定,六朝的『詩緣情』之說就是建立在這一觀念上。」蔡先生進一步闡發說:由於魏晉以後肯定「緣情」的個人生命特質的意義與價值,中國文學傳統才得以開展出更為廣闊的表現領域,並標示中國傳統人文活動的精神面貌。[17]總結地說:「中國傳統的詩歌批評理論,到了陸機提出『詩緣情』的觀念,再經由鍾嶸加以理論與實際批評的推闡,終於完成抒情創作的美學理論,正如廖蔚卿先生所說的:『緣情』說不僅在文學的根源建立了文學的精神特質即是個人

---

見解,此暫不贅。

[16]　蔡英俊:《比興、物色與情景交融》第一章〈「情景交融」理論探析〉第二節「『抒情自我』的發現與情景要素的確立」(臺北:大安出版社,1986.5),頁 18-52。

[17]　蔡英俊:《比興、物色與情景交融》,頁 30。廖蔚卿文後收入氏著:《漢魏六朝文學論集》(臺北:大安出版社,1997.12)頁 537-578;另文〈中國上古文學批評的一個主題觀察〉亦有與蔡英俊相似的地方,頁 1-46。

的生命質性的觀念，由此也補充了舊有『言志』說的內涵，擴充了所謂『志』的範疇。」⑱

因此，我們大略可知，蔡先生以「詩言志」與「詩緣情」分別代表先秦兩漢與魏晉南北朝的兩大文學觀念。從表面看來，這未必直接從魯迅、朱自清解釋模型而來。但是，這種說法確實也有二人的影子。如〈詩言志辨〉說：「五言詩出於樂府詩……樂府詩『言志』的少，『緣情』的多。辭賦跟樂府詩促進了『緣情』的詩的理解……但十九首還是出於樂府詩，建安詩人也是如此……可是『緣情』的五言詩發達了，『言志』以外迫切的需要一個新標目。於是陸機《文賦》第一次鑄成『詩緣情而綺靡』這個新語。『緣情』這詞組將『吟咏情性』一語簡單化、普遍化，並犖括了《韓詩》和《班志》的話，扼要的指明了當時五言詩的趨向。」⑲此與蔡先生論述頗為相通。在此，龔先生洞察五四以來的學術思潮脈絡，並在蔡先生的文字表層外，重新梳理抒情傳統論述的發展與不足。⑳當然，龔先生尋思的重大問題是：兩漢到魏晉的文學發展，是否為一個因政教目的而扭曲文學的時代，進展到以抒發個人情意為主的純文學時代？

龔先生認為，如果〈古詩十九首〉是中國抒情傳統的歷史起點，那漢代人性論中對於情的正視、氣類感應的宇宙觀，才是造成〈古詩十九首〉吐屬悲愁的文化養分，故人情自覺早已出現在漢代思潮中，而非晚至魏晉。㉑

80 年代的龔先生，除了從思想史的角度追問抒情傳統的不足？也曾從文學史角度予以質疑：以文學作品來說，作品固然出自作者的創造，但作品本身，卻可以因其文字結構而自成一獨立世界。魏晉南北朝頗多擬古與擬某人體之作，這都不必是抒自我之情，而常以擬式所效之人之意為慣例。此外，還有代他人作詩、奉敕作詩、因題賦言之例，所以僅靠「抒情傳統」予以解釋，是未能完成的。㉒

---

⑱　蔡英俊：《比興、物色與情景交融》，頁50。

⑲　朱自清：《朱自清古典文學論文集》（上海：上海古籍出版社，2009.4），頁222-223。

⑳　臺灣古典文學研究發展與魯迅、朱自清等學者的關係為何？尚待另文處理。

㉑　多年以後，蔡英俊對於此問題亦做出回應，值得參考。見氏著：《中國古典詩論中「語言」與「意義」的論題》（臺北：臺灣學生書局，2001.4），頁272-307。

㉒　龔鵬程：〈論李商隱的櫻桃詩——假擬、代言、戲謔詩體與抒情傳統間的糾葛〉，《文學批評的視野》，頁198-202。

「在所謂魏晉緣情而綺靡的詩歌潮流中，咏懷是最強的一支脈絡，此乃詩言志的傳統。但此一時期，似乎也有一種客觀主義興起，以作品為一獨立之世界，可以與作者分開來討論。如文體論及文律文術之探討即是。假擬詩之興起，似乎也可看作是類似的行為。……恰有一與抒情言志傳統相對的另一美學典範在成長著。」❷❸就此說來，龔先生認為抒情傳統形成的時間與歷程，並不是從〈古詩十九首〉直接往下開啟，而是在漢代人性論與宇宙論基礎下開出。又只從抒情傳統來解釋中國文學發展，實不足以概括中國文學發展的全貌。

### ㈢抒情傳統具體指涉之二：陳世驤、高友工的論述

1980 年代龔先生對於「抒情傳統」的討論，較未針對陳世驤、高友工而發。時入 2008、2009 年，龔先生則直接對陳世驤與高友工的「抒情傳統」提出批評。

陳世驤先生從中西文學的比較，貞定中國文學的特色在於抒情傳統。所謂的抒情傳統，以《詩經》「瀰漫著個人弦音，含有人類日常的掛慮和切身的某種哀求」、《楚辭》「（〈離騷〉）是『文學家切身地反映的自我影像』」「（其他各篇）都是各式各樣的抒情詩歌：祭歌、頌詞、悲詩、悼亡詩，以及發洩焦慮、慘戚、哀求，或憤懣等用韻文寫成的激昂慷慨的自我傾訴。」為開端，並構成中國文學的主流。此中，《詩經》《楚辭》之所以為「抒情詩」，在於它們具有「以字的音樂組織和內心自白做意旨」的兩大要素。❷❹龔先生認為陳世驤以西方抒情詩為模型來看待中國詩，未注意到中西倫理觀、人性論、詩歌理論各方面有極大差異。因此，從文學體類來說，《詩經》、《楚辭》、樂府、賦可否被高度簡化為「抒情詩」？又在「純文學」意義底下的「抒情詩」及其衍生的傳統，如何涵蓋文學史中非純文學之體類，如祝、盟、頌、贊、誄、碑、書、冊、詔、令、史傳、論說、章表、記誌、奏啟等等？所以他稱呼、判定陳先生的「抒情傳統」為「不存在的傳統」❷❺。

---

❷❸ 龔鵬程：〈論李商隱的櫻桃詩——假擬、代言、戲謔詩體與抒情傳統間的糾葛〉，《文學批評的視野》，頁 217-218。

❷❹ 陳世驤：〈中國的抒情傳統〉，氏著：《陳世驤文存》（臺北：志文出版社，1972.7），頁 31-37。

❷❺ 散見龔鵬程：〈不存在的傳統：論陳世驤的抒情傳統〉。

　　高友工先生較陳世驤先生的抒情傳統論述，更具系統性、理論性。❷陳國球先生曾指出：高友工和梅祖麟合著的三篇詩歌研究中，舉出了英語詞典所下的抒情詩定義——內容偏重主觀與情感，形式側重則簡約緊湊，並就此觀察中國近體詩，指出五言絕句最能符合此定義。又從劉勰與鍾嶸等說法，判斷抒情論述的自覺意識始於六朝。後來高先生又獨自把「抒情詩」所代表的「抒情精神」擴大到其他體類，並正式鑄成「抒情傳統」。中國詩歌自始有三種表達模式——「敘述」（narrative mode）、「描寫」（descriptive mode）、「抒情或表現模式」（lyric or expressive mode），從語言表達到組織形構的研究，使得「抒情詩」的概念不再是高度概括，省略詩歌內部或不同體類的差異相。沿著這種思路，高友工逐漸認為律詩才是「抒情詩之典型」，而抒情詩又是「抒情傳統」最圓滿的體現。此外，在整個中國文化史中，音樂、文學理論、書法、繪畫與繪畫理論，都有共同的抒情精神，由此交盪出抒情傳統。❷高先生既轉入文化史之討論，他將視野放寬，同時藉用徐復觀先生《中國藝術精神》的說法，強調「中國藝術走抒情的道路同源於在思想史很早即由客觀的物或天轉向主觀的心和我。」資借牟宗三先生關於道家「境界型態形上學」的說法，解釋中國抒情美典的自我實踐意義，並指出中國抒情美典與儒釋道三個系統密切相關，所以「從這個線索推想亦可知中國文化中並不會沒有客觀外向的敘事傳統，只是其發展是受壓抑而已。」❷又引用余英時先生中國文化史的四個重要突破，來說明中國藝術史的發展過程與階段。

　　對於高友工先生的理論，龔先生指出：高友工雖無意在中西文化的比較視域下，簡化並提舉出抒情精神、抒情美典、抒情傳統，但仍不可免地找出兩個對比項：一是主觀面的，即以表現心境為主的抒情傳統；一是客觀面的，即以模寫物境為主的敘事傳統。在不同文化的內部，實各有擅長，此亦影響文學體類在自己文化脈絡中的發展。因此，中國並非不存在敘述美典，只是高友工側重說明敘述

---

❷　陳國球認為高友工與陳世驤不一定有直接的傳承關係，龔鵬程認為「高友工的抒情傳統論與陳世驤的抒情傳統論差別甚多，但絕少人注意，大抵皆混用之」陳世驤與高友工二人關係，實可再另做討論。見陳國球：〈從律詩美典到中國文化史的抒情傳統——高友工「抒情美典論」初探〉，《政大中文學報》第十期，2008.12，頁 53-90；龔鵬程：〈抒情傳統的論述〉。

❷　陳國球：〈從律詩美典到中國文化史的抒情傳統——高友工「抒情美典論」初探〉。

❷　高友工：〈中國文化史中的抒情傳統〉，高友工：《美典：中國文學研究論集》，頁 107。

如何轉入抒情，以形成「敘述傳統中的抒情境界」。既然在體類層次上談論抒情傳統，所以他在解釋形式上，採用結構主義的對比分析，以確立兩種理想型態；在解釋內容上，採取當代新儒家的心性論取向。

參照陳國球先生所重建的高友工理路，龔先生的掌握確有呼應之處。唯龔先生進一步指出：第一，在體類、形式的討論上，高先生就語言形式分析，嘗試指出形式底下潛藏的美感意識，但律詩格律並不能保障每首作品只能抒情而非敘述；又民間詞與文人詞的真正區別，重點不在於體式或對仗技法，而是在於內容，詞或採賦法做慢詞，或有咏物、祝壽、社集爭勝等作品，並非只見內向的抒情美典。第二，在思想理念上，高友工雖資取牟宗三先生中西文化不同的說法，但牟先生不將道家境界型態形上學定為中國唯一的形上學或文化主流，又儒家的實有型態形上學亦是中國文化之支柱，而中西區別主要在於西方為觀解型的實有型態，中國為實踐型的實有型態。故從境界型態引動抒情傳統，以抒情傳統、抒情精神對比敘述傳統、敘述傳統、悲劇精神，應是錯解誤用。此外，中國文化中「心、性、情、氣、志、意、才、理」之間關係複雜，籠統以「抒情」一詞包括，恐無法契入中國學術文化，如宋明儒所謂的「以性制情」，實非「抒情」一路可以收束。第三、在史事上，音樂是文化史中最早的表現，那麼後來為何退出抒情舞臺，而讓文學、書法、繪畫所取代？若藝術形式足以構成美典，抒情美典通過體類形式足以證成，那麼為何還要以魏晉名教危機與社會變動，來解釋知識分子由社會的外在道德世界退隱到自我中心的內在世界，以成就一個新時代與新方向呢？又倘若魏晉到盛唐，文學的抒情美典已經成為文學、文化的主流，那麼，為何《文選》中體物寫物之賦篇多於閑居、嘆逝、懷舊之賦？言志之賦被置於寫物賦之後？獻詩、公讌、祖餞、詠史、遊仙、招隱、遊覽等外向表現的詩歌，數量豐於詠懷，且置於詠懷之前呢？而〈古詩十九首〉卻被放在末端「雜詩」類中？詩賦之外，大量的詔、令、教、表等等文章之體，又該如何解釋？故齊梁的文學觀實非為高先生所理解的，且「抒情傳統」無法充分說明齊梁文學現象。至於盛唐以老杜為代表，但具有「詩史」地位的杜詩，實與宋詩緊密聯繫，反而與「盛唐詩風」不類。最後，草書具有藝術性的時代，應是在漢代而非盛唐，況且書法史上一向認為唐人尚法、宋人尚意，故高先生所締造之文化史傳統，多有膠柱滯礙之處。最後，龔先生舉出在中國文學批評中，同一作品可能因詮釋入路的不同，而有或抒

情或敘述的不同判斷；又戲曲表面雖是敘事，但有周昂、洪昇、李漁等人，以「言情」為戲曲本質，而非先有抒情與敘述之分立，然後才有抒情浸滲或傾壓敘述的過程。高先生力圖建構文化史抒情傳統跨越體類的發展譜系，因有上述種種可質疑處，龔先生故藉佛教語「戲論」稱之為「成體系的戲論」。❷❾

從上述的要點中，我們可以說龔先生最主要的思考點為：第一、「情」的發現與抒情自我的形成，應起於何時？這是一個以「創作者」為觀察角度的思想史思考。第二、當文學作品構成一個獨立世界時，其體類是否多數成為內向、抒情的表現形體呢？又在讀者或批評者的一端，他們是否僅以抒情性質予以對待呢？此即以「作品」、「讀者」為觀察角度的文學史思考。至此，我們可以說，龔先生打破學科範圍，以宏觀的思考面向反思抒情傳統論述。

## 二、「抒情傳統」的批判使用

在 80 年代，龔先生就認為《文心雕龍·物色》所言「春秋代序，陰陽慘舒。物色之動，心亦搖焉」的思想格局，在《呂氏春秋》已經出現。漢代哲學的人性論與氣化宇宙論，順著《呂氏春秋》而下，環繞著人情展開討論，這些文獻在《呂氏春秋》、《淮南子》、《春秋繁露》、《禮記·樂記》、《白虎通論》、《論衡》可以看見，故個人情感的發現不必遲至魏晉才出現；人之外的客觀世界是一個氣化的宇宙世界，天地萬物由陰陽之氣，絪縕化生，而氣類彼此相感，聯類不窮。因此，人性是可感能感的生命主體，能感者為性，感物而動者為情。至於氣化世界，則是唐君毅先生所言的有情世界，蓋人在自然四季遷動中，時時看見天的情感意志，故漢人恆以一抒情自我與四時山川、天地鬼神相感相發。❸⓿

這樣思考脈絡，龔先生在《文學批評的視野·序》說：

> 在這些文章裏，我主要是想說明中國文學與文學批評是如何從秦漢哲學中
> 發展出了對情與感的重視，並如何發現自然美，建立了感物抒情為主的藝

---

❷❾ 散見龔鵬程：〈成體系的戲論：論高友工的抒情傳統〉。

❸⓿ 散見龔鵬程：〈從《呂氏春秋》到《文心雕龍》——自然氣感與抒情自我〉。

術創造之傳統。但在此同時，由漢代經學發展而來的條例之學，也被移用來說明並建構這個新建立的文學藝術傳統。於是主體情感與作品之歷史傳統、修辭體式、風格規範之間，便形成了一種複雜的關係。如何辨證地予以處理，遂成為爾後中國文評發展的絡。……同樣的，第三章也是處理抒情傳統問題，但主要關切的，是在中國以抒情傳統為主要基幹的情況下，閱讀策略與作品詮釋都偏向於把作品與作者聯繫起來，從詩言志及抒情的角度來理解文學，以至於形成各種理解的困難。所以我以李商隱及其詩為例，討論詩的詮釋與方法問題，一方面檢查抒情傳統與假擬、代言、戲謔詩體之關係，一方面反省過去各種詮釋的是非優劣，另一方面則從詩話、校勘中去豐富詮釋的傳統。㉛

龔先生以漢代學術思想做為背景，讓前景的主角〈古詩十九首〉等抒情作品，得到重新被認識的機會。同時，通過漢代經學，提醒我們應注意解經者與語言形構、語言所指涉的世界（包括語意的、史事的以及當代意義的）的複雜關係，及其促動美刺頌諫與語言修飾、辨別體式風格等等文學意識的狀況。因此，當作品與作者畫出了適度的距離，並取得在語言世界的獨立客觀意義，那才能解釋假擬、代言、戲謔等等文學史現象。這種思考，到了近著《中國文學史》中，我們更可以新晰掌握。

龔先生指出，司馬相如說「賦（家）之心，包括宇宙，總覽人物，斯乃得之於內，不可得而傳。」故賦家之心乃是創造性心靈。若說創造者的創造性心靈，是決定文學是否自覺的條件之一，那麼漢代就可謂為自覺得時代。而就京都題材的賦篇來看，賦家將神聖性的祭祀中心，轉變為世俗性的優游愷樂都邑，所以展現出異於《詩經》、《左傳》的都城寫作。這種對於人間世俗經驗的掌握與寫作，也反映在詩歌、散文的創作上，因此「蘇李贈答、古詩十九首，講的乃是人間的各種生離與死別，遊子離鄉、夫妻別異、友朋暌隔、相知負心、情人遠逝、生死殊途」等人生經驗，或《史記》敘遊俠、記閭閻、論貨殖的人間性與世俗性的題材，都較先秦豐富而深入。總之，漢代哲學思想提供「感性主體」的認識，「氣

---

㉛　龔鵬程：《文學批評的視野》，頁 6-7。

類相感」提供物色搖盪人情、人情點染物色的場域，此時，創作者的文學經驗業已開拓，顯現出緣情感物的文學型態。❸

　　漢代文學有兩個重要的特徵，一為前述創作主體經驗的開拓，一為文體意識的萌發與確立。淮南王劉安區別國風「好色而不淫」、小雅「怨誹而不亂」、離騷「兼之（國風、小雅）」，則有體類意識的作用。《漢書‧藝文志‧詩賦略》將賦區別為屈原賦廿家、陸賈賦廿一家、荀卿賦廿五家、雜賦十二家等四大類；蔡邕論述章表奏議銘諸體；傅玄〈連珠序〉、〈七謨〉則論述連珠與七體的源流，並彰明文體特徵，甚至評騭諸家作品，可見漢代已有文體意識。此外，漢人擬騷、擬連珠、擬七等創作現象，皆區別文體差異，掌握文體特點後的進一步活動。文體意識不僅展現在辨別外在體貌而已，對於每類文體內部的規律或技巧，亦見掌握與實踐，如賦篇追求華麗、假象盡詞，即為文體意識具體而細膩的表現。❸

　　無論從創作主體性或作品體類的層次來說，緣情感物或文體覺察意義下的「文學自覺」，在漢代早已出現。就此看來，龔先生建構的文學史圖像有三個重大意義：其一、中國文學自覺的時間應在漢代；其二、抒情自我形成於漢代；其三、兩漢與魏晉的關係，不是「言志」與「緣情」的對蹠與斷裂。反而，魏晉是在漢代的基礎上衍流生發，簡單地說，曹魏的辨體、文人群體同題共作，這在漢代《漢書‧藝文志》、語言侍從的紀錄或活動中，已見蹤跡；而陸機「詩緣情而綺靡」的要點已不在「緣情」，而是在由漢賦轉下的華麗文風上。

　　經過上文的討論，我們可以說：龔先生並未否定中國有一個抒情自我、抒情傳統的概念與歷史。「抒情傳統」的起點與漢代息息相關；抒情傳統是文學傳統之一，但無法壓倒或取代敘述傳統。龔先生說：

　　　　不管（案：抒情傳統論述的）使用者如何說（案：抒情傳統的內容），抒情傳統論
　　　　述都強調主體精神，都認為文學有興發志意、挖掘生命意識內涵的功能，
　　　　可提高生命境界。這樣的講法，意量高遠，可予人甚多啟發，非一般文學
　　　　理論所能及。用抒情傳統講中國文學史，固應謹慎，但以此為中國文學之

---

❸　散見龔鵬程：《中國文學史（上）》柒〈文學經驗的開拓〉，頁 79-90。
❸　散見龔鵬程：《中國文學史（上）》柒〈文學意識的表現〉，頁 91-100。

特色是沒問題的，其理論潛力更是還遠遠沒有開發完全。❸

正因如此，龔先生在臺灣生命美學的學術脈絡養成與覃思下，其對「抒情傳統」論述採取了「批判地使用的」❸。

# 三、拒絕遺忘的文化態度

倘若如龔先生所說的，歷史研究是一種主客融攝的活動，那做為歷史、文學的研究者，龔先生之主體所關懷的究竟是什麼呢？

《龔鵬程四十自述》說：

> 我卻認為這種（案：「從傳統到現代」「結合傳統與現代」）講法，都是把傳統和現代視為兩件事，所以說從甲到乙、要結合甲與乙。但從人的意識內容上說，人存在的本身就是歷史性的。人因其生存之經驗而有知，並以此知來知現在的一切事物，故其實是即傳統即現的。我們對現在的一切理解與批判，都需來自傳統。因為若無傳統意識，當然也就沒有現代意識。這種新的認識、新的方法論，才可以建立以古典傳統介入現代的正當性。但這並不是防衛性的說詞。順著這個觀點，我更要藉此強力批判當代，說明當代「傳統／現代」的認識論區分根本是樁虛構或誤會；當代文化之發展，亦正因建立在這種斷裂的傳統現代觀上，故完全與傳統意識背離，以致亂七八糟。而這樣的批判，又不是冬烘老夫子那種一切回到過去，回到傳統式的「世風日下，人心不古」之云云。乃是以我們活在當代，對當代具有存在感受的文化關懷，來申展我們的傳統意識，並對當代有所反省。❸

龔先生的學術詮釋活動，外層是當代的解釋與評價，內核卻是傳統意識的伸展，

---

❸ 龔鵬程：〈抒情傳統的論述〉，頁 123。
❸ 龔鵬程：〈抒情傳統的論述〉，頁 123。
❸ 龔鵬程：《龔鵬程四十自述》（臺北：印刻出版公司，2002.7），頁 216-262。

換言之，文化傳統正在自家性命內部，而這內部精蘊正是對於時代處境的回應。龔先生面對五四以降的學術氛圍，力求發用傳統意識，重建當代學術內涵。此理想或具有對抗的姿態，但卻也帶有濃厚的歷史文化悲情，《龔鵬程四十自述》書底介紹詞說：

> 晚清詩人處在一種特殊時代場域中，感國族之淪胥，傷文化之裂滅，茫茫沉哀，流漾於其詩詞之中。
>
> 他們多是遺老，對民國缺乏認同。而他們的人與詩，也迅速地在民國和五四運動中被遺忘。
>
> 在自我放逐與遭受放逐之間，銘刻著一段淚痕斑駁的歷史與一些詩篇。它們壓在時代的底層，就像昆明湖底的劫灰。翻動這些歷史劫灰，我可以看到國族離亂崩析的痛楚，可以感受到文化淪滅的驚恐，也可以體驗人生存在本質的哀感。
>
> 我沉浸在這種痛苦之中，晚清詩人的沉哀，漸漸化為我生命的一部分，他們的文化態度，也構成了我面對我自己時代的姿態。

龔先生向來思考敏銳，文字犀利，批判嚴厲，這些特質除了個人氣性使然以外，對於這時代之文化花果飄零的深切感受，亦應是重大因緣。嫻熟當代新儒學的龔先生，正走向牟宗三先生所期待的生命格局：讀書學問應是「在其在己」的發展。[37]

龔先生在《中國文學批評史論·序》說：

> 這些 20 世紀 80 年代的作為，大都具有一種「追求中國性」的意涵。相對於世界上其他的文學體系，我及我的一些朋友們可能是想說明：中國文學的特性何在、中國文學的理論到底是什麼、中國文學批評的術語又都有什麼確切的含意與指涉。因此，這不是一般地泛述史事、考證史料、或審美欣賞，而是帶有強烈的歷史意識、方法論思考及中西比較文學視野的探問。

---

[37] 牟宗三：《五十自述》（臺北：鵝湖出版社，1989.1），頁 17-18。

> 例如問：中國到底有沒有一個抒情傳統？在抒情傳統底下對作品的詮釋有
> 何局限？中國有沒有悲劇？若無，中國小說戲曲的結構原則又是什麼？等
> 等。❸

80 年代「追求中國性」，帶動對抗西方、對抗五四的意識，而這意識又不單是意識，它同時具備拒絕遺忘文化傳統的爆發力與實踐力。所以，「抒情傳統論述」的反思與重建，只是自我或自我文化之「意義重建」的個案。

　　總之，「抒情傳統」逐漸在臺港蔚為學術詮釋主流之際，龔先生的反思、重構乃至期望，都值得我們仔細聆聽與思考；而其回應時代處境的勇毅態度與學者氣象，同樣值得我們學習。

# 徵引文獻

**㈠專書**

朱自清：《朱自清古典文學論文集》，上海：上海古籍出版社，2009.4。

牟宗三：《五十自述》，臺北：鵝湖出版社，1989.1。

柯慶明、蕭馳編：《中國抒情傳統的再發現（上）》，臺北：國立臺灣大學出版中心，2009.12。

高友工：《美典：中國文學研究論集》，北京：三聯書店，2008.5。

陳世驤：《陳世驤文存》，臺北：志文出版社，1972.7。

廖蔚卿：《漢魏六朝文學論集》，臺北：大安出版社，1997.12。

蔡英俊：《中國古典詩論中「語言」與「意義」的論題》，臺北：臺灣學生書局，2001.4。

蔡英俊：《比興、物色與情景交融》，臺北：大安出版社，1986.5。

蔡英俊：《抒情的境界》，臺北：聯經事業出版公司，1982.10。

龔鵬程：《中國文學史（上）》，臺北：里仁書局，2009.1。

龔鵬程：《中國文學批評史論》，北京：北京大學出版社，2008.6。

龔鵬程：《文學批評的視野》，臺北：臺灣學生書局，1990.1。

龔鵬程：《文學散步》，臺北：漢光文化事業公司，1987.3。

龔鵬程：《龔鵬程四十自述》，臺北：印刻出版公司，2002.7。

**㈡期刊論文**

---

❸　龔鵬程：《中國文學批評史論》，頁 2。

陳國球：〈從律詩美學到中國文化史的抒情傳統——高友工「抒情美典論」初探」〉，《政大中文學報》第十期，2008.12，頁 53-90。

龔鵬程：〈不存在的傳統：論陳世驤的抒情傳統〉，《政大中文學報》第十期，2008.12，頁 39-52。

龔鵬程：〈成體系的戲論：論高友工的抒情傳統〉，《清華中文學報》第三期，2009.12，頁 155-190。

㈢會議論文

龔鵬程：〈抒情傳統的論述〉，中興大學人文與社會科學研究中心主辦「社會變遷與人文書寫：文化場域中的話語流動成果發表會」，2009.10.22，頁 109-124。

# 抒情傳統之外
## ——論龔鵬程的「抒情傳統」

徐家偉*

**摘　要**　本文以龔鵬程〈從《呂氏春秋》到《文心雕龍》——自然氣感與抒情自我〉一文為主要探討對象，並以顏崑陽〈從〈詩大序〉看儒系詩學的體用觀——建構「中國詩用學」三論〉作為參照，論龔鵬程從漢代哲學、文學批評的視野，以氣類感應的世界的建構與感性主體的提出，將「詩緣情」與「詩言志」詩觀斷裂性的詮釋模型連接起來，並以「感性主體」的詮釋為蔡英俊「抒情自我」的說法提供詮釋。「抒情自我」一詞由「抒情傳統」的論題而來，而「抒情傳統」為七零年代以來臺灣研究古典文學的重要論題，亦常被當作術語使用，然其中有若干問題仍未辨明；本文以討論龔鵬程的「抒情傳統」為題，然其實龔鵬程並未有目的性地建構此一抒情傳統，對陳世驤以來的抒情傳統論述亦有若干質疑。以此為題，乃是因其提出的「感性主體」，以生命美學的思路，將抒情傳統由文學擴大至歷史文化、哲學的討論，透過漢代人性論的演繹，所得出來的抒「情」義涵，為「抒情傳統」的內涵提出了創造性的建構。

**關鍵詞**　抒情傳統　情志批評　感性主體　生命美學

---

\*　徐家偉，淡江大學中國文學研究所碩士生。

# 一、關於抒情傳統

所謂「抒情傳統」，大致上的輪廓，是七零年代由陳世驤所提出、高友工進一步完成之的古典文學論題。其主張在於強調中國古典文學（主要是詩）的特質，在於「抒情性」。陳世驤在〈中國的抒情傳統〉一文中將中國的《詩經》視作是抒情詩的始祖，並與西方史詩、戲劇對舉，其論述目的，便是希望由二者的比較來突顯出中國文學在抒情性上有別於西方的特色。顏崑陽反省此一論題時，提到：

> 這個論題最初被提出來，是建立在比較文學「平行研究」的架構上。陳世驤〈中國的抒情傳統〉一文之論述目的，其實是為了凸顯中國文學的特質與價值，乃以《詩經》為範型，持與希臘史詩、戲劇進行「平行比較」。❶

此論題提出之後，便引起學術圈廣大的迴響，研究範圍也不僅止於陳世驤當初所預設的中西文學「平行比較」，更以此一論題來深入中國文學內部的研究。二○○九年由蕭馳、柯慶明所主編的《中國抒情傳統的再發現》一書，收集多位學者的相關論文，並以顏崑陽的〈從反思中國文學「抒情傳統」之建構以論「詩美典」的多面向變遷與叢聚狀結構〉壓卷，文中詳細介紹了「抒情傳統」此一論題的源流、演變、傳承，以及此一論題的貢獻與理論盲點。

依顏氏，所謂「傳統」，指的不是諸多在時間序列中的事件之線性因果關係的敘述；而是文化上一種與「存在價值」有關的精神、理念、或意識形態。因此，「『傳統』的論述，不是『敘述史學』的議題，而是『文化觀念史』（或稱文化精神史）的議題……它基本上是中國文學之本質論、美學及觀念史的建構。」❷故此「抒情傳統」是較為印象式的、由綜觀中國古典文學而得出的一種普遍性價值觀；陳世驤以降的學者，談論古典文學時常順著「抒情傳統」的論述而開展，立場便是預設了有一「抒情傳統」的存在；然而中國是否真有此一「抒情傳統」？其實

---

❶ 顏崑陽：〈從反思中國文學「抒情傳統」之建構以論「詩美典」的多面向變遷與叢聚狀結構〉，《中國抒情傳統的再發現》（臺北：國立臺灣大學出版中心，2009 年），頁 728。

❷ 顏崑陽：〈從反思中國文學「抒情傳統」之建構以論「詩美典」的多面向變遷與叢聚狀結構〉。

仍然是問題。陳世驤當初提出此論題，目的只在於比較中西文學，大抵就是「一個博通卓識的學者，對中西文學宏觀所獲致的綜合洞鑒」，而〈中國的抒情傳統〉一文僅僅六千餘字，話只說了個開頭，根本沒有更進一步的詳論：

> 但是，論述重點則已轉移到中國文學的內部，以「抒情傳統」作為共識性的基本觀點，有的從哲學、有的從美學、有的從文學史、有的從詩學，更細部、更深入地去詮釋中國詩歌的本質、美學特徵、歷史發展動力、軌則與進程。❸

也就是說，「抒情傳統」作為一個中國古典文學批評的論題，它所承載的內容已經逐漸改變，超越了原本的文學文本為主的研究範圍，滲透了各項研究領域中，儼然成為一大體系。

「抒情傳統」的理論建構之所以成立，也許是「中國古代文學，包括創作、批評甚至種種社會文化的實踐，其本身固已建構了一種融整著本體意識與實踐現象而綿延發展的『抒情傳統』。」❹現代學者所作的工作，並不是根據這可能原本就有的「抒情傳統」老調重彈，而是透過各種不同的論述以試圖再建構一套新的「抒情傳統」，以契合中國原有的「抒情傳統」。自陳世驤以降皆如此；如今面對的問題改變了，研究的方向已經由「平行比較」轉為「中國文學的本質」。❺但當大家在問中國文學本質的時候，還在用「抒情傳統」這個框架來看中國文學，做出來的研究結果，當然也不無收穫。然而這會造成另外一個問題，便是過於強調「抒情傳統」，彷彿中國文學除了抒情傳統之外，再無其他，一切中國文學都集中於「抒情性」。儘管有「敘事性」和「抒情性」的對揚，其論述也仍然

---

❸　顏崑陽：〈從反思中國文學「抒情傳統」之建構以論「詩美典」的多面向變遷與叢聚狀結構〉。

❹　顏崑陽：〈從反思中國文學「抒情傳統」之建構以論「詩美典」的多面向變遷與叢聚狀結構〉。

❺　如蕭馳《中國抒情傳統》、蔡英俊《比興物色與情景交融》（臺北：大安出版社，1986 年）、呂正惠《抒情傳統與政治現實》（臺北：大安出版社，1989 年）、張淑香《抒情傳統的省思與探索》（臺北：大安出版社，1992 年）、柯慶明《中國文學的美感》（臺北：麥田出版社，2005年）、鄭毓瑜《文本風景——自我與空間的相互定義》（臺北：麥田出版社，2005 年）等學者皆有詳盡的論述。

是「抒情性」融攝著「敘事性」。所謂「缺乏反面或相對命題的辯證，因此對中國文學美典的多面向變遷與多元性結構形成覆蓋性的遮蔽。」❻

筆者以為，「抒情傳統」的問題有二，首先便在於與「傳統」的衝突。姑且不論中國文學是不是真蘊含著一「抒情傳統」，這個詞畢竟是現代才出現的。中國文學最早的文學批評主要的對象是詩，而詩自漢以來便有「詩言志」與魏晉的「詩緣情」詩觀，其中「情志」的探討，才是中國舊有的「傳統」。以現有的研究成果來看，二者立論似乎有所差異；若將「抒情傳統」放在傳統詩觀之中，其在二者之間扮演什麼樣的角色？此其一；再者，「抒情」一義本源自於西方詞彙，此「抒情」之「情」的內容是什麼？跟中國傳統的「情」，意義有何不同？此其二。兩個問題其實都關聯著同一個主題，即「情志批評」❼。情志批評所關懷的是文學作品中主體內在感受的表現，是中國文學理論的主流，而「抒情傳統」作為一後起的論題，必須與此相溝通，方能試圖相互融攝。

關於「抒情傳統」，龔鵬程的看法是這樣的：

> 當時我們這一群人，順著生命美學的思路，探索中國文學的特質和解釋方法；在特殊的機緣下，覺得抒情傳統這個術語恰可幫助我們說明一些問題，因此採用了它。但對它的內涵，卻未必依循陳先生高先生的界定與說明……對這個術語，我一直是批判地使用的。❽

如其所言，「抒情傳統」的內涵，實在沒有嚴格界定，而在龔鵬程的理論系統內，「抒情傳統」是其建構「生命美學」時所借用的術語，順著生命美學的思路再探索中國文學的特質；其生命美學之路，則認為「整體人文學之意義即在於強化我們對生命意義的理解。因此美學情境就在於人的倫理關係和價值抉擇之間」。中國文學的情志批評既然著重在主體存在感受的表現，自然便與生命美學

---

❻　顏崑陽：〈從反思中國文學「抒情傳統」之建構以論「詩美典」的多面向變遷與叢聚狀結構〉。

❼　「情志批評」乃顏崑陽先生所獨創的古典文學批評術語，而最基本的兩組概念，即「詩言志」與「詩緣情」。詳見《李商隱詩箋釋方法論》（臺北：里仁書局，2005 年 11 月 30 日）。

❽　龔鵬程，龔鵬程的 BLOG，〈抒情傳統的論述，上〉（http://blog.sina.com.cn/s/blog_492808ed0100g2ls.html），發表於 2009 年 10 月 29 日。

所關懷之處相契，在龔鵬程借用「抒情傳統」以建構生命美學的理路下，抒情傳統與情志批評必然也是其所關注的問題。

由於龔鵬程以生命美學的思路，透過自身存在經驗的體驗「感入」文化史，非單純感性、亦非單純理性，而是對生命在歷史中的總體經驗與自身存在經驗相互感發，故能以不同於以往的角度重新詮釋舊有的問題，並提出新的見解。新的見解放在當代的研究便往往顯得特殊，也許無法完全契合於既有的說法，甚或有衝突之處，需要進一步的磨合。

## 二、情志問題的提出

關於「詩言志」與「詩緣情」詩觀，定義最嚴謹者，應屬顏崑陽先生〈由〈詩大序〉論儒系詩學的「體用」觀——建構「中國詩用學」三論〉。依顏先生，「詩言志」的理論論點，在於詩言之「志」主要關乎「政教」，要「經夫婦、成孝敬、厚人倫、美教化、移風俗」。在這種意義底下的「志」，就算〈詩大序〉提出「情動於中而形於言」，這個「情」也不同於「緣情」之「情」，而是「以一國之事，繫一人之本」的群體意識之「情」。也就是說，此「情」仍然依附在「志」底下；而「詩緣情」則是說詩無涉於群體，是個人意識的自覺。此時的「情」是個我的、無關乎政教的「審美主體」，此時的「志」亦可以與政教無涉，是屬於「審美主體」活動下的一種意向。因此二者確實能夠成為一組對舉的論題。而「抒情傳統」所謂的「抒情」，是否能夠同時融攝「言志」與「緣情」中的「情志」？高友工曾謂：

> 抒情，顧名思義是抒發感情，特別是自我此時的感情的……我們也可以把中國言志傳統中的一種以言為不足、以志為心之全體的精神視為抒情精神的真諦，所以這一「抒情傳統」在中國也就形成言志傳統的一個主流。❾

---

❾　高友工：〈中國文化史中的抒情傳統〉，《美典：中國文學研究論集》（北京：生活·讀書·新知三聯書店，2008 年 5 月 1 日）。

雖然高友工將「抒情傳統」置入於中國文化史來談，在高先生的解釋下，「抒情」即是「抒發感情」，故能融攝二者以言之。但這實在只是一種廣義的說法，因為高先生並未將此一「抒情之情的涵義」置入中國文化史、文學史的情境中討論。我們當然承認文學作品裡頭確實皆含有作者「抒發感情」的成分，但「言志」、「緣情」傳統的詩論有其特殊的歷史因素，說法不盡相同。此「抒情」在此一歷史脈絡下也分成不同的層次，不能只以一句「抒發感情」概論之。

關於上述問題，蔡英俊在《比興物色與情景交融》一書中提出見解。筆者以為，其主張是將「詩言志」與「詩緣情」明確二分，且「抒情傳統」應該與「詩緣情」同義，並將抒情傳統的歷史起點，由陳世驤所主張的《詩經》，修正至漢代的「古詩十九首」；依蔡氏，「詩緣情」觀念的出現，乃是因於漢魏以來的政治黑暗，知識分子的生命受到摧殘，「詩言志」的群體意識已經無法維持。而魏晉以來名士顯現的祖尚虛無，便是回應這樣黑暗的時代所產生的特殊生命形態，這種生命型態乃是個我的、重情的，是一「抒情自我」：「抒情的自我如何擺落兩漢所強調的『社會羣體的共同意志』的拘限，轉而成為詩人面對人生情境時極力呈現的創作主體」❿。是以，蔡英俊所做的工作，便是將「抒情傳統」的概念置入文化史、文學史的討論，詳細論述由「詩言志」到「詩緣情」之間的歷史發展，藉以突出二者在理論上的特質。我們可以發現，蔡英俊的說法與顏崑陽相當接近。顏氏旨在界定二者的異同，而蔡英俊則在二分的前提下，論述其轉變的脈絡，且將「抒情傳統」的觀念帶入了「言志」、「緣情」的討論。

相較之下，龔鵬程的看法顯然就與二位先生大異其趣。簡言之，龔鵬程認為，「詩緣情」的觀念早在漢代便已出現，非魏晉所忽然興起，突破「言志」「緣情」截然二分的論述模式，試圖修正朱自清《詩言志辨》以來建構出來的詮釋模式。龔先生的辦法，是替「言志」、「緣情」背後的核心價值建構出哲學上的理路，「說明中國文學與文學批評是如何從秦漢哲學中發展出了對情與感的重視，並如何發現自然美，建立了感物抒情為主的藝術創造之傳統。」⓫因此情志的內涵，便同是「感物抒情」，皆可融攝在一「情」的概念，因「感物」而「起情」。如

---

❿　蔡英俊：《比興物色與情景交融》（臺北：大安出版社），頁31。

⓫　龔鵬程：《文學批評的視野》（臺北：大安出版社），頁6。

此，則必然要分析此「情」的實際內涵。而「起情」的原因：「感物」，也必然成為需要說明的概念。此「物」為何？如何能「感」？

我們不妨借用顏崑陽對龔鵬程說法的評論，來對上述問題提出大致上的輪廓。關於「感物」之「物」：

> 我們可以說「詩緣情」的觀念，漢代已經有了，正如龔鵬程的觀點。然而，這樣說，只是皮相。因為，假如我們就「情」的經驗實質義涵去分析，便明白在漢代儒系的詩學中，此「情」必須被規定在對「政教」社會情境所反應的經驗。這就涉及到「情動」由於「感物」的觀念。依〈樂記〉到〈詩大序〉的論述脈絡，所「感」之「物」，其實質義涵並非「自然景物」或廣義的宇宙萬物，而是「社會事物」。這一「感物」的觀念與《呂氏春秋》之「宇宙論」的「氣感」說關係不大，龔鵬程所論實不貼切。⓬

從顏崑陽的說法，我們可以得知龔鵬程所謂的「物」，應是指包含自然景物在內的「宇宙萬物」。而所以能「感」，乃是因於《呂氏春秋》之「氣類感應」的概念，即人與天地萬物皆由氣之聚散所構，故能相感通；而由物起情，此「起情」的內涵即是龔鵬程所謂的「感性主體」，由先秦以來的人性論說起，談情欲問題由負面至正視的轉變，至漢代發現了除「道德主體」、「認知主體」以外的「感性主體」，因感性主體，人之所以流連光景、吐屬悲秋、以至發言為詩的「抒情」便有了理論依據，這實在是由哲學史處下手的辦法。顏崑陽對此感性主體的看法則提出疑惑：

> 相較孔孟對「情」存而不論的態度，荀子以下的確已如龔鵬程所言：「正視」人性中「情」的問題，《呂氏春秋》專立篇章以論「情欲」；但「正視」只是就事實之承認，並非就價值之肯定，尤其是絕對無條件的肯定。這只要審視上列諸子皆主張「節制情欲」，便不辯而明。其中更重要的是，

---

⓬　顏崑陽：〈從〈詩大序〉看儒系詩學的體用觀──建構「中國詩用學」三論〉，《第四屆漢代文學與思想學術研討會論文集》，頁36。

荀子以下這一系的思想家，幾乎都將「情」與「欲」混同觀之，甚至因此而提出「性善情惡」的奇怪說法。因此，龔鵬程所謂漢代已提出「感性主體」，則這「感性主體」實乃以「情欲」為其內容的「情欲主體」。⓭

顏先生的質疑，主要在於「情」與「欲」的混淆。龔鵬程提出的「感性主體」確實通過對「情欲」在秦漢轉化的分析，但此「感性主體」的內容經過重新建構，並不以「情欲」為全部內涵，而確實是「抒情」之「情」之意義，關於此，筆者將在下文進行解釋。

龔鵬程的問題提出來自蔡英俊對「詩緣情」的詮釋。照蔡先生的看法，「詩緣情」觀念的核心價值，即是「抒情自我」的發現：

> 緣於道家哲學傳統的點明，魏晉人從追求玄遠的風氣中找到了一個解決的方案：因於「自然」，而此一形上意義的「自然」又具體化為山水的世界，而成為抒情的「自我」主體寄意託情的世界。⓮

然而，這個「抒情的自我」，在龔鵬程的看法，並不突起於魏晉，因此他由《文心雕龍》之中「人稟七情，應物斯感，感物吟志，莫非自然」的「感物」一詞作為線索，認為「抒情自我」能夠從「感物」一詞尋找其根源，而最早談及此觀念的論述，便是《呂氏春秋》的「自然氣感」與漢代的「天人感應」。

## 三、「自然氣感的世界」的建構

順著龔鵬程「生命美學」的思路，人文學的意義既是在於強化我們對生命意義的理解，那麼當我們在談某一論題時，必然要將存在的體驗置入其間。除此之外，龔鵬程談學，往往旁徵博引，如談中國古典的文學批評，必不同於新批評「對詩進行分析性的解說，以說明詩之美何在」。這是只就作品談作品的路數。龔鵬

---

⓭　顏崑陽：〈從〈詩大序〉看儒系詩學的體用觀──建構「中國詩用學」三論〉，頁37。
⓮　蔡英俊：《比興物色與情景交融》，頁48。

程是以其深厚的經學底蘊，通過文學批評，探究創作主體的情志。情志的討論必然涉及人性論史，經學本來就通哲學，而中國哲學的討論不能掛空在邏輯的演繹，必須與當時的整體文化環境扣合。如此談學，雖略覺駁雜，但統合各種領域的觀點，再經歸納，便成體系，故其理路前後呼應，論述自成一格。

譬如龔鵬程之反對斷裂之歷史觀，便是由研究經學歷史而來。其研究所時代撰寫碩士論文《孔穎達周易正義研究》，雖談唐初，實由漢代論起。「先談漢至魏晉南北朝的學術文化變遷，再談孔穎達這本書所代表的由南北朝至隋唐的文化變遷……在討論這些時，我的立場，是『觀變而知常』。不但要說明歷史之變，更應找出歷史非斷裂性的承遞因素。」❶而以往談魏晉，都是斷裂性的認為漢與魏晉是兩個截然不同性格的時代，漢代經學嚴謹、禮教森嚴，魏晉則玄風清談、放誕輕狂。論詩，自然也要畫分兩塊完全不同的概念，也就是「言志」與「緣情」；然而漢至魏晉難道真是如此截然二分？恐怕也未必。依龔鵬程：

> 它（魏晉）的社會結構、世族門第，好像與兩漢大帝國迥然不同，但卻是從兩漢中期豪族士大夫逐漸發展成的；它的意識型態，通脫自然，好像跟兩漢名教全然相反，但卻禮法森嚴，以名教為尊卑永固之大本……它的學術思想，玄談清話，又似乎與兩漢經術涇渭分流、有儒道之異，卻事實上禮學昌明、儒風仍熾。❶

依這般延續性的歷史觀念，強調魏晉乃歷史上變而未變之局；將這個觀念再推向文學，便是緣情詩觀並不突起於魏晉的想法。

龔鵬程既認為「緣情詩觀」與「抒情自我」並不突起於魏晉，而是漢代便有的觀念，那必然要討論漢代詩論與人性論的發展。前文已提到漢代「詩言志」觀念，此「志」與其中之情必關乎政教，故不再提；依現有的研究，對漢代哲學的認識，一般認為是「簡直沒有哲學」的時代，迷信災異讖緯，儒道皆為政治服務，

---

❶　龔鵬程：《四十自述》（北京：中國工人出版社，2008 年 5 月），卷二，頁 155。

❶　龔鵬程：〈從《呂氏春秋》到《文心雕龍》──「自然氣感」與「抒情自我」〉，收入《文學批評的視野》。

更混入陰陽五行、天人感應之說，變得不倫不類。如勞思光便稱此時期為中國哲學的「衰亂期」：「思想混雜之結果，使中國哲學思想退入『宇宙論中心之哲學』之幼稚階段。」❶新儒家以心性論為主的論述，自然也認為漢代談順氣言性之宇宙論，是未解儒家之要義。簡言之，漢代所表現出來的，就是這麼一套談氣感、陰陽五行的思潮，這是當時的狀況；然而現代學術的研究，對這麼一套像是迷信的說法並不是很能接受，而且各家路數不同，批判起來自然也就各有說法，除了上述的新儒家之外，五四運動後的學者強調科學方法、理性精神，亦要將這個時期批評為迷信與虛妄了。

龔鵬程對此顯然有不同的看法。據《四十自述》中所談：

> 牟先生謂我國人性論有兩路，一順氣言性，是材質主義的，屬於古典唯物論；一逆氣顯理，孔子言仁即是如此。後者才被視為正宗。我不認為如此，不但主張漢宋言氣性者，多是即氣即理，故非所謂材質主義所能概括；且順氣言性才是中國經學哲學一般的講法，牟氏所謂逆氣顯理，在中國傳統中其實反而是極特殊、居少數的講法。❶

順氣言性，既然在龔先生的看法中被視為是中國傳統的講法，那麼其對於漢代的陰陽五行、天人感應的認識，也必然與他人不同，應該是「天地之間，精氣一上一下，圓周複雜，無所稽留；於是萬物殊類殊形，而各有分職。但因同氣之故，皆可以相感」。❶對氣與感通的理解與重視可見一斑。

漢代氣類感應的思路大抵可說是承自《呂氏春秋》而來。《呂氏春秋》以陰陽五行塑造了一套完整而統一的體系，奠定了天人感應的思想方向。全書分為十二紀、八覽、六論，結合了道家描述道的性質的概念，將宇宙萬物的來源稱做「太一」，並以《周易》從陰陽談萬物生化「太一出兩儀，兩儀出陰陽，陰陽變化，一上一下，合而成章。……萬物所出，造於太一，化於陰陽。」❶如此便奠定了

---

❶　勞思光：《新編中國哲學史（二）》（臺北：三民書局，2007 年 1 月），頁 15-18。

❶　《四十自述》，頁 156。

❶　龔鵬程：〈從《呂氏春秋》到《文心雕龍》——「自然氣感」與「抒情自我」〉，頁 54。

❶　許維遹：《呂氏春秋集釋》（北京：中華書局，2009 年 9 月），〈仲夏季第五·大樂篇〉。

漢代以宇宙論為中心的思想模式❷；十二紀的紀首篇以陰陽二氣的活動來解釋天象、季節，每個季節皆有與其相對應的變化，其變化則以五行、四時、四方、五音、五色、五味、五嗅與之相應，而人類則應順宇宙自然的變化，調整生活的模式。❷

人所以要順天而動、能與天相感，便是因人與天地萬物，皆由陰陽二氣所構，故能氣類相感。漢代董仲舒在此基礎上提出「人副天數」，談天與人有種種相同、相類之處，因此能夠「天人感應」，依據也在於此。以上皆只是對漢代氣類感應的描述語，龔鵬程則進一步認為，由此感應再來看《文心雕龍·物色》：「春秋代序，陰陽慘舒，物色之動，心亦搖焉。故陽氣萌而玄駒步，陰律凝而丹鳥羞，微蟲猶或入感，四時之動物深矣。」其中以陰陽化物、四時動物的概念，正與《呂氏春秋》相合，亦也同於《詩品》序所提到「氣之動物，物之感人，故搖盪性情，形諸舞詠」，皆是談外在景物對人的感情影響，這些概念皆來自於「氣」；至於人如何能感、且由感生情、由情至詩的過程，還得從情性問題去解答，也即是感性主體的提出，這部分是下一章所要討論，故在此先按下不表。

龔鵬程在這個「自然氣感的世界」的詮釋下所提出的見解，便認為這是一個「氣類感應的有情世界」：

> 天人感應的世界，實為一有情世界。細察此一有情世界，吾人當可覺之漢人恒以一抒情的自我，與四時山川、天地鬼神相感發。❷

---

❷ 徐復觀：《兩漢思想史》（臺北：臺灣學生書局，1993 年 9 月 15 日）卷二〈呂氏春秋及其對漢代學術與政治的影響〉。

❷ 以下引《呂氏春秋集釋》舉〈孟春紀·紀首〉為例：孟春之月，日在營室。昏參中，旦尾中。其日甲乙，其帝太皞，其神句芒，其蟲鱗，其音角，律中太蔟，其數八，其味酸，其臭羶，其祀戶，祭先脾。東風解凍，蟄蟲始振，魚上冰，獺祭魚，候鴈北。天子居青陽左个，乘鸞輅，駕蒼龍，戴青旂，衣青衣，服青玉，食麥與羊，其器疏以達。是月也，以立春。先立春三日，太史謁之天子曰：「某日立春，盛德在木。」天子乃齋。立春之日，天子親率三公九卿諸侯大夫以迎春於東郊。還，乃賞公卿諸侯大夫於朝。命相布德和令，行慶施惠，下及兆民。慶賜遂行，無有不當。這段文字便顯示了天地四時運行而人間社會與天相應的運作觀念。

❷ 龔鵬程：〈從《呂氏春秋》到《文心雕龍》──「自然氣感」與「抒情自我」〉。

　　這實在是延續著龔鵬程生命美學的進路所做的思考。藉對於歷史文化的理解，以自身存在的體驗為判斷依據，相互融攝於其中，其對歷史的解釋便有其存在之感受，而判斷亦經由歷史脈絡、文化典籍思考而來，故非穿鑿附會、妄自胡說。

　　例如其談到美的神聖經驗，對天人感應的理解，便與後世「令人詬病的宗教氣息」的理解完全不同。「人仰觀天地生物之意，切感萬物同氣相依之情……其實就是讓人在一美的覺知裡，達到宗教性神交的感悟。此一感物，亦詩人之情也。」❷❹而天人感應的提出，本來是為了道德政教的目的，要治國者與天相應，否則天將以災異示警。這又如何與「有情世界」相關？若以美感經驗看天人感應，則此美感價值似乎又被道德價值給僵化了。

　　龔鵬程是以「美善合一」來解釋這個問題。「氣類感應是人與天地萬物的交會感通，而交感的經驗內容，同時是道德的，也是美感的。」以美感經驗來看天人感應，則道德理想的實現，亦是一種美的境界的實現。道德與美感，則並非相互排斥，而是能夠相互融攝。準此，〈詩大序〉中「詩言志」又「情動於中」情志意義的解釋，便也可以說是美善合一的表現。此情既溫柔敦厚，其志必合道德教化，二者相為表裡。

　　上文曾謂顏崑陽對龔鵬程的質疑，是以自然氣感言「起情」之「物」為「宇宙萬物」，依〈樂記〉到〈詩大序〉的脈絡來看，則此「物」應該為關乎政教之「社會事物」，此「情」必須被規定在政教的「社會情境」，故以自然氣感論之，實不貼切。顏先生的論述，是以一「儒系詩學」為論述框架，並以〈詩大序〉為骨幹，談漢代詩學中情志的內涵；然龔鵬程興趣並不在此，對於「起情」之「物」，既以生命美學的思路進入到漢代的思潮，其所關注的是這麼一套氣類感應的架構，思考的框架便已不同。再者，以氣類感應所建構的同氣系統，將陰陽配以四時五行所形成的體系，對應者乃人類社會之一切，包含政治體制，故理論上來說，「宇宙萬物」實融攝著「社會事物」，自然無須分論。顏先生的定義是極嚴謹的，旨在將「情志」的內涵分析明確，故與之對應的「物」亦須細分；而龔鵬程則側重在「感」的問題上，此「感」的內涵已經包括「情志」，皆是主體活動，則令

---

❷❹　龔鵬程：〈從《呂氏春秋》到《文心雕龍》——「自然氣感」與「抒情自我」〉。

其「感動」之「物」，便不會只限定在特定的「社會事物」上頭，而是要尋找更大的共因。

## 四、感性主體的脈絡

龔鵬程接受蔡英俊「抒情自我」的觀點，並分析「緣情詩觀」之重點在於：(1)正視情及情的作用(2)文學創作系來自一「情感性主體」(3)人為能感者，物為感人者；人與外在世界，為一感應關係，所謂「應物斯感」❷。其中第二點即是《文心雕龍》所談的「人稟七情，應物斯感，感物吟志，莫非自然」的概念。第三點與第二點則相為表裡，前者談主體之感受能力在於「人稟七情」，後者在於物色作為客體之「搖蕩性情」；關於龔鵬程結合了《呂氏春秋》以來一系列對於「物色」的討論，在上文已有介紹，此處便不再重複。關於劉勰談「應物斯感」乃是因「人稟七情」，依照「抒情傳統」（或者「詩緣情」觀）與之比較，此處的「七情」所要表達的概念，似乎等同於「抒情自我」，人稟「七情」以感物，故搖蕩性情而發言為詩；然而劉勰「七情」的內涵為何？是「喜、怒、哀、懼、愛、惡、欲」等七種情感。此七情，皆是天生的情緒，不學而能。依顏崑陽的定義：

> 從這些典籍（指《荀子·正名》篇、《禮記·卷二二·禮運》篇、王充《論衡·卷三·本性》篇）之使用「情一詞」，所指涉的都是人天生的氣質之性，接觸於「物」，「感」而所生的情緒……比較值得注意的是「好惡」或「愛惡欲」，乃是與價值有涉的「欲求」。故「情」與「欲」常合義成詞。❷

可見「七情」所指涉的是「情欲」，但「情欲」與「抒情」似乎並不同義，劉勰此處則混淆不清。龔鵬程所談的「感性主體」，所指的便是此「人稟七情」的真正內涵，亦即「抒情傳統」中所謂「情」的意義。而要談感性主體，便得從溝通「抒情」與「情欲」之間的關係才行。龔鵬程既由漢代論自然氣感的世界，

---

❷ 龔鵬程：〈從《呂氏春秋》到《文心雕龍》──「自然氣感」與「抒情自我」〉，頁47-84。
❷ 顏崑陽：〈從〈詩大序〉看儒系詩學的體用觀──建構「中國詩用學」三論〉。

人與天之間有類應相感的關係，則對情欲的討論，自然便也在這個脈絡之下展開，是一「環繞著情而開展的人性論」。

## ㈠情由排斥至肯定的態度

孔孟皆論性不論情，而荀子（313-238B.C.）對情之性的態度則秉持著「人之性惡」，「生而好利、疾惡、有耳目之欲、有好聲色焉」，故若順人之情，則容易出於爭奪，合於犯分亂理而歸於暴，故要化性起偽，以禮制情。這是求諸理性的力量；龔鵬程指出，到了《呂氏春秋》，則認為情欲是人生而所本有者，如〈情欲〉篇：「身之欲五聲、目之欲五色、口之欲五味，情也。此三者，貴賤愚智賢不肖欲之若一。雖神農黃帝，其與桀紂同。」❷❼這是因為順著氣類感應的說法，人與天皆陰陽所構，故天與人之間的關係至為密切，人的生命或具有天地四時之相，身體感官便皆與天地同，情欲當然也是。既然情欲是生命中所必有，那麼人對情欲的態度，便不應該是排斥，而是應該接受，要養生以全其天，遂發展出「本生」的觀念。故《呂氏春秋》對情欲抱持著肯定的態度。這個意思並不是縱情，〈本生〉篇亦提出「以物養性，非以性養物」❷❽的概念，因為適當的滿足欲望能使人感到快樂，但縱欲往往就令人感到麻痺，所以要「利於性則取之、害於性則舍之」。雖然情欲是不分愚智賢不肖者所共有，然聖人能「修節以止欲」，依龔鵬程，《呂氏春秋》中節制情欲的目的，是為了生命能享受情欲，這就不是求諸理性之力量（如儒家以心制情或以禮制情），而是「以節欲直接求之於情欲的本身」。

## ㈡由性陽情陰至性陰情陽

在漢初談人性論，已經脫離了論性不論情的階段，此時以陰陽論性，天有陰陽，故性有仁貪，如董仲舒（176-104B.C.）論情性便是如此❷❾；董仲舒畢竟是儒家

❷❼ 許維遹：《呂氏春秋集釋》。

❷❽ 引《呂氏春秋》〈孟春紀第一·本生〉篇舉例如下：今有聲於此，耳聽之必慊己，聽之則使人聾，必弗聽。有色於此，目視之必慊己，視之則使人盲，必弗視。有味於此，口食之必慊己，食之則使人瘖，必弗食。是故聖人之於聲色滋味也，利於性則取之，害於性則舍之，此全性之道也。

❷❾ 董仲舒：《春秋繁露》，〈深察名號篇〉：「如其生之自然謂之性。性者質也……栣眾惡於內，

人物，雖然認為性有仁貪如天有陰陽，但終究是陽盛陰衰。〈陰陽義第四十九〉：

> 天道之常，一陰一陽。陽者，天之德也；陰者，天之刑也。……天人同有
> 之，有其理而一用也；與天同者大治，與天異者大亂。故為人主之道，莫
> 明於在身之與天同者而同之，使喜怒必當於義乃出，如寒暑之必當其時乃
> 發也。使德之厚於刑也，如陽之多於陰也。

性為陽、為仁、為德、情則為陰、為貪、為刑。

雖然情欲仍是劣義，但是漢人在面對情欲是由「人所本有」的角度來看待，
既是天生自然，情欲與性的關係，便不同於宋儒那般「存天理去人欲」，要剔除
情欲以彰顯性了。龔鵬程云：

> 這種正視情的態度，使得漢儒之禮樂政教雖為節制情欲而設，但與先秦不
> 同的是它也同時「本於情性」（樂記），而非如荀子之以「矯飾其情性」（儒
> 效）為立場也。❸⓿

這種態度，由王充(27-97A.D.)《論衡·本性篇第十三》引劉子政(即劉向，79-8B.C.)
言便相當明白：

> 性，生而然者也，在於身而不發。情，接於物而然者也，出形於外。刑外
> 則謂之陽，不發者則謂之陰」夫子政之言，謂性在身而不發。情接於物，
> 形出於外，故謂之陽；性不發，不與物接，故謂之陰。

劉向的說法，乍看之下，與董仲舒以陰陽言性的概念相反；而龔鵬程的解釋，

---

弗使得發於外者，心也。故心之為名桎也。人之受氣，苟無惡者，心何桎哉？吾以心之名，得
人之誠。人之誠，有貪有仁。仁、貪之氣兩在於身，身之名取諸天。天兩有陰陽之施，身亦兩
有貪仁之性。……天地之所生謂之性情，性情相與一瞑，情亦性也。謂性已善，奈其情何？故
聖人莫謂性善，累其名也。」

❸⓿ 龔鵬程：〈從《呂氏春秋》到《文心雕龍》——「自然氣感」與「抒情自我」〉。

認為陰靜陽動，情既為性之發動，自該為陽。且情性一暝，二者同質，情由性出，則不能謂性獨善而情獨惡，董氏以陰陽定善惡，若善惡既然不以陰陽論，情性的解釋也就不以價值判斷為取向，而是由動靜來分類。情為接物者形於外，自然為動；性在內而不發，便為靜。從董仲舒以降，漢代對於性的看法，逐漸有所改變。

這顯示漢儒在面對人性論的問題時，重視的不只是純粹的心性，因為「性善」的概念在這個時代不是這麼被看重，性既然有善有惡，而惡又同天之有陰陽般為必然存在，絕對的善在這時代遂不是討論的重心。這時所重視的，是情性在現實的活動狀況，「討論性的問題時，他們自然也不會僅僅著重於性本身的肯定與辨析，而更要追探性的活動狀況。而情，就是性與外物相劘相切以後的活動。」❸故這時漢人所談的情欲問題，是由「性」所談起，並非將情性分設成兩個概念，情欲與性在現實的活動狀況本來就是相即不離，也就是人面對萬物時所產生的各種感動欲求；所以龔鵬程認為「性情相與一暝，情亦性也」，情便是性的活動。性既然只是感，活動的是情，故「性陽情陰」的說法便因「性靜情動」概念改成了「性陰情陽」，動者為陽、靜者為陰。故除了「道德主體」、「認知主體」以外，漢人論性，實在也包含了「感性主體」。

## (三)情欲至抒情的轉化

此「感性主體」所感之「情」的內容，自然還是情欲，然此情欲並無善惡價值之判準，純粹是性的發用。「情意心志，均性動之別名，也就都是情。」情意心志，便是與外物相接之後所產生的「性動」，性動，便指這是「情欲」的活動狀況。這並非說「情意心志」就是「情欲」，而是說情意心志乃是以「感性主體」為依憑，而此「感性主體」的內涵是情欲的活動，且「感性主體」所採用的，是「情欲的活動義」，而非情欲本身。筆者再以〈中庸〉作為例子說明：「喜怒哀樂之未發之謂中，發而皆中節之謂和」，喜怒哀樂是「情欲」，然「未發」時便還未涉價值判斷，故之謂中；「發而中節」便合於道德，故之謂和，而「情欲的活動義」便接近於「發而中節」時「發」至於「中節」之間的過程（當然，情欲的活動未必「中節」）。和當然不會是指喜怒哀樂，而是指喜怒哀樂發而中節的過程與

---

❸ 龔鵬程：〈從《呂氏春秋》到《文心雕龍》——「自然氣感」與「抒情自我」〉。

結果；同理，情意心志是性動（情欲之動），此情意心志並不代表就是情欲本身，而是情欲的活動過程。這個活動過程，也即是感性主體的內涵，也就是情與外物相劘相切的示現。

綜上所論，顏先生認為龔鵬程所謂「感性主體」實乃以「情欲」為其內容的「情欲主體」，大致上是如此；但是還得補充：並非以「情欲」為其內容，而是「情欲的活動」。且龔鵬程對情欲的看法，也非如顏先生所論，「只是就事實之承認，並非就價值之肯定，尤其是絕對無條件的肯定」，依龔鵬程，漢代對情欲確實是事實之肯定。但除此之外，對情欲的價值判斷，也沒有絕對的善惡之分，應該說，對情欲的理解轉化為由原本「去人欲以見道」改為「由人欲中見道」，故漢代正視情的存在，但也同時強調要順情以制情，更要反情和性，達到聖人以物養性、應物而不傷的境界。

準此，這個「感性主體」為「抒情自我」提供了哲學上的詮釋，「人稟七情」之「七情」的真正意涵，事實上也就是這一抒情自我。人既然有此一「感物」的「抒情自我」，四時動物，物又感人，自然「應物斯感」，而情動於中、形於言，發言而為詩了。

# 五、結論

由上文介紹顏崑陽所提出的兩個問題與討論，我們可以更清楚的看出龔鵬程的關懷處，並非二者的相異之處，而實是對「情志」之「主」、也即是主體感受的探討，因此由感性主體來論情志，確實無須將緣情言志分而論之。並且以該觀念當時的主流思潮做為底蘊，也確實較能貼近「當代」的詮釋；本文所採取的立場，只是試圖將龔鵬程一些早已蘊含於文中、卻未表現於文字的觀念闡發出來，亦即是與抒情傳統的相關處，對於「抒情」意義的解釋、以及此抒情傳統在面對「傳統」時所採取的立場。筆者推測龔鵬程的說法，抒情傳統實際上便是中國詩歌「感物吟志」的一種泛稱，而這「感物吟志」又以「氣類相感」的哲學思維來詮釋。因此不論「言志」、「緣情」，實際上皆是「抒情」的。這其實很接近前文所引高友工先生的說法，只是高先生未把此「抒發感情」的涵義以中國文化的角度詮釋出來。

最後筆者以龔鵬程的一段自序作為論文的結尾：

> 我會考慮到中國傳統詩歌的詮釋解析，應以何種方法為之；西方現代文學
> 理論，作為方法，而非作為一種理論，用來解釋中國文學時，其優劣得失
> 究竟各如何；我看詩，其理解如此，我之觀析角度與方法則又何在。經此
> 思維，才試圖從所謂「生命情境」的角度來談，說明生命落在具體之春夏
> 秋冬諸境中，有何情境關係生發其間。把傳統的抒情理論和情景理論，做
> 一新的綜合與推衍。㉜

在方法的運用上，龔鵬程以存在的體會，透過生命美學的思路，將氣類感應
的哲學詮釋出情感式的見解，這也是很獨特的。人文研究本來便沒有絕對的客觀，
但也不是完全的主觀，也許讀者看到以存在體會詮釋歷史的進路，會認為是穿鑿
附會、各說各話，那也未必。因為歷史雖然受到主觀態度影響，但是意義結構的
形成仍然要受到歷史對象的限制，此謂「主觀與歷史對象互相融攝」。龔先生的
研究，往往便是由史料詮釋辯證而來。

由以上對於漢代「氣類感應的世界」與「感性主體的提出」的討論，龔鵬程
的原意是替蔡英俊的「抒情自我」再進一解，並且以此感性主體的提出，謂緣情
詩觀並不起於魏晉；筆者認為，針對感性主體的建構，龔鵬程已然替「抒情」一
義提出詮釋。並且，透過以中國歷史、哲學文化來談的「抒情」涵義，雖仍有問
題待加以辨析，但如此討論，抒情之「情」的意義在龔鵬程的論述中便提供了明
確的解釋，或許更能接近「中國的抒情傳統」。

---

㉜　龔鵬程：《四十自述》，頁158。

# 道與文之依違——試論龔鵬程《六經皆文——經學史／文學史》

蒲彥光*

**摘　要**　本論文嘗試從龔先生經學與文學並治的論述策略，以剖析《六經皆文——經學史／文學史》一書的研究觀點。筆者首先從文學層面，介紹我國文道關係之歷史發展：文學如何自經學中分化而出？古文運動又如何將經學加以吸收融攝？進而論及科舉文體（如明清經義）中，經學內容與文章載器之間的張力，探究文道合一在詮釋層面上之艱難。復次，論文也從經學史之現況考察，說明我們過去對明代經學的評斷，乃是沿襲清代至今的成見，其實並非明人缺乏經學成績，只是我們未曾留意科舉制度與經學之複雜關係，以及文人社群之說經型式，而成為目前經學研究上大受隱蔽的視域。再者，論文中實際舉了明清經義相關文獻及理論為例，試圖證明文儒說經之現象，具體指出這些文章如何能產生經學影響。最後，則探討龔先生此書之寫作策略、及他對於「漢宋之爭」的修正觀點，將此書放置於其宏大的「文字—文學—文化」論述框架中來談，說明其詮釋如何能既傳統、又開新，肯定龔先生建構起經學研究之重要典範。

**關鍵詞**　六經皆文　龔鵬程　漢宋之爭　經學史　文道合一

---

*　蒲彥光，臺北海洋技術學院通識教育中心助理教授。

# 一、文道合一的理想

龔先生於《六經皆文——經學史／文學史》書名中,透露了一個重要的研究方向,即他欲兼治經學史與文學史。這樣的論學方向與企圖,長久以來似乎乏人問津。以臺灣目前的學術建置而言,無論投注於文學、或經學研究的學者專家,除了只是同住在中國文學系所的屋簷下,大抵彼此都覺得涇渭分明,不必越俎代庖。

現代的學術疆界或許其來有自,追本溯源,經學或文學,這兩門學術的分科與界定,最早於漢代即已成形。

中國典籍,舊分經史子集四部,而經為其首。經學之成立,一般皆斷自漢武帝的「罷黜百家,獨尊儒術」,並設置五經博士。孔門「詩、書、易、春秋、禮、樂」之六藝,乃被尊為六經。所以稱「經」者,其義舊有二說:一以經為官書;一以經為聖人所作,為萬世不易之常道。六經為周公舊典,猶後世御纂欽定之書,與私人著述不同,故為官書。《論語集解·序》:「六經之策長二尺四寸;《孝經》謙,半之;《論語》八寸。」六經簡策特大,猶今之特大版本,即以其為官書故。此一說也。《釋名》〈釋典藝〉曰:「經,徑也,常典也,如徑路無所不通,可常用也。」《文心雕龍》〈宗經〉曰:「經也者,恆久之至道,不刊之鴻教也。」《孝經序疏》引皇侃之言曰:「經者,常也,法也。」《玉海》卷四十一引鄭玄《孝經注》曰:「經者,不易之稱。」蓋以為六經者,孔子所作,垂教萬世;「天不變,道亦不變。」(用董仲舒語)孔子之道,萬世不變,六經之教,亦萬世不變,此又一說也。❶

又據《漢書》〈藝文志〉記載:「成帝時,以書頗散亡,使謁者陳農求遺書於天下。詔光祿大夫劉向校經傳、諸子、詩賦;步兵校尉任宏校兵書;太史令尹咸校數術;侍醫李柱國校方技。每一書已,向輒條其篇目,撮其指意,錄而奏之。」❷則劉向輯撰《別錄》時,經傳與詩賦於圖書編目上已有所區隔,這是經學與文學最早的分科。

---

❶　參詳蔣伯潛:《十三經概論》(臺北:中新出版社,1977 年),頁 2。

❷　〔漢〕班固:《漢書·藝文志》(臺北:鼎文書局,1991 年 9 月),頁 1701。

古代所稱「文學」,本來指的是文章博學,如《論語》〈先進篇〉:「子曰:
從我於陳、蔡者,皆不及門也。德行:顏淵、閔子騫、冉伯牛、仲弓。言語:宰
我、子貢。政事:冉有、季路。文學:子游、子夏。」游、夏皆以博學傳教聞名;
即如漢初「淮南、衡山修文學」,所招的仍是「四方遊士,山東儒墨」(《鹽鐵論》
〈晁錯篇〉)。到了東漢才正式有文人、文士之稱,如《論衡》:「文人宜遵五經
六藝為文、造論著說為文、上書奏記為文、文德之操為文」(〈佚文篇〉)「飾貌
以強類者失形,調辭以務似者失情,……文士之務,各有所從,或調辭以巧文,
或辯偽以實事」(〈自紀篇〉)。後來魏劉邵《人物志》〈流業篇〉便因此在人流
之業十二類之中,特別指出有一種「能屬文著述」的文章家。范曄《後漢書》也
獨立〈文苑傳〉於〈儒林傳〉之外。

經學、文學之分途,最重要特徵在於經學是「恆久之至道」,具有本源性的
價值保障,所以孔門有所謂「述而不作」的說法,後世學者只求虔誠如實地傳述
先王之道,不敢自居於神聖之作者,此即《人物志》〈流業篇〉所謂「能傳聖人
之業,……是謂儒學,毛公、貫公是也」;文學則不然,《後漢書》〈文苑傳〉
贊曰:「情志既動,篇辭為貴。……殊狀共體,同聲異氣。」卻要在篇章中表現
創作者個人特殊之情志氣質。❸

經學、文學之岐出,到了梁蕭繹的《金樓子·立言》,又進一步分為四類:
「通聖人之經者謂之儒。博窮子史,但能識其事,不能通其理者謂之學。至如不
便為詩如閻纂、善為章奏如柏松,若此之流,泛謂之筆。吟咏風謠、流連哀思者
謂之文。而學者率多不便屬辭;……筆,退則非謂成篇,進則不云取義,神其巧
慧,筆端而已。至如文者,唯須綺縠紛披、宮徵靡曼,唇吻遒會,情靈搖蕩。」
❹析「經學」為儒、為學;析「文學」為筆、為文。所謂通經之為儒,固無待考
辨,然此處作文筆之別,是更刻意要表現文章的聲色與感性了。

文人之出現,源於儒學的分化,儒、文分化以後,彼此之間便出現了競爭關
係。如王充《論衡·超奇篇》分士人為儒生、通人、文人及鴻儒四級,並主張文

❸ 文學如何自經學中獨立而出,與創作心態之改變有關,龔先生《文化符號學》於此有神聖性作
  者與所有權作者觀之別。

❹ 梁元帝蕭繹著,許德平校注:《金樓子校注》(臺北:嘉新水泥公司文化基金會,1969年),
  頁189-190。

人高於經生。魏晉南北朝以後，文人階層不斷擴大，文人的地位也越來越高❺。龔先生指出齊梁間文筆之辨，可以視為文學路線的分化：所謂以「情靈搖蕩」為文者，如沈約、鍾嶸、謝朓、蕭綱、蕭統等；反之，下筆質實，不以表現創作者感性，而以闡揚聖人之道為宗者，若任昉、裴子野等。二派相互批評、各自標榜，因此形成了在書寫上的文人與學者之別。然此二派（主文或重道）分化之後，企圖重新使之結合，乃是我國文學史的基本動向。❻

經學既具有「常道」之神聖性，故文士亦必強調「道沿聖以垂文，聖因文以明道」（《文心雕龍》〈原道篇〉），彰顯以文明道之重要。到了中唐，由於科舉考試制度、與太學教學體制之影響，乃出現如權德輿、韓愈、柳宗元、呂溫、劉禹錫、皇甫湜、李翱、歐陽詹等一批「文儒」。此輩文人高倡師道，他們提出「文以明道」、「文以貫道」的寫作理想，利用考試與教學帶動了新的文學／經學風氣，藉著科舉制度建構了一個「文學崇拜的社會」❼，更有不少專門的經學著作，古文運動開啟了此後疑經改經之先聲。宋代王安石頒布《三經新義》以為官學教育及科舉甄選之標準，即此可見一斑。

# 二、道學與文藝的張力

唐宋古文家雖然主張「文以貫道」，強調行文的理想在於彰顯「道體」，欲以追求文道合一的境界。然看在道學宿儒眼底，如此論述卻不免有「第一義是去學文字，第二義方去窮究道理」（《朱子語類》卷137）的批評，認為他們是把道德與文章「倒學了」（《河南程氏遺書》卷18）；理學家主張「子弟之輕俊者，只教以經學念書，不得教作文字。」（《語錄》）文與道之裂縫，似乎並不易彌縫。

迄至元、明以降，科舉制藝要求「守經遵註」，義理上一以朱子的《四書章句集註》為準則，治學理念上看似更為貶抑文藝了；但是考官在實際面臨人才甄

---

❺ 龔先生曾指出漢魏以後，「在士的階層中，文士群體正逐漸在擴大，不但動搖了史家與經生的地位，更使所有的文字工作者都朝文士類化，文士成為士階層中最主要的部分。」（龔鵬程：《中國文學史》（上），臺北：里仁書局，2009年，頁76）

❻ 龔鵬程：《中國文學史》（上），頁261-262。

❼ 詳龔鵬程：《唐代思潮》（上冊）（宜蘭：佛光人文社會學院，2001年），頁266-373。

試之時，卻又無法不憑藉文章以作為其明道深淺之判準，經學教育雖欲取消文學之優位性，而終不可得。如此一來，反倒形成明清文人面對載道文體有了特殊的心理糾結。

即以論經義的科舉文體來看，儘管當時文家有「得左馬之筆，發孔孟之理」（王汝驤❽）、「以韓歐之氣，達程朱之理」（方苞❾）等等強調文道合一的不同策略或主張，然而是否真的憑藉左馬文筆、韓歐氣格，就足夠闡發聖道、宣揚性理，他們也並不總是信心滿滿的。於此，我們不妨以桐城文派宗師方苞在看待經義文體時的二重心態，作為例證。

方苞雖以經義文名世，且為乾隆所欽派的經義文編選家，然於其文集中卻並未收錄任何一篇經義作品。即使方苞重視經義文體的教育功能，也認為這文體足以表現作者的「行身植志」，甚至肯定這文體有助於開闡經義，但是對於自己是否能憑時文以傳世，在他心中卻不無疑懼。我們可以從這裡，注意到方氏眼中的經義文，同時具有高尚與低俗兩種對反的形象。

綜觀其著作，方苞對於時文所持之態度顯現於兩端，有時他將經義文看待為一種具有教育功能、有益世道的重要文體，如他說：

> 制義之興，七百餘年，所以久而不廢者，蓋以諸經之精蘊，匯涵於四子之書，俾學者童而習之，日以義理浸灌其心，庶幾學識可以漸開，而心術羣歸於正也。❿

是肯定其教育功能，比之於程朱之學。此外，方苞亦認為經義文體足以具見作者之行身植志，各自名家，以為模範：

> 其間能自樹立，各名一家者，雖所得有淺有深，而其文具存；其人之行身

---

❽ 〔清〕梁章鉅著，陳居淵校點：《制義叢話》（上海：上海書店，2001 年），頁 109。
❾ 〔清〕方苞：《欽定四書文》，收於《景印文淵閣四庫全書》，第 1451 冊（臺北：臺灣商務印書館，1983 年），頁 88。
❿ 〔清〕方苞：〈進四書文選表〉，《方望溪全集》（臺北：河洛圖書出版社，1976 年），「集外文」，卷二，頁 286。

植志，亦可概見。使承學之士，能由是而正所趨。❶

又指出此文體有開闢經義之功，能激發文社同業相互鑽礪的進學精神：

> 自帖括之學興，而古人所以為學之遺教，墮壞盡矣。然當有明盛時，其能
> 者頗於經義有所開闢，而行身植志，亦不苟同於流俗之人。及其中葉，尤
> 尚文社，連州比郡，必擇眾所信服以為之宗，其旨趣各有所歸，而不可易。
> 與同業者，文學志行之顯於時，則榮之若身有焉；而瑕敗者，恥之若身與
> 焉。雖其所學與古異，而一其耳目心志以相鑽礪，而惜其所私得者，猶之
> 古也。❷

認為「文學志行」與「經義開闢」兩不相妨。以上皆可見出方氏對於經義文所持
之正面觀點。

然而，我們卻同樣發現，他也時常對這些文章抱持了另一種無奈、疑懼的負
面心態，如他屢稱經義文是「術之淺者」，譏刺此種非為入流文體，乃至「害教
化、敗人材」：

> 儒者之學，其施於世者，求以濟用，而文非所尚也，時文尤術之淺者。❸

> 余嘗謂害教化、敗人材者，無過於科舉，而制藝則又甚焉。……八股之作，
> 較論策詩賦為尤難，就其善者，其持之有故，其言之成理，故溺人尤深；
> 有好之老死而不倦者焉。❹

且受其兄方舟之教誨影響，反對時文刊刻：

---

❶　〈進四書文選表〉，《方望溪全集》，「集外文」，卷二，頁 287。
❷　〈溧陽會業初編序〉，《方望溪全集》，「集外文」，卷四，頁 309。
❸　〈儲禮執文稿序〉，《方望溪全集》，卷四，頁 47。
❹　〈何景桓遺文序〉，《方望溪全集》，「集外文」，卷四，頁 301。

> 同學二三君子，曾刊先兄課試文，自知集者行於世，先兄弗快也。乙亥丙
> 子，授經姑孰、登、萊間，學子課期，必請文為式，遂積至百餘篇，……
> 苞請觀，未之出也；曾出以示溧水武商平、高淳張彝歎，旋復收匿，蓋恐
> 苞與二三同學復刊布之。辛巳冬十月，先兄困疾，苞偶以事出入戶，見鑪
> 灰滿盈，退問侍側者，則錦篋中文也！❶❺

故於個人文集中既不收此類作品，更不輕易應允為別人寫作時文序。方苞面對時
文家「獵取古聖賢人之言」以發名於世，有所謂「欺德」的說法，他更以一種「為
祟」的憂懼心態，解釋時文家之罹憂：

> 自有知識所見，同學諸君子凡以時文發名於世者，不惟其身之抑塞，而骨
> 月天屬多伏憂患、遘慘傷，使其心怵焉，若無以自解。獨吾兄所遇近順，
> 而亦微有不快於心者。豈區區者能為祟邪？抑獵取古聖賢人之言，以取資
> 於世，而踐於身者不能實，是謂欺德，而為造物者所不祐邪？❶❻

從此處我們可以看出方苞對於「以時文發名於世者」的道德性疑懼。所謂「踐於
身者不能實，是謂欺德」的疑懼，可能還是因為搬弄古聖賢之言，以爭逐名利的
患得患失。

就長遠的文人傳統來看，他們雖然自詡書寫是「雕龍」、是「經國之大業，
不朽之盛事」；但就其所表述之理學思想內部而言，則既懷疑以修辭為載道之工
具，又不滿意藉利祿作傳經之策略。看來在經學實踐與文辭表述之間，道／器究
竟是否可能盡善盡美，對這些文儒而言始終心懷不安。❶❼

---

❶❺ 〈刻百川先生遺文書後〉，《方望溪全集》，「集外文」，卷四，頁312。

❶❻ 〈與劉大山書〉，《方望溪全集》，「集外文」，卷五，頁337。

❶❼ 鄺健行在〈桐城派前期作家對時文的觀點與態度〉（《科舉考試文體論稿》，臺北：臺灣書店，
1999年，頁223-267）一篇中，提及桐城派前期作家，包括戴名世、方苞、劉大櫆和姚鼐等人，
對於時文皆普遍持有這兩種微妙心態。

# 三、受隱蔽的經學史視域

再從經學發展來觀察，前面說過，唐宋之間由於古文運動興起，而有所謂疑經、改經的變革，進一步興起了程朱性理之學。理學之發展，自北宋中葉以降，直到清乾嘉時期古文學崛起前後，疑經改傳、高談性理，乃成為我國經學史上之變革期。例如皮錫瑞的《經學歷史》，以漢代經學為「昌明」、「極盛」，提及宋代則標其「變古」，元明為「積衰」，到了清代考據學興起，又視為經學「復盛」。

細究宋明這一段「變古積衰」的經學歷史，正好可以考見科舉制度由隋唐之「帖經」，改為北宋「以文解釋，不必全記注疏」❸的變革。宋明儒之詮解經義，往往藉由文學義理來疏通條理，「以意逆志」，「體貼孔顏樂處」。若此，治經學乃由拘謹的注解傳述，一變而為聖賢之代言：讀經必須把自己放在「作者」的高度，才能理解聖賢與經義。

當日文儒的治經態度，如歐陽修之辨《詩序》、議毛鄭，論《繫辭》、《文言》非孔子之言，疑《周禮》不是周公所作。他說：「余謂《繫辭》非聖人之作，初若可駭。余為此論，迄今二十五年矣，稍稍以余言謂然也。《六經》之傳、天地之久，其為二十五年者將無窮，而不可以數計也。余之言，久當見信於人矣，何必汲汲較是非於一世哉！」❹足見其掌握經義之自信，卻也鬆動了經典的可靠性。又「夫《六經》非一世之書，其將與天地無終極而存也。以無終極視數千歲於其間，頃刻爾，是則余之有待於後世者遠矣，非汲汲有求於今世也。」❺說《六經》非「一世之書」，有所待於後世，則將經學詮釋從既往傳注中解放出來。

至於朱熹《詩集傳》，也同樣不拘於《毛傳》、《鄭箋》及《孔疏》的既有注解，懷疑《詩序》，將《詩經》改以文學性之闡釋❻古文盟主、理學宗師既然如此解經，其影響所及可以推想。例如，錢鍾書《管錐篇》曾特別輯錄出宋明

---

❸ 〔宋〕呂中：《類編皇朝大事記講義》，卷 16。

❹ 〔宋〕歐陽修：〈繫辭說〉，《試筆》，《文忠集》，卷 130。

❺ 〔宋〕歐陽修：〈廖氏文集序〉，《居士集》，《文忠集》，卷 43。

❻ 可參張宏生：〈朱熹《詩集傳》的特色及其貢獻〉，《中國經學史論文選集》，下冊（臺北：文史哲出版社，1993 年），頁 246-257。

以來相關論《詩》意見：「《項氏家說》譏說詩者多非詞人，《朱子語類》卷八十亦曰：『讀《詩》，且只將做今人做底詩看』，明萬時華《詩經偶箋·序》曰：『今之君子，知《詩》之為經，而不知《詩》之為詩，一敝也』。賀貽孫《詩觸》、戴忠甫《讀風臆評》及陳氏之書（案：指陳舜百《讀風臆補》），均本此旨。諸家雖囿於學識，利鈍雜陳，而足破迂儒解經窠臼。阮葵生《茶餘客話》卷十一：『余謂三百篇不必作經讀，只以讀古詩樂府之法讀之，真足陶冶性靈，益人風趣不少』。蓋不知此正宋明以來舊主張也。」❷❷讀《詩經》既可視為今人作品來歌哭感慨，至於其他經書，又何嘗不能以此法去體貼作者之深意呢？

　　龔先生於《六經皆文》書中〈以詩論詩：文學詩經學導論〉一章，引領讀者追溯這條文學性解經的特殊途徑，用以詮釋清人詩話中屢屢論及《詩經》的現象，他舉了姚際恆的《詩經通論》為例，指出隱涵在此類詩（文）話與其他經籍評點之間的文學性詮釋觀點：

> 我們不能小覷這一傳統，也不能仍像老派經師那樣把它們放在經學或解經學之外，視為別派，或頂多只是「別子為宗」。須知清代的詩經注解其實就很受這一傳統的影響，……
>
> 這是一種以文學角度去討論經史子集各類書寫品的方向，由論《詩經》到論《莊子》論《左傳》論《史記》論《尚書》，逐漸彌漫。明人廣評諸書，施以圈批，既由此蔚為風氣，形成壯觀的景象。清朝此類詩話詩經學，便應放在這更大的脈絡中去看，而且可以比較「文學詩經學」與「文學尚書學」「文學莊子學」「文學史記學」……等的關聯與異同。❷❸

現代的學術分化，使得這些「跨領域」的線索材料往往被治經學者所輕忽，無法建立起具有系統的理解。至此我們才終於意識到乾嘉樸學的興盛，以訓詁考據學作為主流觀點的經學史家，何以會用「變古積衰」來抹滅宋明之間的經學成就。

　　關於經學史上這個被隱蔽的視域，除了龔先生此書外，近期也漸漸為經學界

---

❷❷　錢鍾書：《管錐篇》論《毛詩正義》第 15 條。

❷❸　龔鵬程：《六經皆文──經學史／文學史》（臺北：臺灣學生書局，2008 年），頁 324-328。

所注意，如臺灣中研院蔡長林在研究桂文燦《經學博采錄》時，發現乾嘉道咸時期漢學的擴散與傳播，與科舉考試有不可分割的密切關係。大陸學者羅檢秋討論清代漢學傳統時，認為「清代考據學之所以遠逾前代，與漢學話語的形成、盛行分不開」，充分認識到利用漢學價值觀武裝起來的考據學風潮的擴散所帶來的學術效應。❷④透過漢學在學術場域與政治場域的話語權爭奪，考據學不僅影響到幾代學人之間的治學方式及其學術評論的立場；同時也影響到科舉程式以及書院教學內容的轉變；甚至文人自我身分之認同（為文士、或經生？）也在考據風潮吹襲下，隨之動搖。蔡先生對於當代的經學研究有如下反省：

> 當考據學為文人社群所接受，並廣泛運用在書院教學及科舉考試之中時，這象徵著考據學的影響力，已不止是停留在方法學層次的學術探討而已，而是業已形成一種群體意識，成為被普遍接受的學術價值觀，最終形成一股壓倒性的排他勢力。而類如鍾山書院、紫陽書院、詁經書院、學海堂等，乃至太平天國動盪之後，在各地重建的書院，又為這一群體意識的延續與擴張，培養出了大批的支持者。這一色彩鮮明且頗具排他性的學術風潮，在取得學術話語權之後，曾是幾代學人論定學術、評價學風的主要依據，而這些學術論定與評價，同時也成為民國以來許多學術史論撰的基本視野或立場。所以考據學絕不止如梁啟超先生所言，只限定在方法學的運動這一層次而已，而是早已發展為學術價值觀，隨著各種渠道的擴散，匯聚成流，形成有力的思潮，不但對當時的學術論定產生排擠效應，也影響了學者學術史的書寫視野與價值立場。
>
> 換言之，我們理解的學術史其實是由取得話語權的勝利者所書寫，在自以

---

❷④ 請參見蔡長林：〈《從文士到經生——考據學風潮下的常州學派》導言〉，《中國文哲研究通訊》（臺北：中央研究院中國文哲研究所，第 20 卷第 1 期，2010 年 3 月），頁 70-71。又據艾爾曼的研究，他發現清朝實行科舉制度時，雖仍以試四書五經之宋學建立政權合法性，「然而文化上的層面卻益發反映出當時在清儒中十分普遍的漢宋學之爭，滿清視此二者皆不具政治破壞性。於是在太平天國（1850-64）以前，我們有證據相信，科舉制度本身正在進行緩慢但卻重要的內容及方向二者之內在改變，即使此制度依然是以政治及社會方式產生儒家士大夫的主要政治制度。」（艾爾曼 B. A. Elman 著，張琰譯：〈清代科舉與經學的關係〉，《清代經學國際研討會論文集》，臺北：中央研究院中國文哲研究所，1994 年，頁 101）

為掌握到學術真理（漢學）與學術方法（考據學）的映照下，許多在價值、方法乃至表現形式上與之牴觸的學術行為，並未進入其視野之內。……不用提眾多科舉文人的學術作為，往往在考據學者「非學問」的忽視中，沉埋於故紙堆裡，無法成為共譜學術歷史的重要內容。這樣的學術價值觀，這樣的學術史書寫模式，在觀照面上其實存在著很大的局限性。……

所以，就作為現代學者的觀察來看，個人認為考據學風潮對現當代學術史視野的最大制約，應是對傳統文人社群在學術意義上的遮蔽。即使到了二十一世紀，我們的學術史視野仍未能超越二十世紀初期前輩學者所設定的框架，因為我們仍然以考據學為基準點，來設定對清代學術的認識；而我們對清代經學的研究，也大抵是在上述的認識基礎上所進行的。

乾嘉迄今，經學研究的主流向來被認為是「正名實、通訓詁」的考據學，又受到五四以來的觀念所限，輕忽社會層面之教育影響及科舉制度，且視明清經義（八股）文體徒具形式，如此一來，對於明清的經學研究也只能聚焦於考據學議題上。2003年，林慶彰先生主編了一本《五十年來的經學研究》，條理出臺灣過去的經學研究成績，單論經學史方面的研究情形，據陳恆嵩的結語：「就經學發展時代來說，以往大部分集中在漢、宋兩代的情形，而被視為經學中衰的魏晉南北朝及積衰的明代，兩個階段的經學衰微，學者都視為缺乏研究價值，因而成果也極少。」❷⁵宋學猶可研究其疑經改經、分析天理人欲之建構，然元明與科舉相關的經說材料卻乏人問津，可知其隱蔽於我們既有的經學史視域。

## 四、科舉時文之「融經液史」

臺灣中研院文哲所林慶彰先生過去在解釋經學史時，嘗援引美國科學史家孔恩（T. Kuhn）的「典範（Paradigm）」理論來闡釋歷代經學家視域的轉變與回歸❷⁶。孔恩此一理論本來研究的也就是「常規科學」的定型與流動，進而探討「科學革

---

❷⁵ 林慶彰主編：《五十年來的經學研究》（臺北：臺灣學生書局，2003 年），頁 319。
❷⁶ 同上註，頁 318。

命」與「典範移轉」的機軸。

孔恩在他著名的《科學革命的結構》（*The Structure of Scientific Revolutions*）中，曾經提到自己如何發現與構思這個理論的有趣經驗。當時他正在就讀哈佛大學的物理學博士學位，偶然有個機會要請他講授十七世紀力學的起源，他因而就讀了一些亞里斯多德與中世紀的物理學。但是孔恩很快就發現十七世紀以前的物理學絕大部分都是「錯誤的」。他的結論是：十七世紀以前的物理學對力學起源毫無幫助，十七世紀的科學革命幾乎純粹是無中生有的創造。但是，他問自己，「在物理現象之外，亞里斯多德對自然、社會的觀察非常敏銳，這在他生物學、政治學的著作中表現得十分清楚；為什麼他的才智一碰到物體運動問題就發揮不出來了呢？他怎麼可能對物體的運動現象說了那麼多『明明』是荒謬的話呢？最後，為什麼他的觀點可以支配人心兩千年？」他因此由物理學問題轉向了科學史研究。

1947 年夏天，孔恩在反覆翻閱那本他認為幾乎是「全錯」的亞里斯多德物理學，突然他似乎開始能夠讀懂這本物理學了。許多過去認為是大錯特錯的陳述，突然間幾乎都消失了。他能夠了解亞里斯多德為什麼這樣寫，他甚至還能預測下幾頁將會說什麼。當孔恩學會從亞里斯多德典範來看物體運動現象之後，許多荒謬、全錯的語句立刻變成合理的了。

這次戲劇性的啟蒙經驗，使得孔恩發現：即使在最嚴密、客觀的物理學中，仍然可以有彼此衝突的物理世界。他因此堅持在不同典範之間有所謂「不可共量性（incommensurability）」，反對科學實在論。他提出研究這些史料的策略是：「在科學史上的原典中，尋出一個使這部原典像是出自一個理智清明的人的手筆的讀法。」❷❼

孔恩解釋典範轉移，認為這絕非一個累積性的過程，不是把舊典範修改引伸即可完成的過程，而是一個在新基礎上重新創建研究領域的過程。這項重建改變了該科學中幾個最根本的理論通則，也改變了許多典範方法及應用，而最後的推論將因此有「倒轉乾坤」的轉變。換句話說，雖然與以前一樣處理相同資料，但因套上一個新的架構，資料間有了全新的關係。❷❽

---

❷❼　孔恩：《科學革命的結構》（臺北：遠流出版公司，1994 年），頁 12-14。

❷❽　同上註，頁 137。

孔恩的典範理論對於我們解釋經學史上所謂「漢宋之爭」，應該也會有所啟發。過去我們在漢學的典範籠罩下，只會覺得明代經學空疏，卻未曾從當時人的視野來想想孔恩提出的問題。

研治明代經學時，有一條線索應該是顯而易見的，張廷玉等在編訂《明史》時總結前代經術曰：「有明諸儒，衍伊洛之緒言，探性命之奧旨，錙銖或爽，遂啟歧趨，襲謬承訛，指歸彌遠。至專門經訓授受源流，則二百七十餘年間，未聞以此名家者。經學非漢唐之精專，性理襲宋元之糟粕，論者謂科舉盛而儒術微，殆其然乎！」❷即已直接指出明代經學與科舉之間的重要關聯。而龔先生《六經皆文——經學史／文學史》此書、與蔡長林《從文士到經生——考據學風潮下的常州學派》也都分別從文人經說、經學內部強調：明清經學與科舉制度、官學教育間有密不可分的關係。❸

---

❷　《明史》，卷282，列傳第170，《儒林》一。

❸　如龔書說：「古文運動以後，文人作文，以昌明聖道為職志，文章本來就要宗經徵聖；科舉考試，又要考經義、試文章，兩者是宋元明整個社會上士子主要勢力及精力所萃，而恰好集經義與文學為一體，只不過，在發揮經義與道理時，又深受宋代理學之影響。在這種情形下，大趨勢、大環境流行著的就是帶有理學氣味的文人經說。細分，則說經者有文學性的解經人，也有教人以科舉作經義文的人。這些人及著作，既是文學，也是經學的。／因此，我們說晚明經學漸盛並不意味著前此經學就不盛了，而是晚明有發展著上述脈絡的（如馮夢龍就是），也有反對的（如錢牧齋）。入清以後，同樣是如此。直到乾嘉，擴大發展了反對的那一路，既反宋學，又反科舉經說，也反對文學式解經（如鍾惺之評點），於是辭章義理與考證正式分途。雖然如此，但我們只要脫離乾嘉樸學的觀點，就可以發現科舉說經之風仍如明代之舊；帶有理學氣味的文人經說，以及帶有時文氣味、文以載道的古文也仍舊在桐城派等身上可以看到。／這個新的文學史脈絡，才能真正解釋宋元明清諸朝經學、道學、文學之間的關係。它們的關係，基本上又是文學的。道學奠定地位，維持聲勢，靠的是科舉試經義與四書文；經學被鑽研，如梅之煥說其鄉之所以成為麟經淵藪，也是靠科舉試經義；而經義與四書即是文章。要把這種文章作好，經學與道學便須講求，既須探其義，亦須玩其辭。後來清初經世文風或再晚一點的桐城派「義法」說，皆自此流衍而下。」（《六經皆文——經學史／文學史》，頁153）蔡書說：「在漢學考據之外，出於科舉之途的博雅文人傳統，也是理解清代文化與學術內涵的重要側面，亟待眾人之發掘。／與考據門徑大不相同的是，此類文士之所以博綜涉獵經史百家，泰半出於應付科舉考試之需求，而不見得是出於對學問純粹的興趣；他們當然重視經典，不過其經學或學術見解強調的是運用性，故多發於詞章策論之中，而非汲汲探求經注詁經之正解。對他們來說，運用經典的『論』經，比學術研究的『解』經要實際得多了。」（《從文士到經生——考據學風潮下的常州學派》，臺北：中央研究院中國文哲研究所，2010年，頁13-14）

　　我們有沒有可能從明代科舉文章中，找尋到可供經學研究的材料，或建立起某些經學議題的架構呢？答案是肯定的。

　　首先我們要問：明清經義（八股）文與經學有什麼關係？其作為一門學術之「典範」有何特色？將這門學問視為重要文類，輯寫了《藝概·經義概》的劉熙載說：

> 存心修行，當以講書為第一事。講書須使切己體認，及證以目前常見之事，方覺有味。且宜多設問以觀其意，然後出數言開導之。惟不專為作文起見，故能有益於文。[31]

> 「天地之常經，古今之通義」，不可雜以百家之學，然又需博通群書。[32]

> 厚根柢、定趨向，以窮經為主。秦漢文取其當理者，唐宋文取其切用者，制義宜多讀先正，余慎取之。[33]

> 元倪士毅撰《作義要訣》，以明當時經義之體例，第一要識得道理透徹，第二要識得經文本旨分曉，第三要識得古今治亂安危之大體。余謂第一、第三俱要包于第二之中。聖人瞻言百里，識經旨則一切攝入矣。[34]

開宗明義便提出「為文」，當重視「切己體認」之「講書」修養之功，這種講書

---

[31]　〔清〕劉熙載：《藝概》，頁 175。於此應注意：明清經義教育除了形式上習文外，當日亦寓有學識、品德陶養之深沉理念，如劉毓生言及他在晚清時其所受的傳統教育：「當時中國社會，讀書風氣各列，非如今之學校，無論貧富雅俗，小學課本，教法一致也。曰『書香世家』，曰『崛起』，曰『俗學』，童蒙教法不同，成人所學亦異。所同者，欲取科名，習八股試帖，同一程式耳。『世家』所教，兒童入學，識字由《說文》入手，長而讀書為文，不拘泥於八股試帖，所習者多經史百家之學，童而習之，長而博通，所謂不在高頭講章中求生活。『崛起』則學無淵源，『俗學』則鑽研時藝。春秋所以重世家，六朝所以重門第，唐宋以來，重家學、家訓，不僅教其讀書，實教其為人，此灑掃應對進退之外，而教以六藝之遺意也。」（〈清代之科舉〉，《世載堂雜憶》，臺北：長歌出版社，1976 年，頁 17）

[32]　《藝概》，頁 175。

[33]　《藝概》，頁 175。

[34]　《藝概》，頁 174。

方式至少有兩個特徵值得注意：一是重視「體認」與「證以目前常見之事」，以「切己」之經驗確認詮釋之有效與合理性；一是重視「窮經」以厚根柢，經學之體與用，全奠基於「經文本旨」上，「博通群書」則取其「當理」與「切用」。我們可以從這邊追溯其解經方式與理學之內在關聯。

這種作文之道，不只錘煉修辭，也注重經義內容之講求，乃至作者個人才性之展露。編訂過《欽定四書文》的方苞說：

> 文之清真者，惟其理之是而已，即翱所謂「創意」也；文之古雅者，惟其辭之是而已，即翱所謂「造言」也。而依於理以達乎其詞也，則存乎氣；氣也者，各稱其資材，而視所學之淺深以為充歉者也。欲理之明，必溯源六經，而切究乎宋、元諸儒之說；欲辭之富，必貼合題義，而取材於三代、兩漢之書；欲氣之昌，必以義理洒濯其心，而沈潛反覆於周秦盛漢唐宋大家之古文，兼是三者，然後能清真古雅而言皆有物。❸❺

方氏認為一篇佳作要有「理、詞、氣」的融合陶鑄，文章才能「清真古雅而言皆有物」。於詞藻之「取材於三代、兩漢之書」，姑不論。他所謂「切究乎宋、元諸儒之說」，原來理學本就強調氣質修養的；又提到「沈潛反覆於周秦盛漢唐宋大家之古文」，這些文章更具有一種表現力強且個性分明的風格❸❻，而可以溯及唐宋古文運動的遠源❸❼。

---

❸❺ 〔清〕方苞：〈進四書文選表〉，「凡例」，《方望溪全集》，「集外文」，卷二，頁 288。

❸❻ 方苞論文標榜「以韓歐之氣達程朱之理」，此類唐宋古文實與周秦盛漢古文有別，鄭毓瑜認為唐宋古文運動「不在於推出公認的典型，而是鼓吹一種個人化的書寫方式，與一種個人版本的聖人之道。」（〈文學典律與文化論述──中古文論中的兩種「原道觀」〉，《漢學研究》，第 18 卷第 2 期，2000 年 12 月，頁 285-286）

❸❼ 經義文家之主張文道合一，如劉熙載舉證：「昌黎曰：『學所以為道，文所以為理耳。』又曰：『愈之所志於古者，不惟其辭之好，好其道焉耳。』東坡稱公『文起八代之衰，道濟天下之溺』。文與道，豈判然兩事乎哉！」（《藝概》，頁 25-26）俞長城亦云「言道學者絀風流，言風流者絀道學，皆惑也。陳白沙先生倡學東南，為世儒宗，吾疑其文必方正嚴肅、確不可犯。今誦其集，瀟灑有度，顧盼生姿，腐風為之一洗。吾固知人造其絕者，未嘗不有所兼也。」（梁章鉅：《制義叢話》，頁 60）

前揭劉熙載的看法中，作文講書皆標榜「切己體認」，就理學的脈絡來說，就是「體貼孔顏樂處」；在經義文中，則具體化為「代聖立言」之規約。管世銘即認為如此解經更高於既往之傳註法：

> 前人以傳註解經，終是離而二之。惟制義代言，直與聖賢為一，不得不逼入深細。且《章句》、《集傳》本以講學，其時今文之體未興，大註極有至理明言，而不可以「入語氣」，最宜分別觀之。設朱子之前已有時文，其精審更當不止於是也。㊳

所以經義文之論述經旨，並不將其視為完全客觀的知識或學術，而是一種欲比肩於聖賢的身心體證詮釋。此所以歸有光才會說：「聖人之道，其迹載於六經，其本具於吾心。本以主之，迹以徵之，燦然炳然，無庸言矣。心之蒙弗亟開，而假於格致之功，是故學以徵諸迹也。迹之著，莫六經若也。六經之旨，何其簡而易也！不能平心以求之，而別求講說，別求功效，無怪乎言語之支，而蹊徑之旁出也。生其敏勵以翼志，靜默以養實，檢約以遠恥，凝神定氣於千載之上，六經之道，必有見乎其心矣。」㊴如此解經，即是一種浸透了存在體驗的詮釋，換言之，其「本」為吾心所攝，六經則下降為「迹」，視經典為驗證之工具，如此自然與漢魏以來治經之心態相去甚遠。

再者，為了平抑前述詮釋時過分標榜個人才性，經義文家皆強調為學「根柢」，尤在於「經文本旨」之認取，注重「博通群書」。事實上，明代經義文所涉及的經典體系非常龐雜而艱深。例如，蘇翔鳳於《甲癸集》自序曾論及其選編啟禎經義文之不易：

> ……然而服是劑者，亦難矣。蓋名理精於江右，經術富於三吳，而談經濟、論性情皆擅其長，大力之沈摯，千子之謹嚴，文止之修潔，正希之樸老，大士之明快，彝仲之精實，臥子之爽亮，陶菴之愷切，伯祥之古奧，維節

---

㊳　〔清〕梁章鉅：《制義叢話》，頁 19。
㊴　〔明〕歸有光：〈示徐生書〉，《歸震川集》（臺北：世界書局，1963 年），頁 80-81。

之孤峭，長明之幽秀，二張之典麗精碩，歐黎之淡遠清微，登顛造極者指
不勝屈。而其所言者，大之化育陰陽、興亡治亂、綱常名教、性命精微，
小之及鳥獸草木之情、飲食居處之節，凡三才所有，無不晰其神明，得其
情狀。故不通六經本末者，不能讀也；不熟諸史得失者，不能讀也；不深
於周、程、張、朱之語錄以得聖賢立言大義者，不能讀也；不審於春秋戰
國之時勢以得聖賢補救深心者，不能讀也；不徧觀於諸子百家以悉其縱橫
變幻者，不能讀也；不推於人情物態以辨其強弱剛柔、悲喜離合之故者，
不能讀也。不然，仍以字句求之，以為不合於今日有司之程而驚異焉，譬
之狗彘遇飲食之腐敗者而甘之，設有膏粱則不知其味矣。吾願學者無以狗
彘故習，而污先哲名文也。❹

於此可見明清經義文所運用的經籍典故、展現的行文風格已極其豐富，這些作品
尚有待經／文學界做各方面更深刻的探究。再如方苞受命編訂《欽定四書文》時，
曾將明代經義作品區別四期如下：

明人制義，體凡屢變。自洪永至化治，百餘年中，皆恪遵傳註，體會語氣，
謹守繩墨，尺寸不踰。至正嘉作者，始能以古文為時文，融液經史，使題
之義蘊隱顯曲暢，為明文之極盛。隆萬間兼講機法，務為靈變，雖巧密有
加，而氣體荼然矣。至啟禎諸家，則窮思畢精，務為奇特，包絡載籍，刻
雕物情，凡胸中所欲言者，皆借題以發之。就其善者，可興可觀，光氣自
不可泯。凡此數種，各有所長、亦各有其蔽。❹

也直截道出明末時經義文之「窮思畢精，務為奇特，包絡載籍，刻雕物情」。根
據方苞的看法，這種「包絡載籍」以闡釋章句的作法，可以推溯及正嘉時期之「融

---

❹　引見梁章鉅：《制義叢話》，頁35-39。

❹　〈進四書文選表·凡例〉，《方望溪全集》，「集外文」卷二（臺北：河洛圖書出版社，1976
　　年3月），頁286。

液經史,使題之義蘊隱顯曲暢」❷。

明代經義文這些解經材料及解經方式,正可與我們目前以考據學為視域的經學成果互相參照。陳恆嵩指出,過去經學史研究者認為明代經學「至為衰微」、「五經掃地,至此而極」,直到林慶彰先生發表了〈晚明經學的復興運動〉,大家才知道乾嘉考據學的興盛、漢學之「復興」,應該推溯至明代中葉❸。但我們若從明清經義文體史來觀察,是同樣可以考見明代中葉經典詮釋之開展,而且此一路數還可能旁及更多經學材料、與不同層次的學術面相。

# 五、「意向性」與身分認同

離題似乎遠了,稍作收束。回到龔先生《六經皆文——經學史/文學史》,於此可以稍作評述,略分三方面說明。

## ㈠經學的文學化

就這本書的內容及寫法而言,龔先生其實做了兩個層次的論述:其一是文人也可以說經,原來被視為雜著的篇章中具有經學價值,過去被視為經籍的章句裡

---

❷　這裡還涉及「以經證經」到「融經液史」,乃至旁及各式典籍所引發之「背經」討論。即以《欽定四書文》的保守拘謹,尚可見到引用如:《左傳》、《國語》、《戰國策》、《周官》、先秦《韓非子》、《管子》、《荀子》、《史記》、董仲舒、賈誼、晁錯、杜詩、唐宋八大家(尤其是蘇、曾、歐陽)、宋五子書、及元人春秋說等。這些典籍材料的廣泛運用,也代表了程、朱之說的動搖,因此經義文家如方苞或說:「與註意不相背而相足也」(《欽定四書文》,《文淵閣四庫全書》,頁 1451-196),或說「……聚經史之精英,窮事物之情變,而一於四書發之,義皆心得,言必己出,乃八股中不可不開之洞壑也。……夫程子《易傳》切中經義者無幾,張子《正蒙》與程、朱之說即多不合,但以持之有故,言之成理,故並垂于世。金、陳之時文,豈有異于是乎?」(同前,頁 1451-386-387)如梁章鉅說:「昔人論作史者須兼才、學、識三長,余謂制義代聖賢立言,亦須才、學、識兼到。自元代定制,科舉文以四子書命題,以朱子《章句》、《集註》為宗,相沿至今,遂以背朱者為不合式。然聖賢之義蘊日繹之而不窮,文人之心思亦日潛之而不竭,其有與《章句》、《集注》兩歧而轉與古注相符、於古書有證者,未嘗不可相輔而行。」(《制義叢話》,頁 8-9)一方面故可窺見明人於經學詮釋之開放心態,另一方面則是其義理系統正處於劇烈的消化與重整。

❸　詳《五十年來的經學研究》,頁 278。

也其實具有文學內容，將既有的學術分類模糊化。其二則是試圖將經學收編於文學的框架下，經籍如何在文學「意向性」下被觀照、消融及運用。

就前者而言，如具體陳述韓、柳等文人說經之特點：重義理、尊六經、言聖道、闢異端、辨疑偽、說性命與申禮學等（〈唐朝中葉的文人經說〉）。又特別指出：

> 借歸氏去看晚明的一種風氣或傾向，……講說著一種宗本六經的古文時文創作法，乃是有志改革流俗時文制義者非常普遍的方向。（〈六經皆文：晚明對《春秋》三傳、《禮記》等書的文章典範化〉）❹

說明從韓愈一路到歸有光，在當時不僅據以有「宗本六經」的傾向，也有具體的經學內容。又如：

> 在談清朝經學史時，我們只會注意那些專業經學家，如惠棟、戴震、段玉裁、王念孫、孫詒讓一類人，而對文人之喜談經學者不甚關注。……我們說某人為辭章之士，或某人為經學家，在清朝均僅能大體言之，很多人是很難只歸入某一類的。而文人之治經術者則尤多，縱或其經學為文名所掩，我們也不應只從辭章之士的角度去看他。（〈乾隆年間的文人經說〉）❺

> 我在〈博學於文：清朝中葉的揚州學派〉一文中，曾推溯此一風氣上及於明代，說明朝嘉靖以後，蘇州就有一種主張博雅的學風，提倡經學，並希望將文人與學人合而為一。……換言之，文人與經學合一，自明中葉已漸成一學風，在清朝續有發展。（〈乾隆年間的文人經說〉）❻

乃有意抹去文人或經學之刻板疆界。又如：

---

❹　《六經皆文──經學史／文學史》，頁175。
❺　同前註，頁331-332。
❻　同前註，頁363。

（文學性的詩經學）這種解經法，宋明以來已蔚為一大傳統。……我們不能小覷這一傳統，也不能仍像老派經師那樣把它們放在經學或解經學之外，視為別派，或頂多只是「別子為宗」。須知清代的詩經注解其實就很受這一傳統的影響，而不再只能從毛傳鄭箋朱傳的訓詁解經傳統來看了。（〈以詩論詩：文學詩經學導論〉）**❹**

尋常經生考釋經傳，多就經典索證。因經生平日不甚讀雜書，故亦罕所取資，文人詁經則不然。平昔多雜覽，是以考證經文，往往由雜書短說處觸悟。……從經學的角度看，文人治經確乎不可忽略。他們一方面運用與專業經學家類似或相同的方法，發展足相參佐證驗之主張，一方面又有與專業經生不同的視野。（〈乾隆年間的文人經說〉）**❹**

旨在強調文人治經不僅超越既有的經學範疇，有廣大的影響力；且相對專業經生而言，這些文士解經上往往別具手眼，確乎不可輕忽。

就後者而言，全書首篇〈經學如何變成文學？〉即已說明宗旨；又如〈細部批評導論〉論及宋以後與詩文評點相關的「細部批評」現象，追溯其源出於漢人治《春秋》之「條例」，又如：

文學經解大盛於明清，也可以從這一脈絡中見之。不只《春秋》，其他經典，乃至老莊墨列荀韓諸子、史漢諸書，都出現大批由文學角度去評點論議之作。（〈馮夢龍的春秋學〉）**❹**

呂東萊曾編《文章關鑑》、林希逸曾作《莊子口義》，把他們的行為，跟「文學詩經學」的興起合起來看，我們就可以說：這是一種以文學角度去討論經史子集各類書寫品的方向，……明人廣評諸書，施以圈批，既由此

---

**❹** 同前註，頁 323

**❹** 同前註，頁 337-8。

**❹** 同前註，頁 153。

蔚為風氣，形成壯觀的景象。清朝此類詩話詩經學，便應放在這更大的脈絡中去看。（〈以詩論詩：文學詩經學導論〉）(50)

皆指陳治經方法有朝文學領域發皇的現象，揭出經學朝文學化發展的大趨勢。或者說治經學在當代並非主流，主流在史學，但修史尤重文采，藉以彰顯文學之優位性。例如：

現在我們看清代學術，焦點大抵都放在乾嘉樸學上。以這一點為基準，看清代學術，自然會以經學考證為中心。史學，就被視為經學發展以後繼起的波浪。……論者忽略了：清代史學不是在乾嘉以後才發展起來的。乾隆年間治經者也許像錢大昕所說，頗有尊經抑史之見，但從整個大的時代社會看，治經或許才是新風氣，在乾隆以前，大約二百年間，史學事實上恐怕更居主流。……這一路，重點與乾嘉以後著重於史料纂輯和史考者不同，重在作史。作史須有文采，但又不僅止於有文采。故自王世貞以來，就批評《晉書》《南北史》《舊唐書》稗官小說也。可是既要修史，本身又不能不是文學家。王世貞、沈德符、張岱、吳梅村、錢牧齋、黃宗羲這些人就是榜樣。這些文學家的史學理論，當然會與乾嘉以後那些講史料考據者不同。（〈乾隆年間的文人史論〉）(51)

或者拆解乾嘉考據學者既有的形象，賦與其世俗性面貌，以見其整體人格與內在精神狀態仍是文學性的。例如：

在乾嘉考據似乎披靡一世之際，經學考據其實只是一部分士大夫的專門技藝，殊不足以見其整體人格與精神狀態。當時的整個士大夫階層，實與老百姓共享著一套世俗倫理。這一套倫理內涵，是以儒家為基底的三教混合型態，可是表現方式卻常是文學的。文人志怪以言果報，即其中最主要的

(50) 同前註，頁 327。

(51) 同前註，頁 392-4。

一支。（〈乾嘉年間的鬼狐怪談〉）❺❷

凡此，可發現龔先生卓然見識，實建構於明確的書寫策略上。

## ㈡意向性與體系建構

　　龔先生此書於首章便大談胡塞爾（Edmund Gustav Albrecht Husserl，1859-1938）的現象學（Phenomenology），尤其是藉其「意向性（Intentionality）」概念，說明「經典本身是什麼」的問題可以置而不論，真正涉及「意義的給予」的，是我們「如何認知經典」❺❸。龔先生特別指出，宋明以後文士所以詮釋經典的意向，主要乃是投射以文學性的眼光。他認為：

> 人認識物之所謂「意向性」活動，指的並不是我已有了一個主張、觀點、意見，便掌來套在物上。其所云之意義的給予，是就人與物相接時，人對此物形成的一種思維而說。亦即人與物產生關係時，我們內在思維有一種指向意義的意向性。由於這，我們才能認知到我們所認知之物。而把「物」認知成「這樣的物」的這個活動本身，同時也就是我們意義構成的過程。……這一方面可以說明：為何對經典文學性的闡明，一直採用批識圈點，帶著讀者一字一句去推敲去閱讀的方法，而少有直接講經典到底有什麼文學意義的。另一方面也可以說明這種解讀為何不是單向主觀的投射。因為唯有在與物相接時，意義才能在意識中構成，故它是雙向的；若無經典以及對經典之不斷解讀，便無法產生意義。❺❹

強調「文學性」的投射現象，不是某人以主觀掩蓋了客觀存在物，而根本是我們

---

❺❷　同前註，頁426。

❺❸　明清經義文其實已見相似的看法，著眼於經典如何被使用與詮釋，他們稱為「用經語」：「三百篇語，漢魏人用之即是漢魏人氣息；漢魏樂府古詩，六朝人用之即是六朝人音節。觀守溪、震川之用經語，各肖其文之自己出者，可悟文章有神。」（方苞，評歸有光〈大學之道一節〉，《欽定四書文》，《文淵閣四庫全書》，頁1451-75）朱子早有六經是禾，四書是熟飯的說法。

❺❹　《六經皆文——經學史／文學史》，頁16-17。

所以得到認知的一種內在的價值傾向❺❺。

經由這種投射與被理解的經學史／文學史現象來觀察，我們或許可以說：傳統文化及文人社群的價值意向即是文學性的。事實上，以如此角度來闡發傳統學術，過去早已體系化地貫串在龔先生許多重要著作中，這是出自他非常獨到的見解。

即以胡塞爾現象學來析論意識內容（Noema）和意識作用（Noesis），說明有了意識作用的指向性，才能構成意識內容，以達成主客合一。如此看法早在他於 1985 年創辦《國文天地》創刊號時，即已開始介紹現象學方法；1986 年出版的《詩史本色與妙悟》一書也載及❺❻。又例如去年（2009）出版的《中國文學史》，再次提到同樣的看法：

> 文學的主角，其實並不如一般人所以為的，是作家和作品，而是觀念。……作家與作品是第二序的。它出現於文學觀之下，亦由文學觀所塑造。因此，我們不要天真地以為作家與作品都是現成在那兒的客觀存在著的。❺❼

> 我認為：文學史是以文學為對象的歷史研究，因此，它所要建立的知識，就是一種關於文學的歷史知識。但同時，文學史又是充滿了歷史意識和觀念的文學研究。故對文學史，我們需放棄實證主義之迷信，了解文學的理解並無絕對性。❺❽

觀念一詞較之「意向性」通俗許多，不過，據此可知龔先生這二十多年來，皆視中國文學史的核心問題，應聚焦於研究其觀念史轉變之機軸。

---

❺❺ 可以參考 Terry Eagleton 的看法：「對於胡賽爾，意義是個『意向客體』。他的意思是，意義既不可還原成說者或聽者的心理行為，也非完全獨立於這種心理過程之外。意義不像扶手椅是客觀的，但也不完全是主觀的。」（Terry Eagleton 著、吳新發譯：《文學理論導讀 LITERARY THEORY: An Introduction》，臺北：書林出版公司，1993 年，頁 89。）

❺❻ 龔鵬程：《詩史本色與妙悟》（臺北：臺灣學生書局，1986 年），頁 255。

❺❼ 龔鵬程：《中國文學史》（上）（臺北：里仁書局，2009 年），〈自序〉。

❺❽ 同前註，頁 19。

就這樣的問題意識出發，龔先生乃建立起一個重要的詮釋框架，即我國「文字、文學、文化」一體的系統性結構。文字方面，他主要著力於《文化符號學》（1992）中，此書第一卷從漢代確立文字書寫系統談起，解釋「文人」的出現，進而論說我國藝術如何文字化與文學化；第二卷仍以文字為中心，闡述哲學、宗教及史學方面如何走向文學化；第三卷則藉唐代文學崇拜現象及五四運動之解構傳統，探索我國這個文字化的社會。此外，還有《文化符號學導論》（2005）進一步由言、象、數、字等層面析論符號的不同表意層面，由此闡釋比興、境界、意義及結構等，建構起他「文化符號學」的宏大論述。

文學方面，龔先生更有許多重要的論著，如《文學散步》（1985）、《詩史本色與妙悟》（1986）、《文學與美學》（1986）、《文學批評的視野》（1990）、《中國文學史》（2009），討論主體情感與作品之歷史傳統、修辭體式、風格規範如何相互影響等等問題。

文化方面，當然與上述文字、文學層面無法分割，其最重要的著作如《江西詩社宗派研究》（1983）、《思想與文化》（1986）、《文化、文學與美學》（1988）、《唐代思潮》（2001）、《晚明思潮》（2001）、《中國文人階層史論》（2002）等，關心議題包括文學化的社會及文人階層，龔先生力主一種具有歷史文化意識的文學研究，和一種聯貫文學與美學的文化史學。

關於這個「文字、文學、文化」一體的詮釋結構，龔先生在《中國文學史》書中曾有清楚的說明：

（關於文學本身的歷史，）我較接近穆卡諾夫斯基所說，要探索文學內在結構發展之演變。〈說文解字：中國文學藝術發展的結構〉一文，即屬這類工作。該文參考了黑格爾對藝術史的看法。……中國藝術發展的結構，正是朝文學類化。音樂、舞蹈、戲劇、繪畫，逐漸都朝文學化的路在走，文字書寫的觀念也彌漫在諸藝術種類中。……

文學之「文」，在中國是極複雜的觀念。因為我們至遲在春秋時代，即開始以「文」概括綜攝一切人文藝術活動。成文之美，可以涵括一切藝術創造。充極盡至，則中國人談自然美，也必以文概括一切自然美的表現。雲霞草木之美，擬為雕刻與繪畫；林籟泉石之聲，喻如音樂，而總結則為「文」

「章」。一切自然美，即是自然所顯現的文。這種文，跟人所創作的文學作品，基本上被視為同一的。既然天地有文，所有人文藝術活動也有文，文即成為一切美的原理，甚或一切存在的原理。可是「道沿聖以垂文」，它又表現為文章文化。於是，所謂文化，基本上就是道沿聖以垂文的文學性文化。我們整個社會「自成童就傅以及考終命，解巾筮仕，以及鈞衡師保，造次必於文，視聽必於文」（唐·楊嗣復·權德輿文集序），文學不只是文人的專利包辦，而是彌漫貫串於一切社會之中的存在與活動。文化，其實就是文學，就是文。中國人的生活方式、人生態度，也都體現為一文學藝術的性質。唯其如此，整個文化展布的歷史才能說是文。

這種「文字、文學、文化」一體性結構，是中國文化史文學史之特色。我由此展開之諸多申論，另詳《文化符號學》（1992 年，臺灣學生書局，2001 年增訂）一書。⑲

從上述說法可以理解，龔先生經由這三個層面所投射出的不同視域，是想要考見「彌漫貫串於一切社會之中的存在與活動」。

在《六經皆文——經學史／文學史》書中，我們仍可看到龔先生有玩味字句的「細部批評導論」，有以文學觀點出發的「文學詩經學導論」，文化方面，也有關注於乾隆年間文人階層的各方面論述，以考見其當代之整體人格及精神狀態。三種不同層次所衍伸而出的討論，實有助於讀者對於經學史／文學史的變遷趨勢，能夠得到更具系統性的理解。

### (三)即文士即經生

過去學術界在闡述清代經學現象時，往往會使用所謂「漢宋之爭」的框架，例如陳恆嵩在整理臺灣過去五十年來經學史相關研究成果時，還特別需把「漢宋學問題」獨立出一節來討論，認為是我國「學術思想史上極為重要的課題」⑳。龔先生當然也必須面對這些現象與課題，但他卻持一種不同的觀點：

---

⑲　《中國文學史》（上）（臺北：里仁書局，2009 年），頁 21。
⑳　詳林慶彰編：《五十年來的經學研究》（臺北：臺灣學生書局，2003 年），頁 298。

過去我們講清朝學術史，是以「漢宋之爭」的架構去看那個時代，殊不知宋學在乾隆間並無大師，也無法對講經學或漢學者提出什麼反擊，對經學考證之道，更不嫻熟，無法參與到他們的話語系統裡去。文人則不然。無論姚鼐、紀昀或袁枚哪一類人，都是能入室操戈的。看出漢學家的毛病、平衡其尊漢黜宋之偏，其實還得靠這些文人。後來在道咸同光間，反省漢學之弊的一些見解，其實也早見於這些文人議論中。

這些文人本身又多有經學著述或意見。此類篇什，實係整體乾隆年間經學成績之一部分。論乾隆年間經學發展者，也不應忽視這一部分。事實上，這一部分之質量也不比專業經學家遜色。

若再由趨勢上說，則我要說：清朝的經學，其實正是文人經說的發展，專業經生只是在整體發展趨勢中出現的一個小支脈，乾嘉吳皖二派之後，這一部分就仍然回歸於文人治經之傳統。❻❶

說明過去聚焦於「漢宋之爭」的框架未必合理，而欲收編乾嘉吳皖考據學派於文人經說之脈絡下，回到文人治經大傳統。龔先生尤不欲以「文士」或「經學」二分之刻板概念，藉此或標榜或排除部分文獻，以免支離。他於書中反省現代治學分化的現象，往往強化了我們將史料強加分類的誤解：

> 民國以後學科分化已成趨勢，博雅通人漸少而專家狹士寖夥。文學與經學之分尤其嚴重，喜歡辭章的人，輒以考據為苦；研經之士，亦往往質木無文。而且大家對自己不懂或不擅長的東西毫無敬意，彼此不了解對方也看不起對方，漸漸地竟成一常態。目前我們的學界，其實就是如此的，海峽兩岸皆然。……我們說某人為辭章之士，或某人為經學家，在清朝均僅能大體言之，很多人是很難只歸入某一類的。而文人之治經術者則尤多，縱或其經學為文名所掩，我們也不應只從辭章之士的角度去看他。❻❷

---

❻❶ 〈乾隆年間的文人經說〉，《六經皆文——經學史／文學史》，頁363。
❻❷ 〈乾隆年間的文人經說〉，《六經皆文——經學史／文學史》，頁331-332。

前面說過，龔先生早已建構出「文字、文學、文化」一體的詮釋理路，文學化又成為各門學術之主體趨向，他乃特別注目於此期「文人與經學合一」的文儒。又如：

> 我在〈博學於文：清朝中葉的揚州學派〉一文中，曾推溯此一風氣上及於明代，說明朝嘉靖以後，蘇州就有一種主張博雅的學風，提倡經學，並希望將文人與學人合而為一。……換言之，文人與經學合一，自明中葉已漸成一學風，在清朝續有發展。……過去，余英時討論清代經學考證學風之興起，有一個著名的論斷，認為清代經學考證學風不能簡單地由「反宋學」這個角度去理解，因為它可能是由宋明理學發展而來的。一方面，宋明理學內部本來就在「尊德性」之外，亦有「道問學」之傳統。另一方面，宋明理學家之爭論越來越需要取證於經典。……這種講法誠然精采，但畢竟顯得迂曲。我覺得清朝經學考證學風不必老是放在「漢宋」這個框架裡去鑽研，因為脈絡另有所在。在哪兒呢？就在文人說經這個傳統裡。……由這個大環境大脈絡看，乾嘉期間講經學考證，且或分學問為三途，以考證自居，如戴震者；或以經學自高而卑視文人，如惠棟者，其實只是新興的一個小支脈。到稍晚，章學誠、揚州、常州諸人繼起，就仍走回既講經義考證也講辭章的路子去了。對於明清學術史，我建議用這個新的理解模式來看待。❻❸

在面對乾嘉考據學為經學主流的強勢語境下，余英時先生論述理學本就具備「尊德性」與「道問學」兩種面相，欲藉此消納收編，以豐富宋儒之治經學❻❹；龔先生所採取的則另一種路數，是以文學來收編經學；如此才說文人也能通曉考據，當代無論主漢學或宋學，皆可視為文儒說經之支裔。

　　從這樣詮釋經學／文學的策略看，龔先生竟將原本以時代先後來論述的斷裂

---

❻❸　〈乾隆年間的文人經說〉，《六經皆文──經學史／文學史》，頁 363-365。

❻❹　余先生說詳其〈清代學術思想史重要觀念通釋〉，《中國思想傳統的現代詮釋》（臺北：聯經出版事業公司，1987 年），頁 405-486。

式經學現象，進一步轉化為具有延續可能的文學傳統。

從這裡再深論之，還有兩個層面我們可以從龔先生這些著作中深切領會：一是「文學」之神聖道統迄今未斷，如此說法實在與傳統經學家無異（如前引歐陽修說「夫《六經》非一世之書，其將與天地無終極而存也。以無終極視數千歲於其間，頃刻爾，是則余之有待於後世者遠矣，非汲汲有求於今世也。」❻❺）再者，此一經學／文學之神聖道統必須具現於著述者之堅卓自許上。

例如，龔先生常喜歡標榜自己的文人身分，從個人具體的存在經驗中，還予（賦予）傳統經學／文學的道統以真摯活潑之血肉性情：

> 我在大學時期，因師友薰習之故，學詩為文，既常參與文酒之會，吟唱酬酢，頗得文人之趣；又時時追陪前輩杖履，飫聞文壇掌故。對於在現代社會中已漸消亡的傳統文人習性、生活、應對狀況，實有入乎其中的體會。而我自己，事實上也就是這個傳統文人階層中的一員，不但學習著那種吟詩作字的技能，也感染了一身舊式文人氣與才子氣。或者說，我本身性氣稟賦即近於此，故能相契若斯。文士的兀傲、頹唐、清狂、多情、易感、偏宕等等習性，我也全都有了。所以治學不知不覺就對「我輩中人」格外關心起來，才會在那個根本沒什麼人討論這個問題的時代，針對文人階層費了這麼多筆墨。……
> 我能體會文人生命的局限，他們張揚感性而少理性之檢括、縱情於符號世界而無力面對現實社會，都是嚴重的問題。但所謂知識分子，憂心家國、欲安天下，對自己生命的問題又怎麼辦？若一個人居然不懂得傷春、居然無美感與情趣，對文化只有大理想大口號而缺乏常識與品味，那又有什麼意思？❻❻

強調其治經之不失主體性，屢言「主客交融」、「文道合一」的超越性詮釋，藉以彌縫邏輯概念上對立之虛矯，而把歷史問題引導至我們眼前：

---

❻❺ 〔宋〕歐陽修：〈廖氏文集序〉，《居士集》，卷43。

❻❻ 龔鵬程：《中國文人階層史論》（宜蘭：佛光人文社會學院，2002年），頁46。

文學不能以科學、實證的史學方法來研究。文學鑑賞與評價的過程，乃是一種主客交融、主客聯合的精神活動。因此，主觀態度之參與，乃是文學評賞或事件考察中不可或缺的部分。整個人文學科的基本性質亦是如此，是詮釋的科學（Hermeneutic Science），歷史學尤其如是。甚且我們也可以說：歷史研究最典型的表現，就在文學史。❻❼

我曾一再指出，傳統與現代根本無從區分，人之所以能夠發現他的處境，並對處境有所感受與理解，靠的就是歷史傳統；詮釋經驗，本質上也是歷史性的經驗。因此，我們同時在依我們存在的境遇感去理解歷史，而又通過歷史的參與，在理解我們自己的處境。傳統和現代不是兩個實體，不是兩個世界；在存在之中，時間也不是直線進展的。……同樣地，把傳統與現代視為邏輯上對立的狀態，並迷信發展就是從傳統走到現代，也是歷史的虛構。…現在，除非我們能試著如前所說，真正從中國文化傳統中發展出新的認知型範，突破「傳統／現代」意識框架，否則，我看不出有什麼希望。❻❽

龔先生這樣的治經手法，也因此是既傳統，又不失現代的。

# 六、結語：經學已死？

提筆寫到這篇論文結語的同時，外電有一則新聞頗引起討論，即當代著名的理論物理學家霍金（Stephen Hawking）在談話秀節目「Larry King Live」上提出：「神學是沒有必要的。……上帝可能存在，但是科學可以解釋宇宙不需要一個創世者。」數百年科學的發展，不時挑戰神學信仰之神聖性。

科學之新興反映在哲學領域，則尼采早有「上帝已死」的口號，上帝之死說明了人類再不能相信這種宇宙秩序的方法，因為他們無法識別這種秩序是否真正

---

❻❼　龔鵬程：《中國文學史》（上），頁 20。
❻❽　龔鵬程：《文化、文學與美學》（臺北：時報文化出版公司，1988 年），頁 399。

存在？上帝之死不單使人類對於宇宙及物質秩序失去了信心，更令人否定絕對價值，這也正是近代虛無主義的開端。

　　如果把目光移向我國的學術傳統與價值核心來看，恰有類似的語境及現象發生，過往被視為「恆久之至道」的經學，正也面臨著時變之挑戰：經學是否已然崩解？此後該如何繼續「通經致用」？經學該如何闡述及傳承？蔡長林近日道出這種憂慮：

> 經學研究者長期存在著一種焦慮：經典神聖性的消失，使得經學賴以生存的精神根基，被消解在五四以來一系列的文化運動中，乃至汗牛充棟的經解，淪落為架上滿布灰塵的檔案史料；另外，在講究方法論、跨學科的現代學術語境之下，經學也因為思維和言說方式特有的傳統色彩，而逐漸失去了與各種新興領域的對話空間，以及作為一門學問理當擁有的話語權力。如何將經學由失語的狀態中找回生命，讓它在現代學術體系中立穩腳跟，並且與不同的學術領域展開對話，相信是眾多關心儒家經典命運的同道，心中念茲在茲的大問題。❻⑨

換言之，如果我們始終無法找到方法闡明經學原有的精神根基，失卻了神采與話語能力的經學終將變得支離破碎，更與現代學術體系無法接軌。龔先生《六經皆文》此書，特別關注於如何「適今」的現代化詮釋：

> 經學在每個時代都是活的，每個時代的經學都是該時代人「適今」的結果。對歷史的詮釋，與他們面對時代的行動，乃是合為一體的。故我們今日治經讀經，也不純是學究或考古，而是可與我們存活在當代的生命相鼓盪，以激揚生發出一些東西，來面對我們的時代的。古代人由其經學土壤中生

---

❻⑨　蔡長林：《從文士到經生──考據學風潮下的常州學派》（臺北：中央研究院中國文哲研究所，2010 年），〈導言〉。

長出許多他們那一代的學問，不也即是如此嗎？**⑩**

他認為學術必須與時代、生命相鼓盪，相信道／文必然對於當前事務有所著力，而不僅僅拘守於學究或考古層面。又如：

> 我們不但要說人在歷史中活動，更要進一步說是與歷史的互動；人固然在歷史裡，卻也同時開創了歷史。《易經》之所謂「參贊」，就是說宇宙及歷史，乃因人之參與、投入而彰顯其意義。
>
> 這種彰顯可以分成幾方面看，第一，歷史雖然是過去的遺蹟，但人面對歷史的經驗，卻永遠是現存的，直接的經驗；故歷史可以是客觀的，可是一旦涉及歷史的理解活動，便一定是人與歷史的互動互溶，客觀進入主觀之中，主觀涵融於客觀之內，即傳統即現在。其次，人的理解之所以可能，是因為歷史傳統提供了理解的條件，……歷史並不是「已經那樣」的實存之物，歷史並未完成，須待人投入，與之交談，乃能彰顯。……從這個意義上說，歷史傳統不是「國故」，更不是生命已然死亡的遺產，應屬不辯自明之理。它不是堆置在那兒，靜待人去繼承的遺產，而是活的生命，不斷開展著，在每一個時代，與詮釋者交談，迸散新的光芒。
>
> 不幸自清末以來，學人於此，多無了解。五四新文化運動之以傳統為犧牲，固不用說，即使如章太炎林琴南也以為：「說經者所存古，非以是適今也」（章氏與人論樸學書）「僕承乏大學文科講席，猶兢兢然日取左國莊騷史漢八家之文，條分縷析與同學言之，明知其不適於用，然亦可以存國故耳」（畏廬續集，文科大辭典序）。
>
> 他們顯然弄錯了。歷史不是木乃伊，只提供我們一些審美式的懷念與心理上的滿足。他們只注意到歷史之客觀性所顯示的時空限制，而忘了由於人與歷史是互動的，人的創造性往往就來自他對歷史的新詮釋新解說。所以五四新文化運動的領導人才剛好是有歷史癖的胡適；新文學也一定要追溯

---

**⑩** 龔鵬程：〈自序〉，《六經皆文──經學史／文學史》。

晚明文學的淵源。切掉這一歷史問題，必然形成自我理解的危機。**⓻**

　　龔先生如此治經學，是絕不以經學為「存古」、為「明知其不適於用，然亦可以存國故耳」，顯然要與現代絕大部分經學研究者大異其趣了。他認為我們不會失去經典中什麼「已經那樣」的神聖價值，卻總是勸學生們多讀書，相信經學將因人們與其互動，並藉以追尋自我理解之動力**⓼**，而永不泯滅。

　　「以文為貴者，非他，文則遠，無文即不遠也。以非常之文，通至正之理，是所以不朽也。」談到當前經學研究的「失語症」，此一傳述之挑戰對於歷朝經生文士而言，或無多大差別；但前引蔡說當然證成了目前經學研究者仍以考據、訓詁為核心方法的局限。就策略方向來看，劉笑敢先生近期提到：「作為現代學術的中國哲學實際上應該向兩個方向發展。一個方向是純學術的、歷史的、文本的、客觀的取向；另一個是現代的、實踐的、發展的、應用的取向。兩種取向目標、功能、方法、標準皆有不同，不應混淆。」**⓽**龔先生能在當代經學領域發展出後者之方向，對於傳統經學仍懷抱情感與神聖性的詮釋者（讀者）而言，不可不謂是一種極大的鼓舞。

　　臺灣中央研究院文哲所黃俊傑先生之前編了《中國經典詮釋傳統》，指出傳統儒家解經以求「道」有兩種方法：一種是透過文字訓詁以疏證經典；另一種則是《孟子》所謂「以意逆志」的解經方法，訴諸解經者個人生命的體認，其讀經乃建立在所謂「興式思維方式」之上。**⓾**

　　經學研究當然絕非憑藉一人之力所可為，關於疏證經典章句、並據以推論詮釋這部分工作，已有許多學者埋首其間，目前也取得相當可觀的成就。然值得我

---

**⓻**　《文化、文學與美學》，頁9-10。

**⓼**　黃俊傑：「這種『互為主體性』的解經方法，一方面使經典中的『道』由於獲得異代解經者主體性的照映而不斷更新其內容，在『時間性』之中使經典獲得『超時間性』；另一方面則使讀經行動成為『尋求意義』的活動，讀經者的生命不斷受經典中之『道』的洗禮而日益豐盈，『問渠那得清如許，為有源頭活水來』（朱子〈觀書有感詩〉），正是這種狀況的寫照。」（《中國經典詮釋傳統（一）：通論篇》，臺北：喜瑪拉亞基金會，2001年，頁423）

**⓽**　劉笑敢：〈再論中國哲學的身分、功能與方法——紀念唐君毅先生誕辰一百週年〉，《中國文哲研究通訊》，第19卷第4期（2009年12月），頁33。

**⓾**　黃俊傑：《中國經典詮釋傳統（一）：通論篇》，頁419-431。

們慶幸的是，還能有像龔先生《六經皆文——經學史／文學史》這樣的論著面世，為學界建立起重要的範式。這些著作不但揭露出經學史研究上隱蔽的視野，更提醒我們傳統文儒之風範：研治學術原來可以流露出如此真摯的情感、而奮發崇高的信念，使這一切文獻與傳統道術有以貫之，引領現代讀者在精神荒漠間隨之追尋原鄉，不致流於虛無。

# 徵引文獻

## ㈠古籍

南朝梁・劉勰著，周振甫注：《心文雕龍》，臺北：里仁書局，1984 年。

宋・朱熹著，黎靖德編：《朱子語類》，北京：中華書局，1994 年。

明・歸有光：《歸震川集》，臺北：世界書局，1963 年。

清・方苞：《欽定四書文》，收於《景印文淵閣四庫全書》，第 1451 冊，臺北：臺灣商務印書館，1983 年。

清・方苞：《方望溪全集》，臺北：河洛圖書出版社，1976 年。

清・劉熙載著，徐中玉、蕭華榮整理：《劉熙載論藝六種》，成都：巴蜀書社，1990 年。

清・梁章鉅著，陳居淵校點：《制義叢話》，上海：上海書店，2001 年。

## ㈡近人編輯、論著

龔鵬程：《詩史本色與妙悟》，臺北：臺灣學生書局，1986 年。

龔鵬程：《文學與美學》，臺北：業強出版社，1986 年。

龔鵬程：《文化、文學與美學》，臺北：時報文化出版公司，1988 年。

龔鵬程：《文學批評的視野》，臺北：大安出版社，1990 年。

龔鵬程：《文化符號學》，臺北：臺灣學生書局，1992 年。

龔鵬程：《唐代思潮》（上）、（下），宜蘭：佛光人文社會學院，2001 年。

龔鵬程：《晚明思潮》，宜蘭：佛光人文社會學院，2001 年。

龔鵬程：《中國文人階層史論》，宜蘭：佛光人文社會學院，2002 年。

龔鵬程：《龔鵬程四十自述》，臺北縣：印刻出版公司，2002 年。

龔鵬程：《文學散步》，臺北：臺灣學生書局，2003 年。

龔鵬程：《文化符號學導論》，北京：北京大學出版社，2005 年。

龔鵬程：《六經皆文——經學史／文學史》，臺北：臺灣學生書局，2008 年。

龔鵬程：《中國文學史》（上），臺北：里仁書局，2009 年。

甘鵬雲：《經學源流考》，臺北：維新書局，1968 年。

劉百閔：《經學通論》，臺北：國防研究院，1970 年。

皮錫瑞：《經學歷史》，臺北：河洛圖書出版社，1974 年。

余英時：《中國思想傳統的現代詮釋》，臺北：聯經出版事業公司，1987 年。

Terry Eagleton 著、吳新發譯：《文學理論導讀 LITERARY THEORY: An Introduction》，臺北：書林出版公司，1993 年。

Thomas S. Kuhn 著，程樹德、傅大為、王道還、錢永祥譯：《科學革命的結構 The Structure of Scientific Revolution》，臺北：遠流出版公司，1994 年。

林慶彰編：《中國經學史論文選集》（上冊），臺北：文史哲出版社，1992 年。

林慶彰編：《中國經學史論文選集》（下冊），臺北：文史哲出版社，1993 年。

林慶彰主編：《五十年來的經學研究》，臺北：臺灣學生書局，2003 年。

中央研究院中國文哲研究所編委會主編、江日新執行編輯：《清代經學國際研討會論文集》，臺北：中央研究院中國文哲研究所籌備處，1994 年。

蔡長林：《從文士到經生──考據學風潮下的常州學派》，臺北：中央研究院中國文哲研究所，2010 年。

黃俊傑編：《中國經典詮釋傳統(一)：通論篇》，臺北：喜瑪拉亞基金會，2001 年。

李明輝編：《儒家經典詮釋方法》，臺北：喜瑪拉亞基金會，2003 年。

蒲彥光：《明清經義文體探析──以方苞《欽定四書文》為中心觀察》，宜蘭：佛光大學文學研究所博士論文，2008 年。

# 一個治學的典例：20世紀後期龔鵬程先生文學史研究路徑探微

毛文芳*

**摘 要** 20世紀初，時代環境劇烈變動，幾部體例不一的文學史專著，在強大的國族意識與整理國故迫切的呼聲中所寫成。國民政府來臺後，以鮮明的史觀與意識來研究文學歷史者，顯得沈寂許多。半世紀以來臺灣文學史研究的趨勢與轉變，可推溯早期來自於清代國學傳統的實證研究法，後來轉向外文領域盛行之新批評主導的作品形構研究，為中國文學研究注入新力量，同時也促使代表著中文系自覺與反省的「中國古典文學研究會」因應成立。主題學觀念開始關注文學的細緻課題，而以文學課題宏觀時代文化切面的斷代研究，也成為文學研究的新導向。

　　20世紀後期臺灣的中生代學者龔鵬程先生，在學術專業化的推動工

---

* 毛文芳，生於臺灣桃園，祖籍江蘇常州。臺灣師範大學國文博士（1997）。曾任彰化師大國文系助理教授（1997-1999）、國立中正大學中文系助理教授（1999-2002）、副教授（2002-2008），現為國立中正大學中文系教授（2008-）。研究志趣為明清文學、文學與圖像、題畫文學、女性文學。曾榮膺多項學術獎勵，並累獲行政院國家科學委員會專題研究計畫之多年補助。著有專書：《新讀百喻經》（臺北：漢藝色研，1993年）、《晚明閒賞美學》（臺北：臺灣學生書局，2000年）、《物·性別·觀看——明末清初文化書寫新探》（臺北：臺灣學生書局，2001年）、《圖成行樂——明清文人畫像題詠析論》（臺北：臺灣學生書局，2008年）、《董其昌之逸品觀》（臺北：花木蘭出版社，排印中），以及學術論文近五十篇。昔曾為國立教育資料館中學國文教材影帶製寫腳本，亦曾編寫廣播短劇，偶有零星的小小說及散文創作發表。目前定居於臺灣嘉義。

作上，與朋輩用力甚深，其主持「中國古典文學研究會」以及淡江中文系所長任內，經常籌辦各類主題學術會議，使學者們於學術圓桌上往返論辯，而研究成果更透過論文集的大量出版，得以相互切磋交流。龔先生由老一輩學者啟發而奠定清代以來的實學基礎，亦由同輩處相互汲引外來的文藝思潮，觸類旁通。龔先生博通的研究取徑大抵為：由晚清下延五四上溯唐宋；歷史分期的思辨；關注文化變遷；尋繹文學的發展線索；挖掘文化的偏僻角落。

龔先生力墾文化荒原，思考如何突破詮釋的困境，深化意義的解析，導引方法意識的反省，打破學科藩籬，敢於顛覆傳統，建立新說，勤於提示後續研究的各種途徑與可能，足為新生代研究者拓展參考視野。面對強勢的西方文藝思潮，既向域外投射並接受返照，又有面對新理論迎或拒的反省，龔先生與諸位深謀遠慮之學者論述，基本上可視為文化之新與舊、中與西等相互衝擊與對立的力量牽引下，苦思出路的覺察與呼籲：如何面對西方的強勢主導，而能在消融對立中重估傳統？這些真知灼見，以及研究轉型的趨勢，恰好在先生的治學規模中得到具體的映現，從這個角度而言，龔先生的研究路徑適足見證臺灣地區 20 世紀後期中國古典文學研究的變貌。本文旨在回顧 50 年來臺灣地區的中國古典文學研究，藉由龔鵬程先生的治學路徑揭示一種具有啟發性的典型，鑑往以知來。

**關鍵詞**　龔鵬程　中國文學史　中國古典文學研究會　20 世紀後期　治學典例

# 一、引言

時序早已邁入 21 世紀，過去的一個世紀是中國劇烈騷動不安的時期，國學在世紀之初同樣面臨了極大的變革。繼而歷經一場文化革命的浩劫，海峽兩岸阻隔，有很長一段時期，中國古典文學研究在對岸完全失去空間，幸而隨著國民政府遷徙來臺，承續了歷史的傳承。吾人在此回顧 20 世紀後半期以來臺灣地區的中國古典文學研究，具有世紀新舊之交，鑑往知來的重大意義。

## ㈠ 20 世紀初的幾部文學史

對於中國各種文體演變與發展的歷史關注，古來有之，但是將文學變遷總合觀察而寫成專書者，概可推到 20 世紀初林傳甲的《中國文學史》（1904）是第一部由國人自著的文學史，這部由「京師大學堂國文講義」改裝而成的教科書，將文字、聲韻、訓詁、修辭、諸子等學科均納入，是一個由古至今、以並時架構統合歷史序列的論述模式，將歷史通過分類的活動轉成空間化的排列和組合，演成一個並時的圖案。❶謝无量的《中國大文學史》（1918），是一部早期較有影響的舊著，該書基本是中國傳統「目錄學」與「史傳體」的自然延伸，目錄學的目的在陳列，史傳體的目的在敘述，畫出了後來文學史寫作體例的大樣。儘管謝氏時時穿插感悟式評點與敘述式概說，但較少攙入主觀見解，大段摘引臚列篇章本文的「陳列」方式，無意中瓦解強迫性的敘述語言與觀察角度。❷

與謝書陳列性質相似的，是劉師培以輯錄和案語綴合而成的《中國中古文學史》（1920），以古證古，以史料本身顯示出實證。繼承乾嘉學派，同樣以史料本身說話，不帶太多主觀意見，注重客觀證據的，尚有梁啟超《中國之美文及其歷史》（1924），該書一方面以考據解決早期文學作品的疑案，另外還配合「將正文變為圖表」的科學方法，使文學的發展歷程一目瞭然。❸林傳甲的諸體並置、謝无量的陳列、劉師培的輯錄、梁啟超的圖式，顯示了早期學者對於文學發展歷史所懷有的客觀實證精神，都是對歷史的一種分解，將文學的呈現方式平面化、空間化，消解了文學的歷史意識以及文學現象本身的時間性質。

胡適的《白話文學史》（1928），以死文字看待中國古文，因為科舉制度才延長了那已死古文足足二千年的壽命，以活文字看待壓不住的民間白話文學，胡適

---

❶ 參自陳國球：〈導言：文學史的思考〉，收入陳國球等編：《書寫文學的過去——文學史的思考》（臺北：麥田出版社，1997 年），頁 6。

❷ 參引自葛兆光：〈陳列與敘述——讀謝无量《中國大文學史》〉，收入同註❶，陳氏編書，頁 351-357。

❸ 分別參引自周月亮：〈輯錄與案語——讀劉師培《中國中古文學史》〉，收入同註❶，陳氏編書，頁 367-372。夏曉虹：〈考據與圖表的現代功用——讀梁啟超的《中國之美文及其歷史》〉，收入同上書，頁 359-366。

是以「文學革命」的精神去做大型的文學拆建工程。❹至於以更明晰的史觀意識來思考文學發展的，要屬周作人的《中國新文學的源流》（1932），周氏將五四運動置放到整個中國文學史中去考察，以「言志」、「載道」二元對立轉化來的矛盾運動，由明、清文學往回溯，企圖找出中國新文學的源流。周作人有感於「文學史的研究的現今那樣的辦法，即是孤立的、隔離的研究」，相應提出了「應以治歷史的態度去研究」的主張，對文學現象的研究應從短時段的「孤立的、隔離的」事件中跳出，而在更長遠的歷史過程中對之進行考察，並從而從歷史發展內部的動中找尋對之作出解釋的依據。❺無論是胡適或是周作人，他們以濃烈的史觀企圖建構文學發展，實際是以當代意識統攝過去。

## ㈡臺灣的幾部文學史

臺灣學者所者的文學史專著，有葉慶炳《中國文學史》（臺北：臺灣學生書局，1966）能擺脫劉大杰的唯物史觀，富有學術性。蘇雪林《中國文學史》（臺中：光啟出版社，1970），特別探討清代以後，中國文學史上的種種轉型。孟瑤《中國文學史》（臺北：大中國出版社，1974），以詩、散文、小說、戲劇為講述範圍，並談文人雅製與民間創作，但對文學與時代環境的關係，較缺乏探討。王忠林等著《增訂中國文學史初稿》（臺北：石門圖書，1978），是八位在各大學中文系擔任「中國文學史」課程教授之集體合編，有意與劉大杰一書區隔，特標明「歷史的重心在民生」的民生史觀，因為篇幅鉅大，故能論及文學史上較細的課題。王夢鷗等著《中國文學的發展概述》（臺北：中央文物供應社，1982），由八位教授共同執筆，各時代選擇主要代表文體，探討其背景、興起與衰亡。❻

以上這些文學史專著，分別為各校指定作教材之用，而臺灣地區的文學史專著中，劉大杰《中國文學發展史》則是最為普及的一部，最早是以匿名的方式登

---

❹　參引自陳國球：〈傳統的暌離——論胡適的文學史重構〉，收入同註❶，陳氏編書，頁 25-84。

❺　參引自朱曉進：〈一種可資借鑑的文學史研究思路——讀周作人《中國新文學的源流》〉，收入同註❶，陳氏編書，頁 373-380。

❻　關於葉慶炳、蘇雪林、孟瑤、王忠林、王夢鷗等文學史著作的評析，詳參黃文吉：〈臺灣近四十年研究中國文學史成果之分析〉，頁 7-9，該文發表於「國科會中文學門專題研究計劃成果發表研討會」，1995 年 5 月。

陸臺灣（中華書局臺一版改以《中國文學發達史》印行，1956），幾乎成為本地中文系學生必讀的文學史經典，由此建立文學歷史的知識與概念。該書的撰寫基構是「時代環境」、「文學家」、「文學作品」三者之間環環相扣的關係，充分表達了時代環境與文學發展的必然性，這個史觀不僅呼應了中國舊學裡「知人論世」的觀念，還加入了濃厚馬克斯社會主義的色彩。該書雖面面顧及了上古至清末歷史長河中的文學概況，但在內容上強調貴古賤今的進化論、文學生老病死的歷史循環論、馬克斯主義的階級觀點，以及生產方式決定文化社會等幾個層面，是一部史觀頗有爭議性的文學專著。臺灣地區的中國古典文學研究，雖然謹防馬克思主義的「入侵」與「毒害」，但研究者的思考架構與撰述模式，既受劉大杰一書的啟蒙，自然在許多方面，難脫劉書部分的籠罩。

# 二、臺灣學者研究成果管窺

半世紀以來，臺灣的中文學界於文學研究的史觀意識其實模糊未明，因此對於中國文學史研究專門性的探討顯得較為薄弱與貧乏。但中國文學史是古典文學研究中，最具統合與聯貫的一環，嚴格說起來，文學研究的任一個課題，均可納入文學史的範圍，或是專家研究，或是專著研究，或是理論研究，或是斷代研究，皆在描繪或解釋某一個時代的文學現象；溯源、比較與影響，幾乎是中國文學研究者處理各類型文學課題的共同模式，文學從何而來？與他者的異同關係如何？往那裡而去？基本上，這就是一個文學史的思考，就在串聯文學長河。或由發展史上去探析文學的繼承與創新；或由思惟方式和意識表現，來觀察某些文學現象或觀念的衍生，並與當時的文化背景和社會群體結構結合探討；或由中國文學的歷史面，去觀察文學與社會的各種關係，這些都包含在廣義的文學史範疇中。

## ㈠兩代學者成果概介

臺灣地區的中國古典文學研究，初期如屈萬里、龍宇純、魯實先、林尹、高明、戴君仁、董同龢、許世瑛諸先生，以經學、小學、文法學的專長成為此一學域的基幹，諸公以傳統國學方法見長，而能偶涉文學。而直接處理文學作品者如王叔岷、鄭騫等先生，則逕行詩文集的箋注、校釋、考證，潘重規先生為紅樓夢

索隱，均是清代以來實證學風的餘緒，啟引後學無數。至於長期對文學研究孜孜專力的王夢鷗先生，除有唐代小說校釋等傳統小學方法的著作外，尚有許多極有創發性的研究開展，例如從士大夫與貴遊身分的觀點探討秦漢魏晉南北朝文學內部的發展與特性，如楚辭之於士大夫文學；駢賦之於貴遊文學，後者所用華麗、矜誇、用典的辭藻，可以貴遊文娛活動中的遊戲性來解釋。王先生對於古典文學的探索，一方面從實證工夫來，亦由文學理論的思考來，因而對文學史的理解與詮釋，更能超越同輩學者。

另一位思辨力甚強的徐復觀先生，論戰虎虎生風，曾是新儒家陣營中的一員，雖非文學本家，但所從事的文學研究如以現象學來詮釋莊子哲學，復以莊子的藝術精神來貫串中國文學藝術的發展，或像宋詩、李商隱的研究，由思想的角度探察文學的發展，因別出蹊徑，在中文學界引起相當注目。其餘如臺靜農、蘇雪林……等先生的淹博、張敬先生於戲曲、鄭騫先生於詞曲、陳新雄先生於文學聲韻、黃錦鋐先生於老莊文學等，老一輩學者於臺灣中文研究之荒原上，孜孜矻矻地披荊斬棘，今雖斯人憔悴，典型在夙昔。

繼而接棒的學者跨越了兩代，年齡稍長者如葉慶炳、林文月、羅聯添、張健、樂蘅軍、方瑜、吳宏一、汪中、王熙元、張夢機、邱燮友、羅宗濤……等先生，無法一一盡數。或是詩學、神話學、敦煌學，或有各自的斷代專擅，這些先生們大致直接受教於老一輩學者，習得實證的老式學風，又帶領著更年輕一輩的學者，面對各種學術環境的變遷與外來因素的激發，他們的研究處在新舊轉型之間，或是開啟新疆域、或是研發新思惟、或是細緻與深化文學課題，呈現出與師輩不同，而與學生輩的學風樣貌較為接近。

下一世代的學者人才輩出，各自所作的貢獻，實難盡數與評比，略以若干學者研究試作舉隅，姑作觀察的線索。例如曾永義先生由古典戲曲一路探索至臺灣民俗野臺戲；王秋桂先生出身外文系，因關心中國俗文學而長期從事民間故事的收集，以利中文學界；胡萬川先生對民間俗文學、王三慶先生對敦煌文學，投注長期心力；柯慶明、顏崑陽等先生對文學的美學研究，早有留意；呂正惠、張雙英、黃景進、蔡英俊諸先生，以中文人的眼光引介西方理論，並轉化運用在古典研究中；曾昭旭先生由哲學思惟的角度考察文學；鄭明娳、康來新等先生，從不同的視角研究古典小說；李瑞騰先生關注現代文學，長期著意於文學傳播與文學

發展的關係；陳萬益先生則由晚明躍向臺灣文學；至於李豐楙先生的道教文學研究，獨樹一幟，深入無人涉足的道藏領域，挖掘道教詩，以道教觀點詮釋遊仙詩與神仙小說，開發冷僻的文學角落，啟迪後學。另外，活躍舞臺雖不在臺灣卻深具聲譽者，老一輩如饒宗頤、蘇瑩輝、余英時、葉嘉瑩諸先生，年輕一輩如王德威、陳慶浩、陳國球等先生，隔海聲息相通，對臺灣中文學界的影響力，不容忽視。大致說來，老一代學者的心力放在唐代以及唐以前的文學研究中，方法上重視實證精神；而中生代學者，在前輩學者的研究基礎上，逐漸開拓新題材與新思維，時代延展至明清以至現代。

## ㈡文學史研究策略

20世紀後半，臺灣中文學界的研究是以大學中文系之教授為核心，環繞此核心的是一批接受學院訓練的碩博士研究生。自1956年羅錦堂〈中國散曲史〉獲臺大中文碩士論文通過以來，迄今已逾五十年，世代輪替的半個世紀裡，在中文系所養成教育下逐漸成長的學子，一方面接受師輩的薰育而成氣候，另一方面也將這氣候去薰育下一代。文學史像一條長河，研究者不斷為自己眼中的文學長河尋找罅隙、填縫補隙。五十年來，臺灣地區雖然具有歷史意識的文學研究關注尚嫌不足，但文學史是具統合與聯貫的古典文學研究，古典文學的研究總體，在眾多學者陸續投入下，累積了龐大的成績。

20世紀初，謝、劉、梁、胡諸氏所燃起的文學史熱誠猶然不減，周作人所提出「以治歷史的態度」治文學史的呼籲，六十年來，仍在學界喊出。龔鵬程先生〈試論文學史之研究〉一文與周氏的觀念遙相呼應。該文對文學史的範疇、性質、研究方法、價值觀念，提出反省，也對研究層面面臨的種種盲點、疑惑、困難與迷思，加以梳理廓清。龔先生認為，研究者長期以來，或是不免被籠罩在劉大杰機械循環論的史觀之下，或是對文學史漠不關心，文學史就性質上看，所處理的對象是文學，其本身卻是種歷史研究，必需關注文學作家與作品、文學思想、整體文學活動與社會文化的關聯，但本身應有史的取向，所以不同於純粹的文學研究。當然文學中不可避免地會有客觀存在過的如版本、交誼、生卒等事實必需考證，但是哪些資料與此事實有關，並無一定的標準和範圍，必需由研究者自行判擇，而這些判擇，來自於研究者的信念與知識基礎，同時也與研究動機、預期目

標、直覺好惡等密切相關。所以不同的認知基礎與價值，會使研究者對事實的認定有所差異，基至對文學史的看法因而異趣。克羅齊說：「一切真實的歷史都是當代史」。如此看來，歷史研究，是詮釋的科學，而詮釋必然由某一觀點展開，若無一套價值觀，只能稱為史料或史纂，不能稱之為史學，韋勒克認為：「沒有一套確當的價值方略來做依據，必不能寫成一部正當的歷史。材料的研究，並非真正的文學史」。因此，文學史的研究，必需擺脫客觀的迷思，倚據一套足供詮釋的價值方略。❼

### ㈢方法意識的自覺與「中國古典文學研究會」的成立

中國文學研究早期由實證研究法所主導，及至西方文論思潮引進、外文系學者參與，的確呈現一時新奇繽紛的場面，研究方法的扭轉與變遷，驅使中文系的學者，油然升起反省對應的力量。1979 年 4 月，「中國古典文學研究會」成立，對於「新」、「舊」與「古典」、「現代」的接合問題，特別敏感：

> 中國古典文學是現代文學的根源，如何賦古典以新貌，如何以「現代」與「古典」接枝，一方面發掘古典文學的價值，一方面為現代文學的開展，建立更堅實豐厚的基礎。❽

「中國古典文學研究會」的成立，是臺灣中文學界極為重要的大事，成立至今，已超過 30 年，該會早期曾一年一度舉辦規模大小不一的古典文學研究會議，造成一股風潮，據龔先生觀察，這個民間自主的學會有幾方面的意義可以衡定：

> 一、扭轉臺灣中文系早期經學、小學為學域基幹的學科傳統，文學研究由分立鼎足逐漸蔚為學科內之大宗，使文學研究在中文系內確立價值與地位。

---

❼ 詳參龔鵬程：〈試論文學史之研究〉，收入《古典文學》，第五集（臺北：臺灣學生書局，1983 年），頁 357-386。

❽ 引自《古典文學》，第一集（臺北：臺灣學生書局，1979 年），王熙元：〈卷頭語〉。

二、70年代比較文學學會成立之後，許多研究西方文學及理論的比較文學學者，也熱衷於中國文學的研究，以致對中文系之解釋權與解釋內容形成了挑戰，為了回應這個挑戰，則須強化中文學系對文學傳統的研究。

三、使中文學界的研究，除了已有之學案、箋釋、考校、注解的傳統研究方式外，一步步建立文學研究寫作的現代學術規範和研討制度。

四、使全臺灣幾十所大學的中文系所，作好橫向聯繫，交換學習研究成果，學者聯絡情誼、通達訊息、整合共同關心的議題，並進一步推動學風的進展、主辦主題會議、推展國際學術交流，培養研究生研究風氣……等，充分發揮一個文學社團的功能。❾

以上諸面向觀察，正好描繪了中文學界自80年代以來自覺性研究與發展的縮影。

誠如呂正惠教授所指，「新批評」由留美學者引進，運用在中國文學的研究上，不盡理想，但經此因緣，迫使中文系內部產生方法意識的自覺，則是不爭的事實，80年代以後的中文學界，受到「新批評」對傳記研究反動的啟示，破除了傳記研究的迷思，將研究者的目光，集中到文學作品本身，中文學界普遍有了文學作品具有獨立結構體的意識，學界不復以往專家作品與傳記考察二分的研究規模，作品已躍為研究的主體。研究者更能在專家文學的領域中，提出深具意義的文學課題。❿

## 三、一個中文治學的典例

文學史牽涉到歷史意識與文化變遷，20世紀後期臺灣中生代學者中，龔鵬程

---

❾ 參見《古典文學》，第十三集（臺北：臺灣學生書局，1995年），龔鵬程：〈序〉。

❿ 以臺大中文研究所為例，如：〈東坡黃州詞研究〉（林玫玲，1985碩）、〈謝靈運詩用典考論〉（李光哲，1985碩）、〈梁啟超的傳記學〉（廖卓成，1987碩）、〈鄭板橋題畫文學研究〉（衣若芬，1989碩）、〈張籍、王建的社會詩〉（金卿東，1990碩）、〈杜甫詩之意象研究〉（歐麗娟，1991碩）、〈太白歌詩中人物形象析論〉（李淑媛，1993碩）、〈曲江詩之「儒境」研究〉（陳乃宙，1994碩）、〈杜甫詩追憶主題研究〉（許銘全，1997碩）等。

先生對此課題長期關注,並有獨特醒目的研究進路。前文述及臺灣中文學界一件盛事,即 1979 年 4 月「古典文學研究會」的成立,當年龔先生 23 歲,適於同一年出版了兩部著作:《孔穎達周易正義研究》(臺北:文史哲出版社,1979)、《春夏秋冬:中國古典詩歌中的季節》(臺北:故鄉出版社,1979),迄今 30 餘年,學術論著等身,論域廣及:文學、史學、美學、文學理論、宗教、哲學、文化……等,筆者於 90 年代踏上學術道路之初,有幸忝列門牆,碩博階段的論文寫作過程,獲先生不吝為我振聾啟瞶,自忖對龔師的治學路徑,尚有些許領會,筆者愚鈍,雖不能測度先生博通學問之淵,唯以為先生治學恰可視作 20 世紀後期臺灣中文學界力求轉型與突破的一個典例,筆者略陳先生治學路徑,以供中國文學史研究者參考。

## ㈠由晚清下延五四上溯唐宋

龔先生上自經史、下至民俗稗說,無一不涉。對於中國文學史研究的針砭,其實是經過自己研究歷程的逐步陶鍊而來,亦具體對治在自己的研究成果中。其治中國文化的門徑,一反文學史自先秦以下的順承次第,以晚清為立足焦點,透過劉師培、章太炎等博學閎儒的線索,掌握晚清至五四文化變遷的軌跡。民初一場文學革命,不僅是文言白話之爭而已,更將整個文學研究,導向一套新信念,放棄舊有的判準,以異於傳統的科學思考方式來丈量中國文學,這就是先生所謂的「典範錯置」,包括朱自清、胡適、陸侃如、郭紹虞、劉大杰等人的著述,以經典範例的教科書型式影響著新一代的文學史認知,大多數研究者在「典範」的籠罩下來意識問題、找尋問題與解決問題,而不自知。先生透過「錯置典範」的敏銳察覺,思索傳統與反傳統、典範轉移的文學改革、革命與反革命、意義危機與文化史學的探索等課題,[11]對整個時代的非理性脈動強烈感知,亦對在錯置的典範架構下,所作的傳統詮釋,充滿質疑與敵意。於是企圖脫出典範的牢籠,還原一個相對而言,未經時代意識所扭曲變造篩汰揀擇過的,更為純淨的文學史面貌。

---

[11]　關於龔先生對晚清到五四的文化關懷,詳見氏著:《傳統、現代、未來——五四後文化的省思》,臺北:金楓出版社,1989。

龔先生對於傳統文化的認識與理解，經由晚清延至五四學者們的目光中去推敲與質問，亦由這條線絡，往上逆溯，對晚清到五四學者的論述，總是懷著防禦之心而提出疑辯甚至推翻的意見。當學界處在經由胡適、陸侃如、劉大杰等人一味歌頌唐詩、詆毀宋詩、對宋詩態度沈寂甚至理解荒誕的學術傳統中，獨有眼光地抬高宋詩研究的地位，將宋詩置於與唐詩的比較架構下，視野放廣，藉傅樂成先生的架構，擴大為唐型文化與宋型文化的對照，界定宋詩「知性反省」的基本風貌，而認為宗唐或學宋之爭，也就是在直覺表現與知性反省兩大風格類型中進行抉擇。先生透過宋詩的研究，把捉整體宋文化，以宋詩作為宋文化的基本典型，以「知性的反省」的精神來概括。而「知性的反省」則是面對唐代中期所出現社會文化的激烈變動而來，這個研究脈絡在江西詩派的研究中，繼續發展與推溯，考察出唐宋文化之所以變遷的焦點在中唐，包括哲學突破、知識階層形成、六朝隋唐世族結構分化為宋代的宗族……等，解釋了宋詩，說明了宋文化，也蘊涵了由宋至明清的種種變遷。⓬

## ㈡歷史分期的思辨

由於對唐宋文化變遷的考察，龔先生觸及了歷史分期的問題。中國過去所採用單線編年的史述系統，隨著王朝的滅亡或分裂而另行開端，於是截取政治朝代為斷落，成為斷代論史的規模。自馬克斯學說興起之後，中國的歷史分期，有了以奴隸社會、封建社會、生產方式的新角度。而日本學界 1910 年內藤湖南以三分法作為中國歷史的分期：遠古到漢末為古代、六朝至唐為中世、宋以後為近世，之後對於時代斷限的理解出入，形成了京都學派、東京學派等系統。⓭龔師認為，

---

⓬　關於龔先生宋詩的研究，詳參氏著：《江西詩社宗派研究》（臺北：文史哲出版社，1983 年）、以及〈宋詩與宋文化──我對宋詩研究的基本看法〉一文，收入《文學批評的視野》（臺北：大安出版社，1990 年）。

⓭　龔先生說到，關於歷史分期的討論，首先是 1928 年開始的社會史論戰，欲解決中國的社會型態與社會發展，探討中國是否曾有過亞細亞生產方式的時代？中國是否有奴隸社會？中國的封建社會起於何時？1949 年以後，大陸史學界繼續以上的分期爭論，對奴隸社會、封建社會的興起時代迭有相爭。二次大戰之後，有了改變，探討中國「古代」社會的下限在何時？資本主義萌芽於何時？而日本學界 1910 年內藤湖南以三分法作為中國歷史的分期：遠古到漢末為古代、六朝至唐為中世、宋以後為近世，由於對於古代下限有西周末、漢末、唐末五代、明末清初等看

這些論爭大致有將文化史觀化約甚至被取代為經濟史觀的傾向，以「古代－中世－近世」的理解模式，將停滯的中國與西歐對照，進一步要為中國現階段社會文化找尋演進的根源，有很強的政治意涵。政府遷臺以後，史學界對中國歷史分期有所繼承與修正，採取較為鬆散的架構，雖然不再有各種論爭提出，但仍在「上古－中世－近世」的思考架構中。大學歷史系授課，上古史講西周以前，中古史講魏晉南北朝隋唐，近代史講晚清民國，其餘各朝則以斷代論史，是很普遍的。這些原來並不為解答文學史疑惑的歷史分期法，後來也被挪作觀察文學文化發展的參考觀點，但充滿史觀意識的探討，在中文學界幾乎沒有響應，採用馬克斯社會主義進化史觀的劉大杰《中國文學發展史》一書，是中文學界採用最多的教科書，但中文系文學史課程實際上僅著眼於歷代文學概述，史觀並未被特別被注意。

## (三)關注文化變遷

在史觀模糊的文學研究中，更突顯龔先生治學的特色：關注文化變遷的時代與問題，因為最早對唐宋變革的研究，而對文化變遷的問題特具會心，歷年撰述即在揭明中國歷史上幾個重要的變遷時段，如春秋戰國、漢魏之際、唐宋之際、明清之際、清末民初以及當代的社會變遷和文化狀況。龔先生先後在淡江大學主持社會與文化研討會，舉辦過「晚唐的社會與文化」、「晚明思潮與社會變動」、「晚清文學與文化變遷」、「五四文學與文化變遷」、「戰爭與中國社會的轉變」等學術研討會，藉以表明其所關懷之文學史課題，先生以創構一中國文化史學的規模自期。

由於思索五四新文化運動以來當代的文化變遷，想了解傳統與現代的複雜關係，唐宋變革期成為最好的參照體系，晚清民初的文化變遷，欲變者是宋代以來，經唐宋變革而開啟的新傳統，而晚明清初，則是另一個值得注意的文化變遷時期。

五四新文化運動的狂飆，迅即接以馬克斯主義的輸入，激發了三十年代社會史研究的熱潮，晚明時期因涉及「近代史分期」、「資本主義萌芽」、「農民戰

---

法的不同，形成了京都學派、東京學派等系統，相對地對中國社會文化的理解亦大相逕庭。詳參龔鵬程：〈唐宋文化變遷之研究〉，刊於《國文學誌》，第三期（彰化師大國文系印行，1999年6月），頁1-22。

爭」諸問題，成為文史哲各界關切的焦點。周作人等人認為晚明是五四運動的來源，胡適的八不主義彷彿是公安派的性靈文學觀，五四以來對晚明小品的認識，由兩種迥異的理解所支配，既因其肯定人情慾望而被奉為進步思想；又因在明末政治危局中，無所建明，優游山林，追求閒趣，而被詆為資產階級封建意識的墮落，大部分的研究者僅在其中選擇一種套用，皆未摸著晚明文學的底蘊，先生則對兩大詮釋模式均感不滿。晚明文學實則有其矯揉造作、不盡然反模擬與反八股、虛矯享樂主義的一面，這些足以腐蝕舊詮釋的一些意見，只被局部提出，尚未能形成具綜攝能力與解釋效果的詮析方法。龔先生在這個思考前提上，嘗試一反晚明研究學者的舊路，另尋線索：論學脈、探學風、重新理解泰州學派和公安文派、再探羅近溪、李贄等人的思想，細審遺編，曲探心跡，察得李贄等人不曾「尊情」、「肯定情欲」、「打破封建禮教」，反而還在克己復禮的路向上。若要擴大理解晚明的視域，不要僅從王學發展和泰州公安的角度去看晚明思潮，亦需重新看待晚明小品，注意向來被忽略經世致用的層面，重新發掘經學、復古、博雅等學的當代價值。❶

## ㈣尋繹文學的發展線索

除了時代文化變遷的關注之外，龔先生對於文學藝術的發展，具有一套極為獨到的考察視點。先生順著索緒爾的觀點認為，吾人身處的世界，是自己用語文構成的世界，只有深入解釋語文，方能解構社會。事實上，中國文化的整個生活領域，都在處理中國文字符號系統的組織和制約。文學是文字書寫，文字可視為符號學最一般概念，從文學的角度出發，論文學與諸藝術如音樂、繪畫，以及非藝術的經、史、哲學，在不同時代中，不同風格、不同文類之間分合起伏的發展歷程，一方面說明各種藝術如何朝文字化與文學化的方向發展，進而探討以文字為中心的哲學、宗教等各方面的文化表現，再者探究文字化的社會變遷，由社會階層文士化、文學權威神祕化、社會生活文學化形成了文學崇拜的社會。繼續探察儒學轉為吏學而出現了文書政治，及至現代，觀察五四的新文化運動，如何瓦

---

❶ 關於龔先生晚明文化的研究脈絡，詳參氏著：《晚明思潮》（臺北：里仁書局，1994 年）「自序」一文，以及該書的研究內容。

解或變革文學社會，達到文字傳統的解構與重建。❺

## ㈤挖掘文化的偏僻角落

先生顛覆舊典範，挑戰權威，的確有過人的膽識，其中有一很大的因素，來自於先生勤於探問文化中荒煙漫草的偏僻角落，或對乏人問津的課題，給予價值重估。譬如由晚清綿延到抗戰時期的鴛鴦蝴蝶派小說，先生由人們對其評價變遷，探討嚴肅與通俗的辯難，以及文學通俗與雅正的界線。再如俠的探討，崑崙奴不同於一般俠客的型態，需結合社會史、中外文化交通史及文學史來詳備處理；俠的血氣之「報」，有濃厚的非理性成分，與儒者的倫理立場大異其趣，這是俠與儒的不同；俠的集團性、宗教性與俠義傳統、俠與統治威權之間衝突、妥協、合作或轉化的關係、或是對「官逼民反」觀念的重新看待、俠盜分野等種種複雜關係的釐清，均可用來考察文化社會的變遷。❻

龔先生宗教與社會的研究，課題觸及佛教、民間信仰、宗廟制度、祖先崇拜、宗族社會的探討、或以天命思想去勾勒中國小說史的嬗變、用佛家三性說處理宋代詩學理論及「學詩如參禪」的問題、用儒佛對抗去理解孔穎達的五經正義。基於中國文化的總體關懷，必然要注意到儒家及儒家以外的宗教社會狀況，先生撥開民國以來知識分子高舉理性、批判宗教的非理性精神迷霧，不同於一般的道教研究，由道教特殊的天生經典觀，進而論述道教以文字為文明之本，以文字掌握世界的特點，以此來檢別道教與佛教、耶教、回教之不同，說明其性質與中國文化的關係，例如研治《太平經》，將之放入兩漢思想史的流變和理論發展中去觀察，以宗教社會學來反省思想史、宗教史、社會史的方法。❼

龔先生旁觸中西古今理論，打破學科藩籬，敢於顛覆傳統，建立新說，一面挖掘、提供與整理資料，一面找出新問題，思考如何突破詮釋的困境、深化意義

---

❺ 關於龔先生以文字作為掌握中國文化發展的關鍵，詳參氏著：《文化符號學》（臺北：臺灣學生書局，1993 年）一書，於「自序」一文中，說明了該研究的範圍與路徑。

❻ 詳參龔鵬程著：《大俠》（臺北：錦冠出版社，1987 年），〈後記——我寫大俠〉一文，並參看該書研究內容。

❼ 詳參龔鵬程著：《道教新論》（臺北：臺灣學生書局，1991 年），「序」，亦參看該書研究內容。

的解析、導引方法意識的反省、處理文化裡偏僻的角落，以提示後續研究的各種途徑與可能，既提倡歷史文化意識的文學研究，也觀察一個文化體在時間和空間的延展中，如何與自覺的價值意識互相感應，打破舊的框套，重劃文學史、批評史與文化史的地圖，建立歷史詮釋的深度。⓲

# 四、臺灣中文學界強勢與消融的趨向

## ㈠向域外投射並接受返照

由龔先生的研究規模中，吾人可以體會，研究材料與研究眼光是最重要的兩項因素，細部文學課題的提出，往往來自於冷僻的文學材料，但是為何選擇這些材料？如何使這些材料能夠為文學史的進展發聲？如何由一個舊的框套中脫出，重建詮釋的地圖？仍然繫於研究觀點與策略。過去，古典文學研究很少人去反省方法論的問題，由傳統的傳記學、文學社會學到新批評、主題學與原型批評，外文系的「比較文學研究」領域，引進西方文學理論來分析中國古典文學，衝擊著中文系的學者瞿然醒悟，中國文學的研究策略與視角，亦隨之多有遞變。經由大量翻譯與出版，蓬勃多樣的西方文學理論，在臺灣造成眾聲喧譁的聲勢，儘管中文研究所一向學風保守，也難抵求新求變的世界潮流。

1980 年代以後，許多西方文藝思潮大量引進，雖然作為橋樑溝通角色的學者，清一色是外文系出身，他們引介並運用了西方種種的文學理論如：現象學、結構主義、符號學、雅克慎、巴赫汀、盧卡其、讀者反應（接受美學）……等，此外，亦注意文學與其他學科關係的思考，如：文學與藝術、文學與美學、文學與宗教、文學與社會、文學與政治、文學與心理學、文學與自然科學等。以西方文學理論研究中國文學的論文，茲舉《中外文學》上的刊登論文為例如：〈嚮往、放逐、匱乏：「桃花源詩并記」的美感結構〉（廖炳惠，《中外文學》71/03，下同）、

---

⓲ 龔先生自期結合文學史、批評史與文化史的地圖，來建立歷史詮釋的深度，詳見氏著：《文學批評的視野》（臺北：大安出版社，1990 年），「序」，並參見該書研究內容。另有張雙英：〈評龔鵬程「文學批評的視野」〉，收入《中國文學批評》第一集（臺北：臺灣學生書局，1992 年），可以參看。

〈從雅克慎底語言行為模式以建立話本小說的記號系統——兼讀《碾玉觀音》〉（古添洪，71/04）、〈隱喻與換喻——以唐詩為例〉（簡政珍，72/07）、〈宗教與中國文學——論西遊記中的「玄道」〉（余國藩著，李奭學譯，75/11）、〈三面「夏娃」——漢魏六朝詩中女性美的塑造〉（張淑香，76/03）、〈以盧卡其的寫實主義理論分析司馬遷的史記〉（呂正惠，76/11）、〈唐傳奇與女性主義文學的傾向——兼以「紅線傳」為例的意義探討〉（游志誠，77/06）、〈從結構主義與記號學論律詩的張力〉（張靜二，79/01、02）、〈西遊記———個奇幻文類的個案研究〉（曾麗玲，79/08）等。這些嶄新又獨到的研究，的確開拓了原來謹守在傳統中文領域學者們的視角——向域外投射並接受返照。

90 年代前後，臺灣人文學界隨著西方文學思潮的喧騰而翩翩起舞，更新潮前衛的理論，讓人目不暇給：解構主義、拉康的心理分析、新歷史主義、女性主義、後現代主義、後殖民主義、晚期資本主義等理論，大量探討同性戀主題、性別建構、身分認同、社會抗議、種族與家國、科幻主題、旅行文化、電影與文化、多元文化等各項議題，這些極新穎、極前衛的理論與觀念吹入臺灣，作風保守的中文學界雖然未必能立即消化運用，❶但的確使得中國文學研究的取材、視野與詮釋，產生很大的變化。以後現代思潮中女性主義為例，如何運用在古典文學的重新閱讀上？譬如重新認識明清時期的才女、探討明清女詩人選集及其採輯策略、重構才女們的書信世界、尋索《鏡花緣》中的女權思想、探究《水滸傳》中的兩性關係……等，這些角度大致在尋求父權文化下女性形象的自塑與他塑。新的思潮勢必更新舊有的研究框架，過去處於邊緣地帶的性別議題，因為女性主義的提出而有了發聲的著力點。另外，或以後現代情境解析《紅樓夢》、或研究中國書信體的文學、或以生態關懷的立場討論山水寫作、或對臺灣文學史的再思考……

---

❶　例如回應較慢的博碩士論文，在成果展現上，女性主義可謂為較早登陸的新風潮，臺大的學位論文如：〈當代臺灣女性小說七家論〉（李玉馨，1995 碩）、〈世情小說之價值觀探論——以婚姻為定位的考察〉（陳翠英，1995 博）、〈聊齋志異單女性人物研究〉（劉惠華，1997 碩）等，對於女性主義的運用，也要遲至八十年代中旬。呂正惠先生認為：「比較文學研究」經過十年的盛行之後，漸歸於沈寂，外文系的十年「試驗」，並沒有為中文系學者提供多少實質上可參考的解決之道，而 80 到 90 年代之十年間，中文系本身的反省與回應，事實上也止於初步的「驚醒」而已，具體的成果並不多見。詳參呂正惠、蔡英俊主編：《中國文學批評》，第一集（臺北：臺灣學生書局，1992 年），呂正惠撰「發刊詞」。

等，[20]因為新的研究策略的提出，使得中國文學的研究，有了前所未有的視野。

除西方文藝思潮的衝擊之外，臺灣的中國古典文學研究面臨另一項外來因素，1990 年代以後，隨著政治解嚴，兩岸文化交流逐漸頻繁，大陸學界的出版品，陸續引進臺灣，包括了許多西方美學及文學理論的翻譯，以及大陸學者宏觀式的文學與美學研究。前者關於西方 20 世紀多樣化文學理論的翻譯，正好與國內自 70 年代由外文系興起「比較文學」的思潮力量合流，這些翻譯給予不擅外文的中文系學者許多方便。而大陸學界宏觀式的文學研究，在詮釋取向與題材的擇定上，亦給予國內學者諸多參照與攻錯。跨入了 21 世紀，臺灣與海峽對岸在穩定環境中的學術研究呈現良性競爭的蓬勃現象，臺灣研究者所能掌握彼岸整建的各類資料愈來愈多，可用以分析解讀的理論工具亦不斷翻新，研究者或是致力於獨特視角的提出、或是作科際整合的研究、或是對邊緣性材料的青睞、或是與國際同好進行對話，以新思惟重讀中國古典文獻，使得中國文學的研究，在臺灣瀰漫的文學後設思潮中，呈現燦爛繽紛的場面，顯得元神奕奕，精彩可期。

## (二)對於西方思潮迎與拒的反省

1973 年，葉嘉瑩教授雖然針對西方文論運用於中國傳統舊詩的研究，有「削足適履」、「西衣中穿」的疑慮，在句法字意、情意結構、用字用典與解詩、如何判讀多義等嚴謹的治學前提下，仍同意舊詩的詮解需新理論來補足，並提出了接納西方文論的可行途徑（詳見《中外文學》2:4-5，62/09-10）。20 年後，葉慶炳教授所持態度較為開放：「用西方文學理論衡量中國文學作品，如果能用得適當，避免削足適履式的硬套，不但不會對中國文學作品構成傷害，往往還能發現我們平常所不曾發現的優點。」（《中外文學》16:6，76/11）。這樣的呼聲，其實是反應著中國文學研究努力摸索之後，一個逐漸明晰的趨勢。而當時與葉嘉瑩教授一度筆

---

[20] 《中外文學》的編輯自八十年代之後，走向專輯路線，例如「《紅樓夢》的後現代情境」專輯（1993/07）、「國家文學」專輯（1993/09）、「女性主義重閱古典文學」專輯（1993/11）、「中西書信體文學」專輯（1994/04）、「臺灣文學的動向」專輯（1995/02）、「臺灣流行歌」專輯（1996/07）、「自然變奏曲：生態關懷與山水寫作」專輯（1997/11）、「女人的湖泊——臺灣女性文學與文化」專輯（1998/06）、「臺灣文學史的再思考」專輯（1998/11）……等。

戰的顏元叔教授，亦在 20 年後提出了〈一切從反西方開始〉（按顏教授為《中外文學》20 周年所寫），說明了中國文學研究更新視野不得不走、邁向穩健的途徑與方向。

另一方面，亦有對於古典研究迎合新思潮的接受史提出反省的聲音。例如呂正惠先生對葉嘉瑩、柯慶明、黃永武諸先生所代表結合傳統與新批評的方式感到不滿足，在於他們說詩僅在字質、結構分析的「小詮釋」上自足，而久缺「大詮釋」的自覺或野心，無法提出較大的理論架構，以整體性來詮釋一群作品，這種視野不夠開闊的傾向，和新批評的精於分析而拙於文化哲學觀照，精神上其實相通。因而承認葉維廉、梅祖麟、高友工等人的大詮釋極具見地。❷❶

較早所謂的西方影響，幾乎矛頭是指向新批評，而自覺的起點，亦可謂來自於此，研究舊詩的方法，1970-80 年代，除了新批評、語言學、結構主義之外，還有可供參酌的理論，如俄國形式主義、布拉格學派、符號學、神話批評、心理分析批評、現象學、文化批評與社會批評、女性主義批評……等。清大中語系在1992 年出版《中國文學批評》第一集，即在對應這樣的思潮，之前該系曾長期舉辦「中國文學批評研討會」，該會有從兩方面宗旨：一、以具有理論自覺的方式來重新討論中國文學批評史上的各種重要問題；二、以比較新的角度或方法來分析中國古典文學作品，並藉此以探索「實際批評」的各種可能性。❷❷批判過去，開啟新軫。

## (三)在消融中重估傳統

在西方文論的傾銷中，如何不失去主體，成為極重要的呼聲。朱耀偉在《後東方主義：中西文化批評論述策略》一書中，反省被西方強勢文化主導下擠身與黑人、女性、少數民族等同的中國論述，企圖從解構、後殖民、詮釋學、後現代等思潮的資源中，發展一套與東方主義不同的特有的中國論述，他一方面相信借用西方概念去處理中國材料是不對的，但另一方面卻被迫去如此做，因為，若是不遵照支配性論述的遊戲規則的中國論述，會被認為是神秘的，最壞的情況更會

---

❷❶ 參見呂正惠：〈新法看舊詩——臺灣七十年代新型說詩方式的檢討〉，收入鍾彩鈞主編：《中國文哲研究的回顧與展望論文集》（臺北：中央研究院中國文哲研究所，1992），頁 95-111。

❷❷ 參見同註❶❾。

被全然排除在主流文化之外，「所以我們不能進入西方論述之中，從內為中國的詮釋系統發音的話，任何努力皆只會被主流文化視為他者，淪為邊緣的、神祕的、詭異的，甚至不能理解的」。由此，我們可以對西方詮釋學的發展及其對詮釋和理解的問題之貢獻引以為鑑，從而系統地處理中國文化傳統中的詮釋問題，如果我們執意要強調中國詮釋系統的中國性，而這種中國性是西方所不能理解的，那麼將使中國論述淪為與外來文化溝通的神祕他者，對拓展比較論述無甚裨益，他認為：

> 要重建文化，我們得要有自己的論述，我們自己的論述卻得借用西方的聲音，因為合法性是論述的條件，也是由主導論述所支配的條件，所以要為自己發音，我們無可避免地要借用西方論述，我們要做的，是在主導系統的西方論述所開展的本文及政治空間中發音，以不同的角度、不同的抗衡姿態去形成另一種論述，拓立出自己的論述空間。

龔鵬程先生順著朱耀偉的思路，提出幾個操作的方法：一、放棄各種習以為常的標籤，不再以此為認知指向；二、注意中西對舉論述中不曾涉及的廣大領域，三、討論重估價值的時代。❷❸而呂正惠先生也建議，由於西方文學理論的映照，我們極受啟發地回過頭去找尋傳統原來舊有的東西，如金聖歎的說詩方式類似新批評，中國舊詩學裡原本就有一種獨特的「細評」，給予重新認識與理解。❷❹

龔先生與朱、呂二氏，均不約而同地指出了，面對任何的強勢理論，研究者都應該隨時自我反省所使用的思維架構、評價系統、術語及理論，時時覺察這些裝備的使用效度。在現今強調發聲即有空間的時代，吾人不能停留在過去——或是一味地迎合、或是一味地排斥——如此迎或拒的選擇之間，必需掌握有效的發聲利器，不自外於國際的文藝思潮，運用共同的國際理論語彙，在消融彼此的對立中，為自己的傳統拓展論述的空間，重估價值，應是當務之急。

---

❷❸　對於朱耀偉一書的詳細探討，以及龔先生延伸的幾重操作方法，參見龔鵬程著：〈東方敗不敗？——中國近代思想史文學史的困境與重生〉，收於中央大學中文系所主編：《近代中國文學與思想「集刊」壹號》（臺北：臺灣學生書局，1995），頁6-33。

❷❹　詳參同註❷❶。

# 五、結語

　　20 世紀初，時代環境劇烈變動，幾部體例不一的文學史專著，在強大的國族意識與整理國故迫切的呼聲中所寫成，自有一段歷史因緣。相較之下，國民政府來臺後，因為沒有時代舞臺，以鮮明的史觀與意識來研究文學歷史者，顯得沈寂許多。儘管如此，在臺播種耕耘、接續傳承的兩代學者，在文學的歷史長河中，努力地填縫補隙，有了相當的成績。觀察半世紀以來中文研究的趨勢，大致可描繪出一條重要的線索，由主流的文學課題轉向偏統、發掘文學史偏僻的角落、別開文化的中心而朝向邊緣、再由對邊緣的理解而重新認識中心……，看來好像僅是研究材料的變異而已，其實促使這些轉變的關鍵，在於研究的方法與眼光，即本文主要申說的研究策略。

　　文學史研究的趨勢與轉變：早期的實證研究法來自於清代的國學傳統，而專家傳記的史料研究意識，後來轉向新批評主導的作品形構研究。著眼於《中外文學》的出版歷史軌跡，新批評與原型批評風行於 70-80 年代，率先為中國文學研究注入新力量，同時也促使代表中文系自覺與反省的「中國古典文學研究會」因應成立。新批評拋開傳記研究的包袱，而原型批評則有意忽略作品的形構，主題學的觀念帶來了文學細緻課題的關注。而陸續成立的斷代學會與斷代學術會議的召開，意味著以文學課題宏觀時代文化切面的斷代研究，又為文學研究引導了新路向。這些現象莫不顯示了學術研究，沒有陳舊過時的題材，只有層出不窮、與時俱進的研究理論與眼光。

　　當時中生代學者龔鵬程先生，在臺灣中文學界學術專業化的推動工作上，與朋輩共同用力甚深，在主持「中國古典文學研究會」以及淡江中文系所長任內，經常籌辦各類主題學術會議，使學者們既可在學術圓桌上，往返論辯，而研究成果更透過論文集的大量出版，得以相互切磋、密切交流。龔先生由老一輩學者啟發而奠定了清代以來的實學基礎，亦由同輩處相互汲引外來的文藝思潮，而能觸類旁通。龔先生力墾文化荒原，一面挖掘偏僻角落中的沈埋文獻，一面找出新問題，思考如何突破詮釋的困境，深化意義的解析，導引方法意識的反省，打破學科藩籬，敢於顛覆傳統，建立新說，勤於提示後續研究的各種途徑與可能，足為新生代研究者拓展參考視野。

面對強勢的西方文藝思潮，既向域外投射並接受返照，又有面對新理論迎或拒的反省，自葉嘉瑩、葉慶炳，及至呂正惠、龔鵬程，朱耀偉等人論文，基本上可視為文化之新（今、現代）與舊（古、傳統）、中與西等相互衝擊與對立的力量牽引下，苦思出路的覺察與呼籲：如何面對西方的強勢主導，而能在消融對立中重估傳統？這些真知灼見，以及研究轉型的趨勢，恰好在龔鵬程先生的治學規模中得到具體的映現，就某種程度而言，龔先生的研究路徑見證了臺灣地區 20 世紀後期中國古典文學研究的變貌。

# ○尾聲

拙文是由一篇舊作擷取而來。筆者昔曾銜龔師之命，撰寫一篇探討臺灣地區50 年來（1950～2000）中國文學史研究趨勢的報告，筆者才疏學淺，想要對半世紀臺灣陸續積累的研究成果作一全面探察，力有未逮，在眾多可能的分析模式中，筆者翻檢 50 年來的相關研究成果，選定若干學位論文作為分析與參照的重心，以此掌握學術研究歷時發展的脈絡，這個脈絡將以研究策略與詮釋角度變遷的立場來作觀察，旁及民間學會、學術會議、期刊出版等狀況，鳥瞰並描繪 20 世紀後期臺灣地區文學史研究的大致輪廓與趨勢，撰成一文，原訂題目為：〈罅隙的追尋與彌縫——五十年來臺灣地區中國文學史研究的趨勢觀察〉，後經主編者統一全書體例後，改題為：〈中國文學史研究概況〉。[25]

該文寫成至今，匆匆又過 10 年，龔師 10 年來學術參訪履跡遍及亞美歐三大洲，孜孜講學與著述，萬里遊蹤還化為 Blog 日日不輟之筆痕。龔先生早在 1979年已出版專門著作：《孔穎達周易正義研究》、《春夏秋冬：中國古典詩歌中的季節》，迄今 30 餘年，除了學術論文、報刊評論或散文隨筆等單篇之外，累積的專書超過一百一十部，珠璣字數早已上看億言。先生中文著述幅員遼闊，專書出版廣及：文學、史學、美學、文學理論、宗教、哲學、文化、散文、時論、個人年報……等，張雙英教授曾稱譽先生：

---

[25] 拙文收入龔師主編：《五十年來（1950～2000）的中國文學研究》（「臺灣學生書局四十週年紀念叢書」，臺北：臺灣學生書局，2001 年 3 月），頁 217-260。

為國內研究中國文學的學者中少數活躍於整個社會脈動裡的學者之
一，……龔氏有關中國文學與文化的論著之多，甚至已予人以一種超過其
實際年齡應有的限度之感。㉖

先生為文成就，於張教授筆下可見端倪。與其滔滔辯才給人的觀感一樣，先生具
有思考敏捷、文思犀利、亦莊亦諧、莫可蹤跡的撰述風格，先生喜自喻為遊俠，
時人譽為奇才，學生則每每苦惱於對這位狐狸型學者的匍匐追躡。筆者於 90 年代
踏入學術道路伊始，有幸忝列門牆，8 年的論文指導過程，由先生為我振聾啟聵，
筆者不敏，雖難以測度先生博通學問之淵，對龔師治學的路徑，自忖尚有若干領
會，竊以為 20 世紀後期，先生治學恰可視為呼應中文學界力求轉型與突破的一個
典例，筆者誠願在此提出舊文，以供有心人參考。

　　先生近兩年甫出版兩部直探中國文學史書寫之大作：《六經皆文——經學史
／文學史》（臺北：臺灣學生書局，2008），《中國文學史（上冊）》（臺北：里仁書局，
2009），整體性地剖陳了他自 1984 年以降對文學史思考的詮析。前書論說經學與
文學的關係，辨正現今經學史、文學史研究及論述框架存在的相關問題，提示讀
者進一步思考之諸多線索。後書則如先生自言：

是一本獨立的文學之史，說明文學這門藝術在歷史上如何出現、如何完善、
如何發展，其內部形成了哪些典範，又都存在哪些問題與爭論，包括歷代
人的文學史觀念和譜系如何建構等等。文學的觀念史、創作史、批評史，
兼攝於其中。不依序介紹這個作家那個作家之生平及八卦，如錄鬼簿；也
不抄撮這篇佳作那篇佳作，如馬二先生湖上選文。因此從性質上說，此書
與歷來之中國文學史著作迥然不同。（自序）

先生以實際的著述批駁彈正百年來中國文學史著述之疏繆，此書一出，引起學界
矚目，香港大學陳國球教授曾撰專文評介：

---

㉖　詳見同註⑱，張雙英著：〈評龔鵬程「文學批評的視野」——以歷史文化為基的文學批評〉。

只有像龔鵬程對文學史現象及其書寫具備如此清醒的意識，才能瞻前顧後，取之左右逢其源，使得他的文學史如此與眾不同。（陳序）

筆者不才，雖無能測究先生淹博學問之涯際，唯以為 21 世紀初的這兩部力作，斯為先生 20 世紀後期對於中國文學歷史複雜脈絡思維之菁華總結。立足於傳統國學與現代思潮豐碩的論域基礎上，筆者恩師——龔鵬程先生，大氣魄地以其專力傑作參與了中國文學史繼往開來的論述建構工程，極有功於中文學界，願在此附筆及之。

# 徵引書目

《中外文學》，「《紅樓夢》的後現代情境」專輯，1993 年 7 月。

《中外文學》，「國家文學」專輯，1993 年 9 月。

《中外文學》，「女性主義重閱古典文學」專輯，1993 年 11 月。

《中外文學》，「中西書信體文學」專輯，1994 年 4 月。

《中外文學》，「臺灣文學的動向」專輯，1995 年 2 月。

《中外文學》，「臺灣流行歌」專輯，1996 年 7 月。

《中外文學》，「自然變奏曲：生態關懷與山水寫作」專輯，1997 年 11 月。

《中外文學》，「女人的湖泊——臺灣女性文學與文化」專輯，1998 年 6 月。

《中外文學》，「臺灣文學史的再思考」專輯，1998 年 11 月。

《古典文學》，第一集，臺北：臺灣學生書局，1979，王熙元：〈卷頭語〉。

《古典文學》，第十三集，臺北：臺灣學生書局，1995，龔鵬程：〈序〉。

朱曉進：〈一種可資借鑑的文學史研究思路——讀周作人《中國新文學的源流》〉，收入陳國球等編：《書寫文學的過去——文學史的思考》（臺北：麥田出版社，1997），頁 373-380。

呂正惠、蔡英俊主編：《中國文學批評》，第一集（臺北：臺灣學生書局，1992），呂正惠撰「發刊詞」。

呂正惠：〈新法看舊詩——臺灣七十年代新型說詩方式的檢討〉，收入鍾彩鈞主編：《中國文哲研究的回顧與展望論文集》（臺北：中央研究院中國文哲研究所，1992），頁 95-111。

周月亮：〈輯錄與案語——讀劉師培《中國中古文學史》〉，收入陳國球等編：《書寫文學的過去——文學史的思考》（臺北：麥田出版社，1997），頁 367-372。

夏曉虹：〈考據與圖表的現代功用——讀梁啟超的《中國之美文及其歷史》〉，收入陳國球等編：《書寫文學的過去——文學史的思考》（臺北：麥田出版社，1997），頁 359-366。

張雙英：〈評龔鵬程「文學批評的視野」〉，收入《中國文學批評》第一集（臺北：臺灣學生書局，1992）。

陳國球：〈導言：文學史的思考〉，收入陳國球等編：《書寫文學的過去──文學史的思考》（臺北：麥田出版社，1997），頁 6。

陳國球：〈傳統的睽離──論胡適的文學史重構〉，收入陳國球等編：《書寫文學的過去──文學史的思考》（臺北：麥田出版社，1997），頁 25-84。

陳國球等編：《書寫文學的過去──文學史的思考》（臺北：麥田出版社，1997）。

黃文吉：〈臺灣近四十年研究中國文學史成果之分析〉，該文發表於「國科會中文學門專題研究計劃成果發表研討會」，1995 年 5 月。

葛兆光：〈陳列與敘述──讀謝无量《中國大文學史》〉，收入陳國球等編：《書寫文學的過去──文學史的思考》（臺北：麥田出版社，1997），頁 351-357。

龔鵬程：《江西詩社宗派研究》（臺北：文史哲出版社，1983）。

龔鵬程：〈試論文學史之研究〉，收入《古典文學》，第五集（臺北：臺灣學生書局，1983），頁 357-386。

龔鵬程：《大俠》（臺北：錦冠出版社，1987）。

龔鵬程：《傳統、現代、未來──五四後文化的省思》（臺北：金楓出版社，1989）。

龔鵬程：〈宋詩與宋文化──我對宋詩研究的基本看法〉，收入氏著：《文學批評的視野》（臺北：大安出版社，1990）。

龔鵬程：《道教新論》（臺北：臺灣學生書局，1991）。

龔鵬程：《文化符號學》（臺北：臺灣學生書局，1993）。

龔鵬程：《晚明思潮》（臺北：里仁書局，1994）。

龔鵬程：〈東方敗不敗？──中國近代思想史文學史的困境與重生〉，收於中央大學中文系所主編：《近代中國文學與思想「集刊」壹號》（臺北：臺灣學生書局，1995），頁 6-33。

龔鵬程：〈唐宋文化變遷之研究〉，刊於《國文學誌》，第三期（彰化師大國文系印行，1999 年 6 月），頁 1-22。

龔鵬程主編：《五十年來（1950～2000）的中國文學研究》，「臺灣學生書局四十週年紀念叢書」（臺北：臺灣學生書局，2001 年 3 月）。

# 論龔鵬程《中國文學史》
# 的文學史觀

潘德寶*

**摘　要**　龔鵬程《中國文學史》（上）的寫作形態迥異他書，主要在於龔先生的文學史觀。他吸收了傳統、現代、後現代文學史觀的豐富養料，提出由各種文學史著相互「批駁彈正」來建構中國文學史的新穎路徑；同時一反過去文學史以歷時性研究為中心的做法，另立範式，以化解時間一維的線性、片面呈現，轉向文學史的共時研究，突出中國文學史的審美研究；還把「文學基準」的作為文學史的主角，還原各個時代的「文學基準」來展現文學史的演變。

**關鍵詞**　龔鵬程　中國文學史　文學史觀

中國文學史寫作實踐與理論探索都已經取得了長足的進步。2004 年在蘇州大學召開的「中國文學史百年研究國際研討會」上統計，截止 1994 年，大陸出版的中國文學史著作已達 1600 部以上，臺灣香港還未計入，可見其盛。[1]上世紀八九十年代以來，學者呼籲「重寫文學史」，人們反思文學史寫作，提出質疑，總結

---

\*　　潘德寶，復旦大學中國古代文學研究中心博士研究生。

[1]　龔鵬程：《中國文學史》（北京：世界圖書出版公司，2009 年），頁 1。

經驗，積累了很多成果。❷這似乎顯示了再寫文學史或者重新討論文學史寫作已無必要：群眾都已經過了河，就不必再去摸石頭了。

中國文學史的史觀深受蘭克以來的現代史學影響，文學史寫作往往追求客觀真實，著意挖掘作者意圖，描述文學史的線性進步，敘述中融入民族國家意識，而尤以客觀真實、線性進步為著。❸自上世紀60年代以來西方出現了所謂的語言學轉向，後現代史學家們激烈批判這些史觀，這股思潮早已波及中國。吾人隨波逐流，拾洋人餘唾，回收學術地溝油，固不足取；然而視之為洪水猛獸，置之不理恐怕亦非正途。有識之士早已迻譯相關論著，討論也正逐漸深入，對後現代史觀也有一定的回應。

可惜，中國文學史寫作實踐中，尚未見到對後現代文學史觀的深入思考，如何融合傳統、現代、後現代的文學史觀，著成通史，成一家之言，做出一部全新的中國文學史，依然值得期待。龔鵬程先生所著《中國文學史》（上）以全新的面貌，回應各種文學史觀的思考，值得研究者討論、反思、借鑑。

龔著《中國文學史》2009年先後在臺灣、大陸出版。臺灣《文訊》月刊社還為此辦了一次座談會，也刊佈了陳國球先生等人之評述（參見該雜誌2009年第1期），學界不無反響。這部文采斐然的文學史專著形態迥異前人；學術風格明顯，有著強烈的個性；新見迭出，頗有破除歷來迷信的氣概；而且對文學史觀和方法的深刻的自覺與反思，這一點尤其值得深思。

本文通過分析龔著《中國文學史》呈現的敘述形態，考察龔先生面對百年反思和豐富的資源，他是如何反思過去的文學史觀，又如何在各種思潮面前，特立獨行，激發出自己的文學史觀。我們清理來路，檢討得失，為深入討論文學史觀作一些基礎工作。

---

❷　如陳平原等主編：《文學史》（1-4輯），陳國球：《文學史書寫形態與文化政治》（2004），戴燕：《文學史的權力》（2002），董乃斌等主編：《中國文學史學史》（2003）、《文學史學原理研究》（2008），陶東風：《文學史哲學》（1994）等，都對文學史寫作有了較為深入的討論，而且多所大學都有文學史方向的專業設置。

❸　沙紅兵：〈「通三統」：中國古代文學史研究的「歷史觀念」批判〉，《復旦學報》2010年第4期，頁98。

# 一、「批駁彈正」以建構文學史

龔鵬程先生的《中國文學史》極富個性，充分展示他的文章魅力。書中常對其他的文學史研究提出批評，指責其他文學史著的不合理，獨主一說，且批判力強。

談到《詩經》時說：「過去的研究者碰到這些歌詩，常不能掌握其性質，總是迷信歌謠起於民間」，打破歷來以民間文學與貴族文學之分的成見。（第1章）魯迅論魏晉風度時，曾說魏晉是個文學自覺的時代，龔先生卻說「其實不然」。❹（第4章）「今人論文學史，不知源流，又膠執『魏晉自覺』，遂以為文體之辨是魏晉以後的新事況，殊不知漢代文體觀早已確立。」（第8章）討論四聲八病說時，龔先生懷疑陳寅恪《四聲三問》分析的有效性，說「陳先生論學，喜說印度淵源，實不足據。」（第22章）「談文學史的人，講到隋唐也是精神大振，腦袋充了血，便胡言亂語了起來。」（第33章）「過去的人，老是搞不清政治與文學的分際，以王朝史為文學史的框架，現在我們可不能也犯糊塗。」（第33章）批評前人把李白概括為浪漫詩人，是「貼標籤」，「實在笑死人了」。（第39章）他不但批評今人，還不滿古人，「沈約《宋書·謝靈運傳論》弄不清這其中的道理……把東晉文風不再華麗之故，說是因東晉玄風大暢，真是完全搞反了。」（第16章）引述前人對古文運動的描述，下斷語說：「孰知大謬不然，歷史不能如此簡單化地處理。」（第49章）還把讀者可能的知識盲點指出來：「那道教不就是老莊思想的宗教化嗎？哈哈，你又弄錯了！」（第17章）仔細翻檢，當有更多批駁彈正的語句。

龔先生在著作中並非毛舉細故，做一些拾遺補闕的工作，而是幾乎從整體上否定之前的文學史寫作。〈序言〉中便一篙子打翻一條船，誇張地說1600多部文學史，「佳作寥寥」，「伐木造紙，殆已毀了數十座森林云」。❺他認為文學史寫作多以課堂講義形式編制，限於教材體例，「嚼飯喂人，既已淡乎寡味；粗陳

---

❹　當然，對於文學自覺的時代，大陸學者也多有討論，見趙敏俐：〈「魏晉文學自覺說」反思〉，載《中國社會科學》2005年第5期。龔先生限於體例，未提及。

❺　龔鵬程：《中國文學史》（北京：世界圖書出版公司，2009年），頁1。

梗概,遂愈覺水清而無魚。安章宅篇,務求分量勻齊、面面俱到,更不能見心得,尤其無以見性情。」❻從史法、史例、史體角度否定了前人著作,批評他們不是文學「史」。同時,認為大多數文學史著的論述框架、文學史觀太過陳舊。這些文學史著要麼是歷史目的論、單向度的線性發展,「進步與落後、正確與錯誤、革命與反動、新生與腐朽等一連串的二元對立等級觀念即構作了歷史的進化」,魏晉革新了漢儒的腐朽,「明七子的復古又被公安派獨抒性靈所改革,革命者代表了啟蒙的價值:理性、自覺、浪漫、個我主體等,於是一部中國文學史的論述,就變成了對新時代國民意識教育的一環。」❼批判他們依附於政治社會史,算不上「文學」史。所以,另寫一部文學史以「匡謬正俗,或為讀者打開一點思考空間」。❽

對其他文學史著作何以有那麼多的批評?粗讀之下,以為這是龔先生故作驚人之語,其實別有懷抱。

「史前史」這個概念中兩個「史」字表示著兩種不同的指涉。前一個指的是史著、歷史書籍,而後一個指的是指曾經發生過的歷史事實、歷史事件,這樣才能理解整個詞指的是「歷史記錄以前的歷史事件」,而不是自相矛盾的「歷史之前的歷史」。同樣,「中國文學史」這個概念也有兩方面的內容,一方面是指中國古代文學史於過去的時空中的本源性存在。今人可以借助文獻、考古等方式,使我們堅信在過去的某個時空,的確存在過李白、杜甫、蘇軾、曹雪芹……以及他們留下了文學作品,這一切都是曾經發生過的文學事件;另一方面這個詞是指寫成的一本本、一冊冊的文學史著,它們是對原初的中國文學史的記錄。❾

但是,過往的時空不復存在,今人無法返回歷史現場,那麼客觀的歷史原初就永遠是不在場的「存在」。我們要把握這一「不在場的存在」,重現過去的歷史事件,只能通過敘述來構建過往的時空。結果,就成了後現代史家所謂的「一

---

❻ 龔鵬程:《中國文學史》(北京:世界圖書出版公司,2009 年),頁 1。
❼ 龔鵬程:《中國文學史》(北京:世界圖書出版公司,2009 年),頁 2。
❽ 龔鵬程:《中國文學史》(北京:世界圖書出版公司,2009 年),頁 2。
❾ 當然,還可以細分,把中國文學史分成文學史本源、文學史理解和文學史敘述。我們認為文學史敘述是把文學史理解的外在化,文學史敘述也是一種文學史理解,只是外在形態不同。參看郭英德:〈關於中國古代文學史寫作的思考〉,載《陝西師範大學學報》2003 年 9 月。

切歷史都是敘事」，歷史敘述不但掙脫歷史本源的影子，反而重新塑造著「歷史本源」，反客為主，讓讀者以為這就是歷史本源。

文學史著作——即文學史敘述——如何還原文學史原初，這是文學史觀中最為基礎的問題。中國古代史家一直有客觀求真的要求，歷代史家提出著史以「實錄」為標準，但歷史敘述、歷史記錄其實就是帶著人的內在性和主觀性的闡釋活動。史家力圖克服自己的主觀性，以求還原歷史，但活生生的人如何避免得了主觀性？《左傳》說董狐很有實錄精神，記載著趙盾弒其君這樣的話，而深得孔子讚賞，稱其為「古之良史」，但通過上下文，我們知道趙盾並沒有謀劃、參與、動手，國君之死與他了無干涉，只是史家認為他應該負有道義上的責任而已。所謂「實錄」或者說追求歷史記錄的客觀性是渺不可及的。於是，在中國文學史寫作中，就有人乾脆承認主觀性的地位，胡懷琛說：

> 或曰：當以客觀態度，敘述往事，而不下一斷語，……余曰：不然，苟僅以客觀態度，陳列往事，則古人原書具在，學者一一讀之可也，何勞吾著「文學史」哉。原書既不能卒讀，不得不有人為之提要鈎元，使之一覽了然。一經提要，即有主觀參入其中矣。❿

這種意見應該不是孤例。龔鵬程先生也是承認文學史本源難以追溯，並提出解決的思路：

> 一個時代，既在歷史長河中表現著它自己，又同時活在後人的理解詮釋中，這兩者是交疊在一起的。而後人之理解與詮釋，乃是文學史意識對歷史材料的處理，因為沒有人會去敘述歷史上發生過的一切事情，更不可能不對史事表示評騭，所以他們的歷史敘述或評論，勢必體現著他們自己的文學史視野及觀點。歷史本身若是甲，這些詮釋就是乙。不過，因不同時代的人各有其詮釋，故乙也就不會只有一個，而是乙一、乙二、乙三……所謂文學史，即是這些乙參差疊合，互相印證、互相辯駁、互相競爭、互相校

---

❿　胡懷琛：《中國文學史略》（上海：上海梁溪圖書館，1926 年），頁 7。

訂、互相拆解之過程，它型塑著我們的文學史認知。因此，講文學史而不提醒讀者注意這些乙，是假天真。假裝自己的介紹就是歷史的本然，而不告訴讀者他的敘述與詮釋其實乃是由某個乙來的，或由許多乙拼湊而來。**⓫**

　　首先，把文學史理解成兩者的交疊，其實就是對現代、後現代史觀的回應。大陸學界一直思考文學史如何才能做到客觀真實，**⓬**就是考慮如何讓歷史敘述最大限度地接近歷史本源。這，且不說理論上是難以實現，就在文學史寫作過程中也難以保證。龔先生並不認為既然客觀性難以達致，就乾脆自說自話，人各一說，家有己見，而認為文學史敘述是主客交融的詮釋活動，人們對文學的認識、敘述，受到歷史本源的規定。這從闡釋學的角度打開了「歷史真實性」思考的空間。

　　相對於歷史本身的甲，龔先生特別指出歷史敘述乙一、乙二、乙三……這些文學史著之間天然地存在矛盾抵牾，通過各種文學史著相互辯駁彈正，讀者可以觀察到各文學史家的洞見與盲見，相互修補，相互印證，建構起讀者的文學史認知。他說：

　　　　我們現在講文學史，就要一面抽絲剝繭，說明一個時代就作家在乙一、乙二、乙三……各詮釋體系中的形象是什麼；再借由它們彼此辯駁、相互校證，去試著還原歷史之甲可能是什麼；繼而更須以此去解釋歷史之甲如何透過詮析之乙一、乙二、乙三……，帶出了或影響出了後來丙一、丙二、丙三……的歷史。**⓭**

這個思路也為我們展示出接近歷史本源的「甲」之方法。這也是龔先生書中不斷「批駁彈正」的原因所在。

　　既然各種文學史之間應該互相校訂，就要提出與其他文學史著的不同看法。所以龔先生書中不斷有上文舉出大量的批駁文字，還在前人詮釋的縫隙中，找出

---

⓫　龔鵬程：《中國文學史》（北京：世界圖書出版公司，2009 年），頁 398。

⓬　參見羅宗強：〈文學史編寫問題隨想〉，載《文學遺產》1994 年第 4 期。

⓭　龔鵬程：《中國文學史》（北京：世界圖書出版公司，2009 年），頁 399。

他們沒有注意到的地方，另立新解，令讀者感到新見迭出。比如認為漢代士人有「士不遇」的普遍哀感，而這種集體感情所投射的物件，便是屈原。指出《古詩十九首》為女性化的書寫，展示出異於戰國的「遊」的精神，是悲亡命、喚遊子、傷淪謫、哀時命相結合的一種由居人意識反照的「遊」之精神。還特別強調文學傳統中除了「抒情言志」還有「以文為戲」的一面，從語言侍從之士的寫作到歷代擬作仿寫，乃至李商隱的創作，都有之前人們忽視的這一面向。或另立價值標準，指出宮體詩在聲色大開上的絕大貢獻，形成香奩閨情的體系⋯⋯

龔先生自覺地把自己的文學史著列入「乙」，參與到這個相互印證、競爭的隊伍中去。所以他說「文學史寫法千變成化，我獨行一路，豈能盡得其妙？又豈能禁止別人從別的路向來尋幽訪勝？」⓮顯示了一種開放的學術研究態度。

陳國球先生認為在中國自有文學史研究以來，就與教育機制密切難分。教育的主要功能是傳授知識，文學的歷史存在既然被視為學子必須掌握的知識，而以語言文字於另一時空重現，它的敘事體式必然具備了幾個特徵：1.敘事者（narratot）表明所敘述的不是謊言，乃是真相；2.敘事者假設自己和讀者對相關知識的掌握程度並不對等；敘事者訪得了知識的火光，然後傳遞給蒙昧的讀者；基於不平等的地位，基於高度的自信，敘事體充滿從上而下的指導語態，藏有嘉惠後學的自慰心理。⓯而龔先生這種開放的態度，就擺脫這種啟蒙式的體態、腔調，而是呈現出互動的姿態、欲望，使讀者參與到文學史的建構中來。

最後，這種參與性也帶來了閱讀趣味，看到龔先生這麼多的「批駁彈正」，讀者也許努力尋找龔先生的盲見，變成主動學習。

當然，如果把書中討論到相關論著列在參考書目中，以便讀者翻檢、對比，進一步思考龔先生的立論，就更符合這個開放、互動的要求了。

## 二、議題式呈現以解構歷時性

上面分析了「歷史客觀性」問題在現代史學、後現代史學的處境，以及龔鵬

---

⓮　龔鵬程：《中國文學史》（北京：世界圖書出版公司，2009 年），頁 5。
⓯　陳國球：《文學史書寫形態與文化政治》（北京：北京大學出版社，2004 年），頁 319。

程先生提出的新思路。文學史寫作中另一個基本問題便是如何調和文學史的「文學」性和「歷史」性，讓文學史既有「史」也有「文學」。

龔鵬程先生這部的《中國文學史》最突出的一點，便在於議題化的呈現，粗看還以為是一部文學史論文集，甚至有人認為「本書學術性格不嚴謹，是漫淡式的」。❻全書共五十章，每章呈現一個議題，提出一個明確的觀念。第 1 章〈詩經的文籍化與詩篇的發展〉，似乎是在講述中國第一部詩集，僅看標題也以為龔著《中國文學史》也是從先秦開始，而其實此書認為《詩經》在先秦是音樂藝術史上的作品，不列入文學史討論，僅作為文學前史的內容，讓讀者自己去參考。第 2 章〈楚辭的經典化與辭賦的發展〉，認為楚辭是漢代建構的文學傳統。第 49 章〈被遮蔽的駢文史〉，指出前人不太注意的唐代駢文有超越六朝的地方，還梳理了古文運動的相關情況。第 50 章〈被扭曲的說唱史〉則論述唐代的說唱史。也就是說，讀者須看完全書，方可知《中國文學史》（上）論述漢至唐的文學。全書其他各章也是每章呈現一個話題。從上述簡介可以看出，他沒有強調文學史的歷時性進展，甚至還有意削弱這種時間性。

中國文學史家大多認為文學史屬於歷史學的範疇。謝無量曾說文學史「屬於歷史之一部」，而後中國文學史的作者顧實、穆濟波、胡懷琛、鄭振鐸、胡雲翼等都有如此說法。❼文學史家們努力展現文學史在時間軸上的運動，突出了文學史的線性進程。這看似提綱挈領，脈絡清晰，其實是對文學史的單向度的片面展示，犧牲了文學史本源的豐富多彩，代之一簡單化的敘述。如果說強調時間線性發展的文學史觀，我們可以簡化為「歷時性」研究，龔先生這部書我們就可以稱為「共時性」研究，這種針鋒相對的做法，明顯帶著解構主義的色彩。

因為，文學史既名之為史，就要從時間向度上把握它。但，文學史與經濟史、政治史、社會史、性別史、服飾史、飲食史、民族史、醫療史等全然不同。這些「史」僅強調其時間向度的發展與演變，自無可議。但文學還有審美的面向。所以「新批評」代表人物韋勒克在〈文學史的衰落〉一文中認為文學作品的價值不

---

❻ 張輝誠：〈縱談古今，獨樹一格——龔鵬程《中國文學史》座談會紀實〉，《文訊》2009 年第 1 期，頁 87。

❼ 董乃斌、陳伯海、劉揚忠：《中國文學史學史（第二卷）》（石家莊：河北人民出版社，2003 年），頁 50。

能通過歷史的分析來把握，只能通過審美判斷來把握。⑱同樣，德國文藝理論學者瑙曼討論這一問題時，認為文學史用「史學」的方法，只能把握作品歷史性的一個方面，這個方面可以稱為「歷時性」的方面。這個方面將作品置於文學發展中的一個屬於過去的位置，從而從發生學角度考察文學作品的生成條件，強調其屬於哪個文學流派、哪個方向、哪個時代等等，再從功能角度強調它的接受史或效應史。但是，作品還有另外一個表明它的歷史性的位置。這個位置既不等同於作品產生的方位，也不等同於我們用以重構接受史或效應史的那些日期。這個位置是在作品被接受的當時所賦予它的現時之中。相對於作品歷時性的那個方面，我們若可以將作品歷史性中這一注重作品在現時存在的方面，稱為「共時性」的方面，那麼使作品脫離了它在歷史性軸線上的那個歷史位置，並作為這一轉移的結果賦予它一個處在共時性軸線上的新的歷史方位。⑲龔先生認為這個方位，體現在審美的相互接觸之中，表現唯此非彼的作品個體性，這個方位也可以稱審美的歷史性。⑳

如何在文學史著中呈現這種文學史觀呢？龔先生的做法比較簡單，他的文學史依自然時間，將各個議題排列起來。第 1 章〈詩經的文籍化與詩篇的發展〉認為詩經作為文籍來看待，是漢代人開始的，他們通過「訓、故、傳」等注釋文義的方式，把詩經從音樂轉為文字作品。但漢代古詩的出現，才是中國詩文學傳統的開端；第 2 章〈楚辭的經典化與辭賦的發展〉指出《楚辭》根本就是漢代人編輯而成的，這就是漢代人的文學；第 3 章〈從言語侍從之臣到文章之士〉、第 6 章〈文人階層的形成〉討論的是漢代作家的群體以及與文學演變的關係；第 7 章〈文學經驗的開拓〉、第 8 章〈文體意識的表現〉則分別從兩個方面來把握這一時代文學的主題與表現形式……

這樣集中於文學審美方面的討論，而歷史性的一面則通過文學經驗的演變、文體功能的演變、文人境遇的變化等諸方面隱性地表現出來。如第 47 章〈溫庭筠及其問題〉討論溫詞，但從「詞本豔科？」這一疑問入手，把詞的發展階段作了

---

⑱ 龔鵬程：《中國文學史 · 導論》（北京：世界圖書出版公司，2009 年），頁 4。

⑲ 瑙曼：〈作品與文學史〉，載范大燦編：《作品、文學史與讀者》（北京：文化藝術出版社，1997 年），頁 186。

⑳ 龔鵬程：《中國文學史》（北京：世界圖書出版公司，2009 年），頁 7。

說明，還指出詞不只是豔科，其道廣大，非歌兒舞女之謳所限。較好地做到了共時與歷時結合的研究。

當然，我們認為文學史的歷時研究與共時研究相結合，做到恰當比例是比較難的，或許會有更好的方式來呈現這種理論的懸想。

另外，以往中國文學史的歷時性研究還往往與進化論史觀相結合。20 世紀，達爾文的進化論傳入中國，在救亡圖存的時代主題面前，這種學說不但在生物研究中有著重要影響，而是全面滲透到其他各個領域，用以闡釋人文學科各個方面，具有無遠弗屆的威力。傅斯年指出：

> 若干文體的生命仿佛是有機體。所謂有機體的生命，乃是由生而少，而壯，而死。以四言詩論，為什麼只限於春秋之末，漢朝以來的四言詩做不好，只有一個陶潛以天才做成一個絕無對偶的例外？為什麼五言起於東漢的民間，曹氏父子三人才把他促成文學上的大體制，獨霸了六朝的詩體，唐朝以後竟退居後列，只能翻個小花樣呢？為什麼七言造胎於八代，只是不顯，到了李杜才成大章法，宋朝以後，大的流變，又窮了呢？為什麼詞成於唐，五季北宋那樣天真，南宋初年那樣開展，吳夢窗以後只剩了雕蟲小技呢？……就是這些大文體，也都不像有千年以上的真壽命，都是開頭來自田間，文人借用了，遂上臺面，更有些文人繼續的修整擴張，弄得範圍極大，技術極精，而原有之動蕩力遂衰，以至於但剩了一個軀殼，為後人抄了又抄，失去了擴張的力氣……這誠是文學史上的大問題，這層道理明白了，文學史或者可和生物史有同樣的大節目可觀。❷

進化論史觀認為一切社會都是不斷進化，歷史的演變，有一必然之趨勢，帶著一種歷史目的。這種文學的有機體生命之生老病死，是一種必然的趨勢。傅斯年通過各種文體的生命歷程，清楚地展示其從產生到消亡，自有其規律，豪傑之士也勉強不了。一般文學史依著這種思路，把文學史分成產生、發展、強盛、衰落、消亡等幾個階段，這就是上述進化論史觀的影響。最後就會演變成歷史目的論。

---

❷　傅斯年：《詩經講義稿》（北京：中國人民大學出版社，2004 年），頁 109。

沙紅兵先生指出這種線性進步目的論實際上只是中世紀基督教神學歷史目的論的世俗化，而且充滿著文學史家的敘事修辭。㉒

　　龔著文學史以議題為中心，但絕非漫無邊際的雜談，忽而漢代，忽而唐代，他傍依自然時間寫下，每個議題都不是孤立的，甚至還有史傳中的「互見法」，有極強的時空感。有效地化解了文學史中的進化論、歷史目的論。

　　歷時性研究帶來的第三個問題，便是文學史的分期。文學史的分期，就是最直觀地體現文學史家的文學史觀。林庚先生的文學史「黃金時代」「白銀時代」等劃分與游國恩諸先生編的文學史分期便截然不同，章培恒先生主編的文學史與袁行霈先生主編的文學史也不相襲，諸如此類，便可見文學史分期的重要性了。但文學史的分期，或多或少依附於社會政治的發展，最後就把文學史轉化成了社會政治史的註腳，不但意味著排他，忽視眾聲喧嘩、豐富多彩的文學現象，還把文學史書寫納入國民意識教育的一環。當然，有識之士，提出文學史依著文學史自身發展的階段來分，但在實際操作中習慣採用朝代分期法，按照歷史朝代的更替劃分文學發展的時期和階段。而文學史家們站在今天的歷史高度，人們為了梳理源流，把握事實，分析原因，便於讀者掌握這種進步的轉捩點與關鍵時期，文學史家斟酌再三，把文學史分割成幾個時期，以突顯這種進化的進程。

　　因此，要對解構進化論的文學史觀、歷史目的論的文學史觀，最好是從文學史分期入手，不同的分期意味著不同的文學史觀。

　　龔先生批評道：

　　　　一般文學史，不會像我們上面說的這樣，這也是問題那也是問題，它們都
　　　　用一種看起來簡單明瞭的敘述法，告訴讀者：唐代可以分為一、二、三、
　　　　四期，第幾期裏又有一、二、三、四派或類，各派各類有一、二、三、四
　　　　位代表作家，每位作家又有一、二、三、四篇代表作，然後介紹介紹作家
　　　　生平，舉幾首作品翻譯翻譯，頌揚一番。這除了便於教師偷懶，便於考試

㉒　沙紅兵：〈「通三統」：中國古代文學史研究的「歷史觀念」批判〉，《復旦學報》2010年第
　　4期，頁101。

出題，便於養成學生的怠惰外，有何用途？這是文學史嗎？❷

龔先生從教學角度批評了一些文學史著，這當然是一篇打翻一船人的筆法。但龔先生的做法異乎此，表明他深知歷時性研究帶來的問題，而他自己提出議題式的寫作，至少提示了文學史研究還有共時性的一面可以挖掘。這種嘗試異乎前人文學史著，的確帶著對以往文學史著解構的意味，理應值得我們深入討論，藉以反思中國文學史的現代史觀，並由此深化歷史觀念的研究。

# 三、探求文學基準的演變

龔著《中國文學史》非常可怪之處極多。龔先生論作家、作品往往有獨到之見。以「中和之美」論陶淵明，認為生命激擾不安的謝靈運時時感到孤涼……龔先生這位「朱自清散文獎」獲得者分析齊梁時期最好的文字時，帶領讀者細細品味作品，分析了酈道元《水經注·江水注》、江淹《別賦》、鮑照《蕪城賦》、丘遲《與陳伯之書》、庾信《小園賦》幾篇，論述文字與原文融為一體，文采竟亦不輸原文。這樣的介紹與分析，正是龔先生所長，理當有相應的分量一展其長，但這樣的介紹、分析在全書中極少。他還在序言裏聲明說：

> 不依序介紹這個作家那個作家之生平及八卦，如《錄鬼簿》；也不抄撮這篇佳作那篇佳作，如馬二先生湖上選文。因此從性質上說，此書與歷來之中國文學史著作迥然不同。❷

目錄中就未標舉司馬遷、李白的名字，這對讀過其他文學史著的人來說，就是非常可怪之處了。即便標舉了杜甫、李商隱等人，論述中又未詳示其生平、作品，頗令人驚訝。

龔先生自序中交待這部書的寫作過程時說：「近年旅泊四方，根本無書可以

---

❷ 龔鵬程：《中國文學史》（北京：世界圖書出版公司，2009 年），頁 398。
❷ 龔鵬程：《中國文學史》（北京：世界圖書出版公司，2009 年），頁 2。

參看，談到作家與作品，徒恃記憶，歷來寫史亦無如此冒險者。」㉕這難道就是不太介紹作家、極少分析作品的原因嗎？龔先生對文學史的研究，已有二十多年的積累，㉖且自信他這部文學史「將來也必將成為教材」，㉗下筆時不該如此草率偷懶呀。這也絕非是其原因。

究其原因，應當是對文學史的主角有不同的認識。龔先生認為文學史的主角並非一般人認為的那樣是作家與作品，而是觀念。每個時代的文學觀不同，故其所謂之文學即不同，其所認定之作家、作品，乃至大作家、好作品也不一樣。㉘要說明的是，這個觀念，並不是作家的創作觀念，與所謂的文學思想史不同，也不同於讀者的接受觀念，與接受美學的文學史觀也稍有不同。龔先生舉例說，小說，古常視為史書之一類，後來才把它看成是文學。駢文，在六朝時是文學，唐宋以後作家作品也仍然很多，但受古文史觀影響的論者卻恍如未見，完全不去談它。龔先生所謂的觀念，接近於布拉格學派的代表人物伏迪契卡所謂的「文學基準」或「文學結構」，即是整個時代對當時文學現象的觀感，以及具有歷史的普遍性意義的意見。而文學史就是考察這個無形的客體「文學基準」的運動「演變」情況。㉙

第一，對這個「文學基準」的準確把握，便具有還原文學史的作用在，還帶有共時性研究的色彩，與龔先生「批駁彈正」說、「審美研究」說相輔相成，形成有機的整體。在歷史還原這一點上，龔先生往往把傳統的文學史觀納入自己的「文學基準」。

這裏要稍作一些說明，一般認為中國文學史是現代學術的產物，中國古人沒有文學史的概念。如果我們把對「中國文學史」的學術規範稍稍放寬，不以章節體作為唯一範本。我們便可發現古代文學史研究的歷史頗為源遠流長。沈約《宋

㉕ 龔鵬程：《中國文學史》（北京：世界圖書出版公司，2009 年），頁 6。
㉖ 張輝誠：〈縱談古今，獨樹一格——龔鵬程《中國文學史》座談會紀實〉，《文訊》2009 年第 1 期，頁 85。
㉗ 龔鵬程：《中國文學史》（北京：世界圖書出版公司，2009 年），頁 2。
㉘ 龔鵬程：《中國文學史》（北京：世界圖書出版公司，2009 年），頁 4。
㉙ 理論的詳細講述參見陳國球：《文學史書寫形態與文化政治》（北京：北京大學出版社，2004 年），頁 326-382。

書·謝靈運傳》、劉勰《文心雕龍·通變》都從時序角度來論文學的演變；摯虞《文章流別論》等論述各體文章的流變；唐代張為《詩人主客圖》、宋呂本中《江西詩社宗派圖》以流派為綱談論文學演變；還有以作家為中心的文學家傳記也可以看作是文學史著作；更多的是選本與論述結合，討論文學史的變化；還有就是目錄著錄和提要中介紹文學現象，反映文學流變。其實，中國文學史這門學科篳路藍縷的草創時期所取法的還是古人。❸林傳甲《中國文學史》被視為「第一本中國文學史」，乃是其任教於京師大學堂時所作，他在序言中稱，其文學史寫作體例是「紀事本末體」，且不論他有沒有把這一體例嚴格執行，但透露出這門學科的寫作淵源的確可以上溯。民國時代，學者認為「學案體」是學術史研究較好的體例，錢穆與梁啟超同名的《中國近三百年學術史》，梁啟超採用章節體，而錢穆卻取法黃宗羲、全祖望，採用學案體。在文學史寫作上，錢基博《現代中國文學史》便是採用學案體。有文學史，自然有文學史觀。

而建構文學史最常見的方法，便是文學選本。龔先生說：「選本是建構文學傳統的重要手段，《花間》、《尊前》之編，均明確將詞之起源定在明皇前，以李白或明皇為鼻祖，此後作者不絕。……《花間集》是詞學史上第一個選本，它這種態度，老實說直到清代也沒有太大的改變，張惠言的《詞選》不也是如此嗎？」❸

龔先生通過發掘選本中的文學史觀，把這些對文學史的看法納入自己的文學基準中去。我們一般認為「詩莫盛於唐」，龔先生卻指這是「畫歪了的臉譜」。他通過考察十三種唐人的唐詩選本，發現「唐人對所謂盛唐詩之成就，並不推崇；對李、杜、王、孟也不特別尊仰；王維為山水詩人、岑參為邊塞詩人之類標籤，更沒有印象。或許他們根本也不覺得開元天寶是詩歌的盛世。我們現在視為盛唐代表性詩人的李白、杜甫、岑參、高適，在唐人選的唐詩集中均排名不進前五名」。❸他還比較僧人慧淨《續古今詩苑英華集》、劉孝孫《古今類聚詩苑》、元競《古今詩人秀句》、李康成《玉台後集》，得出這些詩選表明了唐代前期人看待文學

❸　董乃斌諸先生所著《中國文學史學史》第一編便是論述古代文學史寫作、文學史觀念，梳理更為詳盡。

❸　龔鵬程：《中國文學史》（北京：世界圖書出版公司，2009 年），頁 383。

❸　龔鵬程：《中國文學史》（北京：世界圖書出版公司，2009 年），頁 270。

史是連續的，隋唐與梁陳合為一體的觀念十分普遍。到了殷璠《河岳英靈集》，才截然將唐代詩與六朝斷開來處理。實際上，龔著《中國文學史》唐代部分的論述幾乎是由選本支撐起來的。

再比如，文體意識也是龔著《中國文學史》中「文學基準」的內容之一。龔先生認為在漢代便萌發和確立了文體意識，與文學經驗之開拓乃同等重要之大事。考察時便用了漢代人目錄分類中體現的文學史觀，從《漢書・藝文志・詩賦略》與《楚辭章句》所收內容的比較，可知漢代人對騷的觀念。

不過，我們今天討論文學史，在價值判斷上，不必定以當時人所是為是，後人的評價為非，龔先生有時批叛過勇，未能肯定其他文學史著及研究的價值。因為，這就是我們下面要談的：

第二，「文學基準」是不斷演變的，當時人的看法，未必能拘定後世人的觀念。龔先生對「文學基準」的「演變」描述，便從另一角度來表述文學史的歷時變化，實際上表明龔先生並非一味取法後現代觀念。

在文學史開端問題上，龔先生不把音樂藝術史、表演藝術史、思想史、社會史納入自己所發掘的文學基準，考察「文字書寫品如何美化成了藝術、成了文學文本。」❸❸集中筆墨於文學本身。龔先生指出中國傳統詩的源頭是漢代古詩。我們一般都追認《詩經》為中國文學的源頭，龔先生卻說《詩經》最先卻不是因為文學作品被人們所接受，而是作為音樂作品的面貌出現的。先秦是禮樂社會，文化上重視禮樂製作，《詩經》是作為可以歌唱的音樂作品出現的。《周禮》中記載春官宗伯謂之大師，「教六詩，曰風、曰賦、曰比、曰興、曰雅、曰頌」，又言瞽矇「掌九德六詩之歌，以役大師」。《禮記・玉制》言「樂師辨於聲詩」。❸❹還有《史記》中就記載「三百五篇，孔子皆弦歌之，以求合於韶武雅頌之音」。從這些引文我們可以知道，在禮樂社會中的《詩經》是作為聲教的音樂作品出現的，它不但有不同的音樂類型，還在歌詩的過程中有一定的程式。隨著禮崩樂壞，

---

❸❸ 龔鵬程：《中國文學史》（北京：世界圖書出版公司，2009 年），頁 3。

❸❹ 參見陳來：《古代思想文化的世界》（北京：三聯書店，2009 年），頁 218-225 論述。不過，《詩經》經典化遠早於龔先生所說的文籍化，孔子「不學詩，無以言」就說明了這一點，經典過程中不但尊音樂，同時也肯定重其歌詞——《詩經》中的文字，所以對《詩經》文字的重視，可能比龔先生描述的要早。

「禮樂」社會的化解，加之樂曲不易保存流傳，到了漢代，僅留下一些歌詞，《詩經》就以文字譜的形式保存著，通過漢代人的訓、故、傳等方式，對《詩經》中文字的把搦，就把音樂性的歌轉化為文學性的詩。所以，龔先生把《詩經》作為漢代的文學作品來描述。同時指出漢樂府是繼承《詩經》的歌謠，但由於社會已不再是「主樂」的文化形態，而是「主文」的文化，漢樂府就沒有長久的生命力。而新起步的古詩，卻是脫離音樂性而以文字表情達意的新藝術。龔先生認為這才是中國詩傳統的真正開創者，為後代建立詩的傳統。

再從「主文」的文化系統❸中看，第 6 章〈文人階層的形成〉、第 25 章〈詩人社會的建構〉、第 37 章〈文學的社會〉則揭示出作者、文人在社會結構中的演變。漢代士階層分化出文士這一群體，他們有別於經生、文史，與其他階層不同，具有足以辨識之徵象；鍾嶸《詩品》等文學評論，建立了一個獨立於自然界與社會體制之外的「詩社會」；到了唐代這個文學社會，文學不再是某一階層之物，文人階層由朝士、貴族士大夫擴大到一般民眾，文學也是社會上共同認可的價值並一同享用著它。

文學經驗方面，第 7 章〈文學經驗的開拓〉論述漢詩女性化的書寫，揭示由居人反映出的「遊」之精神；第 19 章〈山水遊賞的類型〉談的是謝靈運開拓的文學世界；第 27 章〈主寫女人的宮體〉指出宮體詩在聲色大開上的貢獻；第 38 章〈宮廷文學的黃昏〉指出唐代的新變在於對大唐帝國圖像的描繪，有大量國家的辭彙與符號，並稱之為帝國書寫。

中國文學史在「抒情言志」的傳統之外，龔先生指出一直「假言代擬」的以文為戲的傳統，這一傳統在文學基準中也不變地演變。第 3 章〈從言語侍從之臣到文章之士〉便寫漢賦是投其所好的文字藝術，並非作者自己意志的表達；第 11 章〈言辯為美的時代〉認為魏晉士人追求言辯的趣味，把文章寫好、寫得精彩，為其唯一考慮，立言析理，務在勝人，未必跟寫作者真正的心志思想完全一致；第 20 章〈擬古而生的創造〉認為鮑照《代挽歌》、《代放歌行》、《代白頭吟》之類，不能全視作抒情言志之作，有假擬代言的性質；第 46 章〈義山詩及其問題〉

❸ 龔先生書中以「文字─文學─文化」一體化社會來指稱，見自序、導言，及其論文《說「文」解「字」》。

認為李商隱的詩歌可算入代言敘述的傳統。

布拉格學派認為，文學基準的演變的動力來自「習慣化－具體化」的交替運動。這一觀點往往重視文學史上的新事件，新類型，重視創新，龔著《中國文學史》（上）也對文學史上那些創新特別看重，注意創新，龔先生指出漢代古詩的文學經驗在後世出現眾多回響，談建安文學，著重於「新變」，講宮體詩在聲色大開上的貢獻，但其「流」其「變」到底如何，似乎缺少論述，這與傳統流變史觀看重壯大的部分稍有不同。也許在未出版的下冊吧。

龔著《中國文學史》勝義紛呈，各種新觀點引人深思，我們認為最值得討論的，便是他的文學史觀，本文試圖揭示其對現代史學影響下的文學史觀的反思與超越的一面，引後現代史觀入文學史觀，具有解構主義的色彩，又融合了傳統文學史觀，故而其著作呈現出迥異前人的風采。如果本文所述能夠貼近龔先生的想法，我們便可接著討論龔先生這種寫法具體論述中的得失成敗，以及這種寫法的示範意義。

# 龔先生的宋詩學研究及其對於重新評價《滄浪詩話》的意義

王術臻*

**提　要**　宋詩學研究是龔鵬程先生學術研究的重要組成部分，在學術界影響很大，值得後起學人對其作深入理解與探索，以便從中汲取思想資源。本文初步梳理、評介了其研究歷程、實績及影響，並借助龔先生的某些研究成果來分析詩學名著《滄浪詩話》的實質與價值，澄清了歷史上對嚴羽及其《滄浪詩話》的層層誤讀，從而印證了龔先生宋詩學研究的價值。

**關鍵詞**　龔鵬程　宋詩學　方法論　《滄浪詩話》　重新評價

　　龔師鵬程先生做學問，善於運深湛之思，體玄古之道，於儒學具見本宗，兼以道家佛學，既發明中國聖哲精詣，又善於參稽化用西學精髓，學術格局弘大開廣；文字贍麗，浩無涯際，無不體現其文化「通人」的氣度風範。

　　龔先生的學問生長於臺灣。受益於得天獨厚的文化環境以及眾多碩師宿儒的熏染提攜，薪火相傳，生生不息，自然極為有利於接續民族文化命脈。可惜當代大陸學人就無此文化因緣，時運多舛，文化環境屢遭破壞，導致學人們學術功底

---

\*　王術臻（1969-），男，山東高密人，2002-2005 年在北京大學攻讀文藝學專業中國古代文論方向碩士學位，2006-2010 年在北京大學攻讀同專業同方向博士學位。出版有學術專著《滄浪詩話研究》（北京：學苑出版社，2010 年 1 月），在《文學遺產》等發表過論文。

與素養上的先天不足，而意識形態的嚴苛戒律，又導致人們對於民族本位文化的偏見與拒斥，最終使得國人在對中華文化的認知和把握上，僅僅將文化視為身外之物，未能將文化精華融進血液。國人對本位文化信仰的無力以及文化根底的淺薄，必然使得當代學術研究普遍地不能沈潛厚實，其逼近真理的深度與方法及結論的可信度大打折扣，從這個意義上說，龔先生在文化學術上的建樹是有其文化背景的，這也可以解釋龔先生在當代學術領域中何以會具有如此的超拔性。

既然如此，欲銓衡龔先生之學術水準與實績，窺測其得失與是非，豈容易哉？淺薄如我者，學識荒陋，資質魯鈍，實不足以知先生之學，只是晚學於北大攻讀博士學位期間，曾親隨先生受業，聆聽教誨，如坐春風，近日又曾拜讀完龔先生的幾部重要著作，於先生的文論思想略有體悟，故敢就此一端略作評介，並對龔先生已經提及而又未充分展開論說的某些關鍵的宋詩學問題略陳鄙見，以求正於海內外方家。

# 一、方法論的建立與宋詩風格研究

## ㈠以詩學為入處

龔先生的學術生涯，不妨說是由「說詩」開始的。龔先生在其「文學散步」系列總序中總結說：「少年時期從父教，讀了點詩文，又得師友愛護，漸識治學門徑。」大學時代則「從張眉叔、汪雨盦先生學詩，屢追陪諸老之詩酒文宴，文字甘苦，略有體驗」，其《四十自述》之「用情」一節，追述自己入大學之後追隨張之淦（眉叔）等著名詩家學詩歷程甚詳。《四十自述》一書以「詩」、「思」、「事」、「史」四部結構而成，而「詩」（遊弋於文學藝術世界，興於詩）居其首，可見詩學研究與創作在其整個學術領域中的重要性。龔先生在大二曾作《謝宣城詩研究》，大四作《近代詩學與詩派》；入碩士班後，做了若干推廣詩詞的賞析工作，撰有《古典詩歌中的季節》、《詞賞析》、《東坡詩賞析》、《讀詩偶記》等著作。

《四十自述》對自己的詩學底蘊總結說：「興於詩而又表現為詩的歲月，就是如此才華軼舉，意氣感蕩，……我常感到我的許多行徑在冥冥中契合了一個聲

音，那就是：『子曰：小子！何莫學夫詩！』是的，我聽到這聲誥命，也在這場學詩之旅中開啟了生命的初航。」❶龔先生是這樣一個「興於詩、感意氣的人」，這也深刻地影響到他的學術研究方法與文化史敘述方式，《四十自述》自稱其學術特質是「以才性感興為基底的為學形態」❷，放棄了純粹的客觀化、知識化的考證訓詁之學。詩學，是龔先生整個學術的入處。

大學時代的學詩歷程，也包含了龔先生對唐宋思想文化變遷和唐宋風格類型研究的長期的考察，宋詩學研究無疑是其詩學研究的重鎮。

## ㈡方法論的建立

在評價龔先生的宋詩學研究之前，我們先梳理龔先生進行此項研究的方法論。

欲探索與揭明中國豐厚的文化資源與精蘊奧旨，擔當中國文化的「解人」，重建中國文論，就必須在方法論上有所突破。龔先生融攝古今，折中眾藝，形成了一套獨特的闡釋中國文化的方法論。

由於覺察到了現代學者已經不能使用中國的語言和方法思考問題，龔先生才試圖徹底改變西方話語主宰文論的狀況，從而重建中國文論的方法。具體而言，則是主張一方面使用現代的觀念和語言去解說古代文學批評，一方面又能避開典範措置的危機，不至於以西方文學為典範，胡亂解釋中國物事。其基本路徑則是由中國傳統學術中變化而出，做到「面對考證辨偽訓詁之方法，逐步探索人與歷史、文獻與詮釋等問題，而發展出一套方法論，以徹底摧毀乾嘉與五四兩類考證方法的典範地位」❸，最終在質疑與顛覆西方現代學術方法與傳統考證的基礎上，突圍而出，所謂「入乎其內，出乎其中」，「似洋似古，乃又不洋不古」❹。

此一新型方法論決定了學術研究的實踐，不是一般地泛述史事、考證史料、或審美欣賞，而是帶有強烈的歷史意識及中西比較文學視野的探問，因此龔先生大力提倡帶有文學批評意識的古典文學研究，希望能夠溝通二者，重建中國文學批評乃至文學理論的傳統，顯示了其超邁的文化氣魄和文化理想的使命擔當。

---

❶　中國工人出版社 2008 年版，第 33 頁。

❷　同前註，第 69 頁。

❸　中國工人出版社 2008 年版，第 17、18 頁注釋之 2。

❹　同前註，第 80、81 頁。

以文論傳統重建作為歸宿,而將目光落實到具體問題的探究與解決上,最終逐步導向中國文學發展演變的本質與系統,目的非常明確而方法又具有可操作性。

龔先生強調中國文學本身亦代表了中國文化的主要面相或內容,應將文學視為文化的一種表現或者一部分內容,而不是一個完滿自足的可以單獨剝離開來的審美物件,文學研究也勢必應結合哲學、社會、歷史、宗教等知識體系來說明文學內部的問題與規律,發展出「文化美學」。由社會文化以觀察文學,又帶有「文學社會學」的趣味,由此可以論定中國社會文化的性質,最終導出迥異於西洋文明的中國文化傳統的特質。

打通文、史、哲的界限,將文學問題導向歷史文化的縱深結構與立體網路中加以觀照,這是由中國文學的特質決定的。中國文學嚴格地說只能稱作「文章學」,它一開始就與大歷史文化結為一體,所謂「六經皆史」,換言之,文學本身就是文化的表徵或者文化的體現,不存在獨立演變的「文學」傳統而只有與政治文化結盟的「文章」學史,所以古典文學研究假如不與歷史、社會因素緊密結合,那就只能停留於現象的描述而不能得其要領,不明瞭其所以然。

文學與文化可以互相印證,這就使得文學研究的方法進入了「文化歷史化」的層面。

龔先生做學問又非常重視有感而發、有為而作。《四十自述》說:「我論歷史的理解,完全不相信客觀及史料之方法論,強調歷史的解釋會與解釋者存在的境遇感相結合,這一點,我在後來的學術論述中發揮甚多。」❺龔先生認為其學術研究縱然以尋求理證、鋪陳體系為基礎,但基本上仍是緣情,仍是「興於詩」,而一味地講形式、套理論,沈浸於所謂論文體例、引證資料等等規格、儀則、形式而不能自拔,與創造力也往往無甚關係。在歷史闡釋中融進自己的真實處境感,理解歷史而有感興之力量,這是龔先生的長處,是其本領之所在。

只有真積力久,方能自闢門庭,自成格局,龔先生逐漸講出一套主客交融、境智合一、形式意義合一、古今一體的方法論,在文學文化研究之域,從分析性、方法性、理性的角度去逼顯道真。這種方法論也決定了龔先生的文化表述方式,乃是詩思、哲理、史實考鏡的有機結合。龔先生尤其對於詩歌創作有深刻的實踐,

---

❺　同前註,第 32 頁。

能神會其中三昧，因而其文論研究就與通常的門外泛論不同，其中熔鑄了敏銳縝密的文化整合能力、哲學思辨能力和審美感受能力。

## ㈢宋詩研究的基本策略與歷程

建立廣闊的文化參照系統為文學研究過程所必須，唯有如此，才能與古人達成「同情的理解」，體悟文學的深層底蘊與動因，鞭辟入裏地解說中國文學固有的傳統。

文學社會學的方法論並非要求將文學與歷史文化機械地進行比附，或者泛論文化背景，而是要尋求文化機制的形成與文學特質之間的內在一致性，龔先生的辦法是首先在時代變遷的「邊緣」上做文章。

文化、文學史的段落劃分，有利於解釋一種文學傳統的更迭，便於準確地描述詩學本身的演變與特質，不至於刻舟求劍，秋行夏令。有鑒於此，龔先生尤其致力於唐宋「文化變遷」研究。他在《唐代思潮》中說：「中國歷史研究講究通變，歷史文化之變遷允宜作為歷史探索之重點。」「故幾十年來，我由文化類型學的角度對於唐宋分期理論的補充，也許是分期法最有可能的發展出路。」❻「文化變遷」研究是龔先生解析中國文化文學的一個切入點，是他的基本策略。

在詩學研究領域，主要是在唐宋文化變遷的大視野之下，觀照中唐以迄宋人對詩歌型態的理解與價值抉擇。《唐代思潮》說：「我的宋詩研究，正是透過唐宋風格史的區分，由宋詩與宋文化的關聯上描述宋代詩史的。」❼具體而言，則是由「時代精神」來界定詩歌「類型」。

龔先生借用文化人類學上有關社會基本人格的講法，來說明什麼叫作「時代相」，他解釋說：「假如我們能辨識這個社會基本人格，我們就能對社會中諸多紛紜的各色人等進行總體的把握，但因社會會變遷，故不同的時代可能會形成不同的社會基本人格，找出兩三個以上的社會基本人格，我們就可以比較他們了。後來我又在人之外，以詩的風格為例，以風格的『類型』作為發現社會變遷的線

---

❻　中國工人出版社 2008 年版，第 366 頁。

❼　同上第 372 頁。

索。」❽在變遷中顯現文化時代精神,從而描述詩歌的型態,反之,由風格類型的分析,又可以整體說明一個時代的特點,因為這所謂風格類型不純屬於形式問題,而是事實上顯示了當時人一些心理狀態、宗教觀念和審美趣味,故風格既是形式,又關聯著一個時代的精神內涵。所以由風格研究可以直接關聯著時代精神的分析,亦不難進而建構精神史、心態史,並以之說明文化變遷。

就唐宋文化變遷的總的表現形態而言,龔先生認為從中唐以後,整個宋文化的創新活動,是從一種「自覺的反省精神」發展而來,透過自覺的反省,士人進行了對傳統的批判與價值的選擇。透過這點,我們才可以清楚地說明唐宋歷史變遷的軌跡,並發現宋人應變開新的模式,宋詩作為宋人文化變創的一種表現,其風格類型自然也不能擺脫這一模式。

在「文化變遷」中透視詩歌體制的產生根源,然後再在「唐宋對比」中描述宋詩特質、界定宋詩的文體風格,很多宋詩細部研究都是由此而生發,是之謂宏觀視野下的微觀觀照,這就是龔先生所採取的研究策略。

鎖定宋詩風格與價值的抉發與論定這一目的,龔先生推本溯源,探賾發微,不僅具有開闢榛莽、導夫先路之功力,而且成效斐然。

1. 1981 年的〈知性的反省:宋詩的基本風貌〉一文❾,是對宋詩和史學理論的綜述性的文章,開始將傳統上對唐詩與宋詩的美感比較,參酌唐型文化與宋型文化之說,界定宋詩的基本風貌是「知性的反省」,而且認為此種知性反省的精神是與宋文化之發展息息相關的,宋代的文化性格,也就表現著知性反省的精神。

立足於唐宋文化的轉型,龔先生重點論證了中唐北宋的哲學思想突破這一歷史事實,他揭示說:「在貞元元和之際,出現了一種類似哲學突破現象,群士爭鳴,對人類處境、宇宙本質及其人生意義都有了新的探索,對三教思想也都開始展開反省與批判,以致逐漸開啟了一個新的文化傳統,為將來的宋文化奠了基。」❿他認為思想發展和文化建構、客觀局勢,使得宋代精神由創造發揚轉為知性反省,是宋代知識分子在處理自我文化建構時的大走向。就詩學發展而言,唐詩在

---

❽ 同上第 368 頁。

❾ 收入《文學與美學》,業強出版社 1986 年版。

❿ 〈唐傳奇的性情與結構〉,《古典文學》第三集,後收入《唐代思潮》一書,商務印書館 2007 年版。

初唐以迄開元期間所呈現的生命昂揚之美，至此，遂全為知性反省的凝煉沈潛之美所取代了，而宋詩的基本風貌特質即由此一知性反省思潮熏陶變煉而出。

　　龔先生認為，知性反省的精神，充布在這個時代各種文化現象之中，如詩、如文、如書法、如繪畫，乃至於理學、史學、經學，無不涵有這一基本特質。詩人意識的活動，其本身既是人文創制的一部分，便也內在於一個思想史或文化史的範疇之內，展現出不同社會文化的心裏流程。因此，宋詩所具有的這種風格類型並不是孤立的現象，宋詩的特質也必須在宋文化的這個大框架之內才能得到深刻的說明。由此可以推導概括出宋詩的基本風貌：(1)主意主理的創作型態，(2)以意煉象與由象見道，(3)概念化知識之展現，(4)語言形式的覺知。

　　2. 1988 年的〈宋詩與宋文化：我對宋詩的基本看法〉一文❶，進一步指出：「知性的反省，是我所界定的宋代『時代精神』，為宋文化之特質。透過對宋文化的理解，我們才能較準確地掌握宋詩。這種說法，與一般浮泛地說：要瞭解一個時代的文學，應瞭解該時代的文化，是不同的。」❷這在龔先生的宋詩學研究中，乃是自成一論述脈絡的，他著重強調唐宋代表著兩種互相對照的美感類型，其實質乃是兩種文化範式的差別，宋詩一方面顯示了宋文化整體的傾向，具有宋文化的基本特質，另一方面，整個宋文化，似乎也可以宋詩的表現為其基本類型，最足以代表宋文化。

　　龔先生指出對時代精神進行界定的意義，他認為，只有將宋詩特徵研究「歷史文化化」，才能明白一種文學體類如何在時代文化中貞立本身的價值與地位，才能解釋詩與其他各文化體之間內在的關係，才能探討文化變遷與文學體系中常與變的規律。對宋詩的研究而言，這或許是最為有效的方法或途徑了。

　　龔先生將自己對宋詩與宋文化的關係的基本觀點總結為十點：①唐詩與宋詩不僅是時代的劃分，更有本質上的差異，展現了不同的風格型態。②宋詩這種風格型態不是孤立的，而是宋文化整體傾向性的一端，最足以代表宋文化，兩者可以互相印證。③宋詩／宋文化的特質可以用「知性的反省」來概括。④此一反省精神係因面對中唐所出現的文化變遷使然。⑤杜甫、韓愈所形成的詩風以及他們

---

❶　1988 年宋詩研討會論文，後收入《文學批評的視野》。
❷　《文學批評的視野》，大安出版社 1990 年版，第 383 頁。

作為變遷的典型，對宋朝自有極大地影響。⑥晚唐姚合、賈島、許渾等人與杜韓所代表的典型在宋朝一直競爭著，但在總體上是以杜韓為主、姚賈為輔。⑦宋詩的大方向大抵是依中唐所開啟的詩風而發展。⑧為自覺建立一代新詩風，宋人論詩逐漸形成「法／悟」、「知／感」、「賦／比興」的辯證融合的理論構架、詩之本色的討論等等。⑨此一辯證融合的進路，是一種「技進於道」的創作形態。⑩此一創作形態，只是理論上的一種自覺預設，而在創作上仍不免有技、有知、有法。這十條看法可謂本末兼該，統緒分明，揭明了宋詩風貌。

3. 1983 年出版的博士論文《江西詩社宗派研究》一書❸，則是實踐這種文學文化學研究方法的典範之作。該書的切入點不是江西詩社和宋詩學本身，而是促使它生成的歷史文化動因，龔先生說：「考議宋詩者，注目所及，皆在詩歌本身，於其歷史文化及社會脈絡，尚少推察，照覽既有未周，所見遂亦鄰於偏宕。」❹指出了對宋詩研究必須實踐新的研究方法，方能探驪得珠。文化參照系統的擴大，體現了龔先生文學研究的大眼光、大識解。

龔先生尤其重視社會結構與宗族制度嬗變對於文化和文學的終極影響，他說：「文化上的釋古與思新，輒與當時的社會組織結構相關聯。例如當時論道統傳承、江西宗派、伊洛淵源，都不約而同使用了『宗族』的概念，並以宗族的組織去建構詩人的譜系、儒者的血統。宗族，在唐代中葉曾經發生了變化，到宋代已成為一種新的形態。在貴族門第社會瓦解之後，宗族有何作用、應如何鞏固，是宋代知識分子社會性思考的一個重要面向。而此思考又關聯於其文化關懷，故建立新的族譜體例，比附古宗子法，並將宗族孝悌之義推廣及於社會，作為普遍的人倫規範與道德要求。同時，又用宗族這種社會基本組織單元來描述詩人、畫家、儒者等小社群內部的關係。換言之，文化思考是與社會結構連貫在一起的，非抽象地、概念地談道德與價值。」❺由社會結構，到文化思考與關懷，最後是詩學內部問題，必須層層論析，方能探索文學演變的底蘊。

於是，該書首先探討「宋詩之背景與宋文化之形成」，由唐宋社會變遷中的

<hr>

❸　　《江西詩社宗派研究》文史哲出版社 1983 年版。

❹　　同前註，第 38 頁。

❺　　《唐代思潮》商務印書館 2007 年版，第 376 頁。

經濟型態和社會結構，論證到文化思想的轉變與突破，然後又進一步考察了宋詩產生與中唐哲學突破的內在邏輯，比較唐宋兩種創作型態的變遷與差異。這就自然洞徹了江西詩派產生的深層動因，有關江西詩社的諸多問題諸如宗派圖產生過程以及江西詩派的創作觀念、創作特徵等等，自然就得到深刻的說明。

　　不僅對於江西詩派的研究必須置於特定的歷史文化之中，對於個性化的詩人或者理論家的評騭也必須與歷史文化的縱深處相連，如龔先生《道教新論》之〈陳師道：陳侯學詩如學道〉一節，總結說：「藝術創作活動雖然基本上是獨立的，但人的精神在歷史或同一時空中，相互應發呼應，也是情理之常，天才人物，更不可能不與其他天才的偉大心靈相對話，因此，個性化的歷史，仍然可以看出形成此一個性的時代文風、思維狀態來。」⓰因此，通過對後山個人特質的掌握，仍然可以說明宋代詩與詩學發展的脈絡與性質。將詩家視為整個文化的產物，這種把握自然會觸及詩人傾向性與詩歌類型的本質。

　　4.中唐思想的哲學突破、知識階層形成普遍的社會階層化標準、世族結構的分化，這幾點足以解釋文化的變遷實質，同時又是作為揭示宋詩本質的基礎，這是龔先生在《江西詩社宗派研究》一書中獨立發展出來的。龔先生另有幾篇文章與之互相配合，如1983年的〈唐宋族譜之變遷〉一文，由族譜的變遷視角，考察六朝隋唐的世族如何轉變成宋代的宗族；1984年作〈宋代的族譜與理學〉一文⓱，探討唐宋社會與哲學的變革皆是針對宋詩特質的有為而作。事實上，文化根源探索在龔先生的宋詩中佔有極重要的位置，因為唯有解釋清楚唐宋文化變遷的運作機理，才能水到渠成地尋繹出宋詩特質的形成過程。這種研究策略，可謂高屋建瓴，先取得剖析問題的制高點，然後試圖使諸多複雜糾結的宋詩問題迎刃而解，渙然冰釋。

　　5.由唐宋文化的變遷轉型，論及宋文化的特質，然後反觀宋詩的特質，在唐宋詩學的比照中歸納總結宋詩作為一種詩歌類型的基本規律。

　　在宋文化知性反省的大判斷之下，《詩史本色與妙悟》一書，用三個術語來追溯、描述宋詩風貌，龔先生總結道：「這種傾向賦體的詩風，使得宋詩開出了

---

⓰　　北京大學出版社2009年版，第258頁。
⓱　　均收入《思想與文化》一書，業強出版社1986年版。

迥異於正始以來的面貌,知識性、理性的活動在詩中分量加重了,不再只憑藉感
性直覺和意象運作。順著這樣的創作形態,自然會出現『詩史』的說法,強調詩
歌的敘事功能。但相反地,他們又發現詩自有詩之所以為詩的本質,不宜混同於
文,所以又有『本色』之說,認為詩仍須以比興含蓄、抒寫情性為主。」「賦體
敘事傾向的宋詩和『詩史』之說,也與比興不相矛盾,它們經由一種超越辯證的
方式,以『妙悟』來達到綜合。」❸由演繹詩史,而追求本色,而達致妙悟,三
者互相關聯,統攝於「知性反省」的宋文化和宋詩風格類型之下。

從唐宋社會文化變遷的詳盡解析,到揭示這一社會形態轉變過程中哲學的突
破轉型,最後水到渠成地描述了宋詩的來龍去脈、理論本質、內部結構特徵、風
格類型,由表及裏,層層剖析,龔先生以吞吐大荒的治學氣魄,究際天人的學術
視野,完成了對於宋詩的文化本質的揭示。

龔先生對於文化歷史典籍涵泳極深,不僅有深厚的材料功夫,同時具有高度
的理論判斷力,闡釋方法的運用又駕輕就熟,研討文學現象自然是高屋建瓴,涉
筆超俗,發前人所未發,創獲尤多。龔先生的宋詩學研究著述在學術界引用率很
高❹,不僅是因為他起步早,先著鞭,實在是因為其結論對於解釋諸多中國詩學
問題往往具有極強的指導意義,沾溉學林,亦非偶然。

## 二、由龔先生對《滄浪詩話》的重要判斷而進一步申說

龔先生的唐宋變遷研究,論析過程既有對歷史探源的動態的縱向追溯,又有
對於物件本體的橫斷面的靜態描述,皆是緊扣文學與文化互動這一闡釋方法,由
政治、經濟、階層、社會結構,到哲學變遷,到創作轉型,一路說來,胸有成竹,
窮源究委,頭頭是道,顯示了作者對於文化史和文學史極為熟稔,得出的結論自

---

❸  學生書局 1986 年版,第 14、15 頁。

❹  例如,胡曉明《中國詩學之精神》1991 年版第 96 頁注 5,張伯偉《中國古代文學批評方法研究》
中華書局 2002 年版第 544 頁,蕭馳《抒情傳統與中國思想》2003 年版第 15 頁,都引用龔先生
的著作作為參證,張高評《宋詩之傳承與開拓》、《宋詩特色研究》,錢志熙《黃庭堅詩學體
系研究》,詹杭倫《方回的唐宋律詩學》,等等,皆將《江西詩社宗派研究》和《詩史本色與
妙悟》列為參考書目,限於篇幅,恕不一一。

然無懈可擊，信而有徵。

龔先生論文化、論詩學，手眼極高，既有大判斷，又有小結裹，往往超拔警挺，切中肯綮。然其《四十自述》又說：「我的許多著作，都只是頭緒初明，未遑引申，或據理懸斷，尚乏詮解。」[20]龔先生認識到由於寫作目的與體例的限制，在某些重要問題上必然出現語焉不詳的遺憾，留給他人以馳騁的空間。今以龔先生對嚴羽《滄浪詩話》的評述為例，說明龔先生著作中某些「未遑引申、尚乏詮解」的詩學課題，值得學界踵武繼響，辨章考鏡，重加申說。

對於《滄浪詩話》的評價，歷來聚訟紛紜，褒貶不一，其理論實質與真實面貌一直晦暗不明，游移不定，直至今日，解釋者仍舊是見仁見智，予取予求。而長期以來，學術界習慣於將《滄浪詩話》視為宋詩學乃至整個中國詩學的最高成就與最高典範，將嚴羽視為宋代乃至整個中國詩學批評史上的集大成式的人物，其實，假如我們對唐宋文化變遷以及這一時期的詩學生態有一個全面而切實的瞭解，就會發現這些判斷都是靠不住的，是對嚴羽及其詩學的誤讀。

龔先生在其不少著作中雖然常常提及嚴羽及其詩論，引用《滄浪詩話》作為一般證據使用，但並不過分抬高其詩學地位，基本不做正面的褒揚，甚且微有譏諷之意，持論極為謹慎，實際上已經隱約注意到嚴羽詩學其實並不像後人評價之高。

通過學習龔先生的宋詩學論著，我們可以發現，無論是龔先生的研究方法還是對某些問題的具體論斷（有時是三言兩語的提及），都是十分可貴的，給我們重新評價這部著名的詩學著作以極大的啟發，《滄浪詩話》一書的本真面目或可以借助龔先生的宋詩學研究成果而得以顯露。

## 重評之一：嚴羽乃正宗理學中人，其詩學乃儒家詩論

受《滄浪詩話》一書中以禪喻詩、妙悟論的誤導，學者們不自覺地將嚴羽視為一個沈迷於禪學境界與詩歌藝術本體研究的詩歌理論家，然而嚴羽的文化身分究竟為何？其思想意趣側重釋、道還是儒學？其詩學宗旨和性質究竟該如何界定？這些問題如不徹底解決，《滄浪詩話》便永遠不能獲得客觀的正確理解。

---

[20]　中國工人出版社 2008 年版，第 245 頁。

關於這一理論難題，龔先生在《詩史本色與妙悟》一書中有極為精闢的判斷，他說：「學詩如治經，郭紹虞《滄浪詩話校釋》認為是嚴羽襲用了吳可、朱熹的話頭，但卻換了一個方向，僅重視藝術上的學古，而對作詩的根本關鍵、內容問題不去注意，大謬。把嚴羽和儒家詩論宗旨對立起來，把內容和藝術形式切割開來，都嚴重歪曲了宋代詩學的真相。」㉑一針見血地指出嚴羽詩學其實也是整個宋詩學和宋文化孕育出來的，他本身並不與一般宋儒詩論構成衝突，相反，其詩學仍舊是儒家的詩論範疇。這個論斷，就為我們準確地把握《滄浪詩話》的理論內涵打開了通路。

事實上，嚴羽不僅是一個江湖遊士，同時又是理學中人，他是陸九淵弟子江西南城包揚的學生。宋末黃公紹〈滄浪吟卷序〉說嚴羽「嘗問學於克堂包公」，不過，由於包揚在陸九淵死後，又率生徒詣朱熹之門，執弟子禮，所以其學問實際上是傾向於朱陸合流（《宋史·包恢傳》），所以嚴羽從包氏所接受的，無疑也應該是朱陸之學。黃公紹〈滄浪嚴先生吟卷序〉又說：「余幼時，見東鄉諸儒藏嚴詩多甚，恨不及傳。」可知嚴羽在邵武就是一個儒者兼詩人。又元蘇天爵〈元故奉訓大夫湖廣等處儒學提舉黃公墓碑銘〉說：「邑之儒先嚴鬥岩者，……公（黃清老）師事之。鬥岩曰：『吾昔受學於嚴滄浪，……』公自是於《六經》、《四書》之旨。」（《滋溪文集》卷十三）從蘇天爵的記載來看，邵武人嚴鬥岩和黃清老是將嚴羽奉為儒學中人的。事實上嚴羽自己也常以儒者自居，其〈張奕見訪逆旅〉說：「為儒愧此生。」〈劍歌行贈吳會卿〉說：「迂儒拳局徒爾為。」另外，嚴羽的表叔吳陵也是將嚴羽視為儒生，嚴羽〈答吳景仙書〉說：「吾叔謂說禪非文人儒者之言……」

總之，除了《滄浪詩話》中涉及「以禪喻詩」的內容之外，沒有任何材料能夠證明嚴羽的思想是以佛、道兩家為主的，而嚴羽的正宗理學身分是可以得到確證的。嚴羽的理學背景，對於其詩學批評有根本的制約作用，《滄浪詩話》的一切理論都必須以此為前提進行理解。

---

㉑　學生書局 1986 年版，第 115 頁注釋 28。

## 重評之二：嚴羽的盛唐論乃是指向李杜高岑，而非王韋柳

嚴羽的儒學立場直接決定了詩學宗趣和《滄浪詩話》的寫作宗旨：極力推崇為宋儒納入儒學系統而加以認同的李白、杜甫，而放逐王維、韋應物、柳宗元。

龔先生對嚴羽「盛唐體」的內涵也有直接的揭示，《中國詩歌史論》之〈何謂盛唐〉一文指出，李夢陽所謂盛唐，「特徵是格局闊大，……且多為意象景物，非說理議論敘事語，三是都有一種聲調之美，念起來好聽，且有一種類似的音腔」。又說：「（李夢陽）批評宋詩人不主調，即是說其詩缺乏音樂性；指宋詩不香色流動，無風雲月露，則是說它逕作理語，不借物色以法比興。」龔先生於是斷言：「如此論盛唐，實與嚴羽近似。」❷這其實已經具體描述了嚴羽所謂的「盛唐」的概念：重格局宏大，重比興，重格調。這一判斷與《滄浪詩話》本身體現的宗趣正相符合。

人們往往依據嚴羽的「鏡花水月」說以及《滄浪詩話》「詩有別材，非關書也」一節，認為嚴羽的詩學趣味傾向於「王孟」沖淡一派，其實這是對嚴羽詩學宗旨的極大誤解，事實上，無論是《滄浪詩話》本身，還是嚴羽的詩作，抑或是宋元人的評價，沒有任何一條材料能夠顯示嚴羽是崇尚「陶王韋柳」沖淡派詩風的。

問題就出在嚴羽對於「鏡花水月」的運用。早於嚴羽的心學派人物趙與時《賓退錄》引北宋張舜民評王安石的詩：「如空中之音，相中之色，人皆聞見，難可著摸。」嚴羽的師兄包恢也引用過其中兩句，其〈答傅當可論詩〉論詩境說：「沖漠有際，冥會無迹，空中之音，相中之色，欲有執著，曾不可得。」（《敝帚稿略》卷二）然後才是《滄浪詩話》的表述。

然而嚴羽所謂的「盛唐體」乃是側重在「李杜高岑」一派的風格。其〈答吳景仙書〉說：「仆謂此四字（雄深雅健），不若《詩辨》『雄渾悲壯』之語為得詩之體也。」嚴羽這個關於「盛唐體」的定義，非常清楚地體現了他的審美宗趣與詩學高標，這是嚴羽反復加以申明的：「盛唐諸公之詩，……既筆力雄壯，又氣象渾厚。」（〈答吳景仙書〉）「高岑之詩悲壯，讀之使人感慨。」（《滄浪詩話》）

---

❷　北京大學出版社 2008 年版，第 14 頁。

等等，這一切關於詩學標準的論說都與王孟一派的風格大相逕庭。

嚴羽關於詩歌品性的界定，更是與他設定的盛唐定義互相配合，《滄浪詩話》說：「詩之品有九，曰高，曰古，曰深，曰遠，曰長，曰雄渾，曰飄逸，曰悲壯，曰淒婉。」前五品實際上是對詩歌意境的一般要求，而後四品才涉及意境的類型（詩歌風格），然而這四品卻大致不出陽剛闊大之美的範疇，九品之中至少缺少了屬於平和柔美範疇的「沖淡」一品。

宋人往往將李杜視為詩學正宗，如晁說之《和陶引辨》說：「曹劉、鮑謝、李杜之詩，五經也，天下之大中正也；彭澤之詩，老氏也。」（《景迂生集》卷十四）朱熹《朱子語類》卷一百四十說：「作詩先用看李杜，如士人治本經。」嚴羽的李杜正宗論即延續了宋人的這種審美標準，《滄浪詩話》說：「以李杜二集枕藉觀之，如今人之治經，然後博取盛唐名家。」既然將李杜從盛唐中單獨分離出來，作為一種詩學正宗，甚至將李杜作為一種裁量詩學價值的唯一尺度，那麼盛唐時期的沖淡派當然就不具有第一義的價值了，這是貫穿嚴羽詩學批評始終的：

第一，對於王維，嚴羽採取的態度是「存而不論」，《滄浪詩話》只有兩處地方提及王維：「王右丞體，王維也。」「唐人如⋯⋯王維、獨孤及、韋應物⋯⋯諸公，皆大名家。」嚴羽雖然承認王維的詩學影響並為之立體，但是將王維與其他十七家一起通論，就給人一種王維不過是「泯然眾人」的印象，王維終歸是詩學「名家」而非李杜式的「大家數」，說明嚴羽根本無意抬高王右丞體。❷❸

第二，嚴羽重漢魏而輕晉宋（輕視「陶韋」）。《滄浪詩話》說：「漢魏古詩，氣象混沌，難以句摘，晉以還方有佳句，如淵明『采菊東籬下，悠然見南山』，謝靈運『池塘生春草』之類，謝所以不及陶者，康樂之詩精工，淵明之詩質而自然耳。」❷❹宋人對陶詩評價極高，蘇軾甚至說陶詩：「自曹劉、鮑謝、李杜諸人

---

❷❸ 嚴羽屬於儒學中人，他沿襲朱熹對王維人格和詩格的輕視態度是很自然的，朱熹：「王維以詩名開元間，遭祿山亂，陷賊中不能死，事平復，幸不誅，其人既不足言，詞雖清雅，亦萎弱少氣骨。」（《詩人玉屑》卷十五引）

❷❹ 本節後三句各個版本都是將其與上文連在一起，所以這應該是嚴羽的「摘句」批評法，即嚴羽這裏所作的比較是針對以上兩人的詩句而言，而不是一般的陶謝高低論，否則就與「謝靈運至盛唐諸公，透徹之悟也，他雖有悟者，皆非第一義也」、「謝靈運之詩，無一篇不佳」等說法相矛盾。

皆莫及也。」（〈追和陶淵明詩引〉）而嚴羽則認為與漢魏相比，陶謝之詩只是停留
於「佳句」的水準，而且僅僅輕描淡寫地用「質而自然」來評價陶潛的詩句，與
蘇軾的評論相比，顯然是太低了。㉕《滄浪詩話》又說江淹：「擬淵明似淵明。」
但是在宋人眼裏，陶潛的詩學境界乃是天人湊泊的產物，是不能類比的，如姜夔
《白石道人詩說》說：「陶淵明天資既高，……斷不容作邯鄲步也。」嚴羽一反
宋人看法，認為陶詩可以通過類比而得，這就把陶潛的詩境給降低了。嚴羽又說：
「晉人舍陶淵明、阮嗣宗外，惟左太沖高出一時。」「黃初之後，惟阮籍《詠懷》
之作，極為高古，有建安風骨。」嚴羽只是用「高出一時」來強調陶潛、阮籍、
左思三人在晉代的特殊地位，並無意強調陶潛一人的超時代性，況且嚴羽的關注
重點不過仍舊是源自漢魏古詩的「風骨」、「風力」，㉖而不是陶潛那種「平淡
而山高水深」的「奇趣」，所以嚴羽此處沒有漏掉陶潛，乃是因為懾於陶潛在宋
代的大名而不得不勉強列入，當真正要擺明詩歌高標的時候，嚴羽就乾脆把陶潛
放棄了：「謝靈運至盛唐諸公，透徹之悟也，他雖有悟者，皆非第一義也。」「謝
靈運之詩，無一篇不佳。」（《滄浪詩話》）這兩處涉及詩學大判斷的地方都只標舉
謝靈運一人而不及陶潛，真正體現了嚴羽輕視陶潛的心理。

　　實際上在嚴羽的詩學高標中只有「漢魏」「盛唐」兩極，是不包括「晉宋」
之風的。嚴羽論師法物件的文字，《詩人玉屑》本只作「以漢魏、盛唐為師」，
而「晉人」則不在師法之列，這是符合嚴羽詩學宗旨的，《滄浪詩話》其他幾處
涉及詩學高標的文字也都是只標舉「漢魏」而不及「晉」詩，如「漢魏五言，皆
須熟讀。」「漢魏尚矣，不假悟也。」「漢魏之詩，詞理意興無迹可求。」又〈答
吳景仙書〉說：「試取漢、魏之詩而熟參之。」等等，可知嚴羽的本意並不想將
晉人與漢魏一起捉置在詩學第一義的位置，當然也就沒有極推晉人陶潛的意向。

---

㉕　鍾嶸《詩品》將陶潛降為中品的主要原因正是由於「世歎其質直」，可見單純用「質」來界定
　　陶詩並不意味著積極的評價。杜甫〈遣興五首〉：「觀其著詩集，頗亦恨枯槁。」一個「恨」
　　字透露出杜甫對陶詩「質直」的消極態度，乃是接續了六朝人輕視陶詩的態度。又《蔡寬夫詩
　　話》：「淵明詩，唐人絕無知其奧。」嚴羽既然主張回歸唐人，又說「論詩以李杜為準」，則
　　杜甫以及唐人對於陶詩的低調評價也應當為嚴羽所遵循。

㉖　劉辰翁評陳與義〈美哉亭〉「青山麗中原，白日照大河。下視萬里川，草木何其多」說：「寫
　　得曲盡形勢。」又引鄧薳（中齋）云：「寬壯巨麗，似阮嗣宗語。」可見阮籍的詩有與盛唐格
　　調相通的一面。

　　第三，嚴羽並不用「沖淡」來界定孟浩然。學者們誤讀《滄浪詩話》的一個重要原因是，搞不清孟浩然其人其詩的本色底蘊以及嚴羽對於孟浩然的定位，這一點，我們仍舊可以用龔先生的解釋為依據加以澄清。

　　龔先生《何謂盛唐》一文論孟浩然的風姿說：「孟浩然是好交遊、任俠義、意氣感激、脫略行迹的人。」「他應是李白那一類人。」「李白任俠使氣，書劍兩行，孟浩然也是。」「一個有豪情綺思、喜振人患難又多僧友道侶的孟浩然，還有待我們去重新認識。」❷⁷回到歷史本身，將孟浩然歸於李白一類人，而這正是嚴羽對孟浩然的理解。且看《滄浪詩話》的詩體論：「少陵體，太白體，高達夫體，孟浩然體，岑嘉州體，王右丞體，韋蘇州體。」嚴羽沒有按照詩人的生年排列，而是採用「王韋」組合與「李杜高孟岑」組合，正體現了嚴羽特定的詩學觀念。

　　唐宋人往往用「王韋」或者「韋柳」來描述一種詩學風格，如司空圖〈與王駕評詩〉說：「右丞、蘇州，趣味澄夐。」蘇軾〈書黃子思詩集後〉說：「獨韋應物、柳宗元發纖穠於簡古。」可見「王孟」並舉不是唐宋人論詩的習慣，相反，倒是有將孟浩然與李杜相提並論的，如皮日休〈郢州孟亭記〉說：「明皇世章句風大得建安體，論者推李翰林、杜工部為之尤，介其間能不愧者，惟吾鄉之孟先生也。」（《文藪》卷七）將孟浩然與建安、李杜構成一脈相承的關係，這正是嚴羽的思路。與冷落王維、韋應物不同，嚴羽對孟浩然很是推崇，將其視為「妙悟」的典範，不過嚴羽看重的不是孟浩然詩歌的清空淡雅，而是其中雅正渾厚、實大聲弘的一面：「孟浩然之詩，諷詠之久，有金石宮商之聲。」（《滄浪詩話》）這才是孟浩然的本色。❷⁸值得注意的是，本節文字《詩人玉屑》本作「孟浩然諸公之詩……」兩種說法都符合嚴羽本意，而多出「諸公」二字就照應了嚴羽「李杜高孟岑」的組合方式，更能體現嚴羽對於孟浩然的定位，在他看來，孟浩然詩歌的價值主要不是體現在後人所謂的「神韻」，而是李杜高岑那種宏大雄壯的「格調」，

❷⁷　《中國詩歌史論》北京大學出版社 2008 年版，第 8、9 頁。

❷⁸　明胡震亨《唐音癸籤》引《吟譜》：「孟浩然詩……沖淡中有壯逸之氣。」潘德輿《養一齋詩話》說孟浩然有一部分詩「精力渾健，俯視一切，正不可徒以清言目之」。嚴羽用「金石宮商」來形容孟浩然的詩，顯然是有意與晚唐的寒儉構成對比，所以嚴羽將孟浩然歸於李杜一派的盛唐之音。

嚴羽的作品批評實踐正是將孟浩然歸於李杜一系加以觀照，《滄浪詩話》說孟浩然「挂席東南望」、「水國無邊際」及太白「牛渚西江夜」之篇，「皆文從字順，音韻鏗鏘」，如此，則孟浩然接近陶潛、王維的那一面就被忽略了。

總之，嚴羽的「唐人好詩，多是征戍、遷謫、行旅、離別之作」這一論斷一出，就將平易沖淡的「山水田園」詩排斥在外了。從「離騷」悲情，到「漢魏風骨」，再到「李杜高孟岑格調」，貫穿著「悲壯雄渾、氣象渾厚」的詩學精神，這就是嚴羽心儀的「盛唐」概念。❷

龔先生認為嚴羽詩學應當歸屬於儒家詩論，是在充分理解宋文化特質的基礎上得出必然結論，也是其唐宋文化變遷研究的必然結果。他說：「基於下列兩點考慮，宋人勢必要強調這層意義（道德意識、社會關懷）：(1)……在討論詩文時，宋人認為欣賞與創作之所以可能，必須預設人心主體可以互相感通才行，而因為人心可以感通，讀者才能透過作品，諦聽作者的生命與呼吸，並興起自我的仁心，這就是他們討論興、論詩之教化功能的基礎，換言之，由哲學預設到文學之美感及社會功能，……是論詩文與藝術題中應有之義。(2)在一個反省觀照的時代，窺探文『心』，對個人精神志氣與境物運接的關係作一省視，本是極為自然的現象，但思索所得未必相同，對創作於欣賞所持的態度亦復相異。轉識成智是他們共同的路向，但如何轉、轉後境界如何，皆不免小有參差，這點我們只需看宋人往往將杜陶合論，而又說杜甫如六經、陶如老氏的情形，便可知道。挺立道德實體，開展社會關懷，正是儒者氣象與佛道妙悟不同之所在，無怪乎他們要屢屢言之了。」❸

以此而論，嚴羽反復推崇盛唐李杜諸公所體現出來的雄渾弘大的格局氣度，而放棄了傾向於玄禪的陶潛、王維、韋應物一派，正是出於對儒者氣象的信仰，這是對晁說之、朱熹、陸九淵等宋儒詩論的直接繼承，證實了嚴羽的詩論乃是儒

---

❷ 嚴羽的詩風也可以印證他在理論上對李杜高岑風格的偏嗜，賀裳《載酒園詩話》評價嚴羽的詩歌：「古詩亦用功於李白，但力不逮耳。五言律有沈雲卿、岑嘉州之遺風，七言律於高適、李祈尤深。」《閩書》卷一百三十說嚴羽的詩：「體裁勻密，詞調清壯。」

❸ 《中國文學批評史論》北京大學出版社 2008 年版，第 430 頁。

家詩論範疇。❸

## 重評之三：嚴羽的「妙悟」論應源自儒學奧旨

既然嚴羽所持乃儒家詩論，則《滄浪詩話》中的「鏡花水月」「不可湊泊」的「妙悟」論就應該依據儒家的義理來進行說明，而不應該草率地將「妙悟」與「禪悟」「禪學」混同，這一點，正是龔先生所反復強調的。

龔先生一貫認為「妙悟」並非禪宗的專利，它本身應是宋文化總體演化的結晶，而不是佛學偶然對於詩歌創作產生影響的結果，因此其理論內涵指向儒、釋、道皆無不可。

龔先生說：「這種精神（情景交融、理事合一、物我合一），不能歸功於宋代的禪宗，猶如宋代知性賦體的詩風，不能視為理學家之推廣。因為理學和禪宗也跟這個時期的詩和文學批評一樣，遭遇到同樣的問題，做了同樣的思考，發展出同樣的理論結構；都企圖經由轉識成智的方式，超然一悟。早在皎然《詩式》裏，就曾說過：『（但見情性，不睹文字，蓋）詣道之極也，向使此道，尊之於儒，則冠六經之首；貴之於道，則居眾妙之門；精之於釋，則徹空王之奧』。通過對中國文學中這個問題的探索，我們也可以發現：儒、道、釋三教，對此大抵有個共同的趨向，也就指出了中國文化、中國藝術精神、中國詩歌或文學批評的特性所在。」❸又說：「無論是以禪論詩或參悟說，都不是受禪宗影響而有的觀念，只是在宋代詩學意識之發展中、中國藝術精神之凝形中，詩人默察澄觀其生命與詩歌創作的種種曲折，而提出來的觀念構架，這一觀念構架，事實上又與宋文化及宋代所有詩學內部問題相關，不能孤立地處理，但因為它與當時所有問題互有關聯，而禪宗又是當時的重要思想系統之一，詩家即假借禪來譬況、來說明，這種說明，當然也不必非禪莫辦，只要是當時重要的思想系統，都能假借運用裕如。」於是，龔先生斷言：「足證此事與禪無關，借儒、借道、借佛為喻，皆無不可。」❸

以上是龔先生從思想文化整合的角度，來說明妙悟論在新型文化範型之下的

---

❸　拙作《滄浪詩話研究》（學苑出版社 2010 年版）對於嚴羽的儒家詩論性質，有詳盡的闡述，可參看。

❸　《詩史本色與妙悟》學生書局 1986 年版，第 15、16 頁。

❸　同上第 144 頁。

泛哲學化特徵,這對理解嚴羽的妙悟論的實質是極為有幫助的。

關於妙悟論與道家、儒家的關係問題,在龔先生之前,也有學者涉及過,如徐復觀《中國藝術精神》說:「自禪學在僧侶中已開始衰微,在士大夫中卻甚為流行的北宋起,……一般人多把莊和禪的界線混淆了,大家都是禪其名而莊其實,本是由莊學而流向藝術,流向山水畫,卻以為是由禪流向藝術,流向山水畫。……但在思想根源的性格上,是不應混淆的,我特在這裏表而出之,以解千載之惑。山谷儘管對禪能深造自得,但只要他愛生命,愛現世,則他實際只能是莊學的意境,而不能是禪學的意境。」❸❹徐氏將宋代的文學藝術的意境歸結為道家影響,不過依龔先生的看法,徐氏忽略了一點,那就是儒、釋兩家也都能開展出這一藝術精神。

葉維廉的解釋與徐氏不同,其《中國詩學》說:「嚴羽的禪悟之說卻似來自新儒。」❸❺「把嚴羽的觀念純看作新儒學的觀念,恐怕也會誤導得一如將它純看作禪宗的觀念一樣的不對,然而,我們得承認,嚴羽的論點一如包恢,帶有心學的色彩。」❸❻又說:「從道佛儒互為激蕩互為顛覆的歷史裏看,道學／理學在建構儒家的過程中,用了道、禪的語言策略,確實打開了一些廓然空闊的靈動想像的空間,並有引向道家重獲大有(冥合萬有)而又能逍遙於大無(不為名辨的『有』囚)的可能。」❸❼

與徐復觀和葉維廉相比,龔先生的難能可貴之處在於,在承認嚴羽詩學的儒家特色之後,更進一步地深入闡述了妙悟的原理,闡明了妙悟何以會通往儒家的義理奧旨。

對於妙悟理論結構的抉發,龔先生的切入點乃是宋人關於「言意之辨」的哲學與詩學主題。〈知性的反省:宋詩的基本風貌〉一文說:「意余於象,忘象得意,是宋代文學創作的精髓,它既要求作者透過『器』來掌握『道』,也要求文學作品表達言外之意、象外之思。」「這一特色,正顯示了他們對言意關係的思考。」「言意之辨,是宋代詩學的基本問題之一,它產生自一種對創作活動的理

---

❸❹　華東師範大學出版社 2001 年版,第 229 頁。

❸❺　人民文學出版社 2006 年增訂版,第 106 頁。

❸❻　人民文學出版社 2006 年增訂版,第 107 頁。

❸❼　同上第 143 頁。

性省察中。」❸在詩學領域，妙悟，其實質就是關於言意關係的一種理論。具體而言則是要解決內在妄念與文字執癖這兩項困局，一是要解除識心之執，二要超越文字之執，換言之，整個問題的關鍵在於悟，若悟，則識執自去，言語不泥。龔先生認為，悟，具有功夫的過程意義。未悟之前，是識心執心，既悟之後，則解縛去執，能見物如實相、天地悠然，這就是實性圓成的階段。然而，在依他起性之上著遍計執，必須藉轉識成智的功夫進程，才能見圓成實。

龔先生進而展開論證了轉識成智的三種途徑：儒家，由道德意識顯露自由無限心。道家，以虛靜心消除造作而顯一切有。禪宗，經三關而透脫。對於妙悟與儒學關係這一端，龔先生從「儒者轉化僻執與障溺而悟入」的角度進行了解析，他說：「儒者一方面慎乎所養，一方面學問充富，『寤寐食息，必念於是，造次顛沛，必念於是，則將超然懸解，躐等頓進，徑至妙處，一日萬里。』達到佛家所謂妙悟，道家所謂換骨的境地，這一境地，主要是在自我道德主體的挺立於修持，以存心養性為其功夫。」❸從哲理的層面充分證明儒家通過我心主體的修養也可以達到妙悟之境，妙悟不一定為佛學所專有。

於是，關於嚴羽儒學身分與妙悟論或者以禪喻詩論的衝突，便可以得到合理的說明，《詩史本色與妙悟》中有一段精闢的論述，他說：「嚴羽《滄浪詩話》中論『悟有深淺，有分限，有透徹之悟，由一知半解之悟，漢魏尚矣，不假悟也，謝靈運至盛唐諸公，透徹之悟也』，幾乎所有的研究者都搞不懂他的意思。」「實則第一義與小乘、聲聞辟支果等，均指其成就之高下而言，不假悟云云，則指其功夫進境而言。透過功夫修持而悟，其悟有深有淺，謝靈運至盛唐，是悟而透徹的，所以其成就是大乘的境界。」「就三關來說，悟亦是一種功夫的歷程，必有此功夫，必經此歷程，才能入道。」「嚴羽朝夕諷誦以待其久而自然悟入，不是與朱子《大學補傳》所說『至於用力之久，而一旦豁然貫通焉，則眾物之表裏精粗無不到，而吾心之全體大用無不明矣』，同一路數嗎？」❹用功夫進程和生命圓成，來解釋嚴羽的悟的等級以及詩體劃分（漢魏－謝靈運－盛唐李杜－中晚唐－四靈江

---

❸　《文學與美學》業強出版社 1986 年版，第 192、193、197 頁。
❸　《中國文學批評史論》第 427 頁。
❹　學生書局 1986 年版，第 226、227 頁。

湖—宋詩），一切疑難便渙然冰釋。

龔先生對妙悟之境的描述，借用了唯識宗轉識成智的理論模式，此一模式大抵為儒釋道三教所共有，不但顯示了儒釋道三教的基本特質，也是宋代或我國文藝理論的基本結構，可以斷言，這是瞭解整個宋代詩學的最佳途徑。不過，龔先生同時指出，在所有轉識成智的途徑中，禪宗的途徑最為奇特，看似熱鬧，其實門庭最為寥落，而且因它本身與詩文創作不甚相應，所以以參禪擬喻寫詩時，糾葛也最多。佛學講究不立文字，開展不出詩來，所以劉克莊就反對以禪喻詩，則嚴羽的以禪喻詩實質上仍舊側重儒學的範疇。

龔先生是以一種佛學的普遍義理結構，從哲學層面來詮釋詩人生命的圓成，並解釋有關妙悟和參詩說所牽涉的各種詩學內部問題，並藉此彰顯整個宋代詩學的重心和精神，推翻了妙悟和參詩說即是兩宋禪學向人生或詩歌延伸的產物的糊塗認識，這是全然不同於過去的研究方式。在闡述解析「妙悟」之義理的過程中，龔先生將自己兼通三教意蘊的優勢發揮到了極致，從而解決了嚴羽妙悟論的哲學來源以及盛唐詩體的基本內涵問題。

## 重評之四：嚴羽詩學並不具有原創性與開拓性

嚴羽雖然使用了諸如「妙悟」、「以禪喻詩」、「興趣」等等概念來描述盛唐詩歌氣象之美，但是這些描述並不是嚴羽論詩的宗旨或目的（其論詩宗旨乃在倡導盛唐李杜格調），而僅僅是一種「工具」而已，並且，這些工具也絕非他本人的創造和專利。

關於這一點，龔先生也有所涉及，〈知性的反省：宋詩的基本風貌〉一文指出：「任何社會所認知的位分人格，都是在基本人格中再添加若干條件而構成的，位分人格不同，並不代表價值態度的體系不同，即使在極端敵視的團體間，基本人格仍是他們共同的認識基礎，例如嚴羽是反對江西的，但他跟江西諸君子一樣認為詩應含蓄，他又曾自詡論詩親切，是自己體悟而非拾人唾涕，但郭紹虞卻明白告訴了我們，《滄浪詩話》多詩人習見之論。」❹《詩史本色與妙悟》又說：「詩道唯在妙悟，是說作詩必須參、必須悟，才能掌握詩的本質，這是宋人一般

---

❹　《文學與美學》業強出版社 1986 年版，第 180 頁。

的觀念，原不止嚴羽一人如此說。」❷指出嚴羽與宋代詩學思潮可以構成位分人格與基本人格的關係。

的確，《滄浪詩話》中的很多亮點多是時人習見常談。限於篇幅，茲僅以「以禪喻詩」論為例加以說明。南宋人曾幾、葛天民、范溫、趙蕃、包恢等都有詩禪論，具體而言，嚴羽的「以禪論詩」說（禪悟論）全本江西派韓駒和嚴羽的前輩詩家戴復古，試看韓駒〈贈趙伯魚〉說：「學詩當如初學禪，未悟且遍參諸方。一朝悟罷正法眼，信手拈出皆成章。」戴復古〈昭武太守王子文日與李賈嚴羽共觀前輩一兩家詩……〉說：「欲參詩律似參禪，妙趣不由文字傳。個裏稍關心有悟，發為言句自超然。」詩禪合一，遍參各家，悟第一義，講究興趣，信手拈出、渾成無迹，幾乎包括了嚴羽全部的「以禪論詩」的論點，差別只在於表述方式的繁與簡。而嚴羽的「以禪喻詩」（借助禪宗道理或術語來劃分詩體等級），也並不新鮮，南宋初韓駒《陵陽室中語》早就說過：「詩道如佛法，當分大乘、小乘、邪魔、外道。」（《詩人玉屑》卷五引）嚴羽將禪宗術語應用於詩體價值的評判，則是直接從詩壇盟主劉克莊那裏受到啟發，《江西詩派序·山谷》說：「遂為本朝詩家宗祖，在禪學中比得達摩。」（《後村先生大全集》卷九十五）《茶山誠齋詩選》說：「山谷，初祖也，呂、曾，南北二宗也，誠齋稍後出，臨濟德山也。」（同上卷九十七）作為一種詩學批評方法，嚴羽的做法與韓駒、劉克莊是一致的。於此等處，可詳參郭紹虞《滄浪詩話校釋》一書。

正因為如此，嚴羽的表叔吳陵早就懷疑嚴羽詩論的獨創性。嚴羽〈答吳景仙書〉說：「其間說江西詩病，真取心肝劊子手。以禪喻詩，莫此親切，是自家實證實悟者，……即非傍人籬壁，拾人涕唾得來者，……而吾叔靳靳疑之，況他人乎？」原來，嚴羽寫作《滄浪詩話》的意圖並不在於單純地談論詩歌原理，而在於借助這些詩學原理來批評、攻擊宋詩，這一點他說得很明白，其〈答吳景仙書〉說：「僕之《詩辯》，……其間說江西詩病，真取心肝劊子手，以禪喻詩，莫此親切。」也就是說，《滄浪詩話》中的「以禪喻詩」等等一系列前人的詩學話題，只不過是嚴羽用來解構江西派和其他詩派的「利刃」而已，亦即他標榜的「析骨還父」之手法。嚴羽利用了這些平常的詩學話頭，最終達到獨尊李杜盛唐格調、

---

❷　學生書局 1986 年版，第 137 頁。

「自立一門戶」的目的，這才是他「自家實證實悟」的地方，換言之，《滄浪詩話》並不是一部純粹的詩學批評著作，而是充滿了強烈的意氣之爭。

　　總體而言，嚴羽詩學根本就不具有原創性，《滄浪詩話》一書的價值在於它保存了前人的詩學精華，而不在於它自身偏激的詩學宗旨和主張，這是由嚴羽「析骨還父」的批評方法論所決定的。要真正研究這部書，就需要嚴格區分其「目的」與「工具」之間的絕大不同，避免將工具當作目的，盲目推崇嚴羽從他人詩論中所借來的工具，最終失去《滄浪詩話》本身的撰述目的和動機。

## 餘　論

　　以上我們簡單評介了龔先生宋詩學研究的方法、策略及實績，並以《滄浪詩話》為例，驗證了這個研究路徑與成果對於宋詩學諸問題的闡釋能力。在這一由理論到實踐的比照過程中，我們發現龔先生的文學社會學方法，其實可以貫通於中國傳統的「知人論世」原理。

　　1919 年章太炎在與胡適討論《中國哲學史大綱》的信中說：「但諸子學術，本不容易了然，總要看他宗旨所在，才得不錯，如但看一句、兩句好處，這都是斷章取義的所為，不盡關係他的本意。」❹❸錢鍾書《談藝錄》〈陶淵明詩顯晦〉一章，針對《詩品》箋注者僅僅依據《太平御覽》中的說法而將陶潛捉置於上品的做法，批評道：「不知其人之世，不究其書之全，專恃斠勘異文，安足以論定古人？」❹❹陳寅恪〈馮友蘭《中國哲學史》上冊審查報告〉說：「對於古人之學說，應具瞭解之同情，方可下筆。蓋古人著書立說，皆有所為而發。故其所處之環境，所受之背景，非完全明瞭，則其學說不易評論。」❹❺

　　三位學者都指出了解讀、評價古人學說思想的基本原則，那就是孟子的「知人論世」傳統，這也自然應該成為我們評價估量嚴羽《滄浪詩話》的方法。而今人對《滄浪詩話》誤解的產生，很大程度上是方法論的失誤，即習慣將研究物件

---

❹❸　《章太炎書信集》，河北人民出版社 2003 年版。

❹❹　中華書局 1984 年版，第 93 頁。

❹❺　《金明館叢稿二編》三聯書店 2001 年版，第 279 頁。

從文化思想中孤立出來，作架空理解，忘記了知人論世傳統。所以，今人對於《滄浪詩話》的研究仍處在「斷章取義」而「不究其書之全」的階段。

對這一闡釋弊病，龔先生也曾做過歷史性反思，《詩史本色與妙悟》中說：「郭紹虞和朱自清，所用的仍然是『以科學方法整理國故』的辦法，只是資料的文獻分析，而缺乏處境的分析。所謂處境分析，不是說我們必須以同情的心境重復古人原初的經驗，是指研究者對於歷史上那些行動者，他們所身處的環境與行為，找出試驗性或推測性的解釋。這樣的歷史解釋，必須解說一個觀念的某種結構是如何形成的、為何形成的。……嘗試重建行動者身處的問題環境，並使這個行動，達到『可予瞭解』的地步。在郭朱二書中，並未告訴我們文學批評家提出一個理論、一個觀念、一個術語，為的是要解決什麼樣的難題，他們遭遇到什麼文化的、歷史的，抑或是美學的、創作經驗的困難？想要如何面對它、處理它？為何如此處理？有什麼特殊的好處，使得他們採用了這樣的觀點或理論？」❹❻《四十自述》中又說：「將此處境分析，運用於歷史，即是擴大了『考鏡源流』的路向，而發展出對文化變遷的考察。」❹❼反復強調了進入歷史語境、神會古人對於文學理論闡釋的必要性，要求研究者立足於「問題意識」，對文學範型及其理論思想的產生作歷史的解釋。

這種著眼於處境分析的闡釋方法，基本精神可以貫通於「知人論世」原則，可以視為對這個傳統的自然延伸，故其《四十自述》說：「我的詮釋，又是由中國傳統詮釋方法中發展出來的。」「我的理論也與詮釋學頗有歧異，……我也恰好從《五經正義》及《公羊傳》等經學箋注傳統中發展出來罷了。」❹❽

龔先生淹該四部，博涉九流，故能通觀整體，徹上徹下，窺見國史學術之大全，契合大本大原之學，每下一斷語，輒根植於豐厚的文化資源和開闊的參照系統，絕非耳食膚淺、遊談無根者比，其著作包含著巨大的真理意義，具有思想資源和理論寶庫的性質，認真研讀，細心體會，必會受益無窮。

---

❹❻ 學生書局 1986 年版，第 12 頁。

❹❼ 中國工人出版社 2008 年版，第 261 頁。

❹❽ 同上第 262、263 頁。

# 參考文獻

龔鵬程《詩史本色與妙悟》，學生書局 1986 年版

龔鵬程《文學與美學》，業強出版社 1986 年版

龔鵬程《龔鵬程四十自述》，中國工人出版社 2008 年版

龔鵬程《唐代思潮》，商務印書館 2007 年版

龔鵬程《文學批評的視野》，大安出版社 1990 年版

龔鵬程《道教新論》，北京大學出版社 2009 年版

龔鵬程《江西詩社宗派研究》，文史哲出版社 1983 年版

龔鵬程《中國詩歌史論》，北京大學出版社 2008 年版

王術臻《滄浪詩話研究》，學苑出版社 2010 年版

# 從龔鵬程文學史觀論
# 《西遊記》的「遊戲說」

劉宜達*

**摘　要**　本文從龔鵬程的文學史觀探討《西遊記》的評點價值，並從評點現象探討「遊戲」在文學上的意義，舉出相關的文學議題。「遊戲」一詞在評點中很常出現，無論就陳士斌、劉一明、汪象旭或張書紳、李卓吾，均曾經強調文本中的「遊戲」性質。本文耙梳中國歷代的遊戲文學，無論是儒家的、道家的「逍遙遊」、佛教禪宗的「遊戲三昧」都是強調一種特殊的表達方式，透過這種表達方式，讀者不能只看到文本表面的敘述，而是能深入思索當中所承載的內涵。而《西遊記》承載著這些敘述脈絡。以此來看明清的《西遊記》評點，雖然內容多所誤解，而且是以非常嚴肅的態度來面對文本，卻因此凸顯了遊戲文學的價值，在文本的遊戲風格中，促使我們能夠從評點開發新的研究面相。

**關鍵詞**　《西遊記》　評點　文學史　遊戲

## 一、前言

　　《西遊記》自成書以來，由於內容涉及釋、儒、道三教，所以道家的人認為《西遊記》寫的是修煉金丹的過程，佛家就認為《西遊記》是以悟「空」為主旨，

---

*　　劉宜達，靜宜大學中國文學研究所碩士生。

而儒家則認為「修心」是《西遊記》的終極目標。他們面對《西遊記》這個文本，都有一種閱讀聖典的態度。雖然立場不同，但對於文本性質的共識就是它具有「遊戲」的風格，在強調作者是丘處機的前提下，文本裡面有大量的遊戲性文字，不同於一般嚴肅的經典，所以他們所面對的是如何將文學轉換成經學的閱讀方法。以文學態度來解讀經學自《文心雕龍》之後就逐漸盛行❶，但是以經學的態度來面對文學（甚至是小說），則《西遊記》還是先例。例如李卓吾在第一回的總批就提到：

> 讀《西遊記》者，不知作者宗旨，定作戲論。余為一一拈出，庶幾部埋沒了作者之意。❷

評點者首先擔心的，就是《西遊記》「戲論」，所以評點的功用就是寫出作者的宗旨。清代尤侗也提到：

> 後人有西遊記者，殆《華嚴》之外篇也。其言雖幻，可以喻大；其事雖奇，可以證真；其意雖遊戲三昧，而廣大神通具焉。❸

可見就這些讀者的眼中，閱讀的過程發現文本中有明顯的「陌生化」，如果不能看出當中的微言大義，就會埋沒了作者的用心。這種陌生化有兩種，一種是奇幻，另一種則是所謂的「遊戲」。而這些人在面臨這樣的文本結構，就更需要詮釋才能現出作者原旨，於是這些解釋者都有一種代作者立言的詮釋心態。這種戲謔的內容明顯改變評點者的閱讀態度，迫使他們必須去凸顯遊戲風格所呈現的文字意義，他們的詮釋才有價值。所以評點者在講述自己的閱讀經驗時，所突顯的是另一個問題：風格與人格不同。明清的《西遊記》評點大多是全真教，而且已經有個立場：認為作者是明代全真教道士丘處機，誤認是百回本小說《西遊記》

---

❶ 龔鵬程：《六經皆文》（臺北：臺灣學生書局，2008 年 12 月），頁 1。
❷ 李卓吾：《李卓吾先生批評《西遊記》》（臺北：天一出版社，1985 年），第一回，頁 15 上。
❸ 尤侗：〈西遊真詮序〉，《西遊真詮》（上海：上海古籍出版社，1994 年），頁 2 下。

的作者。在這樣的前提下，作者身為道士，卻寫出一本趣味十足的文本。「遊戲」就字面上來看，本應指書寫的態度，但明清的評點者均強調文本中具有「遊戲」的特質。在詮釋的過程中，他們一方面認為有遊戲特質，一方面又認為作者是長春真人丘處機，這部小說有特殊的創作目的，張書紳認為丘處機「是把大學誠意正心，克己明德之要，竭力備細寫了一盡，明顯易見，確然可據。」❹《西遊原旨》也明指長春真人所作，故而認為「其書闡三教一家之理，傳性命雙修之道。」❺他們從閱讀裡，讀出嚴肅的內涵。故對於評點者而言，作者的創作態度顯然並非遊戲，是以嚴肅的心態寫出這部小說，可見得評點者所謂「遊戲」是這部小說風格的描述。胡適在〈西遊記考證〉中認為：

> 這部書至多不過是一部很有趣的滑稽小說，神話小說；他並沒有什麼微妙的意思，他至多不過有一點愛罵人的玩世主義。這一點玩世主義也是很明白的；他並不隱藏，我們也不用深求。❻

可見胡適已經注意到小說的風格，特別提出《西遊記》是很有趣的滑稽小說與神話小說，但他認為純粹只是讓人發笑、有些玩世主義，但沒有什麼特別的意涵。而胡適會這樣說的前提是認為明清的評點把文本讀壞了。胡適否定了明清評點，也否定了文本中的深刻內涵，但他強調文本是「滑稽小說」時，不嘗說明自己對於文本的感受。如陳元之〈西遊記序〉所言：

> 道之言不可以入俗也，故浪謔笑虐以恣肆。笑謔不可以見世也，故流連比類以明意。於是其言參差而俶詭可觀；謬悠荒唐，無端崖涘，而譚言微中，有作者之心、傲世之意。❼

文本評點者所謂的遊戲說，或許正是胡適所說的：「讓人發笑」的地方，作

---

❹ 張書紳：〈總批〉，《新說西遊記》（臺北：天一出版社，1985 年），頁 9 上。

❺ 劉一明：〈西遊原旨序〉，《西遊原旨》（臺北：天一出版社，1985 年），頁 1。

❻ 歐陽哲生編：《胡適文集》（北京：北京大學出版社，1998 年），第三冊，頁 528。

❼ 《世德堂本西遊記》（上海：上海古籍出版社，1994 年），頁 2 下。

者原意已不存在,遊戲風格充滿整部小說的原因無法得知,但由於嚴肅的課題又一再的被挖掘出來,形成一種特殊的「遊戲」書寫的傳統,而《西遊記》就在這樣的書寫傳統下,表現出不同層次的課題。如此看來,《西遊記》所牽涉到的文學議題甚廣,一方面有作者風格的問題,另一方面也有解讀的問題,而這些議題都跟文本中存在著遊戲與嚴肅之間的矛盾有關。

龔鵬程先生的《中國文學史》拋棄傳統的書寫方式,而是改從文學性的角度從新對文學史進行,所以提供了很多新的研究面向,而且這種研究是根基於文學議題:

> 文字書寫品如何美化成了藝術、成了文學文本;然後看歷代的人如何看待文學這件事、如何讓文學更符合他們心目中對文學美的要求;再則解釋文學與其他藝術分合互動的關係,以見古今之變。❽

這裡所著重的,是文字文本轉變為文學文本的歷程,亦即文學如何被建構是這種觀點下是被重視的課題,所以不再是強調文本如何受到影響的問題,以及作者、社會環境的問題。而是以文本的文學性作為深入的討論,另一方面,文學觀的變化也是。前面提到的《西遊記》議題正適合以文學性的觀點來討論,本文集中討論「遊戲」在文學的意義,並說明遊戲的各種層次。

在這樣的研究之下,不需要證明《西遊記》的作者是為了要反映當時的宗教狀況。《西遊記》並非是作者一人獨創,故很難證明作者對於佛教必然有深入瞭解,或是作者對於當時的佛學狀況非常清楚。但是在遊戲書寫下,反而能夠討論相關的文學議題。歷來探討從諷刺社會角度的研究多以孫悟空的叛逆行徑為基礎,本文從遊戲書寫的角度不只有孫悟空,還可以探討各種顛覆意識在文學上的表現。

就此來看,無論是歷時性的遊戲文學,或是共時性的以長篇小說,《西遊記》在遊戲書寫這一層面上確有獨特的意義。這種遊戲書寫在敘事的過程中,形成一種特殊的文學美感,遊戲概念來自於評點者所強調的「遊戲說」,雖然並未成為

---

❽　龔鵬程:〈自序〉,《中國文學史(上)》(臺北:里仁書局,2009年),頁2。

文學批評的概念或方法，但他們也凸顯了《西遊記》特殊之處。本文首先要確認所謂的「遊戲書寫」究竟為何、歷來對於「遊戲」的概念又有哪些、作品之中的遊戲書寫有什麼意義，在前人研究中，不少研究也從《西遊記》探討文本的諷刺、喜劇風格與當時社會的關係。本文更進一步從遊戲書寫的角度探討與《西遊記》遊戲風格所引發的相關文學議題，這樣的探討對傳統的「遊戲說」可以有更深層的認識。

## 二、中國文學的遊戲傳統

如評點者所強調的，《西遊記》從遊戲的書寫來表現出嚴肅的課題，這或許可以從歷來相關的遊戲書寫傳統來看。中國歷來就有遊戲文學的傳統，而這種傳統並非只有一種，而是具有多重文化脈絡的風格：

### ㈠道家遊戲書寫

遊戲的概念表現於道家即是莊子所謂的「逍遙遊」，在《莊子·逍遙遊》中，表達出一種遊戲人生，不以過於嚴肅的態度看待世間事。而這種概念表現在文學上，如魏晉的竹林七賢即是承老莊思想，藉著行為、言語、詩文表達「不與世事」的人生觀，而遊戲的態度即為當中的一種，例如《世說新語》的記載：

> 劉伶常縱酒放達，或脫衣裸形在屋中，人見譏之。伶曰：「我以天地為棟宇，屋室為褌衣，諸君何為入我褌中？」❾

這種基本思維與莊子的「逍遙遊」的觀點有很深的淵源，所以在言行中要破除規範的限制，無論就縱酒、裸形都是不合於一般人的規範，但面對譏笑，劉伶也毫不掩飾的回答自己的想法，面對異樣眼光，照樣做自己想做的行為。文學敘事上，描寫出劉伶這種無拘無束的行為與思想的自由，故而能夠突破限制。

---

❾ 劉義慶撰，劉孝標注，楊勇校箋：《世說新語校箋》（北京：中華書局，2007 年），冊三，頁657。

### ㈡禪宗的遊戲三昧

遊戲文學的另一種形式，表現於佛教禪宗。禪宗以「頓悟」為核心價值，六祖慧能以不立文字、不依經論為特殊的接引方式，而這種接引方式中，「遊戲三昧」是以自由無礙的方式對不同的眾生，以最適切的法門使其解脫，所謂「最適切」，就是依照不同的眾生的程度予以回應，但宗旨都是要讓聽者能夠頓悟，這種概念表現在文學上，即是禪宗的公案對話裡，例如《五燈會元》裡記載白雲守端禪師：

> 上堂：「釋迦老子有四弘誓願云：眾生無邊誓願度，煩惱無盡誓願斷，法門無量誓願學，佛道無上誓願成。法華亦有四弘誓願：饑來要喫飯，寒到即添衣，困時伸腳睡，熱處愛風吹。」❿

這是以遊戲的語言或文字表達不拘泥於文字的禪宗思想，所以守端禪師以吃飯、添衣、睡覺、風吹等來譬喻法華四弘誓願。禪宗以達摩為初祖，並以《楞嚴經》為主，《楞嚴經》對於語言和文字的功能自有不同的看法。禪宗的特色在於不立文字，所以《六祖大師法寶壇經》（以下簡稱《六祖壇經》）中，慧能對弟子說：「若有人問汝義，問有將無對，問無將有對；問凡以聖對，問聖以凡對。二道相因生中道義，如一問一對，餘問一依此作，即不失理也。」⓫禪宗特色雖然不立文字，又知道不能離開文字的表述，否則無法傳達，所以從意義傳達的方式來說，正是語言文字的表達方式所引申的特殊性，故而慧能強調在聖凡之間產生落差，而中道義就在這樣的表達出來。禪宗公案中，常見相同的問題卻有各種不同答案，這些言行就表面上來看，自與一般人所認知的出家人形象不同，又如禪宗公案裡的〈南泉斬貓〉：

> 南泉和尚，因東西堂爭貓兒。泉乃提起云：「大眾道得即救，道不得即斬

---

❿　普濟：《五燈會元》（臺北：文津出版社，1986 年），頁 1235。

⓫　〔元〕宗寶編：《六祖大師法寶壇經》，《大正新修大藏經》（臺北：新文豐出版公司，1983年），第四十八冊，頁 360。

卻也。」眾無對，泉即斬之。晚趙州外歸，泉舉似州，州乃脫履，安頭上而出。泉云：「子若在即救得貓兒」⓬

這種以超乎預期的方式即是禪宗所謂要破除的執著，這是為了讓大眾頓悟，南泉不惜斬貓，這種行為不符合出家人的行為，卻又有有其特殊意涵，但是在行為上與一般的期待有所落差，這種刻意形成期待落差的對話，也是「遊戲」的語言特色。劉一明《西遊原旨·讀法》：

> 西遊立言，與禪機頗同。其用意處，盡在言外。或藏於俗語常言中，或托于山川人物中。或在一笑一戲裡，分其邪正；或在一言一字上，別其真假。或借假以發真，或從正以劈邪。⓭

劉一明〈讀法〉裡用禪機作比喻，尤其是提出「意在言外」的語言特色，更是劉一明得以超越語言表層，從「藏」、「托」這樣的形容，可以看到劉一明的詮釋就是要從語言之外尋求意義，而他對於文本所作的詮釋，才能因為脫離語言表層而進入自己的理解脈絡中。這種詮釋的有效性一方面來自於對作者的想像，另一方面又與自己對於文本理解有關，所以這些評點本得以脫離文本，自己建構出一套詮釋系統。而劉一明以「禪機」來解釋文本，「意在言外」的形容就不完全正確，雖然，都是強調語言文字與意義的分離，可是要了解意義，仍須從語言文字去理解，這時讀者的參與空間就很大，因為意義是由讀者所創造，所以要如何導向讀者正確閱讀，是評點者所自認能夠達成的任務。

### 闫儒家的諧隱、滑稽

《史記·滑稽列傳》以司馬遷以「滑稽」歸類這樣的人，《史記索隱》認為滑稽是「辯捷之人，言非若是，說是若非，言能亂異同也。」所以這種人物是以能言善道者為主，在是與非之間產生矛盾。列傳中所舉出的人物，如孟優、優旃

---

⓬　道原：《景德傳燈錄》（臺北：彙文堂出版社，1987 年），頁 133。
⓭　劉一明：〈《西遊原旨》讀法〉，《西遊原旨》（臺北：天一出版社，1985 年），頁 28 上。

認同秦始皇擴大苑圍的原因是以後可以使麋鹿抵擋外敵，東方朔等人以詼諧語言暗藏深刻意義的諷諫內涵。正如《文心雕龍·諧讔》所說：「諧之言皆也。辭淺會俗，皆悅笑也。……讔者，隱也；遯辭以隱意，譎譬以指事也。」❶所以認為這種諧讔的文學價值在於「大者興治濟身，其次弼違曉惑。蓋意生於權譎，而事出於機急，與夫諧辭可相表裏者也。」❶劉勰為這樣的一類遊戲作品做了大概的介紹，並提出它的特性，可知這種文學型態並非只是像胡適所說的，只有好笑的內容，沒有什麼深意。透過遊戲的語言包裝嚴肅的課題，需要讀者參與才能把嚴肅的課題閱讀出來。如前所述，《西遊記》引發的文學議題以及閱讀現象，卻是導入文本有「遊戲」的明顯性質，評點者強調閱讀態度轉變，也使得文本的意義跟著讀者而改變，當他們恍然大悟之後，於是所面對的問題是：一個如此特殊的文字文本，該如何將它詮釋、證明成為經典？所以也牽涉到如何詮釋的問題。也就是詮釋者不但要告訴讀者文本的重要性，更要對於遊戲風格處進行解構，提升遊戲風格處的價值。現象學以「意義的給予（giving of sense）」來說明意向性的活動，客觀的意義或標準的意義已經被消解，所以胡賽爾認為懸擱（epoche）是返回「事物本身」首先要做的❶，也就是作者在遊戲風格處的本意已不存在，而且可以由讀者任意的解讀。所以在明清評點後，又有許多學者從不同角度探討文本中的詼諧文筆，但這些評點著重的是「遊戲」下的嚴肅內涵，如張書紳認為「是把大學誠意正心，克己明德之要，竭力備細寫了一盡，明顯易見，確然可據。」❶；《西遊原旨》認為「其書闡三教一家之理，傳性命雙修之道。俗語常言中，暗藏天機；戲謔笑談處，顯露心法。」❶《西遊記》的作者究竟是儒、是道、是佛？亦或是三教合一？這已是不可考的事。可是一本充滿遊戲風格的作品，可以讓讀者讀出這些嚴肅的內涵，也驗證文學作品的意義由讀者填補可以讓豐富作品的內涵。

　　從中國歷來的遊戲書寫中可以看到，這似乎是不同於一般的表達方式，而《西遊記》的遊戲性質就是在這樣的遊戲書寫傳統下的集大成。在這個前提下，這樣

---

❶　劉勰：《文心雕龍義證》（上海：上海古籍出版社，1999 年），頁 529。

❶　劉勰：《文心雕龍義證》（上海：上海古籍出版社，1999 年），頁 545。

❶　王岳川：《現象學與解釋學文論》（濟南：山東教育出版社，2005 年），頁 23。

❶　張書紳：〈總批〉，《新說西遊記》（臺北：天一出版社，1985 年），頁 9。

❶　劉一明：〈西遊原旨序〉，《西遊原旨》（臺北：天一出版社，1985 年），卷首，頁 12 上。

的表達方式是被認可的，所以表面上是遊戲之作，或是遊戲語言，但實際上卻要更認真看待，所以言者與聽者，或作者與讀者之間，應該有某種程度上的基礎認識，取經人面對的是取經的理想，還有一路上的重重魔難，必須如此艱辛的原因，是因為取經人遭到貶謫。例如文本裡的唐僧因為不聽佛法就被貶下凡間，要經過八十一難才能解脫；沙和尚只是打碎琉璃盞就被「打了八百，貶下界來。」不只如此，還有「七日一次，將飛劍來穿我胸脇百餘下方回」❿；龍馬因縱火就要受戮，豬八戒戲弄嫦娥就被打了兩千，貶下凡塵。就此看來，除了孫悟空的大鬧天宮、地府、龍宮外，另外四聖都只是微罪就要受到極大的痛苦。雖然如此，經過菩薩說情，保護唐僧取經就可以將功贖罪。取經的路程自然也就是贖罪的過程，李豐楙則從「謫凡」的觀點來說明中國小說的敘事模式，除了《西遊記》之外，他還舉《水滸傳》為例。就兩部小說而言，謫凡意識之下，從罪謫、受苦歷難到解脫或完成使命的經歷，所應強調的是過程的艱辛，但《西遊記》以遊戲書寫的角度作為敘述，又有什麼不一樣的文學意義？

　　評點是讀者對於文本所做的分析，從形式來看，是最直接的批評方式。如金聖嘆評點《水滸傳》或是脂硯齋評點《紅樓夢》，都花了不少的筆墨在分析文本的敘事與策略，但《西遊記》的評點從李卓吾以降到清代的評點大抵都不是從文學批評的角度，所以評點方向也不在挖掘文本中的文學美感。這些閱讀經驗是否為真，其實有待商榷，但這種評點對於價值的提昇又與《金瓶梅》相似，都有一種為了把文本解釋為一部悟書，故而均是以內涵的角度來說明。

# 三、《西遊記》遊戲書寫的意義

## ㈠苦難與遊戲

　　《西遊記》主要描述取經五聖歷經千山萬水，及九九八十一難的經過，「難」能共同承擔如：「五莊觀中」、「平頂山逢魔」等皆是取經團體皆曾遭難。此外在解決這些苦難的同時，也可能解決五聖以外其他人的共同困境。八十一難主要

---

❿　吳承恩著，徐少知等人校注：《西遊記校注》（臺北：里仁書局，2000 年 7 月），第一冊，頁152。

是對五聖的考驗，然而《西遊記》中的苦難又不只於八十一難，在五聖取經之前及取經的過程也都曾造成他人的苦難。

為了表現五聖在取經過程克服困難的艱辛，《西遊記》作者讓五聖身上具備軟弱、猶疑、愚昧的「人性弱點」。因為他們均有人性弱點，因此讀者更能想像與認同五聖遭難時的為難處境。也因為人性的弱點，五聖也會犯錯，甚至一再重複錯誤，但是只要改過，依舊能克服萬難。在不給予強烈的責備、也為了讓讀者能有讀《西遊記》的樂趣而不感到說教意味濃厚，所以當中用了大量的遊戲書寫。例如孫行者因為好強、自大而被關在五行山下，在取經過程中也曾為了鬥富而引來「夜被火燒」、「失卻袈裟」二難；以及在五莊觀中因為沉不住氣而引來「難活人參」二難；豬八戒的好吃、好色、貪睡造成五聖蒙難的情形更是不勝枚舉。但是這些犯錯的角色卻仍得以持續向前而不至於喪失性命或離開取經團體。

五聖的主要考驗是「難」中的障礙，妖魔則為主要的具體障礙，在解除障礙的過程中自然以打鬥為主要場景，與妖魔之間過招的過程更是《西遊記》中加強描述的部分，但是其中穿插的詼諧處卻也不少，以書寫的角度來看，這種刻意安排的詼諧書寫不但能淡化戰鬥時的激烈與殘酷，還能讓人有不同的新鮮感，例如六十七回孫行者被大蛇所吞，卻在蛇的肚子裡用鐵棒讓蛇搭橋撐船給豬八戒看；七十一回行者自稱是「朱紫國來的外公」，魔王卻往後宮去問娘娘有沒有姓「外」的，然後在與行者開打之前真的高叫：「哪個是朱紫國來的外公？」這些具有詼諧的情節若抽離之後仍能持續進行而不受影響，但卻成為打鬥時最常出現的書寫方式。《西遊記》雖然本身就以除難為主要過程，其中卻也隱含了寬恕的筆法，在遊戲的意識下不只有取經五聖，連計畫要阻礙他們的妖魔們，作者也是以寬恕的心態而手下留情的，所以即使如獅駝嶺上的三個魔王吃人無數，造孽多端，悟空只在它肚子裡開開玩笑、如來收伏時仍許它享用祭品，再如紅孩兒與牛魔王的性格如此火爆，只要願意皈依也能夠保全性命甚至修成正果，這些都能讓人感覺出對於加害者所受的懲罰也在作者用詼諧的書寫下，雖然有所嘲弄，但卻也能得到相當的寬恕，而不是以必然殲滅加害者來作為該難的結尾，這是真正達到「謔而不虐」的境界。

在魔難重重的路途中，如果製造出與孫行者無異的唐僧，則故事就無甚可看性，從《慈恩傳》到《西遊記》的過程正是玄奘的聖僧形象轉化成凡僧形象的過

程，《西遊記》裡的唐僧幾乎沒有《慈恩傳》中玄奘的聖僧性質，也因此身旁保護他的弟子也越來越多。在必須經歷許多障礙的過程中就處處表現出驚恐、憤怒等不安的情緒，書中的人物也多有類似的情緒表現，但情緒若因而失控就可能造成分裂或絕望而使得取經團體解散，所以作者置入詼諧的情節不但能調和當中的角色，也能讓讀者從相同高漲的情緒中平緩，例如三十七回唐僧夢到烏雞國國王托夢而驚醒，在驚嚇中他慌忙叫「徒弟！徒弟！」，卻得到豬八戒的回應：「什麼『土地土地』？當時我做好漢……」❷這種刻意以諧音用語來引發下面一段抱怨之詞，從讀者感受的觀點來看能使得讀者跟著唐僧作夢驚恐下的情緒平緩下來；四十二回行者請菩薩收伏紅孩兒，提到紅孩兒假冒菩薩賺騙豬八戒時：

> 菩薩聽說，心中大怒道：「那潑魔敢變我的模樣！」恨了一聲，將手中寶珠淨瓶往海心裡撲的一攛，唬得那行者毛骨悚然，即起身侍立下面道：「這菩薩火性不退，好是怪老孫說的話不好，壞了他的德行，就把淨瓶攛了。可惜！可惜！早知送了我老孫，卻不是一件大人事！」❷

從菩薩大怒到與行者出發降妖之間並沒有其他的表情或反應出現，所以中間必須要靠行者的那段話來改變當時的氣氛，在這種驚嚇、憤怒或是哀痛的情節下摻入詼諧的書寫正能不讓讀者一起陷入情緒之中。

八十一難固然是對五聖的考驗，但《西遊記》中仍有許多苦難而不被強調，受害者也不僅僅只有五聖，還包含了一般人（包括平民百姓和國王等）、神仙，在《西遊記》中已經設定好只有取經五聖能夠解決所有苦難時，這些神仙或一般人就幾乎沒有什麼自救能力而表現出無奈、無助的表情，例如孫悟空大鬧天宮時的受害者就是天上諸神，舉凡龍王、閻王、哪吒、七仙女、太上老君等；豬八戒困擾著高家莊等皆是。苦難自是讓人愁容滿面，但作者卻又摻入詼諧的語氣反而更能襯托出受害者的無奈與無助，但另一方面也能代表著出現了希望，因為他們的出現

---

❷ 〔明〕吳承恩著，徐少知校，周中明、朱彤注：《西遊記校注》（臺北：里仁書局，1996年），第二冊，頁686。

❷ 〔明〕吳承恩著，徐少知校，周中明、朱彤注：《西遊記校注》（臺北：里仁書局，1996年），第二冊，頁774。

表示苦難將能脫離，所以在收伏八戒的過程中就是用喜劇的方式呈現，在作者用
詼諧筆墨描述過程時，用這些荒謬的情節卻能讓人感受到這些無辜受害者的無奈
與無助，尤其身為人而行為卻與妖魔無異時，更能感覺到作者以諷刺的方式予以
懲戒。

　　從以上的論述能發現，在苦難中的遊戲書寫意義是多重的，在同為遊戲的書
寫下採用的是一種慈悲的筆法，無論是有罪無罪，都是在受「難」，對五聖而言，
「難」是一種障礙，但對其他人而言卻是苦難。如此一來能夠觀照的對象，除了
有罪的取經五聖、諸妖魔，還能遍及無罪又受苦的一般人民與諸神，並使得遊戲
能成為《西遊記》的特點之一。

　　評點者對於「遊戲」的概念並未詳細說明，僅止於對作品風格所做的描述，
這無法藉由「遊戲」的概念凸顯《西遊記》的文學美感，所以這樣的風格形容也
不足以成為文學批評，所以只能從這些評點者去歸納出「遊戲」的共同意義，由
於這些詞只是「描述」，評點者既然並未對於「遊戲」多加解釋，而「遊戲」一
詞從字面上來看也無法承載，所以後世對於《西遊記》在趣味的情節或文字上用
了更多的詞彙來敘述，並各自以其背後的價值理論來詮釋《西遊記》，例如幽默、
詼諧、狂歡等等。然而，《西遊記》與這些詞語的關係均未如同論者所述的那樣
緊密，原因在於《西遊記》本來就不是依循著這些概念而創作，可能只是文本中
的某一部分符合那些現象，況且經過分析之後，《西遊記》遊戲書寫甚為多元，
所以若只以一個概念來詮釋《西遊記》的遊戲風格，自然有扞格不入之感。

　　然而，本文以「遊戲」重新界定《西遊記》的文學價值，是否也有相同的問
題？因此必須擴大「遊戲」的內涵，才能架構出足以詮釋《西遊記》的文本現象
的文學批評，所謂的文本現象，包含了作者、讀者與作品的一切問題，作者如何
創作、作品如何傳播以及讀者如何閱讀等文學現象，語言的界定，也必然涉及語
境背後的文化。評點者承認文本具有明顯的遊戲的性質，卻必須一再否定遊戲的
存在，所以在評點者的詮釋裡，遊戲反而無所不在，因為在評點者所想像的作者
必然是以非常嚴肅的態度寫作。在小說序跋裡所提到的閱讀過程，我們很難判斷
是否為真，但至少他們在所提到的閱讀過程，一再的表現出遊戲文學的價值，正
因為評點者對遊戲否定，並以「悟書」的角度詮解文本，使得遊戲與證悟之間的
關係能夠更加的緊密。這是以內涵來考量的，從人物、時空的塑造來看，文本中

具有大量的宗教符碼，另一方面，這樣的特質也促使讀者不去執著文本所述的事件是否為真。劉一明以禪機比喻文本和意義的關係，他對於「禪機」不一定真的瞭解，況且以「意在言外」比喻禪宗的特質，亦似有不當，但是評點者的詮釋策略同樣都有在語言文字的框架之外找尋。

## ㈡顛覆與遊戲

　　遊戲的特色在於一種極度自由的書寫，如前面所舉的禪宗公案為例，顛覆一般人的認知，可以從遊戲的筆法呈現，所以在文本中人物形象的塑造也是一樣的，《西遊記》融合儒釋道三教的宇宙觀，一開始就說明世界的生成，而宗教人物在這樣的世界裡形成一個完整的統治權力體系，如天庭裡最高權位的玉皇大帝，或是掌管地府的閻羅王、龍宮裡的龍王、道教的太上老君等神祇，在文本中所呈現的不只是神聖性的顛覆，還有統治權力的顛覆，因為這些神祇大多是以權位的身分出現，所以看不出他們的能力為何，而孫悟空的出現，讓天宮不寧，而這些掌管職位的神祇也一籌莫展，面對孫悟空高深的武力，只能一再的退讓。另一方面，神祇的神聖性也一再的被消解，例如太上老君在面對孫悟空要借還魂丹的態度：

> 老君道：「這猴子胡說，甚麼一千九二千九，當飯吃哩？是那裡土塊摐的，這等容易？咄！快去！沒有！」行者笑道：「百十九兒也罷。」老君道：「也沒有。」行者道：「十來丸也罷。」老君怒道：「這潑猴卻也纏帳，沒有沒有，出去出去。」行者笑道：「真個沒有，我問別處去求罷。」老君喝道：「去去去！」❷

孫悟空故意捉弄太上老君，把那顆九轉還魂丹丟進嗉裝要試吃，這時太上老君的動作更顯趣味：

> 慌得那老祖上前扯住，一把揪著頂瓜皮，撂著拳頭，罵道：「這潑猴若要

---

❷　〔明〕吳承恩著，徐少知校，周中明、朱彤注：《西遊記校注》（臺北：里仁書局，1996年），第二冊，頁717。

咽下去，就直打殺了。」❷❸

從這段對話裡可以看到太上老君對於給予九轉還魂丹救人一事非常吝嗇，而這種過程是以演示的方式，將兩人的對話以及表情動作有很細膩的描寫，人物的性格也能明顯的感受到。又如或是閻羅王只因為懼怕孫悟空的金箍棒，在完全不了解孫悟空的情況下就先稱呼「上仙」，面對壽數的質疑，閻羅王也立刻答以很可能因同名而勾錯人，並立刻乖乖的奉上生死簿。這些宗教人物的威嚴在孫悟空的顛覆過程中，正因為這些人物的地位崇高，反而是顛覆的對象。在表達上，以遊戲的方式，消解人物的莊嚴感，唐僧作為取經團隊的主角之一，威嚴與態度也在敘述中喪失了原本堅忍不拔的精神，第一本玄奘個人傳記是《大唐大慈恩寺三藏法師傳》，書中對於玄奘的傳記是以強調玄奘在面對艱難的時候，因為意志的堅定才會有神異之事發生以幫忙解救，《西遊記》裡的唐僧卻變得軟弱無能，遇到誘惑卻不斷的執迷不悟，或是被抓走之後只能等著徒弟的救援。另一方面，小說裡的妖魔以兇惡狠毒的模樣出現，但形象塑造上卻又顛覆了一般妖魔的形象，例如獅駝嶺的老魔王吃了孫悟空之後的一段敘述：

> 卻說那老魔吞了行者，以為得計，徑回本洞，眾妖迎問出戰之功。老魔道：「拿了一個來了。」二魔喜道：「哥哥拿的是誰？」老魔道：「是孫行者。」二魔道：「拿在何處？」老魔道：「被我一口吞在腹中哩。」第三個魔頭大驚道：「大哥啊，我就不曾吩咐你，孫行者不中吃。」那大聖在肚裡道：「忒中吃，又禁饑，再不得餓。」慌得那小妖道：「大王，不好了，孫行者在你肚裡說話哩。」❷❹

從這段來看，敘事者將每個人的表情與對話的過程表現得非常細膩，再後面孫悟空在老魔王的肚子裡發酒瘋，甚至三魔王唆使老魔王趁孫悟空要出來時一口咬碎

---

❷❸ 〔明〕吳承恩著，徐少知校，周中明、朱彤注：《西遊記校注》（臺北：里仁書局，1996 年），第二冊，頁 717。

❷❹ 〔明〕吳承恩著，徐少知校，周中明、朱彤注：《西遊記校注》（臺北：里仁書局，1996 年），第三冊，頁 1350。

吞下等處，都是透過情節的敘述，表現出妖魔形象描述遊戲性的一面。

# 四、《西遊記》遊戲書寫的文學議題

## ㈠作者問題

　　鍾嶸《詩品》評價晉代陶淵明時提到：「每觀其文想其人德」，這也是後世對於陶淵明常見的評論，如歐陽修、蘇軾都有這樣的說法。在中國文學批評裡，作者議題一直遭到關注，尤其「文如其人」的概念，從文章觀人格，是重要的評論依據，這種觀點在近代的文學史敘述中也是重要的，作者的生平與社會背景之間的關係，甚至成為評判作品高下的標準之一。但《西遊記》的閱讀裡，評點者對於作者的認識卻是相反的。如前所述，評點者憑靠著對作者的認識而解讀文本，因為誤認文本作者是個道士，所以認定文本有一種嚴肅的內涵存在，只是以遊戲筆法作為表達的方式。而這個立場的解釋自然也有很多穿鑿附會之處，例如張書紳認為《西遊記》與儒家關係密切，所以一再提到作者的是丘處機，所以這裡突顯出不同的閱讀經驗，因為是由作者的確立導向文本詮釋的重要依據，雖然這個依據被打破之後立論基礎就很薄弱，但評點者這種想透過解釋來說明「文如其人」的方式能夠突顯出作者文本中所突顯的文學議題。作者與文本的關係一向很緊密，但美國學者布斯以提出「隱含作者」，說明作者形象這種文本和讀者之間是透過閱讀交流而形成的，真實作者不可考也不可知，但是文本中的作者形象卻是評論的重要依據。但《西遊記》的評點現象告訴我們有一種閱讀歷程，是先有作者認知之後進而詮解文本，而這些閱讀歷程顯然與當時一般人的認知不同，正因為一般人只以小說的態度閱讀文本，所以促使評點者必須加強宗教論述。

## ㈡詮釋問題

　　《西遊記》的人物雖然有奇幻能力，但是在功能的運用上卻多所矛盾，例如太上老君的金剛琢在小說裡出現兩次，第一次是孫悟空大鬧天宮時，太上老君與觀音菩薩觀戰，太上老君丟下金剛琢，只能打到孫悟空的頭，使其重心不穩跌倒。但這個法寶被青牛精偷走後，卻產生了莫大的能力，可以把諸神所使用的法寶都

套去，水火不侵，法寶的使用在這裡就產生了矛盾。又如孫悟空是石猴，又吃了天庭的蟠桃、仙酒、金丹，所以用雷、電、刀、斧都砍不斷，可是孫悟空在車遲國卻能被武士斬首。在文本中這種隨著情節需要而改變功能，甚至是因人設事，所以產生前後矛盾之處。又如孫悟空在前七回大鬧天宮，天庭幾乎束手無策，但唐僧西行時所遇到的妖魔多是從天庭叛逃下界，擁有多種特殊功能的法寶，讓孫悟空多次難以招架。

從「罪」的角度來看，孫悟空大鬧天宮被縛，卻因為無法以極刑處置，直到由如來壓在五行山下，這對於尋求極度自由的悟空而言，如來把孫悟空壓在五行山下，反而是種嚴厲的懲罰。沙和尚打碎琉璃盞要承受重刑，唐僧只是因為無心聽佛祖講經，就被貶下凡塵，必須從新歷練，所以取經意識的形成一開始就很明確，但真正的目標則還要過一段時間才能領悟。如第一回回目所揭示，「心性修持」是文本的主軸，所以文本的敘述沿著這個主軸。唐僧原來只知道要去取經，經由孫悟空多次的提醒，以《多心經》唐僧才逐漸轉換西行的目標。在這樣的立場下，許多的矛盾也可以被解釋，例如如來要贈送袈裟、錫杖時特別說明這些法寶的功用：「穿我的袈裟，免墮輪迴；持我的錫杖，不遭毒害」又如十九回烏巢禪師在授《多心經》時也強調「若遇魔瘴之處，但念此經，自無傷害」，可是隔一回唐僧就在唸《多心經》時被妖魔抓走了。原來該有的功能卻沒有出現，但小說人物不會懷疑是佛祖或禪師騙人，而是以「心」的方向來討論，所以才能領悟《多心經》要「解得」而不是「念得」，在這樣的觀念轉換下，這種矛盾也能表現出深刻的內涵。

另一方面，文本中的回目、詩詞又似乎與文本有些許互補，例如孫悟空在回目與稱為「金公」、「心猿」，又豬八戒在「木母」但在故事敘述的過程裡，並無對人物有這樣的稱呼，這也是評點者藉以發揮宗教義理的詮釋的重要依據。所以「遊戲」之書或是「悟書」，兩者之間看似衝突，卻又能互相融攝，在遊戲書寫被極力隱藏下，卻反而更被突顯。

《文心雕龍》提到：「魏晉滑稽，盛相驅扇。遂乃應瑒之鼻，方於盜削卵；張華之形，比乎握春杵；曾是莠言，有虧德音。」❷⑤劉勰對於這樣的文字持著否

---

❷⑤　劉勰：《文心雕龍義證》（上海：上海古籍出版社，1999 年），頁 536。

定的態度，並認為這是「有虧德音」，只是那樣寄嚴肅意義於遊戲筆墨的文字還是有隱憂，所以「但本體不雅，其流易弊。於是東方枚皋，餔糟啜醨，無所匡正，而詆嫚媟弄，故其自稱為賦，迺亦俳也；見視如倡，亦有悔矣。」❷所說的也就是讀者只看到文章外表的華麗或遊戲的文字，但深刻的嚴肅寓意卻無法體會，這種無奈也就是明清李贄、陳士斌、劉一明等人所擔心的閱讀現象。張書紳在〈總批〉裡就說：「《西遊》一書，其事則極幻，其意又極隱。若再不明白解說，深文浮衍，讀者越疑而莫知從入之處矣。」❷在這樣的文本特性中，將文本朝向悟書來解釋，並非沒有道理。

## (三)版本問題

《西遊記》目前所見的最早版本是《新刻出像大字西遊記》，為金陵世德堂梓行，除了世德堂本外，明代的刊本還有楊閩齋本與李卓吾評本。其中李評本雖是以李卓吾為名，但仍有異議，如錢希言《戲瑕·贗籍》、周亮工《因樹屋書影》、盛于斯《休庵影語·西遊記誤》中所說，評點者應是葉畫，托名於李卓吾。可是以目前文獻所見，仍無法證明葉畫就是李評本的真正評點者。

另一個《西遊記》研究的焦點之一即是版本問題，《西遊記》的版本眾多，尤其清代的評點本所依據的版本不同，又將文本做了不同程度的刪改，致使目前有眾多不同的《西遊記》版本。可是這些版本若是與最早的世德堂本做比較，又能發現，評點本所刪改之處除了文本中的一些詩詞之外，還有一個特別之處，就是文本大多有被刪改，經過評點者的刪改，有些是整段都不存在，或是在語言對話、情節鋪陳之中做些許修改。尤其刪改處不同，所以有不同的版本。這些版本的出現，可以延伸出另一個敘事問題：綴段性。綴段性是亞里斯多德所提出：「綴段性的情節是所有情節中最壞的一種。我所謂的綴段性是指前後毫無因果關係而串接成的情節。」❷浦安迪以這個觀點來檢視中國小說的情節：

---

❷ 劉勰：《文心雕龍義證》（上海：上海古籍出版社，1999 年），頁 531。
❷ 張書紳：〈《新說西遊記》總批〉，《新說西遊記》（臺北：天一出版社，1985 年），頁 2 下。
❷ 亞里斯多德著，陳中梅譯注：《詩學》（臺北：臺灣商務印書館，2001 年）。

> 中國明清長篇章回小說在「外形」上的致命弱點，在於它的「綴段性」
> （episodic），一段一段的故事，形如散沙，缺乏西方 novel 那種「頭、身、
> 尾」一以貫之的有機結構，因也就欠缺所謂的整體感。❷

浦安迪認為中國小說外型的弱點在於故事沒有連貫，因為西方小說的有機結構，
所以比較之下，中國小說欠缺整體感。可是浦安迪隨後又承認：「某種意義上來
說，所有的敘事文在一定的程度上都可以說帶有種『綴段性』。因為它們處理的
正是人類經驗的一個個片段的單元」❸。金聖嘆曾經對《西遊記》提出批判，就
是針對結構的問題：「譬如大年夜放煙火，一陣一陣過，中間全沒貫串，便使人
讀之，處處可住」❹。金聖嘆所提到的，是指文本中的各個單元故事之間關聯不
大，所以以煙火一陣一陣作為比喻。但每個單元故事中，似乎又有一些遊戲情節
在刪減之後還能夠接上，可見這些遊戲之處對於情節的影響不大，故而可以如此
刪改。可是評點者又不能把這些遊戲之處全部刪盡，故而從版本的刪增現象又能
看出讀者對於文本的認知。

# 五、結語

　　透過分析，「遊戲」在文學的表現中，意義甚廣，不僅有許多的類型，也有
不同的內涵，而「遊戲」的延伸的文學議題也不少，這個面向所關注的，不只是
書寫態度，也不只是風格，而是文學研究中對於閱讀的重視。寓言的閱讀態度促
使讀者以閱讀經典的態度來詮解，這種經典化的閱讀，與一般從轉變成文學文本
的歷程很不一樣。評點者的詮釋策略或許甚為粗糙，但這種突顯遊戲書寫的內涵，
對於文學閱讀卻有很深的意義。從閱讀來看，《西遊記》的文本性質引發一些文
學議題，這些都是不同於一般所見的作者研究或是評點研究。《西遊記》中融合
了各種的遊戲書寫的傳統，有深刻的內涵，也有單純讓人發笑的插科打諢，所以

---

❷　浦安迪，《中國敘事學》（北京：北京大學出版社，1998 年），頁 56。

❸　浦安迪，《中國敘事學》（北京：北京大學出版社，1998 年），頁 58。

❹　金聖歎，〈讀第五才子書法〉，《第五才子書施耐庵《水滸傳》》（上海：上海古籍出版社，
　　出版年月不詳），卷三，頁 2 下。

即使只以「遊戲」一詞總攝，但仍有層次上的差異，這種差異是需要深層的分析。雖然評點的穿鑿附會甚為明顯，且這種閱讀本不在於文學性的分析，但卻因此強調了遊戲的內涵，從風格轉為表達方式。所以評點之中雖然沒有文學性的挖掘，可是從評點中卻能找到文本的文學性的意義，《西遊記》的研究裡，對於評點的研究很多，卻很難從文學的角度去探討，一方面是評點的內容過於嚴肅，另一方面則是研究者鮮少以文學的角度處理相關的議題。文本是否為文學，並非不証自明，而是必須有人從文學的角度閱讀它，但這不是直接對應讀者反應理論，而是背後的文學觀。《西遊記》的評點可能只是少數人的閱讀結果，卻能突顯相關的文學議題，這或許能成為評點研究的另一個面向。

## 徵引書目（依照作者姓氏筆劃排列）

《世德堂本西遊記》（上海：上海古籍出版社，1994 年）

王岳川：《現象學與解釋學文論》（濟南：山東教育出版社，2005 年）

吳承恩著，徐少知等人校注：《西遊記校注》（臺北：里仁書局，2000 年 7 月）

亞里斯多德著，陳中梅譯注：《詩學》（臺北：臺灣商務印書館，2001 年）

宗寶編：《六祖大師法寶壇經》，《大正新修大藏經》（臺北：新文豐出版公司，1983 年）

金聖歎：《第五才子書施耐庵《水滸傳》》（上海：上海古籍出版社，出版年月不詳）

張書紳：《新說西遊記》（臺北：天一出版社，1985 年）

陳士斌：《西遊真詮》（上海：上海古籍出版社，1994 年）

普濟：《五燈會元》（臺北：文津出版社，1986 年）

浦安迪：《中國敘事學》（北京：北京大學出版社，1998 年）

劉一明：《西遊原旨》（臺北：天一出版社，1985 年）

劉義慶撰，劉孝標注，楊勇校箋：《世說新語校箋》（北京：中華書局，2007 年）

劉勰：《文心雕龍義證》（上海：上海古籍出版社，1999 年）

歐陽哲生編：《胡適文集》（北京：北京大學出版社，1998 年）

龔鵬程：《中國文學史（上）》（臺北：里仁書局，2009 年）

龔鵬程：《六經皆文》（臺北：臺灣學生書局，2008 年 12 月）

# 要將金針度與人——龔鵬程教授對歷史小說研究之創發與貢獻

黃東陽*

**摘 要** 本文旨在從龔鵬程對歷史小說研究的文學主張及思考理路，嘗試去發明龔氏在研究方法之新意及在學術上之成就。已知龔氏用近於文化研究的眼光，觀察小說一體在歷史上的肇發、傳播和創作，得知古體小說係具有口述及記錄的「傳記」特徵，由此便可解釋洎秦迄漢末對小說的定義，及六朝時小說體例紛亂的原因。這由龔氏拈出的傳記概念，適能作為理解唐傳奇文體淵源和特質的基礎，及合理解釋及概括宋代的說話四家及後來的話本及講史於小說之下。此小說的發展理論，尚能去掌握歷史小說即講史的特質。他指出講史的文體特質，不能用史傳的沿襲，或虛實的多少來衡量，乃是就其論述中用一種公共的時空即歷史作為論述基礎，其中開展出微具空間概念的諸多事件。因著講史具有強烈的編年（時間）概念，便引導出單一發展的情節線索，使空間傾向時間化，成為講史的敘事特徵。另外講史對歷史特有的整體詮釋，亦是能區

* 黃東陽，1971 年生於臺北，東吳大學中國文學研究所文學碩士、博士。研究以古典小說為主要範疇，旁及古典文論，兼好現代文學，擅長文獻的論證、民俗的探討和民間宗教的考索。師事王國良先生，歷任東吳大學中文系兼任講師、實踐大學博雅學部專任助理教授，現職為國立雲林科技大學漢學所專任助理教授，教授目錄版本學、文獻學及古典小說等專題課程，已出版《唐五代記異小說的文化闡釋》、《六朝志人小說考論》等專書，另發表學術論文近四十篇。

隔講史及小說甚而史傳的重要內容。已知龔氏用更開闊的視野，不因循前人的既定方去及思維治學，除能在學術研究上多有創見與發現外，更揭示後學在論文時當脫離舊有的窠臼，且應用開闊胸襟及獨立思考從事研究的態度。

**關鍵詞** 龔鵬程 歷史小說 研究方法 古典小說 宋元話本

# 一、引言

在中國小說發展的長河中，盛興起自宋代而入元大行的「講史」創作，無論在文體的特徵及產生的背景而言，皆為其中的異數：它別有於唐傳奇以傳記為體，投入更多作者自身的意志，造作故事的情節並寄寓個人的情感，也異於一般話本用日常生活的題材，捏合人生的離合和投射社會的實況，乃是就歷史尤其史傳的記述傳統、筆法和目的，對於在中國付諸於文字記錄的過往記憶，依照撰書人自身的思維，再予重塑。此特殊的創作在魯迅《中國小說史略》中特立專章予以討論，先就文體演進的連續性及其具有對歷史再加演述的文體特徵加以觀察，除認定此文體發軔自唐代變文中對人物史事的講述，內容和表述方式則出自唐宋代以說話為業者的底本，入元後方才成為固定的創作形式，為當時出版業重要的商品。❶此觀點自建立在文學史、小說史的論述習慣，一個奠定自中國文體理論初肇的討論傳統，❷認定著文體具有承繼及開來的必然性，必先究所欲論述既有文體的淵源，再述其演變。惟此論述，雖提出了文體流變的可能趨勢，然而卻存在著是否合於文人於創作動機與擇選文體的實況，以及在考索文體淵源時容有文獻不足的客觀存疑，在務求陳述文體在歷史的發展及創作的特質時，恐不免自我作古的嫌疑。但魯迅對史傳的文體定位與解釋，直接成為後來研究者的主要參考及依循，若近世頗具影響胡士瑩《話本小說概論》對宋人講史的承繼和淵源，仍亦著眼於

---

❶ 見魯迅：《中國小說史略》（北京：人民文學出版社，2006年2月），頁131。

❷ 中國最早的文論專著《文心雕龍》，即揭櫫討論文體的法式，其云：「若乃論文敘筆，則囿別區分，原始以表末，釋名以章義，選文以定篇，數理以舉統。」以為在標立文體後，細繹出其淵源與影響，為論文之法，此論為後來論文者所依從，成為中國文論的主流。引參〔梁〕劉勰著，詹鍈義證：《文心雕龍義證·序志》（上海：上海古籍出版社，1994年9月），頁1924。

故事的取材、敘事的篇幅，據此去認定宋人講史乃是以史事為題材的唐代變文之裔族，肯定兩者間的關係，得見魯迅的影響。❸如何能跳脫傳統的論述方式，龔鵬程用近於用回顧評論（Review article）的撰述方式來提出個人的主張，在評議前人研究的成果後，提出見解復作嘗試性的討論，意欲解決「小說」文體辨分的難題，❹也對後來以此為題的研究者有所啟發。本文主要依照龔氏收於《中國小說史論》中第三卷的專論為討論基礎，由龔氏對史傳小說進而辨分講史的理論及實踐中，尋繹其研究方法和思考脈絡，以發明龔氏對小說研究的主張與論點外，對於在小說研究上的貢獻及對後來研究的啟發，亦作初步的說明及評價。

## 二、史傳文學的定位──縱向觀察文體的發展脈絡

「文體」本為中國傳統文論的主流論述：以「明道」、「宗經」為思想圭臬，用文章的功能當區分指標，囿別當時得見的各類撰述，並考鏡歷史的淵源，以求原始表末，掌握所謂撰文要旨，及文章命意。就此而言，毋論稱為史傳小說或傳記小說，在這文論的標準之下，就無法自容在正統的文論之中──即使在文論興盛的六朝，於〈文賦〉、《詩品》、《文選》、《文心雕龍》之中，皆未得專章納攝此體。因此，龔氏看似採取傳統的論文方式，對於史傳小說的文體淵源加以考索，惟其依據係用文體敘寫的方式和撰述內容的傳承，作為發明此文體的性質及定位，確能擺脫舊有文論所未有、亦無法探討缺乏載道功能的理論困境。就文

---

❸ 此觀點係鑑於「講史」以史為題的特點，故去尋繹說話表演中也以「史事」為題的創作，接續起兩者的關係。此法為一般文論者所習用。其說參胡士瑩：《話本小說概論》（北京：中華書局，1980 年 5 月），頁 695。

❹ 對於小說一詞文體的界定，迄今仍有爭論，誠如日人內山知也所說：「歷史學者、目錄學者對『小說』這一概念是如此的困惑，但這樣的努力絕不是毫無意義的。不管怎樣，它給了我們一個示範，即將記錄雜事、異聞、瑣話等雜記類作品叫做『小說』，是中國人悠久的傳統，或許我們將不得不跟隨這一傳統。但可以感覺到，這一傳統確實又於現代西歐式的小說概代。」內山氏所指陳誠然是中國小說的釋義難題：一方面有屬乎小道之說的類別，另一方面，迄唐傳奇又出現合乎西方的小說定義、且後來學者亦稱其為小說，讓想要從文體去判分此體的嘗試，也不免多生矛盾。引參內山知也：《隋唐小說研究》（上海：復旦大學出版社，2010 年 2 月），頁 7。

體發展而言，採用縱向的歷史觀察：

## ㈠以史觀察文學的造作和傳續

　　文體的發生及發展，與撰文者的目的和文體的性質有關，此為一般論文者觀察撰者與文體關係的習慣角度和思維。自然地，理解作者撰文的目的及當時氛圍，去辨分文章的體性和命意，對於文體的判別自是具備客觀而公允的優點。然此論述，卻已先切割了在文字出現前的創作可能、或者撰述者已習用文字後的書面創作，未考量以口傳或未以文字表述的創作——尤其含括了以轉述、重塑事件、傳聞等街談巷議的小說一類，對於欲建構文體創作的歷史論述，就此而言就不免未能全面。龔氏首先觀察到小說在文體表現上的「傳述」特徵，並用此特徵去洄溯此文體的淵源，並扣合了創作者的心理活動，就此便可聯結起於文字使用以先、以及同具有「傳述」特徵的傳記一體。他說道：

> 古稱傳記，本指口說，故記字從言從己，自己立言以為記，所以稱為記。傳，則是人與人間轉相傳述之意，後來不論書寫流傳或傳誦講說都稱為傳，但早先應當是以口傳為主的。❺

　　「傳記」並非僅有文字表現的文體意義，尚須含括了傳播方式即口傳及轉述的內涵，以及從己意而書寫的特徵。既是從己意而書，故屬乎適辨一理、入道見志的諸子外，在內容又記錄傳聞而為街談巷議，確為蔓延雜說，可歸於小說家，就此，便能與記錄聖人之言的「經」區隔，並和左史記言，右史記事的史官傳統有所關聯。此說意謂著「記傳」的敘事傳統，在記錄及傳播的方式上與史部關係密切，合乎當時原來《漢書·藝文志》中將小說家劃入街談巷議，無益大道史傳旁支的分類實況，契合六朝前的「小說」觀念。事實上，此論述中尚且點明小說在文化承繼及傳播上依賴口傳，已把小說的肇始回溯到文字尚未成熟前，建構出更完整的歷史脈絡，也合乎在用文字使用成熟後，轉由書面記錄此口傳的內容，可對應

---

❺　見龔鵬程：〈傳記小說新思維：縱橫於歷史、文學、真實、虛構、言說、書寫之間〉，收於氏著：《中國小說史論》（北京：北京大學出版社，2008 年 6 月），頁 189。

在中華文化歷史發展所能得見的文獻記錄。惟「經」、「史」為上古時已先出現的文字記錄，只能將此文體的傳統歸於史的旁支，即小說。由此，龔氏已先建立起自文化肇始時至小說一詞出現後「傳記」的發展脈絡，標舉出口說、記述的文體特徵後，得到以下結論：

> 上古口傳「文學」的傳統，可以被證明是由小說延續發展下來了。《隋書·經籍志》……亦是把小說視為誦、詩、歌、謠、傳話、謗誹、規誨、勸諫、道聽塗說這個大的口說傳統底下。……其次，也可說明中國小說中為什麼有「語林」類專門記言，而不重故事的類型。各種笑話書、世說新語，在中國小說中之所以都能自成一次級系統，相關作品甚多，正是因為小說家收錄的範圍與性質，就是以話語為單位的。❻

在史志中對書籍類別的歸屬，所依循的憑據往往以思想為主又兼用文類，對小說家的分門亦然，龔氏此說是以《漢書·藝文志》、《隋書·經籍志》中對於先秦迄六朝時期小說的定義及所列實例為基礎，尋繹出或者證明了小說中傳記的口述本質，亦就此共同的特質，去證成及詮解在六朝小說系統下（即今日所稱志人小說）體製龐雜的本質與原因。此歷史的觀察，適能去環結起後來興起又稱小說的唐傳奇及宋元說話家數的文體系統：就傳奇而言，也於擬題上標立著史傳的特徵，❼另就宋元說話家數來說，本屬乎「口述」、「傳記」的書面記錄，也遙承著傳記

---

❻ 見龔鵬程：〈傳記小說新思維：縱橫於歷史、文學、真實、虛構、言說、書寫之間〉，收於氏著：《中國小說史論》，頁 191。

❼ 關於此，龔氏尚謂：「『傳奇』這個詞，本身便很能顯示這種轉變。『傳』字如前文所說，本為口述傳說、轉相談論之意，……史書之傳記，亦復如是。」又云：「由說而記而傳，且為史志傳書的類似，正可以顯示傳記含意的演變，以及文字系統逐步擴張的事實，而且小說跟史書的書寫傳統越來關係越密切了。」（見龔鵬程：〈傳記小說新思維：縱橫於歷史、文學、真實、虛構、言說、書寫之間〉，收於氏著：《中國小說史論》，頁 193-194。）已對於唐傳奇對史志的承繼及演變，作出說明。另外，王夢鷗由唐傳奇撰文的篇題有「記」、「傳」、「記」等類目，及體例與史志多有連結，認為：「唐人卻幾乎以歷史家的態度，用歷史家的筆法——稱為史家，來寫奇奇怪怪的故事——即後人所稱小說，這是很重要的。」（見王夢鷗：〈唐人小說概述〉，收於《中國古典小說研究專集3》（臺北：聯經出版公司，1979 年 7 月），頁 40。）對於傳奇與史傳的關係，作了更詳盡的解說，可與龔文相互發明。

小說一系的文體特質,那麼用傳記小說一個「記錄口述」的概念去籠絡小說一體歷史發展的主張及意圖,確能解決純粹用文體的類比去詮釋由六朝入唐朝小說的遷變,難以全然理解和環結六朝小說發展的文學難題。

龔氏對於小說文體的定位,並非按照文學史的舊例,而是用更開闊而近於文化史的視野予以檢視。換言之,「傳記」中的小說一系,原來所有的口傳特質,未必然在成為文體標立出制式的仿習樣版而消失,仍可能維繫著原來的創作「傳統」:由口述而變文字,那麼此主張自能開發出非單一衍變,又能言之成理的文體發展理論。

## (二)與史傳區隔以明小說的體製

以「傳記」作為小說特徵,便不免在文體與傳承上和史傳關係密切,如何區隔兩種文體,亦是龔氏當予處理的命題。就此,論者多以所記的虛實為論:小說多為虛構,取材來自道聽塗說,相反地史傳能實筆而書,多方考證,故為不同,此主張尚可細繹為傳述或撰文時的態度及文體表現的差異。就小說而言,取材時不以家國大事為要,若是國史,本定睛在政治要事與人物,似判然兩分。惟此辨分與已成書面文字的文體辨別較無關係,惟後者尚可用虛實去釐清小說尤其歷史小說及史傳的區隔,亦屬學者習用的辨別方式,故為龔氏較為關心的論題。

此中首先當予辯明者,在於史傳所載容有虛構的可能和證明。於中國文學批評史中,已將史傳當作創作的文體之一,並對此文體的撰文方法和內容加以規範。此論可由《文心雕龍·史傳》篇裏所揭櫫對體例和內容的要求,得見一斑。❽劉勰指出,史傳基礎要求在於紀實,故謂:「然紀傳為式,編年綴事。文非泛論,按實而書,歲遠則同異難密,事積則起訖易疏,斯固總會之為難也。」「若夫追述遠代,代遠多偽,公羊高云:『傳聞異辭。』荀況稱:『錄遠略近。』蓋文疑則闕,貴信史也。」並批評一些號為史書,卻有著「然俗愛奇,莫顧實理。傳聞而欲偉其事,錄遠而欲詳其跡,於是棄同即異,穿鑿傍說」的問題。可見彥和注

---

❽ 《文心雕龍》於〈史傳〉中除確立了史傳當入文學領域的看法外,也建立了史評及史事的撰文原則和標準,將經學、文學及史學予以結合,影響後世史傳的評定準則,甚能代表傳統史論。詳論請參拙文:〈經學、文學、史學的結合——「文心雕龍·史傳」篇初探〉,《孔孟月刊》,37:1,1998 年 9 月,頁 38-44。

意到事件去今愈久，考證將越不易，令可信度降低，另外求奇尚異的馬路消息，亦為撰史時選材所戒，不能援引入篇，那麼搜集到的資料無論書面或口傳若存在疑義，寧可不記，所述種種，無非在要求所撰成史書能存實情，就此已用虛實、真訛作為史傳及小說的分野。惟史傳尚負有更重要的史評任務，即劉勰所甚強調「是立義選言，宜依經以樹則；勸戒與奪，必附聖以居宗；然後詮評昭整，苟濫不作矣」❾，持依經宗聖的道德準則，定奪歷史人物的得失良窳，那麼對於撰史的紀實要求，成為史贊能否公允的基石，由此建立中國傳統的史書傳統，亦是此一文體的主要精神。上述對史傳內容的要求，一是敘事內容當求真實，二是解釋歷史得失應公允，龔氏在論述時皆提出討論，尤其前者已認定史書所記內容皆當屬實，那麼所記多偽自然歸於小說，所謂「虛實」之異，便足能區隔出兩種文體。設使此前題未能成立，此辨別方法便不能成立。於是，龔氏乃就史書寫作傳統中的實錄及寓言兩種主張，認為史傳究為真實或虛構，尚且存在爭論，故說道：

> 我國史書寫作傳統中本有所謂「實錄」之說，謂作史者應甄錄事實，據實而書。許多講史學的人，視此為金科玉律。卻不知此僅為一偏之見。怎麼說呢？史有重口說與重文錄之別。謂史應記實事者，只有書寫文錄的史學傳統才會這麼說，如果是口說傳統，則根本無此要求，不但無此要求，甚且還會認為歷史可以完全與事實無關，只是寓言。❿

其中所論，已涉及對傳統史學理論的辨析：認為文論抑或史論，皆出於經學，而為文必當宗經，尤應與同為史書亦是經書的《春秋》為唯一圭臬。惟《春秋》之學重視「微言大義」的詮解，雖不必然與先秦時撰史甚重直筆而書的紀實傳統相悖離，以及合乎褒貶人物的史官評議，卻可能使記錄即敘述本身的意義，被褒貶的題目所凌替，此即龔氏於之後所指出的《左傳》家及《公羊》家的不同處，前重敘事，後重大義，兩者皆屬於中國史傳的內容。先就敘事本身來看，除了因著

---

❾ 以上所引劉勰語，皆見〔梁〕劉勰著，詹鍈義證：《文心雕龍義證・史傳》，頁604-609。

❿ 見龔鵬程：〈傳記小說新思維：縱橫於歷史、文學、真實、虛構、言說、書寫之間〉，收於氏著：《中國小說史論》，頁194。

側重闡明事件本身的道德意義或教訓（龔文則用「寓言」一詞），以致影響、導引敘事本身的內容外，對於史書本身的撰成過程，足能想見是由撰史者依照自己的判斷，從書面資料抑或合括了田野調查等口傳記錄去篩汰、擇選後，再去完成一種近於故事描述的既定史傳格式，經撰史者再次去重塑人物、場景及當下的互動，並於其中安置對話、敘事等加工以成故事。當注意者，在於建構所謂「當時實況」時，或多受到已被決定的評議（寓言）所引導。盯衡上述撰史過程與體例，欲達到撰史者對於紀實的要求，恐怕無法若文體理論者如此簡易、樂觀地認定能撰成一部實錄。敘事本身未盡人意或者根本不可能達到所記為實，此說並非去否定歷史上確然存在此敘事所指涉的事件和人物，乃是不能證明它所營造出的景況、氛圍、互動過程及事件間的關係必然為真，但如此便不易也不能用虛實作為辨分同為記述為體的史傳及小說，尤其亦以歷史作為建構背景的講史。但史書及小說在敘事上的近似，且不會構成在辨別文類上的困擾，畢竟在撰者於撰文時多對命意有明確的自知，在書名和序文中皆能讓讀者一目即知，故龔文的命意亦不在於從文體發展的歷史觀察，嘗試去辨分或勾勒出文體特徵，而是由這文體肇發的文化軌跡，去確立了小說與史之間存在著「這些新觀念有助於我們重新釐清一些問題，也有助於回頭審視我們自己的文學與歷史傳統。由言說、書寫、傳記、小說、歷史、文學、真、假之間複雜的關聯中，也許可以替已經斷裂的文史關係再開發出一個新的討論空間」❶，如此，方才可能不以看似理所當然的思維模式，重新思考與掌握小說在文體上的表現、本質與意涵，對於小說研究尤其講史一系，開展出嶄新觀念及發現。

## 三、講史作品的特質——橫向剖析文體的時代特色

龔氏用宏觀視野的觀察小說文體的發展及特徵，確認了記傳龐大文體系統的歷史傳承和敘寫特質，在此認知之下，進而對宋時最興的「講史」——一種題材、結構和敘事和史傳多所重合的體例予以探討。惟此一新體就名稱及所指在近世的

---

❶　見龔鵬程：〈傳記小說新思維：縱橫於歷史、文學、真實、虛構、言說、書寫之間〉，收於氏
　　著：《中國小說史論》，頁 198。

小說研究中，尚未得到最後的定論。其原由就龔氏的觀察，乃出於學者對「小說」一詞未得充分的把握，單純地將小說家出於稗官的思考脈絡，用以理解講史，未解宋人獨立此體的原由。要之學者皆依據宋末至元初撰成的文獻資料，即孟元老《東京夢華錄》、耐得翁《都城紀勝》、吳自牧《夢梁錄》及羅燁《醉翁談錄》中有關南宋於京瓦賣藝以「講史」、「小說」等說話表演謀生的敘述，先是認定這些表演的內容後來為書面創作所本，又視作一手資料當作討論的基礎，復由這兩種表演的內容特質作為區隔小說及講史文體的依據。上引各書大凡將說話各家皆別立「講史」、「小說」，若《東京夢華錄》於記錄京瓦伎藝時便有講演「講史」、「小說」的多位藝人，⓬兩者間自有不同。但由上引資料看來，於敘事時本來就名詞多自混淆，說明亦好略語帶過，解釋自難詳盡。檢《醉翁談錄》在〈小說開闢〉中對「小說」的說解最詳，卻又將「講歷代年載廢興，記歲月英雄文武」、「也說黃巢撥亂天下，也說趙正激惱京師，說征戰有劉項爭雄，論機謀有孫龐鬥智，新話說張韓劉岳，史書講晉宋齊梁，三國志諸葛亮雄材，收西夏說狄青大略，說國賊姦從佞，遣愚夫等輩生嗔，說忠臣負屈啣冤，鐵心腸心也須下淚」⓭各種歸於講史的諸多創作列入，此處的小說，又援用小道之言的舊論，又不宜與說話四家中的小說相提並論。而此，學者的解釋近於自由心證，也是迄今小說家數如何計算及講史、小說未能斷分的主因。⓮龔氏對於這存在已久的問題，除了延續對小說傳記特質的看法外，亦針對當今既有的當時文獻資料中取得最大的共通點，再予以辨分。首先，便對於說話下的講史及小說的差別，由釋名而辨分體別。

---

⓬ 見〔宋〕孟元老撰，鄧之誠注：《東京夢華錄注》（臺北：漢京文化事業公司，1984 年 3 月），頁 132-133。

⓭ 引見〔元〕羅燁：《醉翁談錄·小說開闢》（上海：古典文學出版社，1957 年 7 月），頁 4-5。

⓮ 有關上引宋末等文獻所提及的「說話四家」學術界雖未有定論，不過對「小說」、「講史」及「說經」三項則意見一致。至於如何劃分「小說」和「講史」，仍存有歧異。若歐陽代發以為：「『小說』一家的底本，即是話本小說中的小說，『講史』一家的底本稱『平話』，如《三國志平話》等。講史話本篇幅較長，小說話本則篇幅較短，其特點是敘『一人一事』，所謂『短書』是也。」以篇幅長短以分文體，除了不易掌握二者間存在的內容差異外，篇長短的定義亦有問題。如今輯存《永樂大典》的《薛仁貴征遼事略》之篇幅不長，今視作講史，但若依歐陽氏以篇幅為分，又須歸於小說，足見分類上的困難。引文見歐陽代發：《話本小說史》（武漢：武漢出版社，1994 年 5 月），頁 8。

## ㈠釋名方式：考察文體當時的詮釋

先就小說的文體特徵而言，龔氏本以記傳為體系，作為說明小說發展的主軸，故「講史」亦不例外被容攝在此系統中，惟至宋代便已有變異。龔氏係將口傳及書面的創作及傳承皆置於小說的傳播方式裏，便能理所當然亦具說服力地將宋時未成「小說」文體等敘事創作「說話」，當作付諸書面文字前的原始敘事，此論合於龔氏對小說流變及特徵的說明。惟這些仍訴諸口傳或者以書面為之的創作，龔氏則名之為「新小說」，來含括主題或類型有異的「小說」與「講史」。此名詞的新設，足以反映宋代已有將說話中別立有小說和其他各種專類外，尚可區別一般述及小說一詞的指涉。由此，龔氏以為不能拘於漢魏六朝至唐代對小說一詞的原有概念去理解此一新體，否則必然兩難於用「史實」、「虛構」等概念，仍無法區別出宋人家數中所稱「小說」及「講史」。因此，龔氏在記傳小說系統中承認了講史在小說上的地位，卻能不拘泥、受限在用作品中的史傳依據或內容虛實，作為判讀標準的舊論。**⓯**即使採用與其他學者相同的文獻資料，卻能直探宋人獨立此體的敘事，並在對照今存講史的內容後，作為表明此新體意義及特質的依據。依此方法，龔氏以為講史的特質，在於講述古事時方式及重心上的差別。他說道：

> （小說）雖然每件事總有個歷史場景，但敘述的重點並不在那個場景，而在於事件本身。講史反是：重點倒是在史，是要以講述這段歷史中發生了什麼事來說明這段歷史。……這也就是說，歷史對小說沒有限制性。可是講史卻是以此限制作為其敘述甚（基）礎的。**⓰**

小說史撰者多以為講史的特出，在於內容與史書或者和歷史事件間存在密切的關

---

**⓯** 主張以作品本身是否依據史事（即屬於實）而鋪演，作為講史、小說的分別，為目前研究宋人小說的主流看法。若陳汝衡除列已見講史書名外，尚用「說漢書」「說唐末黃巢起義故事」、「說北宋征討西夏故事」、「說新話」（按係指當時重要國家及政治事件）等作為講史分目，以反映史傳關係及屬實特點，論點可反映大部分小說研究者的看法。引參陳汝衡：《宋代說書史·南宋講史》（上海：上海文藝出版社，1979 年 10 月），頁 55-78。

**⓰** 見龔鵬程：〈歷史小說的歷史與身分〉，收於氏著：《中國小說史論》，頁 207。

聯，但龔氏否定了這不足以辨識講史的指標（亦不以為能辨分小說和史傳），以為既為講「史」，自用「史」作為講述的對象，詮釋或再演繹既已發生且為史書所記錄的個別事件，於歷史演變中的意義；尤其中華文化中對史傳撰述的命意、作用，在於以政權更迭視作歷史發展的內容，故謂講「史」，就當詮釋歷史更迭（政權更迭）的原因或目的，據此可明白講史以推衍史的發展為重、交代事件（包括人物）的首迄為次的主從差異。若以《新編五代史平話》為說，此書多鈔自《資治通鑑》，再加入當時流傳甚而含括說話人所採用有關五代的傳聞，組構出能反映出當時市民對歷史梗略又客觀的集體意識。❶若用依龔氏所以為「小說」係以事件或人物作為主要論述對象的特色檢視此書，可發現《新編五代史平話》確實存在著墨頗多且以其為敘事核心的人物，但這些人物皆屬於開國國君或掌握實權者，而在權力喪失殆盡後退出舞臺，一如史傳。其敘事形成如下前後接續的故事結構：

（齊）黃巢──→（蜀）董璋──→（後梁）朱溫──→（後唐）李克用
──→（後晉）石敬塘──→（後漢）劉知遠──→（後周）郭威

是書對於上列人物必有著出身及形體上具天命性的描述，又無一例外必有各種符應的經歷，敘事視野也追隨此人而開展。此敘事方式雖已致使在閱讀個別人物的描述時，予人依人物而鋪陳情節，組織故事，但書中乃是著重在上述人物前後的銜接描寫，並且人物於完成敘述後，其後便不再被重視，而由新的敘事人物作為核心。此敘事方法印證了龔氏對於講史一詞的解釋：所講係由編年的「史」為主體，其中載負著由人物所造成的事件（情節單元）。只是「史」本是已成過往時光又具備時代整體性的記錄，使得看似個人的活動和事件，實際上屬於當時代的整體動向，讓這些轉移時代脈動的人物於陳述之後便不再成為敘事的核心，呈現具有單一發展的時間線索及概念，確為講史的重要特質。

---

❶ 有關《新編五代史平話》承繼《資治通鑑》及其成書、流傳等考證，請參拙著：〈歷史詮釋的容讓──「新編五代史」對朝代興替詮解的方法及其影響〉，《漢學研究集刊》，第 5 期，2007 年 12 月，頁 93-118。另學者何以用與史傳間的關聯來鑑別講史抑或小說，當與講史多有鈔用史書尤其《通鑑》有關，不過亦見與史傳無關的講史若前文言及《薛仁貴征遼事略》即屬之。

## ㈡掌握命意：新解時間規律的敘寫

　　復由講史所築構的時空來看，也因著欲對歷史加以講評，突顯著與小說間的差別：其時空的築構，本會被史傳的敘事特質所導引。要之史傳的記錄本環繞於能影響朝代興替的人及事，用以表明或解釋治亂甚而易鼎的原由，甚而從中去肯定、認識在此之上未能目見「道統」的內涵與理則，⑱亦即史傳此文體所被賦與的敘事目的。再者，中國傳統史觀中所謂的歷史更易，本認定著看似單純地指稱朝代的更迭及國家的治亂背後，和各朝統治者的特質有關，故在比附道統的內容之後，便可從中尋繹歷史變動的理則及徵兆，形成中華文化中的特殊歷史觀。史書系統對於歷史的嚴肅觀察及評議，本基於對執政者提出諍言（以史為鑑）的初衷，然而對於以一般普羅大眾為主要閱聽者的講史作者來說，便不以此作為考量，而是順從群體想法，重塑出「小傳統」的道統內容。要之個人對歷史既有著含括長時間且龐大的過去記錄，能予人「過往」、「已逝」的既有印象，從中自能寄寓著人們對於時間必將人事汰盡的認知及無奈，含括了對時間理性的理解與感性的情緒，此亦是群眾對講史不再僅存著對談詮歷史詮釋感到興味的原由，使得講史也能依照這存在於中華文化中的認知去解構過往的史事，談論著與史傳相同又以為前後接續的個別事件。故此，龔氏說道：

> 講史，是「講說《通鑑》漢唐歷代書史文傳興廢戰爭之事」。說興廢，乃
> 講史的重點。興亡也只有放在歷史長流中才能看得見。所以說：綿延不盡
> 的時間，是講史的敘事基礎。但是，把歷史模擬於江水，豈不是將空間時

---

⑱　有關中國的傳統史觀，可由近世大儒錢賓四的論述得見一二，其云：「再進而言之，歷史只是一種人事記載，事由人主，人由心主，人心則有所同然。把握此人類同然之心，心心相印相傳，即是中國人之所謂『道統』。即人文大道之統，亦將使人文界訢合於自然界而達於『天人合一』之境地。」以為史的撰述目的，應當在於對道統的承繼及呈現。此說自對於史書皆著墨於國家大事及其相關人事，從中發明政權良窳及更迭的原因（又視作歷史變遷），讓君主或者統治階層從中獲取教訓、作為借鏡更為實際的作用不顯，提出境界更高又與道德接軌的道統觀，又認定此道統即為歷史遷變的原則、真相，而此確為中國歷史的傳統思維。引見錢穆：〈中國文化傳統中的史學〉，收於氏著：《中國現代學術經典·錢賓四卷》（石家莊：河北教育出版社，1999 年 3 月），頁 1021。

間化了嗎？講史對空間向來缺乏應有的關注。……例如講史中最主要的，就是講三分、五代、東周七雄等在空間上分裂對峙相抗衡的時代，這些在空間上分庭抗禮、布列分的局面，在時間中被推倒，然後歷史之流再朝前滾滾流去。分立的空間，束成一條時間線。「話說天下大，合久必分，分久必合」（《三國演義》第一回），便仿佛如一條線，如順著線往下看，我們會看到這條線在某些地方絲縷鬆開了，分散了，但散開的絲縷不久後又合攏起來，線仍是一線。空間上的分散，到了講史中就成了這麼一種時間化的狀況。❶❾

於講史中所要發明的歷史真相就是「興廢」，此變化本非受天年所限的個人所能親見，只能倚賴不同時代中前後串起的個別生命，用傳講或文字去接續對動輒百年以上國家興亡盛衰的觀察，此一社會內容的遷變，對於文化悠遠又重記錄的中國而言屬乎常識。個人除了自對過往歷史有著巨大又無可奈何的既定情感外，對於自身所處亦具空間感的時代當下，便有著朝向於單一線索變化的印象。故講史於敘事中亦在拈出一種時間掏盡所有的既成觀感，能與社會中文化的集體意識相呼應而產生共鳴。依龔氏對講史能與時間相對應的情節結構而言，在敘事上的時空分布可用下圖表示：

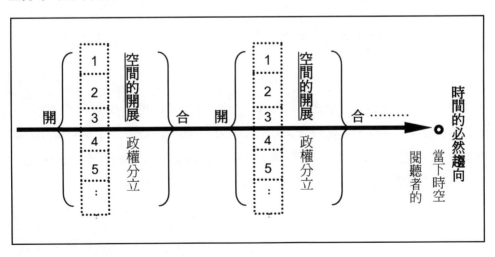

---

❶❾　見龔鵬程：〈歷史小說的歷史與身分〉，收於氏著：《中國小說史論》，頁 211。

個人在閱聽的當下，也屬於、亦承繼起講史中所敘的過往時空，在回顧已逝卻被記錄復被人所知悉的事件時，自身所感受到的仍是屬於有時間意識的氛圍；亦即於閱聽所認知的人物及事件或可從中雖能獲悉其空間觀，卻在以時間（編年）為主要依據的敘事單位下，一個眾人皆得知的時間觀及由此延展出的空間觀，講史作者必須依照此公共的時空敘寫外，也必予人時間具有必然趨向（由過去到閱聽的當下、再延伸此想法至未來），呈現龔氏所指陳「綿延不盡的時間，是講史的敘事基礎」、「把歷史模擬於江水，豈不是將空間時間化了嗎？講史對空間向來缺乏應有的關注」[20]，道出講史由時間的思維去作敘事，削弱了空間概念的本質。

故在時間延綿不斷，貫穿古今的事實下，講史者在詮釋歷史的整體發展時，所提出的見解自會受到當時集體意識的影響，但更應注目的是此詮釋又必須能在講述歷史的當下適用；換言之，正史對於歷史的解釋，僅限於所治時代的治亂或者評議人物、事件而已，未若講史尚需對過往整體的歷史作一詮釋，甚而此詮釋必須在講述的當下仍然適用。故龔氏云：

> 因此我們可以發現，講史有比一般正史更多的歷史解釋：他把雜亂零散的事件，看成一個統一的整體，認為其中存在一些內在的聯繫；而其發展，又可以找到一種規律，只有通過對此規律的認識與體會，許多史事才能被理解。
> 這是歷史動向與意義的總體解釋。講史中常見的因果論和天命論等都屬於這種解釋。[21]

不同於史家多將歷史逐一拆解成朝代甚至個別事件，再個別地對單一事件中的人事尋得教訓，一個能給予統治者甚而士人階級道德警惕的通則，講史卻純粹地觀察歷史本身復採用單一且簡易的理則，或用因果論或採天命論，皆能適用在含括當下時間的整體歷史，去呈現敘述者對歷史自身規律的想像。

---

[20] 見龔鵬程：〈歷史小說的歷史與身分〉，收於氏著：《中國小說史論》，頁211。
[21] 見龔鵬程：〈歷史小說的歷史與身分〉，收於氏著：《中國小說史論》，頁213。

# 四、結語

　　龔鵬程對傳統小說文體的發展和界定，能跳脫建立自魯迅以確認且分別既見小說文體的內容及體製為先，復比照與環結前後時期小說作品的法式，採取近於文化研究的眼光，觀察小說一體在歷史上的肇發、傳播和創作，從中發現古體小說所具有「傳記」的特質：它含括了小說在傳播及造作時的口述傳統，亦考量了在書寫體系中的文體承繼，由此，已能合理地解釋從先秦到漢代目錄中對小說的定義，並可解決時入六朝後小說在文體發展及意義界定上的疑難，且能由這龔氏所拈出傳記的概念，作為理解唐傳奇產生背景及文體淵源基石外，以及將入宋以後以傳述為主的說話四家、與發展為書面表現的話本及講史等體類不同的表述方法，概括在小說的創作及發展中。延續這小說發展歷程的詮釋，更能掌握歷史小說即講史的發生和體類。講史雖對史傳大量地沿襲和引用，卻不能據此主張講史與小說的內容具有虛實差異，龔氏以為講史的特出處，在於敘事中用歷史一種公共的時空作為論述基礎，於其上開展出微具空間觀的諸多事件。由於講史受具有時間（時代）趨向的概念引導，呈現出單一發展的情節線索，已讓空間傾向時間化，突顯出講史本身重視歷史詮釋的內涵，亦為其特色。因此可見，龔氏多用開闊的視野觀察與解讀文學作品，方能在小說研究方法上不因循前人，自闢門徑而多有創發，在講究師承的中文學界便顯得特立獨行，與眾不同。且學人在細繹龔氏論文之後，並非僅是獲悉他在學術研究上的新解和創見，而是在依循其思維理路的過程中，往往能觸類旁通，多有同於甚至異於龔氏所述的新題：此過程如同由龔氏引領學者作一嘗試性的學術思索之旅；復在對照看似好用批評為引論的行文，與不同於一般文獻的解讀後，或許龔氏撰文之意，不僅在抒發一己之見而已，更在於揭示撰寫論文的不二門徑：當須脫離看似理所當然的既定思考，不依傍舊論，亦不貴古賤今，以獨立的思維、廣闊視野，作為探索文學領域的唯一態度和方法，急切地欲將那思考問題的金針，度與其他的學人。

# 歷史的再演述
## ——龔鵬程教授解構唐代傳奇的文體演述及史觀運用

張凱特*

**摘　要**　唐傳奇是古代小說發展的里程碑，唐傳奇具有史傳性質，龔鵬程先生對於唐代小說傳奇的文體研究尤具特色，在唐代小說研究的領域中，具有階段性的意義。本文針對龔先生的唐傳奇的理論研究作探討，以其理論來探討其成就，龔鵬程先生觀察小說文類，發現唐傳奇文體體制是一個繼承書面文字的發展系統，此沿襲史傳系統。就內容而言，以奇特的創作手法，達到唐傳奇的藝術表現，此種奇的手法與表現藉由兩種手法達成，一為時空的構設，二為「綴段性」情節的敘事。此種論述方式，進一步釐清龔鵬程先生的研究，大致是以史的觀察，其一由文化論述，觀察小說文體的發展，其二不僅發現小說的文學創作，而是重新以哲學眼目掘發其中的思維精義，反映當代文化內涵，及唐代的歷史的文化結構，誠然為唐傳奇研究的一大創舉。

**關鍵詞**　唐傳奇　龔鵬程　史傳　史觀　文體

---

\*　張凱特，國立中興大學中國文學研究所博士生。

# 一、前言

唐傳奇是古代小說發展的里程碑❶，此後的小說具有了完整的形制。因此唐傳奇是古代小說的一個高峰，此種高峰階段的題材與內容，因其具有豐富的精神思想與敘事的高超，其題材廣為後來宋元話本、雜劇、明清小說所借鑑與承衍。然「傳奇」作為文體的名稱紛爭，始自魯迅於《中國小說史略》，對此種文體的定義❷，因魯迅於中國小說的研究成果舉足輕重，因而引發對「傳奇」一詞的後續爭議，於唐代小說文體的相關研究中，以魯迅及王夢鷗兩位學者的定義最為肯切，王夢鷗以「唐代傳奇」切唐人小說之實，王夢鷗以為唐傳奇的之名為後世所稱，始於裴鉶之「傳奇」，（元）陶宗儀區別藝文，乃有「唐世傳奇」之名，僅稱以「傳」、「記」、「錄」❸，說「要其體裁，不外乎記言記事」。李宗為認為「唐傳奇」一詞不足成為小說樣式專名。❹後來者對此文體分判，雖有歧異，大體同意，唐傳奇作為此種特殊史傳性格的小說的代名。若康韻梅於《唐代小說承衍的敘事研究》中，提到唐傳奇文體踵前朝志怪小說之後，與前朝志怪有二項差異，差異一，在於「撰作意識」，由「未盡設幻語」至「作意好奇」；差異二，在於審美特徵，由「粗陳梗概」至「敘述宛轉」❺，對於魯迅以來的文體界定，

---

❶ 裴蒂光：〈史家的「實錄」與小說敘事〉，《衡陽師範學院學報》2001 年 22 卷 1 期，頁 71。

❷ 「此類文字，當時或為叢集，或為單篇，大率篇幅曼長，記敘委曲，時亦近於俳諧，故論者每訾其卑下，貶之曰『傳奇』，以別于韓柳輩之高文。」參見魯迅：《魯迅小說史論文集》（臺北：里仁書局，2006 年 9 月），頁 59。

❸ 「唐世文士，衍六朝志怪之緒餘而益以詩才史筆，其間名篇迭出，垂範後昆。然作者未嘗以『小說』自名其文有之；有之，則稱為『傳』為『記』為；要其體裁，不外乎記言記事；縱或結集成冊，其題名亦僅有『怪』『異』『奇』『聞』數端。」詳見王夢鷗：《唐人小說校釋（上集）》（臺北：正中書局，1994 年 8 月），頁 1。

❹ 「誠然，到目前為止，沒有任何資料可以證明在唐代它已成為某種小說樣式的專名，而只能說是裴鉶的小說集的書名，或者如周紹良《「傳奇」箋證稿》所考證的那樣，更早是元稹《鶯鶯傳》原來的篇名。」李宗為：《唐人傳奇》（北京：中華書局，1985 年 11 月），頁 1。

❺ 「二者之異——撰作意識：由『撰錄舛訛』、『未盡幻設語』至『作意好奇，假小說以寄筆端』；和審美特徵：由『粗陳梗概』至『敘述宛轉，文辭華豔』，來說明志怪、傳奇分別作為中國小說一種次文類的特質。」參見康韻梅：《唐代小說承衍的敘事研究》（臺北：里仁書局，2005 年 3 月），頁 22。

大致同意，在此基礎上，認為唐傳奇文體的確立，具有重大意義。因此與本文論述的範圍，即龔鵬程先生所認知的唐傳奇，有其相續，以為唐傳奇的文類、性質並不固定，因此所稱呼傳奇者，其範圍較為寬鬆❻，其中包函「盡幻設語」、「作意好奇」及「傳錄舛訛」、「喧騰巷議」兩種性質，虛構的部分均為有意識創造，非虛構部分均呈現實際生活經驗中的情況。唐傳奇的史傳性質，承延自《史記》的記實色彩，以史為筆法，具有以史諷喻的傾向，將此史傳風格與特點深入剖析，以龔鵬程先生對於唐代小說傳奇的文體研究尤具特色，在唐代小說研究的領域中，具有開啟階段性的意義，因其對唐代文化思潮的理解，以不同的解析方式開展唐代小說的見解，對小說創作者的虛構本質與歷史真實的表呈，有著異於一般小說研究學者的領略。「唐傳奇」的「傳」為其體材的表徵，本與史具有千絲萬縷的連繫，後世元、明傳奇繼承的脈絡足以說明。本文的討論則集中龔先生於其史傳性質與其運用。首先釐清傳奇的文體特質，略述眾多研究學者定義傳奇範圍與內容，以區別傳奇的邊界，從而理解其何以史學出發，定位傳奇的歷史特點，以此解析傳奇的內蘊，端倪其敘事的內容與其差異。故能體現小說研究的視野，欲藉此對此方法作進一步的認識，以期對於此研究法的開展脈絡，得到澄清與確認其學術的建樹。本文撰寫意欲發明龔鵬程對於唐傳奇的探討方式，及其對文體的界定、解析的方式與發明公式。

## 二、闡發「傳奇」的文體特質——史傳、小說之辨分

唐傳奇的作者指出，大部分均與當朝的士子與官宦有密切的關係❼，然而比

---

❻ 「『傳奇』這種文類、性質並不固定，要替『什麼是傳奇』下個妥洽的定義，恐怕甚難。……既然傳奇不像詩詞有固定的體式，在分類時便與某些研究者所謂野稗雜俎類纏絞難分；二者內容，殆亦無甚差別。故本文稱呼唐傳奇時，採取較寬泛的辦法。」參見龔鵬程：《中國小說史論》（臺北：臺灣學生書局，2003 年 8 月），頁 190。

❼ 此點有多位學者論證唐人傳奇文作者之有集團說，若馮沅君作於 1948 年的〈唐傳奇作者身分的估計〉，即認為傳奇文的撰者，與中唐的進士階層有關係，參見馮沅君：〈唐傳奇作者身分的估計〉，《馮沅君古典文學論文集》（濟南：山東人民出版社，1989 年 8 月），頁 299-310。劉開榮亦在《唐代小說研究》（上海：商務印書館，1994 年 5 月），頁 299，力主傳奇文的「進士集團」說，則有程千帆：《唐代進士行卷與文學》收於《程千帆全集》第八卷（石家莊：河

重大部分均為在朝為官的人士，此情形並非自然。有學者指出傳奇乃為士子博得
青睞的求進之作（行卷）。龔先生在〈唐傳奇的性情與結構〉中，提出這樣的質疑：
「周樹人曾引胡應麟語，說唐人才開始有意識地創作小說，那麼，我們為什麼不
問問：究竟為何、如何有意識地創造？其意識內涵及創作指向又如何呢？」❽以
為溫卷只與部分傳奇作品有此種促進關係。其次就文體的體制的生發與演變，以
歷史的演進進程予以說明，傳奇的歷史發展具有其歷史土壤的孕育與文學形制的
自然發展規律，若不能由此考量其文體所具備的特點，即無法準確掌握與深刻理
解唐傳奇的深厚內蘊，職此將唐傳奇置於歷史脈絡中觀察，以下就唐傳奇命意與
體制兩方面進行論述，略窺先生對唐傳奇的卓知之見，為唐傳奇的後續研究開展
了那些研究內容。

## ㈠命意及其趨向：「觀念型到感覺型的差距」

有唐一代雄健賁發的文化風格展現甚為顯明，勇於展現的特點非始至儒家的
文化，儒家重內蘊，講涵養不外顯，至宗教興起，佛道思想日益興盛，加上有唐
開創者的異族色彩濃厚，自上位者始，包容各民族的政策，因流風所及，在藝術、
舞蹈、書法、建築等方面，均有造詣，後世稱頌為「盛唐氣象」，其在文學上亦
具有勇於表現個人色彩與恢弘氣勢，李宗為對此時唐傳奇的理解，認為其體制特
點為「顯露才藻、抒情敘志」❾，可謂切中允當。

傳奇作為小說的一種門類，雖仿史筆撰作題材。其歷史成分的真實比例，本
不能與史傳比擬，然以史傳之筆描述小說人物之形貌與精神，實際具有將作者理
想的角色範型，形諸於筆墨。因其虛構，並依照作者的理想形象而形塑，造作小
說人物本事，必無圓限。唐傳奇其形制延續魏晉志怪小說，已有學者論述。❿其
引用作為溫卷以為進階士林之用，亦有學者論述，其中雖有羅聯添先生持不同意

---

北教育出版社，2001 年 5 月），頁 72—74，結合行卷等具體問題作論述。

❽ 參見龔鵬程：《中國小說史論》（臺北：臺灣學生書局，2003 年 8 月），頁 236。以下僅標頁
　數，不再贅引。

❾ 李宗為：《唐人傳奇》（北京：中華書局，1985 年 11 月），頁 34。

❿ 「唐人傳奇由魏晉南北朝之志怪及志人小說進化而來，已由片段記載發展成為完整而優美的小
　說型態。」參見葉慶炳：《中國文學史》（臺北：臺灣學生書局，1987 年 8 月初版），頁 458。

見❶，若以小說作為進階仕途之應用，使唐傳奇略染實用色彩，由此士子有意為小說的原因有了現實的根據，此點基礎亦說明傳奇內容的發展物質需求的基礎，而是作者個人的精神意識轉向唐傳奇本身，欲藉此張揚個人才性，將個人之才華形諸於紙上，而個人之精神亦藉由小說人物彰揚，外顯作者的內在企圖，成為個人精神的表達。龔先生道出了此種表達的用意：

> 像《虬髯客傳》，「重心不在寫主角，而是顯然有一個特殊的目的在」，遂成為傳奇小說中寫作技巧最高的作品。它意味著小說家內心深處飽含有一股驅使它前進的強烈情緒或意念，並藉故事材料搭成小說形式。（頁217）

此種「特殊性的目的」並非少數唐傳奇作者的措意，而是此種文類普遍具有的歸趨，究竟為何如此有意識地創造，成為創作的文風與循規，將此歸因於唐傳奇的「性情與結構」。以唐傳奇的藝術結構與主題意識的探索❷，引證及舉例說明唐代天命概念，說明此結構形成了唐傳奇創作的軌則，將此思想涵蘊於唐傳奇中，成為唐傳奇的特色。若云：

> 凡作意好奇、為有意識的創作小說，大抵皆能明顯地反出作者的意識活動；非虛構的傳錄，則無論是承襲至官方檔案，或蒐集、傳引、修改較早的底本，及巷議街談的傳錄，都呈現了實際生活中運命觀的運作情況。因此，唐人傳奇小說中對生命的感知，事實上細與當時之思考模式、觀念型態息息相關的。（頁190）

此並非僅在單一題材上反映，而是天命概念以外的世俗題材，亦呈現此種變化的延續，將此分判為觀念型與感覺型的變化。若云：

---

❶ 「裴鉶『傳奇』、牛僧孺『幽怪錄』並非投獻的溫卷，其他流傳的傳奇作品決絕大部分是作者撰於擢進士第或進入仕途以後，也不是溫卷。傳奇和溫卷實在牽不上關係。」羅聯添：《唐代文學論集》（臺北：臺灣學生書局，1989年5月），頁262。

❷ 同前註，頁186。

我們知道，藝術形式的遞遭起伏，係由不同的文化類型在藝術史上的體現使然；而文化形式之行成，則來自認識法則之不同。例如在認為真理屬於感官知覺世界的感覺型認識法則中，其文化多傾向於否定人類有左右自身應運的能力，以為支配物質世界的因果關係，也同樣支配著人事；而在觀念型的認識法則中，則傾向於信賴精神實體（上帝、梵天、神意、道⋯⋯）。前者在藝術上多顯示出其自身具有為藝術而藝術的自足的審美價值，後者則兼顧某種體想的體現與傳達；前者視藝術創作為個人的榮顯，故其表現是個人主義式的，後者則多展現某一時代集體的理想與價值；前者所表達的多屬日常世俗熟知的事物，後者則不只於現實形象的複製⋯⋯。以唐傳奇描寫男女愛情與慕戀這種題裁為例，其與宋元話本或明清某些言情小說性質迴異，實甚顯然。（頁194-195）

觀念型的轉變與「有意為文」的意識導向有關，且導向於集體的理想與價值，而感覺型的發展為藝術而藝術的審美價值與「盡幻設語」相繫，形成兩股唐傳奇的的發展脈絡，觀察其中確實若所言：「是從觀念型到感覺型的差距」（頁195）在唐傳奇各期的轉變，觀察到題材競用的聚集現象，雖可以用唐代文人聚談，尚聽說奇聞軼事有關❸，「宵話奇言」之後加以記錄。文人間形成了集團，並互相影響，使唐傳奇的創作導向集團化的趨勢，唯此種觀察用於元白及韓柳文人集團的「觀念型」意識形態，其轉變最為顯明。❹由前所述，唐傳奇的興起到題材為宋元小說所承衍的過程中，唐傳奇的思想特點與藝術創作表現確實與前後代之小說

---

❸ 「《公羊傳》曰：『所見異辭，所聞異辭』未有不因見聞而備故實者。昔劉餗集小說，涉南北朝至開元，著為《傳記》。予自開元至長慶撰《國史補》，庶史氏或闕則補之意，續傳記而有不為。言報應，敘鬼神，徵夢卜，近帷箔，悉去之；紀事實，探物理，辨疑惑，示勸戒，採風俗，助談笑，則書之。」參見李肇：《唐國史補》〈序〉（上海：上海古籍出版社，1979 年 1 月），頁3。

❹ 「唐代重視史學，修史成風，史學發展到唐代達到了鼎盛時期；而且，很多小說家是史官出身，比如韓愈、沈既濟便被當時人譽為有「良史才」，正如李肇《國史補》卷下『韓沈良史才』條所說：『沈既濟撰《枕中記》，莊生寓言之類；韓愈撰《毛穎傳》，其文尤高，不下史遷。二篇真良史才也。』」參見史素昭：《唐代傳記文學研究》（長沙：岳麓書社，2009 年 8 月），頁 113。

有著明顯的差異，表現由創作者的命意的表現與隱含於小說的思想特點。其思想特點傾向，在文人創作中匯集了共同的價值與使命，張揚於共同理想之下，進而使得唐傳奇的創作趨於集體共用同一題材的情況。

## ㈡體制的特徵：由史的性質轉向史的形式

魯迅繼承胡應麟：「變異之談，盛於六朝，然多是傳錄舛訛，未必盡幻設語，至唐人乃作意好奇，假小說以寄筆端。」[15]的說法，「小說亦如詩，至唐代而一變，雖尚不離於搜奇記逸，然為述宛轉，文辭華豔，與六朝之粗陳梗概者較，演進之為甚明，而尤顯者乃在是時則始有意為小說。」[16]傳奇一詞或借用於唐人裴鉶的小說集名，所收篇章已不可盡考[17]，其文體不能詳知，其文體確定，首推魯迅，其說：「傳奇者流，源蓋出於志怪，然施之藻繪，擴其波瀾，故所成就乃特異。其間雖亦或託諷諭以紓牢愁，談禍福以寓懲勸，而大歸則究在文采與意想，與昔之傳鬼神明因果而外無他意者，甚異其趣矣。」[18]魯迅以為「傳奇」與有意為小說，故「施之藻繪，擴其波瀾」，為文體成熟的特徵。在此曲折故事，形成傳奇體例，若《補江總白猿傳》、《柳毅傳》、《枕中記》等。然史學家陳寅恪不同於此認識，認為唐傳奇已脫於志怪之遺緒，稱唐傳奇稱為文備「史筆、議論、史詩」眾體。並說明：

> 是故唐代貞元元和間之小說，乃一種新文體，不獨流行當時，復更輾轉為後來所則效，本與唐代古文同一原起及體制也。唐代舉人之以備具眾體之小說之文求知於主司，即與以古文詩什投獻者無異。元稹李紳撰鶯鶯傳及歌於貞元時，白居易與陳鴻撰長恨歌及傳於元和時，雖非如趙氏所言是舉人投獻主司之作品，但實為貞元元和間新興之文體。此種文體之興起與古

---

[15] 胡應麟：〈二酉綴遺〉，《少室山房筆叢》（臺北：世界書局，1980年5月）卷36，頁479。

[16] 參見魯迅：《魯迅小說史論文集》，頁58-59。

[17] 「傳奇所載諸文，因原書亡佚，明人或輯得其零篇，往往妄加姓名。」王夢鷗：《唐人小說研究》（臺北：藝文印書館，1971年12月），頁77。

[18] 參見魯迅：《魯迅小說史論文集》，頁59-60。

文運動有密切關係，其優點在便於創造，而其特徵則尤在備具眾體也。❶

陳寅恪以為唐傳奇興盛與古文運動密切相關，其在〈讀鶯鶯傳〉中，作了深層的分析。他從唐代士人「凡婚而不娶名家女」，「為社會所不齒」，以及「捨棄寒女，而別婚高門，當日社會所公認之正當行為」的歷史背景出發，指出元稹「直敘其自身始亂終棄之事蹟，絕不為之少慚，或略諱者，即職是故也。」❷此種反映了歷史背景的事實已具備了史料的特點，因而就陳氏主張唐傳奇三者兼備非無故也。其後，李宗為以為唐傳奇是一種以題材分類的名稱，後來擴大到人世戀愛題材，以至元明以後將說話與戲曲有關此種題材均稱呼傳奇。❸舉證了羅燁《醉翁談錄》八類小說的「傳奇」，其類目下有《鶯鶯傳》等十八種小說名目，均為人世情愛的題材，就此可以得知羅燁亦以內容作為分類依據，與李宗為同。❹所以在宋、元之前，「傳奇」一詞，並非作為文體稱呼，李宗為將此類題材說明，確認宋、元之前的名稱辨為「雜傳記」或「傳記」。❺

「傳奇一系也不斷推出新的佳構。終至兩系相互競爭、相互揉合。」❻此兩種為記事與記言的歷史痕跡，講史與小說均是此文學的歷史延伸。唐代傳奇的研究中，少有對於傳奇作一種宏觀統整的角度的論述。以小說的歷史演進為觀點，對此變化與文體形式與敘事轉變作了深刻的解析，認為唐傳奇的歷史性格處於小說文體發端位置，卻在極短時間內由發軔走向高峰，惟後世稱頌，有學者更認為是明清小說仿寫不能逾越的高峰。此高峰被視為認為出現為兩種口傳與記事傳統分化的開始，其由此歷史的文字記載性質與口說間的記載互相溝通，提供了洞見。

❶　參見陳寅恪：《元白詩箋證稿》（北京：三聯書店，2001 年 4 月），頁 4。

❷　參見陳寅恪：〈讀鶯鶯傳〉，《歷史語言研究所集刊》第十冊，（北京：中華書局，1987 年 4 月），頁 184。

❸　李宗為：《唐人傳奇》（北京：中華書局，1985 年 11 月），頁 5。

❹　程毅中亦有類似的見解。若「從《醉翁談錄》所舉出的小說篇目看，『傳奇』似乎專指愛情故事，有了特定的意義。……『奇』和『怪』意思差不多，不過『奇』的概念廣一些，不但神仙鬼怪可以稱為傳奇，人間的豔遇軼聞也可以稱之為奇，後世就有把傳奇專指愛情故事的傾向」參見程毅中：《唐代小說史》（北京：人民文學出版社，2003 年 5 月），頁 12-13。

❺　李宗為：《唐人傳奇》（北京：中華書局，1985 年 11 月），頁 2。

❻　參見龔鵬程：《中國小說史論》，頁 283。

也為傳奇在小說中的版圖給了清晰的定位。此種定位是將唐傳奇視為史傳文體的繼承者。若云：

> 整個文學系統的發達，是漢魏南北朝文人階層主要貢獻所在。文字學、聲韻學、對偶構句法、駢儷體以至近體詩之形成，都是運用文字愈趨精密的結果。這種文字體系精密化且勢力增強的趨勢，自然影響到口說系統，因此小說傳統在唐代乃開始出現新的變化，在原有口說傳統之外，有了新的、講究文辭之美、取法於史書寫作方法的唐人「傳奇」。……殊不知此正是一大變動。傳說的傳統，出現了文章記事的新典範，導致「小說」開始分化為口說和文辭兩條路線發展。（頁282-283）

龔先生的看法傾向於唐傳奇繼承史傳的體例，是「文字體系精密化且勢力增強的趨勢」「有了新的、講究文辭之美、取法於史書寫作方法的唐人『傳奇』。」既然是史傳繼承者，採用了史傳的形式，當然由「太史公曰」的刀筆人物，就轉成為唐傳奇寄寓人物精神與撰者命意的重心。

> 至唐，傳奇作者，多具史筆，作品如《吳保安》、《謝小娥》也入正史，甚至它的文體規格，都是由史書寫作來的。小說本出於稗官野史，巷議街談，它與正史本來就有關係。但古者左記言右記事，史也有兩類，或偏於言說。現在明顯地是由記言之史朝書事之史過度了。（頁287）

其次是小說內容的「虛構性」問題。小說本身是一種虛構，小說無法還原「真實」的歷史，因為真實是具有臨在與時空的絕對性，所謂的「歷史」紀錄只是真實的仿制品，相較於小說，只是仿制的程度不同而已。在此說明：

> 在這個層次上說，文學作品與歷史記載，何者方為「歷史之真」，就很難說了。事實上，應該是同時為真。例如《漢武故事》、《西京雜記》、《搜神記》、《續齊諧記》之類，古代就都屬於史部起居注和雜傳類，它究竟是史還是小說呢？唐人傳奇，如《吳保安》、《謝小娥》，均曾被采入唐

史，它們應該算是小說還是歷史？㉕

小說的理想追求為美感，不一定是真。史傳的基本架構卻是以「真」為前提，因此，基於二者的特點，小說兼具歷史意識的創作必然引起作品的史的真假之辨，以小說的創作本質而言，單純論唐傳奇所撰內容之真假，無異於忽略唐傳奇撰者對於「有意為小說」的實際情況，以為此種虛構若以龔先生的「人造時空」稱之㉖，最為穩當。此時空當不能與歷史作粗糙的比較，因其造作目的在於使其作品更具彈性。由上所述得知，唐傳奇採用史筆的精神撰作，使其本事彷彿史事，由此造作形塑小說人物，雖其不若史實求真，然其基點本為意圖創作，此種筆法卻能增添傳奇的豐富色彩，此種借用史傳的形構，將小說推至演繹人物精神的旨趣。

## 三、點明傳「奇」的內容特色——史實、創作之新解

唐傳奇的藝術成分及其運用史筆創作，二者確有聯繫關係。「奇幻造作」表面上與史實相違背，實際情況遠非如此，因而，藉由觀察其小說的敘事手法如何藝術化呈現史實，得以理解史筆的運用方式，及真實與虛構間的溝通橋樑。唐傳奇的真實與虛構，歷來將它與小說的虛構等同視之，其中對於傳奇中的史筆的運作方式有待探求，如何達到藝術要求，以下就此唐傳奇的虛構與史傳的內涵，加以論述。

### ㈠小說之「奇」的敘事結構

唐傳奇之所以能塑造其豐碩的人物形象，主要於擅用此歷史的視角與意識有關，它的「奇」是建立在此點之上。此「奇」建立於時空的預函架構與「綴段性」敘事手法兩種手段上。龔先生提出「預函」的架構的說法，用以詮解唐代天命觀，

---

㉕ 龔鵬程：《文學散步》（臺北：漢光文化公司，1985 年 12 月），頁 166。

㉖ 「一切歷史，無論其建構如何運用想像，歷史形象都必須建立在時間空間的座標上。而這個時空是一個公共的、自然的時空，而且，也是唯一的，不可改變亦不可替代。文學作品中的事實，則被安排在一個特殊的人造時空——作品中。」龔鵬程：《文學散步》（臺北：漢光文化公司，1985 年 12 月），頁 168。

更甚者，不僅為唐傳奇的其它題材的解構作註腳，以此「預函架構」概括唐傳奇
的時空架構。觀看歷史本身的視角，即是一種操作時間的方式，其本質皆為歷史
性的。時間性質在小說的運用上，已由主宰的角色轉變為被動角色，唐傳奇的此
特點，適與小說的敘事風格結合，形成了一種特別的敘事方式，此何以唐傳奇的
天命觀是一種「預函」的架構❷，認為時間是運用於一種觀點之下的充要條件，
由此表達某種信念，故時間的視角是為了模擬出一種場或情境，以便製造出預期
的效果，道出了部分唐傳奇作品的命意：

> 例如唐人小說《南柯太守傳》、《邯鄲記》及《紅樓夢》這樣的小說，其
> 主旨本來就在揭示小說中時空場景中裡所發生的種種事相都是虛幻的，甚
> 至其時空也是詭譎不真實的。黃粱夢醒，而老人之炊黃粱猶未熟也。經由
> 這種揭明，讀者頓然驚寤：原來一切悲歡離合或生老病卒，都是「以上皆
> 非」的。這不是人生若夢，而是根本就是人生即夢。（頁36-37）

此點效果是由時間概念，在文本上產生藝術美感，由此最大限度地產生傳「奇」
效果，此點在唐傳奇的其他作品中亦有相彷的作品，若《異夢錄》、《秦夢記》、
《三夢記》等。其次，空間的「奇」，以「空間作為小說創作的先驗形式，小說
美學的基礎」❷，並說：

> 這並不是說小說一定要有一個時代背景。因為那是背景的問題，而不是空
> 間的問題。小說可以與任何歷史時代無關，不必有現實時間與之呼應，但
> 其空間感自然存在，沒有這個空間，小說就不能架構起來。（頁35-36）

以歷史背景的因素形塑小說的場域是為形塑唐傳奇美學的重要技法。此技法
不僅成為唐傳奇的特點，更是將唐傳奇的藝術手法推向高峰的重要因素，因此唐

---

❷ 「據此，我們發現據此，我們發現：唐傳奇中，天命觀念可能是作者所欲表達的主要意念內容，
是一篇之主題：也可能只是個預函的架構，用數布情節、舖寫人物。」參見龔鵬程：《中國小
說史論》，頁216。

❷ 參見龔鵬程：《中國小說史論》，頁35。

傳奇的史筆運用方式,究竟非憑空建造出來的,我們可以推論此點是傳奇由史書撰寫傳統,蛻變出來的一種文學創作方法。李宗為認為「他們與志怪的主要區別在於:它們重視審美功能,因而重情趣,傾向於詭譎中見構思之玄妙、於荒忽中見文筆之優美;而後者專注於教化,因而意在戒勸,傾向於宣揚因果報應之不爽。」[29]中國小說的撰寫傳統與敘事方法,遠不止於此,並說:

> 中國小說完全不是這樣,既乏情節與結構,亦未必有戲劇性的行動,它彷彿是一幅中國繪畫,並無固定的透視焦點,而是多重透視的,在這個「世界」中,人人皆可自為主客,每一部分也都完具圓足,自有主角。正因為具有這種廣大和諧的世界觀,使得小說戲劇在解說事件及其關係時,不可能採用因果律的直線式時間性結構,以致於習慣了西方小說戲劇性型態的批評家,要誤以為中國小說戲劇是沒有現實結構的了。[30]

然中國小說描繪細節的特點完全與西方小說的筆法不同,由於文化根底的差異,形成小說內容的結構與敘事手法不同,自然可以理解,而小說內容的結構與敘事手法本是文化的內在因素所萌發的,文化的差異造成小說內容的解構理論,不見得可以全以西方理論借用與移植,先生以為不見得能完全借用,並可能流於表面的套用的流弊,雖其個人亦使用西方理論,但僅就理論的共同原則層面加以運用,尤其在小說情節的分析上。若云:

> 中國傳統的小說,在與西方小說對照之下,顯得幾乎沒有情節可言,或者只是一種「拼湊的、綴段性的情節」(heterogeneous and episodic quality of plot)。它的結構方式不是有機的、統一的,經常有偶然的狀況發生,也常有「此處暫且按下不表」、「話分兩頭」及章回綴段的情形。這些情形,一向都被解釋為宋元說書慣例所留下來的遺跡。但事實上,我國所有敘事文類,如史、傳、傳奇、白話短篇小說,都和長篇一樣,有這樣的「綴段性」。

[29]　李宗為:《唐人傳奇》,頁158。
[30]　龔鵬程:《文學與美學》(臺北:業強出版社,1995年1月),頁69-70。

因此，這應該與作家所習慣的觀物方式有關，而非僅屬說話人的遺習。（頁32）

「綴段性」並非毫無目的性，傳奇作品既然承接了敘事傳統，即表明了此為書寫傳統中的一部分，亦可以說明為史筆的運用方式的呈現特點。並且成為唐傳奇擺脫了粗陳梗概的寫法，對現實生活進行精細描繪，取得了新的藝術成就的路徑之一。《長恨歌傳》、《東城老父傳》即是一例，反映政治歷史題材，借由瑣細小事，借古諷今表現對現實的不滿。若云：

> 始將其作品稱為記的干寶，曾作《晉記》二十卷，時稱良史，撰《搜神記》乃用以「發明神到之不誣」。託名魏文帝撰的《列異傳》，也顯然是模仿史著的列傳，如〈烈女傳〉、〈列仙傳〉之類。至唐，傳奇作者，多具十筆，作品如《吳保安傳》、《謝小娥傳》也多被收人正史，甚至它的文體規格，都是由史書寫作來的。（頁287）

由此唐傳奇注重人物性格的塑造，與此種「綴段性」細節起到了互相聯繫的關係，此種特點在唐代首篇傳奇文《古鏡記》的內容最為顯明，通篇內容以古鏡為線索，串聯彷彿不相干的情節，表達了王氏家族的興衰與古鏡的神奇，此種「綴段性」籠絡了全篇的主旨，因此雖然傳奇小說大多是短篇，沒有長篇巨制，但是，作為一種文學樣式，唐傳奇已經具備了小說藝術的各種特徵，並且對我國古典小說的發展起了巨大的歷史影響，是中國古典小說成熟的標誌。故唐傳奇的「奇」與史筆的運用方式的發展衍變有關的，由時空架構或情節的「綴段性」而言，亦然。

　　情節根據史實的創作，反映社會的精神情況，社會對此一事實或事件的理解，因此奇的敘事結構在沿著這個內在事件與社會整體意識的聯繫，鋪陳故事，使得故事的時空結構與情節的「綴段性」有了合理的基礎，從而使其內容具有了極大的魅力，加上藝術的技巧追求美感的極致，造成後世亦不斷地競用相同題材，作為再創作的模仿對象，難以攖奪其鋒，由此可知文學作品，其社會情感的強度與事件發生的時空距離，對小說作品的容受範圍足以影響其版圖，並非絕無根由的，然文學回歸創作的本身是須要撰作者，同時結合其它的創作層面加以發揮，而非

僅單單的事件（史的本身）的魅力與影響而已。

因而就其見解，時空的架構配合「綴段性」情節安排，造就了唐傳奇中的奇的敘事，此種「奇」的敘事結構，始終在虛與實之間游移，由此屬性可以更加確認唐傳奇的文學地位，確實為唐傳奇文體的特殊地位，其演化的角色具備了樞紐位置，「傳奇的性格，就介於講史和小說之間，這在我國小說史上的地位自然極為重要的。」（頁226）

## ㈡與史同異

小說與正史的最大差異在於對於材料處理的基點不同。小說運用歷史材料作為創作的手段，正史卻將材料的真實作為追求的理想。真實的因素成了分判文體的分水嶺。以形式而言，兩者之間的相異在於虛構性，唐傳奇的撰作採用史筆及文體規格，皆標示了唐傳奇繼承史傳的痕跡，唐傳奇中的部分篇章雖有采入正史，卻因小說出於稗官野史，而稗官野史與正史之間的差距，而遠比其他文類相近。以敘事的藝術手法而言，在於採用模仿真實紀錄的精神虛構內容，唐傳奇與史的差異，在於談衍史實與虛構史實，唐傳奇來自席間笑談的素材的特點也顯示這一點特徵。

首先由其登載內容觀之，既然題材為真，反映社會事件的情感為真，必然涵帶了歷史倒影，因而唐傳奇有許多篇章大量採用歷史的史實加以改編，有甚者具有重大的歷史事件，鋪陳而成的，而《長恨歌傳》僅是一例，由此而言具有真名實姓的故事撰作，帶一定成分的歷史背景，其創作內容多少反映社會的群體意識。正史的撰寫至六朝而始變，個人撰私史而大開，固因六朝重視個人的自我表達與意識的提高，認知為傳奇是對史傳的模仿，並由形式的模仿進階至對人物形象的改造，所以當代有關明皇、貴妃間的軼事的創作若《長恨歌》，雖取材亦相同，其人物形塑與評議卻有出入，故模仿的目的，是借用取「真」而趨近於藝術的造就，由美學角度出發，龔先生說明了模仿在藝術的使用手法，並說：

> 亞里斯多德說一切詩都是模仿的藝術，他所說的模仿，是指起於人們所作的意象……柏拉圖《詭辯家》說模仿有兩種：一種稱為真實模仿，專事模仿既存的事物；另一種稱為幻覺模仿，如藝術家隨興所至，別出心裁創造

出來的畫面。（頁 27）

引用亞氏的「模仿說」，以為藝術的更高境界是盡量趨於真。若由此觀察唐傳奇，自然得以理解唐傳奇為追求更高藝術境界而模仿史傳的原由，並何以在集體意識認知史的崇高社會地位下，傳奇作品表現了此種自覺或不自覺的集體追求。唐傳奇小說這一文類本身及假設性地具備了虛構的成分，其比例由撰者決定，卻兼具史傳筆法與虛構擬造，確切地說，以史傳筆法虛構人物的內容。「傳奇」的目的並不在虛構，而是以它的想像來彌補事實，除為了藝術的目的，企圖構設一個富有意義的完整的具體經驗的敘述，並用史傳筆法豐富人物的風貌。因此小說虛構本為撰作者所必然採取的手段，對於此種手段的目的因撰作者的意圖有所區別。至於史筆的傳衍過程，是由說而記而傳，且成為史志傳書的類擬。正可以顯示傳記含意的演變，以及文字系統逐步擴張的事實，而且小說跟史書的書寫傳統越來關係越密切了。既然其演化的角色具備了樞紐位置，細部而言，在於講史和小說之間，粗略而言，又介於史傳與小說之間，傳奇角色不僅僅反映了小說在有唐一代的勃興，而是溝通於小說史上白話與文言小說的平臺，又是小說與史傳之間的交接地帶。

龔先生此種的討論，適為百年來的史學論爭，提供了個人的洞見，並於〈傳記小說新思維——縱橫於歷史、文學、真實、虛構、言說、書寫之間〉其中引用懷特《後設歷史》的一段話，強調了自己的看法「這就是不再是對歷史能否絕對客觀真實有所懷疑，不再是企圖在論證及寫作手段上如何逼近真實，而是根本認定歷史是虛構的。而歷史之所以為虛構，則是由於它本質上就是講故事。」（頁 292）歷史有關的敘事或借用史書撰作手法的小說均為虛構的，由此基點，任何的「軼事」均可以認為是其「民族故事是瞭解國民的文化體認的重要資料。」反映民族思想的一精神史而已，故唐傳奇可視為等同視之。傳奇題材的撰作，倚賴於文人間流轉，文人們席間笑談的素材往往成為撰作的觸發點，加上唐代官場遷外調內的頻繁，士人流動性極大，利於故事的交流和蒐集。❸因此唐傳奇的題材特

---

❸ 「唐代實行科舉，官員內遷外調頻繁，士人流動性極大，接觸面廣，加以國土廣袤，因而利於故事的交流和蒐集。此如裴鉶《傳奇》所描寫的故事涉及廣大地域，這同他隱居做官跑了很多

點來源卻極具傳聞性的，即「稗官野史」性質濃厚，與正史的分野即在於此，雖有部分篇章為正史所引用，卻無法否認唐傳奇本身的傳聞性。說是正史不類，若言小說，卻採用了史傳的筆法。因而龔先生言及「傳奇的性格，就介於講史和小說之間」是非常具有說服力的。表明在傳奇在歷史成分的文學作品群中的頻譜位置，及與正史、歷史小說、講史、小說的相對關係與差異。

# 四、論述方式──史的觀察

龔先生擅長於以歷史研究小說文體的發展，在唐傳奇的研究中，分為兩部分探討，由縱向面而言，以歷史的觀點遙觀文體發展，由左傳記述的背景開始，如何由此進展至唐傳奇的形成，發現小說口說及記言兩條路徑的內容，從而得到唐傳奇的文體價值。由橫切面，觀察唐代整體文化的思想情況，得出唐代的哲學思想傾向，反映於小說的景況，投射了唐代豐富的生活內容。觀察得出士子創作思維的共通性。以下由文體發展與當代文化進行論述：

## ㈠文體發展：龔氏唐傳奇的研究方法推溯小說發展的歷史

龔先生的學術研究向來以博瞻旁引為特長，因而小說研究涉略較廣，尤其以講史、歷史小說、傳記小說均有所發揮，從類似史傳文體的唐傳奇至現代的歷史小說皆為關注焦點，並將研究成果，集結為《中國小說史論》一書，此書是對其小說研究的精心之作。其中關於唐傳奇有專章論述，而其唐傳奇的小說研究，具有與其他學者相異的研究路徑，例如以天命觀說明古代中國小說的方法論問題，對中國古代小說唐傳奇的性情與結構，解釋其結構原則和意義取向，此與向來小說研究，依循版本考證等為大宗，有著不同的研究視域，不反對此等研究法之下，另闢蹊徑。此種研究法往往以大視野得見小說文體之韻律，而非僅僅單單題材或內容的承衍等藝術層面，此方法用於小說文體的演變具有前瞻性，雖此方法目前從事者無多，然可見的未來，此種研究法仍有其特出之處。其次，雖常用西方理論作為研究中國古代小說的借鑑，近來有以西方理論作為研究中國古代小說的探

---

地方大有關係。」參見李劍國：《唐五代志怪傳奇敘錄》，頁18。

針,對於此,龔先生說:「這些新觀念有助於我們重新釐清一些問題,也有助於回頭審視我們自己的文學與歷史傳統。由言說、書寫、傳記、小說、歷史、文學、真、假之間複雜的關聯中,也許可以替斷裂的文史關係再開發出一個新的討論空間。」(頁293)

　　史傳的紀實敘事筆法與小說有異,然始至自《左傳》,已有此種「記事而描繪細節,記言而摹似聲情」的筆法萌發。㉜程毅中先生以為唐代小說的歸類,在當時已經具備由子部轉向史部的趨勢㉝,因此由小說史演進的觀點,提出了在唐代「從小說史上看,小說與雜傳合流,或者說把雜傳歸并入小說。」㉞因此就文體分判,就文體發揚,史傳與唐傳奇有子母的繼承關係。唐傳奇的史筆,歷來的討論集中於史筆的敘事方法與繼承,或史筆的藝術特點。唐傳奇借自史傳的創作,除了引用歷史史實外,採用史筆的撰作手法,亦是唐傳奇的主要特色。李劍國在《唐五代志怪傳奇敘錄》中提到先唐歷史傳記小說是史傳的直接支派,與唐代傳奇有極高雷同。㉟而史素昭在《唐代傳記文學研究》中論證了「唐初八史」㊱對唐傳奇的影響,說明了其對傳奇的產生具重大影響。㊲「唐初八史」並非良史,卻對小說的發展起了巨大的作用。若由歷史角度的發展觀察,小說與史書的界限,「唐初八史」非良史的根本原因在於摻入過多的小說成分,因此種虛構因素而被認為唐傳奇延續「唐初八史」的影響。其次是唐傳奇的作者有部分為史官出身,致使傳奇的筆法與史書相彷。毋論先唐歷史傳記小說與唐初八史,均標誌了唐傳

㉜　參見程毅中:《唐代小說史》,頁10-11。

㉝　「唐代人開始把子部的小說和史部的雜傳合開,就是從《史通》開始的。這是唐代小說現的一大發展。小說從子部轉移到史部,列為史書的一個旁支,地位就有所變化。不少文人開始以史傳體來寫小說了。」參見程毅中:《唐代小說史》(北京:人民文學出版社,2003年5月),頁4。

㉞　同前註,頁5。

㉟　「先唐歷史傳記小說是史傳的直接支派。數量不多,現存止《穆天子傳》、《燕丹子》、《趙后外傳》等數種。他們的共同特徵是其歷史背景、基本史實一般是真實的,但又都有較大的虛構性。再敘事方法上以一兩個人物為中心,進行有頭有尾的描述。這同唐人傳奇文是很接近的。」參見李劍國:《唐五代志怪傳奇敘錄》(天津:南開大學出版社,1993年12月),頁18。

㊱　「唐初八史」包括了《晉書》、《隋書》、《南史》、《北史》、《梁書》、《陳書》、《周書》、《北齊書》。

㊲　參見史素昭:《唐代傳記文學研究》(長沙:岳麓書社,2009年8月),頁112。

奇的開路先鋒地位，故唐傳奇的史傳性質濃厚，其來有自，是史傳系統其庶生的支脈。從史傳文學之發軔《尚書》、《春秋》，到史傳文學的奠基到《國語》、《戰國策》，到小說化的《穆天子傳》寫《晏子春秋》，到史傳文學的高峰《史記》，到史傳文學的轉折與回落《漢書》寫六朝雜傳，演繹了先秦兩漢史傳文學的演變過程。❷❽將傳奇的演變歸納口傳系統轉向書寫系統的必然結果。❸❾其舉證《左傳》的傳已為進入書寫系統的開始，將記敘的流衍過程，部分走向書寫，因而「傳」、「紀」的意義相符，例如史書中帝王的傳稱為「本紀」。然而若由史的更長時間觀察，史傳的衍流脈絡，在唐初有「八史」的影響❹❶，此八史的紀傳體寫作，遠紹《史記》的筆法，而唐傳奇雖借用史筆撰作，卻為魏晉以來擬古風氣的一種反動，由於《史記》有很高的聲響，使唐傳奇作家產生「擬史」的願望，而紀傳體的背景、傳主、事件的建構模式，又切合唐傳奇有關環境、人物形象和情節等小說三要素。

並認為「解構」是傳說與歷史的材料發展時的基本現象❹❶，以此方式解離歷史或傳奇時，亦能歸納出其共性，此種共性具有趨近於真實的特點。文學可以視為其「斷裂、衍異、流失」的產物，因其隨著距離事件發生的遠近而有差異，差異的程度與時間長短成正比。傳奇的解讀方式，亦是由此種思維的運作下產生的。因此重新解構的方法中，本以暗示，並容許了文本的變異，此種變異的必然性是

---

❷❽　參見史素昭：《唐代傳記文學研究》（長沙：岳麓書社，2009 年 8 月），頁 8。

❸❾　「傳奇這個詞，本身便很能顯示這種轉變。因為『傳』與如前文所說，本為口述傳說、轉相談論之意，《隋書經籍志》引《左傳襄公十四年》云：『士傳言，庶人謗』，即表明了傳說傳誦的口說性質。」參見龔鵬程：《中國小說史論》，頁 286。

❹❶　「在唐傳奇接受《史記》等史傳文學的影響的過程中，『唐初八史』是中介。章培恒、駱玉明主編的《中國文學史》說：『以《史記》為代表的歷史人物傳記，在敘述故事和刻畫人物性格方面取得了相當高的成就，已為後人提供了良好榜樣。唐傳奇的重要作家中，有不少人是歷史學家，他們很容易繼承這一傳統，而更自由地運用于小說創作。』」參見史素昭：《唐代傳記文學研究》，頁 113。

❹❶　「需知所謂歷史的真象，並不是客觀穩定而唯一的，也不是一個超然的存在，它不斷流動於每個時代的詮釋者，敘述者之間，是不斷被『改寫』與『重組』的人文成就，其中充滿了『對話』的過程，捨離了這些詮釋與敘述，及無所謂歷史的真象。……故基本上，它不是層累地『造成』，反而是解構（deconstruct），飽含分裂、變化、矛盾以及及難以掌握的播散。」龔鵬程：《文化、文學與美學》（臺北：時報出版公司，1988 年 2 月），頁 322。

無法避免的。對於歷史的文化研究的理解，周慶華對此提出「龔氏的解構與建構策略」❷由歷史的縱線而言，「傳奇這個詞，本身很能顯示這種轉變。」❸一旦歷史的演述朝向小說發展，首先涉及到「真實與虛構」的命題。唐傳奇的演進與完成可以說是「解構」或解離歷史的必然過程，進而由史的性質遞變為單採取史的形式，亦即史傳與唐傳奇的根本差異劃下了巨大的鴻溝，完成了唐代傳奇小說獨立的初步階段。

在〈唐傳奇的性情與結構〉中，以歷史的角度分析文體的細部更迭與內蘊，對於前輩學者樂蘅軍的「意志與命運」的議題提出了不同的見解，並提出了傳奇普遍具有的浪漫情調與體驗的發端為何，進行質疑，「既然如此，那麼，中國小說的結構原則和意義取向是甚麼呢？小說研究已經蓬勃發展八十年了，誰能告訴我？如果這個問題至今尚未解決，則一切研究可說都是架空的。」（頁20）此種體裁的內容反映天命的觀念，以致先生用小說的內在結構與性質，作為探討唐傳奇中的文化與內涵。其中細論了唐代盛行的命運觀，及其命運觀的發展與衍流，並因而得出西方的悲劇理劇不適任於古代的中國小說的結果，由此又證成西方理論用於中國古代小說的侷限性。並由此說明其小說研究的方法論為：「由唐傳奇的性質，及其產生的時代和作者關係上，我們發現它似乎有意在展現某種共同理想與價值，以自別於一般市人小說或六朝唐初志怪。因此，下文我們將一面從傳奇的藝術表現面反潮逆探作者的根源性認識究竟如何，再一面由作者的思想意識面順下來說明傳奇何以會強烈展示出天命的思考。」（頁195）的進階思考路線。

龔先生站在一個眺望文學的歷史長河的高臺，得見唐傳奇的特殊位置，由文字記述系統的傳衍發展到唐傳奇的樞紐，繼而下衍講史與話本的生發，對此承先啟後的關鍵，提出了精闢的見解，為後繼研究者點明文體發展的路徑。

## ㈡當代文化：發明當時哲學的歷史

初唐傳奇文的掘起與當時的政治、社會、制度、宗教領域的大動蕩、大分化、

---

❷　參見周慶華：《後臺灣文學》，（臺北：秀威資訊科技公司，2004年4月），頁154。

❸　參見龔鵬程：《中國小說史論》，頁286。

大改組，有著千絲萬縷的聯繫❹，除初唐的數篇傳奇文較為特出外，若《古鏡記》、《補江總白猿傳》外，傳奇文的大量創作與成熟，興盛於中唐，不是沒有原因的。至於強調個人的風格展現源於何種影響？與個人追求個人意志之實現關係為何？在「《謝小娥傳》這類故事，說明了唐人在刻意追求自我實現的過程中，並未扭斷人與天意聯繫的擠帶，也不禁錮在有限而絕望的自我中倉皇痛憤。」（頁 227）對於唐人的自我實現的精神表現確有著超乎一般的景況，遂造就唐傳奇在文學技巧與文學內蘊，其巔峰後世難以望其項背。樂蘅軍先生曾就唐傳奇中表現的意志作討論，龔先生對此提出不同的看法，並以為唐傳奇撰作的人生主題意識為例「意志與命運」，並不完全如樂先生所理解，以為「時代所孕育的浪漫精神使唐人小說的人生全是意志之創造」（頁 187）般。

基於當時文化背景下所蘊涵的文化思潮具有左右文風的關鍵，此種文化因素非少數人士所能左右。引領整個時代的風潮，當然有唐並不缺乏引領一代文風的人士，初唐有陳之昂，中唐有韓愈。文化的影響力量並非一蹴可及，然陳、韓二人極力展現個人風格，積極堅持自我的主張，亦是一種個人的自我實現。中唐之後，元白的文人集團提出的文學主張亦有此趨向，而且由唐傳奇發軔至成熟，其文學樣態由表現個人意志，漸有轉移的情況，唐傳奇留世作品具有此項特徵，若《長恨歌傳》、《鶯鶯傳》。牛僧孺的作品只反映了此情況的一部分。文人間的交流頻繁並互相促進，亦說明此形態的群體特徵。若云：

> 不寧惟是，唐傳奇作家隱約構成一個小說創作團體的情形、競用同一題材寫作的現象，也說明了它展現某一時代集體理想與價值的觀念型特質。而這一特質和他們「文以貫道」（韓愈）「詩以載義」（白居易）的表現也相肳合。……由唐傳奇的性質、及其產生的時代和作者關係上，我們發現它有意在展現某種同理想與價值，以自別於一般市人小說或六朝唐初志怪。（頁 195）

---

❹ 「傳奇文在初唐的崛起，不是一個孤立的文學領域的現象，而與當時的政治、社會、制度、宗教領域的大動盪、大分化、大改組，有千絲萬縷的聯繫。」參見陳珏：《初唐傳奇文鉤沈》（上海：上海古籍出版社，2005 年 4 月），頁 20。

　　僅在歷代的傳奇文體間游移，已可清晰地了解到小說演變與當代文化思潮的關係，就此已觀察出唐傳奇的文化背景與唐代「哲學突破」的密切關係，在〈唐傳奇的性情與結構〉中，提出「唐代貞元、元和間的文化意識內容」時，認定與「哲學的突破」活動有關，已觸及到此其「有意識地創造」的核心了。並將「唐傳奇」視為哲學突破中思考的產物，其形式本身的雷同性與獨創性都相當高❹，因「唐傳奇」的作者們傳達其生命的精神價值的特點，具有了共性，形成了「唐傳奇」的主題能夠闡發其內涵，使得「傳奇的性格，就介於講史和小說之間」，其發展根源與動力，可以說與唐代哲學突破有著密切關係，即唐傳奇的有意為小說的根本精神在於唐代的哲學突破。而唐傳奇文的外部繼承史傳文學，其內部的質的轉化卻與社會的其它文化因素有關。並將唐傳奇的中唐成熟作品產生與古文運動的成功作一聯繫，將傳奇文的成功歸諸於古文運動。與主張「哲學突破－知識階層－傳奇」形成連鎖的鏈，並不相妨，此簡略的脈絡標舉出了唐傳奇的近親影響，也說明間接了說明唐傳奇文備眾體的特徵與影響。

　　既然唐代的哲學突破關係到整有唐一代的文化展現，突顯於唐傳奇的內容，若強健的遊俠文學的產生，與個人色彩風格的「傳」、「記」的產生，此種自我實現的風格生成亦是哲學突破對文學的影響所致，唐傳奇的思想內蘊大抵與此有關，即使是在龔先生所論的唐代天命觀亦在此範圍之內，而唐傳奇適足反映此士人間的文化思維與其交際網絡。若以此理解，對於唐傳奇關涉內容，能進一步反映士子生活與關心面向有了深刻理解。以命運為主題的觀照，關係到大唐的開國事績的故事，亦不例外，若《虯髯客傳》。涉及到國家掌權者時，亦以個人主體情愛為主軸，鋪展情愛命運，若《長恨歌傳》。無怪龔先生得到「哲學突破－知識階層－傳奇」形成連鎖的鏈的結論，叩問命運始終為生命關切的終級關懷，世間情愛與榮辱轉眼成空，亦不可待，因而各樣的題材變化不脫此範圍，若《枕中記》。而龔先生卻跳出這些習見的分類，以天命的概念作為解構唐傳奇的線索，理清有唐一代的主要文化思維的大宗，以知識階層為核心，觀察唐代士人主要關

---

❹　「這一結構特徵，六朝無之，宋元話本雜劇才在逐漸演化中表現出來，這意味著傳奇本身是哲學突破的產物，故其意念內涵帶有濃厚的創發性，小說結構為彰顯此一共同理想和價值，自須研究嘗試做若干調整與配合，其形式本身雷同性與獨創性都相當高，但其精神總是創發的。」參見龔鵬程：《中國小說史論》，頁225。

切的面向,在於個體的未來與國家命運的走向。

　　龔先生研究唐傳奇的小說創作手法、文體的位置之外,對於唐代文化的思潮能夠跳出佛、道的論述觀點,並在學者以為唐代哲學並無新意的理解下,發現小說內容投射出的哲學成分,而對於唐代的哲學情況有一如實的掌握,並能發現小說反映了士子集體的思想與價值傾向,得到以往相異於唐代哲學探討的面向,此面向亦呈現唐代豐富的文化面貌,並反映了唐代的哲學歷史面貌。

# 五、小結

　　本文針對龔先生的唐傳奇的理論研究作探討,以其理論來探討其成就,首先龔鵬程先生觀察小說文類,發現唐傳奇文體體制是繼承書面文字的發展系統,由文字系統一路下來,由左傳的史官記事,到漢代的《史記》,繼而魏晉的雜傳,到了唐傳奇的產生,此延襲史傳系統。既然傳奇與史傳相合,如何區隔小說與史傳的差別成了須處理的命題,因此就內容而言,首先標明了奇的特質,奇的特質並非真假虛實之謂,而是以奇特的創作手法,達到唐傳奇的藝術表現,此種奇的手法與表現藉以兩種手法達成,一為時空的構設,二為「綴段性」情節的敘事。此種論述使得對傳奇的論述,較為完整,而這樣的論述方式,進一步釐清龔鵬程先生的研究,大致是以史的觀察,其一由文化論述,觀察小說文體的發展,其二不僅發現小說的文學創作,而是重新以哲學眼目掘發其中的思維精義,反映當代文化內涵,及唐代的歷史的文化結構,誠然為唐傳奇研究的一大創舉,總之,筆者延續龔先生的論述,重新對唐傳奇的內容予以觀察,所引申性的論述,或許與龔先生所探討不同,然而先生此種嘗試的探討,並為後學開創出新的典範,不拘一格地,跳出前人窠臼,有了不受前人約制的成果。

# 參考文獻

〔唐〕李肇:《唐國史補》(上海:上海古籍出版社,1979年1月)。
〔明〕胡應麟:《少室山房筆叢》(臺北:世界書局,1980年5月)。
王夢鷗:《唐人小說研究》(臺北:藝文印書館,1971年12月)。

王夢鷗：《唐人小說校釋（上集）》（臺北：正中書局，1994 年 8 月）。

史素昭：《唐代傳記文學研究》（長沙：岳麓書社，2009 年 8 月）。

李宗為：《唐人傳奇》（北京：中華書局，1985 年 11 月）。

李劍國：《唐五代志怪傳奇敘錄》（天津：南開大學出版社，1993 年 12 月）。

周慶華：《後臺灣文學》（臺北：秀威資訊科技公司，2004 年 4 月）。

康韻梅：《唐代小說承衍的敘事研究》（臺北：里仁書局，2005 年 3 月）。

陳珏：《初唐傳奇文鉤沈》（上海：上海古籍出版社，2005 年 4 月）。

陳寅恪：《元白詩箋證稿》（北京：三聯書店，2001 年 4 月）。

程千帆：《唐代進士行卷與文學》（石家莊：河北教育出版社，2001 年 5 月）。

程毅中：《唐代小說史》（北京：人民文學出版社，2003 年 5 月）。

馮沅君：《馮沅君古典文學論文集》（濟南：山東人民出版社，1980 年 8 月）。

葉慶炳：《中國文學史》（臺北：臺灣學生書局，1987 年 8 月）。

劉開榮：《唐代小說研究》（上海：商務印書館，1994 年 5 月）

魯迅：《魯迅小說史論文集》（臺北：里仁書局，2006 年 9 月）。

羅敬之：《傳奇·聊齋散論》（臺北：文津出版社，2002 年 10 月）。

羅聯添：《唐代文學論集》（臺北：臺灣學生書局，1989 年 5 月）。

龔鵬程：《中國小說史論》（臺北：臺灣學生書局，2003 年 8 月）。

龔鵬程：《文化、文學與美學》（臺北：時報出版公司，1988 年 2 月）。

龔鵬程：《文學散步》（臺北：漢光文化公司，1985 年 12 月）。

龔鵬程：《文學與美學》（臺北：業強出版社，1995 年 1 月）。

李劍國：《古稗斗筲錄——李劍國自選集》（天津：南開大學出版社，2004 年 10 月）。

裘蒂光：〈史家的「實錄」與小說敘事〉，《衡陽師範學院學報》2001 年 22 卷 1 期。

# 袖中三尺鐵──與龔先生論唐俠之武器及武術

林明昌*

**摘　要**　龔鵬程先生《大俠》一書提出唐代劍俠的六類「行為特徵」分別是 1.「飛天夜叉術」。2. 幻術。3. 神行術。4. 用藥。5. 斷人首級。6. 劍術。本文以此為基礎論述唐代武俠文學中的「武器」和「武術」,並引唐代武俠文學為證。武器集中討論劍、匕首、弓箭、弓彈、短鞭。武術則包括神力及輕功。輕功分為縱躍輕功及速行輕功,縱躍輕功又細分為初階、中等及上乘三級。最後針對龔先生關於武術和武器源於幻術的論述提出檢討。

**關鍵詞**　劍　武俠　武術　武器　龔鵬程　唐代傳奇

## 一、唐代武俠

自龔鵬程先生《大俠》❶一書出,天下論俠者不能漠然置之。《大俠》的論點,推翻許多以往論者的偏見,也建立新的俠士論述基礎。龔先生說:「論中國俠義傳統的著作很多,但據我看,幾乎全是胡扯。我寫《大俠》,就是想要解說

---

* 　林明昌,佛光大學世界華文文學研究中心主任。

❶ 　龔鵬程:《大俠》(臺北:錦冠出版社,1987 年 10 月及臺北:風雲時代,2007 年 8 月)。本文所引據新版。

中國的俠義與俠義傳統之流變。並試圖探討為什麼大家在研究俠的問題時，會有這麼多的錯誤。」❷

龔先生論俠，謂俠不同於劍士與刺客，遊俠乃是豢養刺客的大豪，俠本人不一定有勇力武功，因為刺客即是俠的爪牙。且因為俠基本上不見容於任何一個秩序的社會，無論是封建宗法、統一集權、民主法治社會，所以稱為「遊俠」。俠與客以意氣相感、相交結，此即後世之所謂結義。❸但是到了唐代，俠的型態翻出兩種新貌，第一種是出現了「劍俠」。劍俠是唐代中葉以後特殊的產物，與漢魏晉以來的豪俠略有不同。豪俠騖聲華、立虛譽，修行砥名，聲施天下；劍俠則身分隱晦，不為人知，只在某一時機出現，並迅速隱沒在歷史的背後，光影寂滅，不知所向。劍俠多半獨來獨往，遊俠傳統中所最為重視的「友道」，劍俠並不太重視。俠的第二種新型態，是俠與士結合成為「俠士」。俠士延續一向以來求知己、重私義、輕公理等傳統精神。❹龔先生所論之俠，的確顛覆了許多人心中的俠客印象。

唐代的俠未必有條件如漢代以來之廣結交、養刺客，由於俠存在與活動的方式改變，俠的概念也就隨之改變。大體而言，俠的指稱範圍變得更廣寬些，原本豢養於豪俠之門的刺客，也獨立為俠，稱為俠刺、劍刺、劍客、俠士、俠客等等。另一方面，俠本來就是基於特殊的行事風格和神秘感，俠也不再屬於某些人特有的稱呼，每個人身上都可能或多或少閃過一點「俠氣」。也就是說，唐代的俠士未必有俠士之名，不論職業、身分、社會階層、種族、性別、年齡，凡是具俠之風格與行徑者，都可視為俠士。

俠士的風格與行徑，就是不惜犧牲自己與別人，堅持自以為是的私義。唐代崔涯〈俠士詩〉：「太行嶺上二尺雪，崔涯袖中三尺鐵。一朝若遇有心人，出門便與妻兒別。」寫出這種「以無情為有義」的私義。司馬遷論遊俠曰：「其行雖不軌於正義，然其言必信，其行必果，已諾必誠，不愛其軀，赴士之阨困，既已存亡死生矣，而不矜其能，羞伐其德，蓋亦有足多者焉。」❺正是這種私義至上

---

❷　〈《大俠》後記〉，《大俠》，頁 328。

❸　詳見龔著，頁 83-85。

❹　同上，頁 113-122。

❺　司馬遷：〈遊俠列傳序〉，《史記》卷一百二十四（北京：中華書局，1987 年 12 月），頁 3181。

的表現。到了唐朝，俠客依舊堅持這種「行不軌於正義」、「言必信」、「行必果」、「不愛其軀」、「赴士之阨困」、「不矜其能、羞伐其德」的私義，只是在武藝的包裝下，顯得更加神秘。

此外，唐代俠客雖號稱「劍俠」，然而未必使劍。即使如《劍俠傳》中的故事，也只有少數俠客用劍，其他的俠客多半以輕功見長，與劍器無關❻。如〈崑崙奴〉的磨勒，以負重及輕功見長，何嘗使劍？〈扶餘國王〉（即〈虬髯客〉）、〈車中女子〉、〈嘉興繩技〉、〈盧生〉、〈荊十三娘〉、〈田膨郎〉、〈宣慈寺門子〉、〈賈人妻〉、〈虬髯叟〉、〈韋洵美〉等等，都與劍無關。《劍俠傳》以外的俠士文學，更未必使劍。

龔先生論唐代劍俠的「行為特徵」，歸納為六類。分別是 1.「飛天夜叉術」。2.幻術。3.神行術。4.用藥。5.斷人首級。6.劍術。❼這六類性質不一，因此龔先生稱為「行為特徵」。但是如果以唐代俠客的武術重新檢視，會發現這六類大多屬於唐代武俠的武功範圍，稱為「武術特徵」亦無不可。但如果以武術來看，分類的方式與結果均不相同。

所謂唐代武俠，是因為唐代的俠客多少具備「武」的成分，不論武功高強或只是匹夫之勇。甚至縱使無高明武術，卻具豪勇的膽勢，在「武術」世界裏，有「一膽二力三功夫」之俗語，豪勇的膽勢不僅是武俠必備，也可謂武俠存在的根基。換言之，唐代俠客不但結合豪俠與刺客，更是擴充成具備膽、力、功夫的武俠。本文想探討的，即是在龔先生論唐俠的基礎上，補充說明唐代俠客的「武術特徵」，尤其專論唐代武俠的武器和武術。

## 二、唐代武俠之武器

俠士未必使用武器❽，崑崙奴磨勒、紅線女❾、懶殘等均不憑藉任何武器。

---

❻ 《劍俠傳》為明人所編。《四庫全書總目》曰：「就本題為唐人撰……蓋明人勦襲《廣記》之文，偽題此名也。」

❼ 同上，頁106-112。

❽ 參見林明昌：〈武之俠——從唐代武俠文學看〈聶隱娘〉〉。

❾ 磨勒逃亡時攜帶匕首，紅線也攜帶匕首，但未見使用。

但武器仍是俠客的重要工具，唐代武俠使用武器者也不在少數。常見的武器如劍、
匕首、弓箭、弓彈、索、槍、短鞭等。

## ㈠匕首與劍

使劍的典型武俠人物，就是聶隱娘。聶隱娘受嚴格而完整的刺客訓練，第一
件武器即是寶劍一口，刃長二尺。後來劍刃逐漸縮短，至第四年改成羊角匕首，
刀廣三寸。

匕首為短劍或短刀，聶隱娘畏懼的對手妙手空空兒使用匕首，擅長輕功的崑
崙奴磨勒逃走時也是手持匕首，連紅線前去田承嗣宅時也是攜帶匕首。這類刺客
都是以身形靈巧、行動速捷見長，長刀長劍反而會阻礙行動，不如匕首可隨機變
化。

周代以前，刀劍體制均短，方便攜帶，不論懸掛或斜插腰際，隨手抽拔十分
便利，刀劍與匕首的差別不大，因此沒有另帶匕首的必要。戰國以後刀劍漸長，
服刀佩劍者，另帶匕首，長短兵刃可為互補。❿

長劍在西漢以前是戰場上的主要兵器，到了東漢則被刀所取代⓫。主要原因
在於劍的「雙刃」結構，限制劍身的厚度。劍的用法除了前刺之外，頂多可以割，
不能砍劈。厚度不夠的劍砍劈時容易扭曲變形，甚至折斷。而且就人的手臂結構
來說，握刀劍的手只有一個方向可以使力，也就是只有向內向下砍劈的力量。相
反的，向上向外挑提違反手部結構，力量甚小。為了幾乎用不到的挑提，限制厚
度，不如刀之實用。

但是劍並未從此消失，一方面成為儀服佩具，另一方面則成為道教法器。唐
代的劍還有一項重要意義，就是唐劍變革傳統形式，成為定制，自唐至清末大致
不改。所以說，中國劍的形式至唐代而後統一且定形。⓬劍在東漢逐漸退出戰場
後，成為象徵身分的佩飾以及宗教道術的法器，不再注重實用性和材質，也就不
再需要改進形制。然而失去實用性的劍，反而發展出藝術性、儀式性及象徵性的

---

❿　詳見周緯：《中國兵器史》（北京：中國友誼出版社，2010 年 4 月），頁 117-118。

⓫　參見楊泓：〈劍和刀〉，《中國古兵器論叢》（北京：中國社會科學出版社，2007 年 4 月），
　　頁 160-179。

⓬　周緯：《中國兵器史》（北京：中國友誼出版公司，2010 年 4 月），頁 136。

價值，在文學作品中表現尤為明顯。俠士雖未必使劍，但仍稱為劍俠，多半因為劍具備無可取代的美感和神秘感，而美感與神秘感也是俠士存在的理由。

以劍為武器的俠士另如蘭陵老人，唐黎幹為京兆尹時得罪蘭陵老人，只好上門請罪。老人乃具酒，設席於地：

> 夜深，語及養生，言約理辨。黎轉敬懼。因曰：「老夫有一技，請為尹設。」遂入，良久，紫衣朱鬢，擁劍長短七口，舞於中廳。迭躍揮霍，批光電激。或橫若掣帛，旋若規火。有短劍二尺餘，時時及黎之衽，黎叩頭股慄。食頃，擲劍於地，如北斗狀。顧黎曰：「向試尹膽氣。」黎拜曰：「今日已後性命，丈人所賜，乞役左右。」老人曰：「尹骨相無道氣，非可遽授，別日更相顧也。」揖黎而入。黎歸，氣色如病。臨鏡，方覺須剃落寸餘。翌日復往，室已空矣。❸

龔先生認為這是一種「跳刀躑劍」的表演，而且屬戲法和幻術，並引《列子·說符》為證：「宋有蘭子者，以技干宋元；宋元召而使見。其技以雙枝，長倍其身，屬其脛，並趨並馳，弄七劍迭而躍之，五劍常在空中。」❹由文中描述，可知為踩高蹺以及特技中的「丟擲技」，丟擲的是七把劍。龔先生另引《通典》、《通鑑》、《洛陽伽藍記》跳劍、擲刀、跳刀的文獻。

〈蘭陵老人〉和特技表演的丟擲技還是不同，老人舞劍時觸及黎幹衣衽，令黎幹股慄，又削去黎幹的鬍鬚，顯然不只是雜耍式的拋劍，而是帶有武術意味的劍術。若是單純戲法和幻術的表演，恐怕未能削去黎幹的鬍鬚，也不至於使黎幹如此害怕。或許跳劍特技是作者創作時靈感的來源，然而在〈蘭陵老人〉中，經過作者創作加工後的武術，則不必只是特技表演而已。

京西店老人是另一位使劍的高手。唐韋行規，夜間趕路，行走途中，發覺草中有人尾隨，韋行規射盡弓箭不能驅逐，恐懼之中策馬狂奔，忽遇大風雷。韋行

---

❸ 段成式：《酉陽雜俎》（臺北：源流出版社，民72年9月），頁88。又《太平廣記》，頁1464。

❹ 楊伯峻：《列子集釋》（北京：中華書局，1997年10月）頁253。龔先生引此文，文頗不同，不知是何版本。見《大俠》，頁112。

規只得下馬靠在大樹下，只見空中電光相逐，逼近樹杪，樹枝紛紛墜落，堆積的木札高過膝蓋。韋行規回到店中，才知原來是店中老人搞的鬼。老人一見韋行規並呵呵大笑說：「客勿恃弓矢，須知劍術。」老人還稍微透露擊劍之事，韋行規亦略有所得。**⓯**

唐代文學中，劍大量出現在詩歌作品裏，象徵神秘的美感。但在武俠文學裏，俠客用劍的描述反而甚少。或許在實用性漸減而象徵性漸增的現實處境下，作家再為劍編織「實用」的故事，不如創造「象徵」的美感來得有趣。**⓰**

## (二)弓箭與弓彈

前引〈京西店老人〉故事中，韋行規是一位使用弓箭的高手。可惜在「尚劍」的文學作品裏，安排他遇見更強的高手。文中說韋行規在旅店休息後，正要啟程，店裏工作的一位老人勸告他說：「客勿夜行，此中多盜。」韋行規並不擔心，自信地說：「某留心弧矢，無所患也。」執意前行：

> 行數十里，天黑，有人起草中尾之。韋叱不應，連發矢中之，復不退。矢盡，韋懼，奔馬。有頃，風雨忽至。韋下馬負一樹，見空中有電光，相逐如鞠杖……韋驚懼，投弓矢，仰空乞命。拜數十，電光漸高而滅，風雷亦息。韋顧大樹，枝幹童矣。鞍馱已失，遂返前店。見老人方箍桶，韋意其異人，拜之，且謝有誤也。老人笑曰：「客勿持弓矢，須知劍術。」引韋入院後，指鞍馱言：「卻須取相試耳。」又出桶板一片，昨夜之箭悉中其上。

箭的缺點在於數量必然有限，一旦射出，箭的數量即減少。箭用光後，弓就

---

**⓯** 段成式：《酉陽雜俎》，頁88。又《太平廣記》，頁1464。龔先生認為這是「幻術加上鏡子和火藥」。（《大俠》，頁112）但是如此「合理」的推論，其態度似乎又違背文學虛構的假設。而且，如果能用幻術，是否還需要鏡子和火藥？抑或幻術本身即是鏡子和火藥交替運用？也可能不需幻術，只要火藥即可？總而言之，想在充滿虛構的武俠文學作品中尋找「合理」的推論，容易陷入極大的危機，詳見後文。

**⓰** 關於劍的發展，可參考龔先生的〈刀劍錄〉，《大俠》，頁326。

幾乎無用。但箭卻是極佳的長距離攻擊武器，在敵人欺身之前即可攻擊。

弓彈也是長距離的武器，與弓箭的差異在於弓彈射出兵器的是彈丸。弓彈的起源甚早，而且是用來打鳥。《莊子·齊物論》：「且女亦大早計，見卵而求時夜，見彈而求鴞炙。」聶隱娘亦擅使弓彈。隱娘夫婦跨白黑衛到城北，遇到鵲鳥在前方噪叫，隱娘的丈夫取出彈弓打鵲鳥，卻沒打中。聶隱娘搶過丈夫手中的彈弓，只發一丸就將鵲鳥擊斃。

唐建中初年一位韋生是擅長弓彈但亦能使劍的士人。他移家汝州，於途中結識一位僧人，兩人結伴同行。走到日將銜山，僧指路謂曰：「此數里是貧道蘭若，郎君豈不能左顧乎？」士人許之。沒想到行走十餘里始終不到：

> 日已沒，韋生疑之，素善彈，乃密於靴中取弓卸彈，懷銅丸十餘，方責僧
> 曰「弟子有程期，適偶貪上人清論，勉副相邀。今已行二十里不至，何也？」
> 僧但言且行。至是，僧前行百餘步，韋知其盜也，乃彈之。僧正中其腦，
> 僧初不覺，凡五發中之，僧始捫中處，徐曰：「郎君莫惡作劇。」韋知無
> 奈何，亦不復彈。見僧方至一莊，數十人列炬出迎。……僧前執韋生手曰：
> 「貧道，盜也。本無好意，不知郎君藝若此，非貧道亦不支也。今日故無他，
> 辛不疑也。適來貧道所中郎君彈悉在。」乃舉手搦腦後，五丸墜地焉。❶❼

韋生的彈法神準，銅丸正中僧人腦部。奇怪的是，僧人似乎並無感覺，完全無所謂。❶❽韋生在夜色朦朧中，連發五顆銅丸，竟全部命中百步之外的僧人，足見弓彈功夫不弱。後來僧盜請韋生測試兒子飛飛的武功。僧人交給韋生一口劍及五粒銅丸，囑咐韋生說：「乞郎君盡藝殺之，無為老僧累也。」將韋生及飛飛反鎖在堂中。堂中四角點著明燈，飛飛當堂手執短馬鞭❶❾韋生很有自信地引弓彈射飛飛，沒想到飛飛以短鞭敲落銅丸，並且施展輕功躍在梁上。韋生五顆銅丸射盡，始終打不到飛飛，於是運劍追逐。飛飛儵忽逗閃，離韋生一尺之內，短鞭遭

---

❶❼ 《酉陽雜俎》，卷九，頁89。

❶❽ 類似後世所謂「鐵布衫」或「金鐘罩」功夫，能承受銅丸攻擊。

❶❾ 《酉陽雜俎》作短馬鞭，《太平廣記》作短鞭。若以武器而言，應為鐵鞭。但是此處飛飛只用
來打落韋生的銅丸，短馬鞭亦不無可能。

韋生揮劍斬斷數節。但韋生始終無法傷及飛飛。❷看來韋生弓彈極為準確，然而力道不足，因此輕易的就讓飛飛的短鞭打落。

　　弓彈是唐代常見的武器，但主要用來打獵或遊戲。如《新唐書》有王準「過駙馬都尉王縡，以彈彈其巾，折玉簪為樂」的記載。❷又如《冥報記》有隴西李知禮，「少趫捷，善弓射，能騎乘，兼攻放彈，所殺甚多」❷後來到陰間，入一牆院，見飛禽走獸，可滿三四畝，總來索命。可見李知禮所殺，包含甚多飛禽走獸。〈霍小玉傳〉當中的仗義行俠的黃衫豪士，身上亦「挾朱彈」。❷岐王範的兒子，年六七歲時，喜歡到寺中禮拜，及十餘歲，竟不行善，唯好持彈，將寺院裏的鴿子彈殺迨盡。❷詩歌中更多描寫挾彈的少年，孟浩然〈大堤行〉曰：「王孫挾珠彈，遊女矜羅襪。」❷劉禹錫〈飛鳶操〉有「遊童挾彈一麾肘，臆碎羽分人不悲」。李白的〈春日行〉更寫出彈丸擊鳥的少年風采曰：

　　　青雲少年子，挾彈章臺左。鞍馬四邊開，突如流星過。
　　　金丸落飛鳥，夜入瓊樓臥。夷齊是何人，獨守西山餓。

　　顯然弓彈射丸是當時時髦流行的遊戲，深受年輕人喜愛。而且不但男子彈丸，連女子也可以使用。前引聶隱娘是一例，另外五代十國花蕊夫人徐氏❷〈宮詞〉提及彈弓曰：「侍女爭揮玉彈弓，金丸飛入亂花中。一時驚起流鶯散，踏落殘花滿地紅。」❷侍女所用的是玉彈弓及金丸。又「三月櫻桃乍熟時，內人相引看紅枝。回頭索取黃金彈，遶樹藏身打雀兒。」❷以黃金彈打吃櫻桃的雀鳥。以及「禁

---

❷　段成式：《酉陽雜俎》，頁89。《太平廣記》，頁1454。

❷　新校本新唐書／列傳／卷一百三十四，列傳第五十九，頁4565。（？）

❷　《冥報記》。見《太平廣記》卷一百三十二，頁936。

❷　《太平廣記》卷四百八十七，頁4009。

❷　《廣異記》。見《太平廣記》卷三百八十七，頁3087。

❷　寒泉，http://210.69.170.100/s25/，2010年9月26日，21:00。

❷　指五代十國時期前蜀開國皇帝王建的妃子，徐姓，稱大徐妃。

❷　宮詞31。寒泉，2010年9月26日，21:10。

❷　宮詞78。同前註。

寺紅樓內裏通，笙歌引駕夾城東，裏頭宮監堂前立，手把牙鞘竹彈弓。」❷⁹用的是牙鞘竹彈弓。寫出對彈弓和彈丸的各種講究。

弓彈的弓決定力道和射程，而彈丸的材質成分，則影響射擊的破壞力。前述韋生所用的是銅丸，為金屬彈丸，射程較遠且穩定。此外亦有複合材質的彈丸。如貞元末年，閬州僧靈鑒所製彈丸。僧靈鑒所製的彈丸為方型，用洞庭沙岸下土三斤，炭末三兩，瓷末一兩，榆皮半兩，泔澱二勺，紫礦二兩，細沙三分，藤紙五張，渴撦汁半合，九味和搗三千杵，齊手丸之，陰乾。此丸射在樹中，可陷節而且碎彈。❸⁰

製弓也有能人，如力能舉七尺碑、定雙輪水磑的張芬，他的彈弓力達五斗。曾幾揀擇向陽巨筍，編織竹籠圍蓋之，隨長旋培，常留寸許，等到竹籠高四尺，就放任竹子生長。時至秋深方去籠伐之，竹子一尺十節，其色如金，做成彈弓。張芬不僅力大，也是射彈高手，常將牆上以彈射出「天下太平」四字，字體端嚴，彷彿手書而成。❸¹彈射功夫，準確若此。

還有一種緡索，屬短距離的投射武器，卻不是用來傷害對方，只用來絆縶。擅長的是一位於鞍馬上弄弓矢矛槊狀如飛仙的契丹人李楷固，他的緡索用於戰場，曾緡絆生擒麻仁節、張玄遇等❸²。此外，他還能放索緡絆獐鹿狐兔走馬，百無一漏。❸³可惜契丹人李楷固的這項技術並未普及中土，也沒有成為唐代俠客常用的武器。

## (三)鞭及其他

前文僧盜之子飛飛所使的為短鞭，應當是鐵製之鐵鞭。《宋史》多處出現鐵鞭，《三國演義》黃蓋亦使用鐵鞭❸⁴。宋羅大經《鶴林玉露》云：

---

❷⁹　宮詞 151。同前註。

❸⁰　段成式：《酉陽雜俎》，頁 109。

❸¹　段成式：《酉陽雜俎》，頁 52。

❸²　張鷟：《朝野僉載》：「仁節等三軍棄步卒，將馬先爭入，被賊設伏橫截，軍將被索緡之，生擒節等，死者填山谷，罕有一遺。」見卷一，頁 7。

❸³　同前註，頁 138。

❸⁴　第五回。

史載太宗有駿馬曰「師子驄」，極猛悍，太宗親控馭之，不能馴。則天時侍側曰：「惟妾能制之。」太宗問其術，對曰：「妾有三物，始則捶以鐵鞭，不服，則擊以鐵撾；又不服，則以匕首斷其喉爾。」❸❺

《太平廣記》〈劉惟清〉中有「惟清有膂力，以所執鐵鞭連箠其背」❸❻。鐵鞭也是道教法器，《北夢瑣言》記載黃萬戶學白虎七變術，又云學六丁法於道士張君。黃萬戶常持一鐵鞭療疾。❸❼

尉遲恭，字敬德，封鄂國公。相傳尉遲敬德使用鐵鞭，黃滔〈祭南海南平王〉有云：「故得越伏波之銅柱，獻款而來。感鄂公之鐵鞭，呈祥以見。」❸❽又唐李昌符〈詠鐵馬鞭并引〉云：

鐵馬鞭，長慶一年義成軍節度使曹華進獻。且曰：得之汴水。有字刻　　云：貞觀四年尉遲敬德。字尚在。

漢將臨流得鐵鞭，鄂侯名字舊雕鐫。須為聖代無雙物，肯逐將軍臥九泉。

汗馬不侵誅虜血，神功今見補亡篇。時來終薦明君用，莫歎沉埋二百年。❸❾

可惜除飛飛之外，使用短鞭的俠客並不多見。

槍是唐代戰場主要長兵器，軍人使用槍的例子甚多，但可以哥舒翰為代表。哥舒翰馬上使槍的功夫甚強，曾在與吐蕃的戰役中，持半段折槍，力敵從山上下來的吐蕃，「當前擊之，無不摧靡」。哥舒翰的槍法高妙，騎馬追敵，距離靠近後，將槍搭在敵兵的肩上，大喝一聲，乘敵兵受驚嚇回頭看時，哥舒翰以槍刺其喉。唐代盔甲對身體保護相當嚴密，頭部、頸部、背部都有所保護，從背後攻擊

❸❺　維基文庫。2010 年 9 月 12 日，20:33。http://zh.wikisource.org/zh/%E9%B6%B4%E6%9E%97%E7%8E%89%E9%9C%B2/%E4%B9%99%E7%B7%A8/%E5%8D%B7%E5%85%AD。

❸❻　《太平廣記》，頁 2742。

❸❼　《北夢瑣言》逸文卷一。見《太平廣記》，頁 512。

❸❽　維基文庫。2010 年 9 月 12 日，20:55。http://zh.wikisource.org/zh/%E7%A5%AD%E5%8D%97%E6%B5%B7%E5%8D%97%E5%B9%B3%E7%8E%8B%EF%BC%88%E4%BB%A3%E9%96%A9%E7%8E%8B%EF%BC%89。

❸❾　寒泉。2010 年 9 月 12 日，23:00。http://210.69.170.100/s25/。

並不容易。喉部可算是上半身最脆弱處，喉部受傷雖未必立即斃命，但只要失去平衡，多半從馬上跌落。哥舒翰有一位十五歲的家僮，跟隨哥舒翰入陣，每次哥舒翰將敵人刺下馬來，他立即下馬上前斬其首。兩相配合，天衣無縫。然而離開戰場，行走江湖或隱居市廛，帶槍畢竟太過醒目，因此當時帶槍的俠客較為少見。

唐代武俠的武器，與戰場所用並不相同。劍退出戰場後，反而因為實用性降低、使用人數減少而增加文學家想像的自由向度；加上優美的形狀、自古以來的傳說，以及成為道教法器後蒙上的新一層神秘色彩，在唐代武俠文學裏，劍已經從實用武器變身為俠客身分、能力、風格的象徵。同樣的，實用的匕首進入武俠文學後，反而不強調使用的方法與功能，唯有如此才能成為刺客必備且可藏在身上不露痕跡的可怕武器。相對的，刀取代劍之後，形制不斷隨功能和用途而發展，從家用的菜刀、柴刀，到武庫配置的儀刀、鄣刀、橫刀、陌刀等，刀和人民生活的親近，反而失去神秘感和描述的趣味。唐代文學中亦不乏關於刀的描寫，如大盜段師子以刀協助身體縱躍❹，或馮燕以刀斷婦人首，但是刀與俠客的關係，確實遠不如劍與匕首。弓箭這種實用的遠距攻擊武器，也不受唐代武俠文學作家喜愛，因為弓箭的威力也是尋常可見的，武俠世界就是要超越世俗的認知，如果武俠所用的兵器不過就是千萬人常用的弓箭，縱使弓法奇準，也缺乏神秘感。弓彈多少有點「花拳繡腿」的味道，是少年遊俠顯耀身分的裝飾物，或用來嬉戲打鳥的玩具，連武功高強的聶隱娘也只拿來打鵲鳥。至於攜帶不便的槍，離開戰場就太過招搖，不適合遊俠行動。相反的，短鞭易藏好用，不如刀、箭、槍普及，也屬極佳的俠客武器。但在劍與匕首的光芒下，其他武器始終只能屈居配角。

# 三、唐代武俠之武術

唐代俠士的武術，主要為巨力及輕功。至於聶隱娘則會神幻的變化，這種變化已超越武術，近乎法術。

---

❹　見後文論輕功節。

## ㈠巨力

就大多人而言，最實際且最容易想像的武術，就是「過人的力氣」。一個人的力氣能超過常人，似乎就可以完成常人不能之事。

唐代故事中巨力的人甚多，如來自安徽太微村的汪節。「節有神力，入長安，行到東渭橋，橋邊有石獅子，其重千斤。節指而告人曰：『我能提此而擲之。』眾不信之。節遂提獅子投之丈餘，眾人大駭。後數十人不能動之，遂以賂請節，節又提而致之故地。」汪節又曾在唐德宗御前表演，「俯身負一石碾，置二丈方木於碾上，木上又置一床，床上坐龜茲樂人一部，奏曲終而下，無厭重之色。」❹汪節的力量，已非人類所能及。

又如長安城膂力絕倫的彭博通，他與壯士魏弘哲、宋令文、馮師本三人角力。彭博通躺在牀上，三人拉奪枕頭。結果三人使出全力，牀腳盡折，而枕頭不動。又曾於黃昏會飲時，獨持兩牀降階，就月于庭。酒俎之類，略無傾瀉。❹又「曾於講堂階上，臨階而立。取鞋一雙，以臂夾，令有力者後拔之，鞋底中斷，博通腳終不移。牛駕車正走，博通倒曳車尾，卻行數十步，橫拔車轍深二尺，皆縱橫破裂。曾遊瓜步江，有急風張帆，博通捉尾纜挽之，不進。」❹力道之大可以想像。另外，唐乾符年間的王俳優身有巨力，每遇府中饗軍宴客，表演百戲時，王生腰背一艘船，船上載十二人，舞〈河傳〉一曲。❹宋令文還有一項絕技，能以五指撮合在碓嘴狀❹，在牆壁上寫字，寫出四十字詩。

然而以這些力氣驚人的力士，卻未用於任俠，稱不上俠士❹。即使運用神力助人也未必能成為別人眼中的俠客。如天生神力的宋令文。有一次禪定寺有一頭牛會以角觸人，沒人敢接近，只能築起圍籬把牛關住。宋令文恃其神力袒褐而入，這頭牛見人前來，便竦角頂去。宋令文雙手接住雙角，用力一拔，牛應手而倒，頸骨皆折而死。汪節、彭博通、宋令文在《太平廣記》中只列入「驍勇」類，或

---

❹　《歙州圖經》。《太平廣記》卷一百九十二，頁 1440。

❹　唐韓琬：《御史臺記》。《太平廣記》卷一百九十二，頁 1441。

❹　張鷟：《朝野僉載》，頁 139。

❹　孫光憲：《北夢瑣言》。《太平廣記》卷一百九十二，頁 1441。

❹　如後世武術之「鶴嘴」。

❹　光憑力氣是不足以成為俠客，汪節、彭博通、王俳優等人只是具備成為俠客的部分條件。

許是因為缺乏俠士的特質。

天寶初年的懶殘和尚，與宋令文相似，也以神力為眾人解決難題。但懶殘個性、身分、行為形成的神祕感，使懶殘帶著俠士的氣息。懶殘名稱的來源即具傳奇：「懶殘者，唐天寶初衡嶽寺執役僧也。退食，即收所餘而食，性懶而食殘，故號懶殘也。」如果懶殘只是一般懶惰的僧人，也就不需記載，但以下文看來，像是一位隱居的俠客：

> 時鄴侯李泌寺中讀書，察懶殘所為曰：「非凡物也。」聽其中宵梵唱，響徹山林。李公情頗知音，能辨休戚。謂懶殘經音淒惋而後喜悅，必諂墮之人。時將去矣，候中夜，李公潛往謁焉，望席門通名而拜。懶殘大訶，仰空而唾曰：「是將賊我。」李公愈加敬謹，惟拜而已。懶殘正撥牛糞火，出芋啗之。良久乃曰：「可以席地。」取所啗芋之半以授焉，李公捧承，盡食而謝。謂李公曰：「慎勿多言，領取十年宰相。」公又拜而退。居一月，刺史祭岳，修道甚嚴。忽中夜風雷，而一峰頹下，其緣山磴道，為大石所欄。乃以十牛康絆以挽之，又以數百人鼓噪以推之，力竭而愈固。更無他途，可以修事。懶殘曰：「不假人力，我試去之。」眾皆大笑，以為狂人。懶殘曰：「何必見嗤？試可乃已。」寺僧笑而許之。遂履石而動，忽轉盤而下，聲若雷震。山路既開，眾僧皆羅拜，一郡皆呼至聖，刺史奉之如神。懶殘悄然，乃懷去意。❹❼

作者先以知音的李泌為懶殘的異能埋下伏筆。李泌聽到懶殘中宵梵唱，即知道「必諂墮之人」，又以懶殘勸告李泌「慎勿多言，領取十年宰相」的預言前知，增強懶殘神祕感。終於在懶殘一腳踢動大石頭解決大家的難題後，證實他決非凡俗之人。這位以懶為名，吃人剩飯，但又身具神力與前知異能的和尚，成為隱居山林的俠客典範。

---

❹❼　出《甘澤謠》，見《太平廣記》卷九十六，頁 640。

## ㈡輕功

輕功是古人「超人幻想」的重要項目。身體的重量，限制人的行動。如果能去除體重的負荷，人的行動更加快速、自由，才能配合古人對俠客冒險犯難的幻想。

唐代武俠文學中輕功，大約可分為二種型態。第一種是縱躍輕功，第二種是速行輕功。

### 1.縱躍輕功

初階縱躍輕功只要稍有憑藉，就可以躡虛走壁，中等縱躍輕功可以自造憑藉，上乘縱躍輕功無需憑藉，縱身若飛。

聶隱娘為典型縱躍輕功之上乘者。聶隱娘所受刺客訓練第一階段，即是以輕功為主，能飛上天刺殺鷹隼。

若論輕功，初階者行走壁上，上乘者凌空縱躍，《原化記》的〈車中女子〉裏即有這兩種縱躍輕功。唐代開元中，一位吳郡人入京應明經舉，結識一群俠士。他們：

> 見一女子從車中出，年可十七八，容色甚佳。花梳滿髻，衣則綺素。⋯⋯飲酒數巡，至女子，執杯顧問客：「聞二君奉談，今喜展見。承有妙技，可得觀乎？」此人卑遜辭讓云：「自幼至長，唯習儒經，弦管歌聲，輒未曾學。」女曰：「所習非此事也。君熟思之，先所能者何事？」客又沈思良久曰：「某為學堂中，著靴于壁上行得數步。自餘戲劇，則未曾為之。」女曰：所請只然，請客為之。遂於壁上行得數步。女曰：「亦大難事。」乃回顧坐中諸後生，各令呈技，俱起設拜。有於壁上行者，亦有手攝椽子行者，輕捷之戲，各呈數般，狀如飛鳥。此人拱手驚懼，不知所措。❹

這位少見多怪的舉人，不知道女子才是真正的輕功高手。後來舉人遭連累，被逮捕關在數丈深的坑洞內：

---

❹ 　出《原化記》，見《太平廣記》卷一百九十三，頁 1450。

仰望屋頂七八丈，唯見一孔，才開尺餘。……深夜，此人忿甚，悲惋何訴。仰望，忽見一物如鳥飛下，覺至身邊，乃人也。以手撫生，謂曰：「計甚驚怕，然某在無慮也。」聽其聲，則向所遇女子也。「共君出矣。」以絹重繫此人胸膊訖，絹一頭繫女人身。女人縱身騰上，飛出宮城，去門數十里乃下。❹

女子帶著舉人「聳身騰上，飛出宮城」。走壁技倆為縱躍之初階，女子如鳥飛下又帶舉人飛出宮城的功夫，可就更加高超，為縱躍輕功之上乘者。

同樣擅長負重縱躍輕功的，還有崑崙奴磨勒。他背負著崔生躍過十重垣牆，入歌妓院內。崔生與紅綃見面後，兩人決定逃亡。磨勒先將紅綃姬的囊橐粧奩背送出去，來回三趟。此時天色將明，磨勒就背負崔生及紅綃姬「而飛出峻垣十餘重」。而且一品❺家之嚴密守禦，竟無人察覺。等到天亮，一品家才發現紅綃姬失蹤，而且猛犬已斃。一品大駭說：「我家門垣，從來邃密，扃鎖甚嚴。勢似飛騰，寂無形跡，此必俠士而挈之。無更聲聞，徒為患禍耳。」兩年後：

姬隱崔生家二歲，因花時，駕小車而游曲江，為一品家人潛志認，遂白一品。一品異之，召崔生而詰之事。懼而不敢隱，遂細言端由，皆因奴磨勒負荷而去。一品曰：「……某須為天下人除害。」命甲士五十人，嚴持兵仗圍崔生院，使擒磨勒。磨勒遂持匕首，飛出高垣，瞥若翅翎，疾同鷹隼。攢矢如雨，莫能中之。頃刻之間，不知所向。❺

磨勒背負囊橐粧奩、崔生及紅綃姬，飛出峻垣十餘重，嚴密守衛無人警覺，文末又飛出高垣，瞥若翅翎，疾同鷹隼，其輕功應當也屬上乘之縱躍輕功。

同樣可以縱身上下的，還有寓居長安勝業坊北門短曲的三鬟女子。她偷走豪士潘將軍的玉念珠，潘將軍請王超代為找尋。女子答應歸還，要王超前往慈恩塔。

---

❹　同前註。

❺　指一品高官，諱其名，暗稱一品。

❺　出裴鉶《傳奇》，見《太平廣記》卷一百九十四，頁1454。

在了慈恩塔，女子對王超說：「少頃仰觀塔上，當有所見。」女子「語訖而走，疾若飛鳥」。忽然就在塔頂相輪上舉手向王超打招呼，又欻然攜念珠而下，交給王超。❺❷女子快速躍上塔頂相輪之上，又快速下來，文中並未交代她如何上塔，又是如何下來。如果沒有其他憑藉，則同樣是上乘的縱躍輕功。

柴紹之弟，也可稱得上道地上乘縱躍輕功。《朝野僉載》載，唐柴紹之弟（不知其名，下稱「柴紹弟」）「輕趫迅捷，踴身而上，挺然若飛，十餘步而止」。用「若飛」二字，顯然只是快速跳躍。唐太宗為考驗他的本事，命令他盜取長孫無忌的鞍韉。到了夜裏，「見一物如鳥，飛入宅內，割雙而去，追之不及」。能在森嚴守備下，飛入宅內，輕易割雙鐙而去，其輕功十分了得。而且如鳥飛行，不見攀緣或繩索，是典型的上乘縱躍輕功。

另有大盜段師子的故事。段師子從屋上椽孔間躍下，搶奪長孫無忌的七寶帶，又以刀拄地，踴身從椽孔間逃逸。❺❸攀緣跳躑的能力，均非常人所能。雖然段師子踴身之前要以刀拄地，但是椽孔甚高，能從躍到屋上，也是非常不容易，近乎中等。

走壁者的憑藉是固定在地上的牆，但若輕功的憑藉是自造且非固定物，其境界雖然未達上乘，但也超越初階，可算中等。如《原化記》所載〈嘉興繩技〉。

> 唐開元年中，數敕賜州縣大酺。嘉興縣以百戲，與監司競勝精技。監官屬意尤切。……獄中有一囚笑謂所由曰：「某有拙技，限在拘繫，不得略呈其事。」吏驚曰：「汝何所能？」囚曰：「吾解繩技。」吏曰：「必然，吾當為爾言之。」乃具以囚所能白於監主。……官曰：「繩技人常也，又何足異乎？」囚曰：「某所為者，與人稍殊。」官又問曰：「如何？」囚曰：「眾人繩技，各繫兩頭，然後於其上行立周旋。某只須一條繩，粗細如指，五十尺，不用繫著，拋向空中，騰擲翻覆，則無所不為。」官大驚悅，且令收錄。明日，吏領戲場。諸戲既作，次喚此人，令效繩技。遂捧一團繩，計百餘尺，置諸地，將一頭，手擲於空中，勁如筆。初拋三二丈，

---

❺❷　出《劇談錄》，見《太平廣記》卷196引，（北京：中華書局，1986）頁1471。
❺❸　柴紹弟及段師子的故事見張鷟，《朝野僉載》（北京：中華書局，2008），頁138。

次四五丈，仰直如人牽之，眾大驚異。後乃拋高二十餘丈，仰空不見端緒。
此人隨繩手尋，身足離地，拋繩虛空，其勢如鳥，旁飛遠揚，望空而去。
脫身行狾，在此日焉。❺❹

　　將繩子拋向空中，再藉繩子上升的力道順勢騰空。這種本事，看似憑藉繩子
的慣性，但繩子質地柔軟，而且也是憑空拋出，所以其輕功應高於走壁少年，但
比起聶隱娘和車中女子又稍微遜色，因此歸類於縱躍輕功之中等者。

### 2.速行輕功

　　速行輕功龔先生又稱為「神行術」❺❺。速行輕功的特色是能快速行走極遠距
離。例如《劇談錄》的〈田膨郎〉故事裏的「小僕」和「田膨郎」。

　　唐文宗皇帝嘗寶白玉枕……一旦忽失所在。然禁衛清密，非恩渥嬪御莫有
　　至者，珍玩羅列，他無所失。上驚駭移時，下詔於都城索賊。……有龍武
　　二蕃將王敬弘嘗蓄小僕，年甫十八九，神彩俊利，使之無往不屆。敬弘曾
　　與流輩於威遠軍會宴，有侍兒善鼓胡琴。四座酒酣，因請度曲。辭以樂器
　　非妙，須常禦者彈之。鐘漏已傳，取之不及，因起解帶。小僕曰：「若要
　　琵琶，頃刻可至。」敬弘曰：「禁鼓才動，軍門已鎖，尋常汝起不見，何
　　見之謬也？」既而就飲數巡，小僕以繡囊將琵琶而至，座客歡笑。南軍去
　　左廣，往復三十餘里，入夜且無行伍，既而倏忽往來。敬弘驚異如失。時
　　又搜捕嚴急，意以盜竊疑之。

小僕果然是隱姓埋名的異士，才能以速行輕功在極短時間內往復三十餘里。他又
揭發竊取白玉枕的人是田膨郎：

　　宴罷及明，遽歸其第。引而問之曰：「使汝累年，不知矯捷如此。我聞世
　　有俠士，汝莫是否？」小僕謝曰：「非有此事，但能行耳。」因言父母皆

---

❺❹　出《原化記》，見《太平廣記》卷一百九十三，頁 1449。

❺❺　《大俠》，頁 108。

在蜀川，頃年偶至京國，今欲卻歸鄉裡，有一事欲報恩。偷枕者早知姓名，
三數日當令伏罪。敬弘曰：「如此事，即非等閒，遂令全活者不少。未知
賊在何許，可報司存掩獲否？」小僕曰：「偷枕者田膨郎也。市廛軍伍，
行止不恒，勇力過人，且善超越。苟非便折其足，雖千兵萬騎，亦將奔走。
自茲再宿，候之於望仙門，伺便擒之必矣。將軍隨某觀之，此事仍須秘密。」
是時涉旬無雨，向曉塵埃頗甚，車馬騰踐，跬步間人不相睹。膨郎與少年
數輩，連臂將入軍門，小僕執球杖擊之，欻然已折左足。仰而窺曰：我偷
枕來，不怕他人，唯懼於爾。既此相值，豈復多言。於是舁至左右軍，一
款而伏。❺❻

　　小僕的輕功為速行輕功無疑。至於田膨郎，文中並未直接描寫他如何施展輕
功，只知他從戒護嚴密的宮中盜取白玉枕，當具輕敏迅捷身手。又透過小僕描述，
知道田膨郎「善超越，苟非便折其足，雖千兵萬騎，亦將奔走」，行動速度甚快，
也是能速行的輕功。

　　聶隱娘亦有速行輕功。她本是魏博節度使的侍衛，後背叛魏帥，投靠魏帥的
對手陳許節度使劉昌裔。一個多月後，聶隱娘告訴劉昌裔說：「彼未知往，必使
人繼至。今宵請剪髮，繫之以紅綃，送于魏帥枕前，以表不迴。」於是出發，四
更返回。雖不知出發時刻，然而從陳許州到魏博州，直線距離最少二百多公里，
來回五百公里左右，竟然當天折返，其輕功之迅速可知。

　　另一位速行輕功俠士是《北夢瑣言》所載的「丁秀才」：

朗州道士羅少微頃在茅山紫陽觀寄泊。有丁秀才者亦同寓于觀中，⋯⋯。
冬之夜，霰雪方甚，二三道士圍爐，有肥羜美醞之美。丁曰：「致之何難。」
時以為戲。俄見開戶奮袂而去。至夜分，蒙雪而回，提一銀榼酒，熟羊一
足，云浙帥廚中物。由是驚訝歡笑，擲劍而舞，騰躍而去，莫知所往。唯

銀楬存焉。❺⑦

　　雖然未說明浙帥明確所在，但是半夜之間由紫陽觀下山竊得羊與酒而回，若非速行輕功絕不能達成。

　　《甘澤謠》❺⑧中〈紅線〉故事的紅線女，亦能千里速行。她「夜漏三時，往返七百里，入危邦一道，經過五六城」，取回田承嗣床前金盒，化解一場危機。同樣路程，特使快馬加鞭需時將近一整天，可見紅線擅長快速長途行走的輕功。然而施展之時「胸前佩龍文匕首，額上書太一神名。再拜而名，倏忽不見」，頗有神道法術風格。問題是，神行、速行本來就不可能，文學中創造這種神奇功夫，未必要給予「合理」的解釋，或者反過來說，任何解釋都堪稱「合理」，只要不文內自相扞格即可。

# 四、文學的虛構

　　唐代俠客之武術，未必合乎現代實證科學的理論。最典型的，即是聶隱娘與精精兒、妙手空空兒的交手。她可以隱形搏鬥，又能化身蟭螟潛入劉昌裔腸中，這已經遠超過的武術範疇，近似於法術。

　　當聶隱娘剪髮繫以紅綃，送至魏帥枕前，以表不回之意，隱娘已預知魏帥必派遣精精兒來殺自己和劉昌裔，而且做好反擊準備。當天晚上燭火通明，半夜之時，果有二幡子，一紅一白，飄飄然有如在床的四角撞擊。過一段時間，只見一人望空跌落，身首異處。隱娘亦現身曰：「精精兒已斃。」❺⑨二人在隱形中交手，使用的招式武功均未描寫，難以判斷。但是最後精精兒身首異處，聶隱娘使用的應當還是拿手的匕首斷首的絕技。妙手空空兒則不同，聶隱娘說：「空空兒之神術，人莫窺其用，鬼莫得躡其蹤。能從空虛而入冥，善無形而滅影，隱娘之藝，

---

❺⑦　出《此夢瑣言》，見《太平廣記》卷一百九十六，頁 1473。

❺⑧　唐袁郊撰。《甘澤謠》敘錄，見王夢鷗：《唐人小說校釋》，頁 287。

❺⑨　後來聶隱娘以藥水將精精兒的屍體化為水，毛髮不存。聶隱娘從小吃藥練飛，後來多次用藥化屍，最後又以藥保護劉縱一年，藥也是聶隱娘的重要工具。可惜文中未交代藥的配方或來歷，甚至不見名稱。

故不能造其境。」但空空兒有一大缺點，即「一搏不中，即翩然遠逝，恥其不中」，隱娘據此定下計來，她吩咐劉昌裔「以于闐玉周其頸，擁以衾」，隱娘則化為蠛蠓，潛入劉昌裔腸中聽伺。到了三更，劉昌裔暝而未熟，只聽見項上鏗然，聲甚厲。隱娘自劉口中跳出，賀曰：「僕射無患矣。」檢查項上的玉，果然有匕首劃處，痕逾數分。劉昌裔的危機，總算解除。妙手空空兒也是以匕首斬斷首級，路數與聶隱娘相同。但是隱形搏鬥、化為蠛蠓潛入腸中的技法，已遠超過同時代小說中的俠客。

然而我們亦不必太費心考證隱形、化為蠛蠓是否可能，即使懶殘的神力、車中女子、紅線和磨勒的輕功，以及後代的掌風、隔空傳秘、暗器、點穴等等，無一不是文學虛構的產物。

龔先生於此，有一些游移。他當然不會不知道文學的虛構性，但是究竟哪些部分該直接判定為虛構，哪一些又有實據可考？龔先生引《太平廣記》所載《北夢瑣言》逸文中，楊雲外能「騰躍上升，冉冉在空中」的神仙故事❻，並推論說：

> 血肉之軀，梁上疾行、循壁虛躍，固然甚為可能；飛若鷹隼，卻難以想像。
> 據我們的看法，其中應當摻雜了若干障眼法或輔助器材。❻

而障眼法且暫時不論，輔助的器材「最主要的就是繩索」。龔先生並以「崔慎思」及「車中女子」為例，證明「他們之所以能飛騰，仰賴布帛繩索，殆無疑義。」其他如聶隱娘飛刺鷹隼、崑崙奴飛出高垣瞥若翅翎、三鬟女子疾若飛鳥上下慈恩塔，等等莫不如是。龔先生又引〈嘉興繩技〉，說「劍俠虛空飛躍，大抵如此」。而「此術亦非別有神奇，只是加上了一些障眼法（所謂幻術），且「我（龔先生）也曾聽友人王三慶說，他在南京夫子廟前，即看過這樣的表演」。

這樣論斷，不免有把兩件事混為一談的危機：一是表演（幻術、障眼法、魔術），一是文學。

幻術的障眼法確實可以當著眾人的眼前，展現看似違背物理學原理的表演。

---

❻　　《太平廣記》卷四十，頁255。
❻　　《大俠》，頁106。

當今的魔術，在眾目睽睽及攝影鏡頭下，讓女人浮在半空中，以硬幣穿過玻璃，觀者莫不知是障眼法，但百思難解其巧妙手法。讓柔軟的繩子直立上天，在魔術師的巧手和事前安排的機關下，並非難事。然而，如果我們要把聶隱娘、崑崙奴、車中女子、三鬟女子等等都認定為障眼法，可就十分困難了。原因在於，一、障眼法畢竟只是「障眼」的幻術，即使我們看不出破綻，硬幣也並未真的穿過玻璃，縱然和真的一樣，女人也不是真的浮在半空中。磨勒「負生與姬、飛出峻垣數十重」以及逃亡時「飛出高垣」，是真的「飛出」，而不是障眼法。聶隱娘先練習刺虎豹決其首，而後能刺鷹隼。光靠「布帛繩索」，是不可能將達成的。

縱使當時幻術十分流行，可以巧妙表演「吞刀、吐火、植瓜、種樹、屠人、截馬」等等，但是這些表演都有其特殊設備和道具，屠人不是真屠人，截馬不是真截馬，如果聶隱娘白日刺人於都市也不是真刺人，豈非兒戲一場。

其次，龔先生談到聶隱娘所用的化骨藥水，可以將屍體「以藥化為水，毛髮不存矣」，認為「這種藥物，並非純然虛構的」，龔先生又曰：「這種無機酸，又見《新唐書・西域傳》。歐洲在六百年後也有記載，聶隱娘的師傅是尼姑，可能即得自中天竺。」這些推論之詞也全然不可信。化骨水的傳說流傳甚廣，但《酉陽雜俎》及《新唐書》所謂「能消草木金鐵，人手入則消爛」云云，是一名自稱「壽二百歲」的術士所言，他人並未得見，實不足為憑。後世化骨水的說法，大約也是這類傳說的轉化，更不足採信。❷

這些推論恐怕都屬多餘。文學家寫作時，取材可能來自傳說流言、戲法表演乃至親身見聞，也可能只是道聽塗說，耳食無稽，或純然想像。眼見尚且不足為憑，更何況寫作時也可能將聽見或看到的戲法表演，轉化夸飾成為小說內容。如果小說內容必有事實參照，筆記中許多神仙妖魔，豈不皆歷歷可考。

龔先生論劍術時，提及京西店老人以幻術和鏡子加上火藥，製造出電光風雷的效果。又說尼師為聶隱娘開腦後藏匕首，或詩僧齊己見一僧於頭指甲下抽出兩口劍等等，就是吞刀術的演變，「並加上一些搓腹取丸之類眩眼戲法而構成的」。凡此之類，也都陷入同樣困境。

---

❷ 時至今日，在常溫常壓下以強酸或強鹼完全腐蝕屍體的藥水尚未出現。否則，獨裁者如希特勒大概會是愛用者。

　　我們可以非常確定龔先生深知文學虛構的道理。在《大俠》中特地討論「文學的想像」，他說：「文學固然不乏寫實的成分，其素材也可能取諸現實人生，但它基本上是想像和虛構的，絕不等於實真的狀況」❻❸。且早在 29 歲撰寫《文學散步》時就專章論述了「文學與真實」、「文學與歷史」等課題，說：「文學作品中的事件或人物，可以完全違反現實的狀況規律乃至人性。」❻❹

　　但是為何在此卻又執著地解釋唐代俠客武術的真實性？這個問題，恐怕也只有等待龔先生為我們解答了。

---

❻❸　《大俠》，頁 18。
❻❹　龔鵬程：《文學散步》（臺北：漢光文化公司，民 74 年 9 月），頁 150。

# 不宜小道觀之
## ──從龔鵬程教授對笑話的觀點
## 來論述笑話的起源與流變

林禎祥*

**摘　要**　民間文學為中國文學的濫觴，從古至今，每每文學發展到了僵化凝重的地步，都是由民間文學中孕育出嶄新的生命力，所以民間文學實為探討中國文學中所不可或缺的一個板塊。

　　龔鵬程教授為我國現今研究學人之中著作質與量均富者。研究領域包羅萬象，更難得的是，均有獨到之灼見，論點精闢，實為當今研究者的表率。而龔教授對於民間文學領域的研究，可以說是此領域的先驅人物之一，在中國由於莊子以小道論及此類發源自民間的文學之後，歷代文人寫著常受限於這種觀點，因而常常對於此類所謂的「小道」十分輕視，並且認為實難登大雅之堂，所以研究者寥寥可數，而涉獵者亦常僅以餘外消遣視之，使得象徵文學淵源的民間文學，始終不被重視，實為相當可惜之事。

　　所幸龔教授獨具慧眼，發現這塊在文學史中，佔有不可或缺的重要

---

*　　林禎祥，臺北人，出生於 1978 年 6 月 18 日，學歷為私立東吳大學中國文學系，東吳大學中國文學研究所碩士，目前就讀於東吳大學博士班，專長為中國古典小說，撰有《宋代善書研究》、〈試析《冥報記》與唐臨之冥報觀〉、〈評析《三國志平話》內容上之若干問題〉等學術論文。

性，但是始終被忽略的園地，並且將其以一門學問視之，使得民間文學的研究終於獲得真正的伯樂。甚至有代表著作《中國小說史論》一書，將研究區分成四大類，分別為方法、思想、考證、流變四個主要方向，清楚地將論文系統分類，也有助於後學者之研究，這樣系統性的研究，讓民間文學終於能夠符合自己真正的價值，而不再傳統以「小道」來視之。

在所謂的「小道」之中，笑話又常被認為是「小道中的小道」，因而更容易受到研究者所忽略，不過龔教授卻撿拾起這些被人所忽視的棄子，進而重新發現他們的價值，讓他們不再是「小道」，而是反映社會文化的珍貴資料。

就在這樣的契機下，本文希望就龔教授對於笑話的研究，進一步從龔教授對於笑話的起源與流變上的研究成果，從中整理爬梳出龔先生在笑話研究領域之貢獻。

**關鍵詞** 笑話 小道 龔鵬程教授 笑林廣記 民間文學

# 一、前言

笑話在文學的歸類中，被劃歸在於小說的一種。而小說在傳統中國文學的領域中，卻始終難登大雅之堂。從《莊子·外物》篇便云：「飾小說以干縣令，其於大達亦遠矣。」❶這裡中所提到的「小說」，所指的是瑣屑的言談，尚未存有文體的概念存在，其涵蓋的部分也不同現今對於小說的概念。班固撰之《漢書·藝文志》將「小說」當成「藝文」的一種，並且加以著錄，並且從史學的角度來分析小說家的源流與對於社會的作用，其云：「小說家者流，蓋出於稗官，街談巷語，道聽途說者之所造也。」❷將小說與道聽途說之流等同起來。這樣的說法在明胡應麟《少室山房筆叢》也說道：「凡變異之談，盛於六朝，然多是傳錄舛

---

❶ 〔清〕郭慶藩撰，王孝魚校點：《莊子集釋》雜篇〈外物第二十六〉（北京：中華書局，《新編諸子集成》本，1997 年 10 月），頁 925。

❷ 〔漢〕班固撰，〔唐〕顏師古注：《漢書》卷三十〈藝文志第十〉（北京：中華書局，1987 年 12 月），頁 1745。

訛，未必盡幻設語，至唐人乃作意好奇，假小說以寄筆端。」❸這裡則說明了，盛行於六朝的志怪小說，大抵都是所謂「傳錄舛訛」而來。所謂的「傳錄舛訛」，翻譯成白話，就是把街談巷議、道聽途說之語給予紀錄下來，然後累積到一定數量之後，便輯成一書。如此的理解，亦是將六朝小說的觀念與《漢書》的觀點相同。始終都只是將其視為紀錄道聽途說之瑣語。不過在胡應麟的觀念中，六朝與唐代的小說在作者的創作觀念上，開始產生了變化，即作者由客觀的角度來紀錄道聽途說者，開始轉而變成是主觀的小說創作者，當中的差異性，則在於作者開始「作意好奇」，將原本所見所聞的事件，開始進行主觀內容的加工，為了使讀者在閱讀這些小說作品時不致枯燥乏味，從中將情節刻劃的曲折離奇，並且時而將作者自己的所欲傳達的觀念融入小說之中，因而產生宣達仙道思想的《南柯太守傳》與《枕中記》等篇章。

　　但是如果以這樣的角度來套用在笑話上，則馬上會出現格格不入的情形。所以笑話要歸入古代小說的定義下，似乎也有其扞格之處，不過就這種特別的題材，則必須從其源流來觀察，或許才能釐出此一文體的特別之處。

　　中國早起的笑話雖然也有出自於紀錄言談之可笑者，但是更有一線是出自於寓言之流，而這些寓言，就不單單只是紀錄街談巷語道聽途說而已，而是出自於作者的精心巧思之作品，藉由一個小小的故事來說明：

> 魯有執長竿入城門者，初，豎執之不可入，橫執之亦不可入，計無所出。
> 俄有老父至曰：「吾非里人，但見事多矣，何不鋸中截而入？」遂依而截
> 之。❹

如此一個簡短的文字，內容卻有多層的含義，不只是紀錄一個愚昧可笑的事件，這更可能是作者精心思索下的作品。為了使讀者能夠心領神會笑話的可笑之處，作者筆下便刻劃了一個看似智慧的愚昧老者，原本老者由於生活經驗豐富，累積

---

❸　〔明〕胡應麟撰：《少室山房筆叢》卷三十六〈二酉綴遺中〉（上海：上海書店出版社，2001年8月），頁371。

❹　〔三國魏〕邯鄲淳撰：《笑林》（長春：時代文藝出版社，1996年12），頁7。

了無數的人生智慧，藉由這樣的智慧老者所道出的愚昧之事，更加突顯兩者之間的反差，而這個反差，也正是這個笑話的可笑之處。或許這樣的情節曾經真實發生過，但是若沒有透過作者的加工潤色，絕對會失色不少，甚至毫無笑點可言。

所以笑話雖然被歸類在小說範圍之中，但是笑話仍然有其獨特之處，與小說的發展上，有相同之處，也有不相同之處。所以笑話可以說是一個特別的門類，具特別探討的價值，為了分析笑話的特別，因而本文在龔教授對笑話的研究貢獻上，從笑話的起源和演變的兩個地方來探討笑話這個獨特的門類。

# 二、笑話的源起

## ㈠寓言故事

龔教授對於笑話的源起，引述到《莊子·逍遙遊》中說：「《齊諧》者，志怪者也。」❺將這部書歸類在志怪的作品之中。取書名為「齊諧」，則內容大致為紀錄燕齊一帶滑稽有趣之事，可惜此書失傳了，無法再從中進行分析，只能夠靠著寥寥數語來進行推敲。

所以得等到邯鄲淳的三卷本的《笑林》問世，才是中國第一本的笑話專書。邯鄲淳為東漢人，雖然三卷本已不在，但是仍然有遺文二三十則，散見於類書之中，內容滑稽調侃，為中國笑話的開山之作。

在笑話專書的出現之前，笑話早已存在於先秦諸子的文獻之中，它們存在的型式，則是以寓言的方法，藉由故事來說明作者的寓意。對於這點，龔教授有這樣的看法：

> 笑，是人類這種無毛直立脊椎動物的特徵之一，所以它的來源也和人一樣
> 古老，笑話的前身是人們彼此間「開開玩笑」，《論語》裡孔老夫子所謂
> 「前言戲之耳」即是此類。當人們自覺地運用這些有趣的事件做為談話的
> 材料時，笑話即已成型。《韓非子》《孟子》等書所記載的一些宋人故事，

---

❺ 〔清〕郭慶藩撰，王孝魚校點：《莊子集釋》內篇〈逍遙遊第一〉（北京：中華書局，《新編諸子集成》本，1997年10月），頁4。

嘲笑的意味很重，也帶著不少諷勸，成為中國笑話的典型。❻

可見在春秋戰國的諸子著作中，收錄了許多用以勸誡君主的寓言，其實就是笑話的前身。如《孟子》之中所收錄的「揠苗助長」與「齊人乞墦」：

> 宋人有閔其苗之不長而揠之者，芒芒然歸，謂其人曰：「今日病矣！予助苗長矣。」其子趨而往視之，苗則槁矣。天下之不助苗長者寡矣。以為無益而舍之者，不耘苗者也；助之長者，揠苗者也。非徒無益，而又害之。❼

> 齊人有一妻一妾而處室者，其良人出，則必饜酒肉而後反。其妻問所與飲食者，則盡富貴也。其妻告其妾曰：「良人出，則必饜酒肉而後反，問其與飲食者，盡富貴也，而未嘗有顯者來，吾將瞷良人之所之也。」蚤起，施從良人之所之，遍國中無與立談者。卒之東郭墦閒，之祭者乞其餘；不足，又顧而之他，此其為饜足之道也。其妻歸告其妾曰：「良人者，所仰望而終身也。今若此！」與其妾訕其良人，而相泣於中庭。而良人未之知也，施施從外來，驕其妻妾。由君子觀之，則人之所以求富貴利達者，其妻妾不羞也而不相泣者，幾希矣。❽

兩則寓言故事中，孟子舉宋人「揠苗助長」為例，其中宋人由於貪心想要速成，所以用不適當的方法來加速秧苗生長，結果下場適得其反。當中宋人既傻又天真的模樣，則生動刻劃於故事之中。下一則寓言中的齊人，整日無所事事，不努力工作來照顧家庭，反而每天跑到墳地去向喪家討取祭拜後的食物，甚至還每日回家向其妻妾炫燿，後來其妻好奇尾隨觀之，果然看見丈夫醜陋的嘴臉，不知情的

---

❻ 龔鵬程撰：〈「重編笑林廣記」序〉（臺北：臺灣學生書局，收錄於《中國小說史論》，2003年8月），頁 450。

❼ 〔漢〕趙歧注，〔宋〕孫奭疏：《孟子注疏》卷第三上〈公孫丑章句上〉（北京：北京大學出版社，《十三經注疏》本，2000年12月），頁 91-92。

❽ 〔漢〕趙歧注，〔宋〕孫奭疏：《孟子注疏》卷第八下〈離婁章句下〉（北京：北京大學出版社，《十三經注疏》本，2000年12月），頁 91-92。

丈夫回來後，竟然還擺出一副了不起的模樣，妻妾最後則離開這個無法依靠的丈夫。此故事中，也將齊人的貪心醜陋的嘴臉刻劃的相當深刻，令人在閱讀之時，也不免為其醜陋的而又好面子的行徑而莞爾一笑。除了《孟子》中的寓言外，另外再各舉一則《韓非子》與《呂氏春秋》當中所收錄具有笑話性質的寓言故事來觀看：

> 鄭人有欲買履者，先自度其足，而置之其坐。至之市，而忘操之；已得履，乃曰：「吾忘持度，反歸取之。」及反，市罷，遂不得履。人曰：「何不試之以足？」曰：「寧信度，無自信也。」❾

> 楚人有涉江者，其劍自舟中墜於水，遽契其舟曰：「是吾劍之所從墜。」舟止，從其所契者入水求之。舟已行矣而劍不行，求劍若此，不亦惑乎！以此故法為其國與此同。時已徙矣而法不徙，以此為治，豈不難哉！❿

《韓非子》中的鄭人，想要買鞋，竟然不相信自己的腳，反而相信先前為買鞋所丈量的尺寸，其行徑無疑固執僵化到不知變通，最後成為眾人所嘲笑之標的。如同現今認證不認人的情形一般，明明就是本人，不過只要沒有攜帶證件，就不能代表本人行事一樣，僵化凝固至極。而《呂氏春秋》所收錄的「刻舟求劍」，也是相近的寓言，寶劍掉入河中，就只在靠近寶劍掉落的舟身處刻下記號，等到船停了，竟然從記號處下水尋求寶劍，完全忽略了船會行動的這個事實。其行為如此的拘泥固執，因而除了有諷諭意味外，也具有笑話的性質。

## (二)優人與滑稽戲

　　根據目前可靠的記載，早期的優人是春秋時代晉國的優施、楚國的優孟和秦國的優旃。通常擔任優人的都是一些身材矮小的侏儒，受限於五短的身材，自然

---

❾　〔清〕王先慎撰：《韓非子集解》卷十一〈外儲說左上第三十三〉（臺北：華正書局，1987年8月），頁232。

❿　許維遹撰：《呂氏春秋集釋》卷十五〈慎大覽第三‧察今〉（北京：中華書局，《新編諸子集成》本，2009年9月），頁393。

容易出現較為滑稽的動作，他們主要的工作便是在皇宮裡面擔任開心果的角色，因此除了表演之外，也擅長言語的調諧，在皇宮宴會的場合中，常常見到這些開心果努力的歌舞調笑一番，給王公貴族們作為解頤排遣。

　　雖然這些優人的地位不高，但是由於時常有機會在達官貴人身邊表演，因而常透過表演來向這些權力擁有者表達一些勸誡。例如在《史記·滑稽列傳》中便記載優旃道：

> 始皇嘗議欲大苑囿，東至函谷關，西至雍、陳倉。優旃曰：「善。多縱禽獸於其中，寇從東方來，令麋鹿觸之足矣。」始皇以故輟止。❶

有一次秦始皇想要擴建他的後花園，而且範圍竟然要大到東至函谷關，西邊要到雍、陳倉。要修建這樣龐大的後花園，必須花費大量的人力物力才有可能完成，因此很可能就將秦國的國力給掏空。所以優旃便趁機告訴始皇，修建這樣廣大的後花園是很不錯的主義，最好在多放置些野生動物在裡面，這樣一來，假使敵人從東方來攻打我們，我們還可以用麋鹿的鹿角來觸抵他們，協助防衛我們的國家安全呢！在這個記載中，優旃雖然只是一位身分低賤的優人，但是卻以巧妙的言語來勸告秦始皇此舉的愚昧與危險，這便是優人運用以退為進的勸誡方式，不僅讓君主有臺階可下，自己也能夠表達對於國家的忠心。所以司馬遷如此介紹優旃道：「優旃者，秦倡侏儒也。善為笑言，然合於大道。」❷在洪邁的《夷堅志》裡，也如此記載道：「俳優侏儒，固伎之最下者且賤者，然亦能因戲語而箴諷時政。」❸像優旃這類優人的記載，便時常為後代笑話書所取材，可見優人的舉動與笑話的關聯性。

　　優人除了言行勸阻君主之外，也常以歌舞戲劇的表演形式。如《穀梁傳》中

---

❶ 〔漢〕司馬遷撰，郭逸、郭曼標點：《史記》卷一百二十六〈滑稽列傳第六十六〉（上海：上海古籍出版社，2001 年 7 月），頁 2414。

❷ 〔漢〕司馬遷撰，郭逸、郭曼標點：《史記》卷一百二十六〈滑稽列傳第六十六〉（上海：上海古籍出版社，2001 年 7 月），頁 2414。

❸ 〔宋〕洪邁撰：《夷堅志》支乙卷四〈優伶箴戲〉（上海：上海古籍出版社，《續修四庫全書》本，2002 年 3 月），頁 460。

便記載道：「頰谷之會，齊人使優施舞於魯君之幕下。」❶表示優人也是時常以歌舞形式來表演的。所以優人的存在，就是當時的活笑話，是人們歡樂的來源，就如同龔教授所言：「正因為他們是當時製造笑話和一般人民聽取笑話的來源，所以優人的存在，代替了文學與書籍的傳播。中國在秦漢時，有笑話而沒有笑話書籍的編輯，這，無寧是個重要且基本的原因。」❶從龔教授的觀點出發，秦漢時期會缺少笑話書籍的編纂，當然也會與當時社會所提供的條件有相對的關係，笑話書不像經典，因而在當時主要以竹片為文字載具的情況下，人們在取捨後，當然以經典為優先，至於笑話，則用口述或者表演就已經足夠了，不需要再多花費成本去編纂成書，所以不易成為書籍的形式來傳播。這應該也是秦漢笑話書不發達的一個原因。

　　承上段文字所述，當時由優人所表演的歌舞，在演變的過程中，逐漸添加了戲劇的成分，綜合歌舞以演播故事，則漢代的參軍戲就是這種形態的表演。龔教授便說：「然而正因俳優在後漢時將諧謔轉成戲劇，以往利用俳優以口語傳達者，遂也一轉而須藉文字的記載來傳播，笑話書——如《笑林》之類——於焉興起。」❶這類型的滑稽戲劇，也時常出現於文獻記載之中，如在馮夢龍的《古今譚概》中記載道：

> 高宗時，饔人瀹餛飩不熟，下大理寺。優人扮兩士人相貌，各問其年，一曰甲子生、一曰丙子生。優人告：「合下大理。」帝問故。優人曰：「食甲子餅子皆生，與餛飩不熟者同罪。」上大笑，赦原饔人。❶

這則記載中，廚人不過就是沒有把餛飩煮熟，竟然得受到下獄的懲罰。雖然得罪

---

❶　〔晉〕范寧撰：《春秋穀梁傳》卷十九〈定公十年〉（臺北：新興書局，1975 年 10 月），頁144。

❶　龔鵬程撰：〈「重編笑林廣記」序〉（臺北：臺灣學生書局，收錄於《中國小說史論》，2003年 8 月），頁 452。

❶　龔鵬程撰：〈「重編笑林廣記」序〉（臺北：臺灣學生書局，收錄於《中國小說史論》，2003年 8 月），頁 452。

❶　〔明〕馮夢龍撰：《古今譚概》第三十〈微詞部〉（瀋陽：遼海出版社，《馮夢龍文學全集》本，第十七、十八冊，2002 年），頁 1718。

的人是帝王，但是國有國法，家有家規，自然有相關的法律可以定罪，但是此回竟然是由帝王恣意來定罪，雖然騁一時之快，但是後果卻是動搖了法律的根本。優人雖然不見得有看到動搖法律根本那麼遠，但是恣意處罰廚人，則不免小題大作，不僅給人觀感不佳，也讓人覺得帝王的度量未免過於狹窄。所以優人便趁著表演時，上演一段改編的劇碼，果然在幽默詼諧的氣氛之中，化解了這次的事件。

由於中國笑話與優人之間的關係如此密切，因此日人清水榮吉在《笑苑千金》編後記說：「從中國笑話對話形成和內容來研究，似乎以稱呼為滑稽故事比較適切些。」[18]龔教授為了連結兩者之間的關係，則提出了宋金時代雜劇院本中的「雜砌」的滑稽戲來證明。[19]從之間的關係來看，笑話與滑稽戲，兩者無疑存在著相輔相成的密切關係。

## 三、笑話的演變的兩種現象

笑話在演變的過程之中，由於笑話本身特殊的性質，因此存在著兩種特別的現象。第一個是後者併前者，第二個是笑話結構的承襲性：

### ㈠後者併前者

笑話書在流傳的過程中，龔教授在重新編纂《笑林廣記》時，也注意到了另外一個特殊現象，就是笑話書在流傳的過程中，時常出現後者併前者的情形，[20]

---

[18] 無名氏撰，婁子匡輯：《笑苑千金·編後記》（臺北：東方文化供應社，《民俗叢書》本，第六冊，1970 年春），頁 17。

[19] 龔教授云：「譚砌、使砌、打砌、雜砌等，均為宋元俳優及說話人慣用語，而在唐代已有。《新唐書卷一四六李栖筠傳》載：『賜百官宴曲江，教坊倡優顥雜侍』的顥，就是譚。至於金元明院本及宋代雜劇跟譚砌的關聯之所以如此密切，主要也受雜劇院本的性質使然，故《夢粱錄》卷廿說雜劇『全用故事務在滑稽』。後來的南戲北雜劇雖不純是詼諧調謔，而滑稽的成分仍很不少，至今猶然。這當然也是我國俳優的傳統。笑話書之編輯，有些便出自這些愛好滑稽的戲曲家之手，元鍾嗣成《錄鬼簿》卷下，記載當時的戲曲家施惠，撰有《古今砌話》，即是明證。」（臺北：臺灣學生書局，收錄於《中國小說史論》，2003 年 8 月），頁 455。

[20] 龔教授云：「《笑府》即為《笑林廣記》的原本，因為《笑林廣記》已問世，《笑府》也隨之湮滅不傳。」收錄於龔鵬程撰：〈「重編笑林廣記」序〉（臺北：臺灣學生書局，收錄於《中國小說史論》，2003 年 8 月），頁 457。

這種情形的產生所帶來的副作用，便是前代的笑話書的文本散逸情形會更趨嚴重。如明代馮夢龍所編纂之《笑府》，共有十三卷，收錄笑話有六百一十七條。但是後出的遊戲主人所編纂的《笑林廣記》，竟然從《笑府》之中，輯錄了二百八十一條之多。❷直接造成《笑府》一書的失傳，直到近代方從日本內閣文庫中所收錄的十三卷本《笑府》為底本，輯錄回《笑府》的原貌。

會有這樣現象的產生，其實相近於六朝《世說新語》一書與前期志人小說的情形，六朝志人小說雖然年代久遠，自然亡佚的情形也相當嚴重，但是《世說新語》的出現，也是加速亡佚的一個重要因素。由於《世說新語》幾乎蒐羅了前期的志人小說條目，形成一部類似志人小說合編本的大書。這樣一部書的出現，前期的志人小說的銷路便大受影響，市面上流傳漸少，亡佚速度也隨之加快。

這樣的現象也可以套用在《笑府》與《笑林廣記》上，《笑府》的作者馮夢龍對於書籍的商業銷售相當在行，深諳只要編纂出一部《笑府》，便可以搶得當時笑話的主流市場。雖然《笑府》成功於當時，不過在遊戲主人編纂《笑林廣記》後，將六百多條的《笑府》內容，在去蕪存菁的擷取出近三百則，加入《笑林廣記》之中，這樣的做法，當然也造成《笑府》的失傳，一部擷錄前代笑話書精華的大全本，在市場上對讀者所產生的誘因，絕對超越單單一部前代的舊笑話。加上笑話書的著重點在於功用性，不像應用於考試的經典，必須相當重視版本的精確度，否則一字之差，或許就會影響終身。笑話則不然，並不會因為版本不同的一字之差而影響，因此笑話書的版本問題，自然不會成為當時人們所關注的焦點。

就上述所言，笑話書在流傳的過程之中，後期的笑話書的出現，由於擷取了前代笑話書的精華，反而造成前期笑話書的的失傳，就形成後書併前書的現象。這也是笑話書在流傳之中，一個值得探討的現象。

## ㈡笑話結構的承襲性

由於笑話的題材不外乎嘲諷癡愚、吝嗇、庸醫、腐儒這些。能夠運用的主題其實有限，但是從古至今，卻產生了大量的笑話，其實則有賴於撰寫者對笑話精

---

❷ 參見拙作，林禎祥撰：〈探析《笑府》中所嘲諷的世情〉，《東吳中文研究集刊》，第十二期（2005 年 7 月），頁 41-66。

華的提鍊與精確的笑點掌握度。所以中國歷代笑話在演變的過程中，常常再經過整理改編後，加上經驗的累積，一步一步地將笑話發揮出更為精確的效果。如以「吝嗇」為諷刺題材者，也實為笑話故事中的一個主要門類，但是同樣以「吝嗇」為題材，卻也能產生不同的效果，這當然有賴於撰作者的提鍊。就像在《笑苑千金》中的一個諷刺「一毛不拔」的故事，是這樣說的：

> 有一官人到杭州，在梳頭舖裡坐。剃頭人曰：「官人莫是要梳頭否？」官人曰：「你不見古人詩云：『百年渾是醉，一月不梳頭。』」剃頭人曰：「便是看見官人鼻毛摘下來縛得三管筆了。」官人曰：「若還教你梳頭時，摘了鼻毛，便被你縛筆賣錢了。」剃頭人曰：「看你一貌堂堂，真個一毫不拔。」[22]

這個笑話閱讀起來，主要是從剃頭人抱怨官人吝嗇的角度出發，其實並不能完全觸發讀者的共鳴，只不過像是一個喃喃自語的抱怨者罷了。在晚出的《笑林廣記》之中，作者便將這個以吝嗇為主題的「一毛不拔」笑話改寫成這樣：

> 一猴死見冥王，求轉人身。王曰：「既欲做人，須將身上毛盡行拔去！」即喚夜叉拔之。方拔一根，猴痛不勝痛叫。王笑曰：「畜生，看你一毛不拔，如何做人？」[23]

兩相比較之下，明顯可以發現第二個笑話無論在諷刺的深度，語言的洗鍊，甚至以人猴為比喻，都完全超越前者，尤其直到故事最後才點出主題，筆法清峭而冷雋。類似以吝嗇為主題的笑話尚且有出自《笑苑千金》中的吝嗇父子，即使在性命危急之時，仍然不改其吝嗇的本性，故事是這樣記載的：

---

[22] 〔明〕無名氏撰，婁子匡輯：《笑苑千金》卷一（臺北：東方文化供應社，《民俗叢書》本，第六冊，1970年春），頁42。

[23] 〔清〕遊戲主人撰：《笑林廣記》卷九（北京：華夏出版社，2004年1月），頁195。

> 汴京孟良家巨富,一毫不拔,父病不肯求醫;父曰:「病體淹延,何日可瘥。欲往醴泉觀禱祝平安。我不能行,你可頂載同往。」翌早,良載父而行。過汴橋,值舟繩所挽,拋父入水。時有水手在旁,謂良曰:「倘賜一兩錢,顧躍波而救父。」良酬以三錢而不允,良再添四錢,又不允。父於水中呼兒曰:「孩兒,只是五錢以上,一錢也不得添!」❷❹

在這個笑話中,雖然結構看似完整,但是仔細看來卻頗嫌冗長,形式上不夠簡潔,反而容易模糊了笑話主題。就像龔教授的所說:「笑話,是從故事、經驗、或創造性想像中紬繹出來的概念化表達,傳遞一種令人發噱的意念。如日本的《江戶小咄》一樣,它表現的形式極簡潔,採取伶俐而鋒銳的對話形式,構造不冗長,因此省略了敘述。內容說明遠不如置重點於言外的暗示。」❷❺這樣的說法對於笑話來說,可謂十分的精確。笑話並非歷史故事,必須有首有尾,否則容易讓人滿頭霧水而不知所云。笑話的重點很清楚,就是只有好笑而已,真實性也不在考慮範圍內,所以不必花費長篇大論在敘述故事上,因此它必須是簡潔洗煉的,最好讓讀者本身去聯想到笑話之中所鋪設的笑點,如此才是最佳的表達方式。像上述的笑話則花費太多篇幅在敘述故事原由,反而使笑話過於冗長,倘若一個沒有耐性的讀者在閱讀此則,或許光看字數太多,便直接跳至下一則來觀看,這也是時常可見的閱讀經驗。所以在馮夢龍的《笑府》之中,便將這個故事進行改編道:

> 一人溺水,其子呼人急救。父於水中探頭曰:「是三分銀子便救,若要多,莫來!」❷❻

短短數字,便精確的表達的這個笑話的主題,文字十分精鍊,讓原本便想藉由閱讀笑話來放鬆身心的讀者更加地減輕文字冗長的負擔,這無疑更貼切於笑話本身

❷❹ 〔明〕無名氏撰,婁子匡輯:《笑苑千金》卷一(臺北:東方文化供應社,《民俗叢書》本,第六冊,1970 年春),頁 41。

❷❺ 龔鵬程撰:〈「重編笑林廣記」序〉(臺北:臺灣學生書局,收錄於《中國小說史論》,2003 年 8 月)頁 459。

❷❻ 〔明〕馮夢龍撰,竹君校點:《笑府》卷八(福州:海峽文藝出版社,1992 年 6 月),頁 139。

所賦與的效果。

根據上所述，笑話的歷史的演變過程之中，透過代代閱讀者的考驗，加上作者不斷去除在笑話中會妨礙使讀者發笑的因素後，與其說笑話撰寫的後出轉精，倒不如說是在讀者閱讀檢驗之後的必然現象，笑話書不比四書五經，為讀書人所必備，但是有此趣味者，倘若買了一本絲毫不好笑的笑話書，他會做何感想，當然也會傳述給其它同好，如此便會影響銷路。所以就商業的角度來看，笑話的汰蕪存菁，也是必然的趨勢。

# 四、結語

本文在龔教授對於笑話研究的貢獻上，整理出笑話發展過程中的幾種特殊現象，可見笑話本身與筆記小說也存在著些微的差異性，這與笑話本身的性質有絕對的關聯，或者未來的研究學者可以從中再予以細分，讓笑話在獨立成為一個門類，畢竟笑話在發展上的確有其獨特之處，讓笑話可以不再是「小道」。笑話由於存在戲謔的成分，難以登大雅之堂，但是笑話又卻卻實實的存在於我們的身邊，甚至也歷經了千百年的歷史，著實是不能忽略的，就如同郭俊峰先生所云：

> 登不上大雅之堂，卻只在市井民間佔有重要地位；不為上層統治者和一些文人雅士所重視，卻在下層勞動群眾中擁有廣泛的市場。笑話作為一種雅俗共賞、老少咸宜的民間文學樣式，是以其獨特的思想和藝術魅力，征服了一代又一代的人民群眾的，它給人們帶來的喜悅和歡樂，是人類共同的遺產和知識智慧的結晶。❷

上述對於笑話的敘述，可以說是相當程度的表達了笑話的特殊情形，因此附於全文之最末。

---

❷　郭俊峰編：《中國歷代笑話集成·前言》（長春：時代文藝出版社，1996 年 12 月），頁 1。

# 徵引文獻

## 一、古代典籍 （依時代先後排列）

〔漢〕司馬遷撰，郭逸、郭曼標點：《史記》（上海：上海古籍出版社，2001 年 7 月）

〔漢〕班固撰，〔唐〕顏師古注：《漢書》（北京：中華書局，1987 年 12 月）

〔漢〕趙歧注，〔宋〕孫奭疏：《孟子注疏》（北京：北京大學出版社，《十三經注疏》本，2000 年 12 月）

〔三國魏〕邯鄲淳撰：《笑林》（長春：時代文藝出版社，1996 年 12）

〔晉〕范寧撰：《春秋穀梁傳》（臺北：新興書局，1975 年 10 月）

〔宋〕洪邁撰：《夷堅志》（上海：上海古籍出版社，《續修四庫全書》本，2002 年 3 月）

〔明〕胡應麟撰：《少室山房筆叢》（上海：上海書店出版社，2001 年 8 月）

〔明〕馮夢龍撰：《古今譚概》（瀋陽：遼海出版社，《馮夢龍文學全集》本，第十七、十八冊，2002 年）

〔明〕無名氏撰，婁子匡輯：《笑苑千金》（臺北：東方文化供應社，《民俗叢書》本，第六冊，1970 年春）

〔清〕遊戲主人撰：《笑林廣記》（北京：華夏出版社，2004 年 1 月）

〔清〕郭慶藩撰，王孝魚校點：《莊子集釋》（北京：中華書局，《新編諸子集成》本，1997 年 10 月）

〔清〕王先慎撰：《韓非子集解》（臺北：華正書局，1987 年 8 月）

## 二、今人專著 （依出版先後排列）

郭俊峰編：《中國歷代笑話集成》（長春：時代文藝出版社，1996 年 12 月）

龔鵬程撰：《中國小說史論》（臺北：臺灣學生書局，2003 年 8 月）

許維遹撰：《呂氏春秋集釋》（北京：中華書局，《新編諸子集成》本，2009 年 9 月）

## 三、期刊論文

林禎祥撰：〈探析《笑府》中所嘲諷的世情〉（《東吳中文研究集刊》，第十二期，2005 年 7 月），頁 41-66。

# 從《西夏旅館》語言
# 新解龔鵬程小說天命世界

李宜芳*

**摘　要**　臺灣駱以軍2010年以《西夏旅館》榮獲香港紅樓夢小說首獎，臺灣文學小說語言歷經現代主義、鄉土意識、存在主義、魔幻寫實、後現代河流沖刷，從《西夏旅館》看臺灣小說語言進行天命之流動，甚且臺灣一整代人流亡邊界的魔幻圖像；中國現代小說之父魯迅在中國小說史略論斷唐代傳奇文辭華麗，有意為小說，整個唐代內化於東方文化的神話、天命、天人觀的總總思想，在後現代臺灣小說變異於小說形式與內容敘事中，在西夏旅館的解簽師、圖尼克造字諸多繁複情節，映照臺灣島嶼眾相複雜的遷徙運命，文化身分認同與記憶失憶的小說，説故事的人打開記憶之莢，敘説一整代消失王國的夢相，西夏是遊牧族群，旅館是暫歇逆旅，臺灣小説在寫實主義、現代主義與後現代小説實驗瓶器中變幻，駱以軍用文字裝載冥冥的族群運命，「結果早已在某處等待」。從《西夏旅館》語言看龔鵬程小說天命世界概念的現代意義，及臺灣文化身分再解釋的一種可能。

**關鍵詞**　現代主義　天命　小説敘事　魔幻　小説語言

---

\*　李宜芳，佛光大學文學系博士。

# 一、龔鵬程中國小說神話天命觀

　　小說本質是虛構，但是小說精神反應真實。中國現代小說之父魯迅《中國小說史略·唐之傳奇》：「小說亦如詩，至唐代而一變，雖尚不離於搜奇記逸，然敘述宛轉，文辭華豔，與六朝之粗陳梗概者較，演進之跡甚明，而尤顯者乃在是時則始有意為小說」，程國賦對於整體唐代創作小說方法❶提出「實錄」、「寓言」、「傳聞」三種。其中寓言與傳聞便深注文化思想，神話與民間世代傳承文化密碼盡在其間，「萬般皆是命，半點盡由天」，小說是人類內在情感世界具象呈現，創作過程因內符外，是展現與影響民族的語言與感受，三國水滸封神紅樓夢以來，中國小說隱藏天命密碼，在天造的小說世界，中國小說敘事與傳統天命思想的鑲嵌，為深刻文化基調。

　　楊義《中國敘事學》推論中國從晚周秦漢對世界運行，講究時空合構，「往古來今謂之宙，四方上下謂之宇」❷，楊義以為中國時間觀念整體性與生命感，孕育中國獨特時間標示，年月日時標順序，除卻古代巫的思維，其中包含天象運行、季節更替萬物枯榮，尤其人對於自身生命形態的盛衰體悟❸。司馬遷史記「究天人之際，通古今之變，成一家之言」，中國通史本紀文體立意為「究天人，通古今」，在《五帝本紀》中將敘事時間推到渺茫遙遠，司馬遷的歷史觀點與創作思維是「維昔黃帝，法天則地，四經遵序，各成法度；唐堯遜位，虞舜不臺；厥美帝功，萬世載之」，司馬遷深刻將中國文化蘊藏的宇宙觀轉入敘事語言中。楊義將此種中國敘事定義為「敘事元始」，中國小說敘事元始必定從一個廣闊超越的時空結構開啟，神話小說以盤古開天闢地、女媧煉石補天，歷史小說必有三皇五帝、夏商周；中國小說家筆下小說時間與空間必是大跨度，在天地變化與歷史盛衰尋找宇宙哲學與歷史哲學。

　　中國小說評點家金聖歎以為《水滸傳》將文化天人之道轉入歷史邏輯，自是巧妙，「一部大書七十回，將寫一百八人也。乃開書未寫一百八人，而先寫高俅

---

❶　程國賦：《唐代小說與中古文化》（臺北：文津出版社，2000 年），頁 214。
❷　楊義：《中國敘事學》，頁 125。
❸　同上，頁 134。

者,蓋不寫高俅便寫一百八人,則是亂自下生也;不寫一百八人先寫高俅,則亂自上作也。亂自下生,不可訓也,作者之所必避也。亂自上作,不可長也,作者之所深懼也」❹,歷史興亡具有頃刻時間觀;駱以軍運用西夏王朝最後一支族群的逃亡及滅族,作為整本小說的歷史時間。

後現代小說表現文化身分離散的主題,但是駱以軍建構的是「沒有身世歷史、沒有品味的旅館」空間,歷史的起點時間,無以溯源。駱以軍運用失憶及沒有起點的旅館房間,作為說故事的場景;說故事的圖尼克將整個西夏李元昊最後一族的逃亡與中國一九四九的離散,重置且再嵌於不存在的西夏旅館第四十一號房,讓說故事與聽故事一起想像離散、離散虛構。

小說說故事的形式必須透過語言傳達,語言美學是探討個人與社會間錯綜複雜關係的鑰匙。審美的語言世界就是藝術假象世界,語言美學通過作品的創作及鑑賞來開展;語言美學與文學作品有兩個相應的世界,第一是形而上的內部世界,這是作家現實生命歷程意識到的深刻人性,是作家感受世界的獨特風格,然而隨著一定語境的文化背景讀者的詮釋,作品又形成第二個世界。

英國小說家佛斯特《小說面面觀》以為現實、機智、魔咒與神話揉雜是小說幻想最佳主題❺,幻想有一股極欲將世界埋進污泥中的企圖,顛覆維多利亞價值,讓暴戾和墮落取代真善美與光明,為了地域將人類性格簡化❻。

駱以軍操弄西方奇幻技法及中美洲魔幻寫實的手法,以虛構書寫離散族裔史,讓歷史上的時間與空間,失憶與記憶都聚會在西夏旅館第四十一號房。九○年代臺灣獨特的社會狀態及焦慮,語言文字與直觀世界的哲學問題,甚至語言文字虛構的多元,是臺灣文學進化的路徑。在五○年代反共意識領導的臺灣文學,語言文字曾經在現實社會尋找大眾心靈痛苦的根源。

龔鵬程以為,「我們不幸地處於這一叢叢荊棘、一波波巨浪之間,除了面對雷轟電閃的滿天雲霧之外,只能一步步苦苦向前」。

歷史記載與歷史意識在有其神聖使命,但在文學語言經營的離散與遷徙的失

---

❹ 張錦忠:〈離散想像,或,想像離散:論駱以軍的西夏旅館〉,國立中山大學駱以軍作品研討會論文,2009 年,頁 3。

❺ 佛斯特:《小說面面觀》,蘇希亞譯:《小說面面觀》(臺北:商周出版社,2009 年),頁 146。

❻ 同上,頁 150。

憶與傷害的版圖上，歷史的真偽與虛構與文學上取材的事件，九〇年代的駱以軍完全悖離中國史官「君舉必書」「書法不隱」的威權性，以他個人「離棄書寫」「遊牧書寫」重新詮釋西夏「脫漢入胡」，及臺灣外省人的歷史悲情對抗史書記載的大敘述。

離散年代的身世與身分與強烈的歷史意識與歷史時間，在文學語言世界可以如生死陰陽兩界的過渡，也可以如駱以軍筆下〈第三個舞者〉〈隔壁房間〉進行偷窺與越界。

離散者的歷史沒有起點也沒有終點，西夏歷史與一九四九的遷徙如海市蜃樓投影，《宋史·夏國傳》、《遼史·西夏外紀》、《金史·西夏傳》、《西夏書事》、《西夏紀》、《西夏紀事本末》、《西夏史稿》、《西夏通史》，古今史志與小說文本，相對照出一個離散與遷徙的哲學形上學問題：「你從那裏來？」，這樣的反問亦如朱天心在《古都》開頭與結尾所問，「難道，你的記憶都不算數？」。

張錦忠引用伊菲伍尼維討論英國非裔離散族群的家國書寫，或是美國非裔作家鮑德溫對於離散的看法：「無論如何使勁，我們始終無法逃離起點；那些起點為我們日後種種變化的關鍵所在，我們勢必非找出不可」。中國天命支配自然現象，但是對於人事天命的決定並非無法改變，中國天命具有前定作用，在小說與佛教輪迴為人世提供一種保證。在歷史鎔鑄過程，中國天命成為一種詮釋非理性的另一種樣式。「所以，圖尼克想，此刻的我，代表的是一個如煙消逝的不存在的騎馬民族嗎？我該唱一首西夏人和這些流浪、破碎、不幸、被東揉西捏的古老民族們同樣悲慟到靈魂抽搐哆嗦的離散之歌嗎？」❼。

圖尼克祖先李元昊在西元一〇三二年繼承父位，脫「漢」入「胡」是他歷史意識的自覺，放棄中原李家趙家的賜姓，恢復黨項姓嵬名，頒佈禿髮令，創西夏文字，翻譯漢籍。西元一〇三八年，元昊稱帝，國號大夏，建都興州。當時夏、與遼及宋形成三國鼎立的局勢。然而推敲元昊種種建制卻是脫胡入漢──師法宋朝。駱以軍在西夏旅館中將元昊在位十一年，後被兒子甯令哥所殺，及最後蒙古大軍成吉思汗將西夏首都夷為平地，一二二七年元昊建立一百九十年的西夏王朝滅亡。

---

❼　駱以軍：《西夏旅館》上冊（臺北：INK 印刻文學生活雜誌出版社，2008 年），頁 309。

　　說故事者圖尼克對於西夏滅國滅族及滅亡的遺恨多有情節與細節描寫，小說以文本「介入」西夏記憶，圖尼克的父親與安金藏，在「那些痛失祖先記憶，在滅族的恐懼中摧殘坐騎，狂奔突走穿過沙暴、海市蜃樓、枯草河道以及穹頂極光的無臉孔人物們」❽，對照駱以軍在西夏旅館之前的作品，黃錦樹〈隔壁房間的裂縫——論駱以軍的抒情轉折〉稱駱以軍建構一種「隔壁的房間：遺棄美學」，黃錦樹以為「本源的棄兒便是歷史的棄兒」❾，「悲劇性的宿命源頭」的創作意象成為駱以軍創作的身世記號。悲劇性的宿命涵蓋一個龐大家族宿命，

> 現在的我回頭去看《遠方》，只能將它當作是一個演員只有父親與兒子的夢境；那夢境非常非常大，甚至大到令我悲不能抑，而孤兒的情感則是夢境中流竄的質素。《遠方》中諸如此類。而其中如果有一任何的「小說時刻」，那便是我帶著我的孩子，在一座孤獨的城市中（在一個白色且含混的夢境中？在一個「plot」的發生時刻甚至更前？）來回行走。❿

　　無身世的棄及滅族，是駱以軍思考身分身世的選擇。對照中國超理性的天命世界，尋求生命存在的過程本是先天後天的局限與磨難。龔鵬程以為中國古典小說對於「天命」與文本愛恨情節的相關，

> 「天命」在中國思想及小說表現上均有極根源的地位，是一切愛恨生死出發之始基。小說裏談到人物對天命的處理態度時，也即是說明了他們對生命的處理方式。在此，我嘗試在古典小說裏籀繹出三種基本型態的大系統；一是力與命永無休止的爭衡，而人即在此絕對敗亡的淒涼慘暗中迸現他強烈生命力和偉大的情操。一種是在人與命、數與智、才與時之間求得一諧和的安頓地位，一切悲涼憤懣在天命的澄化下歸於恬淡。另一種則是利用我們對天命的沉思而消極地化解人世物象的追逐；名利榮辱的羈絆與牽

---

❽　同上，頁 40。

❾　黃錦樹：〈隔壁房間的裂縫——論駱以軍的抒情轉折〉，《謊言與真理的技藝》（臺北：麥田出版社，2003 年），頁 355。

❿　言叔夏：〈我的哭牆與我的罪／評駱以軍〉，《幼獅文藝》第 605 期（2004），頁 47。

制，在此都歸虛幻。⓫

在現代主義寫作，父親的命題對駱以軍而言是「一臺仍在放映中的投影機」⓬，父親的所遺留的命運是駱以軍的起點，外省人第二代的重複夢魘，外省第一代見證歷史災變的傳奇。父親的虛構如夢境的逃亡故事，成為駱以軍作為現代主義的重新反省者，駱以軍與現代主義的關係，是身為外省第二代兒子的天命，從父親敘事的現代主義，對駱以軍而言是一種起點也是一種局限，

> 在臺北，我們都是現代主義的摹仿者，一旦闖進各自的童年現場，你才發現什麼「異鄉人」、「波特賴爾」、「土地測量員 K」、莒哈絲或塔克夫斯基，於他們只是蟬蛻之殼。他們腳下並非人際連結、家族祭祀甚至身世、古老禁忌、教養皆斷裂淨空的時間幻沙。那其中有太多細節……以家族故事資產的重量，逼使他們意識卡夫卡腔調的空洞，殊不知作為外省第二代的我，像無軀殼的鬼魂，註定仍得在現代主義的屍骸中翻撿破片，找不到一投胎的形式。我想，對我這樣一個生在島嶼的外省第二代而言，「異族」永遠不是他人，而是自己。⓭

外省第二代的駱以軍從語言弒殺父親作為起點，以「字」作為自身的演練，九〇年代駱以軍小說中「父親」與「兒子」的拔河，對應出駱以軍龐大的小說語言景觀，「我寫故我在」，駱以軍借著父與子永生輪回中確認自己，甚至啟動生者重寫故事的姿態，「父父子子」不斷延伸的重寫圖像，如何投胎成另一種寫作形式？

西夏旅館彷彿波奈爾的民族旅志，但是又如中國封神演義神話情節中，置入神的符號：神龜、神戲、神殺、神棄、神諭之夜、神之旅館、解簽師、迦陵頻伽鳥，但駱以軍所描繪廣大的故事內容，因為加入臺灣現代生活語言：蕭淑慎、濱

---

⓫　龔鵬程：《中國小說史論》（臺北：臺灣學生書局，2003 年），頁 171。
⓬　駱以軍：〈在途中〉，頁 257。
⓭　駱以軍：〈默片場景〉，《文訊》第 258 期（2007 年），頁 99。

崎步、網蟲等等社會語言,於是西夏神話成為駱以軍重新改寫的文學故事。西夏神話不是遙遠的呆滯記載,是鮮活回春與重生的小說語言,它讓西夏子民圖尼克透過旅館口耳相傳的故事,拼湊遙遠的西夏王國及眼前的存在,冥冥之間,歷史文化的不可測或是輪回,甚至西夏族群逃亡天命的撲朔與臺灣外省第二代的被棄,都穿透在小說主題脈絡與情節間。

對照中國研究文學臺灣的黎湘萍便以為時代有其秘密,隱藏在語言當中,

> 八十年代是一個分水嶺,因為八十年代中後期的「報禁」「黨禁」的終於開放,在臺灣象徵著一個新紀元,文學的寫作在傳媒的強勢影響下(而不僅僅是政治的強勢影響下),有著同以前迥然相異的面目。……而八十年代中後期的新生代小說(如從黃凡、張大春)開始有意識地將小說寫作從傳統的「所指」層面(小說意指的「現實」內涵,包括人物、情節、主題等)轉移到「能指」層面(小說本身的語言層面,包括敘述方式的選擇,主體「話語」【discourse】的營構和拆解等等),對「傳統」小說構成一種隱然相對的陣勢和「想像」上的威脅。❹

龔鵬程以為知天命是徹底承認天命超越能力,明顯走入天命預設的架構,去展示天意,成為天命的執行者❺,

> 就中國小說而言,它們都很可能只是「天命的小說」。因為小說家處理天命的方式,即是他處理人性或生命的方式。哲人思考,而小說家卻借著你我的形象而作一番戲劇性的展示。❻

英國文學理論家特里·伊格爾頓《文學理論引論》:「現代文學理論的歷史就是我們這個時代的政治與意識形態的歷史的一部分」,黎湘萍以為臺灣的文學創作、文學理論(語言美學)以及哲學傳統,儘管其內涵和價值取向不盡相同甚至

---

❹ 黎湘萍:《文學臺灣:臺灣知識者的文學敘事與理論想像》(北京:人民出版社,2003年),頁191。

❺ 龔鵬程:《中國小說史略》(臺北:臺灣學生書局,2003年),頁176。

❻ 同上,頁182。

相反，但都是這個多元時代裏普遍的文化危機、意識危機、信仰危機、政治危機和經濟動盪的「鏡子」。❼

黎湘萍觀察臺灣八十年代興起「政治小說」即是對三十年來政治生活造成的精神創傷的反思❽，

> 「語言美學」在五六十年代是作為官方文藝思想和政策抗衡而存在的，那麼到了局勢動盪、變化急劇的七十年代、八十年代，它又該如何調整才能適應當時和現實的政治形勢和文學形勢呢？……我們看到五十年代萌芽、六十年代被王夢鷗等人系統化和理論化（王氏七十年代完善了他奠基於六十年代的理論，提出「文學美學」體系），到了八十年代龔鵬程的手裏，便具有了一種「開放的姿態」，以「對付」外部的多元局勢，同時在龔氏的「專論」性文論著作裏，政治色彩趨於淡化，而玄學味則越來越濃。……「語言美學」也強化了它的社會意識，並且它很真誠地站在文學藝術的立場，調和了帶著政治偏見的兩派矛盾。❾

進入九〇年代，臺灣外省第二代更將其身分認同與歸屬的焦慮，幻化成各種語言美學，有喃喃自語，或是失憶書寫如朱天心，有編造謊言如張大春，有極盡感官華麗書寫如朱天文，而駱以軍採取「被棄」「傷害」書寫作為對臺灣外省身分的語言回答。

如龔鵬程所說中國天命觀念是小說形上學，整段臺灣外省歷史亦可以成為文學的哲學形上學，天命若有其定數，臺灣外省第二代的文學心靈與語言美學，在進行書寫與重寫的歷程中，尋求可以的文學超驗詮釋。

---

❼　黎湘萍：《文學臺灣：臺灣知識者的文學敘事與理論想像》（北京：人民出版社，2003 年），頁 85。
❽　同上，頁 391。
❾　同上，頁 392。

# 二、後現代主義魔幻寫實

圖尼克父親的觀察是,這一群怪物(或者該說是一群神祇?一群會說話的、色彩鮮豔簡單的動物?也許媽的他只是撞見一群戴著巨大傀儡頭罩,像湘西趕屍人或北方皮影戲班甚至白蓮教撚戲神班之類裝神弄鬼的走陣藝人?誰知道啦,還好並不是遇上耍白癡的丁丁、迪西、拉拉、小波)刻意展示一種「帝力于我何有哉」、「不知今夕是何夕」的超現實、歡樂與友愛氣氛,但事實上,牠們之間,仍像任何小團體成員間看不見的絲弦,存在著極細的權力位階。[20]

駱以軍思考如何突破臺灣小說語言的局限與重圍,將傳說運用後現代魔幻寫實筆法,重新批註西夏歷史。

傳說未必定以人為主導角色,但至少與神有著相等的地位。而且,傳說所具有的主觀性,使他一半屬於人類的世界;而它的客觀性又使它另一半隸屬於神話的世界。它雖亦模擬真實世界,但卻在相當假設的條件下構成秩序。它雖非純粹的象徵世界,卻有相當的象徵性。它的主角不是人,也不是神,而是半人神的英雄。……然而,半人神或雜揉人神的神話傳說世界人物,一旦進入藝術創作者筆下即已通過他心靈的作用而賦予新的生命與意義。[21]

圖尼克為什麼殺妻,又為什麼尋妻的身體?在不知隔壁房間的猜測心態,圖尼克與西夏旅館無名住客的故事,「殺」「脫漢入胡」「屍骸」成為小說語言流動的關聯。〈殺妻者〉中推演李元昊殺妻、淫亂、暴力屠殺、父子相殘總總細節,從身體的語言文字作為故事意象的起點,再進入身體標本及城破後大量人頭與支離的身體、或是臺灣社會殺妻、日本人左川殺人食人總總,身體與屍體的意象,就在「傷害」的文字意念下,如萬花鏡般千變萬化的開展。

圖尼克在駱以軍筆下註定成為殺妻之人,故事從第三人稱的「他」作為敘事者,「他」巧遇圖尼克,卻又找到通向西夏旅館與胡人血裔的奧幻之門。圖尼克成為第一人稱敘事者,找到父親遺留的西夏帝國書寫材料,開始敘說西夏帝國李元昊殘忍性格與殺妻故事。西夏旅館有一位用青春換時間的美蘭媽媽管理員,有

---

[20] 駱以軍:《西夏旅館》下冊(臺北:INK 印刻文學生活雜誌,2008 年),頁 572。

[21] 龔鵬程:《中國小說史論》(臺北:臺灣學生書局,2003 年),頁 241-242。

出現在男孩夢中的劫餘者老人。老人後來與安金藏出現，老人敘述圖尼克父親的故事及巧遇神鳥的故事。在〈神殺〉的篇章中，老人對男孩述說西夏騎兵大逃亡及屠殺自己同胞，以變成「不是人」的永劫命運。

駱以軍《西夏旅館》敘事主線之一，便是西夏帝國亡族亡國的時間與過程的敘述，從圖尼克看李元昊，甚至看到整個西夏族群受詛咒的天命懲罰因果，中間雖然穿插如圖尼克二號與解簽師的魔幻情節，似乎是中國古典李哪吒的故事原型加入後現代與魔幻手法再詮釋。

龔鵬程〈由哪吒看《封神演義》的天命世界〉解釋天命在中國小說情節的寓意，

> 哪吒，這個經由作者極意塑造的人物，從降生的一剎那開始，便已背負著殺伐的使命。作者運用了三回的篇幅來極力渲染鋪敘他那不平凡的身世和任務。他之所以生，是「奉玉虛符命，應運而生」，是為了配合姜子牙伐紂封神而被太乙真人送進李夫人懷裏的。他的生存只是一個被決定了的點，一個被某種理念所支導的梭子，在他的生存的世界裏，生命永不許超越天賦本存的使命與結構。換句話說，哪吒所代表的只是一個渾沌無意志的生命，受著「天意」的播弄和指使，他就是「天意」這個理念的具體象徵。❷❷

〈解簽師〉中有一個情節，

> 第一佰十三簽　三藏被紅孩兒燒
> 命中正逢羅孛關　用盡賓機總未休
> 作福問神難得過　恰是行舟上高灘

駱以軍將西夏舞蹈戲偶與神明儀仗，甚至日本左川食人肉、太平天國總總事件揉雜成一場場死亡見證，李元昊殺妻、圖尼克殺妻或是歷史真實的屠殺事件，

---

❷❷　龔鵬程：《中國小說史論》（臺北：臺灣學生書局，2003年），頁244。

在駱以軍如萬筒般的敘事模式下，這些人物將天命的「劫難」表現在舉手投足間，他們就是「殺」這個理念的本身。哪吒生存的自身是個陷阱，是一種挾持；因為這種挾持成為哪吒永不衰竭的生命力。從靈珠子降為人，經過一次死亡後，蛻去人皮骨，二次出世，「化」是李哪吒的故事原型，從「天命」祭儀中的必要犧牲品到祭儀後形相重建。

駱以軍筆下也操弄「化」的故事，圖尼克、安金藏、美蘭媽媽、李元昊、大逃亡騎兵隊都「化」成每個故事的起點，「變成」故事。

楊凱麟以為駱以軍《西夏旅館》中「脫漢入胡」是「化」的另一種「變形」。

> 其述說了一切不斷朝向殘暴、非人、畜生、野蠻、噩夢、衰敗與發臭等異者狀態的生命。……如果時間即傷害，而生命是瓦解的單向過程，書寫並不是為了「聊遣餘生」，不是在時間中逐漸黯澹燭滅的消極隱退，更不是因為轉身面向過往榮耀而在時間軸上暗啞的倒走。作為「變成」的大寫故事，《西夏》似乎欲證成一種在「時間之傷」中仍奮力遷移、逃逸與亡命的遊牧書寫，這是「近乎哲學層次的異鄉感」。❷❸

故事中人變成獸，漢化為胡，文字竄生毛叢與妖異幻境橫陳，《西夏旅館》西夏帝國亡族滅國的虛構，在駭人的附魔字陣中浸染故事情節與敘述，死亡的祭儀與夢境的魔幻呈現，必「不是人」的永恆詛咒是故事「天命」密碼之所在。

加拿大文學理論家弗萊（Northrop Frye, 1912-1991）解釋虛構的本質，「如果主人公在性質上超過凡人及凡人的環境，他便是個神祇，關於他的故事叫做神話，即通常音義上關於神的故事」❷❹。駱以軍《西夏旅館》李元昊或是老人等人物出現，是以夢或是隱喻的狀態呈現。夢的非理性、怪誕、超現實與歷史事件相結合，小說時間可以如遊牧般移動，更重要的是如班雅明提出「歷史新天使」，「歷史前進是層層疊疊毀滅的災難，文化工作者最艱難的挑戰乃在於拯救歷史流程當中

---

❷❸ 楊凱麟：〈《西夏旅館》的運動——語言與時間——語言駱以軍遊牧書寫論〉，國立中山大學駱以軍作品研討會，2009 年。

❷❹ 弗萊：《批評的剖析》（天津：百花文藝出版社，2006 年），頁 45。

願景突然呈現的那幾個寶貴的片刻，不隨時間的流逝而遺忘毀滅」，班雅明以為訴說歷史就是搶救歷史，不僅將歷史從毀滅性的前進時間搶救出來，而且介入歷史的詮釋危機。《西夏旅館》夢境與萬花筒鏡面的敘事語言，誠然是另一類現代性的歷史救贖。

# 三、臺灣文學李哪吒身分

從中國五四魯迅白話文書寫，負載中文書寫的命運。臺灣現代小說創作歷經寫實、鄉土、現代、後現代等西方創作理論，九〇年代以後小說文本的「字」與「書寫」成為小說家個人創作的祭壇。劉淑貞歸納現代主義最初與最核心的姿態：

> 它以極端形式在十九世紀末、二十世紀初登場－總是無法離開修辭與語言上的刻意扭曲、暴力、口吃、不規則、總是對文體的毀棄與撲殺並繼之以創新。這種鋒銳又野蠻的書寫姿態，其實是將自身那種謳啞嘲折的形式變態，視作一種抗拒的武器。當二十世紀以後的人類在面對大量汰換更替的破壞性（包括戰爭、城市、機器、速食等等）元素所造成的精神麻痹時，文學必須扮演一隻比它更強銳的利斧，以破除人類心中被恐懼所麻痹的凍海。㉕

現代主義這種以各種極端形式觸探自我境地及形式極限，在臺灣九〇年代進行附身的旅行。龔鵬程以為中國五四新文學運動，白話文取得表面優勢，但實際上仍是文的另一種形態的強化與鞏固。五四以後小說論著者仍以文采可觀為主要方向㉖，陳平原在其《中國小說敘事模式的轉變》也指出，現代小說並非比古典小說更大眾化，而是更文人化；在作家主體意識的強化及小說形式感的追求、小說人物的心理，這些都以文人文學傳統為依歸，而非民間傳統。小說書面化的傾向，轉變中國古典小說以來的敘事模式。

---

㉕ 劉淑貞：〈肉與字：九〇年代後小說中的死亡與自殺書寫——以張大春、駱以軍、邱妙津、黃國峻為考察對象〉，國立政治大學中國文學系碩士論文，2007 年，頁 5。
㉖ 龔鵬程：《中國小說史論》（臺北：臺灣學生書局，2003 年），頁 298。

同時西方亦對現代主義與寫實主義作一種釐清，羅蘭巴特貶斥古典寫實主義消極為讀者消費，且隱匿推銷僵化、造假、重複且封閉的主流意識形態㉗。現代主義文學敘事中的中略、沉默與頓換、缺乏表面邏輯的形式，打破象徵體系的規則。克莉斯蒂娃指出現代主義曖昧語言和斷裂語意，飽涵激進顛覆能量，進行「革命性」詩語，提供主體逃逸出表意鏈上固定位置，不斷解體及延異意義過程中，探索多元而流動的主體建構㉘。

黎湘萍研究文學臺灣，是與政治臺灣切割開來的，當他閱讀朱天心《古都》，發現作品中人物處在劇烈變化的臺北都會，小說人物在小說場景中變成異鄉人，黎湘萍將文學臺灣放置在臺灣社會中解讀，

> 歷史記憶似乎僅僅是一種虛構的「想像」，甚至化成子虛烏有。㉙

但朱天心的故事，時空交叉，甚至錯亂，人物和故事都被蒙太奇式地剪貼起來，其中穿插著有一搭沒一搭的引用的文本，看似不相干，卻好像起著狡慧的暗示作用，把不同的時空想像攪和在一起，而且敘述方式不再是全知式的，而更多帶有獨白或意識流的色彩。㉚

龔鵬程對於八〇年代臺灣文學流於本土化神話迷思，提供對朱天文、朱天心、李昂或是張大春、駱以軍等小說家九〇年代後創作動機的切入口，

> 文學本土化，是一個特定時空中，一群人為匯整、表達、強化其群體信念，並鼓舞大家依之行動而發展論述。㉛

龔鵬程以為過度強調臺灣本土化的創作傾斜，必會造成乖離土地、違反歷史

---

㉗ 范銘如：《眾裏尋她：臺灣女性小說縱論》（臺北：麥田出版社，2002 年），頁 88。
㉘ 同上。
㉙ 黎湘萍：《文學臺灣：臺灣知識者的文學敘事與理論想像》（北京：人民文學出版社，2003 年），頁 2。
㉚ 同上，頁 3。
㉛ 龔鵬程：《臺灣文學在臺灣》（臺北：東大圖書，1995 年），頁 204。

與社會現實❸，整理臺灣文學史的葉石濤爬梳臺灣文學具備反抗精神語言的源頭，

> 威權式統治的瓦解，使得承繼臺灣本土文學傳統抗議精神的抵抗文學更加
> 激化和深化。屬於這流派的臺灣作家大多以土生土長的作家為主。他們認
> 為過去鄉土文學的歷史性使命已告結束，太多的懦弱和妥協必須停止；他
> 們身負創建自主獨立的臺灣新文化，以為文學必須反映大臺灣民眾的意願
> 才行。他們也嘗試用臺灣話文去寫作，以符合他們的政治主張。他們的創
> 作方式也會採用魔幻寫實或科幻的形式，但是大多數作品仍然以現實主義
> 寫作為主。
>
> 對於歷史大敘述解體，身感身分離散的小說家，對於歷史記憶想像與選擇、
> 修飾，從國族父親、神聖的父族源頭追溯，駱以軍身為「外省籍」作家，
> 自我身分的定位與認同，與臺灣本土化並不相同。駱以軍驚覺父親國族是
> 缺席與不可見，運用書寫的字化成生存有感的肉，書寫成為尋根儀式及現
> 實存在。
>
> 至此，我們發現貫串駱以軍眾作品中的，那種無所適從、關於身分認同的
> 焦慮，始終無由獲得解決。此外，《遠方》書中大量有關兩岸問題的發想、
> 彼岸的瑣碎腐敗等細節之書寫，或許令人以為「外省第二代」的政治表態，
> 乃是駱以軍此書的重點所在。但事實上，駱關於國族認同的懷疑與困惑，
> 終究必須回到「父親」這個角色。❸

　　黃錦樹稱駱以軍個人書寫風格有一種「棄」與「傷害」書寫，或是死亡運屍
工程，對於《西夏旅館》中神、怪物與屍骸，黃錦樹以為駱以軍書寫核心是「傷
害」，男主角圖尼克殺死妻子，割下頭顱，與西夏王國李元昊殺妻、屠殺、父子
相殘成為敘事兩線；駱以軍並不解決西夏王朝滅亡的歷史事實，反而將牠異化成
萬花筒般的夢境，或是旅館隔壁房間的說故事者。小說人物家羚問圖尼克：「你

---

❸　同上，頁 205。
❸　徐宗潔：〈我們是那樣被設定了身世──論駱以軍《月球姓氏》與郝譽翔《逆旅》中的姓名、
　　身世與認同〉，第七屆青年文學會議論文集，2003 年，頁 191。

的那支『最後一支逃亡的西夏騎兵隊』，怎麼那麼像一九四九年國民黨潰散，外省人的大逃亡？」❸，殺妻與傷害、暴力或許是駱以軍挪用西夏王朝故事用以詮釋歷史面向的基調，李維史陀以為神話是集體的夢，各原始民族神話故事異質身體的形象，是集體潛意識的反應。王墨林以為「從神話當中看到自然法則所包含的暴力機能，總的來說，『神話暴力』要求的犧牲，不管在古代部落或近代社會，都是為要完成『自然法則→秩序→權力』的結構性體制」❸，駱以軍運用現代主義中深層心理刻畫、非理性世界、魔幻神話的小說世界、多重時間的交錯，將圖尼克及西夏故事或是外省第二代的歷史記憶，在小說訴中召喚與搶救甚至重新詮釋。

## 四、遷徙的記憶／遊牧書寫

老人對男孩說：有時我們拴馬憩息在一條不可能有人追擊而到的清澈溪流邊。我們全不成人形，疲憊欲死。有的人用腰際小刀刮去臉上某一隻被箭穿碎的眼窟窿裏白糊糊的膿和幼蛆；有的人生火燒馬刀，嗤嗤冒著臭煙把已腐爛黏附在發黑骨脛上的沾血馬靴，像突厥人切沾醬烤羊腿那樣人骨人肉馬靴血塊不分一條一條切下；有的前額薤髮處被馬上如夢遊夜以繼日的風切，額角向上翹起額中央凹陷，似乎在這樣的遷移中，肉眼可見已變形進化成志怪中魍魎……

> 整個逃亡程中，我腦海裏只有一個聲音，彷佛是從身腔子裏最深藏的部位（如果是女人，那個位置應該是子宮）發出悲慘的嗷叫──嗚哇哇哇❸

駱以軍以為小說最終等於探問時間，運用語言描述時間運動，其中包括動作、情節、衝突與經驗、回憶及想像，楊凱麟以為當代小說內容涉及各種匪夷所思的冒險或是生活體驗，仍脫離不了再現事物尋常慣性的陳套，他以為當代文學主要

---

❸ 駱以軍：《西夏旅館》下冊（臺北：INK 印刻文學生活雜誌，2008 年），頁 421。

❸ 王墨林：《臺灣身體論　王墨林評論集 1979-2009》（臺北：左耳文化出版社，2009 年），頁 130。

❸ 駱以軍：《西夏旅館》下冊（臺北：INK 印刻文學生活雜誌，2008 年），頁 465。

試煉在陳套的汲取與跨越，以一種嶄新表達方式融鑄真正虛構（fiction）❸❼。

駱以軍以為「某種將宇宙看成一座無時間流動之大型油液萬花筒的虛無理論；一切的經驗，都只是那億萬恒河沙多的宇宙裏其中一個宇宙裏所發生的經驗。所有的事情早已發生過了。而且在發生的瞬間，在過去、現在和未來，那其他億萬恒河沙多的宇宙裏的某一顆星球，也像無限重複的鏡廊，同步地發生一模一樣的事情。」

小說、文學書寫終究成為一個問題，虛構到何種極致或是應該被虛構。

駱以軍演練穿梭在無數故事入口的遊牧書寫的手法，《西夏旅館》第 34 間房的「老人」是小說文本的「導讀」，意圖再次在故事裏（以說故事方法）交代故事碎片，「這些萬般碎片幻影皆能網路倒溯拼湊組出——原始傷害核心的複製繁殖大敘事，把幻影與真實當魔術方塊，旋轉、計算、按色塊趨近、碎片、一個平面，乃至一快立方體的遊戲靈魂——我以為，你，像那些科幻電影的創世紀仿擬，一個失控而超越人類集體智力或高科技極限所能管制的『超級人造智力』，自主運算找出了突破神的封印而能自行繁殖的形式。……亂塞一大堆別人的夢境、身世、遺憾和恐懼，只為了將我打造成一把可以開啟你層層防火牆的解碼之鑰，《木馬屠城記》的那匹巨大拼裝，可以送進神之秘境的機械牲畜。」❸❽

如此強勢「時光與故事迷宮的魔幻大旅館」，在駱以軍虛構小說書寫中，成為一種逆溯當下人事變化的微分作用（differentiation），「這幢旅館的每一個房間裏的住客，都以為自己有一段離奇罕異的身世，其實他們全只是其中一條螺旋體上寄宿的一小格基因密碼，一顆記憶複製時活版印刷的鉛字」❸❾。

從駱以軍九○年代創作風格回頭看臺灣文學創作生態複雜的必然，與時代對話的多種可能，龔鵬程〈臺灣文學四十年〉主張「非單線的文學史觀」或是邱貴芬提出臺灣文學具有殖民性格與雙重性民族結構的論點，或許是駱以軍《西夏旅館》創作詮釋的切入點，也是《西夏旅館》可能為「我們的」臺灣文學史在九○年代交出文學創作多元與複雜的成績單。

---

❸❼　楊凱麟：〈《西夏旅館》的運動——語言與時間——語言駱以軍遊牧書寫〉，中山大學駱以軍作品研討會論文，2009 年。

❸❽　駱以軍：《西夏旅館》下冊（臺北：INK 印刻文學雜誌，2008 年），頁 553。

❸❾　同上，頁 216。

# 五、字化身為肉

李元昊造了多毛文字，而圖尼克卻在這些多毛文字中尋找暗夜迷宮的記憶，圖尼克企圖在文字中找到路的盡頭，人界與神界、甚至夢境、甚至故事的入口。

西夏帝國滅族亡國與外省人遷徙的命運，在超驗者的眼中，這兩者似乎在時間流動中先後出現。在駱以軍小說手中，書寫預言，天命與死亡都可以寫在一起。圖尼克的父親在圖尼克祖先成為「胡人」的時間點上被「棄」。圖尼克的祖先與圖尼克的父親到圖尼克，這層層的關係讓駱以軍自覺到現代主義的投胎形式❹，圖尼克最後仍是從李元昊所造毛髮文字中尋找人神界的入口，等同於駱以軍重寫父親的故事，

> 父親的命題也是駱以軍此輩小說家面臨他們作為一個「現代主義者」的難題。在東方，或許，至少在當代臺灣的現代主義裏，外省敘事都佔據一個極為重要的地位。在外省敘事裏，第一代父親代表著現代性的見證者，他們見證那場歷史災變的扭曲傳奇，駱以軍說：「晚清的人是眼睜睜看火車轟一聲開進來，祖墳就這樣沒了。」現代性侵入時伴隨的暴力過程，成為父親敘事中的陰影，也是當作第二代空白的兒子，在接收父親敘事規訓的同時，所亟欲逃開的、對父親敘事的恐懼。❹

九〇年代駱以軍小說文本中父與子除了是個人生命情境的體悟與反射，更是臺灣小說家龐大的語言景觀。《西夏旅館》中圖尼克所造十七個字，長毛的文字帶領字景觀內的故事，字是圖尼克敘述故事的肉身，也是圖尼克運用語言的一種幻術與謎語。

書寫可以投胎，字成為一場場生命故事輪迴，朱天文所言：「我寫故我在」，「父子父子」不斷擴展的圖像，西夏與圖尼克尋妻、尋父，小說細節與情節以鏡

---

❹ 劉淑貞：〈肉與字：九〇年代後小說中的死亡與自殺書寫──以張大春、駱以軍、邱妙津、黃國駿為考察物件〉，國立政治大學中國文學系碩士論文，2007 年，頁 106。

❹ 同上，頁 106。

中鏡、夢中夢、故事中的故事呈現，圖尼克被妻遺棄、父親被祖父遺棄、祖先被神遺棄，李哪吒應劫而降生人世卻必須剔骨肉還父母，亞里斯多德解釋悲劇受難，是「一種破壞或痛苦性質的動作，諸如舞臺上之謀殺，肉體之折磨、傷害」，

當朱天文、朱天心面對外省第二代與「政治不正確」的文字書寫質疑時，駱以軍思考外省第二代以文字化作血肉的書寫天命。

# 六、結語

臺灣九〇年代外省書寫主體，不斷流出異質、鬼魂、屍骸的主題，在駱以軍「書寫」下，小說文本化成「身體」「屍骸」，以文字語言展現臺灣文學寫作進入的足跡，臺灣文學語言經歷寫實主義、現代主義、後現代主義、後殖民及殖民主義，駱以軍挪用祖先的荒原與墓地，在屍骸遍地的荒野上，用文字書寫與補捉離散在歷史時空的幽魂。

小說家在書寫過程與鬼魂對話，因為書寫華麗的死亡情節才可能推展，而小說家亦借用語言文字的書寫，成為另一種文化與歷史天命輪迴的解鈴人。

# 參考書目

**專書**

龔鵬程：《中國小說史論》，臺北：臺灣學生書局，2003，8。

龔鵬程：《文化符號學》，臺北：臺灣學生書局，2001，2。

龔鵬程：《中國傳統文化十五講》，臺北：五南圖書出版公司，2009，7。

龔鵬程：《臺灣文學在臺灣》，臺北：駱駝出版社，1997。

龔鵬程：《臺灣的社會與文學》，臺北：東大圖書公司，1995。

駱以軍：《西夏旅館》上下冊，臺北：INK 印刻文學生活雜誌出版社，2008，9。

楊義：《中國敘事學》，北京：人民出版社，2009。

黎湘萍：《文學臺灣：臺灣知識者的文學敘事與理論想像》，北京：人民文學出版社，2003。

邱貴芬：《後殖民及其外》，臺北：麥田出版社，2003。

范銘如：《眾裏尋她：臺灣女性小說縱論》，臺北：麥田出版社，2002。

王墨林：《臺灣身體論王墨林評論集 1979-2009》，臺北：左耳文化出版社，2009。

愛德華·摩根·佛斯特著，蘇希亞譯：《小說面面觀》，臺北：商周出版社，2009。

## 論文

洪王俞萍，〈文化身分的追尋及其形構——駱以軍與黃錦樹小說之比較研究〉，國立成功大學中國文學系碩士論文，2005，6。

劉淑貞，〈肉與字：九〇年代後小說中的死亡與自殺書寫——以張大春、駱以軍、邱妙津、黃國峻為考察對象〉，國立政治大學中國文學系碩士論文，2007。

黃錦樹，〈神的屍骸：論駱以軍的傷害美學〉，國立中山大學駱以軍作品研討會論文，2009，6。

張錦忠，〈離散想像，或，想像離散：論駱以軍的西夏旅館〉，國立中山大學駱以軍作品研討會論文，2009，6。

楊凱麟，〈《西夏旅館》的運動——語言與時間——語言：駱以軍遊牧書寫論〉，國立中山大學駱以軍作品研討會論文，2009，6。

# 後設《紅樓夢夢》
# ——龔鵬程紅學詮釋方法論研究

## 蕭鳳嫻*

**摘　要**　本文以龔鵬程先生《紅樓夢夢》一書為文本，文學詮釋方法論為切入點，提出其以作者為中心，文字、文學、文化一體性結構觀念，後設《紅樓夢》作者文字、文學、文化批評圖像、產生意義。論其大要，則是以文字符號「作者意圖」論，為批評前設。「文字哲學論」為詮釋方法，提出作者意圖設計真真假假、假假真真、若真若假、若迷若悟，真而不真、假而不假、人生情慾癡枉大夢。文化史學詮釋視野，視《紅樓夢》為男性文人談、說、玩賞女人生活態度文化史資料。

**關鍵詞**　紅學　紅樓夢　龔鵬程

## 一、前言

　　2004 年龔鵬程先生將多年來論述《紅樓夢》文稿，整輯成編為《紅樓夢夢》一書，自序云：「歷來紅學家，都在大談作者。作者為誰、生平為何、為何寫這

\*　蕭鳳嫻，輔仁大學中文博士，現職臺灣花蓮慈濟大學東方語文學系中文組專任助理教授。學術專長：近代學者紅學論述、新儒家文學論述、文學史中小說論述。著有《渡海新傳統——來臺紅學四家論》（臺北：秀威資訊公司，2008 年 12 月）、《民國學者文論研究》（臺北：大安出版社，2009 年 8 月）、《中國文學概論研究——以政府遷臺後、國人著作為範圍》（高雄：復文圖書出版社，2009 年 9 月）等書及其他期刊論文。

本書，是紅學自傳派、索隱派的爭論核心。另有一部分，則是談作品：這本書的結構、寫法、主題、人物、修辭、美學等等。我卻因讀《紅樓》的經驗特殊，所以會特別想到：像我這樣的讀者，對此書有此等感受，跟其他人頗為不同，起碼顯示了男女閱讀有異，古代那些讀《紅樓》而甘為情死的女子，其讀書所見，即與我殊趣。而另一些人讀此書的看法也彼此互歧，詮釋完全不一。這些人為什麼會這樣讀這本書，又讀成這個樣？……我想做的，是紅樓詮釋史或紅樓詮釋型態的梳理。……我猜是《紅樓》的寫法特殊，即真即假，是非兩行。故這種書籍與讀者特殊的互動型態，若仔細觀察之，不唯深具趣味，對讀紅樓夢這件事更可有深刻的了解，亦可更對閱讀與詮釋行為進行方法學的探討，具有高度的理論意涵。」❶書中〈高陽的紅學〉、〈紅樓猜夢：紅樓夢的詮釋問題〉、〈所謂索隱派紅學〉、〈靖本脂評石頭記辨偽錄〉、〈紅樓夢與儒道釋三教關係〉、〈紅樓情史〉諸文，也照著序文路向，梳理了清朝嘉慶年間以來至 70 年代，文字資料中各類讀者《紅樓夢》詮釋成果，分析其意義取向、詮釋策略、論贊優劣，繼而成證《紅樓夢》作者寫法特殊，即真即假，是非兩行，中國人一切關於夢的想像、觀念、夢與人生的關係都壓縮在此書中的詮釋結果。而〈讀紅樓夢札記〉、〈憐花意識：文人才子的心態與詩學〉、〈香豔叢書裡的紅樓夢〉諸文，則是從「被主流詮釋」認識不足的男性風月文化傳統角度，詮釋《紅樓夢》，繼而成證《紅樓夢》作者香奩閨情心態的詮釋結果。

由此可知，龔鵬程先生《紅樓夢夢》一書，從批評實踐而言，並非只是以西方讀者閱讀、詮釋理論的角度，談《紅樓夢》詮釋方法論書籍而已❷。西方讀者閱讀理論，其基本預設是作者本意並不存在，閱讀只是讀者「利用文學作品來象徵自己，並最終複製了我們自己。我們藉著作品體現出富有我們自身特點的慾望

---

❶　龔鵬程：《紅樓夢夢》（臺北：臺灣學生書局，2005 年），頁 iii。
❷　對此周慶華早已指出：原來作者不是破了俗見才立新見，而是為了立新見才去破俗見；所應的權力／知識這一當代新認識論鐵則已經「自顯光華」。參見周慶華：《紅樓搖夢》（臺北：里仁書局，2007 年），頁 237。

和適應模式。」❸依照西方傳統詮釋學理論，其基本預設是詮釋的意義在追求作者本意。「解釋者的首要任務是重建作者的邏輯、態度、文化，簡言之，即重建作者的世界。」❹而龔鵬程先生是依照西方讀者閱讀理論分析《紅樓夢》詮釋方法論，得出歷來《紅樓夢》詮釋者意義、理解如何誕生後，又補充作者的世界、提出作者意圖是：即真即假，是非兩行。作者價值觀是：二元混合性質。作者心態是：香奩閨情。其批評實踐活動是西方文學理論修改論，符合他「讀者反應批評式的困局，切斷了作品與作者的關聯」❺、「以中國的資料來修正或創新（西方）理論，尋找閱讀小說的另一種可能」❻理論主張。而梳理歷來《紅樓夢》詮釋方法問題，符合他「建構小說研究新的發展與生機」❼研究價值觀。

　　換言之，《紅樓夢夢》一書，以「夢」為符號（semiotics），追蹤紅學意義的衍生過程與規律，進行類後設紅學式批評，並提出新見。其意義產生的方式，涉及龔鵬程先生文學批評觀念基本預設、價值觀、世界觀、知識系統、批評話語、當代學術權力系譜等等錯綜複雜系統，意義重大卻非一篇論文可以完成。因此，本文以其文學詮釋方法論為切入點，提出以作者為中心，「文字、文學、文化一體性結構」❽，是龔鵬程先生文學觀念基本預設，留意其於書中，如何以此出發，建構其《紅樓夢》作者文字、文學、文化批評圖像、產生意義，嘗試進行後設《紅樓夢夢》詮釋活動。

❸　Jane P Tompkins, *Reader-Response Criticsm-From Formalism to Post-structuralism* (Baltimore and London: The Johns Hopkins University Press, 1980), p.124。中文譯文採用洪濤翻譯，參見洪濤：《紅樓夢與詮釋方法論》（北京：北京圖書館出版社，2008 年），頁 209。

❹　E.D. Hirsch, *Validity in Interpretation* (New Haven and London: Yale University Press, 1967), p.242。中文譯文採用洪濤翻譯，參見洪濤：《紅樓夢與詮釋方法論》（北京：北京圖書館出版社，2008 年），頁 280。

❺　龔鵬程：《文學散步》（臺北：漢光文化事業公司，1985 年），頁 22。

❻　龔鵬程：《中國小說史論·中國小說研究的方法問題》（臺北：臺灣學生書局，2003 年），頁 21。

❼　龔鵬程：《中國小說史論·中國小說研究的方法問題》，同註❻龔書，頁 4。

❽　龔鵬程：《中國文學史上冊》（北京：世界圖書出版公司，2009 年），頁 17。

# 二、作者意圖論

自乾隆甲戌年（1754）《脂硯齋重評石頭記》開始，迄新紅學的《紅樓夢》閱讀、批評，其批評觀念基本預設都是小說實錄觀與著作權確立，先「知人論世」後，再「以意逆志」詮釋《紅樓夢》。即將作者身處的歷史環境、行事之跡，入於《紅樓夢》作品之中，考察其行為、探求作者心志、作品旨意。各種詮釋都熱衷追查作者原意、樹立一己詮釋權威，作者問題超越了文本詮釋，成為詮釋活動主宰。可是偏偏《紅樓夢》是一本書名、作者、續作者、年代、版本、意義「空白」❾很多的小說，批評者各自依其方法詮釋、填補空白的活動，結果是形成一堆無解紅學公案，龔鵬程先生稱之為「使人瘋魔、荒唐不可究詰的夢」❿。他跳開了前人「作者身分」論批評前設（presupposition），認為「小說與士大夫文學不同，不必如研究士大夫文學那樣討論作者問題」⓫，但文學作品也不是獨立自主的世界，「作者必有意圖，讀者才有感應，作者在創作時，預設對傳達範圍和程度的考慮」⓬，影響讀者欣賞能力、解析意義。從「作者意圖論」分析《紅樓夢》著作權、作者原意、詮釋公案問題。提出《紅樓夢》作者意圖使讀者做「夢」，認為「《紅樓夢》幾乎包含中國所有的夢境，夢之各種面貌亦顯現其中。……一種迥異於傳統表達手法的寫作方法。……它是真與假雙線同時進行，既說真又同時說假，既說假，卻同時說真。而在它語言構造上，又同時在瓦解真、瓦解假。以致既真既假，又非真非假。……《紅樓夢》不斷在運用語言的歧義性，讓大家採取這種方式去閱讀他寫的書。否則何以其他的小說，我們並不這樣去玩拼字、猜字遊戲。作者藉其善於運用此類歧義而教育了讀者，……《紅樓夢》對世界文學

---

❾　「空白」是接受美學（Aesthetics of reception）學者伊瑟爾（Wolfgang Iser）提出之文學主張，他認為文學文本的召喚結構由「空白」、「空缺」、「否定」三要素構成。由它們來激發讀者在閱讀中發揮想像來填補空白、空缺，確定新視界，構成文本的基本結構。文學本身只提供了一個框架，這個框架無論在哪一個方向和層次上都有「空白」，有待於讀者在閱讀過程中填補和充實。參見伊瑟爾著，金元浦、周寧譯：《閱讀活動——審美反應理論》（北京：中國社會科學出版社，1991 年），頁 191。

❿　《紅樓夢夢·紅樓猜夢：紅樓夢的詮釋問題》，同註❶龔書，頁 44-45。

⓫　龔鵬程：《中國小說史論·中國小說研究的方法問題》，同註❻龔書，頁 7。

⓬　龔鵬程：《文學散步·欣賞文學作品》，同註❺龔書，頁 22-23。

的主要貢獻,是在小說語言的創造上,在人類語言的開發上,它突破了既有的敘述成規,透視文字的多面性,以一種從來不曾被人有意識地使用方式,寫下這本迷離惝恍的大書。」⓭

　　這種跳過「作者身分」歷史考證(反對胡適考證式小說研究),重作品、輕歷史、重文本內在結構,類似新批評的作法,卻高談新批評排斥「作者意圖」的詮釋方式,和《紅樓夢夢》中次要批評對象余英時先生完全一致。余英時先生視「作者意圖」為詮釋目標,提倡建立紅學研究新典範,透過作者文本中兩個世界(理想世界、現實世界)思想內在結構(清與濁、純潔與骯髒),來研究作者(曹雪芹)創作意圖。但《紅樓夢》現存十二個抄本,每個抄本又各自殘缺不齊,到底那個抄本代表作者意圖?這又形成余英時先生詮釋的困境⓮。龔鵬程先生承繼余英時先生的脈絡,去除文本兩個世界思想內在結構。吸收西方近代符號學、語言學方法論,我國文字學方法論、紅學索隱派拆字法。提出語言(文字)符號學主張,認為文字與真理相關,文學書寫活動關聯於道、宇宙秩序與終極真理⓯。《紅樓夢》作者的意圖,是主觀運用文字的歧義性、弔詭性,賦予《紅樓夢》多義且自我消解的文學本質、哲學本質、文化存在價值。因此讀者可透過一己指涉,解名號、察名號,而此活動實為喚起自我內在主體活動(正名)、人人可以透過此一活動,從《紅樓夢》迷離惝恍(夢)文字中,建立一己詮釋意義、存有依據。

　　如果說「作者身分」論批評前設,使讀者做了一場「使人瘋魔、荒唐不可究詰的夢。」龔鵬程先生的文字符號「作者意圖」論批評前設,也無法解夢。理由很簡單,《紅樓夢》作者身分不可確認、作者也從未具體表達創作意圖、作品文本也殘缺不齊,如何去確認作者原初創作意圖?意義的不確定性來自作者?因此龔鵬程先生還是只能從眾多讀者詮釋意義去論證,依舊是讀者龔鵬程所面臨的時空環境、外在客觀資料下的意義認知、詮釋而已。

---

⓭　《紅樓夢夢·紅樓猜夢:紅樓夢的詮釋問題》,同註❶龔書,頁 46-62。

⓮　洪濤:《紅樓夢與詮釋方法論》(北京:北京圖書館出版社,2008 年),頁 120-125。

⓯　龔鵬程:《文化符號學》(臺北:臺灣學生書局,1992 年),頁 xi。

# 三、文字哲學論

余英時先生紅學史研究，以史學家或持史學看法之讀者為中心位置、「歷史實證」為基本工具、「技術失靈」為詮釋預設，提出索隱、自傳、鬥爭三大紅學典範危機革命轉移論，認為當代紅學批評遭遇危機，解決方法是從歷史實證轉移到作者文本、作者意圖的審美建構上❶。龔鵬程先生反對其主張，他的紅學史研究，以作者文字符號「正名」為中心位置、「存在本質」為基本工具、「開放不定」為詮釋預設，提出作者意圖設計真真假假、假假真真、若真若假、若迷若悟，真而不真、假而不假、人生情慾癡枉大夢。文字對立又難以截然析分，在既談空又談有、既要超情悟道、又要深入情海的複雜文字中，讀者各察一方名號、各安一己生命秩序，誰也難在文本中多義且自我消解的文字裡，找到絕對證據，且各有實證難處。故紅學屢發論爭、興發考據、眾聲喧嘩。「情書」與「悟書」二元性價值觀混合，及其衍生問題，才是紅學批評發展意義、理解危機關鍵。解決方法不是回到文學評論，而是回到作者文字「正名」詮釋方法問題，重新檢討❶。

其次，他也論述《紅樓夢》二元性價值觀混合特色，與中國哲學價值系統關係。他說：作者雖然敘述時用了佛教、道教框架，書名與佛教、道教頗有關係，但敘述佛教、道教人物與事跡，均無崇仰敬愛之意。文本內容讀者可以詮釋為宣揚儒學之旨，也可詮釋為批判封建禮教。但它其實採取分裂認同聖賢之道，認同四書、聖賢之道，批判假借聖人言論牟利之人。善於利用佛教義理和儒家學說中合而不盡合之處，以情悟道、兼攝佛道，開創了情悟雙行、兩重結構格局，以情悟道，而不捨其情，遂開千古未有之奇❶。

最後，他也論述《紅樓夢》二元性價值觀混合特色，與中國小說歷史、言情價值系統關係。他說：《紅樓夢》存在著兩重結構，有兩個世界。但首先提出看法是索隱派紅學家，不是余英時先生，而且今後紅學研究典範，也不是余英時先生主張，踏著作者生活過、經歷過的現實世界或歷史世界，攀躋到作者所虛構的

---

❶ 余英時：《紅樓夢的兩個世界·近代紅學的發展與紅學革命——一個學術史的分析》（臺北：聯經出版公司，1978 年），頁 1-29。

❶ 《紅樓夢夢·紅樓猜夢：紅樓夢的詮釋問題》，同註❶龔書，頁 52-68。

❶ 《紅樓夢夢·紅樓夢與儒道釋三教關係》，同註❶龔書，頁 111-146。

理想世界或藝術世界,這樣是知二而重其一。《紅樓夢》文本中有「情史」二重敘述結構,一言情、一敘事,一主虛、一主實。有重在言情的表面語言,也有重在書事的文字內部所含的史事。今後紅學研究進路,需要同時求真玩假,同時閱其情又索其事,兼括兩重結構,不盡泥跡象,亦不一味談玄❶。

　　至此,龔鵬程先生文字符號「作者意圖」論批評前設,更進一步藉由文本內容、讀者反應的收集,強調、突出了前人《紅樓夢》論述、紅學史論述的不貫通。繼而突出、強調一己紅學詮釋進路主張:二元混合文字元素,及其裡層文學本質、哲學本質、文化存在價值(文字與真理相關,文學書寫活動關聯於道、宇宙秩序與終極真理),情悟雙行作品意義的重要性與中心性。至於引用的西方文學理論語言中心主義主張(與龔鵬程先生中國文字是否可直接替換使用?)結構主義符號二元對立的基本主張(與龔鵬程先生二元混合主張是否能直接替換使用?)眾聲喧嘩理論與他者開放性、互動性和對話性核心意義(他者與龔鵬程先生的作者中心觀是否相悖?)西方哲學邏輯、命題中心核心意義(與龔鵬程先生中國哲學正名觀、文字中心是否可直接替換使用?)索隱派紅學歷史實錄觀,余英時文獻實證觀、烏托邦思想論,這些紅學讀者想法的預設、意圖、差異性,則被捨棄至邊緣,也成了詮釋轉化的對象。

　　但是,文字哲學論詮釋《紅樓夢》、紅學成功與否關鍵,不在於引用西方理論、前賢理論,修改適配與否的問題?文學作品本就可以任由評者從各個角度、用各種方法讀它,都具有意義與價值。問題還是出在《紅樓夢》作者身分不可確認、作者也從未具體表達創作意圖、作品文本也殘缺不齊。我們要如何確認作者善於利用佛教義理和儒家學說中合而不盡合之處?以情悟道、兼攝佛道,開創了情悟雙行、二重結構格局?《紅樓夢》文本中有「情史」二重敘述結構,一言情、一敘事,一主虛、一主實?只是證實了讀者龔鵬程先生的詮釋成規,決定了文本意義。

# 四、文化傳統論

　　五四以來許多讀者視《紅樓夢》為一部賦予女子特殊地位的文本,有人認為

---

❶　《紅樓夢夢·紅樓情史》,同註❶龔書,頁147-166。

此為女性主義萌芽作品，有人認為奠基於晚明以來，男性文人把女子氣當成真情替身的觀念，書中關於才子佳人「情」的觀點、描繪、審美的思維，奠基於晚明湯顯祖〈牡丹亭〉以來個性解放、情至觀傳統❷⓿。對此女性、主情、晚明以來，才子佳人文化圖像、系譜，龔鵬程先生大抵以晚明文人談情傳統出發，但有新解。

龔鵬程先生不認為書中有女性主義意識，也不認為有把女子氣當成真情替身的觀念，他認為是一種娘娘腔且樂於與女人廝混、以多情自喜的才子文人心態與形象，袁枚是這個脈絡與傳統中的關鍵人物，但好之者、惡之者，多不能知其實。袁枚喜歡女色、也狎男童、更喜漂亮的伶人童子、更大談特談士女風月，反對假道學。其詩與詩話喜談男女，然此所謂男女，一非夫婦（無倫理上的負擔與義務）、二不只是男與女（情志相感就可以發生），三也不必涉及性慾（性的吸引未必有欲之滿足）。其男女之情不是情人戀愛之情，而只是對於女人有一種本質性的喜愛。喜歡親近女人、跟女人廝混，本質性地認為偎紅倚翠為美事。縱或現實社會中所接觸的女人未必能讓他感到愉悅，仍能透過想像，重新鞏固自己這種愛花、護花、憐香惜玉、寧為花下死的信仰、人生觀，喜作溫柔鄉語、喜錄女郎詩。憐花品花意識就是好色（外貌）、只要是美色都喜歡、憐花好色可能涉及佔有欲及性慾，則才子佳人的故事便會轉為姬妾娼妓，婚姻已成為愛情負面的東西。賈寶玉情種的形象、鍾情的態度、珍愛女性的心理、反道學禮教的姿勢，若具形於現實社會就是袁枚。賈寶玉是書上創造的情種典型，袁枚是現實世界存在的風流教主，兩者當然可能被索隱派聯想在一起。整個萬曆、天啟、崇禎、康熙、雍正、乾隆所形成的士人品格典型之一，就是類似兩人的人。品花狎妓之相關著作，也形成一個傳統，往下延伸到晚清消閑遊戲報、狹邪小說、滑稽詩文，乃至民初之南社詩文，哀情、奇情、艷情小說、鴛鴦蝴蝶派文學等等。這個傳統，論者迄今尚未摸清它的脈絡，而且也不注意❷⓵。

至於《紅樓夢》中女子特殊地位，他以《香艷叢書》裡收錄《紅樓夢》資料為例，提出一個不同於紅學主流，指向女子身世、女人之美的女性傳統讀法，那

---

❷⓿　參見艾梅蘭著羅琳譯《競爭的話語：明清小說中的正統性、本真性及所生成之意義》（南京：江蘇人民出版社，2009 年）頁 121、124。

❷⓵　《紅樓夢夢·憐花意識：文人才子的心態與詩學》，同註❶龔書，頁 193-226。

是男人（讀者）以詩詞寫女人、談女人、揣摩想像女人、或由女人自己談女人，而且是以一種寶貝女人、愛惜女人、欣賞女人、歌頌女人、傷嘆女人的角度來談。這個傳統不始於《香豔叢書》，明末清初以降，那些描繪秦淮吳中妓家事跡的筆記小說，早已優為之。清朝乾隆嘉慶以下，一部分伶人的品花紀錄，也很可觀。文人與娼妓不約而同做著同樣的書，正可讓我們明白這個香奩閨情傳統的意義[22]。

由此可知，龔鵬程先生以袁枚、《香豔叢書》裡《紅樓夢》資料為典範，晚明以來男性「文人階層」（社會階層）為視角，再現了袁枚身世、感情觀、感情活動、文學活動、文化活動，繼而重建了晚明至清乾隆年間，男性文人愛花、護花、憐香惜玉、寧為花下死的集體意識，與香奩閨情傳統，並且認為《紅樓夢》中賈寶玉，就是此社會階層集體意識、文化傳統實踐反映下的典範人物。這種讀法除了《香豔叢書》裡女人自己談女人部分，可能是性別研究資料外。其他部分的詮釋方法，仍是史學。與其所謂紅學主流自傳派紅學家、索隱派紅學家，透過書中所述，去考察作者為誰，其家世又為何？追索書中所述情節之影射或寓意為何？方法論並無不同，但龔鵬程先生拓展了史學廣度，將《紅樓夢》從自傳派曹家家史、索隱派反清復明史，轉向男性文人談、說、玩賞女人的生活態度文化史，並且藉由此一轉化，不論自駁了紅學主流自傳派紅學家、索隱派紅學家（史學閱讀視野）、晚明湯顯祖《牡丹亭》以來個性解放、情至觀傳統（情書閱讀視野）、女性主義萌芽作品（性別閱讀視野）閱讀論述。更擴大建構了下迄民國年間，此類型詩文、小說源流、系譜學。

但是，當龔鵬程先生在作者意圖論、文字哲學論，以文字的歧義性、弔詭性、意義不確定性、二重敘述結構，盛贊《紅樓夢》作者、《紅樓夢》小說哲學、文學地位後，卻在《紅樓夢》男主角情欲觀念文化史研究中，脫離「夢」的符號、文字的歧義性、弔詭性、意義不確定性、二重敘述結構的詮釋結果。採取實指現實環境反映論，不求真也玩假，實屬可惜。卻也反映了龔鵬程先生紅學詮釋方法論承繼與創新、整合中西、紅學史與小說史間的矛盾。《紅樓夢夢》整輯成編，寫作時間不同、目的不同、各論文方法論的矛盾。

---

[22]　《紅樓夢夢・香豔叢書裡的紅樓夢》，同註❶龔書，頁227-237。

# 五、結論

綜合以上分析，可知**龔鵬程**先生以批判前賢、融合中西理論、開創有研究意義新說為目的，建構其以作者為中心，文字、文學、文化紅學論。論其大要，則是以文字符號「作者意圖」論，為批評前設。「文字哲學論」為詮釋方法，提出作者意圖設計真真假假、假假真真、若真若假、若迷若悟，真而不真、假而不假、人生情慾癡枉大夢。文化史學詮釋視野，視《紅樓夢》為男性文人談、說、玩賞女人生活態度文化史資料，更擴大建構了下迄民國年間，此類型詩文、小說源流、系譜學。

筆者論文中以《紅樓夢》作者身分不可確認、作者也從未具體表達創作意圖、作品文本也殘缺不齊。就「作者」研究、反映論式男性文化史研究，是否適用紅學研究？提出商榷。正所謂夏蟲不可以語冰，筆者學思甚淺，無法剖析龔鵬程先生學問全貌，也不認為《紅樓夢夢》其書無價值。反之，《紅樓夢夢》見證了龔鵬程先生的博學與才情，比之民國以來任一紅學大師，有過之而無不及，撰寫論文其間，筆者每每自恨腹笥甚窘、自悔見識不廣、自誓發憤苦讀。借用龔鵬程先生論贊錢鍾書先生話語：「20世紀學術，不幸就是一個才情逐漸萎散凋零而學究氣越來越重的歷程。那個世紀，初期有康聖人、章瘋子。有學問變來變去，變到進入夢遊之境的廖季平；有自夷而夏，辮髮蓄妾而談春秋大義的辜湯生；有忽佛忽儒的熊十力，也有自己輕生的王觀堂……。凡此等等，都是學人，但都有性氣、有偏嗜，其發越的才情，與學問相浹相漬。有才情、肆性氣的通人，就是錯了也不打緊。其疣累僻執之處，也可能正是他異樣嫵媚之處。何況其才學有風姿可賞、生命有博大涵雅之量，文采又足以動人，其遠勝專家及知識工人，自不待言。」[23]

其實也不能說龔鵬程先生錯了，應該是觀念不同。筆者認為《紅樓夢》文本偉大之處，就是因為其作者不可考、故事意義不可考、朝代年紀不可考，因而讀者人人可考、人人可賦予意義。形成開放、不定的意義結構，無窮多元的意義，與眾聲喧嘩紅學史。讀者意義多音才是研究重心，不該是作者意義多音。當然，這也只是符合筆者己意的《紅樓夢》文本、紅學史典範。

---

[23] 龔鵬程：〈博雅逝去，才情凋零〉，《中外期刊文萃》，2004年第12期。

# 徵引文獻（以出版時間排列）

## 一、原始文本

龔鵬程：《文學散步》，臺北：漢光文化事業公司，1985

龔鵬程：《文化符號學》，臺北：臺灣學生書局，1992

龔鵬程：《中國小說史論》，臺北：臺灣學生書局，2003

龔鵬程：《紅樓夢夢》，臺北：臺灣學生書局，2005

龔鵬程《中國文學史上冊》，北京：世界圖書出版公司，2009

## 二、中文著作

余英時：《紅樓夢的兩個世界》，臺北：聯經出版公司，1978

洪濤：《紅樓夢與詮釋方法論》，北京：北京圖書館出版社，2008

## 三、翻譯著作

伊瑟爾著，金元浦、周寧譯：《閱讀活動——審美反應理論》，北京：中國社會科學出版社，1991

艾梅蘭著，羅琳譯：《競爭的話語：明清小說中的正統性、本真性及所生成之意義》，南京：江蘇人民出版社，2009

# 書寫、詮釋與治療
## ——龔鵬程紅學詮釋及其開展

林素玟*

**摘　要**　《紅樓夢》一書的閱讀與詮釋，乃中國古典文學研究中最饒富趣味的課題。自余英時「典範說」一出，成為紅學界的定論，「新典範說」也成為突破研究困局、開創新紅學的可能路徑。

　　龔鵬程自 1981 年開始，著手於《紅樓夢》的研究。《紅樓夢夢》等一系列論文緣於對余英時「三派」典範轉移的批判，提出紅學發展在「主情說」、「主悟說」等「二說」的脈絡中交相雜糅，混淆難辨。龔鵬程試圖改變余英時「三派」的詮釋路徑，藉「二說」以建構紅學的詮釋史，並指出二說的理論困境與矛盾。

　　本文嘗試勾勒龔鵬程對紅學詮釋系統之建構藍圖，歸納其對余英時「典範說」之批判要點、對「主情說」與「主悟說」理論困境之省察，以及其所指陳的《紅樓夢》獨特的寫作型態，並結合文學治療學的方法，指出以此書寫策略為基礎的新紅學，未來可能的開展方向與研究視域。

**關鍵詞**　紅樓夢　龔鵬程　書寫治療　閱讀治療　紅學詮釋

---

* 林素玟，國立臺灣師範大學國文研究所博士，曾任華梵大學中文系主任，現任華梵大學中文系專任副教授。著有專書《禮記人文美學探究》、《晚明畫論詩化之研究》，以及〈紅樓解碼——小說敘事的隱喻象徵〉、〈折翼的天使——賈寶玉的心理創傷與自我療癒〉等多篇論文。

# 一、紅樓夢何夢？

《紅樓夢》一書的閱讀與詮釋，自清代以來，呈現百家爭鳴、眾聲喧嘩的局面，對於作者為誰？主旨何在？全書共幾回？是否有續書者？是誰所續？……等等問題的考證、索隱，恐怕是中國古典文學研究中最豐碩、且最饒富趣味的課題了。《紅樓夢》的魅力，也在幾百年紅樓猜夢的思潮中，越趨興盛。五四以來一度成為顯學，不論考證派、自傳說、索隱派，或者鬥爭論，均各執己見，相持不下。

迨余英時〈近代紅學的發展與紅學革命〉以及〈紅樓夢的兩個世界〉二文一出，各派紅學研究被納入一個有機發展的典範轉移架構中，「典範說」遂成為紅學界的定論，要認識《紅樓夢》創作的主旨用心，也必須從「理想世界」與「現實世界」入手。余英時的「新典範說」，成為突破研究困局、開創新紅學的可能路徑。

然而，自龔鵬程一系列的紅學研究出現，自傳說、索隱派、鬥爭論三派的「典範轉移說」，似乎有鬆動的現象。龔鵬程自 1981 年開始，著手於《紅樓夢》的研究。首先由引介高陽的紅學而跨入紅學考證，進而寫成了《紅樓夢夢》等一系列論文。其中最重要、對紅學詮釋系統有所貢獻的，當推 1987 年的〈紅樓猜夢：紅樓夢的詮釋問題〉、〈所謂索隱派紅學〉，以及千禧年之後陸續寫成的〈紅樓夢與儒道釋三教關係〉、〈紅樓情史〉等四篇文字。

在此四文中，龔鵬程的紅學詮釋架構大致成形。其研究動機緣於對余英時「三派」典範轉移的批判，提出紅學發展在「主情說」、「主悟說」等「二說」的脈絡中交相雜糅，混淆難辨。龔鵬程試圖改變余英時「三派」的詮釋路徑，藉「二說」以建構紅學的詮釋史，並指出二說的理論困境與矛盾。除四文之外，其他如 1981 年〈遙指紅樓：夜訪高陽於《曹雪芹別傳》發表前〉、〈靖本脂評石頭記辨偽錄〉、1998 年〈高陽的紅學〉、2001 年〈憐花意識：文人才子的心態與詩學〉，以及近年的〈香豔叢書裡的紅樓夢〉、〈《土默熱紅學》小引〉等文，亦可窺見龔鵬程對「主情說」詮釋系統的建構。

本文根據以上各篇所述，嘗試勾勒龔鵬程對紅學詮釋系統之建構藍圖，歸納其對余英時「典範說」之批判要點、對「主情說」與「主悟說」理論困境之省察，

以及其所指陳的《紅樓夢》獨特的寫作型態,並結合文學治療學的方法,指出以此書寫策略為基礎的新紅學,未來可能的開展方向與研究視域。

# 二、「詮釋史」與「典範說」

## ㈠詮釋方法的提出

在臺灣中文學界中,「研究方法」的思考,遲至八○年代才開始成型。其中最具有「方法意識」的學者,當推龔鵬程了。龔鵬程對中文領域裡各個層面學問的研究,常具有極強的後設性反省批判之意識,其治學路徑,也開展了諸多方法學的研究,❶以此「方法意識」極強的學術性格,對紅學的研究視角,自然地會關注在紅學「方法」的研究上。龔鵬程即指出:「其實,一門學科能否進步拓展,端賴實際問題的解決,而實際問題之解決又常帶來『方法』的改革或創新。」❷對「方法」的重視程度,可見一斑。

由於深具「方法意識」的學術性格,龔鵬程縱觀清代以降《紅樓》的研究發展歷程,發現在「紅學研究中,其基本方法是考證」,然而依賴考證的方法,研究成果並不必然會有穩定的突破與成長,因為「考證的成果和突破,則有待於新資料的印證和發現。新資料之發現既極偶然,考據便很可能墮入偽資料或不相干資料所敷佈成的妄境中,迷亂徨惑。」❸換言之,龔鵬程認為傳統紅學研究的「方法」──考證,不僅無法解決實際的問題,反而易導致造偽的現象出現。為了解決紅學研究的困境,龔鵬程提供另一個方向的思考角度,從「讀者」的角度切入,省察紅學研究的方法問題,而展開一系列紅學詮釋的研究。

在近代紅學研究的專家中,龔鵬程認為對資料及方法最有自覺思考的,當推余英時。然而,依循著余英時「典範說」的路線以觀,龔鵬程卻發現:「余英時

---

❶ 例如 1987 年的〈論詩文之「法」〉,討論古典詩文中「法」的興起及其與文學發展之關係。收入龔鵬程:《文化、文學與美學》(臺北:時報文化出版公司,1988 年)。

❷ 龔鵬程:〈遙指紅樓:夜訪高陽於《曹雪芹別傳》發表前〉,《紅樓夢夢》(臺北:臺灣學生書局,2005 年),頁 15。

❸ 〈靖本脂評石頭記辨偽錄〉,《紅樓夢夢》,頁 25。

用孔恩的『典範』觀念，及他對科學革命之結構的看法，來討論紅學的發展，實在問題甚多。」❹為了釐清紅學發展的脈絡，龔鵬程想做的，是紅樓詮釋史或紅樓詮釋型態的梳理。以「詮釋史」來修正「典範說」的方法謬誤，在紅學研究的開展上，不啻為一項新的突破與創見。

有趣的是，紅學的發展脈絡紛紜複雜，學者稍一不慎，便易墮入治絲益棼的窘境，或被套入派系學說的框架之中。龔鵬程在紅學研究的領域裡，何以會選擇從讀者閱讀詮釋的角度，提出「紅樓詮釋史」此一整體宏觀的研究視野？其因一則由於治學的態度使然，龔鵬程諸多的學術成果，多喜作後設性思考與反省；二則緣於《紅樓夢》一書性質的獨特性。龔鵬程指出：「由讀者閱讀與詮釋的角度看，《紅樓夢》的讀者會因不同時代、不同性別、不同思想背景、不同著眼點，而形成不同的觀點及詮釋結果，讀出許多不同的《紅樓夢》來。」❺對於學術性格喜搜博獵奇的龔鵬程而言，《紅樓夢》對後世的獨特影響，正符合其治學態度，故欲揭開紅學詮釋的神秘面紗，一窺堂奧，因而為紅學建構了詮釋系統，也看到了在此詮釋系統之下，紅學研究的困境與侷限，因而解放了新紅學，開啟新一代紅學研究的無限風光。

### (二)新典範之立論與批判

余英時雖然被龔鵬程譽為最具方法自覺的紅學專家，然而，龔鵬程對余英時的質疑，主要批判也集中於余英時以科學現象中「典範的轉移」來理解紅學的發展，此一方法進路基本上就是問題重重的。龔鵬程認為：「紅學的發展，並不是由索隱派、自傳派、到鬥爭論三大典範革命式的轉變。……這三者，其實都只在情與悟兩大詮釋進路中，是從其詮釋進路之開展中自然出現的。」❻余英時之所以會有如此的解釋，乃緣於其取徑類似西方「新批評」與「結構主義」的觀點。其「假定作者的本意基本上隱藏在小說的內在結構之中」，「研究整個的作品，

---

❹　〈紅樓猜夢：紅樓夢的詮釋問題〉註31，《紅樓夢夢》，頁59。
❺　《紅樓夢夢》自序，頁3。
❻　〈紅樓猜夢：紅樓夢的詮釋問題〉，《紅樓夢夢》，頁58。

以通向作品的『全部意義』」，❼龔鵬程則以不同的方法進路，建構出與余英時迥異其趣的紅學發展脈絡。龔鵬程對余英時「典範說」的批判意見，主要呈現在〈紅樓猜夢：紅樓夢的詮釋問題〉以及〈紅樓情史〉兩篇論文中。綜合二文對余英時「典範說」的質疑，約有四端：

### 1. 紅學革命不能比擬為科學革命

龔鵬程在文中明白表示「反對用『典範』的觀念將紅學的發展比擬為科學革命」，❽何以故？因為文學發展與科學革命的結構是不同的。然則兩者有何不同？龔鵬程在〈論詩文之「法」〉一文中，曾舉杜詩「變體」為例，說明藝術創作乃是獨立於自然界和社會體制之外，自成一個世界。這個世界有一套自己的法則規律，讓創作和批評活動得以依此法則規律而進行。這套法則規律，即所謂「文學成規」，包括語言形式的規範、題材處理的傳統、作家權威關係的建立等。❾這些文學發展內部的複雜因素，顯然迥異於科學革命單線式的典範轉移。龔鵬程即指出：「不是說索隱派因技術崩潰、方法失靈，無法再繼續從事解決難題的工作，以致導向革命，故新典範自傳派應運而生；然後，再因自傳派危機重重，而出現新的典範鬥爭論。」「單這三項，亦無法包含所有的詮釋。」❿

### 2.「新典範」忽略「詮釋」的問題

龔鵬程認為余英時的「新典範」取徑類似西方「結構的分析」，「一方面忽略了詮釋的問題，一方面又將作品視為一獨立、完整而封閉的結構；至於內在外在的講法，更是有新批評的影子。」龔鵬程則援用「解構主義」、「讀者反應論」以及「接受美學」等後現代文學理論，認為「理解是不斷開放、成長，並往前發展的，它意味著存有可能性的開發，而非尋求作品背後之固定意義。」⓫

再者，除了作品並無獨立結構、作品的意義無法確定之外，假的詮釋意見與動機，更易導引出假資料，並據以為證據。龔鵬程即認為：「所謂靖應鵾藏脂評

---

❼　余英時：〈近代紅學的發展與紅學革命〉，《紅樓夢的兩個世界》（臺北：聯經出版公司，2002年初版第七刷），頁15、24。

❽　〈紅樓猜夢：紅樓夢的詮釋問題〉，《紅樓夢夢》，頁62。

❾　〈論詩文之「法」〉，《文化、文學與美學》，頁59、53、54。

❿　〈紅樓猜夢：紅樓夢的詮釋問題〉，《紅樓夢夢》，頁58。

⓫　〈紅樓猜夢：紅樓夢的詮釋問題〉註38，《紅樓夢夢》，頁63。

石頭記抄本，其實就是造偽欺世這一類東西。……所謂靖本脂批，也不過是一贗鼎而已！」⑫因為有假的詮釋意見，於是才會有偽證出現，所以讀者的「詮釋」會影響作品意義的演變，不可能如余英時「新典範」只關注在作品的分析，卻忽略了讀者的「詮釋」對作品所產生的影響。

### 3. 「新典範」文學性研探，無法開創新紀元

余英時提倡的「新典範」，以文學藝術的掘發為主，卻脫離對作品意義的詮釋而論其文學藝術，龔鵬程認為此種方法基本上是不可能的。何以故？龔鵬程對此問題一貫的立場，早在《文學散步》一書中即已明白地指出：忽略了對作品意義追求的努力，而把關注的焦點放在文字形式層面，終將使文學作品墮入形式化文字元素的分解、排列、組合，逼使文學作品成為形式的排組遊戲。⑬就紅學研究而言，余英時「新典範」的文學性研探，因必觸及作品意義之詮釋，而不得不再走向考證、再去索隱。

然而，龔鵬程認為紅學考證之出現，是順著詮釋進路而來的，其困境亦在於「它相信有一客觀固定的事實」，因此，「詮釋中不發生問題，自不須考證；詮釋中有了問題，考又如何能證？」⑭以此之故，龔鵬程「不相信在未改變詮釋系統之前，文學評論的處理能替紅學研究開創什麼新紀元。」⑮換言之，詮釋進路不變，「新典範」自然會如索隱派、自傳說一般，落入考證方法的循環論證當中。

### 4. 「新典範」知二而只重其一

余英時「新典範」主張《紅樓夢》有兩個世界：烏托邦的世界和現實的世界。「這兩個世界，落實到《紅樓夢》這部書中，便是大觀園的世界和大觀園以外的世界。……這兩個世界是貫穿全書的一條最主要的線索。把握到這條線索，我們就等於抓住了作者在創作企圖方面的中心意義。」⑯龔鵬程雖然也承認余英時所提出的「兩個世界」是正確的，但卻認為「指出該書有兩個世界者，實在新典範新紅學出現之前甚早」，《紅樓夢》的獨特處，在於其特殊的「兩重結構」的敘

⑫　〈靖本脂評石頭記辨偽錄〉，《紅樓夢夢》，頁 26。

⑬　《文學散步》（臺北：漢光文化事業公司，1985 年再版），頁 96。

⑭　〈紅樓猜夢：紅樓夢的詮釋問題〉註 35，《紅樓夢夢》，頁 60、61。

⑮　〈紅樓猜夢：紅樓夢的詮釋問題〉，《紅樓夢夢》，頁 62。

⑯　余英時：〈紅樓夢的兩個世界〉，《紅樓夢的兩個世界》，頁 41。

述型態,但龔鵬程認為「面對這兩重結構,新紅學擬由現實世界上攀入理想世界,不又仍是知二而只重其一嗎?這恐怕是從太黏著現實世界歷史世界的這一端,走到了另一端。」**⑰**

龔鵬程認為余英時的「新典範」並未能圓滿解釋「兩個世界」的「兩重結構」,因此進一步指出其所介紹的新紅學詮釋進路,「同時求真玩假,同時閱其情又索其事,兼括兩重結構,不盡泥跡象,亦不一味談玄」,換言之,既能解決考證、索隱長期以來的困境,又能合理解釋幾百年來紅樓猜夢的詮釋迷霧,「值得我們進一步發揮」。**⑱**這樣的詮釋進路,其實是緊扣著當代文學理論中對「文本意義」之認識,以及對「閱讀詮釋」之重視而來的。

### ㈢文本意義與讀者詮釋

陳慧樺在〈當代文學理論的眾聲喧嘩〉一文中指出:當代文學理論的特色有三:一為解除中心的趨向;二為文本觀念的確立;三為對典律/典範的顛覆。**⑲**蓋七〇年代前期,西方文學理論紛紜並陳,自巴特與克利斯提娃提出「文本」(text)的觀念以取代「作品」(work)的觀念之後,不論讀者反應理論、接受美學或解構主義,均宣稱「作者已經死亡」,以突顯讀者閱讀詮釋的重要性;作品的意義也從以往具有獨創性的完整封閉的概念中解放,轉而視文學都是「互為文本」的,具有多元的意義,無法固定在一個中心、本質或意義之上。**⑳**

龔鵬程吸收了上述當代文學理論的觀點,運用於紅學研究上,關注的焦點自然就落在「文本意義」與「閱讀詮釋」兩個層面。其所以批判余英時的「典範說」,兩人最主要的差異在於:余英時視《紅樓夢》為一部文學「作品」(work),而龔鵬程則視《紅樓夢》為一個「文本」(text)。

至於「文本」與「作品」的意義,卻是全然不同、迥異其趣的。作品是作者

---

**⑰** 〈紅樓情史〉,《紅樓夢夢》,頁 165-166。

**⑱** 〈紅樓情史〉,《紅樓夢夢》,頁 166。

**⑲** 陳慧樺:〈當代文學理論的眾聲喧嘩〉,羅勃 C・赫魯伯著,董之林譯:《接受美學理論》總序(臺北:駱駝出版社,1994 年),頁 3-5。

**⑳** T・伊格頓著,鍾嘉文譯:〈後結構主義〉,《當代文學理論》(臺北:南方出版社,1989 年再版),頁 174。

的產品，而文本所強調的則是讀者的參與生產，意義都是讀者創造出來的，沒有讀者就沒有了文本。㉑余英時因視《紅樓夢》為「作品」，是作者的產品，於是理所當然地必須為《紅樓夢》安立一個固定的、現實中的作者，所以余英時不得不說：「《紅樓夢》作者斷歸曹雪芹是一個到目前為止最能使人心安理得（即矛盾最少）的結論」，「作者的問題，除非有驚人的新材料發現，是很難再翻案的」。㉒而其「新典範」亦在於從作品的內在結構去發掘作者的本意。

龔鵬程的立場正好完全相反。龔鵬程因視《紅樓夢》為一個「文本」，故其對「作者是誰」的看法，並不重視，甚至有顛覆「作者」的企圖。如其在〈打開紅學新視野──「土默熱紅學」小引〉一文中謂：「近些年，有關《紅樓夢》作者問題，已不再能用『自傳／他傳』或『索隱／考證』來區分，因為業已混糅難辨，形成非常複雜的狀況。……皆強調曹雪芹的整理者角色，並非主要作者。」「《紅樓夢》作者著作權的官司還有得打，目前尚難定讞。」㉓而其對「文本意義」的看法亦認為：「關於《紅樓夢》為什麼會有這麼多書名，有各種不同的解釋。……所謂「紅樓夢」這個 text，根本不是一個封閉而穩定的系統，它的意義與結構是開放的、不定的，因此在表意時，事實上形成了無窮的多元。……命名的不同，正代表了它意義的變化。整個作品不是完整的、自明的。」㉔立足於「讀者閱讀詮釋」的角度，以呈現文本多元的意義，顯然是龔鵬程運用後現代理論的個人創發，卻成為新紅學發展的另類視野。

# 三、《紅樓夢》詮釋系統的建構

關於《紅樓夢》的詮釋系統，自余英時提出「典範說」以來，紅學界多半承襲此一看法，認為紅學的發展乃是索隱派、自傳說、鬥爭論這三派的典範轉移與革命。龔鵬程對此詮釋深為質疑，提出「二說」以取代「三派」。

---

㉑　陳慧樺：〈當代文學理論的眾聲喧嘩〉，《接受美學理論》，頁 4。

㉒　余英時：〈近代紅學的發展與紅學革命〉，《紅樓夢的兩個世界》，頁 10、26。

㉓　龔鵬程：〈打開紅學新視野──「土默熱紅學」小引〉，土默熱，《土默熱：紅學大突破──《紅樓夢》創作真相》（臺北：風雲時代出版公司，2007 年），頁 16、18、12。

㉔　〈紅樓猜夢：紅樓夢的詮釋問題〉註 16，《紅樓夢夢》，頁 51。

所謂「二說」，即紅學詮釋中「主情說」與「主悟說」二大系統。龔鵬程認為：「《紅樓夢》的詮釋路向中兩大路線之爭，有些人認為它旨在警幻悟空。有些人則覺得悟的部分並不重要，其書之感人處不在悟而在情。」㉕「幾百年來，紅學家及紅迷們爭論萬端，它主要的詮釋脈絡，卻大抵不出這兩條路線。」㉖自清代以來，紅學詮釋即在「主情」與「主悟」兩大系統裡，各自演變，再發展出考證、索隱或自傳說的路徑，且相互交錯涵蓋，至於「作者」的問題，也只是考據中的一環而已。

## ㈠「主情說」的建構

「主情說」一系，從《紅樓夢》問世以來，以迄近代，標舉者不乏其人。從「情」的觀點討論《紅樓夢》者，依龔鵬程的建構，又分為視《紅樓》為「情書」或「淫書」兩類看法。

### 1.情書說

「情書說」者認為《紅樓夢》全書主幹，在於絳珠仙草受神瑛侍者灌溉之恩，以淚償債這件事，「情」才是全書主旨，「悟」只不過挪用了中國文學傳統的老套，故作門面語罷了。㉗龔鵬程將「情書說」此一詮釋系統之淵源，上推至晚明，由晚明至清末，建構了一個「主情」的文學傳統。其在〈憐花意識：文人才子的心態與詩學〉一文中，認為晚明慧業文人、多情才子、山人處士型態，經才子佳人小說戲曲、清初淫豔詩詞、《紅樓夢》、袁枚，一直到晚清才情小說、狎邪文學等等的發展，有一個清楚的脈絡。㉘《紅樓夢》在當中，扮演極為重要的文人主情角色。

龔鵬程認為「情書說」的論據分為三個層次：一在思想層面上執著於情；二在制度層面上感傷有情人不能成眷屬，皆家族婚姻之禍；三在實際人事層面，則指實這不能成眷屬的人是順治、是納蘭性德。㉙由此三層面之詮釋需要，遂逼出

---

㉕　〈紅樓夢與儒道釋三教關係〉，《紅樓夢夢》，頁144-145。
㉖　〈紅樓猜夢：紅樓夢的詮釋問題〉，《紅樓夢夢》，頁48。
㉗　〈紅樓猜夢：紅樓夢的詮釋問題〉，《紅樓夢夢》，頁48。
㉘　〈憐花意識：文人才子的心態與詩學〉，《紅樓夢夢》，頁193。
㉙　〈紅樓猜夢：紅樓夢的詮釋問題〉，《紅樓夢夢》，頁62。

了「考證派」與「索隱派」。其中「考證派」又因理論之困境，而考證作者身分與家世，於是便形成「自傳派」。

(1)自傳派的建構

「自傳派」又可以分為「作者之自傳」與「作者之他傳」兩種說法：

①作者自傳

首先，在「作者自傳」一說中又分為二：早期紅學家多認為《紅樓夢》作者為曹雪芹，內容寫的是曹家的興衰歷史。從清初以迄五四的胡適、近代周汝昌、高陽的前期等，均持此說。

其次，龔鵬程認為「作者自傳」的另一條詮釋路線，為現今紅學的新思路，那就是把《紅樓夢》創作的時間提前，或在曹雪芹之外尋找原作者；而在作品內涵的解釋上又不拘限於自敘傳說，乃是現今紅學發展上之新思路。❸在這一新詮釋思路上，以土默熱、逗紅軒為代表，認為《紅樓夢》作者為清初寫《長生殿》的洪昇，或洪昇與朱彝尊、趙執信、查慎行等集體構思的結果，寫的內容可能是洪家在杭州的事蹟。

②作者他傳

作者他傳方面，又分為作者寫福彭與作者寫李鼎之別。前者以高陽的後期持論為代表，後者以皮述民為代表。龔鵬程認為高陽在早期對紅學的見解，環繞在曹雪芹及曹府家族史；後期卻脫離自傳說另闢蹊徑，主張《紅樓夢》是曹雪芹寫乾隆十四年再度被抄家的「夢幻天恩」之經歷，主角不是曹雪芹而是平郡王福彭，這一說法，顯然已從「作者自傳」走入「作者他傳」一派。至於後者，皮述民則認為《紅樓夢》是曹雪芹綜合自己所寫的《風月寶鑑》，加上李鼎所寫的懺悔錄《石頭記》增刪而成，內容寫的是蘇州李煦的家族興衰史。❸

(2)索隱派的建構

「主情說」所逼出的索隱詮釋路線，龔鵬程認為有三說：一則認為《紅樓夢》談有情人不能成眷屬的是順治與董小宛的故事；二則認為是寫納蘭性德的愛情故

---

❸　〈打開紅學新視野──「土默熱紅學」小引〉，《土默熱：紅學大突破──《紅樓夢》創作真相》，頁23。

❸　皮述民：《李鼎與石頭記》自序（臺北：文津出版社），2002年，頁1-4。

事；三則指清初隨園主人袁枚一生事實。而這一系「索隱派」，為了安頓後四十回寶玉出家的問題，遂又從「主情」以考證史事，最終又與「主悟」的「索隱」合流，走向寄託說。

　　(3)香豔傳統的建構

　　所謂「香豔」的傳統，是龔鵬程在「主情說」一系的詮釋脈絡中，有別於考證派、自傳派、索隱派之外，另行建構的說法。龔鵬程指出：紅學的主流，一是透過書中所述，去考索作者為誰，其家世又為何；二是追索書中所述情節之影射或寓意為何；三是論小說的寫作技巧及主題意識。紅學專家們或大部分讀者，對《紅樓夢》裡的女性傳統是沒有興趣的。[32]龔鵬程特別在紅學主流之外，提倡重視《香豔叢書》裡對《紅樓夢》的閱讀詮釋。這個「女性傳統」的詮釋系統，從清代王希廉的《石頭記評》、沈謙〈紅樓夢賦〉、盧先駱〈紅樓夢竹枝詞〉等，以迄清末上海娼妓家事，均為以「香豔」為主的紅學詮釋脈絡。龔鵬程認為：「《香豔叢書》所收的這批涉及《紅樓夢》之資料，雖非刻意蒐輯，版本亦不甚考究，但總體來看，仍有些特色，可以供讀《紅樓夢》甚或王希廉評本者參考。」[33]

### 2.淫書說

　　「主情說」的詮釋系統，除了絕大部分紅學家將《紅樓夢》視為一部「情書」之外，龔鵬程認為：書中言情的部分又牽涉到「淫」的問題。清代人確曾以《紅樓夢》此一情書為淫書，如毛慶臻、梁恭辰、汪堃、陳其元等人，都認為《紅樓夢》是淫書。[34]由「淫書說」與「情書說」之詮釋抗衡，必然會反面逼出「倫理世道」方面的詮釋；而為了兼顧八十回後寫賈寶玉超悟出家的問題，「情書說」又無可避免地必須轉向索隱說，認為《紅樓夢》寫的是清順治皇帝與董小宛的故事，由對書中寫情的喜愛，走向考證索隱史事了。[35]

　　「主情說」與「主悟說」都可能有「超悟出家」的詮釋，然而兩者解釋賈寶玉出家的動機卻截然不同。「主悟說」主張賈寶玉是因超脫塵俗而出家；「主情說」卻認為寶玉因黛玉之死，一癡不醒，從此出家收場。龔鵬程在為「主情」、

---

[32]　〈香豔叢書裡的紅樓夢〉，《紅樓夢夢》，頁229。
[33]　〈香豔叢書裡的紅樓夢〉，《紅樓夢夢》，頁228。
[34]　〈紅樓猜夢：紅樓夢的詮釋問題〉，《紅樓夢夢》，頁57、53。
[35]　〈紅樓猜夢：紅樓夢的詮釋問題〉，《紅樓夢夢》，頁54、56。

「主悟」兩大詮釋系作理論內部的建構時，卻赫然發現其實兩者之間已混糅難辨，形成非常複雜的狀況，迴非余英時「典範說」所詮釋的「此仆然後才彼起」，更不是「真正壁壘分明」的。

### ㈡「主悟說」詮釋型態的建構

龔鵬程對「主悟說」的詮釋型態，有較多的關注，尤其是當中的索隱派，更有專文討論。其主要論點在〈紅樓猜夢〉、〈紅樓夢與儒道釋三教關係〉、〈所謂索隱派紅學〉，以及〈紅樓情史〉四篇論文中有較全面的建構。

所謂「主悟說」的詮釋，指的是強調《紅樓夢》全書主幹在於石頭經歷一番夢幻的過程。以此為主軸，又演生成以佛道思想為主的「超脫塵俗說」，和以儒家思想為主的「世道人心說」，以及運用社會史、政治史的「批判塵俗說」三大詮釋。

#### 1. 超脫塵俗說

龔鵬程認為，從佛道思想的立場主張《紅樓夢》是一本悟書，其主旨在闡揚佛道宗趣者，主要代表如明鏡主人、夢癡學人等。此派紅學家認為《紅樓夢》本旨在於戒淫導悟、袪迷歸真、警幻懲惡，洞悉萬法歸空、色即是空的悟境，實與佛道宗趣相符。龔鵬程認為《紅樓夢》的確與佛道關係密切，從第一回「因空見色」十六字及〈好了歌〉為釋教心傳之外，一僧一道、警幻仙子、甄士隱與賈雨村等小說人物引導石頭悟道出世的情節來看，整部《紅樓夢》的構成，以及小說人物的關係，均本於佛教因緣觀與中國天命定分定數觀結合的「夙緣定數」觀念。然而，在闡揚佛道的同時，龔鵬程也舉出《紅樓夢》書中諸多反例，認為「書中敘述佛教道教之人物與事跡，大體均無崇仰敬愛之意。」❸❻

#### 2. 世道人心說

從儒家思想的立場，主張《紅樓夢》有益於世道人心的詮釋，龔鵬程認為又可分為肯定禮教及批教禮教兩系。

##### ⑴肯定禮教

龔鵬程認為清代以張新之、王希廉為主的評本，強調《紅樓夢》是正面闡揚

---

❸❻ 〈紅樓夢與儒道釋三教關係〉，《紅樓夢夢》，頁112。

儒家倫理價值之作，全書內容不悖名教。至於書中對世路上儒生祿蠹的批評，恰恰表現其對聖賢之道的崇信。龔鵬程認為《紅樓夢》「採取分裂認同的辦法，認同四書、聖人之道，而對假借聖人言論以弋祿利者深不謂然。」❸❼

(2)批判禮教

爰自《紅樓夢》出現以來，更多的詮釋者咸認為此書的思想內容與封建禮教相悖，故清朝政府要嚴禁此書。甚而認為《紅樓夢》是清朝反理學道學的典範。到了清末民初，紅學詮釋者更認為《紅樓夢》暴露了中國專制政體及虛偽禮教集中地（家庭）中的種種醜態，又歌頌了自由戀愛的價值，故具有顛覆中國專制政體、家庭組織及禮教倫理的重大意義。❸❽

**3.批判塵俗說**

龔鵬程認為「主悟說」除了從儒道釋思想來批判世俗之幻妄以外，更有從反滿、反帝、反男權、反社會、反家庭等角度以論《紅樓夢》者。這些都是與清末民初的社會環境、政治風潮、學術思想有密切關聯，亦即是在「主悟說」詮釋發展中有其必然的邏輯。至薩孟武更運用社會史、政治史知識，認為《紅樓夢》是批判中國封建舊社會的書。龔鵬程認為從這條路子繼續發展，便出現了「鬥爭論」與「索隱派」。

(1)鬥爭論

「鬥爭論」主要是引馬克斯唯物史觀社會階級鬥爭的理論來詮釋《紅樓夢》。龔鵬程認為它的詮釋立場，既是反對佛道的出世超脫，也不願留心於儒家的孔孟之道，所以表面上看，「鬥爭論」似乎屬於硬套唯物史觀；然深入其理論底蘊，它卻是「主悟說」一系在佛道「超脫塵俗」與儒家「世道人心」兩派皆無法涵蓋的詮釋難題中逼出來的另一種詮釋路向。

(2)反滿意識

在反滿、反帝、反社會等詮釋發展之下，「反滿」以考證為方法，其詮釋路線又分為兩類不同的解釋：

①自傳說

---

❸❼　〈紅樓夢與儒道釋三教關係〉，《紅樓夢夢》，頁 125。
❸❽　〈紅樓夢與儒道釋三教關係〉，《紅樓夢夢》，頁 118-119。

主悟的「自傳說」一派，認為《紅樓夢》作者為曹雪芹，全書寫的是曹家興衰、個人遭遇。此派詮釋者自清代以來大有其人，為清代紅學詮釋的主流。

②索隱派

主悟的「索隱派」認為《紅樓夢》作者不一定是曹雪芹，即使是，全書寫的也不是曹家的興衰，由此而衍生出納蘭明珠家事說、清世祖與董鄂妃說、張侯說、傳恆說、和珅說、袁子才說、六王七王說、爭天下說、平郡王福彭說等詮釋。這一系所謂的「索隱派」，考索的對象雖不盡相同，其內在有一共同的詮釋路向及方法。

一、就目的而言，索隱派旨在考索《紅樓夢》的人物事蹟，以追蹤作者創作原意；二、就觀點而言，此派謂《紅樓夢》敘事言情，事有二層：一為小說場景中榮寧兩府之事，一為書外影射之事；三、就方法而言，此派認為《紅樓夢》以文學式的寄託、比興、寓言，以及象徵、明喻、暗喻、影射、分寫、合併等技巧，來詮解史事，故索隱者也須大量運用文學性的拆字、諧韻、陰陽互變、真假一體、雙關敘事、正射、旁射等解小說法來考索其事。龔鵬程認為此派在具體史事考索上雖不盡完善，然其詮釋路向與方法，較之史考自傳派與文學言情派，更具洞察力與解決問題的企圖心。

龔鵬程指出：索隱派諸說發展下來，最後論點集中在「爭天下」一說。此說甚為複雜，大致又分為兩個論述系統：一為漢滿爭鬥；二為雍正奪嫡。

A.漢滿爭鬥

「漢滿爭鬥」即「反清復明」的種族主義說。是派以蔡元培、潘重規、杜世傑為代表，強調「紅」為「朱明」，「通靈寶玉」即為「傳國玉璽」的象徵，薛林之爭賈寶玉，亦即滿漢之爭天下。

B.雍正奪嫡

此說謂紅樓一夢乃影射清初大事。林、薛二人爭寶玉，即指康熙末年允禛、允禩諸人奪嫡事件。寶玉非人，寓言玉璽，黛玉為代理親王、襲人為龍衣人、焦大指洪承疇、妙玉係吳梅村等。

以上紛紜複雜、相互又交叉雜糅的紅學詮釋系統，經由龔鵬程的建構之後，綱舉目張，條列明晰。為便於掌握龔鵬程之建構理路，俾讀者一目瞭然，茲製表附錄如下頁所示。

## ㈢龔鵬程紅學詮釋系統建構表

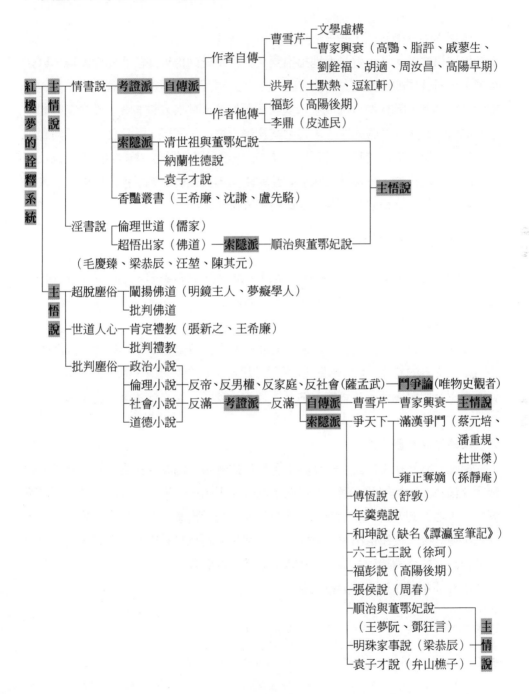

# 四、《紅樓夢》詮釋系統的批判

龔鵬程的紅學研究，除了拈出「主情」與「主悟」二說，並對二說的詮釋系統加以建構之外，更一針見血地指出兩大詮釋系統內部理論的盲點與困境。龔鵬程謂：「新紅學如果真要有什麼出路，……必須回頭重新審視詮釋的方法問題，檢討《紅樓夢》為什麼會構成主情與主悟兩條不同的詮釋路向。」❸余英時的新紅學之所以又走回考證的路子，乃因其詮釋方法出了問題，「三派」的「典範轉移」並非紅學發展的主軸，重新思索「二說」與《紅樓夢》文本的關係，以及何以在清代出現主情、主悟「二說」的詮釋路向，龔鵬程認為這或許較能為陷入困局、膠著不前的紅學研究打開一條新的思考路徑。

## ㈠「主情說」的理論困境

龔鵬程對「主情說」詮釋系統的批判，集中在〈紅樓猜夢〉以及〈紅樓情史〉二文裡。綜合二文，「主情說」的困境約有四端：

### 1.證據不足

龔鵬程認為「主情說」因為無法兼顧後四十回賈寶玉出家的問題，故而面對後四十回文本的態度，不是建議刪除不予以討論，就是如靖本脂批一般偽造版本。龔鵬程認為如此處理，在證據上站不住腳，「後四十回書根本不可能是續作，全書一百二十回應作一整體來看待。」❹

### 2.理論難以自圓其說

龔鵬程認為「主情說」在理論上容易自找麻煩，因為「主情」的詮釋必然牽涉到「情與淫」的問題，又要為後四十回賈寶玉超悟出家作合理的解釋，不得不轉向「主悟」的索隱，而指稱《紅樓夢》寫的是順治皇帝與董小宛的故事，順治在董小宛死後，便超悟出家。故而由「主情說」的詮釋系統發展下來，反而會為「主悟說」的「索隱派」張本，理論上顯然自找麻煩。

### 3.忽略「年時方位乖舛」的現象

---

❸　〈紅樓猜夢：紅樓夢的詮釋問題〉，《紅樓夢夢》，頁62。
❹　〈紅樓猜夢：紅樓夢的詮釋問題〉註29，《紅樓夢夢》，頁57。

「主情說」的「文學虛構論」一系，認為《紅樓夢》乃「藉事言情」，「情」為全書的主題思想，「事」不過為「情」所需而加以虛構的，書中所載年月地點，僅虛構幻設之一符號，其優點在於能把《紅樓夢》從史學的質疑中解脫出來，並提示「文學比歷史更真實」的意義。然而龔鵬程卻認為《紅樓夢》「不只時間甚為錯亂，地點方位也很含混。」它基本上是敘事文學，必須敘事以言情，小說中之事不能遠於事理，「依這個原則來看《紅樓夢》，該書便難免於悖理之譏……該書敘事之舛錯顛倒，終必使人不安。」**❹**

### 4. 小說歷史化的自我瓦解

從高鶚、脂評、戚蓼生、劉銓福乃至周汝昌，「主情說」的「自傳派」一系，從歷史角度來掌握《紅樓夢》，將書中歲月地理與現實世界的年時方位鉤縉起來，一一加以詮釋，龔鵬程認為：「以史書視《紅樓》，都會遭遇到年月及地點失焦模糊的困難，無從建構紅樓史事。」而且，「自傳派」對小說本身之興趣低於小說史事的鉤稽考索，「將小說歷史化，不只遺忘了小說的文學性，也將面臨歷史自我瓦解的命運。」**❹**

## (二)「主悟說」的理論矛盾

除了「主情說」的詮釋系統出現許多理論謬誤之外，在上述二文中，龔鵬程雖認為「主悟說」中的「索隱派」詮釋系統比「主情說」中的「自傳派」更豐富、更合理，然也指出了「主悟說」內在詮釋理路的矛盾。約而言之，其要有三：

### 1.「悟」的內容淆亂難定

「悟」在《紅樓夢》中，是非常關鍵的課題，「主悟說」一系即根據書中所言之「悟」，詮釋追索「悟」的內涵。然而第一回寫情僧「由色悟空」，乃是從佛道出世超脫的立場論「悟」；第五回警幻仙子要賈寶玉「改悟前情，留意於孔孟之間，委身於經濟之道」，則是從儒家世道人倫的角度以論「悟」。龔鵬程認為：「這兩者都是悟，然何者方為全書真正宗旨？這一點無法確定，世道人倫之

---

**❹**　〈紅樓情史〉，《紅樓夢夢》，頁 154、160。
**❹**　〈紅樓情史〉，《紅樓夢夢》，頁 157、160。

說與出世超脫說,即無可避免地成為互相競爭、互相爭抗的詮釋。」❸

### 2.違背作者原意

以張新之、王希廉為主的「主悟說」之「肯定禮教」詮釋系統,主張《紅樓夢》一書乃是教導人不要陷溺於情慾癡妄之中,《風月寶鑑》這本書正面是寫情慾,不能執著看正面,而應看書中之反面才能洞悟,且以「美人即骷髏」來解釋「色即是空」,又謂林黛玉「一味癡情,心地褊窄,德固不美,只有文墨之才」等等評論,「更被批評為迂腐、保守。違背作者原意。」❹

### 3.考索史事,罕言其情

「主悟說」的「索隱派」一系,較之「主情說」的「自傳派」一系,在詮釋上較為合理之處,在於面對《紅樓夢》中年代方位舛謬的事實,「自傳派」推諉為「字有訛誤」、「後人妄改」、「尚未整理完全」或視若無睹。索隱派則以其敏銳的問題意識,認為「反常地方」即是問題所在,《紅樓夢》中時間地點的舛誤,正是書中問題的線索,值得好好解題。然而其理論倍受揶揄之處亦正在此,「他們雖知小說為兩重結構,可是只索史事之隱,罕言寫情之趣。」❺易流於穿鑿附會、過度詮釋之譏。

## ㈢「二說」詮釋系統之商榷

龔鵬程從「讀者閱讀詮釋」的角度,為紅學詮釋史建構了「主情」、「主悟」兩大詮釋系統,以取代余英時「自傳說」、「索隱派」、「鬥爭論」三派典範轉移說,並指出各派之理論困境,誠為一獨創的紅學詮釋。其諸多紅學研究成果之間的相互印證,令二大系統綱舉目張,方法意識清晰明瞭。然筆者在深入其理論內部各說中,發現在細節處,論證語言及建構理路仍有待商榷,茲擇其大要有三:

### 1.「二說」過於化約

紅學的發展,誠乃中國文化中最豐富有趣,也最複雜爭議的研究課題。余英時「三派」的典範轉移說固然無法涵蓋所有的詮釋,龔鵬程的「二說」詮釋系統,

---

❸ 〈紅樓猜夢:紅樓夢的詮釋問題〉,《紅樓夢夢》,頁56。

❹ 〈紅樓猜夢:紅樓夢的詮釋問題〉,《紅樓夢夢》,頁50-52。

❺ 〈紅樓情史〉,《紅樓夢夢》,頁150、153、163。

雖為紛紜複雜的紅學研究建構清晰可掌握的詮釋格局，然筆者認為以「主情」、「主悟」二說來統攝整體紅學詮釋系統，難免有「化約」的傾向。例如〈紅樓猜夢〉一文中說：「把《紅樓》視為仙佛小說，與以儒家《大學》《中庸》《易經》解釋《紅樓》，表面上看雖頗不相同，實則同一脈絡。」又說「論《紅樓》者，或說該書乃譏刺滿人之作，但也有人云此書『演南北一家，滿漢一理』之義，二說相反，然皆屬於主悟說之系統。」鬥爭論「根本反對悟，既反對出世超脫，也不願留心孔孟。……它是從主悟說中引出來的一種詮釋，可也未嘗不是看到主悟說的困難而逼出的一套講法。」❹龔鵬程將佛道與儒家立場、排滿與滿漢一理、鬥爭論與主悟說等相互縮結，為了使各詮釋立場安立在「主情」、「主悟」二說的框架之中，難免會形成削足適履之現象，以致於化約了《紅樓夢》一書豐富多彩的內涵，以及讀者閱讀詮釋的多元風貌。

### 2.細部詮釋脈絡尚未周延

將紅學詮釋系統歸納為「主情」、「主悟」二說容易造成化約的現象之外，龔鵬程在二大系統之下的各個細部詮釋脈絡，亦未作明晰的區分及理論的開展，以致於其所企圖建構的系統，難以周延。例如〈紅樓猜夢〉一文中指出：「像考證、索隱或自傳，可能屬於主情的一路，也可能屬於主悟的一路」，「以所謂的索隱派來說，主情說固然會走上索隱的路子，主悟說又何嘗不然？」

依龔鵬程的看法，「索隱派」可有「主情的索隱」及「主悟的索隱」，「自傳派」亦可分為「主情的自傳」及「主悟的自傳」。然而，在建構二說詮釋系統與批判其理論困境時，卻無法清晰地分辨龔鵬程所指稱的「索隱派」究竟是「主情說的索隱派」抑是「主悟說的索隱派」、「自傳派」是「主情說的自傳派」或者「主悟說的自傳派」。而且「考證派」在龔鵬程建構的紅學詮釋系統中，僅成為一種「方法」，不管自傳派或索隱派均必須由考證入手。在「主情說」及「主悟說」兩大詮釋框架中，想將各派理論安置於其中，似有扞格而難以妥貼的困難。

### 3.後四十回宜獨立看待

《紅樓夢》後四十回的問題，在紅學界原本就爭論不休，尚未定讞。究竟《紅樓夢》原書有沒有寫完？全書共有幾回？後四十回是否為續書？續書之目的何

---

❹　〈紅樓猜夢：紅樓夢的詮釋問題〉，《紅樓夢夢》，頁58、56。

在？……等等問題，如同《紅樓夢》之作者問題一般，撲朔迷離，難以究詰。龔鵬程認為「後四十回根本不可能是續作，全書一百二十回應作一整體來看待」，理由有二：一從創作經驗及書中前後關聯之解釋而言，全書是一致的；二自《乾隆抄本百二十回紅樓夢稿》被發現之後，一百二十回本的考證亦已趨定讞。❹

關於第一點理由，紅學界曾有以語言學角度來研究前八十回與後四十回者，認為就個人創作風格、寫作時間以及語言運用等三方面而言，《紅樓夢》的前八十回和後四十回不是一人之作，也不是一時之作。❹筆者從「書寫治療」的角度檢視，前八十回有以書寫來療癒心靈創傷的有機主題，並有「不寫之寫」的春秋筆法，❹流露作者創傷後的溫厚不忍之心；後四十回一開始在回目措辭及作品調性、人物口吻上，均與前八十回形成強烈的落差。從書寫治療的角度而論，後四十回的語言風格太露、生命體悟太淺、創作動機時時刻意鉤縮前八十回之線索，以喚起讀者的閱讀印象，小說創作的鑿斧之痕明顯可見。筆者認為：就書寫治療的角度觀之，後四十回宜切割開來，單就前八十回獨立研究，從「隱合作者」的角度，研究其創作心理的意識與潛意識層面。

# 五、《紅樓夢》的書寫策略

浦安迪曾在《中國敘事學》裡指出：明清時期的「奇書文體」如《西遊記》、《紅樓夢》等，在書寫上有雙重性的修辭效果，在小說本文的字裡行間介入了正反兩面的意義。讀者要看透表面文筆的「筆障」，尋找出深藏不露的內在修辭模式。❺周思源也注意到《紅樓夢》多重性的創作現象，其在《紅樓夢創作方法論》

---

❹ 〈紅樓猜夢：紅樓夢的詮釋問題〉註 29，收入龔鵬程：《紅樓夢夢》，頁 57。

❹ 劉鈞杰：〈《紅樓夢》前八十回與後四十回言語差異考察〉，吳競存編：《《紅樓夢》的語言》（北京：北京語言學院，1996 年），頁 42。

❹ 如第十三回寫東府大奶奶沒了！後言：「彼時合家皆知，無不納罕，都有些疑心。」甲戌本脂批謂：「九個字寫盡天香樓事，是不寫之寫。」第四十五回大觀園婆子們夜間聚賭，庚辰本脂批謂：「此是大宅妙景，不可不寫出；又伏下後文，且又襯出後文之冷落。此閑話中寫出，正是不寫之寫也。」書中類似之寫法甚多，參陳慶浩編著：《新編石頭記脂硯齋評語輯校》（臺北：聯經出版公司，2010 年），頁 243、625。

❺ 浦安迪講演：《中國敘事學》（北京：北京大學出版社，1996 年），頁 114、102。

中也提到：曹雪芹創作《紅樓夢》，運用了多層次複合型主題。❺這種對《紅樓夢》創作方法與書寫策略的探索，成為紅學研究在「三派」、「二說」的詮釋方法之外，較能推動紅學研究發展的新思維。

龔鵬程對紅學研究的貢獻，除了建構出「主情」、「主悟」兩大詮釋系統的格局脈絡之外，最重要的，還在於他同時指出了《紅樓夢》獨特的書寫方式。龔鵬程在《紅樓夢夢》的諸多篇章中，反覆地宣說：「《紅樓》的寫法特殊，即真即假，是非兩行」❺「《紅樓夢》寫作型態甚為特殊」，「這是一種迥異於傳統表達手法的寫作方法」。❺究竟《紅樓夢》有何獨特的書寫策略，讓它的閱讀與詮釋形成這麼複雜矛盾、各持一說卻又自足成立的現象？

## ㈠兩重結構的書寫

龔鵬程認為《紅樓夢》最獨特之處，在於它本身便具有二重敘述結構，一言情、一敘事、一主虛、一主實。❺在情與事、真與假、虛與實的書寫中，在述其中之一時，即同時展開另一層的活動，一手雙牘、一聲兩歌，以致瓦解了作品本身的結構，使得作品中擁有多重聲音，形成多重向度的空間。❺

在此兩重結構的書寫原則之下，龔鵬程指出：《紅樓夢》所運用的書寫策略，可歸納為幾個向度：

　　1.就主題思想而言：《紅樓夢》融合了佛教義理和儒家學說中合而不盡合之處，構成了儒佛兼備的兩重主題之論述。

　　2.就創作目的而言：情與悟均為《紅樓夢》的核心價值，它既要寫超情悟道，又要深入情海；以情悟道，卻又不捨其情，開創了情悟雙行的兩重價值之實踐。

　　3.就人生哲理而言：空與有、真與假、夢幻與現實、福善與禍淫等，都是《紅樓夢》關切的課題，因為兼顧到理想面與現實面，使《紅樓夢》開展出夢幻與寫實兩重世界的格局。

---

❺　周思源：《紅樓夢創作方法論》（北京：文化藝術出版社，1998 年），頁 37。
❺　龔鵬程：《紅樓夢夢》，自序，頁 3。
❺　〈紅樓猜夢：紅樓夢的詮釋問題〉，《紅樓夢夢》，頁 63-65。
❺　〈紅樓情史〉，《紅樓夢夢》，頁 162-163。
❺　〈紅樓猜夢：紅樓夢的詮釋問題〉，《紅樓夢夢》，頁 67。

4.就書寫筆法而言：《紅樓夢》具體地運用各種文學修辭技巧，包括書中兩覆一射、二名一人的所謂「幻筆」、一人而有許多「小影」，以及書中各人姓名皆有寓意的寫法，使《紅樓夢》成為一手雙牘的兩重論述之傑作。

這樣兩重結構的書寫策略，龔鵬程認為《紅樓夢》在具體語言文字的駕馭上，便善於作「語言歧義性」的運用，形成獨特的小說書寫型態。

## (二)語言歧義性的運用

龔鵬程指出：《紅樓夢》由兩重結構的書寫方法，在文學活動中所開展出的作者、作品、讀者、文學貢獻等各層面問題，大致有如下的特色：

1.就作者創作動機而言：《紅樓夢》的作者善於運用語言的歧義性，引導讀者進入語言的迷宮，藉著文字的歧義與衍異，教育讀者採取兩重詮釋的方式去閱讀其書。

2.就作品的語言使用方面，《紅樓夢》作者藉由詩詞、篇目、典故、人物命名等各種方式，宣示作品之真意與邏輯，卻同時又讓它成為概念歧異之所以可能的原因。諧音字的運用，更有一種「語音／書寫」的詭譎關係。❺❻

3.就作品意義的認知而言，龔鵬程採用解構主義的理論，認為《紅樓夢》一方面以語言述說主題，另一方面又以修辭技巧將主題推翻，使作品意義變得不能確定，使閱讀無法通暢。在語言構造上，一方面說真，又同時說假，說假又同時說真；另一方面又同時在瓦解真、瓦解假。以致既真既假，又非真非假。龔鵬程認為這種寫法，像禪家隨說隨掃，雙提雙破的方式，是用語言來瓦解語言。❺❼

4.就讀者閱讀詮釋而言，閱讀《紅樓夢》必須具備兩副眼光，掌握《紅樓夢》兩重結構的書寫策略，解開作品語言歧義的面向，開放作品多重詮釋的可能。

5.就文學貢獻而言，《紅樓夢》突破既有的敘述成規，透視文字的多面性，在小說語言的創造上及人類語言的開發上，成為一項奇蹟。緣於對語言歧義性的嫻熟運用，讓《紅樓夢》在世界文學發展史上的意義，立於空前絕後，至今無書可以取代的地位。

---

❺❻　〈紅樓猜夢：紅樓夢的詮釋問題〉，《紅樓夢夢》，頁 67。
❺❼　〈紅樓猜夢：紅樓夢的詮釋問題〉，《紅樓夢夢》，頁 63-65。

由於《紅樓夢》兼具兩重結構的書寫型態,以及運用語言歧義性來宣說作品的多元意義,並且又創造語言加以解構語言,導致《紅樓夢》在與讀者的互動上,也形成多元的可能性。龔鵬程指出:一方面它容易使人因僅聽一聲、只見一臠而導致誤解,一方面也預設了開放作品的可能,容許多種詮釋的參與。因此,新紅學若真要舉步,必須立足於對《紅樓夢》獨特的書寫型態之理解與掌握。❸而這個視野的提出,筆者認為是龔鵬程對紅學研究最大的貢獻,後續諸多的《紅樓》學人,也在這個基礎上,開展了不同向度的研究成果。

# 六、新紅學的開展

在龔鵬程以解構主義、讀者反應理論等後現代論述建構紅學詮釋系統之後,其開展性甚為多元,也值得進一步發揮。大致而論,後繼者形成三個面向的研究:一從解構主義以及後現代、後殖民理論對《紅樓夢》作兩重結構的研究,代表者如廖咸浩、廖朝陽、周慶華等;二從接受美學、讀者反應理論的角度,勾勒《紅樓夢》對臺灣現代文學及中文學界的影響,此輩以朱嘉雯、蕭鳳嫻為代表;三從書寫、閱讀的角度對《紅樓夢》進行文學治療學的研究,此為紅學新興的研究路徑,筆者正從這個路徑,著手研究中。

## ㈠後現代論述

廖咸浩以後現代理論所作的紅學研究,主要以〈說淫:《紅樓夢》「悲劇」的後現代沈思〉以及〈「詩樂園」的假與真──《紅樓夢》的後設論述〉二文為代表。前者發表於 1993 年,引用拉岡的理論,認為《紅樓夢》「悲劇」的根源,在於賈寶玉要尋回人之所以為人、曾有過的物我合一的「神漾」目標,此一永恆的嚮往,也就是寶玉「意淫」的欲望根源。❺後者發表於 2003 年,廖咸浩一方面從後現代理論著眼,一方面沿承「兩個世界」的看法,認為《紅樓夢》存在著「重

❸ 〈紅樓猜夢:紅樓夢的詮釋問題〉,《紅樓夢夢》,頁 68。
❺ 廖咸浩:〈說淫:《紅樓夢》「悲劇」的後現代沈思〉,《中外文學》22:2(1993 年 2 月),頁 86。

建失樂園」與「杜撰詩樂園」兩種藝術觀。前者為木石姻緣的「前緣說」，企圖在人世紛亂中尋出有機因緣的解釋，認為大觀園是寶玉與女兒們一生欲尋回的「失去樂園」，接近現代主義式的藝術觀；後者為石頭下凡的「偶然說」，把一切因緣訴諸於偶然，認為大觀園是「以詩創作杜撰詩樂園」，接近後現代主義去中心、去根源、去目的的藝術觀。

廖咸浩認為《紅樓夢》把兩種藝術觀並置，形成「書中書」或「故事中的故事」的書寫形式，其中所牽涉的「藝術與現實人生」的問題，《紅樓夢》則接近後現代思潮所採取的「雙重視野」與解構主義「塗而不消」的書寫策略，亦即同時接受「前緣說」的藝術虛構，但又以「偶然說」加以解構。❻如此的後設反省思維，實承續著龔鵬程紅學詮釋方法而來。

廖朝陽則在 1993 年發表〈異文典與小文學：從後殖民理論與民族敘事的觀點看《紅樓夢》〉一文，承襲龔鵬程「主情」、「主悟」二說的詮釋系統，引用後殖民與民族敘事理論，指出《紅樓夢》詮釋史的大方向是以民族敘事的方式，藉抹除、抑制小文學（異態敘事）來追求與大理陣（常態敘事）的統合與團圓。

廖朝陽認為：就小說本身來說，《紅樓夢》雖以被殖民者的異文典、小文學自居，然卻演變成殖民者的大理陣、超級經典，顯示整個詮釋方向受到理陣殖民的文化模式影響。而在常態敘事與異態敘事兩者之意義斷層「並沒有達到真正的彌合，而是始終保持『一歌雙聲』，而且這種隱晦的分離事實上反而造成在另一層次統一意義的可能。」❻這樣的論點，究其方法意識，亦為龔鵬程紅學詮釋之衍申。

龔鵬程在〈紅樓猜夢〉一文裡所指陳的：《紅樓夢》是真與假雙線同時進行，既說真，又同時說假，既說假，卻同時說真。這種同時瓦解真、瓦解假的書寫方法，像禪家隨說隨掃，雙提雙破的模式，亦即不斷在用語言瓦解語言。這種對語言的後設反省，繼之者如周慶華，即開展了以佛教解構方法為主的紅學詮釋。

周慶華在《紅樓搖夢》一書中，運用解構主義的方法，加之佛教「去執脫苦」

---

❻　廖咸浩：〈「詩樂園」的假與真——《紅樓夢》的後設論述〉，朱嘉雯編著：《紅樓夢導讀》（宜蘭：佛光人文社會學院，2003 年），頁 320-331。

❻　廖朝陽：〈異文典與小文學：從後殖民理論與民族敘事的觀點看《紅樓夢》〉，《中外文學》22:2（1993 年 2 月），頁 20-38。

的終極價值,進一步詮釋《紅樓夢》的書寫策略。周慶華認為《紅樓夢》存在著虛構／寫實的對辯、偽情／真情的抗衡、幻境／實境的分際等兩重結構,其書寫策略也具有解構的意味,只不過這種解構策略是要以「去執脫苦」為終極目標。《紅樓夢》文本中凡有兩重書寫矛盾並存的現象,均可視為作者有意以美感昇華或生命解脫為前提的自我解構,此與西方解構主義在立足點和終極價值上大不相同。**⑫**

## ㈡臺灣的紅學詮釋

早在 1983 年,康來新即注意到《紅樓夢》渡海來到臺灣以後的發展狀況。如太平閒人張新之在臺南府城完成的《紅樓夢評》,認為《紅樓夢》是一部演繹性理之書,說明易道消長之理;胡適購藏的《甲戌本脂硯齋重評石頭記》也於二百年後重新在臺灣刊行,與世人面晤。**⑬**而龔鵬程所提倡的從「讀者」角度的臺灣紅學詮釋,也在二十一世紀初陸續展開。

2003 年朱嘉雯從「接受」的觀點,論戰後臺灣作家與《紅樓夢》的關係,其在〈試解其中味──臺灣現代文學對《紅樓夢》的鑑賞、解讀與再創作〉一文,論述《紅樓夢》與戰後臺灣文學發展的歷程與軌跡。其將《紅樓夢》對臺灣現代文學的影響,分為四個層面:一為受《紅樓夢》影響的綜合性雜誌與同仁刊物;二為引用《紅樓夢》為旗幟的文學社團;三為《紅樓夢》對女性文學與生活文學的影響;四為繼《紅樓夢》而起的歷史小說與大家庭小說。其中以文學雜誌探討《紅樓夢》的傳播史線,朱嘉雯又將它分為三條路徑:一承《皇冠》雜誌及張愛玲小說的言情系統,形成的愛情故事大眾文學;二為白先勇、王文興、陳若曦、施叔青等人為首的《現代文學》雜誌,以西方現代主義思潮來擁抱《紅樓夢》,重視《紅樓夢》所反映的中國式人生哲理;三為七〇年代的「三三文學集團」從文化尋根的角度,引用《紅樓夢》以復興中國傳統文化。**⑭**這種從讀者的「接受」角度以探討《紅樓夢》的影響研究,亦是龔鵬程紅學方法的開展。

---

**⑫** 周慶華:《紅樓搖夢》(臺北:里仁書局,2007 年),頁 82-100。

**⑬** 康來新:《石頭渡海──紅樓夢散論》(臺北:漢光文化事業公司,1985 年二版),頁 197-219。

**⑭** 朱嘉雯:〈試解其中味──臺灣現代文學對《紅樓夢》的鑑賞、解讀與再創作〉,朱嘉雯編著:《紅樓夢導讀》(宜蘭:佛光人文社會學院,2003 年),頁 347-360。

另外，蕭鳳嫻〈渡海「新傳統」──民國在臺灣〉一文，從「讀者」的角度，討論大陸來臺的胡適、林語堂、薩孟武、潘重規、杜世傑、高陽等知識分子，因中國文化身分的處境性焦慮，重新界定中國內涵的同時，以西方做為知識的標準，書寫中國文化的中心價值，由此所開展的《紅樓夢》詮釋研究，卻建構出不同於晚清、五四，以及 1949 年以後的中國大陸之臺灣紅學風貌。❻❺此臺灣中文學界的紅學研究，實已涵蓋在龔鵬程的紅學詮釋系統之中。

## ㈢書寫、閱讀與治療

上述龔鵬程與廖咸浩、周慶華等人所提出的《紅樓夢》的解構書寫策略，其實即蘊涵了「治療」的思維。廖咸浩在〈「詩樂園」的假與真〉一文中，也曾透露了些微訊息。廖咸浩認為《紅樓夢》的真／假敘述牽涉到「自傳」文的問題。自傳是當事人親撰其史，具有口述的權威，是一個「治療的行為」，對歷史的重建企圖更是充滿了治療的色彩。在這樣的過程中所憶起的事件，事實上未必是當時發生的事件，而是治療過程所創造的歷史中的一些想像時刻。❻❻於是，「自傳書寫」便是一種「自我療癒」的情緒出口與昇華作用。由這條路徑出發，當可開展出「紅樓夢書寫治療」的詮釋系統。筆者近期來從書寫治療的角度，正著手《紅樓夢》的相關研究。❻❼

再者，結合書寫治療的觀點，《紅樓夢》的閱讀與詮釋，同樣可具有「治療」的意義。龔鵬程指出：「依現今流行之讀者反應的文學理論來看，《紅樓夢》一夢方酣，便引得這許多癡男怨女情迷意亂，引得這天下父母心煩冤愴痛，引得道學夫子憂心忡忡，引得上海群芳鶯啼燕語不休，更引出若干續夢、後夢、補夢、圓夢、幻夢、復夢、重夢。」❻❽這麼強大又獨特的閱讀影響力，其療癒功能是有

---

❻❺　蕭鳳嫻：〈渡海「新傳統」──民國在臺灣〉，《紅樓夢導讀》，頁 341-346。

❻❻　廖咸浩：〈「詩樂園」的假與真──《紅樓夢》的後設論述〉，《紅樓夢導讀》，頁 323。

❻❼　林素玟：〈折翼的天使──賈寶玉的心理創傷與自我療癒〉，殷善培主編：《文學視域》（臺北：臺灣學生書局，2009 年），頁 639-686。

　　林素玟：〈紅樓解碼──小說敘事的隱喻象徵〉，《中央大學人文學報》第十九期，2010 年10月。

　　林素玟：〈述說《紅樓》──小說作者「自我形象」的建構〉，「文學扮妝──第三+1 屆文學學論文研討會」，佛光、東吳合辦，2010 年。

❻❽　〈紅樓猜夢：紅樓夢的詮釋問題〉，《紅樓夢夢》，頁 42。

目共睹的。誠如孫紹先所謂：「從文學藝術的一般治療原理來說，任何時代的任何一部有影響的作品，都有其潛在的療救功能。但是能不能發揮正面的治療作用，則主要取決於欣賞主體的狀態。」❻必須要在作品文本的體驗結構契合了特定欣賞者的體驗結構的前提之下，療癒的力量才可能產生。而《紅樓夢》如此膾炙人口的經典小說，其文本對讀者的療癒力量，是極為巨大的。

以清代的臺灣而言，吳盈靜即在《清代臺灣紅學初探》一書中，以「閱讀」、「接受」的角度，審視「宦游文人」及「臺籍遺民」身分的清治時期紅學人物，企圖回歸其人的歷史處境，探尋其書寫紅學之根由。宦游臺地者如王蘭泚、孔昭虔、張新之、丁日昌、倪鴻等文人，對《紅樓夢》之閱讀焦點，側重在寄託說，以抒其宦游身世之感、窮愁潦倒之恨、不遇於世之憾；而見證臺灣民主國成立的遺民如唐景崧、胡鐵花、許南英、丘逢甲、謝道隆等人，則多關注《紅樓夢》中「反清復明」的色彩，以符應其延續明鄭王朝「反清」的遺民心態。❼此輩人物對《紅樓夢》的閱讀及接受心理，不啻將自我投射於《紅樓夢》中，作為自我身分認同與療癒的文本。因此，要理解《紅樓夢》及其閱讀詮釋歷程，也可從治療學的背景入手。誠如葉舒憲所說的：「離開了醫療傳統的背景知識，無論是《紅樓夢》還是《狂人日記》都難以得到很好的理解。」❼

然而，文本體驗結構之所以與閱讀體驗結構契合，乃緣於作品文本使閱讀者認出了自己的潛意識投射，並把壓抑的某些成分帶到意識層來。❼這樣的閱讀與療癒思維，解構主義者巴特也曾指出：寫作／閱讀的主題可以從單一的身分這件緊身衣中解放出來，向四外擴張。閱讀已不是一種認識，而是情慾的嬉戲。❼因此，從閱讀治療的角度，我們也可以同情地理解索隱派紅學家詮釋《紅樓夢》時，背後的民族情結與文化焦慮。此一向度的《紅樓夢》「閱讀治療」、「詮釋治療」

---

❻ 孫紹先：〈不可輕易翻轉的「風月寶鑑」——對文學治療功能的再認識〉，葉舒憲主編：《文學與治療》（北京：社會科學文獻出版社，1999 年），頁 117。

❼ 吳盈靜：《清代臺灣紅學初探》（臺北：大安出版社，2004 年）。

❼ 葉舒憲：〈文學治療的原理及實踐〉，《文學與治療》，頁 13。

❼ Albert Mordell 原著，鄭秋水譯：《心理分析與文學》（臺北：遠流出版公司），1987 年，頁 209。

❼ 〈後結構主義〉，《當代文學理論》，頁 177-178。

的研究路徑，值得紅學界積極開拓耕耘。

綜上言之，龔鵬程所提倡的對《紅樓夢》獨特寫作型態的理解，可以開展出「紅樓夢書寫治療」的研究；而《紅樓夢》詮釋型態的建構，又可開展出「紅樓夢閱讀治療」的研究。其建構的紅學詮釋系統，雖在細部理論有待補苴，然整體而論，對紅學研究的貢獻在於開出新的詮釋視野與向度。新紅學若要跳脫傳統詮釋模式的框架而有所抉發，當可從書寫、詮釋與治療的角度加以著力。這條路徑的紅學研究，也彌足珍貴，並值得期待！

# 徵引文獻

T·伊格頓著，鍾嘉文譯：《當代文學理論》，臺北：南方出版社，1989 年。

Albert Mordell 原著，鄭秋水譯：《心理分析與文學》，臺北：遠流出版公司，1987 年。

土默熱：《土默熱：紅學大突破──《紅樓夢》創作真相》，臺北：風雲時代出版公司，2007 年。

皮述民：《李鼎與石頭記》，臺北：文津出版社，2002 年。

朱嘉雯編著：《紅樓夢導讀》，宜蘭：佛光人文社會學院，2003 年。

余英時：《紅樓夢的兩個世界》，臺北：聯經出版公司，1981 年。

吳盈靜：《清代臺灣紅學初探》，臺北：大安出版社，2004 年。

吳競存編：《《紅樓夢》的語言》，北京：北京語言學院，1996 年。

周思源：《紅樓夢創作方法論》，北京：文化藝術出版社，1998 年。

周慶華：《紅樓搖夢》，臺北：里仁書局，2007 年。

浦安迪講演：《中國敘事學》，北京：北京大學出版社，1996 年。

康來新：《石頭渡海──紅樓夢散論》，臺北：漢光文化事業公司，1985 年。

陳慶浩編著：《新編石頭記脂硯齋評語輯校》，臺北：聯經出版公司，2010 年。

葉舒憲主編：《文學與治療》，北京：社會科學文獻出版社，1999 年。

廖咸浩：〈說淫：《紅樓夢》「悲劇」的後現代沈思〉，《中外文學》22:2，1993 年 2 月。

廖朝陽：〈異文典與小文學：從後殖民理論與民族敘事的觀點看《紅樓夢》〉，《中外文學》22:2，1993 年 2 月。

羅勃 C·赫魯伯著，董之林譯：《接受美學理論》，臺北：駱駝出版社，1994 年。

龔鵬程：《文學散步》，臺北：漢光文化事業公司，1985 年。

龔鵬程：《文化、文學與美學》，臺北：時報文化出版公司，1988 年。

龔鵬程：《紅樓夢夢》，臺北：臺灣學生書局，2005 年。

# 龔鵬程先生的飲饌文化思維

## 陳雅琳*

**摘　要**　文化是一個群體於日常生活、食衣住行間展現的精神與物質層面，隨著不同的人文環境，而有其不同的豐富色彩。身為日常之事的飲食，在中國文化卻佔有相當重要的地位，不僅是禮的起源，更與現實政治密切結合，乃至於群體之間的交遊，更少不了飲食的配合，是以俗諺有云「民以食為天」。

歷來文人好吃者不知凡幾，更留下有如《飲食須知》（元‧賈銘）、《隨息居飲食譜》（清‧王士雄）、《隨園食單》（清‧袁枚）、《養小錄》（清‧顧仲）等專記飲饌之事的書籍。龔鵬程先生亦是會吃、愛吃更善於談吃的代表，是以其論著之中，有不少記載飲饌之事的文字，甚而集結成冊，是為《飲饌叢談》一書，除此之外，其餘著作中更散見許多有關飲食的論著篇章。龔鵬程先生談吃，往往扣合歷朝故舊、即事窮理、徵文考獻，同時更透過飲食一端，窺視儒家禮儀、政治之事，乃至於對生活美學的觀察，如此，則構成龔鵬程先生對於飲饌文化的獨特見解。

**關鍵詞**　龔鵬程　《飲饌叢談》　飲食文學

---

*　陳雅琳，臺灣中正大學中文系博士生。

# 一、前言

《知味集》「徵稿小啟」有云：「浙中清饌，無過張岱，白下老饕，端讓隨園。中國是一個很講究吃的國家，文人很多都愛吃，會吃，吃得很精；不但會吃，而且善於談吃。」❶龔鵬程先生雖於《飲饌叢談·自序》謙言「余非饕餮，亦嘗飲食。徒求療飢，敢云知味？」然其即事窮理、徵文考獻，上質政禮醫藥倫彝之常經，❷於筆鋒遊走間，將歷朝故舊如數家珍般娓娓道來，不僅展現龔鵬程先生自身的博雅學養，將典故隨手點染於筆墨之間的瀟灑與隨性，更彰顯龔鵬程先生對於飲饌之事的獨到觀察。

飲食用以維繫生命所需，是所有物質體存在的活水源頭，同時，飲食傳統往往凝聚地方物產以及歷史軌跡，是以飲饌之事往往成為展現各地氛圍的文化符碼。❸在中國文化脈絡下，對飲饌之事的重視，更提升至一個相當的高度。俗諺中「民以食為天」、「吃飯皇帝大」，乃至於以「呷飽未」作為日常招呼用語，均可展現飲食在這個文化所佔有的重要性。

孟子將人類的身體與心靈劃分為「小體」與「大體」，強調「先立乎其大者，則其小者不能奪也」，老子亦言「五色令人目盲；五音令人耳聾；五味令人口爽；馳騁畋獵，令人心發狂」，乍看之下，是強調內在心靈提升、生活儉素，不重視飲饌之事者，然而孔子「食不厭精，膾不厭細」的飲食態度，展現儒者並非將滿足口腹之慾的飲饌之事，視為洪水猛獸般避之唯恐不及。

回溯《易經》、《周禮》、《儀禮》、《禮記》、《詩經》等儒家經典，亦見許多關於飲饌之事的文字論述。孔、孟論道，亦於其間使用飲食為論述元素，諸如孟子以「魚」與「熊掌」喻「生」與「義」，孔子以「三月不知肉味」形容聞韶樂後的強烈內心震撼、以「一簞食，一瓢飲」點出顏淵的清貧生活。飲食經驗為人所共具者，以此元素進行論述，不僅讓人易於理解認同，更隱隱透露飲饌之事與禮教、政治之間的關連性。

---

❶ 陳平原：〈長向文人供炒栗——作為文學、文化及政治的「飲食」〉，《學術研究》，2008 年第 1 期，頁 128。

❷ 龔鵬程：《飲饌叢談·自序》（臺北：二魚文化事業公司，2009 年 10 月），頁 13。

❸ 申憲：〈食與禮——淺談商周禮制中心飲食因素〉，《華夏考古》，2001 年第 1 期，頁 80。

龔鵬程先生對於飲饌之事著述頗多，除有《飲饌叢談》記錄個人飲食經驗、評論飲食文化現象、以及飲饌之事與禮儀、政治的論文篇章，尚有《飲食男女生活美學》、《生活的儒學》以飲饌議題為論述主旨的專著。❹其餘有關飲饌之事的零星篇章，則散見於《異議分子》、《儒學新思》以及期刊論文之中，❺這些篇章雖有重複收錄之處，亦無法削減其重要性。特別是龔鵬程先生從飲饌之事思考禮樂教化、政治制度，乃至於透過飲饌之事實踐儒者生活之道，進而展現文人生活美學的獨特品味。以下則由儒家禮儀、政治之事以及生活美學的角度，探討龔鵬程先生對於飲饌文化的特殊見解。

## 二、「禮」出於日常生活飲饌之事

「禮」是社會生活中，由於風俗習慣而形成的行為準則、道德規範和各種禮節。是以《晏子春秋·諫上二》言：「凡人之所以貴於禽獸者，以有禮也。故《詩》曰：『人而無禮，胡不遄死。』禮，不可無也。」；又《論語·子罕》云：「博我以文，約我以禮。」可見「禮」是區別人與禽獸的分水嶺，更帶有約束自身行為的成分。進一步觀察《周禮》，發現其中有大量篇幅記載關於飲膳之事的官員，其中與「飲食活動有關的官職在六官中有五十多種，幾乎佔全書所載官職的六分之一」，❻除了食官數量龐大，《周禮》當中的食官更形成一個體系嚴密的科層體制。❼透過此種現象，可知身為儒家經典的《周禮》，對於飲膳之事的高度重

---

❹ 《飲食男女生活美學》（臺北：立緒文化事業公司，1998）與《生活的儒學》（杭州：浙江大學出版社，2009年6月）一書內容相仿，然而《生活的儒學》成書較晚，是以較前者多出〈當代思想文化變遷之路〉、〈人文美學的研究〉、〈日常生活的審美思維〉等篇章。

❺ 龔鵬程先生發表於期刊者有〈飲食文明的宗教倫理衝突〉，《宗教哲學》第8卷第2期（2002年10月），頁49-73。以及〈酒食貞吉：儒家的飲饌政治學〉，《鵝湖月刊》第23卷第9期、總號第273，頁7-18。這兩篇論文均收錄於《飲饌叢談》一書。

❻ 王雪萍：〈《周禮》食官制度及其影響〉，《社會科學家》第6期，總第122期（2006年11月），頁37。

❼ 就食官的職掌來看，大體可分為三層，最上層者如大宰、小宰、宰夫，執掌飲食政令及其開支，人員數為三人。中層為膳夫、庖人、酒正等，執掌飲食活動中的具體內容，人員數為五十二人。底層為協助中層食官進行工作的屬員，人數則高達數千人之多。透過其人力分配及執掌，可以發現《周禮》中所記載的食官制度，是一個體系龐大卻又組織完善的行政機構。參見王雪萍：

視，對此，可從「禮」的起源探討其背後原因。

《禮記·禮運》言：「禮之初，始諸飲食」。又言：「禮必本於天，動而之地，列而之事，變而從時，協於分藝。其居人也曰養，其行之以貨力辭讓；飲食、冠、昏、喪、祭、射、御、朝聘。」❽荀子在〈禮論篇〉探討「禮」之起源，也呈現「禮」與「食」的密切關係，其言：

> 禮起于何也？曰：人生而有欲，欲而不得，則不能無求。求而無度量分界，則不能不爭；爭則亂，亂則窮。先王惡其亂也，故制禮義以分之，以養人之欲，給人之求。使欲必不窮于物，物必不屈于欲。兩者相持而長，是禮之所起也。❾

禮用以節欲，所節之欲為「飲食男女」之欲。❿人生而在世，首先面對者即為覓食求生，維繫己身生命之要務，其次才有後代繁衍的男女之欲。在維持血肉生命存在的前提下，群體間很容易陷入相互爭奪生存資源的情境，倘若放縱不理，則會使這個群體陷入混亂、甚且趨於滅亡。一個社會群體若要順利運作，首要之務為脫離相互競爭資源的搶奪狀態，此時，便需要以「貨力辭讓」來進行分配，此種調度調節，便是「禮」的起源。透過「禮」的運作，使人在擷取生存所需資源時，不至於過於擴大自身慾望，進而傷害到他人生存的根源。

因此「禮起於會餐分食之頃。由飲食乃有生命；有生命乃能長大成人，而遂有冠有婚有喪；有個人而後才有群體，群體間才需有祭社御朝聘等禮以『協於分藝』。」⓫是故「禮者養也。芻豢稻粱，五味調香，所以養口也。」⓬此種概念，

---

〈《周禮》食官制度及其影響〉，《社會科學家》第 6 期，總第 122 期（2006 年 11 月）。

❽ 《禮記》（臺北：藝文印書館，2001 年，阮元校勘《十三經注疏》），〈禮運〉卷二十一，頁416。

❾ 湯純孝：《新譯管子讀本》（臺北：三民書局，1995 年），〈禮論篇〉。

❿ 《禮記·禮運》：「飲食男女，人之大欲存焉」詳見《禮記》（臺北：藝文印書館，2001 年，阮元校勘《十三經注疏》），〈禮運〉卷二十二，頁 431。

⓫ 龔鵬程：《飲饌叢談》（臺北：二魚文化事業公司，2009 年 10 月），頁 56。

⓬ 湯純孝：《新譯管子讀本》（臺北：三民書局，1995 年），〈禮論篇〉。

擴展到政事之上,則形成「德惟善政,政在養民」❸的特殊內涵。除了典籍所載
之文字敘述,透過出土的青銅器以禮樂器最重,以及禮器多為食器的混同現象,
如「禮器中鼎、彝、爵、尊、盤、觚均為主要飲食器」,❹彰顯在中國文化中,
「禮」與「食」的密不可分。

　　龔鵬程先生除了從「禮」的起源連結「禮」與「飲食」的關係,又注意到祭
祀與飲饌之事的關連性。「國之大事,在祀與戎」,《周禮》食官掌管祭祀政令
之事,又負責提供祭品的職務分配,展示飲食與祭祀緊密結合的現象。飲食為人
類維持生命的根本,日常生活的運行絕對少不了飲食的存在,是以《詩經》〈豳
風·七月〉❺以飲食界定月令時序之分,此種現象的產生,龔鵬程先生認為「飲
食乃人之共同點,人與人相處,以此為溝通之基點必然最順暢、最基本,是以飲
食實有超乎個人的功能與意義,可以『通人我』。」❻王學泰於《中國飲食文化
史》一書,談論「飲食的親合作用」之際,亦呈現同樣的觀點,其言:

> 日常生活中的飲食在人群關係中也是最能起親合作用的形式之一。古代五
> 禮（吉禮、凶禮、賓禮、均禮、嘉禮）都離不開飲食。飲餐具有極強的凝聚力,
> 是加強人與人聯繫的手段。它可使人與人之間、群體與群體之間產生一種
> 和諧充融的關係。❼

　　在相信飲食溝通功能的前提下,復又從通人我之懷一端擴之,則飲饌之事更
可以達到通乎鬼神的功用,是以祭祀之事,往往與飲食活動緊密連結。再加上「推
生事死,推人事鬼。見生人有飲食,死為鬼當能復飲食」的想法驅使下,侍奉鬼
神必羅列豐盛祭物以獻,祈求鬼神享用後能庇佑子孫獲得福報。

---

❸　《尚書》（臺北:藝文印書館,2001 年,阮元校勘《十三經注疏》),〈虞書〉卷四,「大禹
　　謨」,頁 53。

❹　龔鵬程:《飲饌叢談》（臺北:二魚文化事業公司,2009 年 10 月),頁 56。

❺　《詩經·豳風·七月》云:「六月食鬱及薁、七月亨葵及菽。八月剝棗、十月穫稻。為此春酒、
　　以介眉壽。七月食瓜、八月斷壺、九月叔苴、采茶薪樗。食我農夫。」詳見《詩經》（臺北:
　　藝文印書館,2001 年,阮元校勘《十三經注疏》),〈國風〉卷八,「七月」,頁 285。

❻　龔鵬程:《飲饌叢談》（臺北:二魚文化事業公司,2009 年 10 月),頁 221。

❼　王學泰:《中國飲食文化史》（桂林:廣西師範大學出版社,2006 年),頁 84。

除了羅列飲食以祭鬼神，龔鵬程先生還注意到《楚辭》中〈招魂〉以精且美、種類數量繁多的飲食為誘，透過「食多方」的飲食之樂，呼喚已然逝去的魂魄歸來，不致在外漂泊無所依。透過〈招魂〉採用飲食為切入點，可知飲食之樂實為日常生活中的重要事項，是以〈招魂〉之時，不厭其煩的陳述吃喝之景，言吃五穀雜糧、吃豬狗龜雞及蔬菜、吃飛禽、飲美酒，冀能透過如此誘因，促使死後之靈得以魂兮歸來。

透過〈招魂〉以飲食之樂作為呼喚靈魂歸來的口號，可知飲食之樂在人類群體中的重要性。透過儒家經典對於燕饗之事的重視，可以看出飲食在這個文化體系中的重要性。龔鵬程先生於〈飲食男女以通大道〉一文，引述《詩經》中許多關於燕饗的篇章，如〈大雅〉「既醉」、「公劉」、「行葦」、「韓奕」，描繪各種不同的宴會之景，〈小雅〉「賓之初筵」更是詳細描繪迎賓之景。

同時《詩經·小雅》首章〈鹿鳴〉篇，無論「鄉飲酒禮」或是「燕禮」均要歌頌此詩，詩序更闡明〈鹿鳴〉之詩為「燕群臣嘉賓也。既飲食之，又實幣帛筐篚，以將其厚意，然後忠臣嘉賓，得盡其心矣。」足見飲食宴饗之事，對於聯繫君臣關係，維持政治安定有著重要的意義。

儒家的三部禮書《周禮》、《儀禮》以及《禮記》中的〈曲禮〉、〈郊特牲〉、〈少儀〉、〈玉藻〉等篇章中，留存許多記載「客食之禮、待客之禮、喪食之禮、宴飲之禮、進食之禮」的文字，[18]可知在儒家思維之中，飲食與禮儀是一個不可分割的整體。《周禮·大宗伯》有言：

> 以嘉禮親萬民：以飲食之禮親宗族兄弟，以婚冠之禮親成男女，以賓射之禮親故舊朋友，以饗燕之禮親四方之賓客，以脈膰之禮親兄弟之國，以賀慶之禮親異姓之國。[19]

無論何種禮節，飲食往往為貫串其中的要素，是以親宗族兄弟需飲食之禮；

---

[18] 王仁湘：《飲食與中國文化》（北京：人民出版社，1994 年），頁 387。

[19] 《周禮》（臺北：藝文印書館，2001 年，阮元校勘《十三經注疏》），卷十八，〈大宗伯〉，頁 277。

婚禮之中，男女雙方需「共牢而食，合卺而酳」，以明「合體而同尊卑」之義；親故舊朋友、親四方賓客、親兄弟之國乃至於異姓之國，其禮文儀節的進行，都需要飲食的配合，同時，「賓射之禮」、「饗燕之禮」與「脤膰之禮」等，均與政治有密切關係，是以孔子曾言：「明乎郊社之義、禘嘗之禮，治國其如指諸掌而已乎！」是以龔鵬程先生認為儒家之禮始於飲食，亦大成於飲食。

# 三、調和鼎鼐：治大國，如烹小鮮

## ㈠治生養民的思想

在「民為邦本，本固邦寧」的思考脈絡下，如何保有人民，使人民安居樂業以成太平治世，成為統治者施政的主要方向，同時在人「上不屬天，而下不著地，以腸胃為根本，不食則不能活」[20]的前提下，如何維持人民生存所需，便成為有志於經世治民者的首要之務。

賈思勰《齊民要術·序》云：「蓋神農為耒耜，以利天下；堯命四子，敬授民時；舜命後稷，食為政首；禹制土田，萬國作乂；殷周之盛，詩書所述，要在安民，富而教之。」[21]此書雖為農業專書，其「食為政首」的概念卻貫串全書；管子·牧民第一言：「倉廩實，則知禮節，衣食足，則知榮辱」；《漢書·食貨志》有云：

> 《洪範》八政，一曰食，二曰貨。食謂農殖嘉谷可食之物，貨謂布帛可衣，及金、刀、魚、貝，所以分財布利通有無者也。二者，生民之本，興自神農之世。「斫木為耜揉木為耒，耒耨之利以教天下」，而食足；「日中為市，致天下之民，聚天下之貨，交易而退，各得其所」，而貨通。食足貨通，然後國實民富，而教化成。黃帝以下「通其變，使民不倦」。堯命四

---

[20] 王先慎：《韓非子集解》（臺北：藝文印書館，2004 年）卷六，〈解老〉，頁 240。
[21] 賈思勰：《齊民要術》（北京：中華書局，1985 年，《叢書集成初編》）。

子以「敬授民時」，舜命後稷以「黎民祖饑」，是為政首。❷❷

　　足見飲食一事，是人民能否安居樂業，進而達到政通人和的關鍵。往昔歷史記憶中，每當天災發生、民眾無以維生之際，往往成為禍亂之端，小則聚眾劫掠，大則四處流竄，釀為禍端。因此，飲食之於百姓、乃至於統治者對於政治的檢核，便產生一定的連結。是以歷代統治者往往將獎勵農桑視為施政要務，甚且，早在戰國時期，法家便已經提出「重本抑末」的觀念，將農業視為根本、商業為末的作法，在商鞅變法之際，更奠定秦國強大、日後兼併天下的基礎。

　　同時，在過往歷史中亦有許多論及飲食與養民的論述，如《漢書·酈食其傳》云：「王者以民為天，民以食為天，能知天之天者，斯可矣。」又如《漢書·王莽傳》言：「民以食為天，以貨為資，是以八政以食為首。」《漢書·食貨志》亦言：「夫腹飢不得食，飢寒不得衣，雖慈母不能保其子，君安能以有其民哉？」這些說法，均與孟子「保民而王」一說相合。

　　龔鵬程先生撰有〈儒家的飲饌政治學〉一文，將飲食與儒家王道、王制、禮樂教化進行連結。儒者本出於司徒之官，其職為「修明飲食之禮以養民」，❷❸同時，透過《周禮》記載眾多職司飲食的官員，❷❹可見飲食與政治之間有著密不可分的關係。

　　儒家亞聖孟子曾言「惡旨酒而好善言」、「體有大小，養其小者為小人，養其大者為大人。……飲食之人，則人賤之矣，為其養小以失大也」，乍見之下會認為孟子對飲食之事不甚重視，然就其多次以飲食來論事說理、將飲食與義理進行類比，❷❺此種現象，透過龔鵬程先生的解讀，呈現孟子極為重視飲食問題的特色。因此孟子以飲食為線索，觀察政治得失、或者作為施政目標，其論王道之治：

---

❷❷　〔漢〕班固：《新校本漢書》（臺北：鼎文書局，1978 年），卷二十四，〈食貨志〉第四上，頁 1117。

❷❸　龔鵬程：《飲饌叢談》（臺北：二魚文化事業公司，2009 年 10 月），頁 189。

❷❹　申憲：〈食與禮──淺談商周禮制中心飲食因素〉，《華夏考古》，2001 年第 1 期，頁 81。

❷❺　此種類比如《孟子·告子上》言：「魚，我所欲也；熊掌，亦我所欲也。二者不可得兼，舍魚而取熊掌者也。生，亦我所欲也，義，亦我所欲也。二者不可得兼，舍生而取義者也。」；《孟子·盡心上》云：「飢者甘食，渴者甘飲，是未得飲食之正也，飢渴害之也。豈惟口腹有飢渴之害？人心亦皆有害。人能無以飢渴之害為心，害則不及人，不為憂矣。」

不違農時，穀不可勝食也；數罟不入洿池，魚鱉不可勝食也；斧斤以時入
山林，材木不可勝用也。穀與魚鱉不可勝食，材木不可勝用，是使民養生
喪死無憾也。養生喪死無憾，王道之始也。五畝之宅，樹之以桑，五十者
可以衣帛矣；雞豚狗彘之畜，無失其時，七十者可以食肉矣；百畝之田，
勿奪其時，數口之家可以無飢矣；謹庠序之教，申之以孝悌之養，頒白者
不負戴於道路矣。七十者衣帛食肉，黎民不飢不寒。❷

　　論虐政則言：「庖有肥肉，廄有肥馬，民有飢色，野有餓莩」❷、「師行而
糧食，飢者弗食，勞者弗息。睊睊胥讒，民乃作慝。方命虐民，飲食若流。流連
荒亡，為諸侯憂。」❷以黎民百姓是否得到贍養作為施政是否合宜的切入點，與
儒者出於司徒之官，其學重在禮樂養民有密切的關係。

　　除此之外，龔鵬程先生更注意到「孟子對於士君子修身之道和王者施政之道」
的明確劃分，孟子曾言：「無恆產而有恆心者，惟士為能。若民，則無恆產，因
無恆心。苟無恆心，放辟邪侈，無不為已。」因此，對於庶民大眾與士大夫的標
準不同，為士者當以志道為要務，需固其大體，使其不為小體所惑。然而面對尋
常百姓之際，則不能以此高度自律的內在修養要求之。

　　因此，孟子言為士之道首重「人禽之辨」，強調「人之異於禽獸者，幾希」；
論「王道卻以禽獸性的生物需求為著眼點」❷，是以孟子談論王道之語，無論「使
民養生喪死無憾，王道之始也」、或是「明君制民之產，必使仰足以事父母，俯
足以畜妻子，樂歲終身飽，凶年免於死亡」、乃至於「制其田里，教之以樹畜。
五母雞、二母彘，無失其時」，均從能否維持庶民百姓基本維生條件切入。透過
此種方式分辨說話對象，使孟子所謂「從其大體為大人，從其小體為小人」❸的
士大夫修身之道，與強調「使民養生喪死無憾」的王道之治，成為不相違背，卻
又適應各個層面的經典言論。

---

❷　《孟子》（臺北：藝文印書館，2001年，阮元校勘《十三經注疏》），〈梁惠王上〉，頁13。
❷　龔鵬程：《飲饌叢談》（臺北：二魚文化事業公司，2009年10月），頁194。
❷　《孟子》（臺北：藝文印書館，2001年，阮元校勘《十三經注疏》），〈梁惠王下〉，頁33。
❷　龔鵬程：《飲饌叢談》（臺北：二魚文化事業公司，2009年10月），頁194。
❸　《孟子》（臺北：藝文印書館，2001年，阮元校勘《十三經注疏》），〈告子上〉，頁204。

## ㈡禮樂教化皆主於飲食

「『禮』是社會生活中一切習俗行為的準則。儒家倡導的「禮」，是一個博大的體系，不僅包括道德標準和行為準則，也包括政治制度，而且儒家崇尚的是《周禮》……禮在《周禮》食官制中是為食禮。」❸¹透過此段文字，可知飲食與政事的連結，明顯呈現於《周禮》之中。《周禮》以「天官冢宰」為卷首，其言：「惟王建國，辨方正位，體國經野，設官分職，以為民極。乃立天官冢宰，使帥其屬而掌邦治，以佐王均邦國。」賈公彥疏：「宰者，調和膳羞之名，此冢宰亦能調和眾官，故號大宰之官。」❸²透過此段文字，可以理解天官冢宰此段文字是以「調和膳羞」隱喻天官冢宰治理百官之事。

何以飲食烹調之事蘊含治國大道於其間？王雪萍於〈《周禮》食官制度及其影響〉一文提出其見解為「政治家的最高術略在於協調各種政治勢力與利益，而廚師的技術在於調和五味，廚師烹調與宰相治國之間形成了比喻關係。」❸³因此，伊尹「論政以烹調為喻，重在水火調劑以及火候手法，並謂唯天子能得天下之至味。」❸⁴、老子言「治大國如烹小鮮」、將宰相治國稱為「調和鼎鼐」、以「鹽梅」比喻治理國家所需的賢才，均呈現此種「以食論政」的特色。

就制度面來觀察《周禮》中負責膳食的官員，可以發現「大宰」、「小宰」、「宰夫」這三名掌握飲食管理之事的高層官員，同時具有行政管理的權限，如論大宰之職，則言：

> 掌建邦之六典，以佐王治邦國：一曰治典，以經邦國，以治官府，以紀萬民。二曰教典，以安邦國，以教官府，以擾萬民。三曰禮典，以和邦國，以統百官，以諧萬民。四曰政典，以平邦國，以正百官，以均萬民。五曰

---

❸¹ 王雪萍：〈《周禮》食官制度及其影響〉，《社會科學家》第 6 期，總第 122 期（2006 年 11 月），頁 40。

❸² 《周禮》（臺北：藝文印書館，2001 年，阮元校勘《十三經注疏》），卷一，〈天官·冢宰〉，頁 10。

❸³ 王雪萍：〈《周禮》食官制度及其影響〉，《社會科學家》第 6 期，總第 122 期（2006 年 11 月），頁 38。

❸⁴ 龔鵬程：《飲饌叢談》（臺北：二魚文化事業公司，2009 年 10 月），頁 210。

刑典,以詰邦國,以刑百官,以糾萬民。六曰事典,以富邦國,以任百官,以生萬民。❸

　　小宰之職則「掌建邦之宮刑,以治王宮之政令,凡宮之糾禁。掌邦之六典、八法、八則之貳,以逆邦國、都鄙、官府之治。執邦之九貢、九賦、九式之貳,以均財節邦用。」❸透過《周禮》所載有關「大宰」、「小宰」的工作內容,可以發現此二者均與政治運作有關,大宰協助君王治理國家,小宰為大宰之佐。同時,《周禮》所載食官不僅見於〈天官〉,亦散見其餘五官,分別受到大司徒、大宗伯、大司馬、大司寇等長官管轄,同時,這幾位長官又受行政之長「大宰」所統馭,透過此種職權分配,更強化「大宰」身兼飲食及行政管理雙重事務的重要性。

　　除了屬於高層的「大宰」、「小宰」、「宰夫」之外,於此科層體制位於中層的官員,同樣也具有政治上的重要意義。如掌管王室飲食的「膳夫」,於商周之際同時擔任出納王命的要務,❸是以「膳夫出身的伊尹和易牙分別成為商湯和齊桓公時期的權重人物。」❸由於政治對於飲食之事的重視,養民成為政治上的重要議題,必使人民養生喪死而無憾,進而擴展到所有禮的範疇,❸是以龔鵬程先生認為儒家之禮始於飲食,亦大成於飲食,進而得出「禮樂教化皆主於飲食」的觀點。

# 四、視聽言動無不中節：儒家式生活美學的展現

　　在傳統社會中,文人生活與儒家思想是緊密而不可分的整體,均籠罩在禮樂

---

❸　《周禮》（臺北:藝文印書館,2001 年,阮元校勘《十三經注疏》）,卷二,〈大宰〉,頁 26。

❸　《周禮》（臺北:藝文印書館,2001 年,阮元校勘《十三經注疏》）,卷三,〈小宰〉,頁 42。

❸　楊志玖:《中國古代官制講座》（北京:中華書局,1992 年）,頁 24。

❸　王雪萍:〈《周禮》食官制度及其影響〉,《社會科學家》第 6 期,總第 122 期（2006 年 11 月）,頁 39。

❸　對此,龔鵬程先生嘗引《周禮‧春官‧大宗伯》「以飲食禮,親宗族兄弟。以饗燕之禮,親四方之賓客。以脤膰之禮,親兄弟之國。」說明飲食相當廣泛地涵蓋到各種禮節身上。參見氏著:《飲饌叢談》（臺北:二魚文化事業公司,2009 年 10 月）,頁 203。

教化的涵養下。隨著西方勢力傾軋、象徵著現代化的民主、科學、自由、工業化等元素源源不絕地衝擊傳統士大夫的思維，並將其分為兩個部分，屬於西方文明的現代，以及東方故紙堆的傳統。象徵儒家精神根源的禮樂教化，便在此種契機下，被歸類到被揚棄的，屬於糟粕的一隅。是以余英時先生認為「當代社會中的儒家思想只是一種『遊魂』，無軀體可以附麗，在具體生活中無法落實踐履之。」❹

對此現象，龔鵬程先生則直言是當代新儒學過於強調「存仁」、「復性」的精神層次，於表述方式又遠離社會大眾能夠理解的範疇，使儒學在此種發展模式下，離尋常生活愈來愈遠，成為一個極其小眾的知識範疇。當新儒家的詮釋越偏向盡心知命的成德之學，則其距離化民成俗的社會實踐又更加地遙遠。龔鵬程先生質疑當代哲學研究之際言道：

> 現代人對於中國哲學雖有了許多關於道、氣、性、理、仁、心的抽象概念，卻欠缺具體的瞭解，不曉得這些觀念是在什麼樣的具體生活場域中浮現出來的，也不明白這種觀念與具體的人文活動有何關連，以致哲學研究只是抹去時空的觀念編織，用沒有時空性的知識去討論活生生的歷史人文思想。❹

因此，龔鵬程先生希望能在新儒家論述「生命的學問」之餘，也能開展出「生活的學問」。就此想法來看，可知龔鵬程先生所重視者為現世的具體生命，在此基礎上，積極的在侷限於藝術一隅的美學，拓展一個談論生活美學的領域，並將進入現代化以來，被視為桎梏心靈的禮樂之教，重新賦予新的解釋，使其在現代社會中產生作用。同時，因為對現世生活的重視，是以龔鵬程先生談論生活美學，是將其通於現實生活的具體內容，以及對美與價值的追求。

是以龔鵬程先生於《生活的儒學·自序》言道：「禮樂文明，是即飲食男女以通大道的。道在飲食男女、屎尿稗稊之間，形成『不離世而超脫』的形態。中

---

❹ 龔鵬程：〈生活儒學的面相〉，收錄於《生活的儒學》（杭州：浙江大學出版社，2009 年 6 月），頁 45。

❹ 龔鵬程：《生活的儒學》（杭州：浙江大學出版社，2009 年 6 月），頁 3。

國人傳統的生活態度，儒家的禮樂、道家的養生，乃至中國人宗教文化的特質，均可從這裡略窺其奧。」❷回顧「禮之初，始諸飲食」的說法，可知「飲食男女以通大道」之說，是有其文化根源者，非為一家之言。

儒家所談之禮的具體內容，是與生命的各種面向緊密結合，透過《儀禮》一書所標示的「士昏禮」、「士相見禮」、「鄉飲酒禮」、「燕禮」、「聘禮」、「士喪禮」、「特牲饋食禮」等篇目，更可證明「禮」本於日常生活之間，因此《禮記・禮運篇》有云：

> 禮必本於天，動而之地，列而之事，變而從時，協於分藝，其居人也曰養，
> 其行之以貨力辭讓，飲、食、冠、昏、喪、祭、射、御、朝、聘。❸

對於日常生活的細密規範，並非是讓這些事項成為一種繁瑣的儀式，而是希望透過「生活儀節等各個方面，表現出一個人的文化教養，所以對飲食、衣飾、居住、行動都很注意。而這些，就是生活。」❹透過「禮」在行住坐臥間的細密規範，使人一舉一動合乎禮儀要求、視聽言動無不中節之餘，展現對於儒家式生活美學的實踐，而飲食一事，不僅是維持生命所需的必備元素，三禮對於飲膳儀節的重視、談論士大夫飲膳規範、日常飲食生活之道，可知自進入現代化以來，被人譏為「吃人禮教」的禮儀，不過是一種日常生活的展示，並非是遠離人心、人性的心靈桎梏。

龔鵬程先生又言：「禮因乎人情而為之節文，這個文，乃是文采、修飾。就像人穿衣服，除了遮羞避寒之外，尚有美觀的作用。羞恥之意與避寒之需即為人情，美觀則是文采修飾的效果，故禮其實就顯示為美。」因此，儒家透過禮儀規範，讓人本有的慾望得到節制，進而使整個群體社會達到和諧的程度，此為「禮」在社會群體間所展示的具體功效。

---

❷ 龔鵬程：《生活的儒學》（杭州：浙江大學出版社，2009年6月），頁4。

❸ 《禮記》（臺北：藝文印書館，2001年，阮元校勘《十三經注疏》），〈禮運〉卷二十二，頁439。

❹ 見龔鵬程：〈生活美的追求〉一文，收錄於《生活的儒學》（杭州：浙江大學出版社，2009年6月），頁197。

同時，個人儀節的展示，不僅為自身生命進行約束，使「禮」透過日常生活的舉手投足間，一點一滴滲入內心，進而成為涵養生命內在的豐沛泉源。當內在世界得到涵養，其精神透露於外，便展現如孔子般「視聽言動無不中節」，悠游於禮樂之間的自在，使得規範生活細節的禮文，至此成為一套展現日常生活之美的文化符碼，而非魯迅所大聲疾呼的「吃人禮教」。

# 五、結語

在中國文化之中，飲饌一事不僅是維持生命的基本條件，更成為建構這個文化體系的主要元素，是以《周禮》一書耗費大量篇幅記載食官，《禮記》〈禮運〉篇更將「禮」之起源，歸結到飲食一事，同時，各種禮節儀文的進行，無論燕禮、婚禮，乃至於喪禮、祭禮，都少不了飲食的配合，說明飲食與禮儀具有密不可分的關係。孔子曾曰：「不學詩，無以言；不學禮，無以立。」孔子將「禮」視為個人立身處事之道的根本，成為儒家一貫的修身態度，此種不離日常的「禮」，在儒家思維成為中國文化主流之際，融入整個文化的血脈之中。

晚清之際，西方勢力撼動東亞，面對局勢傾危的朝廷，有志之士提出各種救亡圖存之道，冀能以西學一挽頹勢，在此之時，知識分子對傳統文化仍持有高度信心。甲午戰敗，不僅宣告清廷政府大力施行的西學運動徹底失敗，更撼動當時知識分子的信念，使之對傳統思想產生質疑、批判，數千年來統御整個文化體系的儒學思想，於此時褪去其高高在上的外衣，甚且淪為魯迅筆下的「吃人禮教」。因此，在這個以西方現代化精神為主軸的現代社會，「儒學」成為橫陳在學者筆端的墨字，逐漸遠離群眾的精神世界。

《飲饌叢談》彙集許多龔鵬程先生關於飲饌之事的文字，此書雖以記述個人飲饌經驗的隨筆為主，然而其間雜引百家、通論古今、間評中外的特色，使龔先生筆下的飲饌記述有別於現今蔚然大觀的食記，更帶有濃厚的文士之風。其中，龔鵬程先生以飲食為出發點，向外觸及構成儒家核心的「禮」，又透過燕饗之禮將飲食與儒家的飲饌政治學進行連結，說明飲食在中國文化體系中所代表的實用性，意即「通人我之情」的概念。

透過飲食進行溝通，實踐於祭祀者，如《楚辭》〈招魂〉以豐盛美食誘惑迷

途幽魂返回家園；實踐於政治者，如以燕饗之事溝通君主賓客之情；實踐於社會群體間，則是文人結社，一如龔鵬程先生所言：「在中國社會中，飲食就是如此地重要。它是接納某人成為一個群體的進入儀式。辦一桌酒席，請大家吃了，這一群吃飯的人變成為一個生命的共同體。」❹除此之外，飲食也是評斷施政是否合宜的關鍵，是以孟子從百姓飲食是否供養得宜，作為其王道之治的評斷標準，統治者亦將獎勵農桑視為施政首要之功，務求天下無凍餒之民的理念，也成為中國文化中的一項特色。

　　透過如是論述，可知飲食與整個文化體系息息相關，亦說明看起來遙不可及「禮」與「儒學」，不過是日常之事的整體展現，並非高不可攀的知識殿堂。在此基礎上，龔鵬程先生進一步結合儒學與美學，藉由「視聽言動無不中節」，將儒家的禮樂教化透過外在儀節的展示，內化其中所蘊含的豐富人文精神，實現志於道、據於德、依於仁、游於藝的理想，進而「擴大儒學的實踐性，由道德實踐而及於生活實踐、社會實踐。除了講德行美之外，還要講生活美、社會人文風俗美……恢復古儒家治平之學，讓儒學從社會中全面活起來。」❻意即展現龔鵬程先生所強調的「儒家式生活美學」。

　　龔鵬程先生對於飲食的品味，一如其對學問的態度，往往不拘一隅，好試新奇。將飲饌之事與禮學研究，或將飲食與政治進行連結，並非龔鵬程先生個人獨創之舉，然將這些元素與傳統儒學進行結合，乃至於相繫於美學，形成一種「儒家式生活美學」，則成為龔鵬程先生的獨到觀察。此間種種連結，不僅將發於日常之間的飲饌之事進行擴充，進而說明飲食小道在中國文化中所展現的重大影響力。

# 徵引文獻

**一、古籍**

阮元校勘：《禮記》，臺北：藝文印書館，2001 年《十三經注疏》。

---

❹　龔鵬程：《飲饌叢談》（臺北：二魚文化事業公司，2009 年 10 月），頁 325。
❻　龔鵬程：《飲饌叢談》（臺北：二魚文化事業公司，2009 年 10 月），頁 212。

阮元校勘：《尚書》，臺北：藝文印書館，2001 年《十三經注疏》。

阮元校勘：《詩經》，臺北：藝文印書館，2001 年《十三經注疏》。

阮元校勘：《孟子》，臺北：藝文印書館，2001 年《十三經注疏》。

王先慎：《韓非子集解》，臺北：藝文印書館，2004 年。

賈思勰：《齊民要術》，北京：中華書局，1985 年《叢書集成初編》。

漢·班固：《新校本漢書》，臺北：鼎文書局，1978 年。

湯純孝：《新譯管子讀本》，臺北：三民書局，1995 年。

## 二、近人論著

王雪萍：〈《周禮》食官制度及其影響〉，《社會科學家》第 6 期，總第 122 期，2006 年 11月。

王學泰：《中國飲食文化史》，桂林：廣西師範大學出版社，2006 年。

王仁湘：《飲食與中國文化》，北京：人民出版社，1994 年。

申憲：〈食與禮——淺談商周禮制中心飲食因素〉，《華夏考古》，2001 年第 1 期。

陳平原：〈長向文人供炒栗——作為文學、文化及政治的「飲食」〉，《學術研究》，2008 年第 1 期。

楊志玖：《中國古代官制講座》，北京：中華書局，1992 年。

龔鵬程：《飲食男女生活美學》，臺北：立緒文化事業公司，1998 年。

龔鵬程：《生活的儒學》，杭州：浙江大學出版社，2009 年 6 月。

龔鵬程：〈飲食文明的宗教倫理衝突〉，《宗教哲學》第 8 卷第 2 期，2002 年 10 月，頁 49-73。

龔鵬程：〈酒食貞吉：儒家的飲饌政治學〉，《鵝湖月刊》第 23 卷第 9 期、總號第 273，頁 7-18。

龔鵬程：《飲饌叢談》，臺北：二魚文化事業公司，2009 年 10 月。

# 「重振文人書法」在書法史中的意義——龔鵬程先生的書學思想探微

蔡孟宸*

**摘 要** 本文以龔鵬程先生之〈重振文人書法〉短文為主要討論對象，首先從書法史的角度檢視其所謂「文人書法」一詞的合理性，並參酌龔先生歷來書學論著，進而提煉出龔氏所謂「文人書法」的可能深意。其次將此「文人書法」概念置於當代書法情境中觀察，並針對書壇某些病徵提出具體的改善建言。經由本文鋪陳，則可略窺「重振文人書法」理念在整個中國書法史中的時代性意義。

**關鍵詞** 龔鵬程 書法史 文人 現代書藝

## 一、前言

龔鵬程先生談書論藝之篇章，若從專書、期刊論文、報章雜誌、書評序跋等媒體上考察，大致以《書藝叢談》一書最具代表性：該書共收錄廿六篇，其中〈張

---

\* 蔡孟宸，國立中正大學中國文學研究所博士生。

懷瓘書論研究〉曾刊於《漢學研究》並收入氏著《文化符號學》。❶〈書法與道教〉曾載於《中華書道》季刊，❷〈書學與武學〉、〈女書〉、〈僧書〉、〈醉書〉曾分別刊於《佛光人文社會學刊》、《國立歷史博物館館刊》等刊物。❸〈書法藝術的品鑑〉、〈劉熙載的書概〉、〈康有為的書論〉三篇為金楓出版社《經典》系列《書品》、《藝概》、《廣藝舟雙楫》之導讀。❹其它如〈里仁之哀〉等短文則散見於報紙或書籍序跋。❺

《書藝叢談》之外，〈佛道經典書帖考〉刊於《普門學報》，❻〈重振文人書法〉、〈書法與我〉載於《中國時報》、《中華日報》，❼並有序跋如〈自序〉、〈述書賦〉（繁、簡二版之《書藝叢談》序）等。從上述筆者知見的篇章可看出龔先生書學濃厚的個人色彩：他輒將書法的視野拓展至旁人難以論及之道教、武學、佛學等專門領域；或對女性、無名氏等書法史「邊緣」的書寫者投予關注，不僅對古、今書藝屢有獨到見解，更曾於二〇〇八年舉辦「文『士』書——龔鵬程書法個展」，❽創作與理論相得益彰，其學說與倡議或多或少藉此得到了印證。由此

---

❶ 龔鵬程：〈張懷瓘書論研究〉，《漢學研究》第7卷第2期（1989年12月），頁341-374。
　　龔鵬程：《文化符號學》第一卷第三章（臺北：臺灣學生書局，2001年）。
❷ 龔鵬程：〈道教與書法藝術的關係〉，《中華書道》第2期（1994年11月），頁151-162。
❸ 龔鵬程：〈書學與武學〉，《佛光人文社會學刊》第一期（2001年6月），頁4-26。
　　龔鵬程：〈女性的書法〉，《國立歷史博物館館刊》11卷4期（2001年4月），頁30-34。
　　龔鵬程：〈僧人的書法〉，《國立歷史博物館館刊》10卷10期（2000年10月），頁61-69。
　　龔鵬程：〈醉書〉，《國立歷史博物館館刊》10卷8期（2000年8月），頁44-53。
❹ 詳見庾肩吾《書品》、劉熙載《藝概》、康有為《廣藝舟雙楫》（臺北：金楓出版社，1987年）。
　　其中〈康有為《廣藝舟雙楫》析論〉一文另曾刊於《漢學研究》。見龔鵬程：〈試論康有為的廣藝舟雙楫〉，《漢學研究》第2卷第1期（1984年6月），頁277-300。
❺ 〈里仁之哀〉載於《中華日報》1990年11月25日。
❻ 龔鵬程：〈佛道經典書帖考〉，《普門學報》第10期（2002年7月），頁143-176。
❼ 龔鵬程：〈重振文人書法〉，《中國時報》2008年1月8日，E7版（人間副刊）。
　　龔鵬程：〈書法與我〉，《中華日報》2008年1月15日，副刊。
❽ 楊樹清：〈文「士」書——龔鵬程書法個展〉記載：「……以《文「士」書》為名，結合其詩文的龔鵬程書法個展，共展出五十餘件行、楷、隸、篆、魏碑各體，元月五日起至元月三十日在臺北時空藝術會場（臺北市和平東路二段28號）展出，元月五日（星期六）下午二時開展茶會及雅集活動，展覽期間並配合三場書藝講座，分別是元月十二日龔鵬程主講《書法與文學史》，元月十九日邀王仁鈞、李郁周，黃明理、侯吉諒座談《文人書法在新時空》，元月二十六日星期六邀周鳳五、陳宏勉、崔成宗、賴賢宗、馬銘浩做《書藝叢談》研討會，同時趁元月二十七

可見，龔先生面對書法研究誠非插科打諢，而是帶有某種使命感，亟欲以批判的眼光對當代書法現象／書法研究進行檢視，並回歸中國文化之精神核心的龐大工程，這和他在中國文學、經學、美學等範疇中豐碩著作所展現的野心應是一致的。

進一步觀察，龔先生論袁小修、傅青主、劉熙載、康有為等篇，除對古人之書學成果進行論述外，往往將其美學思維、生命哲學整合：諸如論袁小修時講「縱欲與禁慾」、談傅青主時由「氣」的觀點質疑其詩文與書法的論調不合；談劉熙載時亦引其氣論；談康有為則考量其書論與政治思想的關聯……，看似篇篇獨立，實則隱含「書論作為文人整全生命一部分」的詮釋徑路，而此一向度，常被當前藝術史、書法史研究者忽略。龔先生書學論著的旁徵博引、出入古今，進而屢發不平之鳴、針砭時弊，正是他未以書法家自居，傾慕「文人風雅」的具體實踐，也因此，他的「重振文人書法」理念正能代表一位書法理論者、實踐者對當代書壇的觀察與呼籲。

然而，龔先生這種寫作方式在中國書法理論的演進歷程中，有何特殊意義？他所謂的「文人」與「書法」之關係又是如何？當代書壇、藝文界是否有能力對此概念進行回應？在此前提下，筆者認為有必要對龔先生此一特殊的書學觀進行考察，並擬以〈重振文人書法〉一文作為論述之主軸：該文以古鑑今，扼要且直截地展示了龔先生「賦予書法藝術以文人精神」之洞見，作為本文探尋龔氏書學思想之核心內涵，極具關鍵性的作用。因此，本文將對〈重振文人書法〉一文進行歷史脈絡之疏通及箇中問題之質疑，且分別置於「書法史」及「當代書法環境」兩個脈絡下檢證，最後綜合二項判斷，嘗試提出「重振文人書法」口號及龔氏書學在當代學術中的意義。

## 二、「文人書法」的定義？
### ——從〈重振文人書法〉一文中耙梳

「書法」顧名思義，是依文字被「書寫」時所應具之各項「法度」展開的內

---

日星期日下午二時三十分起現場揮毫寫春聯。」引自龔鵬程個人部落格：http://blog.sina.com.cn/gongpengcheng，點閱網址時間：2010 年 9 月 7 日。

容，而「寫字」之所以能成為一門藝術並廣被討論，甚而成為中華文化之精髓，皆因「文人」而始。「書法不應與文人切割」的基礎概念，在龔鵬程先生〈重振文人書法〉一文中亦能窺見：

> 須知書法之性質與傳統，是與繪畫不同的。畫本來是獨立的，後來才與詩文書法結合，更晚則加上了印章，於是出現了文人畫。文人畫是畫史之變，故崛起時頗貼「戾家」「不當行」「非本色」之譏，書法卻不然。若附和文人畫這個詞，說文人書法，則書法本來就是文人的。文字、文學與書藝，從來結合為一體，不可析分，不是單純的筆墨線條而已。❾

簡言之，「文人畫」的概念由宋代蘇軾、米芾率先提出，乃欲以「逸筆草草」的文人趣味與宮廷畫的精細巨幅相抗衡所產生的流風，但「文人書法」這名詞，則從未在書法史上出現。只因書法本為文人日常抄書寫經、賦詩作文的工具，若將其功能比之今日，則與原子筆、鉛筆無異，「以毛筆書寫」的活動本屬文人生活的一部分，自然無須另立名目來標舉。那麼，龔先生既有識於書法本文人之屬的歷史脈絡，為何仍提倡重振「文人書法」？顯然，龔先生所謂的「文人書法」，當與歷史慣稱之「書法」有所不同吧？以下則由兩個面向討論〈重振文人書法〉一文中「文人書法」的可能定義。

## ㈠從書法的「史觀」討論

承上所言，既然已知「文人書法」定義不同於古今襲用的「書法」一詞，則應從〈重振文人書法〉一文中抽絲剝繭，找尋其具體特徵。〈重振〉一文首先出現「文人書法」一詞之段落如下：

> 許多改革者都以為：當世書風是被文人書法所籠罩且無生氣的。如姜壽田《現代書法家批評》就說：「傳統文人書法，從二王、蘇東坡、黃山谷的重韻、書氣，到明代董其昌的重禪氣、談意，再到清代劉墉重廟堂氣，以

---

❾　〈重振文人書法〉一文因多次徵引，故本論文下引此篇不另出註。

致最終形成帖派末流的館閣體，由暗弱到死寂。」❿

龔先生引姜壽田的文字中，對於文人影響帖派書風「由暗弱到死寂」的陳述是有問題的。書法史中，「帖派」書風乃謂二王以降，以筆法之精純為其審美核心，舉凡宋四家、趙孟頫、董其昌，乃至明末的傅山、王鐸，都是帖學大家。而「館閣體」實屬帖學傳統中的一項，可泛稱唐宋以來適應科舉取試而出現較規矩、板正的楷、行書體，到了明代則正式出現「臺閣體」書風，然後是清代所謂的館閣體。因此姜壽田所言之失，首先在於館閣體既非「帖派末流」；它的肇因亦非「從二王、蘇東坡、黃山谷的重韻、書氣，到明代董其昌的重禪氣、談意，再到清代劉墉重廟堂氣」這樣的線性脈絡，而是與蘇、黃、董、劉同時「並存」的一種書寫取向。其次，相對於帖學傳統在明末達到了巔峰，清代書家思考如何跳脫筆法的侷限，兼以當時考據之學漸盛、金石篆刻的流行，文人始以「碑學」與帖派對立，展開了雄強、老辣的碑派書風，⓫至包世臣、康有為提倡碑學的年代，則帖派書風相較之下是式微的。然而，清代的文人直至晚清，都還有帖派的書家，如乾嘉時期的張照、劉墉、姚鼐、翁方綱，晚清則如梅調鼎與沈曾植……⓬，上述書家不乏享有盛名的文人。由此可見，姜氏語脈下的「傳統文人書法」未能符合整個中國書法發展的次第，其「由暗弱到死寂」之語，亦不知根據為何。

在姜壽田引文之下，可見龔先生的陳述：

> 整個現代書法，可說都建立在這種對<u>文人書法</u>的認識和批判上。改革之道，則有沈尹默之類重返唐賢法度的主張。另外還有不少更激進的想法，例如從<u>文人氣</u>的反面：匪氣、綠林氣、工匠氣、村野民間氣等各方面去發展書法。或更趨近現代藝術，擺脫詩文對書法的制約，單獨寫一個字、幾個字，或俚俗語，回到線條本質及造型之美；或根本抽象化、拼貼組合化、觀念藝術化等等。

---

❿　文中底線為筆者所標。本論文以下引錄〈重振文人書法〉文字並有底線者，皆筆者所標。

⓫　「帖學概念是伴隨碑學興起而出現的」，引自曹建：《晚清帖學研究》（天津：天津人民美術出版社，2005 年），頁 9。

⓬　詳參曹建：《晚清帖學研究》（天津：天津人民美術出版社，2005 年），頁 8。

由引文可知，龔先生引姜壽田之言，是針對「整個現代書法」的關照而來，而書法在現代既不等於清代以前的「古典書法」，又在臺灣與大陸間有不同的解釋，因此有釐清的必要：首先，大陸「現代書法」一詞可泛指文革後的「民間書法」流行風以及大陸一九八五年以來借鏡日本、歐美的實驗性書法（例如將書法繪畫化、抽象化等嘗試）二者，前者在中國碑派書風傳統下力求突破，引入漢磚、魏碑中屬於工匠製造的實用書體，甚至摻入刑徒磚、民間碑刻等意味，揚棄中國古典書法講究平正、筆法的中和美學，尋求一種生命力勃發的新美感形式。後者乃受日本前衛書道、歐美抽象表現主義藝術影響，開始以一種「非書法」❸的觀念對書法傳統進行反思、批判、尋求新的可能，延伸出諸如抽象、行為、拼貼、裝置、地景……等「現代藝術（Modern art）」形式的書法創作。

其次，在臺灣的現代書法，則分「傳統書法」與「現代書藝」二類，前者承繼清以來碑、帖二派的書風發展個人格調；後者從三〇年代受日本墨象影響、四〇年代的書法表現派（書法畫）、五〇年代的前衛書道、六〇年代臺灣五月、東方兩現代畫會中的書法傾向到八〇年代「墨潮會」首創「現代書藝」，❹以文字表現、圖象表現、符號表現、裝置表現、行為表現……等形式叩問書法的本質、精神與未來。簡言之，兩岸「現代書法」皆與清末以前的古典書學傳統作切割，大陸的「現代書法」涵蓋較廣，其「現代」即指涉文革以來的時間點；臺灣則別立「現代書藝」一類，目的在析離出一些接引西方思維、向現代藝術靠攏的書法作品。❺

在上述的書法史脈絡下，前引龔先生文中的「整個現代書法」應是較廣義的、接近大陸「現代書法」定義的──「匪氣、綠林氣、工匠氣、村野民間氣」指的是大陸民間書風的路徑；「單獨寫一個字、幾個字」是對日本墨象、少字數書法

---

❸ 參見許江：〈書‧非書；藝‧新藝〉，《書‧非書──開放的書法時空》（北京：中國美術學院出版社，2005 年）。

❹ 臺灣現代書藝創作以「墨潮」書會為濫觴。墨潮書會成立於 1976 年，是全臺灣乃至全中國第一個標舉傳統與現代並蓄的書法協會，成員主要有張建富、蔡明讚、陳明貴、連德森、楊子雲、鄭惠美、廖燦誠、徐永進等。1992 年墨潮書會確立以「現代書藝」為書會藝術創作的主軸，從此不斷掀起臺灣現代書藝的狂瀾。

❺ 詳見蔡明讚：〈試論臺灣現代書藝的創作內涵〉，《當代書畫藝術發展回顧與展望學術研討會論文集》（板橋：國立臺灣藝術大學，2006 年）。

的借鏡；「抽象化、拼貼組合化、觀念藝術化」則屬西方現代藝術影響下的產物。
因此，此處龔先生文脈中的文人書法、文人氣，其所指涉的應是所謂「古典書法」，
即文革以前的所有碑、帖流派而言。於是，此處龔先生所言「文人書法」與其所
引姜壽田之「傳統文人書法」，就出現了矛盾。姜氏所謂「傳統文人書法」僅止
於帖派一路（且有認知上的誤會），而龔氏文脈中之「文人書法（文人氣）」則是與大
陸文革後「現代書法」進行斷代割捨時所產生的籠統概念。職是之故，有關「文
人書法」定義更細緻的判斷，則應從引文中「改革之道，則有沈尹默之類重返唐
賢法度的主張。」一句推敲。

沈尹默（1883-1971）書學的中心思想是「謹守筆法」**❻**，龔先生所謂「重返唐
賢法度」指的就是沈尹默在觀察清以來碑派書風因引入甲骨金文、篆籀石鼓等文
字造型，削減筆鋒、追求樸拙，而易流於俗鄙的現象，因而欲以講究「用筆法度」
矯正時弊的主張。在這個脈絡下，與沈尹默對立的就是清末的碑派書風。那麼，
若將龔先生引姜壽田語的那一段，與前引「整個現代書法，可說都建立在這種對
<u>文人書法的認識和批判上。</u>」一段對照觀察，則〈重振〉一文中「所謂的」的文
人書法，其實也就是清末民初以前的整個中國書法史了。從目前為止的推論可以
看出，「文人書法」一詞雖乃新造，但所指涉的對象範圍，與一般慣稱的「書法」
並無太大區別。**❼**

## (二)從書法的「從事者」討論

有關「文人書法」的定義，除了上述從書法史的角度論述外，另可從「文人」
此一階層進行討論。〈重振〉一文中，龔鵬程先生藉沈尹默的書學理念中「書家」
與「善書者」之區別，有如下闡述：

---

**❻** 陳方既、雷志雄：《書法美學思想史》（鄭州：河南美術出版社，1994 年），頁 675。

**❼** 當代大陸或許另有一種「文人書法」的指稱。王岳川謂：「今天，中國書法開始更為理性地回
到經典，重視歷史上的一些大家，如于右任、沈尹默、林散之；同時也開始注重文人書法，如
梁披雲、季羨林、饒宗頤、馮友蘭等的文化書法。這些學術思想大師的書法作品，在拍賣市場
上賣得很好，人們覺得這才是書法的正路。」從文脈上觀察，這是指民國以來的「書家字」和
「學者字」之區別。但此番說法並不廣為流行，其分類亦無明確準繩，因此權且備為一說，於
本文則不加申論。見王岳川：《書法文化精神》（北京：北京大學出版社，2008 年），頁 245。

……先生把寫字的人分為兩類：書家和善書者。說「善書者是會寫字，字寫得好看的人，但它的點畫，有時與筆法偶然暗合，有時則不然，尤其是不能各種皆工」。書家則精通八法：「點畫使轉，處處皆須合法，不能絲毫苟且從事」。兩者相比：書家的書，好比精通六法的畫師的畫。善書者的書，就好比文人的寫意畫。善書者的書，正如文人畫，也有它的風致可愛處。但不能學，只能參觀，以博其趣。

當代對沈尹默「謹守筆法，才是書家」說法的質疑，❸已相當明顯：沈尹默標舉的鍾、王乃至文、董等家，皆非僅守前人筆法的「跟隨者」，反而都是在那個時代具有深遠影響力的「創造者」；且沈氏貶低「學者、文士、儒將、隱士、道流」等「非專業」的善書者，並謂「不必如此嚴格對待」，❹那麼諸如明代楊維楨、徐渭等個性鮮明、情懷浪漫的名家，不也就不足為觀了？龔先生對此也有充分的認識：

沈先生所代表的，都是一種具有現代性的專業化分工態度，強調專業書家、專業畫家。文人書文人畫在其觀念中，等於「業餘」或「外行」。專業者才精通這一行所該具有的法度技藝；文人玩票，雖也偶有暗合處，畢竟非真積力久而得，故不牢靠；雖有趣，卻不正規，不足為訓。

這種區分，顯然是比擬繪畫史上「行家」與「戾家」之分而來的。因對清代書風不滿，欲藉此反撥文人書風，重返二王唐賢之法。這樣的態度，自然是復古的，但復古之目的，殆在除弊，用以批判當世。

但文人書法如此不堪嗎？如今書壇之弊，真是文人書法造成的嗎？只有打倒或擺脫了文人書法才能發展書法藝術嗎？我對這些看法，都不以為然。

以專業與否、筆法、兼善書體，甚至身分地位等項目來分辨「書家」、「善書者」，

---

❸　「『書家』是指在書法藝術上有專門成就的藝術家，是指書法藝術的創造者。這是歷史和時代所公認的。歷史上凡在書法上留下重名的都是發展創造者，不是前人筆法的『謹守』者。」陳方既、雷志雄：《書法美學思想史》（鄭州：河南美術出版社，1994 年），頁 676。

❹　陳方既、雷志雄：《書法美學思想史》（鄭州：河南美術出版社，1994 年），頁 673。

實忽略了中國書法「尚意」、「尚韻」、追求逸格的核心精神，獨尊「尚法」的
單一面向，這樣的理念雖能反映沈氏所處時代氛圍，但卻是不究竟的。龔先生雖
未正面批判沈尹默的書家分類觀，想必也是不會認同的，諸如「<u>文人書法</u>如此不
堪嗎？」、「書壇之弊，真是<u>文人書法</u>造成的嗎？」、「只有打倒或擺脫了<u>文人
書法</u>才能發展書法藝術嗎？」等接二連三的質疑，最終導出的獨特見解，在接下
來的文字中略有表述：

> 道理非常簡單：當代書風，到底是<u>文人氣</u>太重還是缺乏<u>文人氣</u>？當代所謂
> 「<u>書法界</u>」，無論什麼協會、學會、書法教室以及展售場所，參與者不都
> 是戮力鑽研筆法、苦練歐虞褚顏諸家遺跡，各體皆工的嗎？書家僅以善書
> 著稱，文名則罕觀。故古人多寫自己的文章詩歌，今人只能抄抄古人的詩
> 文或節臨古碑帖。詩文既非所長，<u>文人氣</u>自然也就難得具備。古人批評專
> 業書人畫匠時所指摘的毛病，如「本色之弊，易流俚腐」「腔或近乎打油」
> 「氣韻索然」等，倒是極為普遍。

若按照沈尹默的分類，「當代所謂的書法界」正是以專業書家為多數匯聚而成的
範域，如同龔先生所言，其「參與者不都是戮力鑽研筆法、苦練歐虞褚顏諸家遺
跡，各體皆工」的現象堪為沈氏「書家」層級之典型。而龔先生卻反過來批判「當
代所謂的書家」，即否定了沈氏所欲標舉「書家」之法度嚴謹、專業化，轉而以
「文名」、「詩文造詣」等項目來檢驗古今專業書人畫匠——顯然，比起「書家」，
龔先生更能認同沈氏所謂的「善書者」。但，所謂的「文人氣」究竟具有什麼特
質？此處的文人氣又與前述的「文人書法」有何異同？龔先生並未明言，本文則
試由以下篇幅論述：

首先，關於文人階層的概念，若藉龔先生在《中國文人階層史論》中的精闢
描摹，則清晰可辨：

> 晚明以降，文人，既是文學人，也是文化人。不僅大都講過學、讀過四書、
> 考過科舉、能作括帖，具有儒家經典的基本知識，也能談玄清話，說禪論
> 鬼；兼且博物志怪，游藝多方；習棋書畫，可供肆意；詩酒風流，時賦多

情，偶或書劍恩仇，沉瀣於屠狗；更擅編織珠玉，從容以雕龍。文陣墨兵，詩壇森如武庫；綠硯紅籤，舌華燦若蓮花。他們，正如李文森（Joseph R. Levenson）所說，都是「傳統文化的人」，而非「文化上的俗氣人」，也不是某一特定技能及知識上的「專家學者」。他們通過審美的態度與能力，去掌握傳統、體現文化，所以他們也就代表了文化。其他各個社會階層人士，在文化的代表性上，是不能與他們相提並論的。❷⓪

文人的多重身分，及其扮演著主導中國文化發展的菁英角色，在上述的摘錄中已能略見其身影，從他們「也不是某一特定技能及知識上的『專家學者』。他們通過審美的態度與能力，去掌握傳統、體現文化，所以他們也就代表了文化。」的陳述看來，則更接近沈尹默脈絡下的「善書者」——僅以筆墨為遊戲，更注重書法書寫時的興致而非法度；更強調書法欣賞時的韻致而非功力，這並彰顯了文人對藝術的經營，往往感性大於理性、隨意多於刻意的風流瀟灑。由此可知，龔先生〈重振〉一文從「文人書法」的歷史脈絡，轉向「文人氣」的個人生命情調，其所申論的對象，已從書法史（具體的作品、風格）跳至書家品格（無形的氣質、才性），這應是兩個完全不同的討論層面，因此可見龔先生用「文人書法」與「文人氣」二種詞彙將之區別。

其次，理解文人書法與文人氣在論述層面上根本的差別後，進一步探討則發現，此二概念雖共用「文人」一詞，其所涵蓋的個人乃至於群體，卻不相同——「文人書法」若按照本文前一小節的判斷，則泛指整個由文人所主導的中國書法史，其中赫然入列的，就有沈尹默所言「書家」（鍾、王，文、董）與「善書者」（蘇、黃、米、蔡等以才情取勝者）二類；甚至如清代鄭板橋、鄧石如等不以文學詞章而以藝術成就名世的書法家，都必須囊括在內。而「文人氣」若以此前分析結果來判斷，應較接近以筆墨為戲的「善書者」，與沈尹默所謂「書家」在專注上程度有別；又與清代一些鬻字營生的職業書家在目的上有所不同。由上述逐項分析，則可初步歸納〈重振〉一文中「文人書法」的幾個條件：

1.從時間上看，謂從晉唐以降，清末民初以前，由文人主導的古典書法。

---

❷⓪　龔鵬程：《中國文人階層史論》（蘭州：蘭州大學出版社，2004 年），頁 27。

2.以「從事者」的身分而言，傾向業餘的、筆墨遊戲的類型。

3.書法家不僅要鑽研筆法、各體皆能，還要能自作詩文、博覽多涉。

乍看之下，此三點條件是互能圓說的——中國書法史本就以文人為核心，職業書家直到清代才出現，因此書法本乃「餘事」；而文人「既是文學人，也是文化人。不僅大都講過學、讀過四書、考過科舉、能作括帖，具有儒家經典的基本知識」，所以對詩詞文章也毫無困難。然而，我們若反身觀照龔先生所謂的「當代書法界」，則屢見扞格：首先，現代教育的養成方式與科舉、私塾不同，已不可能出現所謂的「文人」；且現代教育中語文類的修習比例相對縮減，一般人詩詞古文等運用能力大幅削弱，文學界、文化界的佼佼者都不見得能有優質的古典詩文創作，更遑論書法愛好者、學習者。其次，由於現代社會的專業分工化使然，「書法」亦已形成一具備特殊文化的專門行當（亦即龔先生文中的書法「界」），其從業者來自各個不同領域，如文教界、學術界、政治界、科技界、商業界甚至一般民眾，而顯然中國書法的筆法、結構、體式等技藝艱深，要到筆法精湛、各體皆能的境界難如登天，更無暇經營本非其所擅的詩詞文章了。

申論至此，可知龔先生之所以提出「文人書法」，乃因當代既無文人、亦缺乏人文素養，導致「『本色之弊，易流俚腐』『腔或近乎打油』『氣韻索然』」的書法現象，而回過頭來以強調文人的才學、德行、品味、氣度風範……等項目對當代的書法風氣進行針砭。然而，此文人風骨的具體條件、精神、內涵是如何？又應如何在時空皆已迥異的當代實踐？諸多問題，非僅就〈重振文人書法〉一文可以圓滿，以下將根據筆者研讀龔先生的書學論著，進行深入的考察。

# 三、「文人書法」的深描——從龔氏書學論著中尋索

承上所述，龔先生在當代標舉返歸古典書法氛圍的「文人書法」，雖在歷史脈絡的掌握及觀念的構成上略嫌匆促，但已足見其明確的訴求：尋回當代已杳然無蹤的人文質地以豐富書法的創作。並且龔先生的這個概念，早已散布在其歷年來的書學闡示中，如何沿著這條主軸，將「文人書法」的具體樣貌深描而出，是本節的主要工作。以下由幾個角度，嘗試討論龔先生書學思維中「文人書風」的意義。

## ㈠從人格修養上討論

　　龔先生〈重振文人書法〉一文中有言：「……凡將『傳統書法』跟『現代書法藝術』對舉起來說時，傳統書法指的就是文人書法，是要被打倒的對象。……這其中，匪氣、綠林氣、工匠氣、村野氣，根本不值得討論。」若以此「匪氣、綠林氣、工匠氣、村野氣」等反例推敲龔先生所謂的文人氣，則可知，那是一種人格修養所展現出的個人氣質。之所以能在書法範疇中談氣質、人品，實源自中國固有的書學品藻中「人倫識鑑」的一環，這在龔先生〈書法藝術的品鑑〉一文中亦略有論及。㉑同樣地，龔先生在〈雒三桂書畫集序〉中亦提及了當代書壇與「文人氣」相對立的各種氣調：㉒

　　　……三桂作書，真積力久，寢饋二王。此冊除寫王獻之二月帖外，頗寫米芾、吳琚、王鐸帖，亦皆二王流裔，正可知其祈嚮所在。淵源如此，故所作金文漢石北碑均不若行書當行。不只筆法精熟，又有文雅清逸之氣，與今時倡為綠林氣、工匠氣、市井氣、美術氣者俱不相侔。

文中出現的「文雅清逸之氣」，堪可用來映證所謂的文人氣——何謂文雅？龔先生自己也說：「我認為中國文化中有非常強韌的『主文』的傳統，文字——文學——文化」㉓這裡的「文」，也就是從學習文字的語言基礎，到鋪陳詞章的文學能力，最終能關照人生、樹立典範、宏揚推廣以形成文化的歷程。文學是中國文明中最複雜深刻的項目，悠游於古人詩詞曲賦、俯仰歌哭的世界中，不僅增長見聞，無形中也充實了內在心靈，所以講「雅」就是建立在「文」的基礎上，細緻優美、曖曖含光的美學轉化。然而僅是文雅，尚不能彰顯中國人格的品質，所以

---

㉑　龔鵬程：《書藝叢談》（宜蘭：佛光人文社會學院，2001 年），頁 1-10。

㉒　「我輩在今日，除了自作學問以外，總還須做點這一類學術組織工作，否則如何鼓舞士氣、激揚雅道？故另又與商務印書館合作，跟雒三桂編了一種《文人書畫》的期刊，正清校中，不日面世，用以鼓吹文人風雅，以對抗俗世書畫藝術潮流。三桂自己也有書畫集要出版，我草了一短序，貼於下，聊作補白。」引自龔鵬程個人部落格：http://blog.sina.com.cn/gongpengcheng，點閱網址時間：2010 年 9 月 7 日。

㉓　龔鵬程：《書藝叢談》（宜蘭：佛光人文社會學院，2001 年），頁 42。

要「清」，是在能文能雅之後，既能篩卻雜質、沉澱存養的容光煥發；也是不隨
波逐流，能出淤泥而不染的自我堅持。能「清」，卻不是遺世而獨立的孤芳自賞，
所以還要能「逸」，就是能充分展現自我，放浪形骸，從而以自然天真遙契天地
宇宙，證成一種形而上的天人關係。俱備文雅清逸之氣者，不僅展現在其應對進
退、待人接物的日常活動上，也展現在其藝術創作中。書學上有「心正則筆正」
之說，就是依據「書如其人」的觀點，強調學書同時也要學做人的道理。❷龔先
生〈述書賦〉中亦有片段可茲佐證：

> ……原夫書道奧區，歸本性情。心閑手妙，宛轉關生，謬以筆法繩尺，未
> 為的評。顧筆墨裁度之雅、鋒鍼提按之精，安排布勒，豈其可輕？學由默
> 識，跡以心清，筆正者寧非心正？技進者終於道成。❷

心性與情緒，將如實地反映在書寫之上，然而，光是修身養性，還不能充分體現
「文人」的層次，因此同樣地，龔先生在〈劉熙載的書概〉一文中亦提及了持志
養氣的修養工夫，文末更強調境界的提升：

> 《藝概》經常談到作者必須持志、養氣、鍊神；又常指明作品之所以高妙，
> 是由於作者性情洵美；作品之所以能不朽，在於作者有獨特的自我。……
> 不過，在強調藝術主體精神時，有一點是必須注意的；若僅執著於個別主
> 體的性情，而缺乏超越提升，便無從得見宇宙生命的普遍價值。❷

總括而言，文人書法的具體面貌，若從人格修養上來談，是由對文學創作的鍛造，
朝向生命美學的鑄成。孫過庭《書譜》所謂「人書俱老」就是「平正－險絕－平

---

❷ 如項穆《書法雅言》云：「柳公權曰：『心正則筆正。』余今曰：人正則書正，……故論書如
論相，觀書如觀人」引自季伏昆編著：《中國書論輯要》（南京：江蘇美術出版社，2000 年），
頁 582。

❷ 龔鵬程：《書藝叢談》（濟南：山東畫報出版社，2009 年），頁 1。

❷ 龔鵬程：《書藝叢談》（宜蘭：佛光人文社會學院，2001 年），頁 104。

正」的顛覆歷程，❷我想龔先生之所以倡議文人書法，也有這層意思。然而，承此前所言，人格修持只是書法境界的第一階段，因為如果過分強調個人特色、率意而為，甚至任性乖誕，那就違背了中國書法講求超越的境界論。以下便由龔先生書論中有關書法的形而上學進行耙梳。

## (二)從哲學境界上討論

張懷瓘無疑是書法理論史中極重要的人物，龔先生在〈張懷瓘的書論研究〉中，歸納其書法創作觀為「自然無為」的，並分「道法無為」、「靈感神遇」、「天資偶發」、「學至無學」、「心契冥通」等五類創作書法的途徑，其中的理路無不朝向形而上的神祕境界，這是龔先生對書法思想史融會貫通後所鋪展出的精闢言論。那麼，對龔先生所謂的「文人」書法或「文人氣」而言，其所相呼應的哲學脈絡為何？如此玄妙虛幻的境界詮說，又如何能夠實踐？〈述書賦〉中有一段可茲參考：

> ……作者仰天風而寫流水，擬大象而陣甲兵，縱橫藝苑，便可擅名。至若義路仁居，養其剛大之氣；史鋤經畬，備茲慎獨之娛，閫中肆外，文與道俱。又或邈乎兩儀未判之始，立於一畫無朕之初，偶然欲書，路遠愁予，其道集虛，澹泊之餘。是皆哲匠眇思，示人坦途，吾欲與之而遷化兮，非其人而誰與？❷

此段文字揭櫫了文人書法之於道理實踐的兩條徑路——儒、道二家。「至若義路仁居，養其剛大之氣；史鋤經畬，備茲慎獨之娛，閫中肆外，文與道俱。」談仁義、講養氣，顯然是孔孟的脈絡，這是期使書家能夠端正品格、擴充胸臆之正氣；字寫的好，人也不能俗套，要能博通經史；與人交往能豁達圓融，如此則體現出具有儒家特質的書寫風格，最後「文與道俱」，矗立不朽風範，才能在書法史上佔有一席之地。例如顏魯公的楷書凜然正氣，又如王陽明的行書展露其經世濟民

---

❷ 王仁鈞：《書譜導讀》（臺北：蕙風堂，2007 年），頁 94。
❷ 龔鵬程：《書藝叢談》（宜蘭：佛光人文社會學院，2001 年），頁 104。

的大器與洗練……文人久歷四書五經的濡染，以及古聖先賢的典範在昔，很難不去思考天地宇宙的人文造化，那麼，在這往復辯證間，書法作品自然而然顯露的精神、骨格，就是書法家在境界上的昇華所獲致的。

同樣地，道家思維也與書法美學息息相關，龔先生所言「又或邈乎兩儀未判之始，立於一畫無朕之初，偶然欲書，路遠愁予，其道集虛，澹泊之餘。」就是在詮釋書法中的道家思維──不為應酬而書寫，任其自我；「無為而無不為」之下，人忘卻執著雜念，所創作的書法自然會透露一股靈虛之氣。例如弘一大師的禪書，簡鍊而一塵不染；又或董其昌晚年參禪的行書小品，筆鋒猶在，卻帶著塵凡褪盡的蕭瑟。初學書法或涉入未深的人或許會認為，用此般哲學境界來籠罩一件件書法作品，無疑是故弄玄虛，使此道詰屈聱牙，反而不近人情。殊不知，最高妙的藝術作品往往是難以詮說的，但是作品是確鑿存在，如不加以品評、解釋它的構成，豈不成了千古懸案？於是，道家的語言就是運用意象、寓言來「試圖說出」那「自不待言」的事物真理，而書法的道理之所以頗契道家思維，就在書法是充分展現「人」之各種可能的視覺性產物，線條的終極形式，就是圓融、守拙、空靈……，故而龔先生引張懷瓘〈文字論〉云：「闡典墳之大猷，成國家之盛業者，莫近乎書。其後能者，加之以玄妙，故有翰墨之道生焉」[29]，所謂玄妙，大抵就是書法的哲學境界種種。換言之，書法本為實用工具，經文人之手乃得以成「書道」，而此道深邃艱難，無法以隻言片語陳述，因而故作玄妙，才能誘使學書者身歷其箇中奧秘。

總之，書法的「文人氣」不僅止於對抗匠氣、俗氣等消極意義，應更呼喚著學書者、愛書者充分體驗中國藝術的玄妙境界，對此，龔先生並未明言，本文強加引申，或有過度詮釋之嫌，以下則回歸日常生活的面向，討論「文人書法」型態的另一種面貌。

## ㈢從生活美感上討論

龔先生不僅論書，也能寫字，二〇〇八年在臺北的「文『士』書──龔鵬程書法個展」佳評如潮，其大學時代受汪中、江兆申、王靜芝、臺靜農等諸位藝壇

---

[29] 龔鵬程：《書藝叢談》（宜蘭：佛光人文社會學院，2001 年），頁 29。

耆老的流風餘韻影響甚深，他在《書藝叢談》〈自序〉中憶及當時情境，今引錄
如下：

> 這是一個詩、文、書法以及具體人格風姿氣象共同形塑的人文美感情境。
> 在這個情境中，我們才能懂得古代人寫字抄經、飛箋鬥韻、函札往返、題
> 壁、墨戲、識跋等境況與感覺。跟書法相關的一些知識，例如評碑、論帖、
> 選筆、擇硯、用墨，乃至於鐫印、拓搨、裝裱、鑑定等等，也都附著在或
> 生存在這樣一種情境中，令我們有了具體的了解。❸

這樣的情境薰陶，應在某種程度上促成了龔先生〈重振文人書法〉的概念及企圖。
自古以來，文人即是中國社會中舉足輕重的群體，他們引領風騷，參與政治、傳
播思想，影響遍及各個層面。所以「文人書法」，應是以文人為核心，遍及文人
生活週遭的各項活動，肯定包羅萬象：舉凡詩詞曲賦的創作，書畫尺牘的書寫，
雅集結社、燕閒清賞……文人的生活濃縮著中國文化之精華，他們追求雅致的生
命情調，在在吸引人們一窺其奧堂。

　　承上所述，龔先生早年浸淫在文人風氣鼎盛的藝、文、學術界，其自身形跡，
往往也沾染著風雅的文人氣。但觀龔先生的論著遍及文、史、哲、藝術，交誼廣
納武術界、宗教界、政商名流……事實上，文人的面向本應是多元的，這樣的文
人風雅在明代到達鼎盛，舉凡文學、藝術、飲饌、器物、集會結社等層面，都能
見到文人穿梭其間。因此，若欲深描龔先生所謂的「文人書法」，則不能忽略中
國古代文人生活的真實面貌，文人通過書寫，形成一個豐富、多樣的活動場域，
無論是題箋、序跋、鈐印、賞物、收藏、著錄創發書學理論……，書齋就是一個
具體而微的世界，文人每日的行住坐臥，都形成一種「美」或「雅」，這就是文
人書法之所以能陶冶性情而貼近生活的原因。

　　同樣的，文人走出戶外，無論雅集、唱酬、結社、交遊、賞鑑、養生、飲食、
壯遊……等各種活動，都因其學養及人格風範而形成一種風尚，這種氛圍感染，
就是所謂的文人氣。文人活動尚不止這些，龔先生曾在〈拙於作偽〉、〈文人與

---

❸　龔鵬程：《書藝叢談》（宜蘭：佛光人文社會學院，2001 年），頁 IV。

文人畫〉等短文中對某些書藝現象的戲而不謔，❸諸如此類月旦品評的雅興，也是文人生活的一部分。本來，在中國文人文化中，生活美學就是不可或缺的一環，但現代社會的物質化傾向，導致精神生活淪喪，若不加以倡導，恐怕危及的層面將不僅是書法繪畫這等藝術之類而是更廣。龔先生也是針對此一危機而提出〈重振文人書法〉口號的：

> 國人對書法藝術，亦因毛筆退出實用領域、古典文化氛圍消失、審美趣味
> 變化等因素，漸生疏隔。縱使還有不少人拼命在練字，甚或以書法名家，
> 但技未必進於道，看來也是令人失望者多。

然而，即使現狀令人失望，但瞻望未來，致力推廣，不正是文人所應肩負起的重責大任嗎？本文截至目前已大致將「文人書法」的概念由淺至深、由簡至繁地梳通理清，可知「重振文人書法」是有必要的。但是，所謂「曲高和寡」，此一理念將如何呼應這個時代，而非陷溺於緬懷過往之盛？當代的書法、書壇應如何發展，才能繼往開來？茲由以下篇幅略抒己見。

## 四、「文人書法」的時代性？
### ——「重振文人書法」口號的再思考

本文此前章節已處理了龔先生在〈重振文人書法〉一文中對於當代書法的認知，顯然他對於八〇年代後發展的「非書法」（如日本「墨象」、前衛書法，大陸「書法主義」，臺灣「現代書藝」等類）不以為然。〈重振文人書法〉寫道：

> 現代藝術式的實驗書法，又不僅脫離了文人傳統，也試著脫離文字，以線
> 條、色塊、造型、創意為說。顛覆的，不只是文人書法，更是書法之本質。
> 如此一來，還能否或適否仍稱為書法，實在大有疑問。

---

❸ 龔鵬程：《書藝叢談》（宜蘭：佛光人文社會學院，2001 年）。

若從當代臺灣書法史的脈絡來看,「現代藝術式的實驗書法」的確已被正名為「不是書法」,因此也就不屬於文人傳統。[32]龔先生又云:

> 書法之本質是文字的藝術化。把字寫得好看,從實用文書變成藝術欣賞對象,乃其形成之原理。脫離了這一點而去談墨色、線條、抽象、構圖,就都是胡扯。

「現代書藝」若從古典書法史的脈絡來看,確實有胡扯的成分,但從書法發展史的角度而言,卻是真諦。其原因在於,古典書法講求的筆情墨韻,為文人文化的產物,而當代已無文人階層,更因科學發達,經濟起飛,物質文化的高漲,且進入了網路時代,所有的時空觀、生活態度在一夕之間有了劇變,而臺灣因地理位置及政治意義上的特殊,從明末至今已形成與大陸迴然而異的「閩習臺風」[33],這樣具有在地特徵的書法環境,不能用古典書法的傳統思維目之。因此,本文既探討龔先生立足當代所倡議的「文人書法」理念,就不能不對「文人書法」的時代性、在地價值進行質疑。

事實上,書法作為文人抒發情感、表現技藝之擅場,每個時代都具有不同的風格特色,唐人尚法,宋人尚意,元人尚古,明人尚態,清人尚樸……[34],這些流行風尚就代言著不同時序的社會環境、人文思潮,所以石濤謂「筆墨當隨時代」就是從這個觀點出發。那麼,時代之於書法藝術的盛衰如此舉足輕重,則不應偏廢那些在某個時代中看似荒誕無稽、亂無章法的實驗性創作。龔先生對當代的前衛書藝,還有如此的看法:

> 事實上,脫離文字後,那些墨象、表現、拼貼或什麼,觀者亦極迷茫。其美感到底在哪兒,往往從畫面和線條中難以體會,需要創作者另用言說去闡釋說明。因而現代書法常變成了語言藝術或行動藝術,理論一套又一套,

---

[32] 蔡明讚:〈臺灣現代書藝發展的回顧與前瞻〉,《臺灣書法國際研討會論文集》(臺北:淡江大學主辦,2004 年)。

[33] 詳參林明賢主編:《閩習臺風:明清時期臺灣美術之研究》(臺中:臺灣美術館,2008 年)。

[34] 見蔡明讚:《中國書法史新論》(臺北:蕙風堂,2000 年)。

主義一堆又一堆，真要這些朋友寫幾個字來看看，恐怕是不成的。他們或許善於用言說編織論述，但是否為書法便很難說。重提文人書法之概念，對此類人亦未必無益。

必須言明的是，現代書藝是創作者以書法為主體出發，探問更多書法形式上、行為上的可能性，所開發出「遠離書法之本質」的藝術作品，它的來源就是西方現代藝術、後現代主義，之所以令觀者如入五里霧中，也是其特色使然。對「現代書藝」的從事者而言，古典書法是被刻意拋棄與革新的對象，那是藝術家有自覺的創作（何況臺灣「現代書藝」之濫觴「墨潮會」成員如徐永進、陳明貴、張建富、蔡明讚等人都是古典書法功力深湛的書壇前輩）。於是，現代書藝與文人書法，就不在同一個對話平臺上，對那些以現代書藝家自居的書家講文人書法，恐怕是難有成效的。

然而，以兩岸的書壇趨勢而言，寫傳統書法一路的人仍佔大多數。那麼，究竟「重振文人書法」的時代性應如何體現？在一個文人消失的年代，要如何恢復其固有的光輝？我的意見有如下二點：

## ㈠書家學者化

誠如龔先生所認知的，當代書壇文化確實有低落的傾向——書法家抄詩錄句，卻無法自行創作，這些在古代文人生活中習以為常的文字運用能力，在臺靜農、江兆申、王壯為等人活動的七〇、八〇年代都還存續著，在當代卻難以為繼。書法界的困境，確實需要振衰起弊的力量：

> 在這樣的現實狀況中，救弊之道，理應是提倡文人書法，以藥不學無文之病。……
> 自書法藝術初起，至文人篆刻之盛，這整個歷史，通貫為書法史，而其實也就是文人書法史。不能掌握這個脈絡，並體會其中蘊涵的道理，對中國書法，終歸是門外漢，是站在場邊子上說話。企圖打倒文人書法以振興中國書法，也終是不知從何說起的！

因為書法家的文學、文化能力逐漸喪失，因此提倡「文人」的好學不倦、敏於洞

察，所謂「以藥不學無文之病」正是針對專業分工化後的當代「書法家」身分而下的苦口良藥。然而，以現代的社會環境而言，「文人」階層並不存在，最接近文人種種特質的，就是今日文、史、哲等人文學門的學者專家，因他們對中國傳統文化有正規的知識訓練，並皆在某些領域上各擅勝場，深刻鑽研，這和文人或工詩詞，或精辭章；或參禪悟道，或治印奇巧的景況是相類的。然而每一特殊的範域都得耗費經年累月的鑽研深究，所以此處的「書家學者化」並非要求書法家要進入人文領域研讀，而是書法家應具有對「書法」此一藝術門類的專業知識，如書法史的展演、筆法體式的變化、書家人物的生平事蹟……，如果連這些基本的文獻閱讀、理論思考都無法掌握，又遑論能夠寫字比賽、教學講課呢？並且，「書家學者化」的意義還在於能博聞多涉，旁及詩文、音律、繪畫、篆刻、印石、文房、園林……等文人「游藝」的項目，當書法家體會文人世界的浩瀚，就更能進一步改善其氣質、學養，這樣寫出來的字，自然而然就能屏除其來自社會各界所帶有的諸如工匠氣、市井氣、村野氣和美術氣了。

書家學者化看似困難，實則近日書法界亦流行攻讀碩博士班的風氣，則可見書法家也瞭解到僅憑藉超群的書寫功力，是無法在書法史上長久立足的。書法貴為「中國文化之核心」（熊秉明語）**㉟**，其道理精妙，令人一頭栽進，咀嚼再三，若當代書家能有不斷質疑、考證、思索的學者體質，那麼肯定能在書藝上更加精進。同理，書法家能普遍力求精進、時時反思，那麼其經由展覽、教學、論文發表所薰陶出的未來書家，也就能有更光明的前景──自古書學不礙乎傳自「師承」與「家學」二路，謹守自家師承而無法跨域借鏡、多方採納的書家，最後恐流於「書匠」──想必沒有人會樂見於此。

## ㈡學者藝道化

前述所論「書法家」是以書寫技藝為專擅的各界人士，提倡學者化可以加深其學識修養，進而促進其對書法境界的探索。反過來說，人文學者是更接近古代文人階層的：以現代的科層分類語彙來說，文人的主業就是文學、史學和哲學，

---

**㉟** 丘振中：〈深入的途徑與涵義的拓展：熊秉明書法論著閱讀札記〉，收入氏著《神居何所──從書法史到書法研究的方法論》（北京：中國人民大學出版社，2005 年），頁 189。

或用以經世濟民的政治學、社會學等，有些也旁涉醫學、天文學。套用孔子的理念：「志於道，據於德，依於仁，游於藝」，這樣的人生目標使得藝術往往成為文人的「餘事」，但無論是遊戲或娛樂，文人都以一種兢兢業業的態度經營之，乃成就今天聞名世界的璀璨藝術。換言之，所謂「文人書法」的真正主體，反倒是今日所謂的文學家、文化人，而非職業書家，但這些「今之文人」往往忙於案牘、疏於練字；甚至是研究書法史、書法美學的專家學者，連毛筆都拿捏不穩。這就如同書法家不認識書法的各體變嬗歷程一樣，相當可惜。龔鵬程先生儼然當代文壇巨擘，但不以書法家自居，或許就是「游於藝」思維使然：

> 玩需有玩興，且須有與生活攪和的熱情，攪和不會成為藝術，但能使生活藝術化，不再刻板、不再緊張、不再裝腔作勢。寫字寫著玩，也即因此而得孔子所說「游於藝」之趣，而少了點俗氣匠氣。故其價值亦不容抹煞。只不過，如此以寫字為戲，徒然顯示了我在書法藝術創作上終究已無指望，所以僅能成為一名業餘的玩票者而已。❸⑥

「游藝」之說能掩蓋筆法的尚未精純，「玩票」也讓學者成為一「書壇的旁觀者」而免於因月旦人物而陷入唇槍舌戰的窘境。但是，正由於人文學者的冷眼旁觀，使當代的書法理論無法推陳出新，也使書法教育的普及無法登上檯面、被政府重視。民間的力量固然存續，但學界的推波助瀾又何嘗不好？問題的癥結在於，人文學者雖擁有接近古代文人的知識、學養，但卻對書法的搦管、揮毫半生不熟；對書壇生態又因無法涉足而漠不關心，龔先生〈重振〉一文中也點出了此一弊病：

> 因此，無論從哪方面看，文人書法在今天，不是應被打倒，而是該再提倡。今天書壇的一些弊病，不是文人書法造成的，反而是對文人書法認識不清，卻又胡亂反抗使然。

認識不清而胡亂反抗，一知半解而言之鑿鑿，正是當前書壇無法更進一步的病症。

---

❸⑥ 龔鵬程：《書藝叢談》（宜蘭：佛光人文社會學院，2001 年），頁 VII。

因此我認為，學者坐擁龐大知識、撰述能力，又因其專業的社會地位而受各界敬重，如果能加強學者的藝術素養、書道體驗，則更能將書法文化整合，以眾人之力推廣傳承，造成書法風氣的蓬勃。

藝道化，顧名思義，不是技巧的公式化訓練，而是藉由親自研墨書寫，進而體驗書法境界。「學者藝道化」的具體實踐，並非要求學者成為書法家，而是建議人文學者專家，都應進入書法的學習、創作行伍當中。書法之所以深刻雋永，值得歷代書家窮盡畢生精力鑽研，在其線條的千變萬化，既能在刹那間展現個人情感之奔流；亦能從峰迴路轉的行氣格局間透露個人的生命質地，人文學者的學問體／用或可藉此映證。並且，有了實際操作的經驗，就能培養藝術氣質、鍛鍊鑑賞眼光、豐富生活情趣……種種跡象顯示，學者的藝道化，對其本來操持的志業完全是有益而無害的。

總結上述兩點意見而言，我認為「重振文人書法」在當代有其必要性，但具體內容與實踐方式，則需調整，並體認到藝術與時空關係，及社會環境等因素。誠如龔先生的真知灼見所言，書法在中華文化的地位遠高於繪畫及一切雜藝：

> 林語堂在《吾國吾民》裡曾言：「書法提供給了中國人以基本的美感，中國人就是通過書法才學會線條和形體的基本要領。因此，若不懂中國書法及其藝術靈感，就無法談論中國藝術。」「只有在書法上，我們才能看見中國人藝術心靈的極致。」宗白華也在〈中西畫法所表現的空間意識〉一文中說道：「中國音樂衰弱，書法卻代替了它成為一種表達最高意境與情操的民族藝術。」此類言語，均是對書法藝術的贊歌。而書法藝術，正是怎麼贊頌也不過分的。
>
> 可惜這門藝術近來頗為衰微。外邦人士對中國藝術之審美品味，大抵仍局限於器物工藝層次，對音樂繪畫已少賞音，遑論書法！以致國際藝品市場中書法作品之標值輒低於繪畫乃至工藝品。

若欲「重振」，當然不能只喊口號，從林語堂、宗白華到龔鵬程先生，那種不忍中華文化淪喪的心情，吾人當珍而重之。也因此，本篇〈「重振文人書法」在書法史中的意義——龔鵬程先生的書學思想探微〉短論從「文人書法」概念的疏通

質疑,到「文人書法」不能只停留在字體或心跡,而應進入哲學和生活美學層次的討論上,最終提出「書家學者化」與「學者藝道化」的具體措施,乃順著龔先生書學思想的脈絡一路走來,期望能由論文之撰述,使學界認識到回復文人自作詩文、依仁游藝那種風雅景緻的困難與價值,並藉此彰顯書法在當代的重要性。

# 五、結論

「重振文人書法」的理念,在書法史中的意義無疑是重大的。因為西方現代藝術的介入使得書法文化產生了劇烈質變,書法真正的優良本質——文人風雅若逐漸褪去,最終淹沒不為人知,則將擴及整個中華文明的沉淪。也正是如此,龔先生的整個書學思想都圍繞著「提倡文人風範,以藥不學無文之病」的中心思想,從他的幾篇書法論文可見,重視書家的文、質內涵而不只是筆法技巧;關注文人生命情調、特殊癖好而非執著於書蹟的品類高低。這樣的取徑,已在當代書學論壇中樹立起獨特的型範。

龔鵬程先生的書論篇章,經筆者勉力蒐羅,應盡付諸本文的討論範疇內,如有疏漏情形,則有待各界方家指正。並且,諸如此前數點辯疑、申論,均是從龔先生的書學版圖中,擷取與本文論題相關之隻字片語所得,未免吹毛求疵、毫無體系可言。然而,學術的目的不僅在耙梳前人的功過,也是在對當代的某些現況進行重整與建構的希望工程。以本文為例,書法在當代的臺灣,亟需有識之士的倡議推廣,如同樣不以書家自居的蔣勳,便逐年推出與書法相關的科普讀物如《漢字書法之美》、《蒼涼的獨白書寫《寒食帖》》等,❸在專家眼中雖遜於淺白,但其引介弘揚的成效是不容小覷的。因此,在當代的臺灣,學者不應自命清高,視書學以小道而不為;而專業書法家也不必妄自菲薄,視理論學術為畏途。二者身分的相互越界,知識的交流與彼此認同、支持,才是書法能夠永續發展的良性循環,如此不但能提升臺灣文化,更能將「書法」這深邃美好的藝術行銷至國際的舞臺上。

---

❸ 蔣勳:《漢字書法之美》(臺北:遠流出版事業公司,2009 年);蔣勳:《蒼涼的獨白書寫《寒食帖》》(臺北:網路與書,2010 年)。

# 徵引文獻

王仁鈞：《書譜導讀》，臺北：蕙風堂，2007 年。

王岳川：《書法文化精神》，北京：北京大學出版社，2008 年。

丘振中：《神居何所──從書法史到書法研究的方法論》，北京：中國人民大學出版社，2005
　　年。

季伏昆編著：《中國書論輯要》，南京：江蘇美術出版社，2000 年。

林明賢主編：《閩習臺風：明清時期臺灣美術之研究》，臺中：臺灣美術館，2008 年。

曹建：《晚清帖學研究》，天津：天津人民美術出版社，2005 年。

許江：〈書・非書；藝・新藝〉，《書・非書──開放的書法時空》，北京：中國美術學院出
　　版社，2005 年。

陳方既、雷志雄：《書法美學思想史》，鄭州：河南美術出版社，1994 年。

蔡明讚：〈臺灣現代書藝發展的回顧與前瞻〉，《臺灣書法國際研討會論文集》，臺北：淡江
　　大學主辦，2004 年。

蔡明讚：〈試論臺灣現代書藝的創作內涵〉，《當代書畫藝術發展回顧與展望學術研討會論文
　　集》，板橋：國立臺灣藝術大學，2006 年。

蔡明讚：《中國書法史新論》，臺北：蕙風堂，2000 年。

龔鵬程：〈重振文人書法〉，《中國時報》2008 年 1 月 8 日，E7 版（人間副刊）。

龔鵬程：《中國文人階層史論》，蘭州：蘭州大學出版社，2004 年。

龔鵬程：《書藝叢談》，宜蘭：佛光人文社會學院，2001 年。

龔鵬程：《書藝叢談》，濟南：山東畫報出版社，2009 年。

# 知性發揚
## ───論龔鵬程散文的理性精神

張輝誠*

**摘　要**　本文試圖從「知性發揚」特徵來探討龔鵬程所有散文作品，歸納龔氏散文文學主張，並指出龔氏理性精神在散文中的表現乃是：文以明理、以理貞情、因事窮理、理之衝突事情、身遊物內之事，心遊物外之理。換言之，龔氏散文是以「主思」、「主智」、「主理」、「主用」為主，人、情、事、遊必須安頓在「理」之中。如此一來，他的散文風格必然表現於「知性」上，追求的必然是「知性之美」，而非「感性之美」。知性之美，重在議論、研析、氣格、筋骨思理、義理深契；與著重抒情、感受、婉約、豐神情韻，辭情佳贍的感性之美，自不相同。龔氏在知性發露張揚的散文作品中，總體關懷便是思索著整體文化和個人生命之間的和合激盪，真正關心的是：文化命脈如何承續？整體文化出路如何指引？個人生命如何振興文化？個人生命如何展現風姿、開創氣象、闢建格局？個體之慧命願力如何激盪起整體文化的活力與精采這些？這些都不是「感性散文」所能承載和畢其功，所以他高揭「知性散文」大旗，前承古人，今世獨立，姿態高昂，雖千萬人，往矣。

**關鍵詞**　龔鵬程　散文　知性散文

*　　張輝誠，臺灣師範大學國文研究所博士生。

# 一、散文？雜文？

龔鵬程自一九八四年出版第一本散文集《歷史中的一盞燈》，至今一共出版了十八本散文集，這十八本散文集，和今日文壇以「主抒情，輔以敘事」為主的散文頗為不同，龔鵬程從第一本《歷史中的一盞燈》開始，就不走這條路數，該書分上、下輯，上輯是訪問稿，下輯是論文、讀書札記、書評和書序。抒情和敘事，在這本書中全都退居末位，上輯訪問稿凸顯做為主問人的作者敏銳思辨力和越問越深緊追不捨的學養能力，下輯的論文則表現作者獨到學術見解和眼光。到了第二本《少年遊》（1984）雖然開始有了一些敘事、抒情成分，但比例仍少，主要還是因事說理、藉情說理，文集中有一類以「論」為題者，論孤獨、論詩人、論女人、論做人、論抄襲、論咒罵……，都是屬於此類。但是自從第三本《我們都是稻草人》（1987）和第四本《時代邊緣之聲》（1991），龔氏開始擔任大學教職、行政職之後，雖然仍延續先前兩本散文集說理風格，但討論範圍開始擴大至對社會事件、兩岸問題、世界華文等進行論評。之後的散文集《豪賭族》❶（1991）、《走出銅像國》（1992）、《猶把書燈照寶刀》（1993）、《人在江湖》（1994），基本上都是繼承前四書的寫作方向，而以《四十自述》（1996）為集大成。

《四十自述》是自傳散文，是龔鵬程所有散文集完成度最高的作品，性質接近、結構完整，體例一致。傳統自傳本以敘事為主，但此書在敘事中兼融抒情、議論於一爐而共冶之，情理事洽浹，顧盼自雄，但議論儼然有強壓敘事之勢。其後《知識分子》（2000）、《知識與愛情》（2000）、《經典與生活》（2002）、《異議分子》（2004），仍是延續「學者文人據理論事，關心公眾事務、關心文化發展」、「我從事文學評論甚久，學術興趣在於教育與文化，亦關心兩岸文教事務，思有以重開『文化中國』之格局」（《人在江湖》序）的寫作重心與方向。其中《知識與愛情》主題較集中，乃寫東西方小說名著的男女愛慾情迷，辨析解剖、鞭闢入裡，此書因是為報社專欄而寫，每篇字數相等，結構完整，是另一本完成度較高的散文集。另一冊《異議分子》集中有作者擔任佛光校長去職事件始末的文章、評論、報導資料，似欲以此作為史料，供今人、後人自行評斷之意。

---

❶　《豪賭族》主要係收錄作者先前四本散文集之精華文章而成。

　　以上十三本，俱為龔鵬程在臺灣任教職、任公職時所作，之後五本散文集俱為優游講學大陸所作，《北溟行記》（2005）、《孤獨的眼睛》（2005）、《自由的翅膀》（2007）性質接近遊記。《多情懷酒伴》則是收錄在臺出版散文集之精華而成，可視為前十三本散文集之範疇。而《飲饌叢談》（2009），則為飲食文學。這些題材看似新增，其實舊有所循，遊記之作《豪賭族》即載有遊日本之〈東遊記事〉（文言文寫成），遊大陸也在《四十自述》中〈歷事〉、〈藏史〉可見大篇幅遊記文字（更早之前則有《時代邊緣之聲》多篇文章寫初至大陸和親見六四前後種種事件）。所異者，在於前後時間相差，大陸變化劇烈，且因前後心態不同，前期多批判、後期雖也批判，然時見優遊自在之心情。《飲饌叢談》，飲食文學之前較少提及，但也是有跡可循，如集中的〈以人為藥〉，脫胎於《人在江湖·排泄物崇拜》，乃將之補充擴寫而成。

　　整體來說，龔鵬程的散文以今日文壇對散文的標準看來，其實主要是雜文居多，訪問稿、時評、政論、札記、書評、報導……，都不歸屬於今日所定義之狹義的散文。以余光中總主編之《中國新文學大系》，收錄龔鵬程兩篇文章〈我的書房〉、〈失鄉〉，即是以「敘事、抒情」為收錄採納的考量點。若說龔鵬程這些散文集是雜文的「雜」，或許還能有另一層意思，那就是體例甚雜，並且同一篇文章前、後散文集重複收錄者所在多見，《豪賭族》和《多情懷酒伴》是精選集，重複文章自可不論，但完成度較佳的《知識與愛情》也有這種問題，〈丈夫再造散〉係又從《走出銅像國》迻入，〈美的聯想〉係又從《時代邊緣之聲》迻入，其他各書也有或多或少這種問題。這種現象當然算得上是一種瑕疵，但同時也說明龔鵬程創作的散文集，其實主要是以時間為經，一定的時間作品便集結成冊，代表一段時間的學思論辯過程與內容。換言之，「時間斷代」的價值遠遠超過「主題」價值，一旦要以主題作為編書的考量，只好必須在前後不同時間所創作的散文集中尋出相關主題的文章以彙整成冊，自然就造成這整文章重複出現不同集子的現象。

　　所以說，龔鵬程的散文是雜文，一是文體雜，二是編排雜。

　　但是，龔鵬程很清楚，他自己寫的就是散文。原因在於他自己認定的散文定義和界限與今日文壇並不一致，他的散文不是五四以後的「抒情為主、敘事為輔」白話散文傳統，而是五四之前「無韻為文」的傳統散文，龔氏曾說：「現在一般的散文家恐怕反而走錯了路。以《文心雕龍》所敘來看，有韻的詩賦樂府頌祝銘

誄之外，無韻之文包括史傳、諸子、論說、詔策、奏啟、議論、書記。前者詩言志，不免緣情而綺靡；後者則說理為主，敘事為輔，旨不在抒情言志，其情其志，只在說理敘事中見之。」❷此即是龔氏所謂的「無韻為文」的傳統散文義界，用於今日當然也可以。所以他的散文集收錄文言文，也有論、議、哀、懷等傳統文體。所以說龔鵬程的散文在當代看，多為雜文，但從中國文學傳統來看卻都是不折不扣的正統散文。

不過，除了從傳統文學散文定義來談龔鵬程的散文之外，是否還有一種內在聯繫可以一以貫之，貫穿十八本散文集，共同視為一種有機的組成，可以超越「散文與雜文」或「時間與主題」的爭辯與討論？而對龔鵬程的散文有一整體的掌握？這個問題，才是本文章所要討論的重點。

## 二、龔鵬程的散文觀

龔鵬程的散文觀，具體可見〈散文·散文〉（收錄《少年遊》）、〈文學二不〉（收錄《知識分子》）及各書序跋等文章，從這些文章可看出他的散文觀約有幾項：

### ㈠對五四以降的散文創作表現及成績表達不滿

不滿之處有二：其一是繼承非人，排斥無理；其二是：大散文家根本尚未出現。

龔鵬程對五四諸公攻擊桐城派、駢文家，與固有散文傳統決裂之後，尋得晚明小品作為繼承及學習對象，頗不以為然。他認為「晚明小品其實是一種怪癖乖誕而且涼薄生活態度中的產物」、「我每讀晚明小品，輒有說不出的煩厭和難受，披沙撿金，亦可得寶，但裏面更多的卻是虛矯浮流的習氣。」這是從根本來懷疑五四以降的散文創作方向。這種說法，和他認為好的作品，曾以「我與寵物」一類題材為例，自梁實秋開始自近代散文家，皆以抒情、敘事為主，但康樂·勞倫斯《所羅門王的指環》卻是寫動物的行為觀察與理論，遠遠超越，「然其文筆之雋永、議論之精闢，簡直是逸趣橫生。」觀點是一致的。

但是拿龔鵬程評論勞倫斯的話來參看，晚明小品和五四諸公難道文筆不雋

---

❷　龔鵬程：《多情懷酒伴》（上海：上海人民出版社，2008 年 2 月），頁 328-329。

永？逸趣不橫生？當然不，他們在文筆和逸趣應該也都不甚缺乏，差就差在議論不精關。這樣的看法其實和龔鵬程認為的大作家條件息息相關，「一位作家，一位創作者，既不能在生命型態成為創造者，不墮溺於流俗；又不能在知識上對於他所描述的對象及內容，有深刻的了解，他的創作還有什麼可為？」所謂生命型態成為創造的全部，就是作者的人格美，就是「支撐一篇好散文的，除了天賦的才情，便只剩下作者在生活中涵養磨練出來的獨特人格了。這個獨特的生命，灌注流布於篇什之間，會形成一種特異的風格魅力，使得文章曄曄有光。」也就是說作者必須先於文章，人格真實表現在文章之中，是大作家的第一條件。其次才是能以知識描述所寫的對象與內容。但是我們從這兩個條件再回頭審察，晚明小品和五四諸公，大多也能以人格美（或者龔鵬程所認為的怪癖乖誕）表現於文章，唯一不能作到的恐怕又是「在知識上對於他所描述的對象及內容，有深刻的了解」❸，這就更讓我們可以清楚發現，雖然龔鵬程在批評晚明小品或五四諸公散文有諸多理由，但真正重點其實就在針對晚明小品或五四諸公散文在「抒情、敘事」之中缺乏「說理」（或者說是淺薄無知、原始而幼稚的直覺與衝動，缺乏深刻的思考縱深的道理）表達不滿。而他自己的散文，便一直著重於此，極力提倡、銳力補強。

## ㈡散文自覺地繼承中國古代散文傳統及旁攝西方散文傳統

龔鵬程因此便自覺地拋開五四已降對散文以抒情為主的束縛，而重新接貫中國傳統散文以說理為主的大傳統。但他的散文還有另一淵源，即是西方散文傳統。龔氏曾言：「頗浸淫西塞羅、蒙田、培根、蘭姆諸君之手筆，還受過不少存在主義之影響。浸饋研練，黽勉不已，漸漸才變成今天這個體段。」❹龔鵬程繼承中、西兩大散文傳統，恰好都有一共同特徵，那就是「主知論說」，他總結西方散文老傳統時，便不無感慨地說「文章的論點、見地，結合著文采修辭，不是膚淺鬆散的輕噫漫談就可叫做散文的。」❺論點、見地，都是偏向主智議論的。

---

❸　以上引用文句俱出自〈散文·散文〉，收錄龔鵬程：《少年遊》（臺北：時報出版公司，1984年12月），頁311-319。

❹　見龔氏：《多情懷酒伴》（上海：上海人民出版社，2008年2月），頁329。

❺　見龔氏：《多情懷酒伴》（上海：上海人民出版社，2008年2月），頁329。

### ㈢主張文學二不：不要文學專技化、不要文學的情慾化

龔鵬程在〈文學二不〉中主張，文學界不應該集中在一個特殊圈子當中，由作家、評論人、出版商、文學社團、文學教育機構組成，圈子又在區分若干小圈子，彼此排來擠去。主張解放作者權❻，「讓文學重新回到每個人、回到每一個具體生命與生活上去。」這樣的觀點和他主張的「好散文必須是是生活中涵養磨練出來的獨特人格」一致，並且是直接回到文學的根源上去講，作家不是少數人的專利，而是懂得生活的大多數人的共通能力。

另一主張「不要文學的情慾化」，認為當今文學界描述情色、慾望、身體、權力連篇累牘，「這些情慾書寫，道理一大堆，說穿了，不過是這一小群文人自我意識的曲折投影罷了。即使說女權、講同志，其中又真有什麼了不得的大道理？」❼這樣的主張，和之前我們所分析他對晚明小品和五四諸公散文的「情」的批評也是一致的。

所以從龔鵬程的散文觀看來，他是主張以「理」為主的，情和事固然也重要，但都是必須依靠「理」而存在，這樣的理念和要求，表現在實際創作上又是如何呢？

## 三、龔鵬程散文的理性特徵

### ㈠文以明理

龔鵬程一開始寫散文，就是自我深刻的生命實感。他是學者，但更渴望成為一個思想家，「對生命確實有所感受、有所思，對知識確實能夠架構、能夠鎔鑄、能夠創造。」散文創作只是學術研究的餘事，但「文學早已與我的生命融為一體」❽，散文也是表現生命的一種抒發方式。龔氏當時認為的散文創作還必須仰賴才分、機緣和心情。後來從所有散文集中看來，確實是因生命實感的印證與體會，憑才分、依機緣、隨心情而發所寫成，不過最後卻都是收束於理。即便以第二本

---

❻　龔鵬程另有〈作者權的解放〉，收錄《走出銅像國》，即是此文先聲。

❼　以上引用文句俱出自〈文學二不〉，收錄《知識分子》（臺北：聯合文學出版社，2000 年 4 月），頁 26-28。

❽　龔鵬程：〈少年遊‧序〉（臺北：時報出版公司，1984 年 12 月），頁 5-8。

散文集《少年遊》中看似最抒情、最敘事的〈懶妻〉,真正對懶妻細節之描節沒有超過正文的五分之一,其餘篇幅則大談懶之史事、掌故和原因、型態分析,可見「現實」、「事實」只是觸媒,龔氏真正在乎的是藏於「現實」、「事實」背後不為眾知的知識、原則、道理。

這種散文寫作型態,當然會因為遭遇事情不同而有所變化,所以龔鵬程的全部散文集大約可以《異議分子》作為分水嶺,在此書之前多為時論、策論、學術評論等等,藉時事以說理:此書之後為講學大陸之餘多藉由吃喝玩樂以說理,文章題材雖不同,但「文以明理」卻始終一致。

龔鵬程在散文中表現正是「說理」的型態,這樣的型態有可約分為兩類,一是世間可行之理,另一種則是對道體的掌握。前者主要是對外界,如散文集中有許多理性建議後來都成為政策或付諸實驗,如兩岸交流、辦大學、對國家文學館的建議、全球華文的探討、中文學界的改革……,有時功績歷歷,有些則是事過境遷功成不居,有些則是根本事與願違,這些散文都將留下,成為史料的一部分。後者則主要是對自身,也就是《四十自述·問道》所說的:「信道求道,一路追索,漸漸進入神秘高玄的上古渾樸道域。我覺得我窺見了道源、掌握了道本、通達了道體,我內化為道之言說者,是大道在此漓駁世界的聲音,用來說明它自己。在這個道我混同的情境裡,我簡直悲喜莫名,手足無措。唯一能做的事,就是寫、寫、寫,讓自己陷入更深的書寫中去體道、證道,為大道辯護。」❾這段話幾乎就是說明寫文章不僅只是「文以明道」,或「文以載道」而已,根本就是「人即文,文即道」了。

## ㈡以理貞情

龔鵬程看似對「情」頗覺礙眼,欲在文章中除之而後快,但實際上又不然。他本身就是多情善感之人,在十八本散文集中,時常可見他情感流露,如高陽死前,他見得最後一面,未及談話便遽逝,他大哭;師友故去,處處可見嗟嘆惋惜之句。時局混亂、志不得伸、受人毀謗、頓挫失意之際,他也表現出失落之情,但他並不讓這種情緒漫無遮攔地渲染、氾濫、擴大,而是用「理」去探討、分析、

---

❾ 龔鵬程:〈問道〉,收錄《四十自述》(臺北:金楓出版社,1996 年 9 月),頁 103。

理解「情」之產生、發動、運作和結果,目的就是為了「貞定情感」,不讓情感無限制地遮掩理性,失去思考的能力。因為「以理貞情」,所以他雖然哀傷弔挽逝去的師友,表達不捨情誼,但更多的卻是用理性來討論師友的一生成就與遺憾;他寂寞獨行,遭遇困頓,情不得已,卻用更多的理性寫〈論孤獨〉、寫《知識分子》、寫《異議分子》,都是為了貞定自己的感情,保持理性的清醒。

以《知識與愛情》為例,整本書就是「以理貞情」的最佳例子,周志文認為「我看這本書,引證博洽,出入中外經史,每篇都能言之成理。」❿書中每篇文章多為縮寫一本或一本以上的中西小說經典故事,而以故事中的愛情人物及情節為主軸,深入解析愛恨情迷,處理生命的困惑,人世的滄涼,以期達於正道⓫。

值得注意的是,龔鵬程雖然「以理貞情」,但理之求索,卻是源於情、興於詩,情與理兩者相倚相生,缺一不可。如他說「感生涯、哀時世、隨吾所感,發為詩歌、寫成文章時,為說明我之所感,這些文章當然要尋求理證、鋪陳體系,但基本上仍是源於情、興於詩。」詩的興感即是由情而發,但是情感多端,「詩人的生命並不只是文化的,他還經常處在非理性的境遇中。要在其中畸裂、要在其中沉淪,在其中感受人天破解、神魔同在的痛苦,要體會生命的存在與不存在,要試探罪惡邪妄和道德的邊界,要體會生命的存在不存在,要體現原始性器的欲求,要傾聽一切生活世界微細的聲響,心境往往滄涼,情緒輒多惘網,偶或輕狂,實則憂傷,踽踽獨行,在寂寞之鄉。」⓬所以說,泛湧流蕩的「情」最後卻都必須經過「理」來貞定之。

## ㈢因事窮理

龔鵬程文章中的理,一方面源於情,另一方面則是遇於事。這些經歷的事,從懂事、求學、親友、家庭、任教職、當官、任行政、當校長、講學大陸,遭遇之事不同,關懷層面不同,但都有一共通點,就是遇事而研究之、了解之、探究之、處理之、解釋之,簡單的說就是「因事窮理」,在事上磨練,在事上作學問。龔鵬程大多數散文集,都是屬於這一類,以《時代邊緣之聲》(時擔任淡江文學院院

❿ 周志文〈跋〉,收錄《知識與愛情》(臺北:聯合文學出版社,2000年11月),頁250。

⓫ 這本書尋常人看來像是炫學,其實還有另一功效就是可以作為經典小說的導讀書。

⓬ 龔鵬程:〈用情〉,收錄《四十自述》(臺北:金楓出版社,1996年9月),頁42-43。

長）、《走出銅像國》（時擔任陸委會文教處處長）、《知識分子》（時擔任佛光大學校長）三書為例，《時》書雖也開始談及大陸問題，但篇數仍少，主軸仍在討論學術、讀書札記、大學生態為主，這與他正擔任大學文學院院長有關；《走》雖也有討論學術、讀書札記、大學生態，但比重較多的卻是大陸研究，這有與他正擔任陸委會文教處處長有關；《知》分為五輯，文學、文化、教育、社會、人物，主軸卻以教育為主，涵蓋其他類別，這也與他正擔任大學校長有關。從這三本書看來，龔鵬程的散文是隨時而感，遇事而發，隨時也好，遇事而也，並不是敘敘事，抒抒情，而是即事究理。

再以《人在江湖》為例（時擔任中正歷史研究所教授，籌辦佛光大學），集中討論到的事務有：大學高中技職國中國小各種教科書問題、課程、升學、就業等問題，以及兩岸、電視、電影、金門、觀光、行政體系、科技與人文、文學評論、政策建言……，五花八門，類別繁多，令人目不暇給。但是為什麼一個人可以懂這麼多專業領域之外的事務並且寫成文章呢？原因就在於「因事窮理」，龔鵬程在序文說：「我不僅在『事上磨練』方面，獲得了許多難得的經驗，增長見聞，訓練膽識，受益匪淺。『因事而窮其理』的過程，更使我學問領域得以逐漸開闊。否則以我中文系傳統的訓練，恐怕不易開展現今整體文化關懷的格局，此江湖閱歷之能增長學問者也。不僅如此，因緣世事而撰寫的文章也很多，倘非涉世如此之深，許多文章我根本不可能去寫，許多問題根本不會去想。促使我筆耕不輟者，不能說俗務龐雜不是個原因。」俗務龐雜，卻意外開發、增加了散文論述的範疇和內容。

## ㈣理之衝突事、情

雖說龔鵬程在散文中極力以理貞情、因事窮理，但並不表示有「理」就能走遍天下，就能貞情窮理，這種事情與理的衝突，經常在文章中反覆出現，如〈生命中的輕與重〉，便是討論於理是應該想寫一部大書，起因於時代的憤激與感傷，覺得近代知識分子多半浮華無根，故在學術上無甚建樹。但為了這個理想，犧牲許多休閒娛樂，用思甚苦，學問卻未必有長進。這是個人身上的事情與理的衝突。

至於《異議分子》，則可說整本書都是事情與理的衝突下的產品。這個衝突既是個人、也是社會、更是國家事的衝突。全書共六輯，議時政、哀教育、嘆世道、悲臺灣、佛光大學校長辭職的爭議、「散居中國」與華文文學，從這些輯題看來就

知道於「理」是如此，但「事」卻非如此，故而邊議邊哀邊嘆邊悲，情根本無法貞定。但即使事情與理衝突，即便事亂情搖，仍要存理大聲疾呼以明知識分子本分、以昭世人迷惘、以挽狂瀾於既倒。龔鵬程在此處又更進一步分析，「理」有可能是公說公有理、婆說婆有理的理，因此他主張的知識分子不再只是過去的「敢說話」，而是「能說話」，凡有道德勇氣皆敢說話，但所謂「能說話」則必須具備應有的知識條件，論事析理，有一定專業的見解和素養，才不至於亂發議論、庸醫誤人。

這種衝突表現在散文中，便噴薄出一種激昂之氣，隨著這股激昂之氣的，是哀嘆悲悵情感、也是孤獨寂寞之音，更是對事的逆行於理之外的憤慨，看似議論連篇，實則情感瀰漫，事實俱在。

## (五)身遊物內之事，心遊物外之理

龔鵬程自出版《異議分子》，講學大陸之後所出的散文集《北溟行記》、《孤獨的眼睛》、《自由的翅膀》性質接近遊記，《飲饌叢談》（2009）則是飲食文學。這幾篇和先前所有零散遊記不同之處，在於遊的時間長、體驗深、遊跡廣，但始終未曾改變的仍是藉由遊覽、飲食來探究物理的寫作方式。

如《飲饌叢談》，一般談飲食文學不外指引美食、鋪排食單、品賞美食、細述作菜細節、徵引古籍以考鏡源流等方式，而發思古之幽情、懷師友之情誼、悟人生之滄桑等等。《飲饌叢談》除具備這些特色之外，還更用力於闡述兩個觀念：其一是吃食關乎人文化成；其二是懂吃以入道。關於第一點，龔鵬程特將飲食層次拉高，接軌古代「制禮作樂」典雅莊重的傳統，如〈酒禮新篇〉寫為金門高粱酒廠辦文化節，設計開幕祭酒儀式、夜宴賓客地迎酒神儀式；同時亦寫出飲食即是歷史文化的重要環節，如〈飲饌的文學社會學：從《文選》到梁實秋〉一文，寫中國各朝代飲食與文學的交涉關連。也就是說，飲食可以很生活、很一般，也可以很莊重、很典雅，鐘鳴鼎食之家，不單單只是有錢人家的生活，吃飯時，配樂以鍾鳴、鼎食運用之隆重，同時亦表明飲食之敬慎態度。——當代飲食文學作家，卻罕有能涉及此者，《飲饌叢談》卻有一半以上（特別是長篇論說文）都在談這個觀念。關於第二點，無疑又透過「吃」這樣的尋常之舉，拈出「由吃也可以入道」的看法，如〈飲食男女以通大道〉結論：「後世儒者不敢談飲饌之道，不敢欣賞『巧笑倩兮、美目盼兮』；空說禮義，而於生活又無法安頓；志於道據於德

依於仁，卻不能游於藝；通經博古，考釋古禮，老而弗倦，乃不能在生活上體現禮樂之美……。因此，現今應將『生命的儒學』，轉向『生活的儒學』。」這些觀點都是通過日常之物的描述卻轉入「理」的思索與探討，廣義來說也算是「因事窮理」的延續，但和之前的辦學、治校、論世的正經之事，轉向日常生活之事了，遊覽、飲食，無一不可窮理，無一不能論道。

龔鵬程曾對這種「遊於理」的狀態做過描述：「自由、隨興、遊戲，便是我讀書求學的基本狀態。反覆進行的遊戲活動，則是閱讀與書寫。不斷讀、不斷寫，在此興感，也在此沉思。」「吾之為學，亦遊也，不是求學，而是遊學。優遊戲浴於學問海中，遊心騁思，不亦快哉！」[13]在《四十自述》中可見遊於書籍學問是一開始的型態，後來又遊於世事歷練，再後來遊於浮萍遊蹤，所遊之對象雖不同，但歸止於理的探索與闡發，卻是不變的。

## 四、結論：知性發揚

李瑞騰早年期望龔鵬程能隨著經驗與智慧的加廣加深，而能在「題材上挖深織廣」[14]。從後來龔鵬程的創作看來的，確實真的做到題材上挖深織廣。這是很深刻的建議和期望，因為龔鵬程散文創作主要得力於駢文、古文，因此遣辭造句典雅簡潔，沒有時下散文鬆散稀薄的缺點；他雄於說理，擅長分析，曾評述高陽行文特色乃「客觀的敘述與理性的分析，擘理論事，深洞隱微，於人情物理之細緻處，刻劃發露之。」其實也適合用來說他自己的散文。所以他必須將理擴充至更大的關懷面、更細膩的隱微處、更普世的價值，如此才能檢驗他所說的理正確與否、適用與否、恆常與否，也就一定必須在題材上「挖深織廣」。

換言之，他寫文章立言，是以「主思」、「主智」、「主理」、「主用」，人、情、事、遊必須安頓在「理」之中才行。如此一來，他的散文風格必然表現於「知性」上，追求的必然是「知性之美」，而非「感性之美」。

知性之美，重在議論、研析、氣格、筋骨思理、義理深契；與著重抒情、感

---

[13] 龔鵬程：〈遊學〉，收錄《四十自述》（臺北：金楓出版社，1996年9月），頁78、79。

[14] 李瑞騰：〈序〉，收錄《少年遊》（臺北：時報出版公司，1984年12月），頁3。

受、婉約、豐神情韻，辭情佳贍的感性之美，自不相同。當今散文家本多著重於感性之美，以抒情、敘事為重，感性便於觸發心弦，獲取感動，引發共鳴。知性之美則以啟人心智、增人見識、破人迷思為主，故而這類作者必須時常保清明睿智，居於高處指引眾人出路。但保持清明睿智，就得依靠博學與通透才行。博學又依賴廣覽群書，通透則必須依賴思辨才能獲得。龔鵬程的散文，說穿了，就是不斷展示其博學、遠見、先知，一切以理為判準，散文便自然捲起一股氣勢，強烈者如批判、針砭、建言，形成以陽剛為主的風格。

但這樣說並不代表，龔鵬程的散文不具感性，只是他寫散文時並不著重於此罷了，如他雖然不甚喜歡晚明小品的氣味，但他寫的許多敘事小品，皆極為神似晚明小品風味，但和晚明小品必然有所不同之處，在於晚明小品點到情、事便戛然而止，但龔鵬程絕不會滿足於朦朧的情、事發露而已的，他必定要接續著一番冷靜理性大發議論才行。又好比龔鵬程也有感時傷懷、寂寞冷落、傷悼師友之時，但是他分析這些情境、總述彼等人物一生事業時，總又顯得出奇冷靜，彷彿他全無感性一面。但事實上，龔先生在冷靜思維底下，掩藏著的仍是多感而悸動的心，如他寫〈悼錢賓四先生〉，透過總述其一生學術成就、價值，點出其信道之篤、向學之誠、傳教之心的人格可貴處，看似理性條陳述說，但文章從頭到尾實則瀰漫著一位後輩學者對前輩大師的景仰、崇敬的濃厚情意，以及對大師遽逝的深深感傷。原來，他的感性大多潛藏壓抑在他知性論述的底層之中。他的溫柔是包涵在陽剛風格之內的。

那麼，龔鵬程在知性發露張揚的散文作品，總體關懷究竟要什麼？他曾說錢穆是「做學問，以整個人投浸在整體歷史文化關懷之中，對文化問題做總體的掌握，所關切的乃是整個文化的生命與出路」（〈悼錢賓四先生〉）其實也很適合拿來形容他自己的為學和文章，他曾說「人長大了，總得將自我投置進一個更廣大曠朗的世界裡，去思索人的價值與功能」（〈愛〉）這樣看來，龔鵬程很可能就是思索著整體文化和個人生命之間的和合激盪，他所真正關心的是：文化命脈如何承續？整體文化出路如何指引？個人生命如何振興文化？個人生命如何展現風姿、開創氣象、闢建格局？個體之慧命願力如何激盪起整體文化的活力與精采這些？都不是「感性散文」所能承載和畢其功，所以他高揭「知性散文」大旗，前承古人，今世獨立，姿態高昂，雖千萬人，往矣。

# 蕭心劍氣獨孤客
## ——論龔鵬程遊記散文敘寫結構
## 與豁顯的生命情調

林淑貞*

**摘　要**　本文旨在論述龔鵬程先生遊記散文:《北溟行記》、《孤獨的眼睛》、《自由的翅膀》三書所揭示的旅游本質及其顯發的特殊生命情調。論文分從五個部分開展,首論遊旅類型與敘寫結構,耙梳其敘寫進程的格式化策略;二、探賾遊觀視角與觀看的內容,以呈示其見人未見、發人未發之態度與立場;三、論述此一敘寫策略及遊觀視域與內容呈示什麼樣的生命情調,以回應、對治日益乖詭的世情;四、回叩遊記散文之敘寫策略,乃在破與立之間確立新的書寫向度,進而對旅遊政策、開發手段、旅遊者及對旅遊文學之建言,期能深化旅遊文化事業;五、總敘龔先生在旅遊方面之物質實踐與精神本質之坎陷,以佈示其依違在形遊、神遊之間,文末再歸結其生命特質為蕭心劍氣之孤獨本質與俠氣沖

---

* 林淑貞,臺北市人,歷任誠正國中、南山高中國文教師、靜宜大學教師,現為中興大學中文系教授,主編《興大人文學報》。曾任中興大學人文社會科學中心研究員、日本山口大學客座教授。學術專長以中國詩學、寓言、笑話為主,旁涉六朝志怪、唐傳奇、現代文學。著有《詩話的別響與新調:林昌彝詩論研究》、《詩話論風格》、《中國詠物詩「託物言志」析論》、《寓莊於諧:明清笑話型寓言論詮》、《表意、示意、釋義:中國寓言詩析論》、《尚實與務虛:六朝志怪書寫範式與意蘊》等書。

霄之氣慨。

**關鍵詞** 旅遊　旅行文學　遊記散文　龔鵬程　孤獨

# 一、前言

　　龔鵬程先生在學術上自闢蹊徑，走出一條廣甄博取的學問格局，除此而外，醰醰有味的是其散文。散文包括了廣義的雜文、札記、閒談；也包括了純文學的感性散文。對龔先生而言，在理性思維主導之下，純文學自是絕緣體，而博大精深的文史知識反而帶動另一種散文書寫的面向。

　　龔先生書寫散文，並非始自近年行旅神州，早在臺灣時期，即有《少年遊》、《我們都是稻草人》等書，是由生活情態轉向議論時代社會的書寫，其後因為撰寫副刊專欄，而有《經典與生活》、《飲食男女：生活美學》等書，近年則因步履神州而開發出新的遊記類型，他的游記散文不同於走馬看花、景點介紹式的游記，而是深入歷史，出入古今，嫻熟典故，開發新時代旅行書寫的視野。

　　目前刊印的游記散文有：《北溟行記》、《孤獨的眼睛》、《自由的翅膀》❶三書，其敘寫因緣乃甲申年交辭佛光大學校長之後，行旅神州，見聞或掛在網站，或刊載在《青年日報》副刊，後結集成：《北溟行記》、《孤獨的眼睛》、《自由的翅膀》三書。

　　此三書率為漫遊講學札記，《北溟行記》敘寫起迄時間為剛交卸校長職務之後，自 2004.08 迄 2005.01 為止，內容掛在網頁上，有向佛光關心他的師生報告近況之意味❷，因而有一敘寫對象，至於《孤獨的眼睛》、《自由的翅膀》雖然亦是行旅之作，但是脫離了對佛光師生報告近況的意味，故而更率意書寫，縱情山

---

❶　《北溟行記》（臺北：印刻出版公司，2005 年）、《孤獨的眼睛》（臺北：九歌出版社，2005年）、《自由的翅膀》（臺北：九歌出版社，2007 年）。其中《自由的翅膀》是《中華日報·副刊》·〈書劍天涯〉專欄結集而成。

❷　《北溟行記·自序》云：「但我也不能什麼都不寫。對我跑到北京南京來玩，放著佛光大學文學所的事不管，師友們很有意見。想到我在大陸，某些人古書讀得太多，又立即就跟屈原、賈誼、宋玉等遷客逐臣的形象結合起來，為之悲搖落、嘆淪謫。所以我得隨時寫些近況，聊當報告，以慰關懷者之心。」頁29。由是可知，其意在宣示近況，並且嘗試逆反某些人刻板印象，以為其懷抱著淪謫心態，事實非然也。

水之間。三書之中，《北溟行記》文筆略有感傷，且北溟獨行，猶有感嘆世情者，
對臺灣及大陸時局獨具隻眼，意多針砭，例如〈文化發展隱憂〉、〈華文出版中
心〉、〈高教發展之憂〉、〈主權在民乎〉、〈臺灣應與鄰為善〉、〈政治威而
剛〉、〈大陸新政權的難題〉、〈議兩岸經濟發展〉、〈議時事四則〉等諸篇，
可謂深有憂懷。其後，《孤獨的眼睛》、《自由的翅膀》二書，則多以登臨古蹟、
述往記今、嘆昔憂世之感，此其二書與前書之針砭時局之意氣略有不同❸，蓋神
州初履，自有異同殊別之眼以對照觀看時局，且初離臺灣，深有關懷之心，仍時
時為念，及離臺日久，浸潤大陸生活益久，益能感受大陸政治之異與風情之殊，
領略在心，遂多以記遊聞見為主。其〈自序〉云：「於登山臨水之際，稽往事、
誌山川、數人物、嘆世情、搜佚史、辨訛偽，長謠短章，恣其臧否論議，好不愜
懷！」❹由是可知其敘寫內容之概況略殊《北溟行記》。

　　柯瓦陸斯維（Michael Kowalewswi）曾揭示二十世紀的旅行書寫算是少數仍未徹
底挖掘的課題❺。事實上，遊記書寫，自古即有，討論者亦眾，當今不僅有「旅
行文學研討會」，更有專書出版，學位論文亦多❻，不可謂尚未被深刻挖掘，只

❸　《孤獨的眼睛·自序》云：「遊玩中偶有聞見，便寫成隨筆，掛在網站上，等於日記。」或是
　　討論某事某物，或是隨興寫小文刊於青年日報副刊等處，意圖皆與《北溟行記》向佛光師友們
　　報告近況的格局更加開闊。頁 5。

❹　見《孤獨的眼睛》，頁 5。此段話揭示其敘寫內容，顯然與《北溟行記·自序》自云：「具有
　　文化觀察、社會批評、兩岸比較、知識分子關懷、旅遊文學意味、時代學人紀錄」略有異同。
　　此所以王孝廉云：「所以《北溟》書中有許多兩岸比較和對臺灣當政時局的批評建議……」，
　　亦能窺見該書之內容表現出事事關心的知識分子的良知與關懷。見頁 19。

❺　見陳長房：〈疆域越界：論後現代英文旅行文學〉，《中外文學》317 期（1998 年 10 月），頁
　　8。

❻　旅行文學研討會，東海大學及中國青年寫作協會皆曾專題舉辦過，有《旅遊文學研討會論文集》
　　（臺北：文津出版社，2000 年 1 月）、劉昭明主編：《旅行與文藝：國際會議論文集》（臺北：
　　書林出版公司，2001 年 12 月）。學位論文則更多，迄今至少有二十多本碩博士論量產。論述
　　旅遊的專書亦夥，例如有王子今：《中國古代行旅生活》（臺北：臺灣商務印書館，1998 年）、
　　美國 Lanquar. R 著，黃發典譯：《觀光旅遊社會學》（臺北：遠流出版事業公司，1993 年 2 月）、
　　Edward J. Mayo & Lance P. Jarris 著，蔡麗伶譯：《旅遊心理學》（臺北：揚智文化公司，1990
　　年）等。甚至華航亦曾舉辦多屆的旅行文學獎，有《在夢想的地圖上：第三屆華航文學獎精選
　　作品文集》（臺北：元尊文化出版社，2000 年 11 月），長榮亦跟進，有《縱橫天下：長榮環
　　宇文學獎》（臺北：聯合文學出版社，1998 年 12 月）。至於旅行文學選為讀本者有孟樊：《旅

是，該如何論述，方能將此一課題發揮的淋漓盡致，才是必須深刻探求者。復次，
龔先生自云此三書因為是隨筆發表，故而表現出：「旅行之暇，率意放筆，實如
睡覺時打呼嚕一般，非有意為此呼嚕，呼嚕聲也很難說真有什麼意思。」❼事實
上，雖以睡覺呼嚕為喻，但是，文後，又自云，或能從說夢話者分析其潛意識或
心理狀態。是知隨筆所記，意有所寄，透過此三書仍可管窺其意向。職是，本文
即以龔先生的遊記散文為切入點，冀能探論其遊記散文的深度與廣度及其所豁顯
的生命特質。

## 二、游之類型與敘寫結構

　　「觀光」與「旅行」常有混用的情形，有時可視為同義複詞，有時是異詞異
義。基本上，吾人認為二者各有不同的機制與屬性。「觀光」係指經由旅遊機制
所安排而完成的行旅活動，一切活動在商業旅遊事業規畫之下，依據固定的行程，
由導遊帶領之下所完成的旅遊活動，屬自主性較弱的一種旅遊方式❽。而「旅行」
則是由旅行者個人主導整個行旅過程，含有個人目的性的完成、興趣的追求以及
各種非預期的感想觸發與遇合，屬於主體性較強的一種旅遊方式。但是，現代對
於二詞之使用略有混同，有時交融互攝。

　　至於「旅行文學」或「遊記」，便是「旅行」或「觀光」之後，敘寫旅遊過
程，側重在客觀事實的經歷與主觀情志的抒發。當今對於「遊記」或「旅行文學」
論述者甚多，例如鄭明娳強調「遊記」是真實的經驗，必以記遊為目的，要將旅
遊的心靈活動示現出來。❾或如羅智成揭示旅行是一種必須實踐或落實在具體行

---

行文學讀本》（臺北：揚智文化公司，2004 年 12 月）、胡錦媛：《臺灣當代旅行文選》（臺
北：二魚文化公司，2004 年 6 月）此皆示現旅行文學被重視、被討論的過程。

❼　見《北溟行記》頁 29-30。

❽　旅遊的危險性很高，湯瑪士‧庫克（Thoms Cook，1808-1892）開始創發旅遊活動之安排，使出
　　外旅遊變的容易而有保障。見孟樊主編：《旅行文學讀本》（臺北：揚智文化公司，2004）頁
　　9。

❾　鄭明娳曾對「遊記」下過定義，其云：「遊記是以記遊寫景為主要內容的散文類型。它通常是
　　作者遊歷陌生地域的主觀記敘，有明顯的敘事秩序；而且作者脫離了日常生活固有的生存空間，
　　屬於一種特殊的體驗。」見《現代散文類型論》（臺北：大安出版社，1987）頁 220。此一定

動上，而文學則是發揮無限想像力即可達成。❿周憲則云，旅行是一種他者眼光與陌生現實的遭遇，越出本地本土去看外部世界，以文字記錄所見，並在文字之中體驗自己的記錄。⓫以上諸說各有立論點，而本文則採用「遊記」來指稱這種跨越疆域移動的書寫，一來承繼中國遊記書寫的傳統，二來此一「遊」不僅是形式上的跨越疆域，更是一種心靈上的跨越，是故，本文逕以「遊記」來指稱這類旅遊書寫，重主體心靈之顯發。

旅行或旅遊，是指從熟悉之空間方域，向異地陌生的空間移動，是一種短期的跨疆域活動，是會回歸到原來的家鄉的。⓬旅行者必須經過：

> 出發──途中行旅──返回

的模式，回歸到原來居處的地方。此種模式是「遊」的基本模式。尚有因為求學、求道、求食、謀職而一遊不歸者，形成：

> 出發──行旅──定居

的「去而不歸」的模式。至於龔先生遊記是哪一種模式？豁顯什麼樣「游」的精神本質呢？

## ㈠游的類型

游，可分為神遊與形遊兩大類型，龔先生曾據劉德謙《中國文化旅遊新論》將旅遊七種類型，歸簡成二型：一、游玩，是遊樂、遊觀、遊憩，是賞心悅目、

---

義側重在記遊寫景，然而，就龔先生文章而言，溢開了這樣的書寫規範。

❿ 見羅智成：〈相約天涯：羅智成談旅行與文學〉，《聯合文學》187 期（1990 年 5 月），頁 70。

⓫ 見周憲：〈旅行者的眼光：從近代遊記文學看現代性體驗的形成〉，《旅行與文藝國際會議論文集》（臺北：書林出版公司，2001 年 12 月），頁 405。

⓬ 據久古（Louis de Jaucourt）之說法，旅行可包括三種範疇，其一就文法而言，旅行是指將某人從某地運送到另一地方去。每人一生必須有一次偉大旅行，並在行前，事先將遠行糧食貯存到自己墓穴中。其二就貿易而言，是指搬運備工之一來一去。其三就教育而言，人生沒有比旅行更好的學習，在旅行中可學到生命繁複變化及世界新課題的發現。此三義具有象徵意義，旅行包括了通向死亡、財富與智慧之路。見胡錦媛：〈遠離非洲，遠離女性：《黑暗之心》中的旅行敘事〉，《中外文學》第 324 期（1999 年 5 月），頁 99。

怡情適志；二、游泄，聊以銷憂，將自我融入山川風景中，銷釋自我，以忘牢愁，或借山水形勝以抒發自我、寄寓懷抱。（《自由的翅膀》，頁218）除此而外，尚有第三種與前二者之遊玩與游泄不同，即所謂的知性之旅，以探求各種知識為主，例如有教堂之旅、古都之旅、古寺之旅、博物館之旅、大學之旅等等，意在從旅遊之中獲得某方面專業知識，依其目的可簡約成下圖：

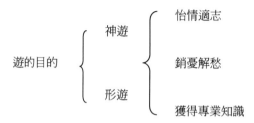

然而，隨著時代之進步，科學文明之昌達，「形遊」的旅遊形式也繁複多元化，若依據遊者之多寡，我們可再細分為個人之遊與團體之遊；個人之旅，可能的目的誠如上述而有游玩、游泄、知旅之不同；至於群眾團體因某一共同目的而進行的求道、求食、朝聖……等之不同，形成交錯互疊的情形，此皆是游的另類形式：

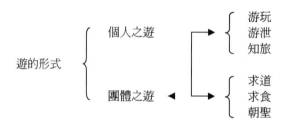

復次，依據旅遊的性質，可再擘分為大眾之旅與分眾之旅。所謂的大眾之旅是指共同在某一機制下所形成的行旅，包括以渡假為主的渡假之旅，或是以某一樂園為主要目的之樂園之旅，甚或以採買為主的採購之旅等等，是一種共同目的而形成的旅遊團體。分眾之旅，有別於大眾之旅，是針對目的性需求而達致的知識之旅，包括了自然生態的、人文建設的、歷史知性……等之旅，其分畫有越來越趨專業與精密化的取向，乃因旅遊者之需求而量身訂製出各種不同團體、不同目的性的旅遊規畫：

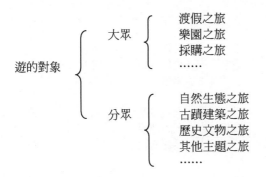

以上林林總總各種不同的旅遊形式、目的、對象，彰顯現代人對旅遊之需求，不再是一條鞭的方式，會針對不同旅眾進行不同內容需求之旅遊規畫。如斯而言，則遊的本質是什麼呢？

### 1. 主／客與居／游之對蹠而依存

　　人類為何有旅遊活動？其目的何在？基本上，透過有目的與無目的性，進行異地風俗之觀看，以達到形、神俱釋的目的，但是，游，是出，是客；與居，與主，與鄉是對蹠相反而互相依存的。異地異鄉總非故鄉，若能將他鄉視為家鄉，不自外於人，則能反客為主、為鄉。然而弔詭的是，客永遠是客，永遠是與家鄉有距離的。對龔先生而言，江西是籍貫，出生地在臺灣，哺餵之情的臺灣血濃於水，江西對他而言，曾是一個陌生的想像國土，因血緣關係，在親臨神州之後，神州國土變成了可親可近的腳下行蹤。由異鄉之客反轉成血脈相連的鄉土之親，對這塊既陌生，又新奇的神州，展開獨特的孤獨之眼、自由翅膀的北溟行記，其所書所寫的內容，既是鄉，亦是異鄉；所佈示的情態既是主，亦是客，在兩相游移之中，顯發其觀照能力。

　　龔先生行遊神州，一來到處旅遊，是為「游玩」，二來卸下公務，恰可融情山水銷憂解愁，是為「遊泄」。然，游記散文更有不同，不在宣示某種知識之獲得，反而告訴讀者一些專業知識，包括歷史典故、古物掌故、名勝事跡或老店溯源等，是將知識與旅遊結合的書寫，迥異庶眾之旅遊書寫，其旅遊的模式大抵為：

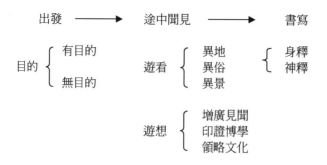

以「書寫」作為「遊」的依歸,提高了旅遊的深度、廣度與高度。

### 2.以遊為名:出入古今,縱情山水

九十三年卸下佛光校長職務,休假二年,赴神州浪遊,臺灣之是非恩怨、擾攘紛紜,不牽不掛,開展行走江湖的本能。人生之得失,豈在一旦一夕之間?因為此「失」,正是彼「得」。自云累於官、累於辦學、累於其他藝能、累於諸般文化活動,故未能盡才發揮,而今能卸下公務,定靜於一隅,自云幸哉,並以孔子為喻,因不見用於諸君,方能刪詩書、正禮樂,雅頌各得其所。此一得與失,豈能衡量?而且性本不拘,「鵬程」之名又暗喻如大鵬鳥負垂天之翼,背青天而遊。廣大的神洲,正是悠遊之場域,於是有了這一場曠古絕今之旅。

中國「游」的精神本質,是擺脫「形軀」之遊,而釋放精神於「遊而不歸」的境域之中,無形,無累,無拘,無執,才是游的本質,也是游的底蘊❸。

## (二)遊記敘寫策略與結構

從書寫範式觀之,龔先生的遊記散文或全篇以議論為主者,尤以《北溟行記》中對時局、政治、政策、文學理論等之評議者為多,例如〈主權在民乎〉、〈德希達哀辭〉、〈議時事四則〉等,亦有夾敘夾議者,例如〈議福建文教政策〉,而表現最多的範式是:首段以「興」起「述今」,中段「追昔」以徵典、博議、論史、溯源等為主結構,文末則多以「興慨」為終,或大發感喟,或寄言建議,或評驚時人,或駁斥前人論述,大抵而言,其常態遊記敘寫結構如下所示:

---

❸ 可參見龔鵬程:《游的精神文化史論》(石家莊:河北教育出版社,2001)。

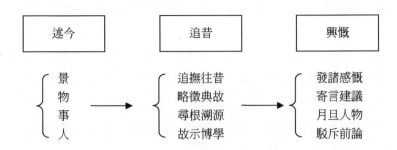

其敘述結構乃遊歷某地，見某景，先抒寫所見之情景，再追撫往昔，或略徵典故，以示博學；文末，或發諸感慨，或寄言建議，或月旦人物，或駁斥時人之謬，此其敘述之大體結構，故而抒情有之，議論有之，評騭有之，糾繆亦有之，非僅述所聞所見之景致而已，且博通古今，徵引掌故，向度多方，無所不談，無所不論，亦無所不議，迥異一般遊記泛寫景物、人物、掌故而已。

### 1.述今：「興」的筆法

篇首，往往先敘寫當下所見之景或物或事或人，如此一來，才能做今昔對照，或是興發感嘆。

其中，先述所到之處，才能往下續寫沿途所見、所思、所感及興嘆。例如《北溟行記》之〈自在江湖行〉述行止乃在北京開會；〈八方風雨會金陵〉敘述在南京開會；〈文化發展隱憂〉述「由南京往徐州、盱眙，再轉淮安、揚州，抵鎮江。」等等，凡此，皆先述所到之場域。至於，大抵遊過那些地方呢？以大陸為主述，兼及星馬、歐美等地，大陸方域「行蹤竟也遍及東北、山東、江蘇、浙江、福建、湖北、四川等地。」（《北溟行記》，封頁底）

復次，亦有敘寫所見之物、事、人者，例如〈歐洲新區〉先述曾遭外國租借的城市，異采紛呈，有多元文化美感，續再就青島大發議論。或如〈雄秀〉談當代論園治當推程兆熊先生，再論述皇家園林。或如〈學堂行旅〉先談大陸規畫「紅色旅遊」，再談國子監及石經由來。凡此等等，不一而足。

### 2.追昔：溯源、徵典與博論

龔先生學問博大精深，識見廣博而能旁通古今，廣徵博引，此其遊記散文最大特色，無論歷史故實，或是各種名物典故、名店溯源等，皆能論之有條不紊，發人所未言，充分表現博稽歷史典故的能力，敘述結構的中段，大抵即是針對眼

下所見之人、事、物、景……等進行溯源、徵典與博論等方面之敘寫。

(1)溯源

　　振葉尋根、沿波討源以探索各種人事物景之本源，是最常運用的敘述策略，例如曾於南京大學哲學系演講，會後餐宴，因廳內設有曾侯乙編鐘仿器一組，略說編鐘源流、音樂、器物、典制特色等，令在座者咋服。（《北溟行記》，頁 174）再如談京戲，論其源頭有徽戲、漢戲、秦腔、崑腔等，論北京雜戲曲藝有天橋八怪的大狗熊等。凡此，皆是龔文書寫特色之一。

(2)徵典

　　徵引典故，以博示人。例如，談烤鴨，亦有典故，四川監生蕭開泰提出「製造鑒鏡以焚毀敵艦」未果，返鄉設肆賣燒鴨，以鑒鏡引火熏炙，味甚佳。此乃烤鴨之始由（《北溟行記》，頁 158）談北京烤鴨，徵引清朝嚴辰〈憶京都詞〉：「憶京都，填鴨冠寰中」、詩說：「爛煮登盤肥且美，加之炮烙製尤工。此間亦有呼名鴨，骨瘦如柴空打殺。」（《孤獨的眼睛》，頁 91-95），嫻熟各種典故。

　　談儀仗，戲劇之中一律皇帝儀仗鑾駕，大臣則車馬轎乘、駿從騶武。事實上明代官員出入，只騎一驢，朱元璋才命令騎馬，由政府付馬資。但御史仍只騎驢，宣德間才有驛馬可乘。清代皇帝出，驚蹕不嚴，儀衛亦簡（《孤獨的眼睛》，頁 99）此其博徵典故。

(3)博論

　　博議是非，亦是龔文敘述策略之一。例如談皇帝服飾，揭示秦取天下，水德尚黑，漢承秦祚也尚黑，後成紀出現黃龍，改稱土德，又云剋水者乃火，漢當為火德，劉漢稱炎漢即因此。六朝尚黑，只有皇帝白紗帽，又稱高頂帽，其象徵意義遠勝黃袍。（《孤獨的眼睛》，頁 97-98）

　　對於古玩亦有心得，揭示古玩商造假亦有流派與系統，北京造多集中安門一帶，又名後門造，以仿宮廷畫家為主。河南造以棉紙或蠟箋粉箋為主，湖南造以板綾花綾為主，染色作舊。揚州造多為水墨紙本，以仿石濤八怪為主；蘇州造簽絹仿唐宋名家為多。（《孤獨的眼睛》，頁 23-24）

　　再如，從科斯馬斯在《基督教世界風土志》得知中國與波斯薩珊王朝和拜占庭是因貿易絲綢的關係而有金銀幣之流通。在唐代中葉因與阿拉伯戰敗，絲綢技術傳入西方以後，宋代轉以貿易陶瓷茶葉為主，將歐洲的白銀流入中國。陸上絲

路湮滅，而海上陶瓷與茶葉遂成為中國的身分與符號。（《自由的翅膀》，頁 45-49）

論中西都城之異，歐洲的中軸線，是引導視線到達一個高潮；中國則相反，中軸線讓左右建築形成兩片平衡的區塊，區塊本身是連續綿延有次序的空間布列，並無重點或焦點，而是整體性的。（《孤獨的眼睛》，頁 160）

不僅示現博學，尚且學理有據，振聾啟瞶，例如，論漢字，須由面對歐洲中心論到面對全球化之課題，且提出建立新文字學的構想應包括：歷史文字學、社會文字學、應用文字學、文化文字學、技術文字學、哲學文字學等項。（《北溟行記》，頁 210-231）

以上所談之事，或嫻於典故，或博學多聞，或徵引歷史，率能啟人蒙昧，溢出一般遊記的書寫範疇。

### 3. 興慨：月旦與駁議

通常，在文末以「興慨」作結，頗有餘音繞樑之況味。「興慨」之範圍無所不包，有揭示時政之弊，有月旦人物，有議論古今，亦有純發個人感喟者。例如揭時弊者有：教育部搞新歷史教材綱要，把中國史與臺灣史切開，中華民國史歸入中國，而臺灣之主權則未定，鬧得人心惶惶，銷耗國本，「上無道揆，下無法守，這是個什麼時代呀！」（《北溟行記》，頁 130）或是對教育部將六所師範院校改制成大學之批評。（《北溟行記》，頁 131）或是對執政者之批評有六：政策反覆、重名義不重實質、施政無能喜由上而下、政策無配套互相矛盾、說一套做一套。揭示整個社會的背叛，令人感慨。（《北溟行記》，頁 133）

再則，亦有慧眼獨具者，將自己識見廣博雜揉於文章遊記之中，例如，論避暑山莊，康熙初建定三十六景，顯示將自己沒入自然，但見天下山川，不見有我；與乾隆之自顯地位、自占身分、以物顯我的態度迥然不同，見識胸次自有高下。（《孤獨的眼睛》，頁 49-54）此一識見乃前人未發。

這些批評顯示文人對時代之憂心與關心，雖不在其位，卻能充分表現知識分子敢於議論時政之勇氣。

## 三、如何觀看與遊觀內容

旅遊最重要的是：如何觀看，因視角之選擇會影響所見之景；遊觀態度與心

情會牽動觀看的內容。由是，識見、氣度、觀看之視點與態度，皆會影響觀看的內容與評騭的高下優劣。

## ㈠如何觀看：冷眼諦視

昔日，龔先生對於神州、北溟只能心存神遊，迄大陸開放之後，乃能踏進神州一覽故國形勝，昔之神遊於故國典籍之中，與今日能形遊於北溟之中，是有不同。然而龔先生之觀照兩岸視點，尤與一般人有異：

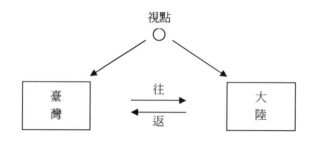

龔先生來自臺灣，往返大陸與臺灣之間，其視點更能超然而公正地觀照二地睽隔四十年之後開放的遷變與異同，大抵可以表現出：

一、從大陸回顧臺灣，視點更高，更超然能反觀臺灣的變貌。

二、從臺灣人看大陸，旁觀者清，異文化觀點更徹底地觀察大陸政策的移轉。

三、從知識分子觀看臺海兩岸，故能體察二者之利弊得失。

整體而言，具有文化人的格局，所見視野，自然能超越兩岸之限制，加以博學、博觀，識見自非常人所有，能洞識文明進程中的各種缺失。

### 1.見人所未見

因為一己喜歡行旅，乃有悟史家與旅行應相互結合。例如論史學家，其云：「歷史學家不能只活在自己那個時代，就如旅行者要跨越自己原先生活的那個地域一樣。因此歷史學家和旅行者乃是本質上的同類人。……何況，在中國，地理類圖書，一向也都歸入史部，無意中正透露著史家本是旅行家的秘密。」（《自由的翅膀》，頁93）再云：「後世史家，不知何故，越來越侷限於王權與土地觀點，喪失了旅行的能力與興趣，光曉得在書齋裡上窮碧落下黃泉，卻懶得挪挪腿出去跋涉一旅遊一番。有些則依附著政權，為政權建構史觀，完成看不見政權與領地

之外的世界。」或如〈旅行的歷史家〉談史學家與旅行之關涉，並藉此大發感嘆：「我在新疆天山天池山端看見臺灣瑤池金母教派在那兒蓋的廟宇，想到臺灣教育部長及「國史館」近年的種種作為，這種感慨就更深了。」（《自由的翅膀》，頁95）藉此興嘆，更令人銘烙心版。（《自由的翅膀》，頁95）此一視野，誠然超脫自己生存的時代，而能提出更高的視點，為歷史學家建言。

**2.言人所未言**

許多真知灼見，非常人所能見、所能言，例如從上海小刀會看到城鄉之遷變，其云：「可是開發浦東以來，不到二十年，上海又流金溢彩、歌舞雜沓了。這就是城市。城市不似農村，總是顯得穩定而安詳，城市是不穩定的人群聚合而成的不穩定地域，什麼事都可能在此發生。」（《自由的翅膀》，頁113）由於流蕩不拘於一地，故能深刻體察城鄉之殊異。

再如，博學積漸，遂能批評時政，以借古諷今之方式暗諭嘲諷，例如談〈海霸中的鄭和〉，揭示鄭和事蹟何以如此難徵實考據呢？其云：「因事權獨攬於宮中，不經朝政，其詳情外界也難以知悉。」並藉此議論時政：「為政須獲民意支持，過程亦須公開，且政策得有延續性，便是鄭和史事能提供給我們的教訓。」（《自由的翅膀》，頁104-5）此即是透過歷史的觀察，與現今時世作一結合，遂能表現出以古諷今的意味。

## ㈡看什麼：超邁方域

旅遊的過程，以遊觀為主要內容，到底看什麼呢？大抵可分為自然景致與人文景致：

而自然與人文之景往往合攝，我們依據龔先生三書所示現的內容，大抵可分畫為下列數項：

### 1. 弔古

遊覽名勝古蹟、歷史遺址，興發弔古情懷，例如〈離館春深〉談歷代皇帝之行宮，論允礽謀逆、雍正奪嫡、乾隆出生，皆清史大事，從離館、園林而談中西禮儀之爭、祺祥改同治、辛酉政變等歷史掌故皆與離館林園相關，可謂熟於掌故。（《孤獨的眼睛》，頁31-36）再如〈在華夷之間〉遊承德乃講北京史事，兼「燕京」、「燕市」之名，復論及長城之修築，當年以嚴辨華夷之燕市舊域，竟為女真民族龍興之地，民族南遷，非一牆能限。（《孤獨的眼睛》，頁37-41）談園林之美，述歷史滄桑有〈大汗的園林〉一文，敘述頤和園興建始末，並以殘酷之美作結。（《北溟行記》，頁164）論大學固然所重在大師非大樓，然大師故去之後，只需踏進校園，感受浩然與天地同流，宇宙在此為我開啟，則大學建築魅力即在此。（《孤獨的眼睛》，頁196）

此所以登臨古蹟或興發感嘆，或博稽典故，或討源溯本。

### 2. 觀世

對於當今之世，亦多所觀照，例如觀察當今講伏犧，批評時人之侈誇竟成一元論。（《自由的翅膀》，頁191-192）

論大陸搞開發，興建設，則是冷水煮青蛙。青蛙正喜盆水爽涼適意，不料鑊底正逐漸加著熱。（《自由的翅膀》，頁33）

論大學之建築，稍有風致之北大清華，以舊有園林之荷塘月色、水木清華，配上大草皮及仿歐式建築，中西合璧，適表現其特色風格。北大建築藉山水之盛，花木掩映樓臺，亦佳。南京師大是袁枚隨園小倉山房舊址，依山構建，隨類賦形，也曲折盡情。（《孤獨的眼睛》，頁195-6）

論媽祖信仰，是海神崇拜，未必屬莆田或溫州某地人士，例如山東煙臺有天后宮，現闢為煙臺博物館，有媽祖文化陳列室，位於天津天后宮旁文物街邊上，建築屬北方風格，澳門亦有媽祖閣古蹟，前有海洋博物館，擬建媽祖文化圈。（《孤獨的眼睛》，頁27-30）

### 3. 品人

臧否人物，為文人不免，何況閱人多矣，遂有獨到見解。例如論一九九五年徐德江告伍鐵平之事，當年法院以不宜審理為由結案，揭示二人惡訴乃語文學界兩派爭論，伍氏以國家政策為立場，簡化漢字、推行漢語拼音；徐氏強調漢字文

化自有優勝處,反對上述立場。揭示二人各有所見,亦有所弊,若以「端正學風、辨偽來攘拆異己」,則屬不必要。(《北溟行記》,頁176)

或揭示傅抱石之畫,有工藝成分,人物多程式化扁平型類別,高士、仕女、面貌、姿態、衣飾都是格套式,配景不同,細節運用西洋畫素描工夫,以破毫蘸墨刷、擦,畫得差不多,再反面暈染赭色或揉擦,此即是傅氏山水祕訣。(《北溟行記》,頁172)

凡此,皆以後設持平態度觀察前人是非,遂能不被歷史定論所包覆。

### 4.徵史

藉由當下歷史古蹟或地理形勝,議論史事,博徵典故,亦游觀之重要內容。例如談「天下第一橋」趙州橋,則能溯源流,述典故,並徵引宋人杜德源:「隋人選石駕虹橋,天下聞名歲月遙。」,更兼述趙州永通橋及石家莊西南蒼兒山的橋樓殿,橋樓殿最早為隋時修建,今存為金代遺物。

論佛教傳入中國,由中亞經西域,一路上有壁畫和石刻造像的痕跡,從新疆克孜拉爾石窟,經敦煌、榆林、麥積山、龍門、雲岡,以抵山東濟南千佛山、青州等處,壁畫越往東則越少,石窟造像漸取代了壁畫。其次是摩崖又取代了造像。越是山東河北,刻字就越多,或與造像並行,或單獨摩刻。此即可見中國人喜歡題字的習性了。(《孤獨的眼睛》,頁182)

談道教音樂,揭示整個靈寶系統的齋醮超度符誥儀式,目前仍與南宋《靈寶領教濟度金書》、《無上黃籙大齋立成儀》相似。茅山的「衛靈咒」則是北宋前就有的上清派宗師贊歌,字少腔多,用韻悠長,非明代道樂一字一音的風格。清嘉慶四年蘇州道士吾定庵把收集來的一些古曲編為《古韻成規》、《鈞天妙樂》、《霓霞雅韻》等。現今雲南麗江把道教洞經音樂拿來演奏,名為納西古樂,樂雖非納西族音樂,但為古樂確乎不假。(《自由的翅膀》,頁186)

此皆博徵歷史典故之例。

### 5.議時

議論時事,批評時政,例如揭示陳總統以鬥雞姿態喊出不必管美國人,凡涉外機關有中國字樣皆應改為臺灣,實為搶泛綠選民的票,是典型為達目的不擇手段之人。(《北溟行記》,頁152-3)

或論大陸之過度開發,有河北白洋淀,因工業污染嚴重,野生動植物不再繁

衍，旅遊業一派蕭條，再花更多錢，已難換回青山綠水、文物古蹟。（《自由的翅膀》，頁 37-8）

或論盜賣商人走私珍貴文物，這些人對文物、歷史、古蹟、遺產並非無知，而是把心思全用左了。（《自由的翅膀》，頁 40）

再例如《北溟行記》中的〈自由的翅膀〉述旅行之困難及親身經歷；〈華文出版中心〉述自己參加大陸國際華文書展興發對臺灣出版業的諍言；《孤獨的眼睛》中的〈在華夷之間〉述初遊承德之經過，再論燕地之興慨；〈守護遺蹟〉述自己對大陸申請「世界遺產」之感嘆；《自由的翅膀》一書中的〈一些關於段正淳的事〉寫大理歷史；〈川中滋味長〉寫川菜譜系。

以上各種游觀的內容，示現其面向廣闊，非局限於寫景抒情之遊記散文。遊觀的內容包括「品花、弔古、觀人、讀世」等日常活動。（《北溟行記》，封頁底）不僅是遊景寫景，也寫人，寫世局，議論時局，評論政策、徵引典故、博稽歷史等等，是一種廣義的游觀，不限於觀景寫景之遊，而是提高到精神文明的遊，開展無拘無執，無所不寫的「遊」，將「游」的精神充分發揮地淋漓盡致。凡此等等，皆為游觀之內容，非等同於一般游記只記景寫景而已。

# 四、生命情調的發顯

獨特的博聞與超然的見識，造就獨特的觀看世情之眼，而這份獨特心眼，乃緣自特殊的生命情調。我們從龔先生的遊記散文，可體察這份殊異的生命特質。

## ㈠逍遙無待莊子心

### 1.無累之遊

無待，無執，不拘，不滯，放下身段，才能無累，才能自在徜徉在山水之間。無論是鯤或鵬，或許需要一池大水去悠游，需要長空去開展翔翼，對龔先生而言，浪遊神州，能不拘於形、不拘於物，真正能無累釋放的是放下臺灣俗務，無事一身輕，方能悠然往返於北溟或南冥之間。鷦雛腐鼠，豈知大鵬之志。

龔先生自云，一來名為鵬程，是能鴻鵠高飛，二來譜名為「期訪」冀能四處訪問；三來生肖屬猴，是那行者，且本性喜東遊西盪，四來讀書喜莊子〈逍遙遊〉，

自以為就是那隻大鵬鳥。所以，能夠比別人更能遊，更能賞，也能發人所未發之見聞。此其能逍遙而遊，符合生命中「遊」的特質，既是人文之旅，亦是逍遙之旅，因為生命之中自有一種註定的行旅，等待他去完成，故而龔先生興之所至，隨處可遊，例如：〈四川壓酒〉一文寫到川大演講，再到南充華西師大演講，再前往閬中，次日遊張飛廟、錦屏山純陽洞、伊斯蘭教西北聖地爸爸寺、古街，再轉往廣元一遊（北，156）。隨興而遊，並無特別規畫，正見自由與無待。且自來自去之遊，反而更能見人所未見者。再如：

> 入楚地，夜遊吉慶街，街頭賣藝者甚多，聽楚劇、湖北大鼓，次日再往荊州，夜裡，一人頂寒風自東往西把老城走一回，此古城比閬中更無旅遊味，不表演做作給人看，亦不求人欣賞，樸實自然。

### 2. 超越之遊

在《北溟行記》的底頁書寫著：

> 北溟，何所在？不盡是莊子〈逍遙遊〉中所指稱的天池大海，也不全似作者身無羈掛卻識領神會漫遊大陸各地行跡的統稱譬喻。北溟或許更是作者對於一種既遼遠又孤絕的放逐心境與時間維度的操演、自期：如大鵬鳥「水擊三千里」後之沖舉，飛越方國、地域、時代、形象、文明、意識形態等成見，無所拘執，更無所不關心。

此一「遊」，是一種形軀及有形場域之遊，也是一種無形精神之遊，更是一種「超越」遊的形式，而將之釋放在方國、地域、時代、形象、文明、意識形態之上。從有形之方域、方式之遊，進而形成一種超然、超越之遊，掙脫拘累物質之遊。不僅是一種場域的遊記，更是生命的遊記、是精神、知識的遊記，無所不遊，無所不書，遊在天地之間、遊在古今典籍之中、遊在博學知識之中，釋放形軀，而能逍遙於：「更廣義『遊』的學問遇會」之中。（《北溟行記》，封頁底）

然而，自以為是逍遙之心，無累於物，事實上儒家之懷仍未能忘記，也是身為知識分子的靈知靈覺不斷地湧現。

## ㈡浮世游塵儒者懷

遊，固可以無待，卻不能無心。在旅檻危霜、灞橋雪驢之中，尚以儒者之心，觀察世情，體會臺海之異。時而議論時局，時而感懷文化，博通古今，所以能成就博雅的學問格局。往來各地，並非純以旅遊為主，大抵是講學、開會之餘得以行遊。遊，既可以是一種過程，也可以是一種目的。因為貪玩，而願意赴某地開會、講學，就便可順向而遊。

放翁曾云：「醉能同其歡，醒能述以文」這就是一種文化人的態度，在歡遊之後，仍有著述自覺。龔先生大抵亦是如此，行遊之餘，以札記佈諸於世，且將人文關懷亦隨行止而流佈於世。此一儒家襟懷，於焉流露而出。

### 1.駁文議史

例如到蘇州參加「文學史百年研討會」揭示文學史研究性質，包括寫作問題、教學問題、文學創作、論文學觀念等能深刻反省學界對文學史觀念之不足。（《北溟行記》，頁 126）

到瀋陽參加文學理論研討會，對當代的文學理論發展，指出純粹的以「作品」作為細緻閱讀或能稍抑浮囂之風，在學理上站不住腳，因為文學理論的功能，並非只對作品解讀，尚包括文學、語言、社會、人生、歷史等關係。（《北溟行記》，頁 85）

### 2.駁斥時人謬識

論孟姜女的故事，是「本無其事，依聲託事」，孟姜就是姜家的大女兒之意。援引《詩經》為證。再就孟姜女哭城一事，指出《孟子·告子》云：「齊右善歌華周，杞梁之妻善哭其夫」說明此乃孟姜女哭夫范杞梁的原型，杞良是姓。而孟姜女，來歷如此，是泛稱，非專指某一女子。（《孤獨的眼睛》，頁 123-124）

論曲阜為黃帝誕生處，少昊建窮桑國，亦立都於此，窮桑稱空桑，是古代東方大國，少昊又稱青陽子，因東方屬青，圖騰為鳥，《左傳》昭公十七年載郯子描述其祖先少昊氏族「以鳥名官」即指此事。中國之龍鳳兩大圖騰，源於東方少昊氏族的鳥圖騰及西方夏民族的蛇圖騰，龍鳳即蛇與鳥的華麗化與神聖化，曲阜仍保有少昊陵，可追撫此一久遠淵源。（《孤獨的眼睛》，頁 128）

### 3.對時代建言

高瞻遠矚之博論，展現知識分子的社會關懷，例如對兩岸儒學政策有感而發，其云：「對儒學發展多元化的建言，提出應對經典價值、閱讀方法、教材教法與教育體制之配合，不能只做研究，不與社會實踐作結合」。（《北溟行記》，頁134）或對臺灣之文教建言云：「寄語新聞局，不必追究黨產之問題，而應將國際華文出版中心地位拉回臺北」。（《北溟行記》，頁44）或對臺灣產業外移提出忠懇建言：「臺灣產業外移大陸，使兩岸經濟結構產生變化，經濟關係，不可用愛臺灣、罵別人出走，掏空臺灣為由，而應帶動外資與外國人才投入為是，政治可吵，而經濟若垮臺，則臺灣就不具競爭優勢了」。（《北溟行記》，頁180）除了宏觀觀照兩岸政策，對大陸文教政策亦甚為關懷，其云：「議論福建文教政策，除了撒錢之外，尚須有實質的教育振興行動計畫」。（《北溟行記》，頁178）

凡此所發，皆一本知識分子對時代關心之儒家襟懷。

## (三)孤獨本質的示現

> 我喜歡孤獨，也享受孤獨、追求孤獨。（《孤獨的眼睛·自序》）

在滄茫的人世浮遊，踽踽獨行，與世扞隔不入，獨具隻眼，覷人間浮世游塵。人世浮游，是一場孤獨之旅。孤獨，本就是生命的本質，但是，人類或好同伴群居，以求慰溫；或攜手同行，以求互助。亦有人好孤獨，傲骨一身，不求索伴同行，因為孤獨是英雄的本質。「但我在世上遊歷，這個世俗屎溺稊稗之境、荊棘烽煙之場，卻是無法逃的。逍遙的大鵬鳥，除了要翱翔於天宇之外，同時也要一步步走過這個世俗社會。」（《自由的翅膀·自序》）是的，大鵬鳥是不容於世俗社會的，終必要飛翔，終必要展翅高飛，焉能效井蛙、鷇雛？要超越這個世俗社會，此一心境也曾在《孤獨之眼》中揭示：

> 北京論壇會後抽空溜到保定玩，一人踽踽獨行，孤孤涼涼，甚妙。（《北溟行記》，頁34）

這種孤孤涼涼的況味，是一種深沈的情境與心境相融而成，「我喜歡孤獨，也享

受孤獨、追求孤獨……不知孤僻的人本不屑於俗務，在人情上也往往簡怠。我又好申獨見，人亦以為我乃有意忤世樹敵，實則孤獨的眼睛，看東西原即與世殊趣，那是沒辦法的。」（《孤獨的眼睛·自序》，頁6）如是一來，與世殊趣，是龔先生孤獨的本質，也是他獨特觀看世界的心眼。

### ㈣楚狂真狂盡平生

世有道則見，無道則隱。有才不見容於世，出走臺灣，浮遊神洲，狂狷不減年少，曾云：「華君惜我終日伴狂，嘆此天生有用之才，世無能憐而用之者。甚感！甚感！但我非伴狂，乃是真狂，本性如此，是否可哀，自然也就無從計較。至於用不用世，非我之損失，而是臺灣社會的損失，我也不能代之計較。」[14]此其本性真狂，非伴狂造作。

除了不用世之嘆，尚有批評，不改本色：

批評余秋雨未敢承認文革擔任工作，一再粉飾，至左支右絀。（《北溟行記》，頁129）

批評陳水扁杜正勝拋些題目來讓內部不斷爭吵，銷耗，彼此仇恨，互相詛咒，保證殲滅。（《北溟行記》，頁130）

大凡有才者，以才使才，以性使性，龔先生亦然，駁議世人亦存此一獨大獨狂之機趣，例如論述「疑古派」曾云：

> 疑古派真正勁敵根本尚未出現。那種勁敵，就是像我這樣的人，根本反對歷史實證之心態與方法，根本反對考史式的神話研究，根本認為沒有「一個真相」，根本反對歷史重疊說，主張真相就在詮釋之中。（《北溟行記》，頁144）

自云是個中「勁敵」，正因博學、博見，乃能發人未發，故而「狂」之本色是基於對自己才性的肯定，遂敢矯正時人之弊。對於流俗之繆，亦時而糾其繆，其談北京同仁堂與白家無關，論電視劇「天下第一樓」演全聚德，大談盧孟實故事，

---

[14]　見《北溟行記·蝸咏三章》（臺北：印刻出版公司，2005年），頁125。

亦與全聚德無關。（《孤獨的眼睛》，頁 175-9）

論川菜，揭示今之川菜，非昔日之川菜。中國以辣椒做為調料，逐漸普及，應在清朝中葉，初僅流行於江南，辣風入蜀，年代甚晚，川味本色應是清淡為主，不用大醬重劑；川菜精華，不在大筵而在小吃。（《自由的翅膀》，頁 24-28）

直接糾謬世人之誤的直露顯發方式，非他人肯學或可學者。而此真狂，亦有所本：「然而，世有不盲於目而盲於心者，自然也就有我這般偶開天眼覷紅塵的人，肉眼雖然昏，心眼卻幸而還未如燕雀，只想馳於蓬蒿之間」。（《孤獨的眼睛·自序》，頁 4）心眼未盲，故能嘯傲於江湖之間。

## (五)幽默諧趣與反語空白

雖然識多見廣，議論磅礴，廣稽典故，然而不時流露出其幽默諧趣、故作反語、故留空白的本色。

### 1.幽默諧趣的本質

龔先生的生命本質具有一種幽默幾近於戲謔的玩笑態度，在字裡行間透顯出來，而這種特質，其實是深蘊嘲諷之意味，或用來自我解嘲之用。茲舉數類以證。

其一，嘲諷學者誤讀

評議後人解讀陳亮皆解讀錯誤，其云：「哎呀，陳亮可真倒楣，從牟先生以下，談陳亮的人，基本上就全是誤解，什麼『義利雙行、王霸並用』，陳亮有知，只好再氣死一次。至於打他招牌做經濟發展之用者，更無論矣。」（《北溟行記》，頁 115）將牟宗三以下論述陳亮之錯誤，以詼諧手法表述出來，若對陳亮無知，焉敢言之，此乃基於對陳亮學問的深刻理解，方能糾人之謬。

其二，諷刺旅遊

對於導遊的愚蠢無知，也藉由談承德避暑山莊表述出來：

> 我聽到一名導遊說：「各位，這些石頭就叫石鼓文。刻在牛甲龜骨上的叫甲骨文，刻在石頭上的，就是石鼓文啦。上頭都刻了些什麼呢？刻著皇上去圍場打獵的事呢！……」看來這些人的腦子裡只有皇上，且只有滿清的皇上。所以才會說周朝的石鼓上竟是刻著清朝皇帝的事，讓張飛大戰了岳飛一番。（《北溟行記》，頁 48-49）

導遊無知無識的愚蠢，狠狠地被譏諷了一番。然而，誰敢如此？唯有深知其中因由者方敢為之。同樣的，談臺灣人珠光寶氣的到處旅遊卻心思茅塞，不知所遊何處，講了某君到埃及玩，返臺時很狐疑地問：「阮不是去北極嗎？哇孫仔要哇拍幾張北極熊的照片給伊，哪攏無看到那個北極熊呐？」旁人說：「啊您嘛幫幫忙！咱去的是埃及，不是北極啦」，某君才恍然大悟：「哦，原是埃及不是北極唷！」（《孤獨的眼睛》，頁 14）除此而外，並嘲諷一群平時缺乏文化涵養，屆臨旅遊地又不虛心學習，東摸西看：「隨任導遊哄弄，與牧人牽掣放牧的羊群無異。那些跑來跑去的羊，能說牠們是旅行家嗎？」（《孤獨的眼睛》，頁 17）

在〈守護遺跡〉一文中說周莊原本是樸實小漁村，過度開發成旅遊大賣場，到處在賣蹄膀，其云：「蹄膀也許仍然肥甘可口，但家家戶戶都在賣一坨坨油滋滋的蹄膀，看了只會令人倒盡胃口，差點就要立誓去吃素了。」（《孤獨的眼睛》，頁 44-5）

對於愚蠢的旅遊開發政策，亦有所譏評，例如張家界的大型電梯如「掛在美人臉上的鼻涕」而泰山的索道，掛在核心景區的景觀軸線上，「足以與張家界之蠢相互輝映」。（《孤獨的眼睛》，頁 45）

批評風景區或寺廟播放臺製佛曲錄音帶，把「蘇武牧羊」改唱成「南無觀世音菩薩」令人渾身不自在，而「翻來覆去唱佛號，絮叨不已，使人不是想砸了機器，以讓它停止；就是想乾脆自戕，以圖清靜。此皆臺灣惡質經驗污染大陸之例。其實佛教自有妙音，何勞今日商賈俗僧杜撰改造之？」（《孤獨的眼睛》，頁 114）

批評旅遊業過度開發，其云：「到底九寨溝合理的容納量是多少，保護區管理局恐怕自己也不曉得。反正多多益善，每個人可都是揣著銀子來的。」（《自由的翅膀》，頁 34）

譏評有些宮廟惡俗難名：「坐在山門口的胖彌勒，跟商家放在櫃檯上招財進寶的招財貓，沒啥不同，都腆著個肚皮，呵呵笑，瞧著來人的錢包。道士和尚，誦經修行之外，尚要費許多心思，來創品牌、推產品、抓業績……看來比古代之名僧高道也辛苦得多。……現在看看，出家或許會比在家更忙，更要煩心錢穀之事……」（《自由的翅膀》，頁 67）

其三，借古諷今

談雍正奪嫡疑案，云：「疑案就是疑案，諸家考辨迄今，仍無定論，未來陳

水扁挨槍擊一事，恐怕也會是如此。」（《孤獨的眼睛》，頁 34）順便將陳水扁一案也調侃一番，可謂古今會通。

〈傳統文化熱〉反諷臺灣的去中國化：「如今，風水輪轉，臺灣頗有人致力於去中國化，大陸反倒出現了傳統文化熱。世事之奇，寧有過於此者乎？」（《自由的翅膀》，頁 176）

其四，諷刺偽作

在〈關公畫墨竹〉一文中云：「墨竹是唐末才有的藝術，五言律詩更非三國時代的物事，因此所謂關公墨竹圖，乃是『宋版康熙字典』一類東西。……張伯駒說他還聽說另有一幅關公墨竹圖，比這一幅更扯：題跋的人裡面還有一人自稱『愚妹觀世音』。關公墨竹圖，其實是流傳很廣的民間偽作，我也見過一幀。只不過上頭少了劉備張飛乃至觀世音之題跋，不然必當善價購求，以為珍藏。蓋凡事荒謬到了極處，反而就有進博物館的典範價值也。」（《孤獨的眼睛》，頁 66）其後再指出作偽者，造些和名女人有關的古董，信者自有其人，猶如張伯駒相信崔鶯鶯墓誌銘及李香君桃花扇、柳如是硯、脂硯齋硯等，對於這些事，其云：「找到崔鶯鶯墓誌銘，不是跟找著韋小寶的墓碑一樣荒唐嗎？」

其五，自我解嘲

描寫遺失機票、護照、臺胞證、錢財，陡然一驚如冷水澆背，云：「我臺灣兩個小娃兒怎麼辦？兩岸隔絕四十年才得交通，現在難不成要我滯留大陸，四十年後再讓女兒來探親嗎？大陸這等體制之社會，我能活嗎？」（《自由的翅膀》，頁 69）

〈走向神秘〉敘寫練功朋友到布達拉宮附近頭疼經驗，越近越痛，無法下車瞻謁。其云：「我開玩笑說是平日草木之氣吸食多了，大概花精木魅多來附體，故鄰近這正神大廟就要不舒服了。他們也無暇與我鬥口，抱著頭，端著氧氣瓶，努力……呼吸。」（《自由的翅膀》，頁 60）

其六，嘲諷簡體字之誤

〈張愛原來是大千〉反諷大陸簡體字之施行，「英俊」成「英傻」，「忠懇」成「忠懃」，「作賦」成「作賊」，「張爰」成「張愛」，「余秋雨」誤寫成「餘秋雨」遭人指正，解嘲云：「啊，反正余秋雨現在也像食客一樣了，加個食字也應該。」，等等，另外，也有因左右書寫造成的笑話：「治大國若烹小鮮」成為

「鮮烹國治小若大」。因句讀不同，將白居易〈憶江南〉的「春來江水綠如藍」，句斷為「春來江水綠，如藍能不憶？」將「如藍」視為白居易的小妾的笑話。(《自由的翅膀》，頁172-6)

再如〈鹽的池城〉中「王艮」被無知之人錯念成「王良」，「何祚庥」被錯念成「何榨麻」，何氏說：「我不叫何榨麻，叫何祚庥」，居然還被正色糾正道：「你念錯了，是何榨麻」。「於是他只好一路都叫何榨麻。世情如此，艮良又何辨乎？」感嘆世情，認錯字猶自以為是的糾正別人，語帶無奈，卻又讓人感受幽默機趣藏於其中。(《自由的翅膀》，頁208)

凡此，以四兩撥千金的詼趣手法，將愚蠢的政策、愚蠢的行為、愚蠢的作法一一朗現於讀者面前，這些經典笑話，讀之令人莞爾，同時也有所省思。

### 2. 不疑之疑、故作反語

龔先生另一特質是常於不疑處有疑，善於糾謬，喜歡故作反語，至於所不知者，則預留空白，留待後人想像或完成。

其一、於不疑處有疑，自作疑人

論香山的曹雪芹紀念館，每年有十幾二十萬人去參觀，其云：「事實當然不是那麼回事。所謂曹雪芹故居、廢藝齋集稿，乃是紅學上的騙局，與一些抄本同樣是贗品。等到真相被發現以後，紀念館已然建成，所以只好將錯就錯，留個假古蹟，聊表世人對曹雪芹的一片痴情。可是，天曉得《紅樓夢》是不是真有個作者叫做曹雪芹呢？」(《孤獨的眼睛》，頁64)

知破他人不足之處，而自己亦在迷茫之中，跌落文學的世界而不自知。例如〈尋夢記〉一說大觀園舊址或在北京恭王府，一說在南京的隨園，今為南京師大，一說《紅樓夢》初稿作者為洪昇，大觀園原型應是其老家杭州西溪的洪園。至於是否西溪是大觀園舊址呢？「唉！我也不知。秋雪庵，一庵獨立，四水波生，蘆雪庵卻是蓋在傍山臨水之河灘上的。西溪一片沼壖，沒有山：大觀園中則『主山處處連絡不斷』。如此山、如此水，大宇茫茫，我要去哪裡找？」(《自由的翅膀》，頁58)尋訪大觀園，不就像是尋找韋小寶的墳墓一樣的荒唐嗎？是的，文人好附會，喜附會，主要是相信文學之真，然而文學之真是事實之真嗎？果真是明眼人作瞇眼人看大觀園。

其二、糾謬心態，喜作反語

喜歡糾謬，也是特質之一。例如論大陸文物市場壯大，每個城市皆有古玩市場，有拍賣會，有文物收藏者、愛好者組成的協會，甚或發行報紙，召開研討會等，「話雖如此，我卻以為整個鑑賞水準或品味是在下降的。」（《孤獨的眼睛》，頁 22）再云：「技法、材料方面，鑑別書畫已然如此深奧，其他涉及文史知識、歷史掌故、風格判斷、授受源流的地方，當然更是學問無窮。沒這些知識、沒這些學問，去古董市場淘寶，其實就是去耍寶而已。除了送錢給別人，弄一堆破銅爛鐵回來，還自以為撿了便宜之外，更要讓人家在背後笑破了肚皮哩！」（《孤獨的眼睛》，頁 25）

論媽祖文化帶，一反前人之說，認為非閩南一帶獨有的信仰，它向北傳播，廣及天津、煙臺、大連等地。（《孤獨的眼睛》，頁 28）

論清朝政務中樞，在離宮非紫禁城，其云：「清代諸帝，其實長年住在離宮，只有歲暮才回紫禁城過冬；因此政務中心實在離宮而不在紫禁城內。皇帝常居離宮，紫禁城僅供舉行儀禮之用。這是許多人所不曉得的。」（《孤獨的眼睛》，頁 31）其後又云：「清代大事多發生在離館林園。此非但於世界上屬於異數，也根本逆轉了林園的定義，顛倒了宮廷跟避暑養靜的園林之區分」。（《孤獨的眼睛》，頁 36）

論林語堂《輝煌的北京》對北京的吃食，譽為「正宗」，但所介紹的，僅有東興樓的芙蓉鴨片、正陽樓的蟹與烤羊肉、西門沙鍋的豬肉、順治門外便宜坊的烤鴨，此不足以知北京也。（《孤獨的眼睛》，頁 74）

論近代畫家取法西方現代藝術，云：「後來一代人，發展西方現代藝術，則是去學西方人消化吸收了東方，以反叛其古典傳統的那一套，用來反叛我們東方藝術自己的傳統。因此，徐悲鴻那一代是失敗的，後來做現代藝術的人基本上也是失敗的。」（《孤獨的眼睛》，頁 82）

反駁有些專家論圍族群居以禦侮的型式是客家民族的特色，其云：「此殊不然。廣府系、閩府系也一樣有圍。連臺灣由漳州人開闢的宜蘭也不少地名就叫稱圍或叫城。」（《自由的翅膀》，頁 146）

再如反駁世人對川菜麻辣的印象，其云：「川味非僅厚重一路。可能恰好相反，川菜雖重滋味，但卻本應是淡雅的。」（《自由的翅膀》，頁 26-7）並揭示清人黃雲鵠《粥譜》、《調鼎新錄》等為證，說明豆腐、粥都是川中常食，且宋代也有甘菊冷淘、水花淘等，都是清淡、不肥腴油膩；再舉東坡〈菜羹賦〉、〈狄韶

州煮蔓菁蘆菔羹〉詩為證，說明不用大醬重劑，才是川味本色，再論川菜之精華，不在大筵而在小吃，等等。（《自由的翅膀》，頁 27-8）

論敦煌石窟，中國人對英人斯坦因將敦煌精品席捲而去，罵不絕口，「可是，我讀他的遊記，也就是考古報告，卻悚然而驚。」揭示他以一天極短的時間，將佛教未收文獻、非漢語或罕見文獻、帶有題記的文獻、絹畫六千餘卷挑走，「那種鑑識能力，老實說，當今中國最好的學者，如章太炎、王國維，只怕也無此工力。」（《自由的翅膀》，頁 150）

論德希達云：「所以我認為：依德希達的辦法，既無能力真正建立文字學，亦無法以文字為最一般的概念來發展符號學，更無法真正顛覆西方的語言中心主義及其形上學傳統。」（《北溟行記》，頁 109）

談費信隨鄭和出航數次，在《星槎勝覽》把旅行國家分作兩類，一是親覽目識之國，二是採輯傳譯之國，其中錯落訛誤錯亂之處甚多，說鄭和七次航行之外還抽空去美洲，比哥倫布更早發現新大陸，記載錯落與空缺甚大。（《自由的翅膀》，頁 105）

敢於糾謬，在於識見卓越，遂能糾正世俗淺見之訛誤。

### 3.不言之言，故留空白

有些事情，故留玄機，讓讀者去參透；有時對於歷史空白者，預留空間，令讀者想像；對於自己百惑不解者，亦存留空白，讓想像去完成。

其一，講奇人異事

〈奇門祕技〉中寫到少林武僧有一位法號延功，後還俗成臺灣女婿，本名高杰，有金鐘罩功夫，其武學本於家學，祖傳醫道尤奇，用針以經絡為主，不主穴位，也能配藥，「但本文並不想專門介紹他，他只是我江湖浪跡所遇異人之一。」（《自由的翅膀》，頁 120）

〈古墓黃金〉寫一群從閩南來的鄉下人，受雇到北京附近昌平郊區挖土方，掘到古墓，內有康熙官鑄黃金，請「龔董」幫忙鑑定真假，為免出賣，互相結拜，稱兄道地，並削元寶一角，代為鑑定古墓黃金之真偽。並云：「故事還很長，先講到此罷！」（《自由的翅膀》，頁 142）

其二，歷史的空白

對於古代防禦，大談所見之城、堡、圍、塢等古老的防禦設施，今已率皆改

妝迎賓，成為旅遊資源，是社會進步的一面，但是對於械鬥精神之表現，心有存疑，其云：「但分類械鬥之精神，是否一併消失了，還是它轉換了形式，表現在其他方面？」（《自由的翅膀》，頁 147）

或如，談回鶻佛教與漢地交流密切，故中原創立的禪宗、天台宗、淨土宗在回鶻極流行。曾為中西交通要衝，而今感嘆高昌之殘敗、交河之荒涼，遂興發高昌與漢文化之關係，乃至於與印度、波斯、西藏的關聯，是值得探究的一個向度了。（《自由的翅膀》，頁 193-7）

## ㈥尋覓千古知音

由於交遊廣闊，各種奇人怪人皆與之接觸，其云：「我跟一般學者不同，別人黃卷青燈，在書齋裡皓首窮經；我則東飄西蕩，遊以攄懷。人家往來無白丁，談笑有鴻儒；我卻三教九流、雞鳴狗盜，無不交往。」（《自由的翅膀》，頁 121）揭示所交往對象各種品類皆有，遂能遊走天下，無往而不利，然而相交滿天下，知音能有幾人？最究，人生行旅，仍是孑然獨行。

孤獨行旅，方能體會妙處，亦唯如此，益顯發孤獨之踽踽涼涼，如此行旅，何其蒼涼孤渺，亦或尋覓知音？曾經有一段文字書寫某一老人琴音，其云：

> 在南師大暗巷路樹下，聽到眇目老人的琴音，拉起來，只是把一腔心聲、一腔音感，一股腦地說個不停，身世、心情，全寄託在其中，所以聲音最好。（《北滇行記》，頁 183）

琴音之發，純任性情，眇目老人將最好的聲音寄託在音樂之中，傾瀉而出的竟不是琴音，而是身世與心情淒涼之感。另一次，聽到漢子自彈三弦，正準備行乞，沒有發現對街的聽者。是的，清音獨發，不求路人懂音樂，吹彈自賞，是一種自發自賞的孤獨，不期，千古知音正在對街凝聽。只要能發清音，便不必在乎有無聽眾；只要能書寫，便不必期待讀者能懂。也許在曠渺的時代裡，心靈相接的，正是千古知音。這番孤獨行旅，不求當世知者，遙寄遠古，也許會與某一個孤獨的心靈相遙接。

尋覓千古知音，未必在當下，且博才、奇才如此，放曠於山水之間而無所用

世？事實上，亦有用世之心、不舉於世之嘆。曾自云有用世之才，卻不得舉用：

> 我亦有治世藥時之方，而不見用於世，循蕭君之例，似乎也該去賣烤鴨才
> 是。（《北溟行記》，頁 158）

是也？非也？不見用於世，難道該隱淪於市井之中乎？幸而能文能寫，且如此博
學方能不淹沒於曠世人海之中，不能立德、立功，至少立言亦是三不朽之一。

# 五、遊記散文的破與立暨旅遊建言

　　龔先生遊記散文，與常規遊記迥不相侔，不僅溢出書寫內容，而且形態不拘，
自有其「破」與「立」之處。「破」，指其書寫的內容脫逸出遊記的書寫，此一
「破」亦即是「立」，此破即彼立，確立了新的書寫內容，同時，對於當今旅遊
政策亦有其獨到之見，屢有卓見，可供汲引。

## (一)溢出游記散文書寫模式確立新向度

　　一般的游記散文，以表述個人見聞為主，到過何處，看到何物，遇到何事、
何人，兼述感想、觸發或感嘆，目的在增廣見聞，博稽典誌。但是龔先生的遊記
散文，雖然也書寫聞見異事，卻往往溢出這樣的書寫格局，其「遊」誠如《北溟
行記》的封頁底所云：「飛越方國、地域、時代、形象、文明、意識形態等成見，
無所拘執，更無所不關心。」

　　這種「遊」是超越於地域、方國的遊，而且是時代之遊，形象之遊，文明之
遊，意識形態之超越等等。與一般游記僅書寫旅中見聞為主者，迥不相侔。他的
內容包括了：

### 1.評議時局

　　在《北溟行記》中，多以專篇論議時局、批評政策，例如〈高教發展之憂〉、
〈偉大國家之作為〉、〈主權在民乎〉、〈中華文化現代化〉、〈華語教學之淪
陷〉、〈三一九正名〉、〈臺灣應與鄰相善〉等文章，到了《孤獨的眼睛》及《自
由的翅膀》二書時，雖無專篇論議時局，卻轉換方式，更深刻的藉史諷今，或以

古刺今的方式表述，例如三一九槍擊疑案可與清朝疑案相提並論，如國史館之惡搞，猶如在新疆建立臺灣瑤池金母，政策不經民意定如鄭和下西洋一樣成為一椿空缺的史事，不見記載。論大陸對臺政策，並無急迫性，當務之急是穩定大陸局勢，一是社會性問題，包括貧富差距、農民失地、失業率居高不下、能源供給、環境承受能力等皆須妥善處理；一是政治性問題，包括完成新人事佈建、加速反腐行動等，此乃大陸新政權必須面對者，至於臺灣必須謹慎處理對大陸之政策。（《北溟行記》，頁 169-70）再如論江蘇鹽城，歷數歷代政策，並回歸現代，指出臺灣在日據時代，米糖經濟為主，光復後，臺糖產業仍遍臺灣，只是「如今什麼都賣，大約不賣糖，糖業興衰，正與兩淮鹽業相仿，宜早做轉型籌計方是」。（《自由的翅膀》，頁 207-211）良言深刻，可為圭臬。

### 2.月旦人物

嫻熟掌故，故能在評論人物時，知其良劣，例如，在北京語言大學舉辦梁實秋研討會，既能知其長：才學兩優、譯作兼行，既有文，又饒學問，中英文俱臻上乘，勤奮至老不衰，亦能知其短：不能寫長篇、對中國小說傳統不熟、對西方僅知英國文學、對史學哲學未精研等等。（《北溟行記》，頁 147）又例如，論顧頡剛批評胡適，若為苟全於亂世，不得不然，然事過境遷，未聞有悔過之意，風骨可議。（《北溟行記》，頁 149）

以上臧否人物，實事求是，不阿附某人，具有歷史後設的超然性，此亦其敢直言之處，不為賢者諱，不為名人諱。

### 3.故示博學

談論各種物事時，往往故示博學，例如論青島啤酒，談到中國製酒之術，在金元之際出現蒸餾造酒法，「據劉廣定教授考證，源出於阿拉伯，我則以為是中國北方道士煉丹時發明的。因此整個傳播路線是以中國北方為中心，向南擴散，形成以高粱為主原料的中國白酒；向北，形成俄羅斯以甜菜為主原料的伏特加；向西形成以大麥為主原料的威士忌，和以葡萄為主原料的白蘭地。」（《孤獨的眼睛》，頁 81-86）論糖，徵引王灼《糖霜譜》，指出製糖之術始自川中，初用蔗糖，唐代中葉四川和尚才加工成類似現在的白糖，稱糖霜。而《本草》說砂糖和牛奶煉製的，唯四川能做，行銷天下。如此談論各種物事本源，非有積學未能達之，而龔先生積漸之功，非一時一地所得，故能旁徵博引，侃侃述其本源。

### 4.其他

除上述各項之外,亦有溢出一般遊記的書寫者,例如有〈得天下英才而教之〉,談在北大上課結束,一些學生寫信表示對龔先生學問之崇敬與佩服。(《北溟行記》,頁 102-4)內容不全是遊記寫法,而是更廣義的「游」,例如〈德希達哀辭〉論德希達對文字之重視,但西方人沒有文字概念,是拚音符號,故論文字,其實是語言間的對諍。(《北溟行記》,頁 107-110)文中大發議論,駁斥德希達的文字概念,事實上是語言觀念而已。

此破即彼立,以打破常規的遊記書寫,來確立新的書寫向度,遂成為一代新的典範。

## (二)打破行旅返歸歷程模式

一般出遊的模式是以圓形結構為主,有出發點(即是「開始」)也有「返歸點」(即是「結束」),「始」、「歸」皆同歸於一點,出發點就是歸返點,所以能夠形成一個圓形結構。旅遊之圓形結構如下所示:

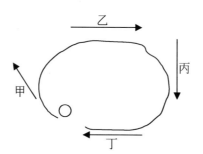

意即凡是出遊,必定以歸返為終,無論行經多少方國地域,無論歷經多少年歲,終必歸返家鄉,如此才構成「出遊」,因為「遊必有歸」。

但是,龔先生的出遊模式與一般的圓形結構不同,其呈示的是「折返式」模式:

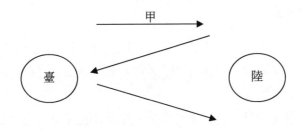

原先的出發點是「臺」，遊旅之方域是「陸」（以「陸」為主，不以「陸」為限），然而弔詭的是，在「臺」、「陸」之間，並未呈示「出發」、「歸返」的結構，而形成一種折返結構。甲是由「臺」到「陸」的初始點，往後，雖有歸臺，卻必定再以「陸」為返歸點，這就是因為在「臺」無供職，而客座北大、清大、北師大、乃至於特聘為北大教授，以「陸」為供職之所，故必如燕子折返而歸，臺灣，雖是鄉，反而成為另一種回歸的鄉，於是，龔先生往來於兩岸之間，猶如燕子來去，逢冬夏必定來去折返二地之間，此一遊旅的模式，打破了一般的圓形結構。同時，也因此，而能有更高的視點可以觀看兩岸之文化與政治之遷變，更能深入討論其間的因革。

## ㈢依違在目的／非目的之間

遊，有「目的性」與「非目的性」。有目的性之遊，是存抱著某種目的而進行的旅遊活動，有知性、朝聖之旅，例如遊學、生態之旅、寺廟宮殿古蹟之旅等屬知性目的，這些皆以某種知識之增廣見聞或獲取為目的。當然，也有純以休閒為目的者，例如渡假村之旅、樂園之旅等，屬非目的性之旅。

龔先生之遊，介乎目的與非目的之間，蓋，大都以講學、開會為主，牽動南北移動，例如南京師大找他擔任講座教授是目的，附帶的遊賞南京週邊及其附近，便是一種無目的之遊，而且是一種隨興、隨機之旅。例如到南京參加「中華文化發展論壇」，會議乏善可陳，旅遊安排頗值一提：「由南京往徐州、盱眙，再轉往淮安、揚州，抵鎮江，沿途接待，吃喝玩樂，不在話下。」（《北溟行記》，頁37）此即其依違在目的與非目的之間的遊旅。

## ㈣遊的解析與建言

身為「形」與「神」之旅遊者，遍遊神州各地，對於所見所聞，自有一番異於常人的體會，尤其是對於整體的旅遊活動，屢有建言，可為當政者參校。

### 1.開發旅遊政策之建言

龔先生對於沿途所見之景，深有體會，遂能大發建言，提供參考，或建言或作現象解析，或從旅旅政策著手，皆能深刻反映觀者獨特的識見。

例如對於大陸過度開發旅遊業，其實是自取加速銷亡，曾以「水蛙」為喻，說明旅遊業蓬勃所帶來的假相，以為日子越來越好，殊不知過度使用自然資源，是自取滅亡，此可從水蛙得到啟示。（《自由的翅膀》，頁33-36）藉此揭示旅遊業之短視近利。憂心大陸過度開發，在紫禁城週邊高樓林立，競夸侈麗，語重心長地說：「守成之難，正在於如何守成須要學習，像大陸現在朝野上下，就還不懂得該怎麼做。只怕等到將來學會了要守成時，卻已經無可守了！（《孤獨的眼睛》，頁47）至於大陸之文博事業，大抵將經營權賣給旅遊企業公司，由於經營有年限，必在限期內大撈一筆，大肆招攬，門票越賣越貴，致旅遊品質下降，自然環境與文物價值皆耗損殆盡。（《自由的翅膀》，頁44）此一現象，讓人痛心疾首。復次，對大陸申請世界遺產，甚感憂心，申遺原為保護古蹟、珍惜文物，卻反而以此賺錢，旅遊過度開發，保護不週，商業化庸俗賣場林立，形成古蹟災難。（《孤獨的眼睛》，頁43-47）

當然，旅行必須結合經濟結構為基礎，如何很好地開發而不被破壞，如何讓旅者感受深刻而無庸俗之感，是必須整體規畫者。❶❺例如感慨古蹟云：「承德一帶機械造林，呆板而無山林野趣；魁星樓設財神，形同斂財；小布達拉宮，遊客如織嘈雜非清淨道場，避暑山莊新修文園獅子林俗劣難名」。（《北溟行記》，頁48-9）對於庸俗不堪的人為造作景區，深表厭惡與感慨。復次，對於旅行之批評，亦有獨特見解，其云：

---

❶❺ 西方學者范登阿比利（Georges Van Den Abbeele）曾從「旅行經濟學」的視域來定義旅行：「旅行是以經濟經構為模式，旅者在一往一返中進行政治、經濟或文化資產的交換。」見劉虹風：〈「旅行文學」——在追尋／驗證、真實／虛構之間〉，《誠品好讀》第一期（2000年7月），頁22-3。事實上，此一說法完全陷落在物質的經濟學說之中，忽略了人的主體性與能動性。

發展旅遊觀光是奇妙之事，歷史、文物、古蹟、老店、舊街、名人，一經
炒作自然變質。本是藉歷史興感，漸成人消費歷史，最終抹消了歷史。（《孤
獨的眼睛》，頁 179））

不僅從歷史觀點縱談是非，亦揭示國民旅遊、休閒度假、生態之旅、歷史知性之
旅，層次與性質不同，自應有不同的定位。自然生態、文物考古、資源保護、城
市規畫皆應好好規畫，而非騰笑國際再思補救。（《孤獨的眼睛》，頁 199）對於旅遊
現象的觀察，其云：「旅遊業不能做資本家的幫兇，文化產業的研究不能媚俗，
如何讓旅遊成為人格獨立、精神解放之活動，有待旅遊文學家努力」。（《自由的
翅膀》，頁 237）旅遊事業，是長長久久的規畫，短視近利，必自食惡果。

在過度開發的文物之中有門庭若市者，亦有寥無人跡者，例如在國子監，看
見對街雍和宮門庭若市，而國子監內石碑無語，兀立斜陽，惘然悵悵。（《孤獨的
眼睛》，頁 166）弔古傷今，本事之當然。旅行，原是為了增廣見聞，但詫異驚怪，
之餘，「愈令人傷世、悼俗、憫今、思古」（《北溟行記》，頁 49）此其心情也。

### 2.對旅遊者建言

批評現今為旅遊文化產業化的時代，在商業體制主導之下，旅遊變成觀光、
豐盈自我變成消費購物、叩寂寞變成縱欲狂歡、獨與天地精神往來變成開發經營、
優遊卒歲變成按行程操兵演練。人喪失自由、喪失與自然、歷史的聯繫，而去消
費或消耗自然與歷史。（《自由的翅膀》，頁 4-5）

對於一群觀光客之團體出遊，亦有所見，揭示旅人基本上是孤獨的，一夥人
呼嘯牽扯著去旅行，大抵只是原有生活團體換了個地方去吃喝玩樂而已，並不能
真正介入異鄉的文化脈絡中。只有孤獨的旅人，才能深切體會著被異鄉包圍浸潤
的痛苦與喜悅。（《孤獨的眼睛·自序》，5-6）

對旅遊活動的內容亦深有體會，揭示：「旅行者，大抵『早起看廟，傍午看
館』，看廟了解風俗與文化，寺廟是古蹟，也是民眾活動之處，可見識歷史與文
化；看館，則是看博物館，以了解當地史料文物」。（《孤獨的眼睛》，75）

龔先生游記散文論述面向廣博，大抵長年涵茹積漸，乃能博、雜、精、深，
遂對於旅行者提出建言，其云：旅遊，對於山經、地志、草木狀、花卉譜、金石、
人物、掌故、藝文、釋道之內容完全不曉，遊罷，亦如牧人放牧之羊群，故「書

到玩時方恨少」，不在旅中作工夫，而是平時涵茹積漸之功。（《孤獨的眼睛》，17）可知，平時用功之重要、博通之重要，如此，方不會產生「學到遊時方恨少」之遺恨。

對於遊旅，亦能見所蔽，其云：「少所見，則多所怪。見得多了，自然也就見怪不怪，尋常視之啦。因此，見多識廣或許並不是件好事，因為它可能就代表了神經業已逐漸麻木，情感業已趨於遲鈍。看得多，故而也就看得淡了。旅行者的危險，亦即在於此」。（《自由的翅膀》，頁 53）揭示見聞廣闊，有時也是一種麻木的危機，旅遊者如何開發生命情境與所履之境作一結合，才是最高的境界，遂亦從旅者提供建言，揭示，遊，必是情景交融，一回在泰山玉皇頂見「五嶽獨尊」石刻，登高四望空茫，雲物皆在其下，天風吹衣，大有昂首天外之感，天地以我為尊之慨，揭示美之儷魂勾魄者，每於與景合、與境合，摩崖刻石，方能成為不可移易的藝術成就。（《孤獨的眼睛》，頁 185）此一境與情之交融合攝，才是遊的最高境界。

### 3.旅遊賣場建言

論旅遊賣場，不反對旅遊地區人民做小生意、賺觀光客的錢，但賺錢要有格調，日本或歐洲著名旅遊商業街，彷彿高級工藝美術館，不只東西精緻，有特色，具歷史或工藝價值，大陸旅遊缺乏耐性把自己打點好，只想賺顧客的錢，不思創造較高的文化價值來吸引，僅欲倚傍名勝來撈錢。（《孤獨的眼睛》，頁 198）

此其遊歷大江南北，所見聽聞之感受，遂能識見獨發，直接建言。

### 4.遊記書寫建言

「旅行的人，都喜歡看遊記。……不過真正的遊記並不多見，大抵是流水帳、飲食錄，或計里鼓一類東西。對於所遊之地的介紹，知識上還不如翔實的導遊手冊，文采與感悟又無甚足觀，這便令人索然。」（《自由的翅膀》，頁 82）

批評當前的旅遊書籍以流水帳為多，反不如導遊手冊，建議遊記多寫深刻的歷史縱深或異於常人所見者，此亦龔先生遊記散文比一般遊記更具歷史深度、博度與厚度之原因。

# 六、遊之物質實踐與精神之坎陷

## ㈠遊之物質實踐

出外旅行，就是跨越邊界，進行異地或異國或異文化之體驗，最怕衣、食、行、住諸般不便，所謂不便，是指異於自己原有的、習慣的，只有脫開了這層拘執才能自在徜徉在異時、異地、異文化的氣息之中而能無入而不自得。龔先生在遊記散文之中亦揭示旅遊過程中的各項物質事宜。

### 1.食

敢於嘗鮮、嘗新、嘗異，是作為旅人的先決條件，離開熟悉的故國、故鄉，莫不是要開拓新奇異饌，要觀看異於家國的奇山異水、地理形勝。食，就是一種開發自己心靈的方式之一，以習於家國口味者為平常，以敢於嘗新者為新奇。「旅行者，需要許多條件。條件之一，就是須有一副好脾胃。……旅人常患的，其實不是腸胃病，而是心病。心中嫌厭那些異鄉怪味，也疑慮著那些沒吃過的物事，且疑、且懼、且驚、且厭。」（《孤獨的眼睛》，頁69-74）。對於飲食，抱存著「一地水土養一方人」，唯有透過飲饌才能深刻了解當地之地氣、物產及人文風俗，親近、接受當地飲食，才能使自己不被排除在異文化的陋習之中。其云：

> 腹笥漸寬，撐柱肚腸的，都非書卷，而是犖肥膩脂與異卉奇珍。我不敢挑食，因而時要嘗鮮。非新鮮美味之鮮，也可能是鮮少鮮奇之鮮。鮮奇者，不一定鮮美，故又時多驚異。（《孤獨的眼睛》，頁19）

對於各地鮮味未曾不嗜，並以食新、食鮮、食奇為快事，飲饌，成為行旅過程中最重要的享受之一，在〈自在江湖行〉云：「若問近日快事，則吃了三餐狗肉、驢肉、兔肉火鍋而已。」（《北溟行記》，頁34）以食鮮來快慰舌蕾，實亦快事之一，總比召開冗長無趣的會議來得有趣多了。

### 2.住

旅遊過程，最不能選擇的是住宿，該地有什麼樣的物質條件，就會衍生出什麼樣的住宿環境。在住宿這一環，並不多著墨，大抵安全即是，不挑三揀四，隨

遇而安,即是長期在外旅行者希求的。

### 3.行

交通不便,行同禁錮,旅行者就是要打開這個限制,走出一條少人行走的幽徑,賞悅獨見之景致。人生行旅亦然,總要走出與眾不同的生路,方能看到多人所未見之景緻與識見。行,既是有形之道路;亦可視為人生之道路,人生多歧,焉能不效楊朱因亡羊而悟,或阮氏窮途而哭,然此等無益之事,不足啟人,龔先生重新面對卸下公務的人生,調整生命的步調,反而悠遊自在地看到更多別人看不到的殊勝風景。

### 4.聽聞

旅行,最動人處,是不期而遇地聽到故鄉音。非故鄉之音,聽來無非詰牙磔舌,同文同種,南腔北調,猶不可知,何況是異國語文,比手畫腳更難言傳。此一層次,雖著墨不多,但是,用心聆聽各種聲音,猶能有得。

事實上,在上述物質行旅過程中必須尋求解決的衣食住行之外,出外旅遊,最重要的意義,是走過那些地方?看到那些?感受領略到多少?這些見識與見聞與生命的關涉如何呢?行旅,並非要做一個到處吃喝玩樂而一無所感的人,要求的是博作功課,才能了解旅遊過程中看到了什麼?有什麼意義,如若缺乏此等功夫,一條牛牽去北京歸來,猶是一條牛,有何意義呢?揭示:「缺乏博物之功,去做自然之旅,其實是烏龜吃大麥,何況山川草木鳥獸蟲魚又往往與藝文掌故相關呢。」(《孤獨的眼睛》,頁15)此所以龔先生之北溟之旅,能見人所未見,發人所未發。又云:「故旅遊者若還緬懷古訓,仍想讀萬卷書行萬里路,增長點知識,了解點異地風俗社會,便須對旅遊地區之傳說介紹等等,多懷上點戒心,更勿被自己好奇獵異之情所鼓扇,墜入另一個香格里拉。」(《自由的翅膀》,頁53)可謂語重心長。

## (二)遊之精神坎陷

龔先生之「遊」,突破傳統「遊記」的寫景內容而獨抒議論、評騭、月旦、興慨模式,然而不免因生命氣質使然,而陷落另一種精神樣態,大抵分述如下:

### 1.累於博學,到處駁辯

由於博學,故而所示現的遊記,頗能一新人耳目,突破方國、時代、文明、

意識型態之敘述策略，處處顯發其廣甄博引、涵茹積漸的工夫，也正因為如此，凡論古蹟、古物必旁徵博引，逆溯典故，以示博學，此為所長，亦是所累，讀之，既不似遊記之引人入勝，而是旁推典故，讓人跌入另一種書障之中，博，是為所長，亦為所短，大抵敘寫過程，動輒徵引典故、博議旁取，有時甚至知識與理性意味濃厚，而少有情味。

### 2.形遊而神不釋

積學博雜，所見必徵引故實或博議是非，是能遊於天下知識之中，而不能擺落知識之障蔽。是「形」能突破障礙，而「神」仍累於典故、博達之知識系統中。說是逍遙於知識之中，卻不能逍遙於無知識之中。

### 3.牽累仍未能作逍遙之遊

對世事之關懷，雖遊於天地之間，仍展示知識分子對文化的關注，對時局之諍言，這些，皆充分表現出儒者關心現世的氣度，是能入於其中，針砭是非，然而卻不能出乎其外，遊於無累之境，仍然陷落在儒家擔當世事的格局之中，未能充分作逍遙之舉。

### 4.遊如人生行旅

人生如旅，亦是遊的一種形式。李白不云吾人皆為天地之逆旅乎？事實上，最得人心的一段文字，龔先生亦自有體會，其在〈人生誤旅〉揭示：

> 在充滿無數誤解錯亂的人生旅程中，那一點點有關八大或崑曲的錯誤又算得了什麼呢？旅途多誤、人生多歧，是人生無可奈何之事，既無奈，便應安之若命，卻非安於無知。並藉以指出讀書要通博，知識是相關的，其次，讀書做學問不能僅是情調式的滿足，東搞西摸，沒有進入生命裡，知識無法生根、滋長，情意便無法潤澤。做學問讀書不是觀光，是攻城，要攻得下、占得住、守得下，才是真正自己的學問。（《自由的翅膀》，頁213-218）

是的，透過遊記所書寫出來的見聞正是茹積涵蘊而來的學問，更是不同於圍攻書桌足不出戶之士，用生命印證：讀萬卷書，行萬里路。其云：「走的地方越多，耳目聞見之獲益就越大，故行萬里路更勝於讀萬卷書。」（《孤獨的眼睛》，頁13）並藉此揭示做學問亦要守住自己真正的學問。

# 七、結語

　　大抵而言，龔先生游記散文篇帙散漫無旨，隨行隨記，依行止萍蹤而寫，故前後篇帙並無統貫性，《北溟行記》尤為然，不僅記浪遊歲月，亦且對勘兩岸時局；《孤獨的眼睛》、《自由的翅膀》則以旅行為名，《孤獨的眼睛》輯為〈自由的翅膀〉、〈那山那泉那海〉；《自由的翅膀》則輯為〈旅人的眼光〉、〈未消逝的年代〉二輯，顯然較專注於行旅典故、記遊、感懷為多。

　　對於高才不用於世，孤獨行旅而不偕伴而遊，如何自視？曾在揚州大明寺訪得鄧石如篆字一聯：「豈有文章驚海內？更攜書劍客天涯」以此作為生命的印證，同時又曾自況一聯：「曾為博士經生官僚教授人天師範，無非酒徒劍客才子仙家南北遊方。」，是的，書劍天涯，既是酒徒，亦是劍客；是仙家，亦是方家。書寫游記散文三書，其意何在？自云：「旅人喃喃自語，焉求人知，竟爾形成獨特的孤獨清音，豈非天籟孔竅所發出的清鳴？」

　　游，縱究是游，是客，是行者，不能居留，而此一本質原也就是人生行旅的本質，也是生命的本質，驗證生命之遊，不過是個孤獨的行者，而在孤獨之餘，能獨發清音以震天下之聾憒，以啟後人，恐是龔先生意想中事，所以爪泥鴻跡，必也發之為文。以文字留存，固是游戲之作，亦必有啟人者。

　　蕭之為聲，咽咽嗚嗚，如泣如訴，如慕如怨，此其臆氣含藏內蘊。蕭之為心，其孤獨可覩，其深藏內蘊之儒者情懷亦可管窺一端。

　　劍之為氣，豪氣干雲，縱橫捭闔，不可一世，此其貫日長虹外放而凌霄。以劍為氣，慷慨激昂，意氣遄飛可見，縱橫家之氣度亦可拈捻得見。

　　蕭心劍氣正符印其生命特質中孤獨的本質與劍氣沖霄的氣概。

# 徵引暨參考文獻

## 一、龔鵬程先生遊記散文

龔鵬程：《北溟行記》，臺北：印刻，2005
龔鵬程：《孤獨的眼睛》，臺北：九歌，2005
龔鵬程：《自由的翅膀》，臺北：九歌，2007

## 二、近人論著（依姓氏筆畫排序）

### 1.專書

王子今：《中國古代行旅生活》，臺北：商務，1998

東海大學：《旅遊文學研討會論文集》，臺北：文津，2000.01

孟樊：《旅行文學讀本》，臺北：揚智，2004.12

長榮主辦：《縱橫天下：長榮環宇文學獎》，臺北：聯合文學，1998.12

胡錦媛：《臺灣當代旅行文選》，臺北：二魚，2004.06

鄭明娳：《現代散文類型論》，臺北：大安，1987

華航主辦：《在夢想的地圖上：第三屆華航文學獎精選作品文集》，臺北：元尊文化，2000.11

劉昭明主編：《旅行與文藝：國際會議論文集》，臺北：書林，2001.12

龔鵬程：《游的精神文化史論》，石家莊：河北教育出版社，2001

〔美〕Lanquar. R 著，黃發典譯《觀光旅遊社會學》，臺北：遠流，1993.02

〔美〕Edward J. Mayo & Lance P. Jarris 著，蔡麗伶譯《旅遊心理學》，臺北：揚智，1990

### 2.期刊論文

周憲：〈旅行者的眼光：從近代遊記文學看現代性體驗的形成〉，《旅行與文藝國際會議論文集》，臺北：書林，2001.12，頁405

胡錦媛：〈遠離非洲，遠離女性：《黑暗之心》中的旅行敘事〉，《中外文學》324期，1999.05，頁99

陳長房：〈疆域越界：論後現代英文旅行文學〉，《中外文學》317期，1998，頁8

劉虹風：〈「旅行文學」——在追尋／驗證、真實／虛構之間〉，《誠品好讀》第一期，2000.07，頁22-3

羅智成，〈相約天涯：羅智成談旅行與文學〉，《聯合文學》187期，1990.05，頁70

# 龔鵬程《孤獨的眼睛》、《自由的翅膀》的「引用」及其相關課題研析

余境熹*

**摘 要** 龔鵬程散文集《孤獨的眼睛》、《自由的翅膀》頻繁地利用「引用」為擴展文脈的手段，使這一技巧成為欣賞龔氏創作所不容略過的重要因子。本文先對《孤獨的眼睛》、《自由的翅膀》的「引用」作簡單分類，以見其表現形式與功能作用的豐富多元，繼而借「互文性」、「奇異化」和「空白」三項，對作品中「引用」的藝術效果作出深層研討，並旁涉與之相關的課題如「詩化語言」、「陌生觀點」等，以圖較為整全地了解「接收延緩」如何於《孤獨的眼睛》和《自由的翅膀》內生成，從而把握龔氏散文的獨特魅力所在。

**關鍵詞** 龔鵬程 散文 《孤獨的眼睛》 《自由的翅膀》 引用

## 一、引言

2004 年，龔鵬程（1956-）在舉足遍遊神州的同時，亦伸手作為文章，記聞、論理，刊於報紙、網絡，後經編輯，交由九歌出版社於 2006 年付梓，匯成《孤獨

---

\* 余境熹，香港大學一級榮譽文學士、哲學碩士，香港專業進修學校講師。

的眼睛》和《自由的翅膀》二書，旋即風行。2010 年，九歌更以「龔鵬程文化遊記」之名，將二作合成「限量套書」，在市場上展開了新一輪的銷售活動，二作受歡迎程度之高，於此可見一斑。龔氏曾言散文之特色為無拘無檢，❶《孤獨的眼睛》與《自由的翅膀》亦與此理甚相契合，所收篇章，內容漫談古墓、石窟、名人居；雜言垂釣、仰飲、涮羊肉；連論佛音、孔廟、道士酒；或悠閒以訪書，或驚惶於遇盜；或感慨乎讀碑，或冷靜而淘寶……筆底「大千」，自敷衍成不囿一格的「藝術流浪史」，思若飛騎，無有窮途。❷惟從共通處論，兩部著作一以貫之的乃是龔氏博引經史子集以擴展文脈的編構技法，倘能深入探研，實為把握龔氏散文藝術魅力的重要途徑──本文即以「引用」為焦點，旁及由此觸發的相關課題，以見《孤獨的眼睛》及《自由的翅膀》之匠心。

## 二、《孤獨的眼睛》與《自由的翅膀》「引用」舉隅

所謂「引用」，是指在語言交流時適應題旨情境，巧妙地夾插古聖先賢、名人巨匠的言論以及家喻戶曉的典故、成語、格言、歌謠、諺語、俗語、歇後語等，以此來增強語言的說服力和感染力，有效地證明觀點、抒發感情。❸從表現形式來劃分類型，「引用」可細分為「明引」和「暗引」兩項，惟各家對「明引」、「暗引」的界定不一。❹本文定義「明引」格須說明引文出處，並以引號標示援

---

❶ 龔鵬程：〈散文的後現代性〉，《文學散步》（北京：世界圖書出版公司北京公司，2006 年第4 版），頁 202。

❷ 《孤獨的眼睛》和《自由的翅膀》收有〈古墓黃金〉、〈石窟考古〉、〈名人故居〉、〈啤酒花的歲月〉、〈釣魚〉、〈且食羊〉、〈佛音〉、〈孔廟〉、〈道士酒〉、〈旅中訪書記〉、〈遇盜〉、〈孔廟讀碑記〉、〈淘寶〉、〈張愛原來是大千〉、〈藝術流浪記〉及〈飛騎窮途〉諸文，因以篇名聯綴成文。按：〈釣魚〉一篇意在題外，講的是教育、宗教的課題，所垂釣者乃「人」。

❸ 張素格：〈漢語言中「引言」的修辭功能淺析〉，《教學與管理》期 27（2007 年 9 月），頁62-63。

❹ 隨機抽樣，如陳望道（1891-1977）列出「明引」的條件是明示某一部分為引用語，並須說出它是何處成語故事的，「暗引」則並不說明，逕直成語故事編入文中，以引用語代本文；鄭文貞則認為即使使用了引號標示，但沒標明引用部分由誰所出，便俱為「暗引」；葉蒼岑（1904-1993）認定「暗引」必有引號而必不說明出處，無引號者另歸類為「轉述」；程希嵐之說與葉蒼岑略

引段落，而但凡不書引文所出者，無論是逕將引文編入文中，抑或加上引號，則俱屬「暗引」辭格。❺按此定義，可從《孤獨的眼睛》和《自由的翅膀》中選出若干例子以作對應：

**列表一**

| 類屬 | 內文 | 簡釋 |
|---|---|---|
| 明引 | 杜甫詩說：「聞道雲安麴米春，才傾一盞便醺人」，韓翃詩：「金壺醉老春」，春都指酒，老春就是老酒。❻ | 引杜甫（712-770）詩〈撥悶〉❼、韓翃（生卒年不詳，天寶十三年〔754〕進士）詩〈田倉曹東亭夏夜飲得春字〉❽，行文中包括詩句作者，又以引號標示完整引段，固屬明引之格。 |
| | 清初錢曾《讀書敏求記》已提到：「三保下西洋，委巷流傳甚廣，內府之劇戲、看場之評話，子虛烏有，皆俗語流為丹青耳。」 | 標明錢曾（1629-1701）《讀書敏求記》，出處清楚，並以引號列出，歸屬明引。❾ |
| 暗引 | 世有不盲於目而盲於心者，自然也就有我這般偶開天眼覷紅塵的人，肉眼雖然昏沉，心眼卻幸而還未如燕雀，只想馳驟於蓬蒿之間。❿ | 「偶開天眼覷紅塵」見王國維（1877-1927）〈浣溪沙〉詞，⓫「燕雀」典出《莊子》〈逍遙遊〉「斥鷃笑之曰：『彼且奚適也？我騰躍而上，不過數仞而下，翱翔蓬蒿之間，此亦飛之至也，而彼且奚適也？』」⓬ |

同，但另稱無引號者為「間接引用」。說法眾多，莫衷一是。參見陳望道：《修辭學發凡》（上海：上海教育出版社，1997 年新 2 版），頁 103-108；鄭文貞編著：《篇章修辭學》（廈門：廈門大學出版社，1991 年），頁 406；葉蒼岑主編，張煉強、張文田編著：《修辭基本知識》（北京：北京教育出版社，1986 年），頁 178；程希嵐：《修辭學新編》（長春：吉林人民出版社，1984 年），頁 304-305。

❺ 與此相類的定義，如可見劉寶成編著：《修辭例句》（長春：吉林文史出版社，1986 年），頁 87-90。

❻ 龔鵬程：〈思春〉，《孤獨的眼睛》（臺北：九歌出版社，2005 年），頁 87。

❼ 〔唐〕杜甫著，張式銘標點：〈撥悶（一云贈嚴二別駕）〉，《杜工部集》（長沙：岳麓書社，1989 年），卷 14，頁 237。

❽ 〔唐〕韓翃：〈田倉曹東亭夏夜飲得春字〉，〔清〕彭定求等奉敕編：《全唐詩》（上海：上海古籍出版社，1986 年剪貼縮印康熙揚州詩局本），冊上，卷 244，頁 617。

❾ 〔清〕錢曾：《讀書敏求記》（上海：商務印書館，1937 年《叢書集成》本），卷 3，頁 71。

❿ 龔鵬程：〈孤獨的眼睛（自序）〉，《孤獨的眼睛》，頁 4。

⓫ 〔清〕王國維：《苕華詞》，《王國維遺書》（上海：上海古籍書店，1983 年），冊 5，頁 4。

| | | |
|---|---|---|
| | 唐代於此設鎮駐兵，可是軍將仍多胡人，以致「漁陽鼙鼓動地來，驚破霓裳羽衣曲」，整個國家幾乎被安祿山等東北方勢力所顛覆。❸ | 「漁陽」二句未標出處，而實引自白居易（772-846）〈長恨歌〉❹這一聞名中外的作品，形容安祿山（703-757）起兵叛唐（618-907），使大唐盛治斷然中止，屬於暗引。 |
| | 無待，是人無所求、無依賴，故心無罣礙，無罣礙故無有恐怖，遠離顛倒夢想的大自由大自在境界。❺ | 「心無罣礙」至「遠離顛倒夢想」見《般若波羅蜜多心經》玄奘（602-664）譯本❻，未引出處，因屬暗引。 |
| | 而四圍環水，蘆葦呼風，只差不見探春披著大紅猩猩斗篷、帶著觀音兜從裡頭出來。❼ | 見自《紅樓夢》第四十九回描寫探春的文字：「剛至沁芳亭，見探春正從秋爽齋出來，圍著大紅猩氈斗篷，戴著觀音兜……」❽未述出處，歸為暗引。 |

　　除表現的形式有「明引」、「暗引」兩端之外，如從表意功能再作細分，則「引用」尚可劃出「正用」、「反用」的界線，判為兩類。「正用」指作者以肯定的態度對待有關引文，引文的意思與作者想表達的意見一致，因此有著支持作者、匯同說理的作用；「反用」則指作者在引用有關文字後，對引文的意思作出反駁，否定引文的見解、觀點，有供作者借題發揮或加強正誤對比的議論、說理功能。從《孤獨的眼睛》和《自由的翅膀》中，亦可找出大量對應的用例，以下簡列數項：

❷　李勉：《莊子總論及分篇評注》（臺北：臺灣商務印書館，1990 年修訂一版），頁 32。

❸　龔鵬程：〈〈驛站〉旅行者的哀傷〉，《孤獨的眼睛》，頁 259-260。

❹　謝思煒選注：《白居易》（大連：大連出版社，1997 年），頁 18。

❺　龔鵬程：〈自由的翅膀（自序）〉，《自由的翅膀》（臺北：九歌出版社，2005 年），頁 3。

❻　〔唐〕三藏法師玄奘譯：《般若波羅蜜多心經》，高楠順次郎、渡邊海旭編：《大正新修大藏經》（東京：大正一切經刊行會，1924 年），冊 8，頁 848。

❼　龔鵬程：〈尋夢記〉，《自由的翅膀》，頁 58。

❽　〔清〕曹雪芹著，中國藝術研究院紅樓夢研究所、蘇聯科學院東方學研究所列寧格勒分所編定：《石頭記》（北京：中華書局，1986 年列藏本），冊 4，頁 2086。

## 列表二

| 功能 | 內文 | 簡釋 |
|---|---|---|
| 正用 | 《史記·孔子世家》云:「孔子布衣,學者宗之,自天子王侯,中國言六藝者,折中於夫子,可謂至聖矣!」⓲ | 後文立即讚歎「說得好」⓴,態度甚為肯定,衷心認同孔子(孔丘,前551-前479)不待帝王而後興的超越性。 |
| | 《天隱子·齋戒》說:「食也有齋戒者,齋乃潔淨之務,戒乃節約之稱。百味未成熟者不食、五味太多勿食、腐敗閉氣之物勿食,此皆宜戒也。」㉑ | 引用經典,從正面說明道士齋戒「不一定忌葷腥」,因此道士「飲酒食肉,可以無礙」㉒。 |
| | 有奏摺說:「江蘇近來民風日漸刁蠻,或徵收錢漕,糾眾生事。或偶遇偏災,倚眾滋鬧。甚至結隊成群,率領婦女多人,赴縣強索,稍不遂意,即行拆毀衙署。」㉓ | 引錄有關文字,目的在證明「上海地方也是民風強悍的」㉔,指出除外來的閩廣人士外,本地人亦多有起事之舉。 |
| 反用 | 稼軒有詞云:「前度劉郎今重到,問玄都千樹花存否」。㉕ | 辛棄疾(1140-1207)運用劉禹錫(772-842)回京的典故寄語友人,㉖龔氏則取其字面重返故地而問舊物的意思,提到反面想法,說「這其實是不能問的,問起便生感傷」㉗。 |
| | 曹聚仁《上海春秋》曾說:「本來獨霸上海吃食業的,既不是北方館,也不是蘇錫館子,更不是四川館子,而是徽菜館子。人們且看近百年筆記小說,就會明白長江流域的市場,包括蘇、揚、杭、寧、漢、贛在內, | 引用曹聚仁(1900-1972)對徽州人獨霸上海飲食買賣市場的說法,但後文卻提出有關形容已令人難以體會,謂現今在上海「徽州菜已不容易吃到了」㉙。 |

---

⓲　龔鵬程:〈孔廟〉,《孤獨的眼睛》,頁 245。
⓴　龔鵬程:〈孔廟〉,頁 245。
㉑　龔鵬程:〈道士酒〉,《自由的翅膀》,頁 64。
㉒　龔鵬程:〈道士酒〉,頁 64。
㉓　龔鵬程:〈上海小刀會〉,《自由的翅膀》,頁 117。
㉔　龔鵬程:〈上海小刀會〉,頁 117。
㉕　龔鵬程:〈名人故居〉,《孤獨的眼睛》,頁 62。
㉖　〔宋〕辛棄疾著,陳允吉校點:〈賀新郎〉,《稼軒長短句》(上海:上海人民出版社,1975年),卷1,頁 6。
㉗　龔鵬程:〈名人故居〉,頁 62。
㉙　龔鵬程:〈鄉土之愛〉,頁 108。

| 茶葉、漆、典當都是徽州天下。所謂徽州人識寶。因此飲食買賣也是徽館獨霸天下。」❷⓼ | |
|---|---|
| 如朴趾遠《熱河日記》裡記載中國的農村「院子，到處收拾得整整齊齊，沒有一處苟且對付，沒有一樣雜亂擺放。雖是牛欄豬圈，也疏直有度。即使是柴垛糞堆，也精麗如畫。中國的糞堆，堆得方方正正、或八角、或六棱，或堆成樓臺之形。從中國的糞堆，就可知道中國人處處有制度，到處都值得我們學習。」❸⓿ | 後文指認現今中國已與《熱河日記》的所陳不符，稱「那樣曾經令人艷羨景仰的中國早已消失了」❸⓵，覺得讀《熱河日記》的此番記載，自己非但不感竊喜，反而是深覺慚愧。 |

　　自然，《孤獨的眼睛》、《自由的翅膀》的「引用」諸例，多不勝數，「列表一」和「列表二」絕不能涵蓋其哪怕是十之一二，但從二表可見，《孤獨的眼睛》和《自由的翅膀》都有篇章應用到「明引」、「暗引」的展現手段和「正用」、「反用」的表意功能，兩作在使用「引用」時的表現模式與功能作用都可說是富於變化、種類繁多的，避免了千「引」一面的情況，使讀之者不覺呆板沉悶，而能欣賞兩作佳構中明引之具見學識、暗引之融化不澀、正用之切合題旨、反用之創新出奇，感受文章說理議論的變化屈折之能。❸⓶

　　在《孤獨的眼睛》與《自由的翅膀》中，部分篇章更有密度甚高的「引用」表現，如〈那山那泉那海〉❸⓷在短短四頁的「幅度」❸⓸中，引《史記》約七至八次，並引述了《史記評林》、解道彪《齊記》和劉鶚（1857-1909）的《老殘遊記》；〈秦始皇與孟姜女〉❸⓹五頁中連引《史記》、《水經河水注》、晉太康（280-289）

---

❷⓼　龔鵬程：〈鄉土之愛〉，《自由的翅膀》，頁 108。

❸⓿　龔鵬程：〈韓流下的中國〉，《自由的翅膀》，頁 201。

❸⓵　龔鵬程：〈韓流下的中國〉，頁 201。

❸⓶　張素格：〈引用修辭準則探微〉，《修辭學習》期 147（2008 年），頁 66-69。

❸⓷　龔鵬程：〈那山那泉那海〉，《孤獨的眼睛》，頁 231-234。

❸⓸　「幅度」是用以計算文本敘述速度的衡量手段之一，單位為「行」、「頁」。Shlomith Rimmon-Kenan, *Narrative Fiction: Contemporary Poetics*, 2nd ed. (New York: Routledge, 2002), 52.

❸⓹　龔鵬程：〈秦始皇與孟姜女〉，《孤獨的眼睛》，頁 121-125。

〈地理志〉、梁啟超（1873-1929）《中國歷史研究法》、王昌齡（698-756）的〈出塞〉、北朝樂府〈木蘭詩〉、陳標（生卒年不詳，長慶二年〔822〕進士）的〈飲馬長城窟〉、許慎（約58-約147）《說文解字》、《詩經》的〈鄘風·桑中〉、〈邶風·有女同車〉、〈大雅·綿〉、〈陳風·衡門〉、《孟子》〈告子篇〉及趙岐（108-201）注；〈旅行者的美德〉**㊱**也在六頁中博引荷蘭作家賽斯·諾特博姆（Cees Nooteboom，1933-）的《西班牙星光之路》（*Roads to Santiago*）、方回（1227-1305）的詩作、朱彝尊（1629-1709）的〈鴛鴦湖櫂歌〉、日人著作《吃定義大利》、蘇珊·羅德蘇格·韓特（Suzanne Rodriguez Hunter）的《二〇年代：頹廢的巴黎盛宴》（*Found Meals of the Lost Generation: Recipes and Anecdotes from 1920s Paris*）、王侃《江州筆談》、謝肇淛（1567-1624）《五雜俎》，以及林語堂（1895-1976）的《輝煌的北京》（*Imperial Peking: Seven Centuries of China*），配合「正用」、「反用」、「明引」、「暗引」的種種變化，奇峰疊出，遂形成龔氏說理如排浪連波的雄辯特色，建構出一套獨特的「百科全書式書寫」，認真拜讀，必既有驚其博奧之歎，復有多識草木鳥獸蟲魚之名之趣。**㊲**這種以散文承載淵博學識，使讀者沉浸醲郁樂而忘返的寫法，實使龔氏《孤獨的眼睛》、《自由的翅膀》二作在風格上較近於梁實秋（梁治華，1903-1987）、錢鍾書（1910-1998）的雜文。

## 三、「引用」藝術效果的進深討論：
## 接收延緩達成的三個方向

　　從表意功能上說，前文闡釋了龔氏《孤獨的眼睛》、《自由的翅膀》二書如何以「引用」輔助其說理、議論，惟在達意之餘，「引用」更有效地擴大了讀者閱讀時的感知廣度與深度，能取得「接收延緩」**㊳**的重要效果，大大有助於提升

---

**㊱** 龔鵬程：〈旅行者的美德〉，《孤獨的眼睛》，頁69-74。

**㊲** 張素格、孫書杰：〈引用修辭生成的歷史文化根源〉，《河北科技大學學報（社會科學版）》卷5期3（2005年9月），頁55；王培基：〈引用藝術新探〉，《漢字文化》期70（2006年），頁30-31。

**㊳** 「延緩」可分為「敘述延緩」和「接收延緩」兩種，前者依靠敘述文字的增加，使讀者閱讀的時間延長，客觀地能起著增加感知廣度的作用；後者則依靠文本的設置（如製造「空白」、「不

《孤獨的眼睛》和《自由的翅膀》的美學價值——此一部分，乃本論文的重心所在，以下即從「引用」起始，旁涉由此帶出的相關技法，深論《孤獨的眼睛》與《自由的翅膀》的藝術特色。

## ㈠互文

羅蘭·巴特（Roland Barthes，1915-1980）曾明確指出，文本乃一容納各種非原始寫作的多維空間，❸是由各種訊息、回音和文化語言交合而成的。❹然而，這種文本間的相聯，讀者卻不一定能察覺得到，《孤獨的眼睛》和《自由的翅膀》的「明引」手段卻適與大衛·洛奇（David Lodge，1935-）所述以「直接引用」提及他文本的技法相似，確切地闡明了現下文本與前此文本的勾連關係，❹讀者即再粗心大意，也必在這顯然是「放滿鏡子的大廳」中，看到其他文本的投影，從而可追溯其外展的線索。❹例如〈長城的故事〉引喬宇（1457-1524）《登大同城樓詩》「荒磧平沙連塞遠，片雲寒燕入空無」，又引鄭震（1199-1262）《飲馬長城窟》「北邊風打山，草地荒漫漫」，擇詩配文，詩文相發之餘，亦驅使讀者聯想到歷代長城詩作的廣袤園地；❹〈尋夢記〉引《紅樓夢》回目「琉璃世界白雪紅梅，脂粉香娃割腥啖膻」，形容小說中令人無比嚮往的群芳諸艷，亦容易勾發讀者對《紅樓夢》十二金釵等名角的聯翩想像；❹〈運河今昔〉所引《古蘭經》及《聖訓》，

---

可靠敘述」、利用「詩化語言」和「互文性」等），不一定增加敘述的文字，就能令接收的過程得以延緩。詳參余境熹，「不在場的救主及其他：〈主耶穌降生是日〉的空白與接收延緩」，復旦大學、香港大學聯合主辦，「朱天文朱天心與比較視域下的世界文學研討會」，復旦大學，2010 年 6 月 4 日。

❸ Roland Barthes, "The Death of the Author," in *Image, Music, Text*, ed. and trans. Stephen Heath (London: Fotana, 1977), 146.

❹ Barthes, "From Work to Text," in *Image, Music, Text*, 157-160.

❹ David Lodge, "Intertextuality (Joseph Conrad)," in *The Art of Fiction: Illustrated from Classic and Modern Texts* (London: Penguin Books, 1992), 98.

❹ James Risser, "Reading the Text," in *Gadamer and Hermeneutics*, ed. Hugh J. Silverman (New York: Routledge, 1991), 93. 並參考蒂費納·薩莫瓦約（Tiphaine Samoyault）著，邵煒譯：《互文性研究》（天津：天津人民出版社，2003 年），頁 37。

❹ 龔鵬程：〈長城的故事〉，《孤獨的眼睛》，頁 229。

❹ 龔鵬程：〈尋夢記〉，頁 56。

又使讀者忽焉邁入宗教色彩奇特的伊斯蘭世界；❹〈且食羊〉引《唐語林》所記唐代豪家製胡餅之法，不但使作者自己「口水又幾乎要流下來」，也可令讀者為之遐思，漫想其味而垂涎欲滴。❹由此可見，《孤獨的眼睛》與《自由的翅膀》的「引用」，實應合了吉莉安・比爾（Gillian Beer，1935-）的說法：敘述雖只在「當時場景」中發揮支配作用，但透過各種微妙的明示、暗示，寫作者卻可以在讀者頭腦中重新激發出想像，使影響力達致「未來實現」，有助於文本閱讀的放緩。❹

值得注意的是，龔氏在其行文中，似亦道出過互文網絡理應延長觀看者接收過程的話來，如〈（啟程）書到玩時方恨少〉曾言：

> 可是旅人的毛病，卻在於不知就算了，並不深究；又或強不知以為知，不
> 肯虛心下問，或訪書求解。所以遊山的人固然多，讀過該地之山經、地志、
> 草木狀、花卉譜者可說絕少。❹

讀龔氏天南地北的散文亦如離家出遊，而龔氏反對旅人不求甚解的輕率態度，認為宜訪書求學或詢問知者，反過來套用於閱讀《孤獨的眼睛》和《自由的翅膀》的情況中，即希望人受「引用」的推動，向現文本以外的典籍求索知識。這種對外延伸的閱讀要求，適便使接收延緩得以成立。《自由的翅膀》所收〈未消逝的年代〉一文則曰：

> 我喜歡在旅途中去看看這些雕版，緬懷逝去的時代。可是，有時我也覺得
> 那個時代好像並沒有真正消逝，仍在我身邊呢。❹

這是龔氏觀前代雕版之感言，而讀者通過龔氏散文，得見種種由「引用」而出的

---

❹ 龔鵬程：〈運河今昔〉，《自由的翅膀》，頁 183-184。
❹ 龔鵬程：〈且食羊〉，《自由的翅膀》，頁 32。
❹ Gillian Beer, "Storytime and Its Futures," in *Time*, ed. Katinka Ridderbos (Cambridge, UK; New York: Cambridge University Press, 2002), 126-142.
❹ 龔鵬程：〈（啟程）書到玩時方恨少〉，《孤獨的眼睛》，頁 16。
❹ 龔鵬程：〈未消逝的年代〉，《自由的翅膀》，頁 157。

前代文本，亦正可如視讀雕版一般，在聯想中復活已消逝的年代，使接收呈無可終止的態勢。

　　作為旁涉的課題，由於「引用」僅是建立互文網絡的手段之一，❺龔氏在《孤獨的眼睛》和《自由的翅膀》中，尚會利用人們耳熟能詳的事物來帶動讀者對外在文本的各種聯想，使得閱讀過程受到延緩，其中三類，即「影視」、「時事」和「現代小說」，謹據之整理簡表如後：

### 列表三

| 項目 | 內容 |
|---|---|
| 影視 | 電視劇《大宅門》、《天下第一樓》❺、李安（1954-）拍《臥虎藏龍》❺、瓊瑤（陳喆，1938-）拍《望天涯》❺、李奧納多（Leonardo DiCaprio，1974-）的電影 *Catch Me If You Can* ❺、陳凱歌（1952-）的《無極》、張藝謀（1951-）的《滿城盡帶黃金甲》❺、電視劇《孝莊皇后》、《太平天國》、《走向共和》❺ |
| 時事 | 北京學潮❺、SARS 肆虐❺、臺灣教育本土化❺、中日恩怨❻ |
| 現代小說 | 《倚天屠龍記》的小昭❻、《鹿鼎記》主角韋小寶❻、〈傾城之戀〉❻、《天龍八部》❻、《笑傲江湖》❻ |

---

❺　Jeffrey Fischer, "Killing at Close Range: A Study in Intertextuality," *The English Journal* 95, no. 3 (January, 2006): 28.

❺　龔鵬程：〈老店的歷史〉，《孤獨的眼睛》，頁 176、178。

❺　龔鵬程：〈橋〉，《孤獨的眼睛》，頁 173。

❺　龔鵬程：〈一些關於段正淳的事〉，《自由的翅膀》，頁 19。

❺　龔鵬程：〈心術〉，《自由的翅膀》，頁 134。

❺　龔鵬程：〈洗澡〉，《自由的翅膀》，頁 163。

❺　龔鵬程：〈張愛原來是大千〉，《自由的翅膀》，頁 174。

❺　龔鵬程：〈在華夷之間〉，《孤獨的眼睛》，頁 37。

❺　龔鵬程：〈旅行者的美德〉，頁 72。

❺　龔鵬程：〈旅行的歷史家〉，《自由的翅膀》，頁 95。

❻　龔鵬程：〈鄉土之愛〉，頁 106；〈張愛原來是大千〉，頁 175。

❻　龔鵬程：〈媽祖的靈蔭〉，《孤獨的眼睛》，頁 29。

❻　龔鵬程：〈關公畫墨竹〉，《孤獨的眼睛》，頁 67。

❻　龔鵬程：〈大汗的園林〉，《孤獨的眼睛》，頁 191。

❻　龔鵬程：〈一些關於段正淳的事〉，頁 19；〈奇門祕技〉，《自由的翅膀》，頁 123。

❻　龔鵬程：〈奇門祕技〉，頁 123。

由於所提及的文本如李安電影、中日恩怨、金庸（查良鏞，1924-）小說等較為讀者所曉知，即使文中並未以「引用」為傳達手段，亦同樣能推使讀者將注意力、想像力暫時移到所閱文本之外，令接收現文本的速度得以放緩。《孤獨的眼睛》中，〈離館春深〉一文的書寫即全數包含了「影視」、「時事」和「現代小說」三項的內容，提到金庸的《書劍江山》（後改名《書劍恩仇錄》）、清裝劇、「李翰祥編導〈乾隆下江南〉影片」和「陳水扁挨槍擊」等，❻❻其能觸發聯想、達致接收延緩的果效，不言而喻。

## (二)陌生

### 1.「引用」與艱深語言

羅曼・英加登（Roman Ingarden，1893-1970）《對文學的藝術作品的認識》（*Cognition of the Literary Work of Art*）一書曾言，人們對語詞聲音跟語詞意義的理解是同步發生的，在接收語詞聲音時，就一併了解到語詞的意義，兩項活動難以分離，因此若讀者對文本中的語詞早已很熟識的話，語詞的音、義都會被飛快而毫不停頓地意識得到，惟獨在語詞對讀者來說較為陌生時，自動化接收的情形才會獲得破除，讀者須面對能把握文字語音或僅僅其視覺形式然而卻未能發現其意義的局面，得試圖猜出或找出這些語詞的意義，閱讀過程便會因之放慢下來。❻❼

在《孤獨的眼睛》和《自由的翅膀》中，「引用」雖不乏以白話文出之、易讀易解的段落，如陳公博（1892-1946）的《苦笑錄》❻❽、朱自清（1898-1948）《歐遊雜記》❻❾、曹聚仁（1900-1972）《上海春秋》❼⓿、張中行（1909-2006）《負暄三話》❼❶等，但更多的卻是包含艱深語詞的文言片段，如〈離館春深〉一文曾引王闓運（1833-1916）《錄祺祥故事》所收之〈獨行謠〉，文曰：

---

❻❻ 龔鵬程：〈離館春深〉，《孤獨的眼睛》，頁 34。
❻❼ 羅曼・英加登（Roman Ingarden）著，陳燕谷、曉未譯：《對文學的藝術作品的認識》（臺北：商鼎文化出版社，1991 年），頁 19-20。
❻❽ 龔鵬程：〈度假政治學〉，《孤獨的眼睛》，頁 137。
❻❾ 龔鵬程：〈橋〉，頁 169。
❼⓿ 龔鵬程：〈鄉土之愛〉，頁 108。
❼❶ 龔鵬程：〈美人舊事〉，《自由的翅膀》，頁 130。

祖制重顧命，姜姒不佐周，誰與同道彰？翻怪垂簾疏。不能召親賢，自刎據天圖。戮之費一紙，曾不驚殿蘆。祺祥改同治，御坐屏玻璃。**❼❷**

文意甚為艱深，連龔氏亦意識到其理解之不易，而設問謂「這，是在講什麼呢？」然後徐為讀者進行解說，這段文字之延緩功效，實是甚為顯著的。

又如〈在華夷之間〉一篇，錄韓愈（768-824）《送董劭南序》：「燕趙古稱多感慨悲歌之士。董生舉進士，連不得志於有司。懷抱利器，鬱鬱適茲土。吾知其必有合也。……吾因之有所感矣！為我弔望諸君之墓，而觀於其市，復有昔時之屠狗者乎？」**❼❸**文末復提到「每欲依韓愈之言，往弔樂毅及諸劍俠狗屠者之墓，俱不可得」**❼❹**，並因而生起世事滄桑變幻之嘆。弔墓何以感嘆？不明白「懷抱利器，鬱鬱適茲土」一語是無法理解的。龔氏在這裡未為並非淺白的古文作解，讀者在接收的過程中就「被迫使」延長感知時間，以對文本作出較深入的體認。與此相似的，尚有〈自由的翅膀〉結尾感興直用《孟子》〈盡心篇〉與〈公孫丑篇上〉的文字、**❼❺**〈雄秀〉收束處言可於北京園林求《詩經》〈秦風・蒹葭〉中「蒹葭蒼蒼，白露為霜，所謂伊人，在水一方。溯洄從之，道阻且長；溯游從之，宛在水中央」之境等處，**❼❻**讀者若不能通讀，則不能明作者所嘆之事、所求之境，惟龔氏並未在文中注釋有關古語，現代讀者自得花費較多精力來進行理解，由此達致接收過程的延緩。

當然，在「引用」之外，龔氏行文亦包含不少較為艱深的語詞，如「森然夐出」**❼❼**、「涵茹積漸」**❼❽**、「疥癬河山」**❼❾**、「根觸良深」**❽⓪**等，所在多有，亦大有助於接收延緩的成立，而尚可旁涉詳申的，乃為文中使用「陌生語言」、「陌

---

❼❷　龔鵬程：〈離館春深〉，頁35。

❼❸　龔鵬程：〈在華夷之間〉，頁38。

❼❹　龔鵬程：〈在華夷之間〉，頁41。

❼❺　龔鵬程：〈自由的翅膀〉，《孤獨的眼睛》，頁134。

❼❻　龔鵬程：〈雄秀〉，《孤獨的眼睛》，頁150-151。

❼❼　龔鵬程：〈孤獨的眼睛（自序）〉，頁6。

❼❽　龔鵬程：〈（啟程）書到玩時方恨少〉，頁16。

❼❾　龔鵬程：〈神聖性美感〉，《孤獨的眼睛》，頁184。

❽⓪　龔鵬程：〈自由的翅膀（自序）〉，頁5。

生視角」兩項。

### 2.延伸課題：奇異化的語言和觀點

維克托·什克洛夫斯基（Viktor Shklovsky，1893-1984）的早期文論，一言以蔽之，乃在於說明「增加感知的廣度與深度」為文本「文學性」之所在，[81]故其「延緩論」傾重於「廣度」的擴展，「陌生視角」和「陌生語言」說則偏向「深度」的開發。[82]其中，「陌生語言」說的內涵是指應多用優美的、扭曲日常語言形式的「詩歌語言」來進行表述，特重作品語言的雅致和美感。[83]與什克洛夫斯基同屬俄國形式主義學派的鮑里斯·托馬舍夫斯基（Boris Tomashevsky，1890-1957），亦提出對「藝術語」的嚴格要求，強調作者需減少形式司空見慣、呆板固定的「實用語」，而應較多較廣地詩化其敘述的語言，以避免作品麻痺人的注意力則有餘，喚起人的興趣則無力的情況。[84]其後，布拉格學派的赫弗拉力克（Bohuslav Havránek，1893-1978）也指認詩化隱喻由於被視為不尋常和反自動化的，跟一般人耳熟能詳的日常語言表現迥異，能吸引讀者的注意，帶來驚喜與延宕；戴維·米切爾森（David Mickelsen）更倡言詩般優雅的文字能引起讀者廣泛的想像，令閱讀活動停頓下來，[85]為詩化、雅化語言和延緩的關係論說添磚加瓦，使之更為完善。[86]在《孤獨的眼睛》和《自

[81] Viktor Shklovsky, "Art as Device," in *Theory of Prose*, trans. Benjamin Sher (Elmwood Park, IL: Dalkey Archive Press, 1990), 6. Galin Tihanov, "The Politics of Estrangement: The Case of the Early Shklovsky," *Poetics Today* 26, no. 4 (Winter, 2005): 683.

[82] 余境熹，「《連城訣》『延緩』現象的整理：以什克洛夫斯基早期文論為中心」，廈門大學、香港大學、天主教輔仁大學、復旦大學、明道大學、修平技術學院聯合主辦，「兩岸三地華文教學研討會」，廈門大學，2010年4月3日。

[83] Shklovsky, "Art as Device," 12. 並參考黎皓智：〈論俄國形式主義學派的文體觀和語言觀〉，《20世紀俄羅斯文學思潮》（北京：北京大學出版社，2006年），頁514。

[84] 鮑里斯·托馬舍夫斯基（Boris Tomashevsky）著，張惠軍、丁濤譯，姜俊鋒校：〈藝術語與實用語〉，什克洛夫斯基等著：《俄國形式主義文論選》（北京：生活·讀書·新知三聯書店，1989年），頁83-84。並參考方珊：《形式主義文論》（濟南：山東教育出版社，1999年），頁76。

[85] David Mickelsen, "Types of Spatial Structure in Narrative," in *Spatial Form in Narratives*, eds. Jeffrey R. Smitten and Ann Daghistany (Ithaca and London: University of Cornell Press, 1981), 72.

[86] Bohuslav Havránek, "The Functional Differentiation of the Standard Language," in *A Prague School Reader on Esthetics, Literary Structure, and Style*, trans. Paul L. Garvin (Washington: University of Georgetown Press, 1964), 10.

由的翅膀》中,非「引用」的部分亦多見詩化、雅化語言的蹤跡,如〈孔廟〉有句云:「依附孔子者越多,矗立於熱鬧場中的孔廟,乃越如污池中的亭亭荷花,孤標超絕,香遠益清,獨以其孤高寂寞,令人遙想慕企不已。」❽巧構妙喻,給予了孔廟的崇高性一個具象化的、新奇的形容,可供細細品味;又如〈遇盜〉結尾:「我跳下床,追將出門,但見驚啊聲遠遠搖曳而去,江心月白,四野森寒而已。」❽以如詩之語渲染驚怖氣氛,頗耐咀嚼,亦為龔氏以理性客觀為主調的散文平添特殊的情感色彩,免去了知性散文過於平實之通病。❽至如〈(展翅)普陀行紀〉多有異於日常的雅化語句,❾〈(迴旋)人生誤旅〉載著「水花四濺,如駕舟行」、「徘徊摩挲,翛然有出塵之想」的典雅文字,❾〈張愛原來是大千〉錄龔氏自撰詩歌一首:「文言錯畫久參差,訛正歧分論亦嘩。知識狂花生客慧,篇章斷簡墜流沙。但云文化能託命,誰解支離說破家?我自傷心悲禹域,小樓獨坐望天涯。」❾皆歆雅可讀,以其不類於日常實用語的語言形式,使得讀者在接收時較多停留欣賞,駐「目」不前,由此收理想的延緩果效。

突破慣常語言應用模式的做法,在《孤獨的眼睛》和《自由的翅膀》中尚見於非「引用」的手段如文字換替、語義出新之中。克莉絲·維登(Chris Weedon,1952-)等人指出,語詞在每次的接合中,都總是帶著先前它在其他情景中接合的軌跡的,❾據此推論,對語詞位置、意義的改動,將導致新、舊使用情形的相互參照、對比,若新者足夠陌生刺激,便能有效改變讀者對慣常情景習焉不察的閱讀模式──在《孤獨的眼睛》和《自由的翅膀》中,如〈書到玩時方恨少〉❾的命題,

---

❽ 龔鵬程:〈孔廟〉,頁 247-248。

❽ 龔鵬程:〈遇盜〉,《自由的翅膀》,頁 71。

❽ 鄭明娳:《現代散文》(臺北:三民書局,1999 年),頁 90-97。

❾ 龔鵬程:〈(展翅)普陀行紀〉,《自由的翅膀》,頁 10-15。

❾ 龔鵬程:〈(迴旋)人生誤旅〉,《自由的翅膀》,頁 213。

❾ 龔鵬程:〈張愛原來是大千〉,頁 176。

❾ Chris Weedon, Andrew Tolson and Frank Mort (with help from Andrew Lowe), "Theories of Language and Subjectivity," in *Culture, Media, Language: Working Papers in Cultural Studies, 1972-79*, eds. Stuart Hall, Dorothy Hobson, Andrew Lowe and Paul Willis (London: Routledge in association with the Centre for Contemporary Cultural Studies, University of Birmingham, 1992), 199.

❾ 龔鵬程:〈(啟程)書到玩時方恨少〉,頁 13-17。

便是對勉勵語「書到用時方恨少」作出一字置換，藉這種刻意的「錯誤」來消解原句中的嚴肅氛圍，從聽來已少新鮮感的老話中建立新的意義，有助更新、豐富讀者的領受；另外，如「思春」普遍用於指涉對異性的戀慕，〈思春〉[95]一篇說的「春」卻是指「酒」，藉選用今人認知較少的「春」的意思，創造出「思春」新的、不乏遊戲性質的釋義規範，也可以為讀者帶來自錯覺而生的驚喜感；又例如，〈左道〉[96]之題本有「不正派」之通義，配合正文對內地發展旅遊業的批評，卻使人聯想到「左傾急進路線」的特殊意涵，別感新鮮。凡此種種舊瓶新酒的出彩處，皆可為文章的奇異化作出重要貢獻，有助接收延緩。[97]

　　值得補充的是，龔氏也利用語言以外的手段來加強文章給予讀者的陌生感。什克洛夫斯基的「陌生視角」說認為：應安排視角特異者來對事物進行講述，因為從諸如陌生人、小孩子、精神病患者或動物的觀點來進行感知，交代出來的內容必然會受到扭曲，有異於直率簡單的形容，能給予讀者巨大的新鮮感[98]——以《孤獨的眼睛》和《自由的翅膀》言，視角固然是屬於龔氏本人的，而由於龔氏學識遠較一般人高，其發為議論，每每觀點獨到，自成一家之言，相對於芸芸讀者，實可算是一名思想級次有別的「陌生人」，其言說往往啟接收者以新的思考，造成感知深度的拓展。舉例來說，〈大汗的園林〉一反傳統歷史敘事對君王蓄佳人、造名園而致亡國的批判性觀點，認為無佳人、名園而國亦亡，何不建園以為朝廷的榮光留下實體的記錄，稱說道：

> 依審美的角度說，那就寧可傾國。因為「佳人難再得」，獨一無二的美，非任何東西所能替代。尤其是時序遷流，任何政權、任何王朝，終歸都要傾減。縱無佳人，縱無名園，也終不能久長。但傾覆的王朝，若能留下一

---

[95]　龔鵬程：〈思春〉，頁 87-90。

[96]　龔鵬程：〈左道〉，《自由的翅膀》，頁 37-40。

[97]　康家瓏：《趣味修辭》（上海：上海古籍出版社，2006 年），頁 293。

[98]　Shklovsky, "Art as Device," 6. 胡亞敏（1954-）曾舉出如下數例以輔助說明，甚具參考價值：⑴列夫·托爾斯泰（Leo Tolstoy，1828-1910）在《戰爭與和平》（*War and Peace*）中以非軍人的感覺表述波羅金諾戰役；⑵魯迅（周樟壽，1881-1936）〈離婚〉從孩子的視角表述成人吸食鼻煙的過程；⑶《紅樓夢》透過農民劉姥姥的視點寫掛鐘的形狀和值得好奇之處。詳見胡亞敏：《敘事學》（武漢：華中師範大學出版社，2004 年），頁 192-194。

座美麗的園林供人徜徉遊息於其中,那也是不錯的。林園之美,反而說明
著大汗昔日的榮光,令人暫時忘卻那早已是覆滅了的朝廷、掃入歷史烟塵
中的王權。❾❾

又如〈悲傷的鐵路〉述及清代(1644-1912)之亡,謂:「一個朝代,尤其是像清末
那樣惡劣的環境,居然不亡於敵國外患,而亡於鐵路,說來實在令人匪夷所思。」
❿〈歷史的荒蕪〉論清高宗(愛新覺羅弘曆,1711-1799,1735-1795 在位)平定回部及準
噶爾部後,更其地名為「新疆」,有誇示武功、「抹煞前朝經營之史」的目的,
⓫均對客觀記載的史實有靈光式的點評,頗起醒人耳目、啟人深思之作用。

由此可見,龔氏《孤獨的眼睛》、《自由的翅膀》實以多種技法促成文章的
「陌生性」,而「引用」的艱深語言適正是配合詩化、雅化語言、文字置換、語
義出新和特異觀點的積極手段,是憑著「少所見,則多所怪」⓬的原則合力提升
文章接收延緩效果的重要因素。以上延伸話題看似與「引用」無直接關係,其實
卻表明了「引用」在龔氏散文追求增加讀者的感知廣度、深度時,乃一置於整體
謀篇心思中而無突兀感的有機組成部分也。

## ㈢空白

胡亞敏(1954-)曾說:「空白是藝術的必然屬性,沒有空白就沒有藝術。」⓭
一如中國畫的「疏可走馬」、影視的「空鏡頭」和書法的「飛白」,寫作也需留
有空白之處,以免內容壅塞,扼殺了讀者的想像、尋索空間。⓮馮黎明(1958-)即
曾明說:文學作品的製作是一種疏密相間、虛實相生的寫作方法,文本中因而應
留置一定數量的意義空白或意義未定點,以給予讀者依據自身的回憶或聯想去充

---

❾❾ 龔鵬程:〈大汗的園林〉,頁 191。

❿ 龔鵬程:〈悲傷的鐵路〉,《孤獨的眼睛》,頁 213。

⓫ 龔鵬程:〈歷史的荒蕪〉,《自由的翅膀》,頁 194。

⓬ 龔鵬程:〈香格里拉〉,《自由的翅膀》,頁 51。

⓭ 胡亞敏:《敘事學》,頁 234。

⓮ 周瑩潔:〈藝術空白美的幾個問題〉,《貴州社會科學》期 5(1994 年),頁 65;姚善義、林
江:〈空白藝術簡論〉,《錦州師範學院學報(哲學社會科學版)》期 2(1994 年),頁 111。

實它的機會。[105]故一般來說，空白除非過多以至於讓讀者無法進入作品，否則其設置都是能激發讀者對作品的參與而應受到鼓勵的。

在《孤獨的眼睛》和《自由的翅膀》的「引用」諸例中，有一部分即注入了「空白」的元素，使得「引用」中也飽含著讓讀者加以尋索和想像的空間，並由此貢獻於接收延緩的目標。例如，〈離館春深〉引〈獨行謠〉所涉的慈禧（葉赫那拉杏貞，1835-1908）、蕭順（愛新覺羅肅順，1816-1861）相鬥，龔氏在解說時只道及宏大的「辛酉政變」概念，對於自己未著一言的、二人「交手」的細微之處，僅拋下一句「精采可述者甚多」[106]便把話鋒一轉，可算是既不把故事說盡以製造空白，又以「精采」為餌誘使讀者鑽研、想像有關史事，通過空白加增了讀者掌握訊息的屏障。在〈且食羊〉中，又有引慧琳（737-820）《一切經音義》「胡食者，即饆饠、燒餅、胡餅、搭納等是」之處，後文的解說則坦言「饆饠，我不知是什麼」[107]，懸置答案，彷彿給出個謎底不詳的謎面，可待有心者細作訪查。在《自由的翅膀》所收的〈美人魚〉中，龔氏則曾嘗試較客觀地解釋某些古書上近於神話的記載，如謂《滇游記》所寫的「更有變鬼者，婦女居多。或變貓、變羊、變雞鴨、變牛糞、變象馬。遇單客，則殺而奪其貨」實非真鬼、妖異，而僅是蠱術，但同時，他對《滇游記》、《滇南新語》所記的龍池等奇聞卻未作解釋，反而談到《滇游記》「狗頭人之紀錄，言之鑿鑿，真讓人不知信好呢還是不信的好」，對該書「皆足歷目驗，有點官文書的性質，非同稗史小說」的特點亦未作否定，結果是這些獲「引用」而令人難以置信的敘述是否真確，其答案仍屬「空白」，必得由讀者自行建構說法，其接收的過程自然因此拖長。[108]凡此種種，悉可見《孤獨的眼睛》和《自由的翅膀》的「引用」眾例，常有包含「空白」之處，對增加感知

---

[105] 馮黎明：〈文學接受與閱讀主體〉，《湖北社會科學》期3（1988年），頁36。馮黎明之說踵承於德國接受主義學派的代表人物沃夫爾岡·伊瑟爾（Wolfgang Iser，1926-2007），按伊瑟爾曾說：敘述者所隱藏的部分若要重新建構成綜合性的完整圖形，必須由讀者調動想像、盡力補充，才能達成，因此，空白實是「讀者想像的催化劑」，其積極設置是藝術不可或缺的成分。見沃夫爾岡·伊瑟爾著，金惠敏等譯：《閱讀行為》（長沙：湖南文藝出版社，1991年），頁249-251。

[106] 龔鵬程：〈離館春深〉，頁35。

[107] 龔鵬程：〈且食羊〉，頁32。

[108] 龔鵬程：〈美人魚〉，《自由的翅膀》，頁88-89。

時的廣度與深度，都有著莫大的裨益，是兩部散文集能夠實踐接收延緩美學的功臣。

作為補充，在非「引用」的空白設置方面，如《孤獨的眼睛》所錄〈度假政治學〉一文，在提及「中共建國後，北戴河的政治風雲，波詭雲譎，更多可述者」之後，便即說這些政治風雲的基本邏輯「已在張學良身上成了典型，嗣後政治度假學的一切爾虞我詐，大家也就不難推想了，還用得著我再說什麼嗎？」⑩選擇了「不著一字」，於含蓄中盡得風流，⑩也是推動讀者發揮想像以延緩其接收的一種重要表現，與各次「引用」中製造的空白實具有異曲同工之能。

# 四、結論

綜合前文的討論，「引用」在龔鵬程《孤獨的眼睛》、《自由的翅膀》二作中是至為常見的一種技法，而其表現形式和功能作用卻不囿一格，呈現出屈折變化之能，使人讀之不覺平板。尤為重要的是，「引用」在《孤獨的眼睛》和《自由的翅膀》的不少文章中，都協同建構著互文網絡、製造陌生感和空白，大大有利於接收延緩的成立，對增加讀者的感知廣度良有助益，作品藝術性的高度也因之獲得提升。明瞭「引用」的這些效果，則可知龔氏在文中博引經史子集內容，除了有「論理明晰」的知性功能以外，更有著「深化接收」的美學價值，是文章「文學性」構成的重要部分。基於此，本文的討論相信是有益於掌握《孤獨的眼睛》和《自由的翅膀》的特色，並對研閱其他龔氏散文著作有著參考價值的。

# 徵引文獻

**一、古籍**

〔唐〕杜甫著，張式銘標點：《杜工部集》，長沙：岳麓書社，1989 年。

〔唐〕司空圖著，趙福壇箋釋，黃能升參證：《詩品新釋》，廣州：花城出版社，1986 年。

---

⑩ 龔鵬程：〈度假政治學〉，頁 139。

⑩ 〔唐〕司空圖著，趙福壇箋釋，黃能升參證：《詩品新釋》（廣州：花城出版社，1986 年），頁 104。

〔宋〕辛棄疾著，陳允吉校點：《稼軒長短句》，上海：上海人民出版社，1975 年。

〔清〕錢曾：《讀書敏求記》，上海：商務印書館，1937 年《叢書集成》本。

〔清〕彭定求等奉敕編：《全唐詩》，上海：上海古籍出版社，1986 年剪貼縮印康熙揚州詩局本，冊上。

〔清〕曹雪芹著，中國藝術研究院紅樓夢研究所、蘇聯科學院東方學研究所列寧格勒分所編定：《石頭記》，北京：中華書局，1986 年列藏本，冊 4。

〔清〕王國維：《王國維遺書》，上海：上海古籍書店，1983 年，冊 5。

## 二、近人編輯、論著

方珊：《形式主義文論》，濟南：山東教育出版社，1999 年。

王培基：〈引用藝術新探〉，《漢字文化》期 70，2006 年，頁 30-31。

托馬舍夫斯基，鮑里斯（Tomashevsky, Boris）著，張惠軍、丁濤譯，姜俊鋒校：〈藝術語與實用語〉，什克洛夫斯基等著：《俄國形式主義文論選》，北京：生活·讀書·新知三聯書店，1989 年，頁 83-85。

伊瑟爾，沃夫爾岡（Iser, Wolfgang）著，金惠敏等譯：《閱讀行為》，長沙：湖南文藝出版社，1991 年。

李勉：《莊子總論及分篇評注》，臺北：臺灣商務印書館，1990 年修訂一版。

周塋潔：〈藝術空白美的幾個問題〉，《貴州社會科學》期 5，1994 年，頁 65-68。

英加登，羅曼（Ingarden, Roman）著，陳燕谷、曉未譯：《對文學的藝術作品的認識》，臺北：商鼎文化出版社，1991 年。

胡亞敏：《敘事學》，武漢：華中師範大學出版社，2004 年。

姚善義、林江：〈空白藝術簡論〉，《錦州師範學院學報（哲學社會科學版）》期 2，1994 年，頁 111-116。

高楠順次郎、渡邊海旭編：《大正新修大藏經》冊 8，東京：大正一切經刊行會，1924 年。

張素格、孫書杰：〈引用修辭生成的歷史文化根源〉，《河北科技大學學報（社會科學版）》卷 5 期 3，2005 年 9 月，頁 53-55。

張素格：〈漢語言中「引言」的修辭功能淺析〉，《教學與管理》期 27，2007 年 9 月，頁 62-63。

張素格：〈引用修辭準則探微〉，《修辭學習》期 147，2008 年，頁 66-69。

康家瓏：《趣味修辭》，上海：上海古籍出版社，2006 年。

陳望道：《修辭學發凡》，上海：上海教育出版社，1997 年新 2 版。

程希嵐：《修辭學新編》，長春：吉林人民出版社，1984 年。

馮黎明：〈文學接受與閱讀主體〉，《湖北社會科學》期 3，1988 年，頁 34-38。

葉蒼岑主編，張煉強、張文田編著：《修辭基本知識》，北京：北京教育出版社，1986 年。

鄭文貞編著：《篇章修辭學》，廈門：廈門大學出版社，1991 年。

鄭明娳：《現代散文》，臺北：三民書局，1999 年。

黎皓智：〈論俄國形式主義學派的文體觀和語言觀〉，《20 世紀俄羅斯文學思潮》，北京：北
　　京大學出版社，2006 年，頁 502-524。

劉寶成編著：《修辭例句》，長春：吉林文史出版社，1986 年。

謝思煒選注：《白居易》，大連：大連出版社，1997 年。

薩莫瓦約，蒂費納（Samoyault, Tiphaine）著，邵煒譯：《互文性研究》，天津：天津人民出版
　　社，2003 年。

龔鵬程：《孤獨的眼睛》，臺北：九歌出版社，2005 年。

龔鵬程：《自由的翅膀》，臺北：九歌出版社，2005 年。

龔鵬程：《文學散步》，北京：世界圖書出版公司北京公司，2006 年第 4 版。

Barthes, Roland. *Image, Music, Text*, edited and translated by Stephen Heath. London: Fotana, 1977.

Beer, Gillian. "Storytime and Its Futures." In *Time*, edited by Katinka Ridderbos. 126-142.
　　Cambridge, UK; New York: Cambridge University Press, 2002.

Fischer, Jeffrey. "Killing at Close Range: A Study in Intertextuality." *The English Journal* 95, no. 3
　　(January, 2006): 27-31.

Havránek, Bohuslav. "The Functional Differentiation of the Standard Language." In *A Prague School
　　Reader on Esthetics, Literary Structure, and Style*, translated by Paul L. Garvin, 3-16.
　　Washington: University of Georgetown Press, 1964.

Lodge, David. "Intertextuality (Joseph Conrad)." In *The Art of Fiction: Illustrated from Classic and
　　Modern Texts*. 98-103. London: Penguin Books, 1992.

Mickelsen, David. "Types of Spatial Structure in Narrative." In *Spatial Form in Narratives*, edited by
　　Jeffrey R. Smitten and Ann Daghistany, 63-78. Ithaca and London: University of Cornell
　　Press, 1981.

Rimmon-Kenan, Shlomith. *Narrative Fiction: Contemporary Poetics*, 2nd edition. New York:
　　Routledge, 2002.

Risser, James. "Reading the Text." In *Gadamer and Hermeneutics*, edited by Hugh J. Silverman,
　　93-105. New York: Routledge, 1991.

Shklovsky, Viktor. "Art as Device." In *Theory of Prose*, translated by Benjamin Sher, 1-14. Elmwood
　　Park, IL: Dalkey Archive Press, 1990.

Tihanov, Galin. "The Politics of Estrangement: The Case of the Early Shklovsky." *Poetics Today* 26,
　　no. 4 (Winter, 2005): 665-696.

Weedon, Chris, Andrew Tolson, and Frank Mort (with help from Andrew Lowe). "Theories of
　　Language and Subjectivity." In *Culture, Media, Language: Working Papers in Cultural
　　Studies, 1972-79*, edited by Stuart Hall, Dorothy Hobson, Andrew Lowe and Paul Willis,
　　195-216. London: Routledge in association with the Centre for Contemporary Cultural

Studies, University of Birmingham, 1992.

### 三、其他

余境熹，「《連城訣》『延緩』現象的整理：以什克洛夫斯基早期文論為中心」，廈門大學、
香港大學、天主教輔仁大學、復旦大學、明道大學、修平技術學院聯合主辦，「兩岸三
地華文教學研討會」，廈門大學，2010 年 4 月 3 日。

余境熹，「不在場的救主及其他：〈主耶穌降生是日〉的空白與接收延緩」，復旦大學、香港
大學聯合主辦，「朱天文朱天心與比較視域下的世界文學研討會」，復旦大學，2010 年
6 月 4 日。

# 孤獨眼看文化迷茫
## ──龔鵬程先生散文
## 《北溟行記》、《孤獨的眼睛》、
## 《自由的翅膀》的新情懷

周慶華*

**摘　要**　旅行家到中國大陸獵奇，成績卓著且特能針砭該地旅遊產業弊
端的，當數龔鵬程一人。他足跡遍及大江南北，所見旅遊地多媚俗現象
和人為不當破壞，而亟欲予以導正，以至他原先的「壯闊之遊」變成「悲
壯之遊」。此外，他作為一個有著深湛文化涵養的旅行家，孤獨的眼睛
經常無法配備自由的翅膀，也不免要深以為憾！只好一一寄託於旅遊
書，而獨自懷著淒惘的心情走出文化的迷茫。可以說他是這個時代最後
一個采風人，而絕世風骨是他的壯遊結果。

**關鍵詞**　龔鵬程　中國大陸　壯遊　文化的迷茫　絕世風骨

## 一、旅遊的兩種形態的抉擇

中國大陸近十餘年來經濟崛起，各項硬體建設和旅遊設施隨著蓬勃發展，許

---

\*　周慶華，臺東大學語文教育研究所教授。

多旅行家也不禁要湧入想一探這個文明古國在當今的變貌。龔鵬程先生才情高卓，長年一直在臺灣學界叱吒風雲，而為了生命志業的延伸，自然也不會放過這一獵奇中國大陸的機會。如果說當代的旅遊是在一個流動的世界所進行的游牧凝視和觀賞，而當中相關符號的浪漫式消費和蒐集是所要建構的主要經驗（厄里〔J. Urry〕，2007：268-276），那麼龔先生所把握的北上行機會也就數特久且收穫滿篋，因為他已經無數次進出那裏，同時還出版了《北溟行記》、《孤獨的眼睛》和《自由的翅膀》等旅遊散記作品。

旅遊原是有錢有閒人的休憩活動，只是這種活動不必要像古希臘人或中世紀歐洲人所開啟的為「沉思神／上帝的本質」那般被珍視著（皮柏〔J. Pieper〕，2003：53-83），它也許僅是基於「厭倦平淡無味的生活」而想追求「所無法捉摸的事物」（厄里，2007：24）這個理由那麼單純。而龔先生心裏是否也有類似的「匱乏」感而來選擇踏上前往中國大陸的旅程，我們不得而知；但可以肯定的是他在相當程度上喜愛了這一趟縣縣無盡的壯遊。

說這是壯遊，未必比得上西元前八世紀荷馬（Homeros）《奧德塞》所敘那種「長途飄泊或冒險」的旅行或十八世紀艾迪生（J. Addison）《義大利旅遊紀事》所敘那種「橫跨多國探奇」的旅遊（孟樊主編，2004：導讀 2-3），但絕對可以超越唐宋以來類如《徐霞客遊記》和許多紀遊作品所敘及的「遊山玩水」式的遊歷格局。因為龔先生不只是足履旅地，還心繫故國，數千年歷史文化在抱，是道道地地非比尋常的壯闊深遠的旅遊。這從他稍早隻身或偕友遊遍大江南北的經歷，已經可以略窺一二：

> 故國河山，震目駭心。兩岸迥異的社會體制和文化發展，又激起了我更大的好奇。歷史、風土、時代、社會、感情，一時觸會，震盪撩亂，令人不知所以。中國苦難歷史的解答，中國未來命運的謎底，巨大的神秘，彷彿都將於眼前揭露，但又迷迷離離，窅窅忽忽，看不真切，捉不確著。我若要揭開謎底，就必須走向神秘。所以從這時起，我飛福州，走北京，遊蘇杭，赴湖南，入江西，東登岱嶽，西循絲路，直抵喀什，再下雲南，南到海南島最南端。雲沙漫漫，海天蒼蒼，行路不只萬里，歷事不只萬端。悲情抑鬱時和清明神思相雜，欲歌無聲，將泣無淚，廣大悲愁脹溢於胸，幾

於言語道斷，莫可言宣。（龔鵬程，2002：352-353）

後來他在北京大學等校客座，閒暇出遊，更深入行旅，經常貼近在地的脈動，而
感懷尤多：「我於 1988 年開始去大陸旅行，迄今近二十載，這兩年尤其住得久。
遊踪萍寄，遍及南北。又適逢大陸文化旅遊產業興起的時機，所見所感，自然稍
多於常人。自由的翅膀，帶著我孤獨的眼睛，在旅中偶爾就看了這書中所記的一
些事，寫了這一堆的雜感，對當代旅遊文化作了個小小的批評。」（龔鵬程，2007：
自序 5）由於見多識廣，龔先生的遊歷開始羼雜一點悲壯的味道，從此文化懷抱甘
苦兼嚐；而先前的「壯闊之遊」一轉變成「悲壯之遊」，再也不是貪樂的泛泛旅
行家可以相比的了

　　雖然旅遊不必然都要涉外追逐，而可以改向內心世界探索，就像梭羅（H. D.
Thoreau）所說的「作為一名旅人，不需要背井離鄉」（柏狄克〔A. Burdick〕，2008：29
引），但對於一個無法滿足於在書齋中皓首窮經的人來說，不學鴻鵠高飛去見見
外面的世界，可能會坐困愁城而悒鬱以終！龔先生大抵上屬於後者，也就是他所
自道的「我的學問，即成於霜橋征鞍、南檣北馬之間，遊而學，學而遊」（龔鵬程，
2005a：32）；而這一遊，就遊出了「另一種風景」。換句話說，他的學問也可以像
從不出國門的法國作家凡爾納（J. Verne）寫出《地心遊記》、《海底兩萬里》和《環
遊世界八十天》等科幻小說那樣「驚世駭俗」，但他卻寧可出去接受萬里萍踪的
考驗，在「浪蕩行旅於神州各地……稽往事、誌山川、數人物、嘆世情、蒐佚史、
辨訛偽」（龔鵬程，2005b：自序 4-5）中自我高華。他所選擇的這種旅遊形態，已經
讓他窺看了異地風物無數回以及享受到鵬飛沖舉「盡得翱翔天宇」的暢快！至於
他的孤獨眼還覷見了文化迷茫，那就得細細來尋繹以為接續前面所說的他的一番
「悲壯之遊」。

## 二、途中看得見的與想得出來的

　　從某個角度看，旅行是「傻瓜的天堂」（寒哲〔L. J. Hammond〕，2001：92 引愛默
生語）；而那些純為逸樂的旅行家也無法避免讓「總有／一些旅行／滯留在夢中」
（庫比特〔S. Cubitt〕，2007：161 引杭吉斯詩），全然不知可以「與天地精神相往來」的

旅遊是什麼樣子。這是龔先生日積月累苦旅樂歷所體會出來的；他看到許多人沒有涵茹積漸，對宗教、美術、建築和音樂等全不熟悉，卻要跟人家去搶看古蹟和湊熱鬧：

> 我見過太多對佛教、道教毫無基本常識，而去遊天台、普陀、雲岡、敦煌；未聞燕王黃金臺、燕太子丹的故事，不知趙武靈王射騎、邯鄲學步成語，而去遊燕趙；不知唐宋朝代先後，不曉官制儀注，而遊西安洛陽的人。這些人平時缺少文化涵養，屆臨旅遊地又不虛心，不知「書到玩時方恨少」，東摸摸，西看看，隨任導遊哄弄，與牧羊人牽掣放牧的羊羣無異。那些跑來跑去的羊，能說牠們是旅行家嗎？（龔鵬程，2005b：17）

這樣的旅行即使滯留在夢中，也不過是一些膚淺的歡樂的印象，終究無助於文化涵容閱歷的提升。因此，龔先生所羅列一張可供大家一起唱嘆的清單，也就形同是在敲旅遊的喪鐘：「我們都不再能如徐霞客、王士性那般地遊了，商業體制裹脅著人，由生活領域延伸到了旅遊領域……於是旅遊變成觀光、豐盈自我變成消費購物，叩寂寞以求音變成了縱欲狂歡、獨與天地精神相往來變成了開發經營、優遊卒歲成了按行程操兵式的『上車睡覺，下車尿尿，到處拍照，不然就去買藥』。就是那旅遊文學……說穿了，也只是旅遊產業的宣傳品罷了。附從於其價值、依存於其體系、編納於其組織運作之中，而令觀者與寫者均不自覺。」（龔鵬程，2007：自序4）旅遊淪落到此地步，識者同樣也要痛感世風曲徙！

那麼龔先生自己又看了多少書，才有別於常人而顯露文化心和智慧眼？姑且以《北溟行記》、《孤獨的眼睛》和《自由的翅膀》等書所提及兼著錄作者名姓的著作為例，就有焦竑《玉堂叢語》、顧起元《客座贅語》、曾靜《大義覺迷錄》、管世銘《韞蹕秋獮紀事詩》、衛禮賢《中國心靈》、晏陽初《晏陽初傳》、章詒和《那一陣風，留下了千古絕唱》、張伯駒《春遊記夢》、歐陽建《紅學辨偽論》、諾特博姆《西班牙星光之路》、池田利子文《吃定義大利》、韓特《二〇年代：頹廢的巴黎盛宴》、王侃《江州筆談》、謝肇淛《五雜俎》、林語堂《輝煌的北京》、雨果《東方》、張表臣《珊瑚鉤詩話》、張翼廷《寄寄山房叢抄續集》、唐魯孫《老古董》、俞大猷《正氣堂集》、戚繼光《止止堂集》、陳暘《樂書》、

佛陀耶舍等譯《長阿含經》、求那跋陀羅譯《雜阿含經》、梁啟超《中國歷史研
究法》、陳公博《苦笑錄》、簡又文《馮玉祥傳》、劉心皇編《張學良進關秘錄》、
老舍《駱駝祥子》、周作人《知堂回想錄》、朱自清《歐遊雜記》、科律芝《波
卡斯遊記》、王開節《中國近百年交通史》、劉鶚《老殘遊記》、萍跡子《塔西
隨記》、翁方綱《兩漢金石錄》、葉昌熾《語石》、王安定《求闕齋弟子記》、
袁枚《隨園詩話》、金文明《月暗吳天秋江冷》、吳世昌《吳世昌學術文叢》、
郭少棠《旅行：跨文化想像》、金庸《天龍八部》、馬可孛羅《馬可孛羅遊記》、
李調元《醒園錄》、朱彝尊《食憲鴻祕》、王灼《糖霜譜》、黃雲鵠《粥譜》、
慧琳《一切經音義》、科斯馬斯《基督教世界風土志》、土默熱《土默熱紅學》、
黃裳《逝去的足跡》、李霖燦《西南遊記》、孫詒讓《籀頠述林》、李孝美《墨
譜》、長澤規矩也《收書遍歷》、神田喜一郎《中國訪書談》、吉川幸次郎《中
華名物考》、武內義雄《訪古碑記》、陳鼎《滇遊記》、張泓《滇南新語》、劉
崑《南中雜說》、郭松年《大里行記》、希羅多德《歷史》、竹添光鴻《棧雲峽
雨日記》、岡千仞《觀光遊記》、錢曾《讀書敏求記》、曹聚仁《上海春秋》、
阮葵生《茶餘客話》、萬籟聲《武術匯宗》、趙避塵《性命法訣明指》、張中行
《負喧三話》、陳寅恪《柳如是別傳》、徐迅《陳寅恪與柳如是》、米海里司《美
術考古一世紀》、李小鏡《今日大運河》、高昌《高昌館課》、慧超《往五天竺
國傳》、李濟賢《西征錄》、朴趾遠《熱河日記》、崔溥《飄海錄》、許世旭《中
國文學紀行》和朱道朗編訂《青雲圃志略》等，這些書性質涉及古今中外紀遊、
考古、文學、藝術和典制等，洋洋大觀（此外還有許多不及細提的單篇文章和未著錄作者
或已著錄作者但不見詳引的專書），讀者經眼了可能都要大為驚心而自嘆弗如！雖然這
未必全是為旅遊而讀（當是多為平時積學所閱覽的），但每到一地沒有這些書所提供的
知識背景，如何能「遊得實在」或「見得真切」？顯然旅遊和讀書做學問是要連
在一起的：

> 讀書做學問不能僅僅是一種情調式的滿足，東摸摸西搞搞，這裏看看那裏
> 聽聽。那是旅遊觀光客的做法。什麼都知道了，什麼都品賞到，但什麼都
> 沒進到生命裏去……許多人旅行觀光了許多地方，知道了許多事，但「學
> 問」一詞卻談也談不上……一隻鴨子，環遊世界歸來，仍是一隻鴨子。做

學問讀書不是觀光,是攻城。須要盤營紮寨,用強弓硬弩,一刀一槍去奪
下城池來……那才真是自己的。(龔鵬程,2007:217-218)

龔先生所以能批評常人不知旅遊為何物,原來是有這項因緣的。也許有人會說:
「玩一趟就得讀那麼多書,如果沒機會讀,不就甭出門了!」沒錯,照龔先生的
邏輯,與其盲動或傻遊,不如不動或不遊;否則耗費了時間和金錢,卻依然凡胎
一個!

　　由於旅遊被嵌進了資本主義的消費體制,一切講求速度和經濟效益,所以龔
先生在旅途所見的,就盡是為迎合那些淺碟子旅遊者所需的「捏造故事、編織傳
奇和杜撰禮俗」的場景(龔鵬程,2007:50-53),不免一再的引發他深為惋惜和痛心
(龔鵬程,2005b:78、156、229、264);而撫今追昔,他就更想那「按圖索驥」去復
原的名勝古蹟,不然也別滑落到現在一逕媚俗(如亂拆亂建亂粉飾之類)的地步!

# 三、孤獨的眼睛無法配備自由的翅膀

　　根據行為心理學的說法,如果做某件事得到鼓勵,那麼做這件事的次數就會
增加(杜加斯〔K. Deaux〕等,1990:14-15);而旅遊對現代人來說,一定也有某種誘
因存在,才會不斷有人迎向它而造成旅遊產業的興盛。換句話說,旅遊的次數增
加,跟它的「價值」追求獲得鼓勵必然有密切的關係。而這種「價值」追求,具
體來說就是旅遊者可以在旅遊過程中消費和投資,以便向人炫耀財富和累計經驗
而轉生產附加產品(如觀摩異地風俗和創意模式,以為開發新產品和行銷管道等),此外就
未必要關注旅遊地是否得「古色古香」的問題。所謂「消費作為一組社會、文化
和經濟的行動,及其消費主義的意識形態,無不使得資本主義在數以萬計的老百
姓看來深具合法性」(波寇克〔R. Bocock〕,1996:10),說的大概就是這個意思。

　　換個角度看,旅遊消費也難以不被視為一種社會活動(而不只是一種關係到供需、
生產和貨幣供應或利率的基本經濟活動)。而這種活動,有著最根本的塑造團體成員特
有的品味、飲食、穿著和娛樂的消費模式;而藉著這種模式,一個「身分團體可
以在自己和社會中持有相同文化價值的其他人面前,定義他們的成員、維持他們
的身分榮耀以及社會和文化自尊」。(波寇克,1996:16)因此,前面所說的旅遊是

一種符號的浪漫式消費和蒐集，也就帶有普遍性且可以集團區隔的經驗，而不是
「水準夠不夠」一個標準所能夠衡量得盡的。

在這種情況下，旅遊產業化（夏學理主編，2008：318；郭輝勤，2008：120-121）毋乃
就有兩種對諍式或違俗式的觀照方式：「文化產業的研究……自英國學派、美國
學派以降，已越來越趨媚俗，喪失了批判性，為大眾文化唱讚歌、為資本家作幫
兇和幫閒；而無視文化工業驅使下的大眾，正如何糟蹋自然生態、文化歷史古蹟。
要揭露文化產業結構中的旅遊正如何異化，重新讓旅遊成為達致人格獨立、精神
解放的活動，恐怕要待旅遊文學家們的努力了」（龔鵬程，2007：237），龔先生所說
的「扭轉方向」，就是當中的一種；另一種是以反資本主義而一併主張去除旅遊
產業的。後一種才在醞釀還不成氣候（周慶華，2010），但難保將來不會成為主流思
想，因為旅遊產業一樣要面臨目前最嚴峻的能趨疲（entropy）危機問題，它的「生
死存亡」將會繫在一線之間，大家都得及早計慮。

縱是如此，龔先生的焦慮還是可以轉來為後面這種觀照方式所用。也就是說，
當旅遊產業一逕如龔先生所看到的「在高山上亂建索道，亂墾亂建別墅、高爾夫
球場，旅遊製造噪音、垃圾，改造了旅遊地的歷史感和人際關係」（龔鵬程，2007：
236）等不當開發或過度使用而無法提升產業品質時，倒不如不寄望它發展或不斷
批判它的自掘墳墓！這樣一來，龔先生也許就不必再惶惶然唯恐忠言而無緣逆耳
了！

然而，龔先生畢竟是一個熱心腸的人，他的孤獨眼始終想雄視一帶又一帶的
衰草斜陽、殘垣斷壁和無祖庭可歸的時代浪兒，自然不可能放棄他一向懷有的「規
諫之忱」！因此，他對於一樣有著敏銳觀察力的北方草原上的民族（據說是少昊的
後裔），也就要遽於引為同類了：「他們未必真的只長著一隻眼，但那孤獨的、觀
察著的眼睛，想必讓草原上其他的民族印象深刻。那種眼睛，啊，你若曾遇見過
真正浪跡飄泊的人，你就一定會懂的。」（龔鵬程，2005b：130）只不過這孤獨眼原
該配備像鷹隼的翅膀翱翔在天際，以確保它的自由度和靈視力的，卻因為旅次關
隘重重而經常蹇滯難行：

> 人像鳥，原本是自在徒旅的。誰聽過鳥兒飛行經過某國「領空」要先申辦
> 通行證、要到海關驗關、在某地捕獵或啄食了食物要繳稅？人的世界，卻

用此疆彼域，區隔出種族、國家、省市等。行旅都要管束、通關都要懲罰……
那些亂七八糟的規定，也都旨在伸張權力、困辱旅客，俾令其不能如大鵬
鳥般翱遊四海罷了。（龔鵬程，2005b：133-134）

由於旅行多折騰（還包括疾患和行李被盜等麻渣事）（龔鵬程，2005a：50-51；2005b：68-71），
所以前面所引他所自敘的「自由的翅膀，帶著我孤獨的眼睛……」，就屬「突然
忘我」；而另外他所自道看似一派風輕的「我跟一般學者不同，別人黃卷青燈，
在書齋裏皓首窮經；我則東飄西蕩，遊以擴懷。人家往來無白丁，談笑有鴻儒；
我卻三教九流、雞鳴狗盜，無不交往……他們文采儒雅，我又不免劍氣縱橫，且
雜於星曆卜祝之間。生涯如此，焉得不常有奇遇？邇來浪跡神州，在各地飽覽奇
山勝水之外，也就順道查訪異人，或打聽相關異聞」（龔鵬程，2007：121），也就「詳
情」有點隱而不宣了。換句話說，一個大旅行家所渴望的孤獨的眼睛配上自由的
翅膀一事，在龔先生來說應當是還深有遺憾的。

## 四、遷徙北冥感嘆記在歷史上

倘若比較龔先生前後期進出中國大陸的行程，後期這一次因為從佛光大學校
長卸任而去北京大學等校客座，有機會長時段流連，所以所見所聞也就不再像前
期那樣走馬看花，而是一轉變成江山亂眼而不時要「感慨繫之」！且看他所分辨
的假旅遊：

平時智效一官，有個職務在身；行比一鄉，行動不出鄉里，焉能輒效列子
作七日遊，或如大鵬鳥般徙東飛西？偶因公差或赴他處開會什麼，也仍是
俗務牽絆，不是真正的旅遊。倘有假期，隨團出遊，在領隊和導遊的帶領
下，去各風景名勝觀光採購，其實大似被放鴨人趕著去水陂吃萍藻的鴨羣，
呱呱呱地，深切感受到出來遊觀的快樂，而實與旅遊還不相干。至於自擬
計畫、設計路線的自助旅行，或為了完成一本書而去旅行寫作的人，更只
是執行計畫業務，乃是工作，非關旅遊。（龔鵬程，2005a：自序28）

假旅遊正如上面所敘述的,它跟前面所引龔先生所謂的「獨與天地精神相往來」
的真旅遊顯然有一大段距離。而更多時候,這種真旅遊還得跟閒賞生活結合在一
起,如「閒居於鬻舍之中,或信步林野,或敲冰於湖上,愛看書就看,沒書看便
去玩。偶或酒人轟飲,間與該地詩文之會;更多的,則是獨行品花、弔古、觀人、
讀世」(龔鵬程,2005a:自序29)之類。但話說回來,這樣的真旅遊天下有幾人能夠?
龔先生倘若不是得著遷徙北溟的機會,那麼他也鐵定無緣這般「氣定神閒」的悠
遊於廣土眾民的國度。

實際上,龔先生前期的旅遊,也差不多是接近他自己所說的假旅遊,因為我
們只看到一些像流水賬的記載:「在福州盤桓數日,便飛北京,訪社科院,遊紫
京城,游息於天壇、龍鬚溝。乘車往十三陵,並登八達嶺長城以當塞外寒氣……
遊於西子湖畔。登孤山,入西冷印社,遍訪靈隱諸寺,藏息侇樂於九溪煙樹、雲
棲竹徑之間。觀錢塘之潮、升六合之塔,斷橋無雪、皓月無聲……坐三輪車,裹
寒遊拙政園、獅子林、西園、留園、網師園等處……自長沙來往吉安,途路之間,
偶經村落,輒如廢墟。道路泥爛,往返一千公里,車輛幾乎報銷。我少年時魂夢
數數縈迴於此父祖故鄉,而所見乃如是。」(龔鵬程,2002:338-340)換句話說,龔
先生前期的旅遊還未孳生「休戚與共」的感懷,他只是記他的「匆忙所行」和「途
中所見」。但輾轉到後期的旅遊,卻大不相同了。好比他先前的曲阜遊是這麼觀
感的:「祭孔大典、八份舞、孔府、孔林、孔子墓、孔府家酒,以及一切可以與
孔子扯上關係的東西,構成了這座城市。這是一座符號和象徵的城市……在此符
號和象徵的城市中,現實被符號浸潤穿透了,生活成了抽象的概念。把我們的心、
我們的靈魂,抽提起來,進入一個幽邈深邃的時空場域中,參與孔子及其弟子們
祭燕絃歌的世界,沐浴在聖哲慧命流布和傳承的德澤中……我喜歡這種氣氛,也
明白孔子墓就是我文化生命的歸骨之所。在墓前站立時,我深切感覺到我也正躺
在裏面」(龔鵬程,2002:344);但後來的曲阜遊卻反氣悶成這樣:「二十八日參加
祭孔。這是生平所見最爛的祭孔典禮……場面一點也不莊重,人員雜遝,亂如菜
市場……祭場未淨場、祭禮不正供之外,祭器,孔廟原有祭器都沒有用。祭樂,
孔廟本有樂器、本有祭孔的雅樂,也一律未用……祭祀的禮生,更妙。先是穿灰
衣、著長冠的人一堆上臺,拱手作孔子狀……這是祭孔,還是舞臺劇……凡此等
等,不可殫述」(龔鵬程,2005a:66-67),這所多出的「不忍見其禮制淪喪」,恰好

印證了他已經內化一座神州大陸，斯土斯民都不再自外於他的生命。因此，見著於《北溟行記》、《孤獨的眼睛》和《自由的翅膀》諸書的許多「文化觀察、社會批評、兩岸比較、知識分子關懷、旅遊文學意味、時代學人紀錄」等（同上，自序 30），也就新添了「恨其不能反轉嘉美」的情懷：

> 有次我去蘇州，夜遊網師園。園中居然掛滿了霓虹燈，傖俗不堪。各廳堂廊榭，又布置了一些表演……我走到一處，坐在水石間，有兩個女娃子正脫了鞋、丫著腳，坐在長板凳上打毛線。忽遊客來到，忙趿起鞋，站起來，演了段杜麗娘遊園驚夢。隨意扭扭，比劃比劃，聲音則是錄音帶播出來的……我聽得一陣氣血翻湧，竟大咳起來了。（龔鵬程，2007：215-216）

> 沿途所見，對於大陸的發展仍不免有些憂慮。原因在於大陸經濟發展得太好而非太壞。整個社會都在追求經濟成長，都在戮力建設，學界也熱中討論經濟形勢和文化發展的關係，談區域經濟、文化資本、地域特色等，對經濟充滿了信心和期待。這當然甚好，但對資本主義卻太缺乏警惕了。對經濟發展中出現的貧富不均，或因不公平所以不正義的現象，太少關注，也無對策；經濟發展中須有相應的社會福利配套措施及制度，也不足已甚！（龔鵬程，2005a：37）

> 泰山的磊砢雄闊，本有萬岳之宗的氣概。由山下一路拾級而上，爬到南天門，真覺得是巍巍乎如要上到天庭。然而，現今趨車直抵中天門，乘纜車一溜即至南天門，泰山頓覺其矮。既不禁玩，索道又恰好掛在核心景區的景觀軸線上，成了泰山有史以來最大的破壞，足以與張家界之蠹相互輝映。（龔鵬程，2005b：45）

類似這種訾議砭世的言論甚多，而所嘆的也有如自家門面突然遭到外力干擾而昏濁起來那般的不捨。這時的龔先生，已經比十幾年前初履斯地時更有意無意的契入了一個新輝煌時代的脈動。儘管外界對中國大陸的崛起仍存有許多諸如耗能、污染和經濟失衡等疑慮（伊茲拉萊維奇〔E. Izraelewicz〕，2006；肯吉〔J. Kynge〕，2007；賈

克〔M. Jacques〕，2010），但龔先生寢饋於斯，卻只是諫諍而期待它轉好，並未對這
一老大中國的甦醒提早失望。換句話說，龔先生這種新添的情懷，是從文化傳統
深透激揚而來的；他可以對眼前的人謀不臧痛心疾首，但永遠不會失去自我所屬
文化傳統必須再度昌皇的信心。

　　雖然龔先生不免也偶有失察的時候（像祭孔大典現場牛尾巴豬屁股正對著孔子像一
事，龔先生直斥它不倫不類。〔龔鵬程，2005a：66〕這自有他地經驗可據為批判，但孔廟內的眾神，
在文革期間也都被「趕」出門了，現今要請祂們回來受饗，不把牛首豬頭朝外，豈不少了誠意？可
見龔先生還未注意到現實的「另類歧出」問題），但所論都有典有據，總是讓人看了懾服
不已！而對於他一再的將感嘆記在歷史上的苦心孤詣，相信識者也會深受感染而
不禁興起「有心人當如是」的豪情！

# 五、從文化迷茫中走出需要多少淒惘的情懷

　　同樣是旅遊，許多西方人就懂得細細品賞沿途的景致，悠閒的消費和蒐集符
號（如看待巴黎為一浪漫的都市或流動的饗宴之類）（厄里，2007；柏狄克，2008）；但反觀國
人，卻常常急如星火，還來不及玩味一地的風物，就又匆匆的趕赴另一處，酷似
電動轉輪，四處旋繞，不知終止。而這在龔先生看來，都像浮世飄蓬，毫無章法，
徒增旁人「見著心隳」的蒼涼感：

> 旅行中需要懂的東西，實在太多了。一次我由張家界返長沙，火車上同座
> 一對科學院研究員夫婦，看見火車過處水田驚起白鷺，都很訝異，問：「那
> 是什麼？」我說：「白鷺。王維詩『漠漠水田飛白鷺』的白鷺。」他們一
> 臉茫然，既未見過白鷺，也沒聽過王維。好笑嗎？一點也不。旅行，就算
> 只是走過尋常阡陌、只是登山涉水，不去看人文古蹟，也是需要學問的。
> 草木鳥獸蟲魚之名，吾人泰半不識。缺乏博物之功，去做自然之旅，其實
> 就是烏龜吃大麥，何況山川草木鳥獸蟲魚又往往與藝文掌故相關呢！（龔鵬
> 程，2005b：15）

龔先生幾乎以這類憐憫遊人的無知而獨自走出文化的迷茫氛圍稱能。他的博識和

汲古敏求,已經充分流露在幾本紀遊的書裏;而他所不能輕易放過的歷事評騭,也自成了一種俠骨柔情的典範。只是我們忍不住要問:這一趟掃除世人遮眼迷霧的旅程,究竟需要多少淒惘的情懷?

我們先看龔先生對中國大陸的關心跟其他人的差異。當代談中國文化遭扭曲特勒的,大概要數余秋雨,但余氏的「文化苦旅」約略只是在山水間跋涉所累積的(余秋雨,1992),還不及像龔先生那樣深入都會區掘發文化的盲點。還有遠在美國的余英時,也常自稱「情懷中國」(余英時,2010),卻又沒在斯地跟真實的歷史共俯仰,終究還是隔著一層。此外,老一輩已先凋零的學問家如陳寅恪和錢鍾書等人,他們生前大多性耽考據,一個連楊貴妃「以非處子入宮」都要力辯(陳寅恪,1975:14-19);一個則興趣還轉到馬克思和女傭有私生子的傳聞上(余英時,2010:16-17引錢鍾書語),恐怕他們在今天也會繼續躲在書齋裏不問世事,根本不可能寄望他們也來發「時代幽微」。至於年輕一代的大陸人又如何?可能也都像《咱們大陸人這些年》(劉小元,2010)一類的書,所敘述的只在意謀職、婚姻和享樂等現實事,難以想像他們也會知曉幾千年文化在當今的沉淪。因此,龔先生孤伶伶一個人站在孤峰頂上,俯瞰著這一切被忽視的文化劫掠和歷史沉霾,他需要呼一大口氣,才能吐盡胸中的鬱積。

也許沒有人清楚龔先生走出文化迷茫是帶著多少淒惘的心情(這總會欠缺量化的憑證),但可以確信的是他這一趟緜緜無盡的旅程其實並不輕鬆!所謂「媚俗的東西多著呢!我登魁星樓,見門票上印著『全國最大的道教活動場所』,就搖頭暗哂……去小布達拉宮,更令人氣結……避暑山莊情況稍稍好些,但也好不了太多……『世界文化遺產』,已被糟蹋至此……旅行,常是為了增廣見廣。但如此見聞,見之聞之何益?愈令我傷世、悼俗、憫今人而思古昔呀」(龔鵬程,2005b:262-264),就因為這份傷悼和哀憫貫串了他的神州遊歷,所以我們可以想見他的肩挑整個傳統文化的重擔,已經到了「捨我其誰」又「無人可以分擔」的沉重兼無奈的地步!他是這個時代的最後一個采風人,絕世風骨是他的壯遊成果。

# 參考文獻

厄里(2007),《觀光客的凝視》(葉浩譯),臺北:書林。

皮柏（2003），《閒暇：文化的基礎》（劉森堯譯），臺北：立緒。

伊茲拉萊維奇（2006），《當中國改變世界》（姚海星等譯），臺北：高寶國際。

杜加斯等（1990），《當代社會心理學》（程實定譯），臺北：結構羣。

余秋雨（1992），《文化苦旅》，臺北：爾雅。

余英時（2010），《情懷中國：余英時自選集》，香港：天地。

肯吉（2007），《中國撼動世界：飢餓之國崛起》（陳怡傑等譯），臺北：高寶國際。

孟樊主編（2004），《旅行文學讀本》，臺北：揚智。

波寇克（1996），《消費》（張君玫等譯），臺北：巨流。

周慶華（2010），《反全球化的新語境》，臺北：秀威。

柏狄克（2008），《回不去的伊甸園──直擊生物多樣性的危機》（林伶俐譯），臺北：商周。

庫比特（2007），《數字美學》（趙文書譯），北京：商務。

夏學理主編（2008），《文化創意產業概論》，臺北：五南。

陳寅恪（1975），《元白詩箋證稿》，臺北：世界。

郭輝勤（2008），《創意經濟學》，臺北：我識。

寒哲（2001），《西方思想抒寫》（胡亞非譯），臺北：立緒。

賈克（2010），《當中國統治世界》（李隆生等譯），臺北：聯經。

劉小元（2010），《咱們大陸人這些年》，臺北：丹陽。

龔鵬程（2002），《龔鵬程四十自述》，臺北：印刻。

龔鵬程（2005a），《北溟行記》，臺北：印刻。

龔鵬程（2005b），《孤獨的眼睛》，臺北：九歌。

龔鵬程（2007），《自由的翅膀》，臺北：九歌。

# 考證、義理、文章
## ——讀龔鵬程〈人生誤旅〉及〈書到玩時方恨少〉

余境熹*、王　樂**

**摘　要**　清代古文大家姚鼐為桐城派文論之集大成者，曾提出為文應結合「義理」、「考證」、「文章」三者的主張，隔代以後，對欣賞龔鵬程的散文創作，亦存有一定的啓示作用。本文以〈人生誤旅〉及〈書到玩時方恨少〉兩篇為研閱範本，循「考證」、「義理」、「文章」三個向度，析論龔氏如何融學術考據、精闢論議於文藝之中，深發其創作之「真」與「美」。舉一反三，對這兩篇典範文本的分析手段，也可以推及到閱覽龔氏其餘的散文之中。

**關鍵詞**　龔鵬程　散文　考證　義理　文章

## 一、引言

清代 (1644-1912) 桐城派古文大家姚鼐 (1731-1815) 在〈《述庵文鈔》序〉中說：

---

\*　　余境熹，男，香港大學一級榮譽文學士、哲學碩士，香港專業進修學校講師。

\*\*　　王樂，女，韓國大真大學校教養學部教授。

余嘗論學問之事，有三端焉，曰：義理也，考證也，文章也。❶

並置「義理」、「考證」、「文章」三者，提出三者兼備為優秀文章之成立條件，
❷謂：

是三者，苟善用之，則皆足以相濟；苟不善用之，則或至於相害。今夫博
學強識而善言德行者，固文之貴也；寡聞而淺識者，固文之陋也。然而世
有言義理之過者，其辭蕪雜俚近，如語錄而不文；為考證之過者，至繁碎
繳繞，而語不可了當。以為文之至美，而反以為病者，何哉？其故由於自
喜之太過，而智昧於所當擇也。夫天之生才，雖美不能無偏，故以能兼長
者為貴。而兼之中又有害焉，豈非能盡其天之所與之量，而不以才自蔽者
之難得與？❸

指認卓異文章需內蘊道理、學術、辭采的有機結合，三者不可偏廢。❹姚鼐之說，
固然有著鮮明的時代色彩，但異代之後，評論者仍可通約性地肯定「義理」、「考
證」兩項為對作家修為方面的要求，而「文章」則為對作品字法、句法等方面的
要求，使姚氏之文論能適用於當世之研究。❺事實上，如取用「考證」、「義理」、
「文章」這三個詞眼來研閱龔鵬程（1956-）的現代散文創作，其中的啟發即是甚為
豐富的，有助於探明龔氏佳作的美學價值。本文茲借用「考證」、「義理」、「文

---

❶　〔清〕姚鼐：〈《述庵文鈔》序〉，周中明選注，《姚鼐文選》（蘇州：蘇州大學出版社，2001
　　年），頁289。

❷　姚鼐發論以前，程頤（1033-1107）有並言「文章之學」、「訓詁之學」、「儒家之學」的說法，
　　戴震（1724-1777）亦有「理義」、「制數」、「文章」三途之議，惟結合義理、考證、文章三
　　者而以之為古文理論的，則姚氏當屬第一人。程頤之說見〔宋〕朱熹、呂祖謙編訂，查洪德、
　　王卓華注譯：《近思錄》（北京：中國文聯出版公司，1995年），卷2，頁77；戴震之說見〔清〕
　　戴震：〈與方希原書〉，《戴東原集》（上海：商務印書館，1933年），卷9，頁132。

❸　〔清〕姚鼐：〈《述庵文鈔》序〉，周中明選注，《姚鼐文選》，頁289。

❹　劉守安：〈姚鼐的文章論〉，《中國人民大學學報》期1（1998年），頁92。並參考汪洋，〈韓
　　愈姚鼐文學觀之異同〉，《江淮論壇》期3（1982年），頁81。

❺　王少仁：〈雅而能正　以文論詩──從姚鼐的古文理論中談其詩學特色〉，《安徽文學》期12
　　（2007年），頁97。

章」的言說，析述龔氏典範文章〈人生誤旅〉❻及〈書到玩時方恨少〉❼之精彩處，雖云嘗鼎一臠，亦可知龔氏文藝之魅力所在。

## 二、考證

充沛地彰示「考證」之功的散文，往往以準確運用材料、有力破迷解惑為其特點，能流露出作者厚實的文外功夫，如敏銳的洞察力、淵博的學識等，令欣賞達於「智境」，使讀者驚嘆於、陶醉於文章深厚飽滿的學養之美中。❽〈人生誤旅〉和〈書到玩時方恨少〉兩篇，便都是能臻於此一境界的典範文本。

〈人生誤旅〉起筆記龔氏遊江西青雲譜，敏銳地對指認該地為八大山人朱耷（約1626-約1705）居處的宣傳生起疑心，直言身為和尚的八大山人不可能建立青雲譜「道院」，並進而指出上自飽學之士、下逮飯夫酒卒，皆張冠李戴、誤非成是的原因謂：一、內地人因反對宗教，對各種信仰均不甚了解，是以矇於佛道源流，作出顯然有謬的結論而猶不自知；二、學問不差的學者名流郭沫若（1892-1978）、余秋雨（1946-）因不熟知青雲譜史事，只能據所謂專家之言來進行討論，卒致以訛傳訛，犯下錯誤。明析種種迷誤後，為撥亂反正，龔氏乃作出詳實之考證以解惑，謂：

> 原來，有關青雲譜的記載，有康熙四十一年戴有祺的〈青雲圃碑紀〉、周體觀〈青雲譜道院落成記〉，及後出的《青雲譜志》等。據這些文獻記錄：明末宗室朱道朗，道號良月，建立青雲譜。後曾短暫離開，復返道院，任住持，並闡發淨明道教義，編訂《青雲圃志略》，晚年又棄道還俗，再離

---

❻ 龔鵬程：〈（迴旋）人生誤旅〉，《自由的翅膀》（臺北：九歌出版社，2005年），頁213-218。

❼ 龔鵬程：〈（啟程）書到玩時方恨少〉，《孤獨的眼睛》（臺北：九歌出版社，2005年），頁13-17。此篇與〈人生誤旅〉分別為先出的《孤獨的眼睛》和後出的《自由的翅膀》的首篇和尾篇，彷彿包裹著二書佳作，故擇出述論以見其餘，並可推及於龔氏此前此後的多本散文集的研析上。

❽ 趙必俊：《姚鼐「義理、考據、辭章」的現代闡釋——當代寫作學的觀照》（成都：四川師範大學碩士論文，2009年），頁31。並參考鄭明娳：《現代散文》（臺北：三民書局，1999年），頁225。

青雲譜。

以豐富的文獻資料為支持，明確斷言青雲譜乃朱道朗（1622-88）所建，只因他與朱
耷同為明朝（1368-1644）宗室，生活時代又甚接近，才導致研究者有意無意地混淆
二人事跡。這種以「博聞強識」「論而正之」的寫法，澄清了建立青雲譜道院的
歷史真相，頗使人有撥開雲霧、頓開茅塞之感，不得不嘆服於龔氏散文所表現的
學問。❾

　　類似情況也見於〈書到玩時方恨少〉一篇，篇中提到旅中常見的豐碑巨碣，
其下往往刻一大獸馱著，因其形似龜，乃常被誤會為該種生物。龔氏先作出正解，
謂該獸乃記載中的龍王九子之一，名叫「贔屭」，因善能負重，故用以馱碑，解
決了即時的困惑；隨後，龔氏又引出新的問題，追問龍王另外八子的名稱和特點，
將讀者迫向更為廣闊的知識面，終引述焦竑（1540-1620）《玉堂叢語》卷一李東陽
（1447-1516）答明孝宗（朱祐樘，1470-1505，1487-1505 在位）的內容，詳細說明謂：

> 一、螭吻，形似獸，性好望，所以用為屋頂獸頭裝飾；一、蒲牢，形似龍，
> 性好吼叫，所以用為鐘紐；一、狴犴，形似虎，有威立，故立於獄門；一、
> 饕餮，好飲食，故用於鼎蓋；一、趴夏，性好水，故立於橋柱；一、睚眦，
> 性好殺，故用於刀環；一、金猊，形似獅，性好煙火，故刻於香爐；一、
> 椒圖，形似螺蚌，性好閑，故用為門舖首；一、金吾，形似美人，首尾似
> 魚，有兩翼，其性通靈，不寐，故用於鎖鑰。

以不短的篇幅，向讀者娓娓道出龍王八子的名號、特性，這種在散文創作中兼容
厚實考據功夫的寫法，與錢鍾書（1910-1998）《寫在人生邊上》的表現頗相類似，
「以學充文」❿，甚能從知識之深博，引發讀者之驚喜與歡賞，別具藝術魅力。

---

❾　劉守安：〈姚鼐與理學和考據學〉，《山東大學學報（哲社版）》期 1（1998 年），頁 57。
❿　張維：〈論章學誠、姚鼐對考據學的態度〉，《廣西社會科學》期 2（2004 年），頁 162。並
　　參考呂美生，〈姚鼐散文藝術理論——兼論桐城派〉，《阜陽師院學報（社科版）》期 1（1995
　　年），頁 46。

# 三、義理

　　正如讓・弗朗索瓦・利奧塔（Jean-Francois Lyotard，1924-1998）所陳說的，每一時代的所謂「正義」，都不過是依靠著當世佔主導位置的敘事——即「大敘事」——才得以成立的，⓫然而際此「大敘事」瓦解，碎片化、零散化的「小敘事」興起的後現代，普同真理已遭到否定，⓬意見的多樣性和異質性反獲得其各各存在的合法地位，⓭為文也再無為某一套特定思想服務的必要，可以「載」一己之「道」，適如龔氏在〈散文的後現代性〉裡提到的「去中心」和「放棄大敘事」⓮，只要文章觀點獨到新穎、富於啟發即可。與此相合的是，張少康（1935-）在評述姚鼐的文論時，也認為在無須維護儒學超然性的當代，「義理」說至今仍存有的「現實意義」乃是文章須具備「鮮明的思想觀點」而已，不必講求切合姚氏所倡論之具體義理。⓯

　　因此，從「義理」觀照龔氏的散文，所應格外留意的便是篇中流露的作者觀點，而龔氏散文常有的對人生、對社會之獨到見解，實值得論者予以充分的肯定，如收於《北溟行記》的〈北京之秋〉、〈沂水依舊〉、〈寂寞孔孟〉和〈祭孔謬聞〉⓰數篇，均在當代尊孔活動熾盛、彷彿傳統文化又再蒸蒸日上的氛圍之中，

---

⓫　Jean-Francois Lyotard, *The Postmodern Condition: A Report on Knowledge*, trans. Geoff Bennington and Brian Massumi (Minneapolis, Minnesota: University of Minnesota Press, 1984), xxiii.

⓬　普同真理的清盤，在政治實踐上可參考蓮達・赫哲仁（Linda Hutcheon）著，劉自荃譯：《後現代主義的政治學》（板橋：駱駝出版社，1996 年），頁 28。科學界的量子力學研究也提供出普同主義不能成立的佐證，見 Jeff Lewis, *Cultural Studies – The Basics* (London: Sage Publications, 2002), 228.

⓭　黃一玲：〈解讀利奧塔的後現代知識理論〉，《山西高等學校社會科學學報》卷 22 期 2（2010 年 2 月），頁 24。並參考許文茹：〈小敘事下的後現代主義人文關懷〉，《山東社會科學》期 2（2010 年），頁 169。

⓮　龔鵬程：〈散文的後現代性〉，《文學散步》（北京：世界圖書出版公司北京公司，2006 年第 4 版），頁 202。

⓯　張少康：《中國文學理論批評簡史》（香港：中文大學出版社，2004 年），頁 371；張少康、劉三富：《中國文學理論批評發展史》（北京：北京大學出版社，1995 年），卷下，頁 455。姚氏之「義理」觀，或可參吳微：〈姚鼐的宋學情結與文章風度〉，《安慶師範學院學報（社會科學版）》卷 22 期 6（2003 年），頁 17-20。

⓰　所列四文，分別見龔鵬程：《北溟行記》（臺北：INK 印刻出版公司，2005 年），頁 52-53，

冷靜地表出了作者的萬千感慨與哀思，極具個性地傳達了別樹一幟的一己之思。至於本文專論的〈書到玩時方恨少〉，則從現代人的慣常經驗——旅行著筆，藉遊者旅中所犯的知性錯誤，帶出平時涵茹積漸、儲蓄學問的重要性；〈人生誤旅〉起筆記龔氏遊江西青雲譜一事，卻由此生發出對讀書必求通博深刻之論，批評了在世上佔多數的「安於無知」者，提出惟涉獵寬廣、真切體認，才能不易受到欺瞞，在多歧的人生中得著可以依憑的慰藉，兩文均在舉世皆以旅遊為資本主義時代消費休閒活動的背景下，❶對無所用心的玩樂之行作出了抨擊，別富深意，其不隨眾議、另闢蹊徑，在創新突破上或可與袁瓊瓊（1950-）獨樹一幟、觀點特異的書評著作《食字癖者的札記》比照而觀。需要強調的是，前述之「考證」使文章富於理智之美，〈人生誤旅〉與〈書到玩時方恨少〉的「義理」卻在闡釋理念時成功帶出作者的情感判斷，構築起文本的「情意場」，使文本兼具情、理之勝。❶

# 四、文章

以義理為主樑，桐城派之古文創作固有見解精闢之長；以考證為輔弼，則其內容亦自多充實而博雅。不過，若是欠缺文采，作品徒然充斥著乾澀之理與繁複之據，其體氣則無異於理學家之語錄文體或考據家的餖飣羅列，桐城派之大忌即在此。❶因此為勉作糾正，姚鼐在並論「義理」、「考證」、「文章」時，雖總把「義理」置於首位，所銳意尋求突破者卻始終在乎「文章」。❷以此對照於〈人生誤旅〉和〈書到玩時方恨少〉二作，也可見龔氏除長於考證、論理外，謀篇亦

---

58-59，60-61，66-67。

❶ Fred Inglis, *The Delicious History of the Holiday* (London; New York: Routledge, 2000).

❶ 喻大翔：〈學者散文批評文化學方法論〉，《海南師範學院學報》卷 15 期 1（2002 年），頁 7。

❶ 華世忠：〈從方苞的義法到姚鼐的文論——桐城派文論述評〉，《阜陽師院學報（社會科學版）》期 1（1987 年），頁 64。

❷ 何天杰：〈文學散文理論的重要一環——姚鼐文論的再認識〉，《中國文學研究》期 4（1988 年），頁 80-87；張家英：〈姚鼐散文的文章藝術與時代特徵〉，《牡丹江師範學院學報（哲學社會科學版）》期 2（1994 年），頁 42。陳平原（1954-）曾謂，姚鼐散文的成就，亦在「文章」，不在「考證」與「義理」，見陳平原，《中國散文小說史》（上海：上海人民出版社，2004 年），頁 181。

特重辭采的彰顯,可謂是在智性的建構之上,別具對作品藝術性的追求。

## (一)驅遣排比

按劉叔新(1934-)的解說,「排比是把三個或更多的結構相似、語意相近、語氣相同的短語或句子成串地排連在一起,來表達比較複雜意思的一種修辭格。按照排比的語言結構可把排比分為『短語排比』和『句子排比』」❹,在龔氏篇幅不大的〈人生誤旅〉與〈書到玩時方恨少〉中,短語排比和句子排比均得到一定程度的表現。如〈書到玩時方恨少〉有「但貨殖交換、採買什物、尋親串友,依然不能不出去走走」的短語排比用例,亦有佔紙面空間較多的句子排比如:

> 我見過太多對佛教、道教毫無基本常識,而去遊天台、普陀、雲岡、敦煌;
> 未聞燕王黃金臺、燕太子丹的故事,不知趙武靈王射騎、邯鄲學步成語,
> 而去遊燕趙;不知唐宋朝代先後,不曉官制儀注,而遊西安洛陽的人。

一氣呵成,讀之頗感汪洋恣肆、流暢有勁。〈人生誤旅〉則有「攻得下、占得住、守得牢,那才真是自己的」、「導覽園林者,須懂戲曲;觀賞廟寺,應諳經學史;討論書畫藝術,要懂得佛教道教」之語,亦是運用排比,使行文更富氣勢的匠心妙筆,在在增加了朗讀文章的聽覺之美。❷

## (二)錘鍊音節

漢語書寫存著「偶語易安,奇字難適」的說法,指音節組合宜勻稱整齊地配搭起來,以給人和諧平順的感覺。❸〈人生誤旅〉與〈書到玩時方恨少〉皆能善用漢語一字一音的特點,刻意錘鍊音節,在句末多採兩音步、四音節的形式,以

---

❹ 劉叔新主編:《現代漢語理論教程》(北京:高等教育出版社,2002年),頁437。

❷ 胡平:〈排比句與排比語段〉,《語文教學與研究》期31(2004年),頁50;吳軍,〈壯文勢,廣文義──淺談審美的排比與排比的審美〉,《岳陽職工高等專科學校學報》期1(2002年),頁46。

❸ 潘文國、葉步青、韓洋:《漢語的構詞法研究》(臺北:臺灣學生書局,1993年),頁188-222;李家樹、謝耀基、陳遠止:《漢語綜述》(香港:香港大學出版社,1999年),頁16。

追求諧協的語言效果，遣詞造句頗見提煉之功。例如〈書到玩時方恨少〉的「就算只是走過**尋常村陌**、只是**登山涉水**，不去看**人文古蹟**，也是需要學問的」，頭三句連用四音節形式結尾，文氣便顯得暢達而有力，而〈人生誤旅〉所寫的「因為這裡不但**建築清雅、古意盎然**，布列八大山人朱耷書畫**文物甚多**，令人**徘徊摩挲**，翛然有**出塵之想**」，以及「何況，觀光事業**有待發展**，各地父老強欲為其地方製造**名賢事迹，瞎編胡謅，所在多有**。又喜歡邀**名人題識**、請**文士撰文**。捧場者未忍**違拂其意**，往往**徇其所請**，客套**應酬一番**，但其題識揄揚便因此而成了各觀光地區的活宣傳，這種情形更是**屢見不鮮**」，皆以四音節的語詞組合構成連續五句或以上的句子收結，製造朗讀時良佳的聲音效果，刻意地提升文章的美感水平。

### ㈢連用問句

除以排比及四音節結句有效地增加文章的節奏感外，龔氏〈人生誤旅〉與〈書到玩時方恨少〉二篇更都能善用問句，以打破平鋪直敘、文筆單調的局面，興起波瀾，活潑語言。❷在〈人生誤旅〉的臨收結處，龔氏曾拋出一連串的詰問：

> 這豈不跟「通博」之說矛盾嗎？怎麼會？真要徹底弄通弄懂一個領域，談何容易？沒有施展渾身解數，不就其相關之各種知識廣為羅掘，哪談得上徹底瞭解？

以「連續問句」的形式，既引起讀者的注意，亦增強文章的語氣。而在〈書到玩時方恨少〉中，即使不計算龔氏引述的問答對話，文章在一定間隔內還是會生出一道問句，使文氣產生變化的，用例包括有「號稱美食之旅或做旅行談吃的報導，何嘗知味乎？」「鄉下的驛丞不了解朝廷制度，不足為奇，為何研究中華文化的大學者也不懂呢？」「好笑嗎？一點也不。」「回得家去，累極了，睡覺都來不及，又怎有閒上圖書館去翻查資料？」「到底要去看什麼呢？」「那些跑來跑去的羊，能說牠們是旅行家嗎？」密度甚高，使文章更富抑揚頓挫之美，可見龔氏

❷　劉叔新主編：《現代漢語理論教程》，頁 408-410。

行文絕不僅僅滿足於達意的水平，而是在追求較富藝術性的表述方式的。㉕

　　值得補充的是，龔氏之問句有時更具有製造藝術空白的效果，如〈人生誤旅〉最後一段所寫的：「在人生的誤旅中，只有這樣自求多福，才能獲得一點點可以依憑的慰藉，這樣的慰藉，真能保證不再受到愚弄或矇蔽嗎？我也不曉得，但大家不妨試試看吧！」在提問以後，龔氏即自言對問題的答案並未徹底掌握，進而邀請接收者親身參與，實屬一借用疑問以催發讀者思考的藝術表現，與沃夫爾岡·伊瑟爾（Wolfgang Iser，1926-2007）之「空白」說㉖或羅蘭·巴特（Roland Barthes，1915-1980）之「擱置」說㉗甚相吻合。

## ㈣巧製比喻

　　龔氏散文喜以豐實的例子、充沛的氣勢暢其議論，有時更巧設比喻，以之蘊含更大的諷刺力量，使論說之鋒銳不可擋，同時為文章添上亮麗的色彩，增加可讀性。如〈書到玩時方恨少〉中，龔氏就連續以鴨子、烏龜和羊群比喻學識缺缺者，說這類人雖亦出外旅行，卻只是徒損腳力，毫無得著，其文謂：「一隻鴨子，讓牠去環遊世界，回來還是一隻鴨子，不會增益什麼。大部分人去旅行亦是如此的。」「所謂旅遊人士，十之八九皆為此輩。烏龜吃大麥，根本搞不清楚看了什麼，且在東看西看之後，連去了哪兒也常鬧不清。」「東摸摸，西看看，隨任導遊哄弄，與牧人牽掣放牧的羊群無異。」調動人慣常認知的鴨、龜、羊而能賦予新意，諷刺學問不足的旅遊者，實在頗顯生動。

　　〈人生誤旅〉重複了鴨子之喻，謂：「一隻鴨子，環遊世界歸來，仍是一隻鴨子。」但同時又創出兩組的新的比喻，一是以圍獵而剩下缺口喻指讀書不夠博洽，一是以攻城喻指做學問，其文謂：「讀書要通博，許多知識是相關的，牽來

㉕　李茂同：〈關於「設問」和「反問」〉，《西北師大學報（社會科學版）》卷 34 期 5（1994年 9 月），頁 74-75。

㉖　沃夫爾岡·伊瑟爾（Wolfgang Iser）著，金惠敏等譯：《閱讀行為》（長沙：湖南文藝出版社，1991 年），頁 251；伊瑟爾著，朱剛等譯：《怎樣做理論》（南京：南京大學出版社，2008 年），頁 75-76。

㉗　羅蘭·巴特（Roland Barthes）著，屠友祥譯：《S/Z》（上海：上海人民出版社，2000 年），頁 158。

扯去，總有些關係。若僅知其一不知其二，便如聚獵者圍捕獵物時，有了許多缺口，真理就從這些缺口中逃逸了。」「做學問不是觀光，是攻城。須要盤營紮寨，用強弓硬弩，一刀一槍去奪下城池來。」以動態的打獵、攻堅比喻慣常以為靜態的讀書，在準確之餘更添活潑感和新鮮感，❷❽其藝術手段與鍾怡雯（1969-）工於設喻的散文可稱相似。

由於比喻能賦予抽象道理以飽滿的形象，❷❾使行文突破司空見慣的、呆板固定的「實用語」模式，龔氏的妙喻實已近於俄國形式主義者鮑里斯‧托馬舍夫斯基（Boris Tomashevsky，1890-1957）所提倡的「藝術語言」❸⓪，頗能予讀者新鮮奇異的閱讀享受，教人佩服作者躍然紙上的敏捷才思。稍作補充的是，維克托‧什克洛夫斯基（Viktor Shklovsky，1893-1984）曾指認「比喻」有展開文脈的功能，有利於敘事的延緩，❸❶惟龔氏設喻生動鮮活，予人甚多驚喜，相信除擁有加增篇幅的客觀作用外，亦必能以其藝術含量拉長讀者的感知時間，達致「接收延宕」的良佳效果。

# 五、結論

姚鼐晚年在〈覆秦小峴書〉中論對「考證」、「義理」、「文章」三者的兼顧不易，認為「要必有豪傑興焉，盡收具美，能祛末士一偏之蔽」❸❷，以為必待特具美才之士出，方能容蓄三者，撰出超乎常人的佳作。稍後，章學誠（1738-1801）

---

❷❽ 危艷麗：〈比喻的動態開放性〉，《現代語文（語言研究版）》期10（2009年），頁63-66。

❷❾ 董季棠：《修辭析論》（臺北：益智書局，1981年），頁33；張曉楓：《對幾種常用漢語修辭格的認知研究》（成都：四川師範大學碩士論文，2007年），頁12。

❸⓪ 鮑里斯‧托馬舍夫斯基（Boris Tomashevsky）著，張惠軍、丁濤譯，姜俊鋒校：〈藝術語與實用語〉，什克洛夫斯基等著：《俄國形式主義文論選》（北京：生活‧讀書‧新知三聯書店，1989年），頁83-84。並參考方珊：《形式主義文論》（濟南：山東教育出版社，1999年），頁76。

❸❶ Viktor Shklovsky, "The Structure of Fiction," in *Theory of Prose*, trans. Benjamin Sher (Elmwood Park, Illinois: Dalkey Archive Press, 1990), 53. 並參考余境熹，「《連城訣》『延緩』現象的整理：以什克洛夫斯基早期文論為中心」，廈門大學、香港大學、天主教輔仁大學、復旦大學、明道大學、修平技術學院聯合主辦，「兩岸三地華文教學研討會」，廈門大學，2010年4月3日。

❸❷ 〔清〕姚鼐：〈覆秦小峴書〉，周中明選注，《姚鼐文選》，頁249。

也寫道：「考訂主於學，辭章主於才，義理主於識，人當自辨其所長矣。記性積而成學，作性擴而成才，悟性達而為識。」❸認為撰文者必得兼具才、學、識，方可在創作中並臻「文章」、「考證」、「義理」之美，要言之，亦是強調著對同時掌握三者的困難的。所以，「義理」、「考證」、「文章」三結合的審美標準，實為對文家的一項強力挑戰。❸

　　然而，本文所論〈人生誤旅〉及〈書到玩時方恨少〉二篇，卻皆能融「考證」、「義理」、「文章」於一體：其主體意見為主張深博求學，即以厚實的考據之功顯示知識豐富者之鮮受欺瞞，並以問句、排比、音節安排等暢順文氣、增加氣勢，又設比喻強化議論效果，達到了「觀點、材料、藝術形式的統一」❸，既富於智性的驚喜，又予人美感的享受，實在能為學者型散文的高水平創作提供出良佳的示範，教踵武者知所師法。固然，舉一反三、觸類旁通，這種融「文章」、「義理」、「考證」為一的寫作表現，絕不僅局限於〈書到玩時方恨少〉和〈人生誤旅〉兩篇之中，有關析論，實可以擴大到龔氏其他散文創作的欣賞之上，相信對掌握龔氏著作的特色，亦存有一定的啟示作用。

# 徵引文獻

## 一、古籍

〔宋〕朱熹、呂祖謙編訂，查洪德、王卓華注譯：《近思錄》，北京：中國文聯出版公司，1995年。

〔清〕戴震：《戴東原集》，上海：商務印書館，1933年。

〔清〕姚鼐著，周中明選注：《姚鼐文選》，蘇州：蘇州大學出版社，2001年。

〔清〕章學誠：《章學誠遺書》，北京：文物出版社，1985年影印吳興嘉業堂劉幹刻本。

## 二、近人編輯、論著

---

❸　〔清〕章學誠：〈答沈楓墀論學〉，《章學誠遺書》（北京：文物出版社，1985年影印吳興嘉業堂劉幹刻本），卷9，頁85。標點按所引書斷句而自為。

❸　鍾揚：〈兼濟・兼容・兼美——姚鼐古文理論及其文化背景概說〉，《南京師大學報（社會科學版）》期6（1999年11月），頁110。

❸　顧易生：〈方苞姚鼐的文論及其歷史地位〉，《江淮論壇》期2（1982年），頁50-51；王之望：〈姚鼐的風格論〉，《江淮論壇》期3（1982年），頁84。

王之望：〈姚鼐的風格論〉，《江淮論壇》期 3，1982 年，頁 83-90。

王少仁：〈雅而能正　以文論詩──從姚鼐的古文理論中談其詩學特色〉，《安徽文學》期 12，
　　　　2007 年，頁 97-98。

方珊：《形式主義文論》，濟南：山東教育出版社，1999 年。

巴特，羅蘭（Barthes, Roland）著，屠友祥譯：《S/Z》，上海：上海人民出版社，2000 年。

由楊：《中國傳統文化心理對漢語修辭格的影響》，長春：長春理工大學碩士論文，2009 年。

托馬舍夫斯基，鮑里斯（Tomashevsky, Boris）著，張惠軍、丁濤譯，姜俊鋒校：〈藝術語與實
　　　　用語〉，什克洛夫斯基等著：《俄國形式主義文論選》，北京：生活·讀書·新知三聯
　　　　書店，1989 年，頁 83-85。

伊瑟爾，沃夫爾岡（Iser, Wolfgang）著，金惠敏等譯：《閱讀行為》，長沙：湖南文藝出版社，
　　　　1991 年。

伊瑟爾，沃夫爾岡著，朱剛等譯：《怎樣做理論》，南京：南京大學出版社，2008 年。

危艷麗：〈比喻的動態開放性〉，《現代語文（語言研究版）》期 10，2009 年，頁 63-66。

何天杰：〈文學散文理論的重要一環──姚鼐文論的再認識〉，《中國文學研究》期 4，1988
　　　　年，頁 80-87。

汪洋：〈韓愈姚鼐文學觀之異同〉，《江淮論壇》期 3，1982 年，頁 78-83。

呂美生：〈姚鼐散文藝術理論──兼論桐城派〉，《阜陽師院學報（社科版）》期 1，1995 年，
　　　　頁 44-50。

吳軍：〈壯文勢，廣文義──淺談審美的排比與排比的審美〉，《岳陽職工高等專科學校學報》
　　　　期 1，2002 年，頁 45-46。

吳微：〈姚鼐的宋學情結與文章風度〉，《安慶師範學院學報（社會科學版）》卷 22 期 6，2003
　　　　年，頁 17-20。

吳禮權：〈頂真式銜接：段落銜接的一種新模式〉，《修辭學習》期 2，2002 年，頁 12-13。

吳禮權：〈論頂真修辭文本的類別系統與頂真修辭文本的表達接受效果〉，《平頂山師專學報》
　　　　卷 17 期 4，2002 年 8 月，頁 67-68、92。

李茂同：〈關於「設問」和「反問」〉，《西北師大學報（社會科學版）》卷 34 期 5，1994
　　　　年 9 月，頁 73-75。

李家樹、謝耀基、陳遠止：《漢語綜述》，香港：香港大學出版社，1999 年。

胡平：〈排比句與排比語段〉，《語文教學與研究》期 31，2004 年，頁 50。

許文茹：〈小敘事下的後現代主義人文關懷〉，《山東社會科學》期 2，2010 年，頁 169-172。

張少康：《中國文學理論批評簡史》，香港：中文大學出版社，2004 年。

陳平原：《中國散文小說史》，上海：上海人民出版社，2004 年。

陳金鳳：《姚鼐的「神、理、氣、味」說》，長沙：湖南師範大學碩士論文，2009 年。

張家英：〈姚鼐散文的文章藝術與時代特徵〉，《牡丹江師範學院學報（哲學社會科學版）》

期 2，1994 年，頁 47。

張維：〈論章學誠、姚鼐對考據學的態度〉，《廣西社會科學》期 2，2004 年，頁 160-162。

張曉楓：《對幾種常用漢語修辭格的認知研究》，成都：四川師範大學碩士論文，2007 年。

黃一玲：〈解讀利奧塔的後現代知識理論〉，《山西高等學校社會科學學報》卷 22 期 2，2010 年 2 月，頁 22-25。

喻大翔：〈學者散文批評文化學方法論〉，《海南師範學院學報》卷 15 期 1，2002 年，頁 1-8。

華世忠：〈從方苞的義法到姚鼐的文論——桐城派文論述評〉，《阜陽師院學報（社會科學版）》期 1，1987 年，頁 62-66。

董季棠：《修辭析論》，臺北：益智書局，1981 年。

趙必俊：《姚鼐「義理、考據、辭章」的現代闡釋——當代寫作學的觀照》，成都：四川師範大學碩士論文，2009 年。

赫哲仁，蓮達（Hutcheon, Linda）著，劉自荃譯：《後現代主義的政治學》，板橋：駱駝出版社，1996 年。

潘文國、葉步青、韓洋：《漢語的構詞法研究》，臺北：臺灣學生書局，1993 年。

劉守安：〈姚鼐的文章論〉，《中國人民大學學報》期 1，1998 年，頁 92-97。

劉守安：〈姚鼐與理學和考據學〉，《山東大學學報（哲社版）》期 1，1998 年，頁 55-58。

劉叔新主編：《現代漢語理論教程》，北京：高等教育出版社，2002 年。

鄭明娳：《現代散文》，臺北：三民書局，1999 年。

鍾揚：〈兼濟・兼容・兼美——姚鼐古文理論及其文化背景概說〉，《南京師大學報（社會科學版）》期 6，1999 年 11 月，頁 109-113。

顧易生：〈方苞姚鼐的文論及其歷史地位〉，《江淮論壇》期 2，1982 年，頁 48-55。

龔鵬程：《孤獨的眼睛》，臺北：九歌出版社，2005 年。

龔鵬程：《自由的翅膀》，臺北：九歌出版社，2005 年。

龔鵬程：《北溟行記》，臺北：INK 印刻出版，2005 年。

龔鵬程：《文學散步》，北京：世界圖書出版公司北京公司，2006 年第 4 版。

Inglis, Fred. *The Delicious History of the Holiday* (London; New York: Routledge, 2000).

Lewis, Jeff. *Cultural Studies – The Basics*. London: Sage Publications, 2002.

Lyotard, Jean-Francois. *The Postmodern Condition: A Report on Knowledge*, translated by Geoff Bennington and Brian Massumi. Minneapolis, Minnesota: University of Minnesota Press, 1984.

Shklovsky, Viktor. "The Structure of Fiction." In *Theory of Prose*, translated by Benjamin Sher, 52-71. Elmwood Park, Illinois: Dalkey Archive Press, 1990.

## 三、其他

余境熹：「《連城訣》『延緩』現象的整理：以什克洛夫斯基早期文論為中心」，廈門大學、

香港大學、天主教輔仁大學、復旦大學、明道大學、修平技術學院聯合主辦,「兩岸三地華文教學研討會」,廈門大學,2010 年 4 月 3 日。

余境熹:「『陌生化』與漢語辭格教學:余華《兄弟》第一章的比喻、誇飾和排比」,廈門大學、香港大學、天主教輔仁大學、復旦大學、明道大學、修平技術學院聯合主辦,「兩岸三地華文教學研討會」,廈門大學,2010 年 4 月 4 日。

# 龔鵬程散文語言的「重複」與「避重出」——以《孤獨的眼睛》、《自由的翅膀》兩篇序文為例

余境熹*、華錫輝**

**摘　要**　龔鵬程的學術成就多少使人忽略了其文學創作的卓越性。本文從語言的提煉著眼，借助修辭學中「避重出」與「重複」這兩項概念，析述龔氏散文〈孤獨的眼睛（自序）〉和〈自由的翅膀（自序）〉的寫作特點，以此窺見龔氏文章別具一格的藝術性，為探研龔氏文學創作，作出拋磚引玉的嘗試。

**關鍵詞**　龔鵬程　散文　避複　重複

## 一、引言

龔鵬程（1956-）於文學、史學、儒釋道耶哲學、武術、飲食等等，無不精熟，相關研究成果甚豐，其學術成就已獲得普遍的承認。然而，也正因如此，著有《歷史中的一盞燈》（1984）、《少年游》（1984）、《我們都是稻草人》（1987）、《時代邊緣之聲》（1991）、《豪賭族》（1991）、《走出銅像國》（1992）、《猶把書

---

\*　余境熹（1985-），男，香港大學一級榮譽文學士、哲學碩士，香港專業進修學校講師。

\*\*　華錫輝（1982-），男，中國文化研究會副主席，「吳榮治中國文學獎」得主。

燈照寶刀》（1993）、《知識與愛情》（2000）、《經典與生活》（2002）、《北溟行記》（2005）、《孤獨的眼睛》（2005）、《自由的翅膀》（2005）等散文集的龔氏，其作為一名卓越文學家的光芒卻較多被遮蓋在學術研究的盛名之下。為拋磚引玉，引出以後更多的討論，本文謹擇龔氏的兩篇序文：〈孤獨的眼睛（自序）〉❶、〈自由的翅膀（自序）〉❷為研閱對象，從語言的提煉著眼，以修辭學概念的「避重出」和「重複」為切入點，析述其寫作特點，以為欣賞龔氏散文創作，提供一種可能的參照角度。

## 二、避重出

修辭學專家一般認為文章應避免語詞重出，如倪寶元（1925-2001）在研析魯迅（周樟壽，1881-1936）手稿時，便提出行文當以規避「複出」為高；❸撰文技法參考書如劉寶成所編的《修辭例句》中，更是闢有專章，舉證行文「避複」之重要性。❹傅隸樸《修辭學》說得更直接而透徹，謂：

> 一句裏頭，若一字再見，不增音重，就使義複，音重則讀不順口，義複便解釋艱難，且就形式言，正如劉勰所說：「瘠字累句，則纖疏而行劣；肥字積文，則黯黕而篇闇」。亂了參伍單複之訓，失了辨麗可喜之旨。故凡重字可避的，必須迴避。❺

可以說，避重出乃為文者的工夫所在，不避複則文章缺少屈折變化之能，將趨於呆板單調，破壞朗誦美感，使味之者如同嚼蠟，甚至產生反感。

---

❶ 龔鵬程：〈孤獨的眼睛（自序）〉，《孤獨的眼睛》（臺北：九歌出版社，2005 年），頁 3-7。

❷ 龔鵬程：〈自由的翅膀（自序）〉，《自由的翅膀》（臺北：九歌出版社，2005 年），頁 3-5。

❸ 倪寶元：〈回避「複出」——學習魯迅手稿札記〉，中國修辭學會編，《修辭和修辭教學》（上海：上海教育出版社，1985 年），頁 113-121。

❹ 劉寶成編著：《修辭例句》（長春：吉林文史出版社，1986 年），頁 59-61。

❺ 傅隸樸：《修辭學》（臺北：正中書局，1969 年），頁 132。所引劉勰（約 465-520）之語，可參見〔南朝宋〕劉勰著，羅立乾注譯，李振興校閱：《新譯文心雕龍》（臺北：三民書局，1994 年），卷 8，頁 380。

從〈孤獨的眼睛（自序）〉和〈自由的翅膀（自序）〉的實際書寫情況中，可見
龔鵬程對避重出頗多留意，如《孤獨的眼睛》序文裡的下述數例：

1. 這個「訪」字，依然與鵬程有關，他老人家期待我能鴻鵠高飛，去四處
   訪問哩

2. 攜書囊劍

3. 於登山臨水之際，稽往事、誌山川、數人物、嘆世情、搜佚史、辨訛偽，
   長謠短章，恣其臧否論議，好不愜懷

4. 四無掛搭，獨立卻自主的個體

5. 舉目四顧，那自由的翅膀就載著牠孤獨的眼睛

6. 長年在官場學界等熱鬧場中打滾，須有些應世酬酢的能力，故亦諧世偶
   俗、逢場作戲甚久

7. 孤僻的人本不屑於俗務，在人情上也往往簡怠

8. 自申獨見，大發謬論

如例 1.的「鵬」與「鴻鵠」、例 2.的「攜」和「囊」、例 3.的「謠」和「章」、
例 4.的「四無掛搭」和「獨立」、例 5.的「目」和「眼睛」、例 6.的「應世酬酢」
與「逢場作戲」、「諧世」與「偶俗」、例 7.的「俗務」和「人情」、例 8.的「獨
見」和謙詞的「謬論」，在語詞意義上都頗為相近，龔氏的刻意變動字詞，便是
一種免卻重出的積極手段。如此施為，乃能使文章語言有效地避免單調板滯，而
趨於錯綜變化、曲折多姿，並富於鏗鏘悅耳的音韻之美，予人活潑清新、起伏有
致的感受，不僅醒目，抑且順口。❻至於例 3.中之「登」和「臨」，「稽」、「誌」、
「數」、「嘆」、「搜」和「辨」兩組變動，則更可見龔氏嚴選最配合的字詞，
以指涉山、水、世情、佚史等物事的意圖，完全避用了複字，除使語詞運用更形
準確之外，並由此營構出「稽往事」至「辨訛偽」的一組排比、對偶結合，❼足

---

❻ 索明堂：〈淺談「避複」辭格的常見形式〉，《語文知識》期 9（2001 年），頁 67；張昭政：
〈文求變化須「避複」〉，《學語文》期 2（2004 年），頁 47。

❼ 關於排比與對偶的典型和結合，可參考高婉瑜：〈談對偶與排比〉，《修辭學習》期 5（2008
年），頁 58-60。

徵戴靜（1976-）所言避複能與排比甚至互文、對偶等修辭方式結合起來運用，增加文采的說法❽，藝術水平自然較高。

同樣地，〈自由的翅膀（自序）〉亦不乏避免語詞重複的用例，如：

1. 這兩年在大陸遊歷，屢屢所經
2. 誌為雜文。去歲嘗承蔡文甫先生好意，刊成《孤獨的眼睛》一書。如今續有所作，輯為本書
3. 這個世俗屎溺稊稗之境、荊棘烽煙之場
4. 原來應該是逸離塵囂，可讓人暫逃俗世機栝
5. 附從於其價值、依存於其體系、編納於其組織運作中

其中，例 1.的「遊歷」與「屢屢所經」、例 2.的「誌」和「作」、「刊成」與「輯為」、例 3.的「屎溺稊稗」和「荊棘烽煙」、「境」和「場」、例 4.的「逸離塵囂」與「暫逃俗世機栝」、例 5.的「附從」、「依存」和「編納」等，都是意義相近、指涉相似的語詞。凡此數例，悉見龔氏避免重複，使散文語言富含變化的謀篇匠心。不過，需予強調的是，龔鵬程散文語言的佳妙之處，並非僅由避複所達致，而實是同時由相對面的「重複」構成的，比較獨特，可於以下細析。

# 三、重複

## ㈠同句語詞重複

中國古典詩歌雖以語言精煉為特色，但亦常刻意在同句中使用重複的字，以製造和諧協調的聲音之美，如李商隱（約 813-約 858）之「昨夜星辰昨夜風」❾、「君

---

❽ 戴靜：《同義避複及其藝術探析》（湘潭：湘潭大學碩士論文，2006 年），頁 11-13；〈論同義避複的形式特點〉，《湖南工程學院學報》卷 17 期 4（2007 年 12 月），頁 68-69。

❾ 〔唐〕李商隱：〈無題〉，〔清〕馮浩注，王步高、劉林輯校匯評：《李商隱全集》（珠海：珠海出版社，2002 年），冊上，詩之卷 1，頁 131。

問歸期未有期」❿、「一寸相思一寸灰」⓫和「不問蒼生問鬼神」⓬等,皆為明例,
張淑香(1948-)嘗論析之,認為義山詩同句內有反複出現的字,其表現逐類於音樂
上的反複結構,同一音節連綿而出,一波緊接一波,前呼後應,縈迴不絕,能產
生圓滑暢達的旋律;⓭而陳思坤(1943-)在其對楊萬里(1127-1206)的研究中,亦論
證了詩人喜以同句複字營造詩的「回環複沓之美」⓮,可見同句語詞的重複,對
於文氣的順通流暢,實有著應予重視的作用。

　　龔鵬程《孤獨的眼睛》和《自由的翅膀》兩篇序文,都頗多在同句中使用複
字的安排,令散文飽含詩一般的旋律,甚富誦讀之美。具體來說,〈孤獨的眼睛
(自序)〉的相關例子有:


　　1.僅在敘譜時才安上譜名
　　2.眼睛料當比鷹眼更犀利曠遠些
　　3.世有不盲於目而盲於心者
　　4.另有專題討論某事某物者
　　5.刊載在《青年日報》副刊等處
　　6.和上文所說的那些什麼鷹呀鵬呀豬呀驢呀的事
　　7.早年散文集《少年遊》就有長文申說這孤獨宗旨
　　8.那些讓我在旅途上瞧不慣的俗情俗見
　　9.卻又令我這孤獨的眼神越發孤獨了


〈自由的翅膀(自序)〉的用例則有:


　　1.遠離顛倒夢想的大自由大自在境界
　　2.因此此處也就不必再做申述

---

❿　李商隱:〈夜雨寄北〉,《李商隱全集》,冊上,詩之卷 2,頁 355。

⓫　李商隱:〈無題〉,《李商隱全集》,冊上,詩之卷 2,頁 391。

⓬　李商隱:〈賈生〉,《李商隱全集》,冊上,詩之卷 2,頁 312。

⓭　張淑香:《李義山詩析論》(臺北:藝文印書館,1987 年第 2 版),頁 103。

⓮　陳思坤:〈試論誠齋詩中的同字複現〉,《雲夢學刊》期 2(1992 年),頁 51。

3.所見所聞所歷所經

4.由生活領域延伸到了旅遊領域

5.而令觀者與寫者均不自覺

6.我不能在理論上多所論析

7.所見所感

8.交稿有一搭沒一搭

展現出一種不避重複，反是妙用重複以達致聲音諧協的特殊技法，有類於前述古典詩歌營造音節美的表現。

## ㈡相鄰句語詞重複

當然，僅是同句字詞的重複，並不能充分說明龔氏散文具有別富心思的語言安排。再進一步探討，龔氏〈孤獨的眼睛（自序）〉和〈自由的翅膀（自序）〉的鄰句語詞重複，亦是增加其文音律美的重要因素，如〈孤獨的眼睛（自序）〉中的：

1.眼睛料當比鷹眼更犀利曠遠些。但不幸我少小就把眼睛搞壞了

2.肉眼雖然昏沉，心眼卻幸而還未如燕雀

3.除在北大、清華、南京師大等處客座講學之外，大抵就是玩

4.由於旅中遊處不定、起居無恆、荒嬉無度、飲食無節，發稿設施又無法掌握

5.旅人基本上是孤獨的。一夥人呼嘯牽扯著去旅行

6.也才更了解異鄉、更了解自己。什麼都要自己看、自己想、自己用身體去感受

7.孤獨的眼睛，還指那眼睛所看見的

8.我喜歡孤獨，也享受孤獨、追求孤獨，早年散文集《少年遊》就有長文申說這孤獨宗旨

或〈自由的翅膀（自序）〉中的：

1. 此所以為逍遙，此所以為遊
2. 這種遊的精神，我在舊作《遊的精神文化史論》或《孤獨的眼睛》中已
   談得很多了
3. 但我在世上遊歷，這個世俗屎溺稊稗之境
4. 自束行囊、自放於山巔水涘
5. 單就旅遊來看，現今就處在一個將旅遊文化產業化的時代
6. 不是讓人喪失了自由，丟失了人與自然、人與歷史的聯繫，而是使人去
   消費或消耗其自由，並消費自然、消耗歷史
7. 想起寫某篇時在某舟中、寫某篇時在某荒村、寫某篇時又在某某旅邸
8. 旅遊變成觀光、豐盈自我變成消費購物、叩寂寞以求音變成了縱欲狂歡、
   獨與天地精神相往來變成了開發經營、優遊卒歲成了按行程操兵式的「上
   車睡覺，下車尿尿，到處拍照，不然就去買藥。」

用例不少，頗能見龔氏散文借重重複以暢其文氣的特色。《孤獨的眼睛》和《自
由的翅膀》的兩篇序文，更偶有使用「聯珠頂真」❶，以構成鄰句語詞重複的手
段，如《孤獨的眼睛》序文裡有：

1. 命我輯起來，成了這個集子。集子內部次序的編排
2. 他當然是自由的。自由的翅膀，翱翔浪跡，與天地精神獨往來
3. 或者如蘇東坡所說，乃是一肚皮不合時宜。不合時宜，所以是孤獨的

例 1. 連用「集子」，例 2. 連用「自由的」，例 3. 連用「不合時宜」，有關音節順
勢而出，聲律延綿和諧。〈自由的翅膀（自序）〉則寫過：

1. 起意實本諸《莊子·逍遙遊》。莊子論逍遙

---

❶ 劉叔新（1934-）對「頂真」辭格的定義為：「指用前一個語句的末尾，作為下一個語句開頭的
開頭，使鄰近的句子上遞下接，首尾相銜的一種修辭格」；而其屬「聯珠頂真」的定義則為：
「句子與句子之間的頂真，又稱為『頂針續麻』。相鄰句與句之間相互蟬聯的是詞語」。詳參
劉叔新主編：《現代漢語理論教程》（北京：高等教育出版社，2002 年），頁 440-441。

2.人須「無待」才能逍遙。無待，是人無所求、無依賴，故心無罣礙，無
　　罣礙故無有恐怖

例 1.的「莊子」、「逍遙」頂真，文氣前後相連；例 2.則除了相鄰句中「無待」、「無」的多番重複外，「無罣礙」的聯珠頂真亦是使文句誦讀趨於圓順的重要助手。劉叔新（1934-）曾指認運用頂真的文句「蟬聯緊湊，讀來琅琅上口」❶，又說相鄰句子首尾勾連，環環緊扣，能「增強語意的聯繫和音律節奏」❶，在龔氏兩篇序文的表現中，即可以得到一定的印證。

稍作伸展的是，由於龔氏的兩篇序文都兼具語詞在同句重複和鄰句重複的密集表現，其中某些段落的朗讀效果實近於王安石（1021-1086）的〈遊鍾山〉詩，詩文曰：「終日看山不厭山，買山終待老山間。山花落盡山長在，山水空流山自閑。」❶和龔氏《孤獨的眼睛》、《自由的翅膀》的序文一樣，均是巧用同句、鄰句語詞重複，以達致音律的諧美的。

## ㈢段落首尾語詞重複

龔氏潛心使用重複，藉以提升文章的誦讀流暢度，更可得證於《孤獨的眼睛》、《自由的翅膀》兩篇序文的「連環頂真」使用中。所謂「連環頂真」，本來主要見於篇幅較長的詩歌作品中，用以指涉前一章末句語詞與後一章首句語詞蟬聯相應的寫作手段，恰當使用，可收回環往復之效，並使章與章之間語意緊密、全詩結構完整，且能引起誦讀的興趣，❶如曹植（192-232）名詩〈贈白馬王彪〉❶，便是巧用了此一技法而書成並獲得充分讚譽的。由於此種寫法具有較高的操作困難

---

❶ 劉叔新主編：《現代漢語理論教程》，頁 440。

❶ 劉叔新主編：《現代漢語理論教程》，頁 443。有關效果的討論，並可參考由楊：《中國傳統文化心理對漢語修辭格的影響》（長春：長春理工大學碩士論文，2009 年），頁 26。

❶ 〔宋〕王安石著，馮惠民、曹月堂整理：《王安石集》（北京：國際文化出版社，1997 年），冊上，卷 30，頁 284。

❶ 劉叔新主編：《現代漢語理論教程》，頁 441；魏聰祺：〈頂針分類及其辨析〉，《人文研究學報》卷 40 期 1（2006 年），頁 3-4。

❶ 〔三國魏〕曹植著，曹海東注譯，蕭麗華校閱：《新譯曹子建集》（臺北：三民書局，2003 年），卷 5，頁 155-161。

度且主要施於詩作中,其見於龔氏散文,表現為相接段落間首尾部分語詞的重複,則頗能說明龔氏並非湊巧用上複字複詞,而實是主動、刻意地以重複語詞建構其散文的朗讀美感的。

〈孤獨的眼睛（自序）〉的相關用例,包括了:

1. 那自由的翅膀就載著牠孤獨的眼睛 // 孤獨的眼睛,還指……
2. 所以是孤獨的 // 我喜歡孤獨

而〈自由的翅膀（自序）〉則有如下數項連環頂真之例:

1. 故名為《自由的翅膀》 // 自由的翅膀,原是……
2. 此所以為遊 // 這種遊的精神……
3. 走過這世俗社會 // 而現在這個社會……
4. 仍要時時引發我們的喟嘆 // 可喟嘆者甚多

足見龔氏移用連環頂真的技法於散文之中,驅策重複所能製造之特殊節奏,令文章也獲得了如詩般「結構緊湊環扣、語氣連貫流暢」[21]的聲音效果。重複與龔氏之散文美學,實有著無法割捨的關係。

## (四)疊字

最後稍作補充的是,疊字辭格的使用亦使龔鵬程〈孤獨的眼睛（自序）〉和〈自由的翅膀（自序）〉更富聲律之美。〈孤獨的眼睛（自序）〉的用例包括:

1. 除了有鼓鼓的錢袋之外
2. 茫茫然已近乎瞽叟

---

[21] 吳禮權:〈論頂真修辭文本的類別系統與頂真修辭文本的表達接受效果〉,《平頂山師專學報》卷 17 期 4（2002 年 8 月）,頁 92;〈頂真式銜接:段落銜接的一種新模式〉,《修辭學習》期 2（2002 年）,頁 12。

3.往往與一般人不同

〈自由的翅膀（自序）〉則用到：

1.只落實到我現在這本書上說說
2.同時也要一步步走過這世俗社會
3.仍要時時引發我們的嘆喟
4.嘿嘿，說穿了
5.對當代旅遊文化做了個小小的批評
6.我自己再看看

雖然在龔氏兩篇序文中，疊字的密度不算太高，但間雜於種種重複手段的密林之中，相互配合，在提升文章語言美感時亦發揮著推波助瀾的功效。在兩篇序文中，藉由單字的重疊，同音節即順滑而出，能「使語言節奏鮮明，音韻流轉，和諧悅耳」❷❷，收得甚佳的藝術效果。

# 四、總結

從語言美感的營構上，〈孤獨的眼睛（自序）〉和〈自由的翅膀（自序）〉可說是龔鵬程別具匠心之作，除以避重出來增加文詞的變化，使文章語氣曲折多變、搖曳生姿之外，更以多種重複手段──同句語詞重複、鄰句語詞重複、段落頂真重複和疊字，使文章橫生出一種朗讀時聲音回環往復、自然流暢的效果，令兩文充滿「音樂之美」。因此，若以語言提煉為研閱的著眼點，龔氏散文的藝術魅力是能夠獲得深發並加以認識的。當然，除重複和避重出外，龔氏更會以排比、對偶、問句，乃至刻意安排四音節語詞來收結句子等為手段，強化其散文創作的聲

---

❷❷ 李司亭、李翡：〈「疊」字辭格漫說〉，《語文天地》期 21（2008 年），頁 15。並參考陳望道：《修辭學發凡》（上海：上海教育出版社，1997 年新 2 版），頁 171、175；侯守斌：〈疊字的藝術魅力〉，《語文月刊》期 9（2003 年），頁 53。

音之美，惟本文僅以重複、避重出為焦點，窺豹一斑，龔氏其他藝術手法的研析，
以及龔氏其他佳作的深刻賞讀，仍尚待方家展開。

# 徵引文獻

## 一、古籍

〔三國魏〕曹植著，曹海東注譯，蕭麗華校閱：《新譯曹子建集》，臺北：三民書局，2003 年。
〔南朝宋〕劉勰著，羅立乾注譯，李振興校閱：《新譯文心雕龍》，臺北：三民書局，1994 年。
〔唐〕李商隱著，〔清〕馮浩注，王步高、劉林輯校匯評：《李商隱全集》，珠海：珠海出版
　　社，2002 年，上冊。
〔宋〕王安石著，馮惠民、曹月堂整理：《王安石集》，北京：國際文化出版社，1997 年，上
　　冊。

## 二、近人編輯、論著

由楊：《中國傳統文化心理對漢語修辭格的影響》，長春：長春理工大學碩士論文，2009 年。
李司亭、李翡：〈「疊」字辭格漫說〉，《語文天地》期 21，2008 年，頁 15-16。
吳禮權：〈頂真式銜接：段落銜接的一種新模式〉，《修辭學習》期 2，2002 年，頁 12-13。
吳禮權：〈論頂真修辭文本的類別系統與頂真修辭文本的表達接受效果〉，《平頂山師專學報》
　　卷 17 期 4，2002 年 8 月，頁 67-69、92。
侯守斌：〈疊字的藝術魅力〉，《語文月刊》期 9，2003 年，頁 52-53。
高婉瑜：〈談對偶與排比〉，《修辭學習》期 5，2008 年，頁 58-60。
倪寶元：〈回避「複出」——學習魯迅手稿札記〉，中國修辭學會編，《修辭和修辭教學》，
　　上海：上海教育出版社，1985 年，頁 113-121。
張昭政：〈文求變化須「避複」〉，《學語文》期 2，2004 年，頁 47。
陳思坤：〈試論誠齋詩中的同字複現〉，《雲夢學刊》期 2，1992 年，頁 49-52。
陳望道：《修辭學發凡》，上海：上海教育出版社，1997 年新 2 版。
張淑香：《李義山詩析論》，臺北：藝文印書館，1987 年第 2 版。
劉叔新主編：《現代漢語理論教程》，北京：高等教育出版社，2002 年。
劉寶成編著：《修辭例句》，長春：吉林文史出版社，1986 年。
戴靜：《同義避複及其藝術探析》，湘潭：湘潭大學碩士論文，2006 年。
戴靜：〈論同義避複的形式特點〉，《湖南工程學院學報》卷 17 期 4，2007 年 12 月，頁 67-70。
魏聰祺：〈頂針分類及其辨析〉，《人文研究學報》卷 40 期 1，2006 年，頁 1-26。
龔鵬程：《孤獨的眼睛》，臺北：九歌出版社，2005 年。
龔鵬程：《自由的翅膀》，臺北：九歌出版社，2005 年。

# 從龔鵬程教授〈傳統與反傳統： 論晚清到五四的文化變遷〉一文 論徐悲鴻的繪畫理論

宋千儀*

**摘　要**　徐悲鴻是二十世紀中國美術界最具影響力的人物之一，學術界
對徐悲鴻的研究，無不將其置於二十世紀初期時代嬗變的潮流之中觀
察，強調其融合中西、創新中國畫的成就。徐悲鴻創新的繪畫理論並非
全面反傳統，其中亦有傳統元素，本文探討徐悲鴻繪畫理論之傳統與反
傳統素質。

　　本文以龔鵬程教授〈傳統與反傳統──論晚清到五四的文化變遷〉
一文對章太炎思想之研究為模型，研究材料為一九一八年徐悲鴻發表之
〈中國畫改良之方法〉，以及之後三十年間徐悲鴻陸續發表的多篇美術
論述。本文的結論是：徐悲鴻有意識地選擇西方寫實主義為創作手法，
並在中國美術傳統中為寫實定位，中國美術之師法自然與描寫人物乃成
為徐悲鴻提倡的傳統元素，徐氏的理論影響了中國主流美術，為美術傳
統畫了新地圖。

**關鍵詞**　龔鵬程　徐悲鴻　中國畫　美術理論　新文化運動

---

\* 　宋千儀，國立政治大學華語文教學博士學位學程；國立臺南藝術大學通識教育中心講師。

# 一、前言

二十世紀初，畫家徐悲鴻倡議國畫改良，提出改革國畫的具體方法，其創作常將西畫技法融入國畫，作品有異於前人的嶄新表現。不少美術史學者❶主張徐悲鴻回應當時西方文化衝擊，乃有引西潤中的繪畫理論與中西合璧的繪畫創作，顯示畫家由西方近世文化中尋求轉型的動力，以融入近代藝術世界。

自清末以來，中國追求現代化的思潮，偏重當代並向西方尋求新的前瞻性，於是以斷裂的歷史觀區別傳統與創新：屬於中國的便是傳統、保守，採納西方的則是反傳統、進步。在新文化運動的潮流中，文學、藝術都參與其中，「文學革命以來，文學的『問題』，便不是孤立的、不是專屬於文學自身，或由文學內部發展之律則逐步開顯出來的。……，它也常被運用為政治社會文化運動中的一部分。」❷藝術乃諸多文化現象之一，和文學一樣顯現時代樣貌。

在〈傳統與反傳統──論晚清到五四的文化變遷〉一文中，龔鵬程教授探討傳統與反傳統、復古與新變的關係。本文以龔鵬程教授的論述為模型，檢視徐悲鴻的繪畫理論，試圖釐清徐悲鴻在面對西學時，其繪畫理論的傳統與新變素質。

# 二、復古與新變
## ──〈傳統與反傳統：論晚清到五四的文化變遷〉

從民初以來，依循「傳統與反傳統」二元對立架構探討中國近現代文化發展，

---

❶ Michael Sullivan、李鑄晉、高美慶等學者對中國現代美術的論述皆以此為脈絡，認為中國近現代美術表現，反映了美術創作者面對西方現代文明時的回應。Michael Sullivan, *Art and Artists of Twentieth-Century China.* (Berkeley: University of California Press, 1996)、李鑄晉、萬青力，《中國現代繪畫史：民初之部（一九一二至一九四九）》（臺北：石頭出版公司，2001 年 10 月 15 日）、Mayching Kao, ed. *Twentieth-Century Chinese Painting* (Hong Kong: Oxford University Press, 1988)。

❷ 龔鵬程，〈傳統與現代──當今意識糾結的危機〉，《文化、文學與美學》（臺北：時報文化出版公司，1988 年），頁 385。

是喧嘩中的主要聲音。❸依據這樣兩極分立的構想，「一個社會預設了它必然的
發展方向是：從舊到新，從農業到工業，從低度開發到高度開發，從傳統到現代。
社會的『發展』，被看成是個成長中的有機體，發展的方向更是不可逆的、不可
避免的階段。」❹然而，龔鵬程教授指出，以擁抱西方、美化傳統的二分法討論
中國近現代文化變遷太過簡化，一文化傳統與外來文化之間的對話至為複雜，並
非單向傳導，而且處於文化中的批判傳統者所批判的實質更與該文化內部的緊張
有關。❺

　　龔鵬程教授〈傳統與反傳統：論晚清到五四的文化變遷〉❻一文旨在釐清糾
結的傳統與反傳統之間的關係，並探討固有文化與西學啟蒙之間的聯繫。文中以
章太炎為模型探討中國近現代思想文化的變遷：在西學衝擊之下，知識分子嘗試
消納西學、整合東西，嘗試失敗之後，章太炎溯求傳統中非主流因素並援引西學
為參照，以批判傳統，此歷程即為五四新文化運動之脈絡。❼

　　新文化運動時期的知識分子，如章太炎、胡適，認為歷史是客觀獨立、存在
於當下之外的，他們基於斷裂的歷史觀、以二元對立的關係解讀歷史文化，章太
炎論孔老與胡適論文白皆從對立關係觀察文化，然而，傳統和現代不是兩個實體，
視傳統與現代為邏輯上對立，並相信文化發展就是從傳統走到現代，實是歷史的
虛構。❽同理，學者將章太炎的思想分為先進與保守兩期，也是基於線性時間觀，
而有兩相對立的比較。

---

❸　龔鵬程，〈傳統與現代——當今意識糾結的危機〉，《文化、文學與美學》（臺北：時報文化
　　出版公司，1988 年），頁 382。

❹　龔鵬程，〈傳統與現代——當今意識糾結的危機〉，《文化、文學與美學》（臺北：時報文化
　　出版公司，1988 年），頁 386。

❺　龔鵬程，〈傳統與反傳統——論晚清到五四的文化變遷〉，《近代思想史散論》（臺北：東大
　　圖書公司，1991 年 11 月），頁 46-47。

❻　龔鵬程教授〈傳統與反傳統：論晚清到五四的文化變遷〉一文原發表於 1989 年 4 月 29-30 日由
　　中國古典文學研究會主辦的「五四文學與文化變遷學術研討會」。文收錄於龔鵬程，《近代思
　　想史散論》（臺北：東大圖書公司，1991 年 11 月），頁 15-59。

❼　龔鵬程，〈傳統與反傳統——論晚清到五四的文化變遷〉，《近代思想史散論》（臺北：東大
　　圖書公司，1991 年 11 月），頁 45。

❽　龔鵬程，〈傳統與現代——當今意識糾結的危機〉，《文化、文學與美學》（臺北：時報文化
　　出版公司，1988 年），頁 398。

　　龔鵬程教授探討傳統與反傳統的議題時，採用動態的視野，時而立於高遠的觀察點俯瞰歷史全貌，時而立於近處觀察細節；就觀察的時間段落而言，則出入於細節時段與長程時段。龔鵬程教授採取遠景鏡頭大視野觀察長時段的歷史，以探討不可分割的傳統，採取近景特寫小視野觀察細微時段的文化，以分辨長程傳統中的非主流與主流。

　　放眼長時段觀察文化傳承，可以發現傳統並非和平遞送，以特寫鏡頭觀察文化傳遞，則發現傳統中之主流與非主流互相衝撞挑戰，以求躋身正典。龔鵬程教授指出近代知識分子對當時文風不滿因此設法掃除積弊，於是跨越當時的文化世代，放大視野，重新揀擇傳統中值得依循的價值，就小視野看來此一價值並非主流，在此追溯過去世代文化的過程中，知識分子尋找文化中非主流元素批判主流，這樣的行動即是復古。知識分子以復古尋找典範為手段，其目的是創新改革當時文風。❾

　　在批判當時文化主流時，熟悉西學的知識分子援引西學以批判當時主流。章太炎吸收西學，骨子裡仍在傳統，西學被消化在大視野的傳統之中。這樣的作法雖曰融合中西，事實上，其用以革新的材料方法為外來西學，其精神內涵仍為中國傳統，❿知識分子援引西學與傳統文化之非主流元素結合，乃是為了加強其復古。

　　擷取當時文化之非主流元素甚至融入西學以反抗當時文化主流，足以將傳統從固定的主流框架中解套，傳統內部的複雜多樣得以呈現。龔鵬程教授認為章太炎思想漸次深化，顯示傳統不是凝固的，而是可由學者基於不同立場詮釋，在討論過程中，揭露傳統中多層次的意義。⓫

　　龔鵬程教授指出章太炎的復古，對整個大視野之下的傳統而言，在內容上有新變，就小視野看來，傳統文化在當時有了時代意義。因此，章太炎的復古為傳

---

❾　龔鵬程，〈傳統與反傳統——論晚清到五四的文化變遷〉，《近代思想史散論》（臺北：東大圖書公司，1991 年 11 月），頁 23-26。

❿　龔鵬程，〈傳統與反傳統——論晚清到五四的文化變遷〉，《近代思想史散論》（臺北：東大圖書公司，1991 年 11 月），頁 27-28。

⓫　龔鵬程，〈傳統與反傳統——論晚清到五四的文化變遷〉，《近代思想史散論》（臺北：東大圖書公司，1991 年 11 月），頁 30-32。

統畫了新地圖，使得傳統文化有活力去批判在該時代起作用的主流文化。⑫龔鵬
程教授以動態的視野檢視傳統，鳥瞰全面傳統地圖，肯定傳統與反傳統實是合為
一體的，小視野之下的反傳統實為全面傳統之一部分。

探討章太炎思想時，龔鵬程教授的研究理路是：章太炎瞭解西學而納西學入
傳統，並以復古為手段，運用傳統文化中非主流元素批判時代文化主流，以達成
創新改革的目的，終於為傳統畫了新地圖。在研究文化中諸多層面——包括美術
——在多樣文明接觸或文化變遷之際的樣貌，亦可運用此一模型，檢視傳統與反
傳統、復古與新變的複雜關係。

# 三、徐悲鴻在中國美術史的評價

徐悲鴻是二十世紀中國美術界最具影響力的人物之一，學術界對徐悲鴻的研
究，無不將徐悲鴻置於二十世紀初期時代嬗變的潮流之中觀之。歷來藝術史學者
或將其視為開創新式美術教育的先鋒，⑬指出在西風東漸之初，徐悲鴻引介西方
模特兒素描及自然寫生，樹立了學校美術教育的教學原則；或將其視為「新國畫」
的開創者，⑭推崇他在引西潤中、融合中西畫法的貢獻。有些研究標舉徐悲鴻為

---

⑫ 龔鵬程，〈傳統與反傳統——論晚清到五四的文化變遷〉，《近代思想史散論》（臺北：東大
圖書公司，1991 年 11 月），頁 25。

⑬ 王伯敏、高美慶等皆指徐悲鴻對二十世紀初新式美術教育大有貢獻。見王伯敏，《中國繪畫通
史》（臺北：東大圖書公司，1997 年）、Mayching Kao ed. *Twentieth-Century Chinese Painting.* (Hong
Kong: Oxford University Press, 1988)。

⑭ 李鑄晉等學者皆指徐悲鴻為「中西合璧」創作的代表人物。李鑄晉〈二十世紀中國繪畫：傳統
與創新〉，《二十世紀中國繪畫：傳統與創新》（香港：香港市政局，1995 年），頁 14-23、
Mayching Kao "The Quest For New Art" in *Twentieth-Century Chinese Painting.* Mayching Kao ed.
(Hong Kong: Oxford University Press, 1988), pp.130-160、Julia Andrews, *Painters and Politics in the
People's Republic of China, 1949-1979.* (Berkeley and Los Angeles: University of California Press,
1994), pp.29-33、余輝，〈中國水墨畫百年之變〉，《20 世紀中國畫：「傳統的延續與演進」
國際學術研討會論文集》（杭州：浙江人民美術出版社，1997 年），頁 156-164、郎紹君，〈類
型與學派——二十世紀中國畫略說〉，《20 世紀中國畫：「傳統的延續與演進」國際學術研討
會論文集》（杭州：浙江人民美術出版社，1997 年），頁 12-39。

「寫實」畫家，❺指徐悲鴻堅持在寫實主義中探求中國畫的新作為；有些則稱徐悲鴻為「愛國主義」畫家，❻認為徐悲鴻的畫作反映國家危亡中人民的悲憤之情。

學界皆承認徐悲鴻絕對是「融合中西」的重要人物，以往的研究對徐悲鴻於藝術形式與技巧之開拓多所著墨，證明徐悲鴻融合中西的成就。對徐悲鴻的美術創作的探討，有些偏重繪畫的審美價值，❼有些強調其融合中西的思想內涵，❽有些則指其為寓意寄興之作。❾本節就歷來美術史學者對徐悲鴻的評價：新式美術教育的推手、融合中西的「新國畫」創作者、崇真尚實的寫實主義畫家、以畫寄興的愛國畫家分述於後。

## ㈠新式美術教育的推手

二十世紀初期，新教育制度引進之後，到了民國時期，除了科學政經的教育，進一步發展新式的美術教育。由於蔡元培的提倡，美術及美術史成為學校教育必

---

❺　持此論點的學者如：水天中，〈中國畫論爭五十年 1900-1950〉，《20 世紀中國畫：「傳統的延續與演進」國際學術研討會論文集》（杭州：浙江人民美術出版社，1997 年），頁 40-61、鄧福星，〈二十世紀中國畫的寫實派〉，《20 世紀中國畫：「傳統的延續與演進」國際學術研討會論文集》（杭州：浙江人民美術出版社，1997 年），頁 248-258、卓聖格，〈吳友如──徐悲鴻中國畫改革理念形成的關鍵影響人〉，《現代美術學報》第 2 期，頁 73-95、劉瑞寬，《中國美術的現代化：美術期刊與美展活動的分析（1911-1937）》（臺北：國立臺灣師範大學博士學位論文，2003 年 6 月）等。

❻　謝里法、巴東以及若干中國學者皆持此說。見王伯敏，《中國繪畫通史》（臺北：東大圖書公司，1997 年）、巴東，〈徐悲鴻與現代新中國水墨畫風之開創──創作特質與發展限制〉，《史博館學報》第 25 期（2003 年 10 月），頁 1-22、里法，〈大時代的見證：徐悲鴻的歷史畫及其他〉，《雄獅美術》第 118 期（1980 年 12 月），頁 84-96。

❼　Michael Sullivan 在 *Art and Artists of Twentieth-Century China.* 中即持此論點。Michael Sullivan, *Art and Artists of Twentieth-Century China.* (University of California Press, 1996), pp.68-72.

❽　Julia Andrews 在 *Painters and Politics in the People's Republic of China, 1949-1979* 持此說。Julia Andrews, *Painters and Politics in the People's Republic of China, 1949-1979.* (Berkeley and Los Angeles: University of California Press, 1994), pp.29-33.

❾　卓聖格在《徐悲鴻研究》以及鄧福星在〈二十世紀中國畫的寫實派〉皆如此認為。卓聖格，《徐悲鴻研究》（臺北：臺北市立美術館，1989 年），頁 102-103。鄧福星，〈二十世紀中國畫的寫實派〉，《20 世紀中國畫：「傳統的延續與演進」國際學術研討會論文集》（杭州：浙江人民美術出版社，1997 年），頁 248-258。

備的學科，也因此中國面對新世界的變局在藝術思潮上產生了衝擊與反思。[20]

　　二十世紀前半葉美術思潮的嬗變，從世紀初晚清維新派文人「對傳統繪畫的
重估」，以及「學習西方繪畫的必要」兩者之間的論爭，到五四之後隨著新式美
術教育體制的建立，和對傳統文化的重新審視，論爭的重點深入為藝術本體的探
討。三〇年代後期，論爭的內容由文化性質轉移向繪畫的意識型態性質。到了五
〇年代以後，由於執政者的藝術政策與文藝整肅之風，使得各種主張與解釋都淹
沒在「革命大批判」的浪潮之中，近半世紀論爭的人物、理論、創作幾乎全被否
定。[21]

　　在中國現代新文化潮流之中，徐悲鴻是美術變革的指標人物。五四時期徐悲
鴻發表「中國畫改良之方法」，乃是將藝術從理想到實踐的轉化，「準確」與「真
實」成為衡量中國畫革新的尺度。當時徐悲鴻才剛開始其美術生涯，但在繪畫教
育上已有重要影響。[22]到了三〇年代，徐悲鴻依然提倡融合中西，表現時代精神。
他相信發寫實主義為一正確歷史選擇，主張藝術與科學都應有求真精神，倡導「新
國畫」與「寫實」，此乃徐悲鴻美術教學的思想中心。[23]

　　徐悲鴻於二〇年代留學歐洲，歐洲的經驗影響了他的一生。他致力科學且系
統化的美術教育，對寫實的西方藝術的偏好成為他重要的教育原則，使得他和杭
州的林風眠教學南轅北轍。[24]徐悲鴻曾任北京大學畫法研究會導師，並且擔任前
身為北平藝術專科學校的北平大學藝術學院的院長，終生都是美術教育實務工作
者。

---

[20]　李鑄晉、萬青力，《中國現代繪畫史：民初之部（一九一二至一九四九）》（臺北：石頭出版
　　　公司，2001 年 10 月 15 日），頁 146-149。

[21]　水天中在〈中國畫論爭五十年 1900-1950〉一文中對二十世紀前半的中國繪畫的論爭有詳細剖
　　　析。水天中，〈中國畫論爭五十年 1900-1950〉，《20 世紀中國畫：「傳統的延續與演進」國
　　　際學術研討會論文集》（杭州：浙江人民美術出版社，1997 年），頁 40-61。

[22]　水天中，〈中國畫論爭五十年 1900-1950〉，《20 世紀中國畫：「傳統的延續與演進」國際學
　　　術研討會論文集》（杭州：浙江人民美術出版社，1997 年），頁 40-61。

[23]　〈中國畫論爭五十年 1900-1950〉，《20 世紀中國畫：「傳統的延續與演進」國際學術研討會
　　　論文集》，頁 40-61

[24]　Julia Andrews, *Painters and Politics in the People's Republic of China, 1949-1979* (Berkeley and Los
　　　Angeles: University of California Press, 1994), pp.29-33.

## ㈡融合中西的「新國畫」創作者

　　二十世紀初，時代的轉變使傳統國畫面臨挑戰，現代中國畫家一方面設法保留中國文人傳統，一方面從國外借取新意。傳統文人畫家保持文人畫理想，努力繼承傳統；留學外國的畫家引介西方模特兒素描及自然寫生，他們在教學上用西方方法，但有些畫家不久卻回到中國傳統。❷⑤

　　徐悲鴻則是兼用中西兩種不同傳統，❷⑥其兼用中西的方式是將西方素描輪廓技巧與中國畫韻律相結合，而徐氏水墨人物寫生成為數十年美術學校的基本課程，影響之廣之深可想而知。❷⑦學者郎紹君稱徐悲鴻「創立了融合型中國畫的寫實主義學派」，即「借鑑西方改造和發展中國畫的類型」❷⑧，並認為徐悲鴻的理念是：中國畫在「明清以後過分強調臨仿，創造力退化，乃至消失，只有引入外來藝術，特別是西方藝術，實行中西合璧，才能挽救衰勢，開拓中國畫的新紀元」❷⑨。

　　遊歐期間徐悲鴻顯然是被十九世紀末歐洲學院派畫家以希臘羅馬神話與古代歷史為主題的畫作啟發，因此，回到中國後他取用中國歷史的寓言主題，繪製巨

❷⑤　李鑄晉，〈二十世紀中國繪畫：傳統與創新〉，《二十世紀中國繪畫：傳統與創新》（香港：香港市政局，1995 年），頁 14-23。

❷⑥　李鑄晉、郎紹君、高美慶、Michael Sullivan、Julia Andrews、余輝、水天中、卓聖格等人的研究都強調徐氏中西合璧的繪畫表現。

❷⑦　余輝，〈中國水墨畫百年之變〉，《20 世紀中國畫：「傳統的延續與演進」國際學術研討會論文集》（杭州：浙江人民美術出版社，1997 年），頁 156-164。

❷⑧　郎紹君在〈中國畫百年述略〉一文依據二十世紀中國畫發展的三大時期：民國期、新中國前期、改革開放時期，簡述調和中西與發揚國粹的兩派畫壇人物，探討中國畫變革的方式，乃是經由繪畫自身體系的分離與解構而達成的。郎紹君，〈中國畫百年述略〉，《二十世紀中國繪畫：傳統與創新》（香港：香港市政局，1995 年），頁 36-40。又在〈類型與學派──二十世紀中國畫略說〉依據創作精神、表現手法，將當時畫家分析為傳統型、融合型、分離的傳統型、回歸的融合型，並將徐悲鴻歸為融合型畫家。郎紹君，〈類型與學派──二十世紀中國畫略說〉，《20 世紀中國畫：「傳統的延續與演進」國際學術研討會論文集》（杭州：浙江人民美術出版社，1997 年），頁 12-39。

❷⑨　〈類型與學派──二十世紀中國畫略說〉，《20 世紀中國畫：「傳統的延續與演進」國際學術研討會論文集》，頁 12-39。

幅的西方形式畫作。[30]此類使用中國寓言為題材、西方油畫為創作形式的例證之
一是《田橫五百士》（1930，油畫，198cm×355cm）。藝術史學者指出該作素描精確、
結構無懈可擊，然而，如果捨去人物的中國服飾，在西方人眼中這幅畫與二十世
紀初西方數以百計的故事畫並無二致。[31]徐悲鴻結合傳統中國繪畫筆墨技法、與
在巴黎所學的寫實人體素描完成《九方皋》（1931，水墨設色，139cm×351cm），代表
徐悲鴻的畫風戲劇性的轉變，人物的形象動作寫實，筆墨卻是傳統的，但又具有
活力。將西方技巧融入傳統，顯示現代中國畫家追尋寫實的成就，而徐悲鴻早期
畫風到成熟期畫風的轉變，正說明此一新方向。學者高美慶認為徐悲鴻成功地將
美術從傳統限制之中釋放出來，並且適時回應了新時代的創新需求。[32]

　　對於徐悲鴻結合中西的繪畫表現，藝術史學者的評價並非一致。美國學者
Michael Sullivan 以十分嚴格的態度檢視了徐悲鴻在 1930 前後所做的大型文學題
材畫作，諸如《田橫五百士》等油畫和《愚公移山》（1940，水墨設色，144cm×421cm）
等水墨畫，認為：雖然他在技法上的創新為當時東方與西方對話難題提供解決之
道，然而他的繪畫創作不論內省或美感，卻鮮少啟發，[33]指出徐氏的中西合璧創
作僅是在外觀上與西方油畫形似，創作精神上無法與西方同類型畫作相比擬。臺
灣學者卓聖格肯定徐悲鴻的精神值得鼓勵，但他認為「要將整個西洋傳統繪畫各
不同時代的特點集中在一張繪畫裡表現，這種觀點的適切性與可行性本身就叫人
懷疑」[34]。Julia Andrews 教授評論《愚公移山》時指出：雖然徐悲鴻較擅長以生
活中真實的人物為材，繪製浪漫的人像作品，但是企圖結合中國和西方教化思想
這個概念，卻是偉大的，其重要性遠超過畫作的美學價值。[35]Julia Andrews 教授

---

[30]　Julia Andrews, *Painters and Politics in the People's Republic of China, 1949-1979* (Berkeley and Los Angeles: University of California Press, 1994), p.29.

[31]　Mayching Kao, "The Quest For New Art," in *Twentieth-Century Chinese Painting*, ed. Mayching Kao (Hong Kong: Oxford University Press, 1988), pp.130-160.

[32]　Mayching Kao, "The Quest For New Art," in *Twentieth-Century Chinese Painting*, pp.130-160.

[33]　Michael Sullivan, *Art and Artists of Twentieth-Century China*. (Berkeley: University of California Press, 1996), pp.68-72.

[34]　卓聖格，《徐悲鴻研究》（臺北：臺北市立美術館，1989 年），頁 123。

[35]　Julia Andrews, *Painters and Politics in the People's Republic of China, 1949-1979* (Berkeley and Los Angeles: University of California Press, 1994), p.30.

闡明徐悲鴻之融合中西的成就乃是結合「中國題材」與「西方形式」，揭示了徐悲鴻此類畫作的價值並非審美的，而在其思想內蘊。

## (三)崇真尚實的寫實主義畫家

在民國初年文化運動中，崇真尚實的表現方式成了繪畫進步的象徵，學者多認為中國畫寫實派奠基於徐悲鴻。❸然而寫實主義風靡中國的時間相當短，在一九三〇年之後逐步消退，只有徐悲鴻堅持最初理念，仍在寫實主義中探尋中國畫的新作為。❸徐悲鴻強調寫實造型，改善中國畫描繪現實生活的能力，這一寫實呈現手法在人物畫的表現尤其明顯。徐悲鴻的寫實主義講究形式上要維妙維肖，內容上要探人生之究竟。徐悲鴻描繪物象時改變了國畫的樣式和造型法則，體現繪畫之「形似」。❸二十世紀初在「事實」與「價值」衝突的當下，立場與風格鮮明對比的徐悲鴻與潘天壽的繪畫理想與創作，正反映了當時的價值取向。藝術史學者指出徐悲鴻的寫實主義藝術觀與五四時期流行的實證主義思想在本質上相當，而其藝術發展觀則與達爾文進化論一致。❸

徐悲鴻依據寫實主義理念繪製的人物畫引導了後來中國的繪畫主流「社會主義的寫實主義（Socialist Realism）」。學者 Joan Lebold Cohen 指出徐悲鴻在 1920 年代和 1930 年代繪製巨幅故事畫，到了 1949 共產黨權力高張，蘇聯「社會主義的寫實主義」成為官方的繪畫風格，共黨高層將「社會主義的寫實主義」的源頭追

---

❸ 多位學者持此說法，例如郎紹君、水天中，鄧福興以「中國畫寫實派的形成與一代宗師徐悲鴻的名字是分不開的」、「徐悲鴻是現代寫實主義美術的奠基人」稱徐悲鴻。鄧福星，〈二十世紀中國畫的寫實派〉，《20 世紀中國畫：「傳統的延續與演進」國際學術研討會論文集》（杭州：浙江人民美術出版社，1997 年），頁 248-258。

❸ 劉瑞寬，《中國美術的現代化：美術期刊與美展活動的分析（1911-1937）》（臺北：國立臺灣師範大學博士學位論文，2003 年 6 月）。

❸ 鄧福星，〈二十世紀中國畫的寫實派〉，《20 世紀中國畫：「傳統的延續與演進」國際學術研討會論文集》，頁 248-258。

❸ 孫振華，〈事實與價值的分野──從徐悲鴻與潘天壽的比較看二十世紀中國畫〉，《20 世紀中國畫：「傳統的延續與演進」國際學術研討會論文集》（杭州：浙江人民美術出版社，1997 年），頁 438-452。

溯回本土畫家徐悲鴻。❹ Julia Andrews 教授論及徐悲鴻對中國藝術的影響時亦表示：新中國建立之後，當共產黨開始改革美術時，給予徐悲鴻結合中西的人物故事畫至高的評價。❹直到五〇至七〇年代，徐悲鴻及其眾多弟子繪製的人物畫的特徵是「歌頌共產黨和工農兵的題材、英雄主義的主題、文學性的情節」❹，符合當時中國主流意識型態。

## 四以畫寄興的愛國畫家

徐悲鴻的人物故事畫也使他被標舉為愛國畫家。Michael Sullivan 認為《九方皋》的題材是為了抗議政府拒絕承認平民的天分，❹並稱《愚公移山》為「愛國鉅製」，且這個人定勝天的寓言大大吸引毛澤東，有助於徐悲鴻在解放之後提升地位。❹抗戰時期，徐悲鴻在新加坡等地舉辦畫展，募款支援抗戰，並在四川舉行畫展，義賣畫作。中國學者王伯敏稱《放下你的鞭子》（1939，油畫，144cm×90cm）一作「揭露日本帝國主義的侵略罪行、和號召全國人民團結一致抗日努力」❹。

然而並非所有學者都同意徐悲鴻的人物故事畫作是愛國之作。卓聖格考察徐悲鴻經史題材畫作的創作時間與內容，以 1940 年《愚公移山》為分界點，指出在日本侵華最烈之時，此類畫作並不多見，而抗戰後期充滿詩意的經史畫作又增加了，詩意畫作豈是為抗日所做，因此不認為此類畫作和抗日有關。❹他指出《放下你的鞭子》（1939，油畫）、《蔡公時被難圖》（1928，油畫）帶有抗日情緒，而《田橫五百士》等是完整的系統之作，若因《田橫五百士》、《傒我后》（1933，油畫，

❹ Joan Lebold Cohen, *The New Chinese Painting 1949-1986*. (New York: Harry N. Abrams, 1987), p.90.

❹ Julia Andrews, *Painters and Politics in the People's Republic of China, 1949-1979* (Berkeley and Los Angeles: University of California Press, 1994), p.33.

❹ 郎紹君，〈類型與學派——二十世紀中國畫略說〉，《20 世紀中國畫：「傳統的延續與演進」國際學術研討會論文集》，頁 12-39。

❹ Michae Sullivan l, *Art and Artists of Twentieth-Century China*. (Berkeley: University of California Press, 1996), p.70.

❹ Michael Sullivan, *Art and Artists of Twentieth-Century China*. (Berkeley: University of California Press, 1996), p.71.

❹ 王伯敏，《中國繪畫通史》（臺北：東大圖書公司 1997 年），頁 1183。

❹ 卓聖格，《徐悲鴻研究》（臺北：臺北市立美術館，1989 年），頁 96。

230cm×318cm）、《愚公移山》的主題意識可以和抗日聯繫，就將之歸為抗日圖作，並不妥當。**❹**卓聖格指出徐悲鴻是擅於隱喻的畫家，但是「他的隱喻不是藉題材的含意來教化觀眾，他是藉題材來隱喻自己」**❹**，認為徐悲鴻藉圖畫比喻自己在當時畫壇的角色，和自己挽救國畫衰頹的理想。

卓聖格的主張代表了學者從中國文人言志角度來觀察徐悲鴻的創作，鄧福星也表示徐悲鴻《九方皋》、《田橫五百士》、《傒我后》乃借古喻今，影射現實，表現其人生理想及態度，認為從這些作品可以看到「徐悲鴻對中國古代藝術寓意寄興傳統的繼承，以及接受西方古典主義畫家影響的痕跡」**❹**。

# 四、徐悲鴻繪畫理論的傳統與新變

## ㈠徐悲鴻繪畫理論之發端

學者探討二十世紀初美術發展時，都肯定徐悲鴻在當時的影響力，徐氏致力美術教育與美術創作，理論與實踐並重，徐悲鴻於一九一八年發表的〈中國畫改良之方法〉是具代表意義的美術論著。在徐悲鴻之前，康有為和陳獨秀等人對於美術改革的論述已開啟了「面對時代變革，屬於文化層面的美術何去何從」的議題。康有為認為當時的中國繪畫面目守舊，不能形神兼備，乃主張國畫也應「變法」：

> 中國近世之畫衰敗矣！……若夫傳神阿堵象形之迫肖云爾，非取神即可棄形，更非寫意即可忘形也……中國畫學至國朝衰弊極矣，豈止衰弊，至今郡邑無聞畫人者。其遺餘二三名宿，摹寫四王、二石之糟粕，枯筆數筆，味如嚼蠟，豈復能傳後，以與今歐美日本竟勝哉？蓋即四王、二石，稍存

---

**❹** 卓聖格《徐悲鴻研究》的研究重心是徐悲鴻的經史題材繪畫，釐析徐悲鴻創作經史題材繪畫的動機，及畫作內容與形式，並探討徐悲鴻創作此類畫作的淵源、作畫目的。書中以時間順序為脈絡分析徐悲鴻人物故事畫，認為這一系列經史繪畫並非為宣揚愛國救國而作。

**❹** 卓聖格，《徐悲鴻研究》，頁 102-103。

**❹** 鄧福星，〈二十世紀中國畫的寫實派〉，《20 世紀中國畫：「傳統的延續與演進」國際學術研討會論文集》，頁 248-258。

元人逸筆，已非唐、宋正宗，比之宋人，已同鄶下，無非無議矣。唯揮、
蔣、二南，妙麗有古人意，其餘則一邱之貉，無可取焉。墨井寡傳，郎世
寧乃山西法，它日當有合中西而成大家者。日本已力講之，當以郎世甯為
太祖矣。如仍守舊不變，則中國畫學應遂滅絕，國人豈無英絕之士應運而
興，合中西而為畫學新紀元者，其在今乎?吾斯望之。❺⓪

　　徐悲鴻於一九一六年為哈同花園繪製倉頡像並為園內美術指導，因而結識康有
為，並受康有為賞識，收為弟子，從此之後與康有為維持既是師生又是朋友的情
誼。康有為鄙薄四王、主張合中西以開新，對徐悲鴻繪畫思想自有影響。
　　康有為鄙薄四王尚稱溫和，一九一八年陳獨秀更以「革王畫的命」強烈用詞
表明自己「美術革命」的立場：

　　　　若想要把中國畫改良，首先要革王畫的命。因為要改良中國畫，斷不能不
　　　　採用洋畫的寫實精神……畫家也必需用寫實主義，才能發揮自己的天才，
　　　　畫自己的畫，不落古人的窠臼，中國畫在南北宋及元初時代，那描摹刻畫
　　　　人物禽獸樓臺花木的功夫還有點和寫實主義相近。自從學士派鄙薄院畫，
　　　　專重寫意，不尚肖物。這種風氣，一倡於元末的倪黃，再倡于明代的文沈，
　　　　到了清朝的三王更是變本加厲。人家說王石谷的畫是中國畫的集大成，我
　　　　說王石谷的畫是倪黃文沈一派中國惡畫的總結束。……我家所藏和所見過
　　　　的王畫，不下二百多件，內中有「畫題」的不到十分之一，大概都用那「臨」
　　　　「摹」「仿」「橅」四大本領，複寫古畫。❺①

　　同一年北京大學校長蔡元培在北大成立「畫法研究會」，聘徐悲鴻為「畫法研究
會」導師。一九一九年蔡元培在「畫法研究會」演說時表示中國畫創作可採科學
之法：

❺⓪　康有為，〈萬目草堂藏書目〉，郎紹君、水天中編，《二十世紀中國美術文選》（上海：上海
　　書畫出版社，1999 年 11 月），上卷，頁24-25。
❺①　陳獨秀，〈美術革命〉，郎紹君、水天中編，《二十世紀中國美術文選》（上海：上海書畫出
　　版社，1999 年 11 月），上卷，頁29-30。

彼西方美術家能採用我人之長，我人獨不能採用西人之長乎？故甚望學中
國畫者，亦需采西洋畫布景寫實之佳……今吾輩學畫，當用研究科學之方
法灌注之，除去名士派毫不精心之習，革除工匠派拘守成見之譏，用科學
方法以入美。❺❷

一九一八年徐悲鴻二十三歲，尚未留學歐洲，在陳獨秀與蔡元培為文之間，
徐悲鴻發表〈中國畫改良之方法〉一文，❺❸剴切地提出對傳統國畫衰微的看法：

中國畫學之頹敗，至今日已極矣，凡世界文明理無退化，獨中國之畫在今
日比二十年前退五十步，三百年前退五百步，五百年前退四百步，七百年
前千步，千年前八百步，民族之不振可慨也夫。夫何故而使畫學如此頹壞
耶？曰惟守舊、曰惟失其學術獨立之地位，畫固藝也，而及於學。❺❹

他指出要改良國畫必須使繪畫成為獨立的學術，❺❺使畫學獨立其實正合於新文化
運動中知識必須自成學術系統的概念。徐悲鴻不只指出「守舊」是畫學頹敗的原
因，他還具體提出改良的方法：

古法之佳者守之，垂絕者繼之，不佳者改之，未足者增之，西方畫之可採
入者融之。❺❻

---

❺❷ 蔡元培，〈在北京大學畫法研究會上的演說〉，郎紹君、水天中編，《二十世紀中國美術文選》
（上海：上海書畫出版社，1999 年 11 月），上卷，頁 37。

❺❸ 徐悲鴻於一九一八年五月十四日在畫法研究會發表〈中國畫改良之方法〉演講，評論當時畫壇
風氣，並針對國畫材料提出可改進之處。見徐伯陽、金山合編，《徐悲鴻年譜》（臺北：藝術
家出版社，1991 年 6 月初版），頁 17-18。演說內容原文刊載於一九一八年五月二十三至二十
五日北京《北京大學日刊》，收錄於徐伯陽、金山合編，《徐悲鴻藝術文集》（臺北：藝術家
出版社，1987 年 12 月 15 日）上冊，頁 39-45。

❺❹ 徐伯陽、金山合編，《徐悲鴻藝術文集》（臺北：藝術家出版社，1987 年 12 月 15 日）上冊，
頁 39。

❺❺ 徐伯陽、金山合編，《徐悲鴻藝術文集》上冊，頁 40。

❺❻ 徐伯陽、金山合編，《徐悲鴻藝術文集》上冊，頁 40。

徐悲鴻並非否定傳統，而是主張作畫不應食古不化，傳統與西方可以和諧並存，作為解決當時國畫困境的方案。如同康有為、陳獨秀面對西學衝擊時回應西方的態度，在擷取西方經驗這一點徐氏提出「寫實」：

> 畫之目的曰惟妙惟肖，妙屬于美，肖屬于藝，故作物必須憑實寫，乃能惟肖。㊗

> 然肖或不肖，未有妙而不肖者也，妙之不肖者，乃至肖者也，故妙之肖為尤難，故學畫者宜摒棄抄襲古人之惡習，一一按現世已發明之術，則以規模真景物，形有不盡，色有不盡，態有不盡，均深究之。㊘

同時徐氏呼應康有為、陳獨秀反對當時獨尊四王山水的潮流，以開放的心態倡議學畫作畫不必拘泥流派：

> 嘗謂畫不必拘派，人物尤不必拘派。㊙

此文發表之後的三十年間，徐悲鴻陸續發表了多篇文章，針對中國繪畫在時代變局中如何展現自己的文化特色，反覆申述自己的看法，建立了徐氏自己的藝術理論系統。

## (二)徐悲鴻繪畫理論之反傳統與傳統

康有為、陳獨秀、蔡元培以革命的態度批判傳統國畫，基於實學精神主張引用西洋「寫實」之長革除國畫模擬之惡。徐悲鴻踵繼其後，在〈中國畫改良之方法〉一文提出融西畫入國畫以挽救國畫頹勢，在此之後徐悲鴻的論述中時時釐清何為國畫之弊。首先他認為當時國畫之弊病在因襲前人，不思創新，不論文人畫

---

㊗　徐伯陽、金山合編，《徐悲鴻藝術文集》上冊，頁41。
㊘　徐伯陽、金山合編，《徐悲鴻藝術文集》上冊，頁41。
㊙　徐伯陽、金山合編，《徐悲鴻藝術文集》上冊，頁44。

或職業畫家之作終走入徒具面貌而無精神的死胡同：

> 元人除趙孟頫、錢舜舉兩人外，著名畫家，多寫山水。主張氣韻，不尚形
> 似，入乎理想主義（idéalisme）。但其大病在擷取古人格式，略變面目，以
> 成簡幅，以自別於色彩濃豔工匠之畫，開後人方便法門。故自元以後，中
> 國繪畫顯分兩途：一為士大夫之水墨山水，吾號之為 Amateur（彼輩自命為「文
> 人畫」Peinture intellectuelle），一為工匠所寫重色（tempera）人物、花鳥，而兩
> 類皆事抄襲，畫事於以中衰。❻

　　自元代至二十世紀初，國畫界流行的是「尚氣韻，不尚形似」，為作畫者開
了「方便之門」，而缺乏科學務實的繪畫技巧卻是是當時國畫最大的危機：

> 從古昔到現在，我國畫家都忽略了表現生活的描寫，只專注山水、人物、
> 鳥獸、花卉等抽象理想，或模仿古人的作品，只是專講唯美主義，當然藝
> 術最重要的原質是美，可是不能單獨講求美而忽略了真和善，這恐怕是中
> 國藝術界犯的通病。❻

徐悲鴻指出畫家用氣韻作護身符，清朝繪畫講求仿前人筆意，其實四王等人不但
仿前人之「意」，也仿其筆墨、構圖、內容。全盤師古的結果是畫作面目千篇一
律，毫無獨創性，更無法從畫面中窺得時代面貌。❻之後徐悲鴻於一九四七年發
表〈新國畫建立之步驟〉，更稱董其昌、王石谷等人所畫是「八股式濫調子」作

❻　一九三八年十月初，徐悲鴻出國赴港前，擬一講稿〈論中國畫〉交張安治謄清。文中敘述中國
　　繪畫的發展，並論及文人畫的缺失。文收錄於《徐悲鴻藝術文集》下冊，頁357-364。
❻　一九三七年五月上旬，徐悲鴻由廣西經香港北返，應香港大學之請，五月十一日假馮平山圖書
　　館舉行個展，本訪談〈對我國近代藝術的意見〉原載一九三七年五月十二日香港《工商日報》，
　　收錄於《徐悲鴻藝術文集》下冊，頁349-350。
❻　一九四四年二月一日，徐悲鴻於桂林《當代文藝》發表〈中國藝術的貢獻及其趨向〉一文，說
　　明中國繪畫古來既有的寫實傳統。徐氏認為文人畫興起後，山水畫家過分注重意境神韻，而忽
　　略了基本造形。文收錄於《徐悲鴻藝術文集》下冊，頁453-458。

品。[63]

徐悲鴻認為當時的國畫重抽象，不重現實。[64]他觀察當時主流的畫作，指出：
明清以來「吾國繪畫上於此最感缺憾者，乃在畫面上不見『人之活動』」[65]。缺
少了「人的活動」的美術，徒具美感，難達真與善的境界，自然少了動人的素質：

> 藝術有三大原則，即真善美是也。藝術兩大源流，惟善與美，此二者又包
> 括造物與人生，造物於大自然之間，則美也。體會人生則善也。中國藝術，
> 偏重於美，而少於善。質言之，工花鳥，拙人生。[66]

徐氏認為畫家應秉持寫實精神表現真實人生，他所謂寫實不只是技法寫實，
也涵蓋繪畫內容，因此認為「藝術應當走寫實主義的路，寫自己所不知道的東西
既是騙人，又是騙自己」[67]，他提倡寫實，可視為對四王以降的模古風氣反動。

康有為、陳獨秀、蔡元培主張「合中西而為畫學新紀元」，建議「採用洋畫
的寫實精神」、「學中國畫者，亦需采西洋畫布景寫實之佳」以改良中國畫。徐
悲鴻的繪畫理論開端〈中國畫改良之方法〉也提出「西方畫之可採入者融之」，
以「寫實」的技法與內涵改良國畫。二十世紀西方的美術潮流多元紛呈，徐悲鴻
卻只標舉「寫實」為西畫之優，援引入國畫，乃是其有意識的選擇，一則由於當
時中國的實學思潮標榜科學、實業富國，西洋寫實畫法合於時代朝流；一則出於
徐悲鴻對國畫未來方向的理想，根據其理想以寫實為中國美術未來的設計。[68]

---

[63] 徐悲鴻，〈新國畫建立之步驟〉，《徐悲鴻藝術文集》下冊，頁 529-531。

[64] 一九三九年初，徐悲鴻至新加坡舉辦籌賑畫展。二月十一日新加坡美術界邀請徐悲鴻演說〈中西畫的分野〉，原文登載於一九三九年二月十二日新加坡《星洲日報》。文收錄於《徐悲鴻藝術文集》下冊，頁 375-377。

[65] 一九四三年三月十五日，徐悲鴻在重慶《時事新報》發表〈新藝術運動之回顧與前瞻〉，文中反對徒具形式的八股，也反對脫離生活的文人畫。文收錄於《徐悲鴻藝術文集》下冊，頁 427-433。

[66] 徐悲鴻，〈中西畫的分野〉，《徐悲鴻藝術文集》下冊，頁 376。

[67] 一九四四年發表之〈中國藝術的貢獻及其趨向〉一文，收錄於《徐悲鴻藝術文集》下冊，頁 457。

[68] 吳方正與周芳美指出徐悲鴻的許多見解來自當時法國的《美術雜誌》(Gazette des Beaux-Arts)，因此，徐悲鴻推崇的繪畫理論並非保守，徐氏是根據自己為中國未來新美術的設計，結合其所學而選擇引進學院派風格與理論。周芳美、吳方正，〈1920、30年代中國畫家赴巴黎習畫後對上海藝壇的影響〉，《區域與網絡：近千年來中國美術史研究國際學術研討會論文集》（臺北：

關於國畫之引西入中，徐悲鴻多篇文章提到「寫實」。一九二九年，徐悲鴻和徐志摩為藝術的「寫實」與「形式」引起筆戰，❻在上海《美展》雜誌上發表〈惑〉一文，他主張「美術之大道，在追索自然」，因此「不願再見毫無真氣無願力一種 Art Conventionel 之四王充塞」❼。在《美展》雜誌上一系列文章中，徐悲鴻極力推崇普魯東、安格爾、德拉克羅瓦等人的作品，而以為馬奈之庸、雷諾瓦之俗、塞尚之浮、馬諦斯之劣，決無可取。因此，徐悲鴻自歐洲學畫回國後，標榜現實主義繪畫方法。徐悲鴻提倡寫實技法，但認為作品須有現實表象以外的內涵，「以現實為方法，不以現實為目的」❼。

早期徐悲鴻標舉「西畫可採入者融之」，徐氏留歐返國，其援引西學以改良國畫的理念進而轉化為納西學入傳統，與傳統非主流因素相結合。一九三二年徐悲鴻在《畫範》序文提出具體的改良國畫方法──「新七法」：

> 一、位置得宜，……。二、比例正確，……。三、黑白分明，……。四、動態天然，……。五、輕重和諧，……。六、性格畢現，……。七、傳神阿睹，……，所謂傳神者，言喜、怒、哀、懼、愛、厭、勇、怯等等情之宜達也。❼

「新七法」呼應南齊謝赫的繪畫六法，❼其中「位置得宜」與六法中的「經營位

---

國立臺灣大學藝術史研究所，2001 年），頁 629-668。

❻ 據年譜第 59 頁至 61 頁，一九二九年四月十日，第一屆全國美術展覽會在上海舉行。徐悲鴻認為美展被形式主義畫派操控而拒絕參展，當時徐志摩希望說服徐悲鴻參展，徐悲鴻便與徐志摩對形式主義的美術問題展開論戰。從四月二十三日徐悲鴻在《美展》雜誌發表第一篇致徐志摩的公開信，到該年五月初，二徐發表多篇文章，各自陳述對現代西方畫家的評價，並對藝術之優劣展開論爭。徐悲鴻在《美展》雜誌發表的〈惑〉、〈惑之不解（一）〉、〈惑之不解（二）〉收錄於《徐悲鴻藝術文集》上冊，頁 131-134、頁 135-141、頁 143-145。

❼ 《徐悲鴻藝術文集》上冊，頁 133。

❼ 徐悲鴻，〈中西畫的分野〉，《徐悲鴻藝術文集》下冊，頁 376。

❼ 據年譜，一九三二年初冬，徐氏編成《徐悲鴻選畫範》三種，其序文標題為〈新七法〉，提出繪畫創作的基本法則。見《徐悲鴻藝術文集》上冊，頁 173-174。

❼ 〔南朝齊〕謝赫著有《古畫品錄》提出繪畫六法：氣韻生動、骨法用筆、應物象形、隨類賦彩、經營位置、傳移模寫，成為後代繪畫準則。〔南朝齊〕，謝赫，《古畫品錄》，楊家駱，《藝

置」相當，指畫面構圖須重整體效果；「黑白分明」則符合六法中的「隨類賦彩」，
甚至更合於國畫用墨為主的特色；「性格畢現」及「傳神阿睹」和六法中「氣韻
生動」吻合，要求畫中物象必須形神兼備，富有生命力。❼「新七法」對圖畫的
佈局結構、用筆設色有清楚的解說，其中最重要的法門是畫人物要傳神真實，顯
現畫中人的情緒性格。

　　徐悲鴻強調以寫實之法改良作畫技法，他明白指出畫家宜繼續古來的傳統
——作畫追求基本造型，並發揮觀察力以實物為師。❼徐悲鴻並檢討漢唐至宋震
撼人心的傳統繪畫之所以感人，乃是因為「過去我們先人的題材是宇宙萬物，是
切身景象」❼，徐氏認為這是當時人該努力恢復的傳統。徐悲鴻推崇周昉、董源、
黃荃、崔白、宋徽宗、仇英、金農、等以「師法自然」的寫實方法作畫的畫家，
❼在〈世界藝術之沒落與中國藝術之復興〉一文中徐悲鴻說：

> 我所謂中國藝術之復興，乃完全回到自然師法造化，採取世界共同法則，
> 以人為主題，要以人的活動為藝術中心，捨棄中國文人畫的荒謬思想獨尊
> 山水。❼

　　一九四八年徐悲鴻發表〈復興中國藝術運動〉一文，文章標題顯示自一九一
八年徐氏發表〈中國畫改良之方法〉之後，經過三十年省思，徐悲鴻的美術理念
更為明確。徐悲鴻認為要建立中國的新藝術，必繼承先人遺緒，在繪畫題材方面，

　　術叢編第一集》（臺北：世界書局，1962 年）冊八，頁 1-2。
❼　白海在〈徐悲鴻對中國畫創新的歷史貢獻〉一文中指出：徐悲鴻的「新七法」不受謝赫六法侷
　　限，兼顧中西客觀現實，又與謝赫六法有所聯繫。白海，〈徐悲鴻對中國畫創新的歷史貢獻〉，
　　《藝術探索》（2001 年 6 月），頁 75-76。
❼　徐悲鴻，〈中國藝術的貢獻及其趨向〉，《徐悲鴻藝術文集》下冊，頁 453-458。
❼　《徐悲鴻藝術文集》下冊，頁 458。
❼　據年譜，徐悲鴻於一九四七年十月舉行記者招待會說明北平藝專國畫教學之特色，並散發傳單
　　〈新國畫建立之步驟〉闡明其藝術教育之主張。文收錄於《徐悲鴻藝術文集》下冊，頁 529-531。
❼　一九四七年九月四日，重慶《世界日報》登載徐悲鴻〈世界藝術之沒落與中國藝術之復興〉一
　　文，該文原為徐氏暑期在北平廣播電臺學術講座講辭。文中論及十九世紀以後歐洲藝術沒落，
　　同時中國藝術也走上沒落之途，並提出中國藝術復興之道。文收錄於《徐悲鴻藝術文集》下冊，
　　頁 513-526。

可取用描述人類活動的歷史題材；在繪畫技巧方面，則應符合古人品畫的標準，力求真實自然。❼

　　徐悲鴻受了西學東傳、實學興起的啟蒙，在早期認為國畫有待改良才得以進步，改良的方法則是借重西方繪畫的解剖學、素描基本功夫，以及陰影明暗法與定點透視。徐悲鴻早期的繪畫理念似乎是反傳統的，然而他不斷自省並調整其繪畫理論，回到傳統文化之中尋求創新之途，漢代的石刻、隋唐五代的山水景物、宋代畫院的花鳥寫生等都是他所標舉的傳統佳作。徐悲鴻的繪畫理念並非「轉向」，而是先以批判傳統以解構當時主流，然後納西學入中國傳統，援引西學與傳統中非主流因素相結合，為國畫開拓新出路。

## (三)徐悲鴻繪畫理論的畫史地位

　　徐悲鴻強調寫實畫法，注重基本造型，具體的技法來自西方美術素描及透視法，但他在傳統繪畫中找到「寫實」的位子，將寫實納入傳統繪畫「師法造化」的脈絡。他於繪畫內涵則追求描繪人物、表現真實生活，批判元明清之獨尊山水。徐悲鴻的繪畫理論以傳統國畫當中師法造化之人物畫為典範，回應了二十世紀初務實的潮流，使其有活力在當時主流繪畫起創新的作用。

　　徐悲鴻的繪畫理論開拓了中國的寫實主義繪畫和水墨畫的新局面。徐悲鴻的追隨者大量創作歌頌國家領導階層、描繪土地人民、具有宣傳效果的的社會主義寫實主義之作。二十世紀中葉而後，中國南北的「新浙派」、「關東畫派」、「黃土畫派」，擅長描寫人物，響應徐悲鴻「以人的活動為藝術中心」的主張，並開創皴擦點染、水色滋潤、新工筆重彩、新工筆淡彩等技法，對中國黃土派等畫派而言，徐悲鴻提倡的寫實主義人物畫成了畫家們效法的新傳統。郎紹君將徐悲鴻風格、繪畫主張、美術教育理念稱之為「學派」，並稱之為「本世紀影響最大的藝術流派」❽。徐悲鴻因為對當時畫壇主流不滿，以傳統繪畫的非主流因子反抗時代主流，影響二十世紀國畫的表現，為中國繪畫傳統畫了新地圖。

---

❼　〈復興中國藝術運動〉原載於天津《益世報》，文收錄於《徐悲鴻藝術文集》下冊，頁 547-550。
❽　郎紹君，〈類型與學派──二十世紀中國畫略說〉，《20 世紀中國畫：「傳統的延續與演進」國際學術研討會論文集》（杭州：浙江人民美術出版社，1997 年），頁 12-39 頁。

# 五、結語

　　藝術史學者注意到徐悲鴻從早期推崇西洋畫法到後來主張復興國畫，顯示受過傳統國畫和西方學院繪畫薰陶的徐悲鴻終究承認傳統。❽徐悲鴻的繪畫理論的確包含了西洋繪畫與國畫的多樣素質，然而，徐悲鴻繪畫思想並非截然斷裂為追求西學與復興傳統，徐悲鴻的繪畫主張是有意識的，其對傳統的批判亦有其邏輯。

　　如運用龔鵬程教授的章太炎研究為模型，可以更清楚看出徐悲鴻的繪畫思想理路。徐悲鴻年輕時受康有為等人啟蒙，崇尚實學思想而提出國畫改良論，留歐時熟悉西方繪畫，在眾多流派中獨取寫實歷史畫，相信寫實可以革除當時國畫摹古的風氣。他反思中國繪畫傳統，在中國傳統中找到寫實的位子，以繪畫中非時代主流之寫實人物、寫生花鳥批判當時主流之摹寫山水。徐悲鴻倡導描寫人生的寫實繪畫題材以及素描的寫實技法，引領二十世紀中國官方美術，成為二十世紀中國主流繪畫新傳統。

# 徵引書目

**㈠古籍**

〔南朝齊〕謝赫，《古畫品錄》，楊家駱，《藝術叢編第一集》冊八，臺北：世界書局，1962年。

**㈡近人編輯、論著**

巴東，〈徐悲鴻與現代新中國水墨畫風之開創——創作特質與發展限制〉，《史博館學報》，第 25 期，2003 年 10 月，頁 1-22。

水天中，〈中國畫論爭五十年 1900-1950〉，《20 世紀中國畫：「傳統的延續與演進」國際學術研討會論文集》，杭州：浙江人民美術出版社，1997 年，頁 40-61。

王伯敏，《中國繪畫通史》，臺北：東大圖書公司，1997 年。

白海，〈徐悲鴻對中國畫創新的歷史貢獻〉，《藝術探索》，2001 年 6 月，頁 75-76。

朱錦鸞編，《二十世紀中國繪畫：傳統與創新》，香港：香港市政局，1995 年。

---

❽　卓聖格指出：「徐悲鴻在對待我國傳統繪畫的態度上，前後有相當大改變，從側重西洋到肯定自我，從中西合璧到師法自然，從改良中國畫到復興中國藝術。」見卓聖格，《徐悲鴻研究》（臺北：臺北市立美術館，1989 年），頁 79。

余輝，〈中國水墨畫百年之變〉，《20 世紀中國畫：「傳統的延續與演進」國際學術研討會論文集》，杭州：浙江人民美術出版社，1997 年，頁 156-164。

李鑄晉、萬青力，《中國現代繪畫史：民初之部（一九一二至一九四九）》，臺北：石頭出版公司，2001 年 10 月 15 日。

李鑄晉，〈二十世紀中國繪畫：傳統與創新〉，《二十世紀中國繪畫：傳統與創新》，香港：香港市政局，1995 年，頁 14-23。

里法，〈大時代的見證：徐悲鴻的歷史畫及其他〉，《雄獅美術》，第 118 期，1980 年 12 月，頁 84-96。

周芳美、吳方正，〈1920、30 年代中國畫家赴巴黎習畫後對上海藝壇的影響〉，《區域與網絡：近千年來中國美術史研究國際學術研討會論文集》，臺北：國立臺灣大學藝術史研究所，2001 年，頁 629-668。

卓聖格，〈吳友如──徐悲鴻中國畫改革理念形成的關鍵影響人〉，《現代美術學報》，第 2 期，1999 年，頁 73-95。

卓聖格，《徐悲鴻研究》，臺北：臺北市立美術館，1989 年。

郎紹君，〈中國畫百年述略〉，《二十世紀中國繪畫：傳統與創新》，香港：香港市政局，1995 年，頁 36-40。

郎紹君，〈類型與學派──二十世紀中國畫略說〉，《20 世紀中國畫：「傳統的延續與演進」國際學術研討會論文集》，杭州：浙江人民美術出版社，1997 年，頁 12-39。

郎紹君、水天中編，《二十世紀中國美術文選》，卷上，上海：上海書畫出版社，1999 年 11 月。

孫振華，〈事實與價值的分野──從徐悲鴻與潘天壽的比較看二十世紀中國畫〉，《20 世紀中國畫：「傳統的延續與演進」國際學術研討會論文集》，杭州：浙江人民美術出版社，1997 年，頁 438-452。

徐伯陽、金山合編，《徐悲鴻年譜》，臺北：藝術家出版社，1991 年 6 月初版。

徐伯陽、金山合編，《徐悲鴻藝術文集》，臺北：藝術家出版社，1987 年 12 月 15 日。

康有為，〈萬目草堂藏書目〉，郎紹君、水天中編，《二十世紀中國美術文選》，卷上，上海：上海書畫出版社，1999 年 11 月，頁 24-25。

曹意強、范景中主編，《20 世紀中國畫：「傳統的延續與演進」國際學術研討會論文集》，杭州：浙江人民美術出版社，1997 年。

陳獨秀，〈美術革命〉，郎紹君、水天中編，《二十世紀中國美術文選》，卷上，上海：上海書畫出版社，1999 年 11 月，頁 29-30。

劉瑞寬，《中國美術的現代化：美術期刊與美展活動的分析（1911-1937）》，國立臺灣師範大學博士學位論文，2003 年 6 月。

蔡元培，〈在北京大學畫法研究會上的演說〉，郎紹君、水天中編，《二十世紀中國美術文選》，

卷上，上海：上海書畫出版社，1999 年 11 月，頁 37。

鄧福星，〈二十世紀中國畫的寫實派〉，《20 世紀中國畫：「傳統的延續與演進」國際學術研
　　討會論文集》，杭州：浙江人民美術出版社，1997 年，頁 248-258。

龔鵬程，〈傳統與反傳統──論晚清到五四的文化變遷〉，《近代思想史散論》，臺北：東大
　　圖書公司，1991 年 11 月，頁 15-59。

龔鵬程，〈傳統與現代──當今意識糾結的危機〉，《文化、文學與美學》，臺北：時報文化
　　出版公，1988 年，頁 381-399。

Andrews, Julia. *Painters and Politics in the People's Republic of China, 1949-1979.* Berkeley and
　　Los Angeles: University of California Press, 1994.

Kao, Mayching ed. *Twentieth-Century Chinese Painting.* Hong Kong: Oxford University Press, 1988.

Cohen, Joan Lebold. *The New Chinese Painting 1949-1986.* New York: Harry N. Abrams, 1987.

Sullivan, Michael. *Art and Artists of Twentieth-Century China.* Berkeley: University of California
　　Press, 1996.

# 數位媒介對傳統文學的衝擊[*]

## 張政偉[**]

**摘　要**　由過去多媒體與文學的互動來看，文字、影像與聲音協同創造意義與價值的模式已然成形，並且營聚出規模龐大的產業，形成多元豐富的大眾文化。在數位媒介的時代中，文字、影像與聲音的交涉融合，協同表達意義，應該是無可阻擋的趨勢。在考量數位媒介的特質及其發展趨向，文學本位的思維應該被邊緣於數位媒介。文學的價值與意義在數位時代沒有所謂的「永恆」與「普遍」。這就是數位時代下的文學景象。然而，碎裂與消散不代表文學已經失去價值。相反的，在數位媒介下，文學將可以脫去假面，解構威權賦予的詮釋規則，在某個特定的場域中，閱讀者將有機會尋求屬於自我生命之愉悅或「意義」。

　　數位媒介下的文學商業化經營，亟需創造快速而大量的利潤，將會以標準化的模式加速產品的行銷與製造過程。普遍性現象是作者與讀者不再是各為主體，讀者依舊保持充分的自由，但是作者卻遺失了獨立性；寫作失去「遊戲」的純粹，更失去神聖的動機，而成為商業目的導向的產品製作。

　　數位媒介在技術上的發展掌握在西方世界，而數位媒介所需的資本操作在西方更是居於主導地位。如此，則華文文學在面對數位媒介的衝擊，需要有更深入的思考與因應。

---

\*　本論文為「慈濟大學新進教師研究室設置計畫」之研究成果之一。

\*\*　張政偉，慈濟大學東方語文學系助理教授。

**關鍵詞** 數位媒介　網路文學　數位文學　現代文學　文學傳播

# 一、前言

龔鵬程先生於〈世界華文文學新世界〉中提到現代傳播媒體營造出新的「空間」，認為文學的新秩序、關係已然產生。文中對華文文學的前景不僅樂觀，而且充滿期待。其中對於「多元」意義的產生，更是有相當的信心。文中另以「全球符號互動」的觀點，對華文文學有前瞻性的預見。❶華文文學絕對是未來世界文學中重要而無法迴避的部分。然而根本性的問題在於：現在我們用之討論的「文學」定義、內涵，在數位媒介的影響下或已開始進行「質」與「量」的轉變，則以「傳統」論述「新變」後的發展，是否妥適？

文學的創作與傳播離不開媒介，如同魚與水一般無法切割。媒介是傳遞訊息的載體，是訊息產生者、傳遞者、接受者之間傳延領受的一切有形之工具。❷如此描述的好處在於避免循環定義，在論述上也有助於對媒介與訊息關係之討論。然而，就某個程度來看，媒介即是訊息，更值得重視的是就歷史與現狀來看，人們受媒介影響的程度遠高於訊息內容。因此，媒介的工具形式與發展將決定訊息的型態與特質，甚至形塑世界面貌、創造文化、乃至於深深影響個體之思維運作與活動模式。❸

如果將文學視為訊息，則文學的發展與型態同樣受到媒介的制約。如最初的文學形成應該是以口語為起點，進而發展至書面文字記錄。很明顯地由口語進展至書面，文學的形式與特質將有所差異。印刷術發展以後，人們習慣以書面進行文學書寫與閱讀。某些口語活動依憑或是生產書面紀錄底本，本質上擺脫不了書面。純粹的口語文學仍舊存在，但是徹底被邊緣化。

文學史並沒有為傳統文學定義，但是習慣上是以時間進行區分。這種區分相

---

❶　〈二十一世紀華文文學的新動向〉，收入楊松年、楊宗翰：《跨國界詩想》（臺北：唐山出版社，2003 年 12 月），頁 343-365。

❷　Denis McQuail, *McQuail's Mass Communication Theory*, Sage, London, pp.16-34.

❸　McLuhan, M., & Fiore, Q, *The medium is the massage: An inventory of effects.*New York: Bantam Books, 1967, p.4.

當有效率,能夠迅速地將文學遺產進行歷史性的連結與詮釋。傳統文學之創作、生產、閱讀、接受、批評、影響等層面,在歷史上或有差異,但是在本質上卻有很大的共通性。一個很清楚的例證是千年以前的文學作品或批評理論,對現今的書面文學仍舊有著深刻的啟發與詮釋效力。然而,以現今的媒介來看,傳統媒介與新形式媒介正在進行交替。印刷術的輝煌已將成為過去,類比式的記錄模式正積極地轉向數位化(Digital)。❹當資訊記錄已邁入數位化處理之時,則文學終將在螢幕背後以數碼方式運作。雖然,文字與語言依舊被呈顯,但是數位媒介之工具性質的轉變與龐大的動能,勢將改變文學的存在的面貌。

## 二、多媒體的迷思

十九世紀初發展出能連續記錄影像、聲音的媒介之後,以文字作為媒介的文學開始受到衝擊。這種衝擊主要來自於影音媒介逐漸形成的大眾文化直接挑戰文化菁英所壟斷的話語權力。

電視、電影以及產業延伸的影音播放器等媒介發揮廣大的影響力,並且形成相當規模的經濟體系,也創建出獨特的文化。但是,這些興盛於二十世紀的媒介最大的限制在於傳播過程中權力的不對稱性。一個顯而易見的事實是以電視、電影、廣播為媒介的資訊製作,需要專業的人力與龐大的資金。資訊接受者可以免費或是僅花費少許代價,便能獲得影像與聲音的滿足。然而,資訊創作者、生產者為了維持營運或獲利,必須向政治、社群意識或商業傾斜,這是媒介運作必須採取的策略。所以,在這個過程中,資訊接受者僅在局部範圍可以影響資訊創作或產品的內容,但在根源上還是一種單向的資訊供輸,而不是溝通與交換。

傳統上,資訊傳遞本身具有濃厚的權力位階關係,這種位階造成另外一種形式的不平等,或說是威權。然而,個人電腦與網路的興起似乎改變了資訊傳播的失衡狀態。

電腦最初於實驗室中被創造,以滿足工業革命以來人們希求智慧機器代替人

---

❹ 類比式訊號是以物理學上波的型態傳遞訊號,特點是連續,缺點是傳遞過程中有能量消耗的問題。數位式訊號亦稱數碼式訊號,是將訊號轉為計算機系統可辨認的二進位數字信息。

力進行複雜運算、思維的夢想。在美俄冷戰時期，龐大的軍事預算與心理恐懼讓電腦在硬體上獲得高度進展。隨著冷戰營構的緊張情勢逐漸消解，電腦的應用與技術發展由軍方走向民間。1970 年代，Apple、Tandy、Commodore 相繼推出以微處理器取代集成電路的個人電腦，奠定日後電腦普及的基礎。然而，此期個人電腦所處理的是基本的會計運算、記事等簡單功能。1980 年代，網路開始於民間應用，網域名稱與通訊協定被規範定型。1990 年代，個人電腦功能的提升與網路的普及，逐漸改變世界的面貌。

低價的個人電腦與鋪展迅速的網路傳輸系統的相乘效果，讓人們清楚地意識到數位媒介的繁盛前景。對個人來說，個人電腦與網路的搭配是從天而降的禮物，除了娛樂之外，更重要的是每個人可以積極地介入訊息的創作、生產、傳遞、獲取的運作環節。❺

對文學評論者來說，數位化時代是挑戰，也是契機。文學評論者敏銳地發現數位媒介的特質在於可以提供文字、影像、聲音三種表達形式。如果僅在數位媒介上呈現文字，似乎浪費其間蘊含巨大的能量，更重要的是文學理論告訴我們新的形式可以產生新的意義。於是，文學理論家們開始為數位文學量身打造新的理論，試圖為傳統文學開拓出新的生機。

如果將「網路文學」定義為「在網路上發表的文學作品」，雖然這樣的描述會降低這些作品在文學理論上的意義，並且無法精確地表達網路所具有的數位媒介的技術特性。因此，目前較為流行的描述是將網路文學稱為「數位文學」或「電子文學」，並在定義上將文學與網路、數位媒介等特質連結，以為新時代的數位文學應該是超越傳統平面印刷的限制，而包含各種數位技術所能添加的元素。❻

---

❺ 1980 年 David Godfrey 與 Douglas Parkhill 宣稱電腦加上網路將成為人類有史以來最接近「理想」目標的傳播媒介。David Godfrey and Douglas Parkhill, *Gutenberg Two*, Toronto, Porcepic. 1980, p.1.

❻ 李順興：「網路文學，或稱電子文學，根據目前的流行看法，可大略分為兩種：一是將傳統「平面印刷」文學作品數位化，而後發表於 WWW 網站或張貼於 BBS 文學創作版上；二是指含有「非平面印刷」成分並以數位方式發表的新型文學，學術上慣稱超文本文學（hypertext literature）。非平面印刷成分的明顯例子包括動態影像或文字、超連結設計（hyperlink）、互動式（interactivity）讀寫功能等。由於這些新元素的加入，擴張了文學創作的表現形式，同時也催生了新的美學向度。基本上，第一類網路文學只是把網際網路當作純粹的發表媒介，而第二

基於數位媒介具備多媒體展示的特質，呈現的形式隨著技術的發展而豐富多元，因此專業評論者多將數位文學的發展，集中在「超文本」（hypertext）文學的探討。❼他們普遍認為網位科技，可以讓文學脫離傳統，增添新的元素，為文學帶來新的生命。❽「超文本」文學的發展自網路勃興之後便開始進行，很遺憾地目前為止多為實驗性作品，並沒有形成風潮，優異的作品尚未出現。因此超文本作品可與理論結合，具有先行意義，在操作層次上而言，只能說有無限的可能，但是缺乏有力的實踐。❾以現今的數位文學發展來看，符合精確定義的實驗性網路文學

類則進一步將網路當作創作媒介，把諸多網路功能轉化為創作工具。」李順興主持的「岐路花園」網站於首頁就明列出此段定義，常為學者所引用。〔http://benz.nchu.edu.tw/~garden/a-def.htm〕林淇瀁：「我們可以說，『廣義的網路文學』只能看成是「在網路上傳佈的文學」，它與在其他媒介傳佈的文學除了媒介改變之外，本質毫無不同，故不能單獨成其為文類。因此，要確定網路文學的定義，顯然也必須從形式是否與非網路文本有明顯差異〔是否表現文本的新形式〕、以及是否呈現文學創造的新經驗等兩個指標來看。」〈流動的繆思：臺灣網路文學生態初探〉，〔http://home.kimo.com.tw/chiyang_lin/〕。該文亦收入《解嚴以來臺灣文學國際學術研討會論文集》（臺北：萬卷樓圖書公司，2000 年），頁 216-234。

❼ 「超文本」是美國學者 Ted Nelson 於 1963 年構思「hypertext」與「hypermedia」的概念，在 1965年在「計算機協會」（Association for Computing Machinery）發表。Ted Nelson 在會議上提出建構一部名為「Xanadu」的機器，將所有的資料、知識儲存其中，並且擁有最精密複雜接近全能的書寫、編輯、閱讀、檢索系統，於是讓閱讀與創作跳脫傳統。「Xanadu」即是為了實踐「hypertext」與「hypermedia」而提出，如此作品成為非線性（non-linear）的跳躍式文本，整體為沒有連續性的書寫系統，以「鍊結」（links）接駁「環素」（element），在某種意義上來說讀者可以隨意讀取並隨時加入環素、改變鍊結指向而成為新的創作者（寫式閱讀），閱讀行為成異於傳統的線性閱讀。請瀏覽 Ted Nelson 的個人網頁〔http://www.sfc.keio.ac.jp/~ted/〕，在「What I do」項下有簡略說明。現在臺灣評論網路文學的文章、論文幾乎都會引述 Ted Nelson「超文本」的概念，並且認為他是先驅人物。不過也有少數學者對「超文本」的觀念頗為抗拒，如曹志漣就尖銳地評論道：「其實在超文本觀念運用到電腦於網路之前，人類的閱讀方式就已經是超文本的。……如果就人的思維本身來看，現代人根本都有著不同程度的『注意力不能集中』現象，或者患有『文化精神分裂症／cultural schizophrenia』，聯想的運作使我們的思緒飛昇，在不同的事件中徘徊，意識流的創作……所以網路的超文本特性不該視為一種不得了的新敘述可能。」〈虛擬曼陀羅〉，《中外文學》，1998 年 4 月，第 26 卷，第 11 期，頁 87-88。

❽ 目前在網路超文本文學理論上，論述最完整的是大陸學者黃鳴奮，其出版多種論述網路性質與發展的專著。其中《超文本詩學》（廈門：廈門大學出版社，2001 年）至今為止，仍重要的「超文本」理論著作。本書長達 50 餘萬字，積極闡述超文本的理論意義與前景。

❾ 林淇瀁：「五年以來，無論是作為「新文類」運動，或者作為「超文本」〔hypertext〕實驗，無論閱讀或者書寫，網路文學作為一種文本，並在網路上被接近使用的狀況其實都相當不樂

作品，不僅數量太少，累積速度太慢，更重要的是尚在學院門牆之中，除了專業研究者關注之外，很難獲得共鳴。文學評論者對於網路文學的期望，是寄託在網路的特質之上。他們以為網路能帶領文學進入多媒體時代，展現出異於傳統平面印刷的特質，在形式意義上這將是重大的突破。但是無可諱言的是：在商業把持文化產業的現實情況下，超文本的發展並不樂觀。❿

超文本理論與其實驗性的創作，讓文學的出口多了一個選擇。但是這個選擇是炫目的煙火還是初誕的銀河，目前尚未能論定。以目前數位媒介的發展來看，超文本作品仍具有「意義」上的競爭力。

超文本作品目前陷入的困境在於過度強調文字的優位，所有的影像、圖形都環繞著文字產生，於是文字之分解、變形、扭曲、破碎、跳躍、異化、斷裂成為創作的主要表現形式，企圖讓閱讀者喚出超越文字本身的意義。超文本作品具有理論上的高度意義，但是在實踐上遇到最大的瓶頸在於閱讀者的興趣與詮釋能力。

文學與多媒體的結合在電視、電影時就已經開始。一個清楚的事實是：電影、電視節目能增加文學作品的銷售量、曝光度，但不能增加其價值。文學的價值在於本身具足之意義，外加的圖像與聲音是另一種意義。理論上文學與圖像、聲音可以協同產生作品，但僅是一種互補關係。文字、圖像與聲音各有其符碼表徵與

---

觀。……實際上，我們所看到的臺灣網路文學發展，在超文本創作的質與量並不可觀，讀者〔瀏覽者〕的互動也不頻繁。……二十一世紀開始的臺灣網路文學創作表現，缺乏創新，仍停留在圖文互釋的基礎層面，難以提供讀者更多的愉悅，和更多的想像空間，更不可能與讀者產生真正的互動。」〈高速公路下的沼地：析論臺灣網路文學傳播的窘境〉，中興大學外文系主辦：「多媒體·文學·臺灣」學術研討會，2001 年 10 月 13 日。http://tea.ntue.edu.tw/~xiangyang/chiyang/netliter3.htm.林淇瀁於 3 年後撰寫〈超文本、跨媒介與全球化：網路科技衝擊下的臺灣文學傳播〉仍舊以為過去超文本作品的發展狀況，不盡如人意。見《中外文學》，第 33 卷第 7 期，頁 103-128。

❿ Manuel Castells：「我們或許創造了一個極端超文件的映像：一個實際相互作用的系統、數位傳播和電子操作，且可共存與重組。在網路時代超文件可以以科技的方式存在，但它並沒有存在，因為沒有利益存在其中，尤其在多媒體商業世界中，除非有一個可實行的商業，超文件才可能會被建立。自多媒體商業擁有文化產品和進程的所有權後，超文件的幻影是無法被實現的。」The Ineternet Galaxy, Multimedia and the Internet: The Hypertext beyond Convergence，黃雅慧、歐貞延、曾子豪譯：〈多媒體和網路之間：超越聚集的超文本〉，《網路社會學通訊》，第 31 期，2003 年 5 月 15 日。http://mail.nhu.edu.tw/~society/e-j/31/31-1.htm。

感官運作程序，彼此之間各有長短。當三者協同於一處，就生理感官而言，人們對於圖像的注意高過聲音，而聲音又高過文字。所以文學雖然參與影音媒介的訊息傳播，但是很難作為主體。

超文本作品的侷限在先天已經注定，文字想要主導影像與聲音，在感官限制與大眾興趣上，將是一道困難重重的命題書寫。在某種程度上，我們只能說超文本作品具有文學成分，並且在其中佔據重要地位，但是其間意義與價值是否由文字主導或是創造，是很有討論的餘地。

不過，我們應該轉換一個角度來思考：超文本作品是不是必要由文字來主導意義的創發？文學居於配角地位，會降低其在作品或產品中的意義與價值嗎？

由過去多媒體與文學的互動來看，文字、影像與聲音協同創造意義與價值的模式已然成形，並且營聚出規模龐大的產業，形成多元豐富的大眾文化。在數位媒介的時代中，文字、影像與聲音的交涉融合，協同表達意義，應該是無可阻擋的趨勢。在考量數位媒介的特質及其發展趨向，文學本位的思維應該被邊緣於數位媒介。

# 三、雲端下的互動

過去訊息傳遞有空間與物質的阻隔，導致訊息的傳播過程成為具有權力與位階的意涵。因此，傳統訊息傳遞的落差不僅表現在供輸模式，還表現在訊息的效率問題。電子媒體的出現打破訊息傳遞過程中權力不均衡的現象，這無疑是極具革命意義的大事件。美國傳播學者梅洛維茲（Joshua Meyrowitz）提出電子媒體的出現，讓物質場所衝擊過去口語傳播與印書傳播佔據的自然、社會場所，使得傳播的空間性被打破。❶當空間性被打破，則權力所能佔據的訊息傳遞優勢將被化解一大部分，從此訊息的散步與接受散化為諸多的單元，組成較無位階性且組織龐大的訊息網絡。

傳播空間性被打破，展現出來的樣態便是速度的提升。數位媒介具有訊息溝

---

❶ Joshua Meyrowitz, *No Sense of Place: The Impact of Electronic Media on Social Behavior*, New York:Oxford University Press, 1986, p.115.

通上的速度優勢，這種優勢來自於節點的開拓與硬體的進展，另一個重要的原因則在於人們對訊息交換、掌握速度的渴望。數位空間中，速度不是過去的相對速度（relative speed），而是絕對速度（absolute speed），於是真實空間（real space）在此被擠壓抹煞。⓬因而在速度衝擊下，人類將面對存有的風險，這種風險大至與生存的本質意義有高度相關。⓭

對某些文學評論者來說，訊息傳播能突破空間限制，並且徹底展現在訊息交換的速度上，這將打破傳統文學的傳播程序與位階。傳統文學的傳播過程在作品的產生、傳播、閱讀、影響等層面上，耗去的時間以年，甚至是以朝代為單位。現在，時間的阻隔性將被打破。

問題是：「即時性」對文學創作與閱讀是助益還是傷害？十年磨一劍的醞釀，成為一年磨十劍的激揚，則如此的文學意義又是如何？答案或許令人傷感，但是數位媒介時代的創作與閱讀特性就是如此。或許有人會以為時間將可以沈澱或釐清某些文學作品的價值與意義。然而，弔詭的是數位媒介時代的時間是一種生滅流轉，速度將使人們將視線定在此間，不僅無法回頭注視消逝的那一瞬，連下一秒鐘的未來也無法掌握。⓮存有論的風險，一樣存在於數位時代的文學發展中。

時間在絕對速度下被消弭，於是空間也開始壓縮。這點很清楚地展現在作者與讀者的關係上。傳統文學之讀者在閱讀之後，很難與作者互動。於是讀者的意見、反饋只能在作者缺席的情況下進行。另一個重要的關鍵在於傳統文學的創作與閱讀的權力集中在文化菁英的手上，大眾沒有能力與資源參與。於是，文學被塑造成一種聖像，一種文化階級的象徵。很多時候，文化菁英甚至以其優勢位階對通俗文學進行嘲諷、打擊。

數位媒介的興起讓創作、閱讀的階級性被打破，作者與讀者之間的鴻溝被龐

---

⓬ Paul Virilio 是較早由數位媒介「速度」的角度，進行社會文化方面思考的學者。他主要的觀點是科技的速度帶給人類便利，但是帶給人們的衝擊將導致許多負面而無法承受的後果。Virilio P. (1995). *The art of the motor*. Minneapolis: University of Minnesota Press,1995.Virilio, P. *Open sky*. New York: Verso,1997.

⓭ 參見黃厚銘：〈邁向速度存有論：即時性電子媒介時代的風險〉，《新聞學研究》101 期（2009 年 10 月），頁 139-175。

⓮ Stiegler, B. *Technics and time, vol.1: The fault of Epimetheus*. Stanford: Standford University Press, 1998, pp.221-228.

大的參與者的集體力量消弭。「接受美學」（reception qesthetics）宣稱讀者才是意義的完成者，作品與作者只具備一種「勢能」，只有當作品與讀者相遇，才能產生意義生成的「動能」。❶❺數位媒介的工具效用，可以為閱讀之「意義」增加前所未有的巨大動能。

　　超文本作品中有一個重要形式在於讀者引導閱讀的模式。大致上來說超文本作品期待讀者積極參與作品創作生產，並且鼓勵打破既有的線性閱讀習慣，讓閱讀成為一種尋義的愉悅，而非僵化的慣性。從某個角度來看，現今的數位媒介發展的確讓讀者有了積極參與的空間。

　　最近數位媒介發展上最引人矚目的是「雲端運算」（cloud computing）。❶❻雲端運算的基本概念是透過網際網路將龐大的運算處理程序，分解成諸多小程序，再提交至在「雲端」上之系統伺服器，藉由運算分析之後，將處理結果回傳給使用端。個人在雲端運算體系下，可以是資訊提供者，也可以是使用者。如 1999 年由加州大學柏克萊分校主持的「SETI@home」（Search for ExtraTerrestrial Intelligence at Home）計畫，該計畫希望由網路相連的電腦群之計算能力，分析外太空傳來的電波，尋找外星文明的蛛絲馬跡。❶❼參與該計畫的電腦，會被賦予一個小的計算程序，運算後傳回主機。在此類分散式運算動作的體系中，個人是資訊提供者。若以使用者的角度來看，我們對雲端運算應該不陌生。現在的搜尋引擎、免費信箱，線上付費閱讀，FLV 影音網站之使用者，只要發出請求，則可以在遠方伺服器上進行程式運作，提取資料。雲端運算的最終目標就是希望使用端不用安裝任何軟體，一切必須的資源、資料都來自於雲端，使用端只需準備能連上雲端的機器可以使

---

❶❺　參見金元浦：《接受反應理論》（濟南：山東教育出版社，1998 年），頁 191-193。

❶❻　根據美國國家標準和技術協會（US National Institutes of Standards & Technology）資訊科技實驗室（Information Technology Lab）研究員 Peter Mell 與 Tim Grance 對於雲端運算的定義：「雲端運算」是一種同時兼具便利性以及能在可配置電腦資源的共用池（shared pool）中隨意選存取用的網路架構。該電腦資源可以在付出最少的管理成本或服務提供者介入之條件下，迅速地被提供以及釋出。參見：http://csrc.nist.gov/groups/SMA/ispab/documents/minutes/2008-12/cloud-computing-standards_ISPAB-Dec2008_P-Mell.pdf。

❶❼　計畫活動網站：http://setiathome.berkeley.edu/。政偉案：SETI@home 項目自 1999 年 5 月 17 日開始正式運行，至 2004 年 5 月擁有近 500 萬參與者，進行了近 $5 \times 10^{21}$ 次浮點運算，處理超過 13 億個數據單元。然因程式轉換問題，本計畫已於 2005 年 12 月中止民間電腦參與運算之活動。

用。

雲端運算具有高度的經濟效益,在資源分配與處理上有著絕佳的效率,被視為是本世紀數位媒介發展的重心所在。

文學在雲端運算發展中,會有什麼變化或進展?

創作者與閱讀者的身分重疊的現象將會普遍存在,兩者之間互相影響程度也將提高。但是,在雲端運算的世界中,極大化的資料量將使得創作者與閱讀者彼此契合相遇的困難度大為提高。於是,社群必將形成。

社群的形成來自於許多因素的集合,無論在資訊數量、訊息內容、溝通模式、介面開發、實際需求等觀點來看,數位媒介自然存在許多社群。以文學創作與閱讀為標的的社群當然會存在,然而存在的面貌將因話語權力的解放,而成為細碎的單元。審美的興趣與能力將決定社群的創作與閱讀內容,但是社群的穩定度並不高。在廣闊的數位媒介空間中,忠誠度最容易動搖。因此,社群的形成與解散幾乎可以視為一種游離的狀態,一種無法賦予穩定意義的群體。

數位媒介環境下的書寫,似乎不要求「意義」,此點從網路發展之初便可見端倪。網路書寫一開始形成時,就展現出寫作與閱讀僅是文化意義上的「遊戲」。作者拋棄話語霸權的限制,傾洩式地寫下一切。讀者快速地點擊閱讀,在某個程度上也是一種傾洩。作者與讀者彼此各為主體中心,快速地進行生產與消費過程。[18]創作與閱讀之意義成了一種歷程性的展示。[19]於是,過程就是意義,不管是創作還是閱讀。傳統文學所堅持的連續而穩定的結構與價值,就在數位媒介中的訊息發送端與接收端中崩解。

我們可以想像在雲端運算的世界,文學將是一道道程序,創作者提交至伺服器之後,等待著使用端的搜尋。閱讀者尋找文學的方式,將是一道道僵硬的指令。目前我們無法相信有任何的程式可以為個體生命尋出能契合其心靈脈動的文學作

---

[18] 維佳:〈遊戲、對抗與困境:論中國網路文學的寫作型態〉,《貴州民族學院學報(哲學社會科學版)》,總 73 期,2002 年 6 月,頁 47-49。

[19] 歐陽友權:「網路的後現代作品則不再提供任何經典作品所具有的意義,它提供的只是一種表演性的文學經歷,一種無意義的文字操作遊戲。……網路作品提供給人們的只是在時間上分離的閱讀經驗,無法在解釋的意義上進行分析,其審美的意義只存在於不斷閱讀的闡釋中。」《數字化語境中的文藝學》(北京:中國社會科學出版社,2005 年),頁 328。

品。於是，創作與閱讀成為一種程序上的增補或隨機排列。傳統文學具有相當高度的共識，無論在創作、理論與閱讀上，然而數位媒介的時代，創作與閱讀的共識將只存在於短暫的社群之中。

文學的價值與意義在數位時代沒有所謂的「永恆」與「普遍」。這就是數位時代下的文學景象。然而，碎裂與消散不代表文學已經失去價值。相反的，在數位媒介下，文學將可以脫去假面，解構威權賦予的詮釋規則，在某個特定的場域中，閱讀者將有機會尋求屬於自我生命之愉悅或「意義」。

## 四、商業與大眾文化

目前人們對雲端運算的思考集中在規模的擴大與商業化營運的角度，因此對於文學在雲端運算進程中的發展，仍傾向於商業利益。[20]商業化對文學的影響是數位時代無法迴避的問題。

當資訊量龐大到一定程度時，如何尋找正確而適合的資訊是需要解決的重大問題。我們可以期待政府組織或公益團體提供這類的服務，但是效率上來說絕對比不上商業團體。目前許多出版業者已經成立網站，提供閱讀者基本訊息，甚至是全文。也有許多文學團體無私地將文學數位化，供我們取用。然而，資訊之數量逼迫選擇機制必將出現。於是，我們將會有許多「被主動揭示」的資訊可以輔助判斷閱讀行為的進行。或許，我們會依賴「人氣」，藉此縮短尋找文學作品所需要的時間，或許我們總是信賴著「推薦」的權威與專業。然而，當年任何懷抱著文學將在數位時代解放的理想主義者，面對新的權威與專業又再次樹立，不知該如何消解惆悵？

媒介的運作需要大量的資金與人力，而這些並不是憑空而來。目前數位媒介的運作已經有一套穩定的商業機制，所形成的經濟體系日趨擴大。「文學」成為一種銷售內容，在包裝之後進行營銷，在今日已經形成常態。除了各家爭奪的電子書市場，目前已經有將文學視為銷售商品的商業機構於數位媒介上出現，如網

---

[20]　周浩正：〈我曾想開一家銀行：雲端運算的人間意義〉http://www.wretch.cc/blog/bhhwang/12945458。

路書店、網路出版社、「起點中文網」、「小說頻道」等等。

數位媒介下的文學發展,勢將與商業有萬縷千絲的連結。當然,傳統文學不是沒有商品化的環節,然而傳統文學最自豪的「純粹性」在數位媒介之中,將只是以數碼被儲存,默默瑟縮於某個網頁或是社群之中。能夠被廣泛閱讀,進行意義探尋的純文學,在數位媒介中將是弱勢的邊緣單位。在這種情況下,文學無可避免將與大眾的品味興趣與欣賞能力結合。也就是說在數位媒介的驅動下,文學與大眾文化將在訊息傳遞交換過程中佔據主流地位。

上個世紀法蘭克福學派的霍克海默(Max Horkheimer,1895-1973)與阿多諾(T. Adorno,1903-1969)合著《啟蒙辯證法》,對於大眾文化背後隱藏的資本主義的欺騙與墮落展開尖銳的批評。他們對於大眾所關注與喜愛的文化產業感到悲哀,宣稱:「藝術商品自身的性質正在發生變化。藝術也是商品,這並不新鮮。這種變化之所以新,就在於藝術衷心地承認自己就是商品。藝術宣佈放棄自律性,並且以能擠身成為消費商品為傲。」並且指出,藝術成為商品,勢必要放棄傳統藝術堅持的「無目的性」。[21]在後現代主義的思考影響的今日,藝術不分高雅與通俗,逐漸與日常生活結合。[22]或許應該寬鬆一點看待:藝術可以成為商品,商品可以是藝術,或者兩者都不是,而只是一種文化象徵。

數位媒介下的文學商業化經營,亟需創造快速而大量的利潤,將會以標準化的模式加速產品的行銷與製造過程。[23]普遍性現象是作者與讀者不再是各為主體,讀者依舊保持充分的自由,但是作者卻遺失了獨立性;寫作失去「遊戲」的純粹,更失去神聖的動機,而成為商業目的導向的產品製作。對作者而言,寫作成為賺取利益的方式;對讀者而言,這僅是一種娛樂。

或許我們不該對此感到沮喪失望!文學史已經清楚地告訴我們經典名著的數

---

[21] Horkheimer & Adorno, Dialectic of Enlightenment, translated by John Cumming, New York: The Continuum, 1972, p.157.

[22] 英國學者邁克·費瑟斯通(Mike Featherstone):「在藝術中,與後現代主義相關的關鍵特徵便是:藝術與日常生活之間的界限被消解了,高雅文化與大眾文化之間層次分明的差異消弭了。……對文化表面的『無深度』感到歡欣鼓舞,藝術生產者的原創性特徵衰微了。」劉精明譯:《消費文化與後現代主義》Consumer Culture and Postmodernism(南京:譯林出版社,2000年),頁11。

[23] 宋暉、賴大仁:〈文學生產的麥當勞化和網路化〉,《文藝評論》,2000年5月,頁26-32。

量本就如沙中之金。甚至我們該樂見文學走向商業營運，這似乎是數位媒介時代仍舊保留純粹文字書寫最後一塊淨土。

商業模式下的大眾品味，也能產出極具意義與價值之作品，這點毫無疑問。只是在數位的龐大而多元的訊息量掩蓋下，如何能被尋出，這是一個重大問題。

# 五、結論

海德格有篇著名的論文〈向技術提問〉，❷對技術（科技）作根源性的考察。他認為人類的本質性可以與技術相連結，技術不僅是手段，更重要的是其間的展示正揭露人類存有的關係與意義。

印刷術讓人類的文明有長足的進展，目前看來即將功成身退。數位媒介的出現，表明資訊的傳播與溝通正式進入全新時代。有學者便以現今為電子媒體為主導的第二媒介時代，並且認為人與機器之間的界線將被消解，兩者不是分割的空間，而是融合的並存。❷

我們無意誇耀數位媒介驚人的華麗，只是以為面對這個媒介換裝的時代，或許要對文學重新定義，並在價值與發展面貌上重新評估。更要提醒的是：數位媒介在技術上的發展掌握在西方世界，而數位媒介所需的資本操作在西方更是居於主導地位。如此，則華文文學在面對數位媒介的衝擊，需要有更深入的思考與因應。

---

❷ Heidegger, Martin (1993). "The Question Concerning Technology". In D.F. Krell (Ed.) Martin Heidegger: *Basic Writings*. San Francisco: Harper.

❷ 馬克・波斯特（Mark Poster）認為第二媒介時代的重大特徵是「雙向的去中心化交流」，其以為「監視器屏幕的這一邊是牛頓式的物理空間，而那一邊則是賽博空間。高品質的介面容許人們毫無痕跡地穿梭於兩個世界。……同時也是一套新興的人／機新關係的樞紐。」范靜曄：《第二媒介時代》（南京：南京大學出版社，2005 年）頁 16、18。

# 略論才子學人龔鵬程先生
# 其「人」其「學」——受其業、
# 讀其著與聽其聞所感所思

陳立驤*

**摘　要**　本文旨在對當代才子學人龔鵬程先生：一、其「人」，作一簡要的「事實的陳述」；二、其「學」，同時作一簡要的「事實的陳述」與「價值的判斷」，以做為學界理解與研究龔先生其人其學的參考。

　　全文共分四小節完成：一為「前言」。旨在對本文的性質、研究動機、問題意識、行文方式及其他相關事項等，作一簡略地交代；二為「略論龔鵬程其『人』」。旨在析論龔先生這個人的個性與人格特質；三為「略論龔鵬程其『學』」。旨在敘述、並省察龔先生學問的若干特色、殊勝處及待商榷處；四為「結論」。旨在綜覽全文，並對龔先生其「人」其「學」作一總結。

---

*　陳立驤，目前除分別擔任高苑科技大學及國立高雄應用科技大學通識教育中心專任與兼任副教授外，並擁有「中華民國華夏語文學會」常務理事與「南臺灣大學校院通識教育策略聯盟」理事等榮譽銜。此外，還曾於海峽兩岸的各大學校院——南京大學、河南大學、元智大學、湘潭大學、遼寧師範大學、臺灣師範大學、南京航空航天大學、浙江工貿職業技術學院與重慶信息技術職業學院等——講學或演講；也曾於佛光山叢林學院講授「中國哲學概論」與「西洋哲學概論」等科目。作者的學術專長為：中國哲學、通識教育與戰後臺灣小說等；學術著作有：《孟子性善說研究》、《宋明儒學新論》兩本專書，以及儒、道、釋、通識教育、臺灣文學、中國文學、文字學與書評等單篇論文六十餘篇。

本文的結論，主要有以下兩項：

一、有關龔先生其「人」，至少有八點可說：㈠若以金庸武俠小説中的人物來類比，則龔先生的個性，就像楊過、黃藥師、洪七公、令狐沖與韋小寶等人的綜合體；㈡若依美國心理學家荷倫（Holland）的人格類型理論來論，則龔先生似藝術型、研究型、社會型與企業型人格類型的綜合體；㈢龔先生的獨立思考與批判能力特強，不僅喜歡挖掘問題，且頗有創見，同時又愛唱反調，天生帶有「反骨」性格；㈣龔先生頗企慕至聖先師孔子，唯力不能至；自身帶有邪氣，但又特喜得性情之正與行事之宜的孔子；㈤龔先個性十分孤傲、對庸俗酬酢相當不屑，但為了現實的利害及理想之實現，又不得不應世，而且還頗有應世之能力；㈥龔先生對中華民族、歷史、文化、山川地理與風土文物等，充滿了相當濃厚的感情與認同；㈦龔先生的存在感、時代感與歷史滄桑感非常強烈；㈧龔先生頗具社會邊緣人或異鄉人的流浪性格。

二、關於龔先生其「學」，也至少有八點可說：㈠龔先生的「治學」領域甚廣，幾乎涵蓋了人文社會學領域各種學科在內；㈡龔先生「為學」常能看到別人看不到的問題，能提出別人提不出的見解。在發現脈絡之創意強、創見多，且常能形成各個研究的主題、領域或傳統；㈢可以其治學廣度及學術創見之長，以補當代新儒家學派狹窄化與偏執化儒學之短；㈣龔先生治學肇始於「習武練拳」。治學的「核心信念與最高嚮往」及兩大「問題意識」，分別是：「孔子之道」，以及「如何安頓自己的生命？」（獨善其身）與「如何安頓所處的社會？」（兼善天下）；㈤博學廣著，多才多藝，惜欠缺具代表性，且分量極重，而足以傳之後世的風雨名山之著；㈥對中國傳統文化與社會的「五大傳統説」（五教説），有待商榷；㈦同意並附和余英時，對傳統儒學在當代之處境僅成「游魂」的論點，亦有待商榷；㈧對現代化與現代性之解釋不夠深入與貼切，同時亦似乎有反自由、民主的理念與實務之嫌。

**關鍵詞** 龔鵬程　龔鵬程其人　龔鵬程其學　習武練拳　孔子

# 一、前言

在進入正文的論述之前，筆者想先在此交代以下幾點事項，以做為讀者理解本文所說的參考：

## ㈠本文的研究動機

筆者之所以撰寫本文，實因龔先生❶的交代所致。本（2010）年 8 月下旬的某一日，當筆者正在撰寫嵇康的養生思想，以及構思魏鶴山的學問特性兩文時，忽然接到龔先生的來電，謂：香港大學與北京大學等，將於本年年底，在廣東珠海舉行一場有關龔鵬程學術的研討會。因與會學者所發表之論文，幾乎都集中在文學方面，故他希望筆者能撰寫一篇有關他非文學類——哲學、思想或教育——方面的論文。因龔先生係筆者二十二年前，就讀臺灣中央大學中文所時之恩師，既然老師看得起學生的學術能力，則學生自然會喜不自勝；又既然老師對學生有所交代了，則學生焉敢不從？於是我便立即允諾他而撰寫本文了。

## ㈡本文的基本問題意識

原本筆者擬專門研究龔先生在中國哲學上的見解，以呈現其優點及可商榷處，但因從他電請我撰文至論文截稿日——9 月 15 日為止，僅二十多天的時間，加上我又同時在構思與撰寫另外兩篇論文——也是 9 月要交件，礙於個人學力及時間關係，實無法在如此緊迫的期限內完成一篇專論龔先生哲學見解的嚴謹論文，但因我已允諾龔先生要寫文章了，又不能臨時反悔或變卦，因此，筆者便想了個變通方式：我還是寫龔先生非文學方面成就的論文，但要依自己過去受業於龔先生的印象，以及長期以來閱讀其書、其文，關注其事、其聞的感想，來撰成本文。我在心裡問自己一個根本問題：我要如何恰當地解讀龔鵬程其人與其學呢？亦即：我應該怎麼把對龔先生的所處、所見、所聞、所讀與所思形之於文字，而恰當地表現出其人與其學的樣貌及特色呢？而此即為筆者撰寫本文的基本問題意識。

---

❶ 本文凡稱龔鵬程為「先生」者，皆同兼二義：一、泛指一般對成年男子的尊稱；二、指老師或夫子——筆者曾正式受教於龔先生一年，係其弟子也。

### ㈢本文的定性

本文係偏屬概略性的「論說之文」，而非嚴謹意義的「論證之文」❷。這是由於筆者：一、僅於 22 年前修過龔老師的一門一學年的碩士班課程，一週只能見到他二堂課：上課前打個招呼，上課時專心聽講，下課後亦無交遊或談心；二、修完該課程後再次見到龔先生時，已是十六、七年後筆者取得成功大學中文博士學位之後的事了；三、兩年多前，曾至成大中文所旁聽過龔先生有關中西美學與語文學的幾次課；四、近幾年來，也僅在兩岸的學術研討會上與龔先生的書畫展中，與他相遇若干次而已（約 10 次），因此，筆者並未長期親炙於龔先生門下，亦未多年與他交遊、論學與體道。我之認識他，絕大多數是透過他的著作、傳媒的報導，以及其他師友的談論❸等途徑而得的。所以我對其「人」的認識既不深入，也不全面，加以龔先生其「學」創見極多而爭議亦大，再加上截稿的期限已近，容不得筆者在寫作上「慢工出細活」，因此，勢必無法以一篇研討會論文，來詳述龔先生其「人」其「學」，是以本文對龔先生的論述，只能算是粗略性的論說，而非嚴密性的論證。故筆者才說：本文的定性，乃是偏屬概略性的「論說之文」，而非嚴謹意義的「論證之文」。

### ㈣本文的行文方式

為了本文論述的迅速與便利，也為了清楚呈現本文對龔先生其人其學的論點，故下文將採取分別論述龔鵬程其「人」與其「學」各一小節，以及在每一小節中先列舉若干條，然後再逐條論說的方式，以幫助讀者迅速、並清楚地理解及掌握：龔先生其「人」與其「學」的特性及問題所在。又，在龔先生所著的《龔鵬程四十自述》（臺北：金楓出版社，1996 年 9 月）一書的〈自序〉中，曾提及：「往事，數生平，為的是談問題。」而筆者，也想仿傚龔先生之所說，而在下文的許多地方要來談問題，來談龔先生其人其學的若干問題，以引領讀者們去思考，甚至於批判本文的論點，而有助於龔鵬程學術研究的推廣與深化。

而因筆者：一者，才氣低而見識淺；二者，才性偏而學識狹；三者，只讀過

---

❷　「論文」可包括「論說之文」與「論證之文」兩者，而本文，則較偏於前者。

❸　當然，這些談論有褒有貶，但對其「人」，似乎貶的比較多。

龔先生的部分著作；四者，亦未長期追隨龔先生，向其問學與求道；五者，僅以短暫時日來撰成本文，故本文勢必有諸多疏漏與誤謬之處，還請　諸位師長、先進、專家與學者們能不吝指正！倘賜　南針，則不勝佈謝之情！

以下我們便開始「淺言以盡興，藉事以言理」❹——暫用筆者不深刻、不究竟與不切要的言論，來聊盡學術研討之興致；並藉著本研討會之盛事，來論說龔先生其人其學之理——吧！

# 二、略論龔鵬程其「人」

眾所周知，由於龔先生多才多藝、允文允武、博學多聞與著述等身，因而享有「兩岸第一才子」的美譽。但這些都只是一般人對他的泛泛之論與表象之見，而不足以讓我們真正認識「龔鵬程」這個人。以下筆者將對「龔鵬程」這個「人」給我的印象，作若干的分析與探討，以幫助讀者更加了解他。❺

## ㈠從金庸武俠小說中的人物來看，龔先生似楊過、黃藥師、洪七公、令狐沖與韋小寶等人的綜合體。❻

由於龔先生自幼便習武、練拳（及打架），且好論武俠、功夫；而恰好筆者自幼也喜好武功（按：不過是模仿電影及銀幕上的俠客胡亂打），常幻想自己手持「青龍寶劍」（按：其實是一根木棍或竹棍，又筆者生肖屬「龍」）仗義行俠，並博得「天下第一劍」

---

❹　「淺言以盡興，藉事以言理」句，引自龔鵬程：《龔鵬程四十自述》，〈自序〉，頁3。

❺　本文對龔先生其「人」之所說，並不包括男女之情在內。這是因為：一者，對其男女之情，筆者既不知，也無興趣知道；二者，筆者認為男女之情屬個人私密之事，旁人必須予以尊重，而不應說三道四；三者，對龔先生的男女之情，只有龔師母才有權力過問與干涉，而與其他人無關。他人無需充當超然之婚姻與道德裁判；四者，龔先生係一才子，而紅粉佳人崇仰才子，乃是極其自然之事。若筆者身為女人，則我也會欣賞龔先生其人、其才與其學的；五者，若真以男女之情非議龔先生，則自古以來的才子、文人，甚至於聖賢、豪傑與英雄，便鮮少可欣賞與可仰慕了，因他們常妻妾成群，感情生活多彩多姿；六者，筆者認為：愛情畢竟不等同於道德（但婚姻可再另論）。

❻　關於龔先生，以及楊過、東邪、北丐、令狐沖、韋小寶等人的個性及人格特質，可分別參閱龔先生所著之《龔鵬程四十自述》，以及金庸所著之《神鵰俠侶》、《射雕英雄傳》（即《大漠英雄傳》）、《笑傲江湖》及《鹿鼎記》等書。

的美名（按：覺得不亦快哉）；長大後又喜讀金庸武俠小說，且好歌據金庸武俠小說所拍成電視劇之主題曲（按：如〈兩忘煙水裡〉等），因此，筆者首先便以金庸武俠小說中的人物，來論龔先生其「人」的特質。

依筆者之見，龔先生其實像是（東狂、神鵰俠）楊過、（東邪）黃藥師、（北丐）洪七公、令狐沖與韋小寶等人的綜合體：有楊過的孤傲、狂放、叛逆與激越性格及熾熱感情；有黃藥師的自信自負、絕頂聰明、多才多藝及亦正亦邪（按：但無東邪在算學方面的天才）的特性及風格；有洪七公的正義感、貪吃、好玩及領導統馭的能力[7]；有令狐沖的愛喝酒、喜友朋之個性，也有其「笑傲江湖」之願望；還有些許韋小寶依厚黑學，耍若干小權謀的特質與表現等。凡此種種特色，均具足於龔先生身上，故筆者說他像是楊過、東邪、北丐、令狐沖與韋小寶等人的綜合體，不亦宜乎！[8]

## (二)依荷倫（Holland）的人格類型理論，龔先生似藝術型、研究型、社會型與企業型的綜合體。

因筆者曾多次擔任本校的義務輔導老師，也剛在今年暑假擔任本校「生涯規劃」暑修科目的授課教師，故對各種人格理論均有所涉獵，也都有若干粗淺的了解，因此，以下我們便從美國學者荷倫（Holland）的人格類型理論，來探討龔先生其「人」的特質。

按荷倫將人區分為六種人格類型：實際型、研究型、藝術型、社會型（按：義近於服務型）、企業型（按：義近於領導、管理型）與事務型人格等：

實際型（Realistic）人格重視實用價值及具體成效。個性較為順從、坦率、穩健、謙遜與堅毅等。喜歡實際動手去操作器具與處理問題。常有機械與動作方面的能力。其適合的典型職業如：農夫、工人、機械員與電器維護士等。

---

[7] 洪七公統領江湖第一大幫──丐幫，不僅深受幫中長老及弟子們擁戴，同時還博得了武林人士的高度讚譽；而龔先生則創建了三所大學及許多法人團體，而且辦得有聲有色，譽滿兩岸，足見兩人均頗具領導統馭的能力。

[8] 此外，我們也可從臺灣霹靂布袋戲中的人物，來看龔先生其人，而說他似史艷文（談吐斯文，有淑世理想的儒俠）、黑白郎君（武功高強，亦正亦邪，以別人的失敗為其快樂）及劍子仙跡（既超然物外，又行俠人間之仙風道骨的道家人物）的綜合體。

　　研究型（Investigative）人格好學、喜讀書、有自信，求知欲強，著重理論與理念，個性較為謹慎與保守，擅於分析與批判，喜歡以自己的研究能力去解決問題，並常有數理邏輯方面的能力，其適合的典型職業如：各領域的專家、學者與研究人員等。

　　藝術型（Artistic）人格特重美感特質，具有複雜、想像，衝動，獨立，叛逆、重直覺、無秩序，情緒化、理想化、有創意與富有表情等特質，喜愛具文藝性質的職業或情境，並常有表演、寫作、語言、音樂、舞蹈或美術方面的能力。其適合的典型職業如：詩人、作家、演員、畫家、舞蹈家與音樂家等。

　　社會型（Social）人格重視淑世與倫理方面的問題，具有友善、慷慨，喜助人，肯負責，願服務、善社交、理想主義，說服他人與富洞察力等特質，喜愛社會或公眾性質的職業或情境，並常有瞭解他人、幫助他人與教導他人能力，其適合的典型職業如：教師、傳教士、輔導老師與社工人員等。

　　而企業型（Enterprising）人格，則重視政經方面的成就，具有冒險、野心，獨斷，衝勁，樂觀、自信、領導力、管理力、追求享樂、精力充沛、善於社交、喜高知名度及公眾肯定等特徵，喜愛企業或管理性質的職業或情境，其適合的典型職業如：企業經理人、政治人物及各種組織團體負責人等。

　　至於事務型（Conventional）人格，則看重商業與財金方面的成就，具有服從、謹慎、小心、規律、保守、堅毅、有效率及缺乏想像力等特質，喜歡具體性、例行性事務性質的工作或情境，常有文書、數字與電腦繕打方面的能力，其適合的典型職業如：出納員、會計員、打字人員與行政助理等。❾

　　而在上述的六種人格類型中，筆者認為：龔先生比較像是研究型、藝術型、社會型與企業型這四者的綜合體：他在人文社會學科領域的研究能力與學術成果，是眾所皆知與評價極高的，故他深具研究型人格的特質；他不僅有典型的藝術家性格——複雜、想像、衝動、獨立、多情、善感、叛逆、重直覺、情緒化、理想化與有創意等，同時也創作了許多文藝作品，如古典詩、散文與書法、國畫等，故他亦深具藝術型人格的特質；他又具有淑世情懷，想要轉化與提升華人社會為一人文化成的禮樂之邦，想要復興與發揚以孔子為代表的中華文化，更何況

---

❾　以上所說，請詳參陸啟超：《生涯規劃》（臺北：全威圖書公司，2003 年 2 月），頁 38-41。

他還是一位大學教授，數十年來誨人無數，故他亦頗具社會型人格的特質；此外，他還在兩岸與東亞創辦與管理了多所大學及多個學術與宗教團體，因此也具有企業型人格的特質。至於實際型與事務型人格特質，則是他所較為缺乏或不顯的，因此，本文才說：龔先生似藝術型、研究型、社會型與企業型的綜合體。

### ㈢獨立思考與批判能力強，喜挖掘問題，創意思考強，愛唱反調（有反骨）。

由於龔先生深具研究型的人格特質，因此，他有很強的求知欲，同時也樂在書海之中而嗜讀成痴；另外，也由於他深具研究型的人格特質，因此，他的獨立思考與批判能力也是遠高於一般人文學者的；加以他又具有典型的藝術型人格特質，因此，他那種在發現脈絡中挖掘與找出各種問題的能力，以及超乎常人與逸於常規的創意思考能力，也就比一般的學者專家要來得強許多。❿

此外，因龔先生的藝術型人格特質（來自先天遺傳），以及他從小（後天）的生活環境與成長背景的關係，以致於造成了他極其強烈的反骨與叛逆精神，他喜歡唱反調，喜歡與眾不同，如此，才能顯示出俗見的不當，也才能展現其見解之殊勝。⓫

### ㈣企慕孔子但力不能至，自身帶有邪氣但又特喜得性情之正與行事之宜的孔聖人。

除了上述三項之外，龔先生這個人還有另一項很重要的特質，那就是：他很崇仰孔子，但又力不能至，因此，對孔子其人其學與其事充滿著人格的認同、價值的皈依、距離的美感與宗教的情懷。龔先生對孔子其人其學與其事的景仰，在其作品中隨處可見⓬，即連他在創辦與經營南華與佛光兩所大學時，雖說該兩所大學的所有者與董事會，係佛教臨濟禪宗的佛光山文教基金會，但其實他是依孔

---

❿ 筆者認為：各行各業的優秀人才，若他們能表現出許多的創意思考，則通常他們都會具有若干的藝術型人格特質，這是因為藝術的本質之一本是要打破與逸乎常規常矩的。

⓫ 其實，筆者在中央大學的恩師岑溢成先生，以及博士論文口考老師林安梧先生，甚至於是筆者自己，也都有這種反骨與叛逆的特質。但岑、林二先生因研究能力強，故在學術路上走來順遂，筆者則是才氣不足，空有反骨與叛逆精神，故一路走來，跌跌撞撞，至今一事無成。

⓬ 參見本文第參節第四點。

子的文教理想與禮樂精神來辦學的,他在做兩次文教實驗,而希望效法孔子透過教育的方式來淑世,也希望辦出具有華人傳統文化特色,而適於華人求學造道的大學,只可惜後來功敗垂成,殊為可惜。

我們可以這麼說:自身帶有若干邪氣,亦正亦邪,以及行事有時偏狂激越的龔先生,之於得性情之正與行事之宜的孔子,情形就「有點像」:性情激越狂傲、行事帶點邪氣的楊過,之於性情仁厚忠信、行事正大光明的郭靖(按:郭靖的仁厚與忠信似孔子,但個性、風格與學問,則與孔子差距頗大),而終被郭靖的仁厚人格與忠義精神所感動一樣。❸因此,孔子及孔子之道可說是龔先生的偶像及心靈歸鄉。

### ㈤個性孤傲、不屑庸俗酬酢,但為現實,又不得不應世,而且還頗有應世之能力。

在上文中已說:龔先生有楊過的孤傲、狂放、叛逆與激越之性格。而具有此性格者,通常也會鄙視世俗價值,而不屑於庸俗酬酢;但上文中又說:龔先生也具有社會型與企業型人格之特質,因此,為了現實上的文化、教育、宗教與學術事業,也為了他的濟世、淑世的理想,他常會展現他那與世推移及和光同塵的能力與稟賦,而且因為他在理念層面上的目標、方向很明確、清楚,所以當落實在實務層面上時,通常他的文教與學術事業也能辦得有聲有色。而這正顯示出他這個人很特殊的一點:孤傲的個性,不喜也不屑庸俗酬酢;但一旦應世酬酢起來,則亦能有聲有色。我們可以這麼說:龔先生是一位理念與實務能力兼具之人。❹

### ㈥對中華民族、歷史、文化與山川地理、風土文物,充滿濃厚的感情與認同感。

就如同金庸的武俠小說,充滿著金庸對中華民族、歷史、文化與山川地理、風土文物等的濃厚感情與認同一樣,龔先生的作品,也充滿著同樣的感情與認同。而此恰意謂著:龔先生是一個擁有深厚、濃烈的大中華情懷與認同感的人。

---

❸ 參見《神鵰俠侶》,冊三,楊過擬聯合蒙古人及諸武師擊殺郭靖,以及郭靖欲斬斷其長女郭襄一臂,以謝楊過被郭襄斬斷一臂之過二事。

❹ 龔先生此點是讓我深深佩服的。因我自覺我有些許理念,但實務能力較差。換言之,筆者是理念能力強而實務能力弱的人。

龔先生這樣的大中華情懷與認同感，貫穿於他的言談舉止、做人處事，以及所有的著作——詩、文、書、畫、語言（文）學、中國文學及文學史、臺灣文學與文學史、旅遊文學、美學、藝術理論與藝術史、儒學與儒學史、道學與道學史、佛學與佛學史、經學與經學史、民俗學、思想史、史學、宗教學、武俠學、教育學與通識教育思想等——之中，因此，我們可以說：他乃是一個道地的、成色十足的大中華情懷與認同者。或許，他的前世可能是：中國古代（包含晚清）某一位允文允武、才學兼具的「士大夫」也說不定？！❶❺

# 三、略論龔鵬程其「學」

以上是有關龔先生其「人」的論述。當然，在以上的論述中，筆者主要是在從事「事實的陳述」，而非「價值的判斷」。換言之，我只是想去陳述與描繪：我所知道的龔先生這個人的為人與人格特質，而比較不想去問：他這樣的為人與人格特質，究竟是好的，還是不好的？到底是值得效法的，還是應該敬遠的？

而以下對龔先生其「學」的論述，則雖然也有大量的「事實的陳述」成分，但其實也包含很多的「價值的判斷」——尤指筆者對龔先生學問的正面評價——在內。

之所以如此，不只因為龔先生最廣為人知，以及最受人所稱譽的乃是在他的學問，更重要的原因是：筆者對他的學問之廣度、發現問題之能力，以及創意思考之表現，是由衷佩服的；而且從他的多才多藝與博學廣著之中，也讓我得到很多收穫。這些收穫，不僅擴大了我的學術視野，讓我漸漸有一「整體的通觀識見」（通識）；同時也讓我體會到許多讀書的樂趣；而且更重要的是：讓我在課堂上的

---

❶❺ 其實，龔先生其「人」，除了以上六點特質外，尚有「存在感、時代感與歷史感特強」及「頗具社會邊緣人與異鄉人的流浪性格」等特質可說。之所以如此，筆者以為可能是由以下四點因緣所導致：一、身為臺灣外省人的第二代，背負在臺灣外省人之「原罪」（對獨派人士來說）；二、父執輩個性、思想、觀念及生活經驗的影響；三、從小顛沛流離、貧賤交迫的生活遭遇之影響；四、國民政府在臺灣的中華文化復興運動及教育的影響。當然，筆者亦不排除可能有其他的因素。而因本文的字數已過多，加以研討會的論文截稿時間已至，故筆者在此，就不擬再對此兩點多作論述了。

教學，增加了許多內容與趣味，而學生也因為很喜歡聽這些內容，所以增進了他們的聽課興趣。❻因此，以下筆者便將以一種欽羨與感恩的心，來對龔先生的學問作一介紹與省思──包含善意的省察與建議在內。

## ㈠「治學」❼領域甚廣，幾乎涵蓋了人文社會學領域諸學科在內。

龔先生其「學」的一大特色，也是令筆者相當佩服的所在，乃是：治學領域甚廣，幾乎涵蓋了人文社會學領域諸學科在內。不管是與龔先生聊天，或是聽龔老師上課，還是親自研讀龔學者的著作，筆者都會覺得：他幾乎是無所不知，無所不曉的。他的學問涵蓋面至廣，幾乎涵蓋了人文社會學領域裡的語言（文）學、中國文學、中國文學理論及文學史、臺灣文學、臺灣文學理論及文學史、旅遊文學、美學、藝術理論與藝術史、儒學與儒學史、道學與道學史、佛學與佛學史、經學與經學史、民俗學、思想史、史學、宗教學、武俠學、社會學、未來學、教育學、文化人類學、文化符號學與通識教育思想等。

由於龔先生學問領域如此之廣袤，知識內容如此之浩繁，因此，在學問上他可以算得上是真正的「博士」了。相形之下，其他各領域、各學科的眾多「博士」們，其學問廣度便頗有不如，而只能「恰如其分」地算是「專士」了。

## ㈡能看到別人看不到的問題，能提出別人提不出的見解。在發現脈絡之創意、創見多，且常能形成各個研究的主題、領域或傳統。

雖然龔先生的學問領域十分廣袤，知識內容頗為浩繁，但這還不是我最佩服他的所在。龔先生其「學」，最讓筆者佩服的乃是：能看到別人所看不到的問題，能提出別人所提不出的見解。在發現脈絡之創意、創見多，而且常能形成各個研究的主題、領域或傳統。

早在 1987 年，當筆者還在碩士班一年級修讀顏崑陽老師的課程時，就曾聽他

---

❻　如龔先生說功夫、談武術、論宗教，以及其遊記，都是我與學生們所喜歡的。

❼　其實對龔先生來說，「遊學」一詞，是遠比「治學」與「求學」等詞，還要來得更貼切的。這是因為他認為：一、「讀書不是工作，也不是休息」，而「是一件最好玩的事」（《龔鵬程四十自述》，〈遊學〉，頁 78）；二、他之為學，「不是求學，而是遊學。優遊戲浴於學問海中，游心騁思，不亦快哉」（同前，頁 79）

說龔老師與岑溢成老師❸的學問區別：「龔老師長於創意與創見，而常能形成新的研究主題或傳統；而岑老師則長於證成，其論證命題或主張的能力嚴謹而細緻。」❹當時的我，因剛從理學院畢業而轉考上中央中文所，文、史、哲的底子甚差，所以並沒有很深入體會到顏老師所說的實義；而今細細思之，深覺他的說法真是一針見血、恰如其分。的確，龔先生學問最重要的特色，以及最令筆者與學界所稱道者便在於：不僅學術上的創意與創見特別多，同時它們還常能形成新的研究主題或傳統。他常能看到別人所看不到的問題，能提出別人所提不出與想不到的見解。亦即：他在發現脈絡中的創意與創見，真的是多到不可勝數。尤其難能可貴的是：他的新論或新見，常能誘發同儕或後進群起研究，因而形成了各個研究的新主題、領域或傳統。如：「武俠」與「江西詩派」的研究等即屬之。

當然，因龔先生的學問底子並非哲學，且其數理能力亦不強，故他對自己新見解、論點或主張的論證，相對來說，有時便顯得較為粗略與不足，以致於支持的效力便薄弱許多。甚至於也有若干學者指出：龔先生做學問，喜歡每個主題、領域都沾一下，都蜻蜓點水一下，但都沒深入去探討或處理，因此，會給人一種他只在玩學問，而沒有認真在做學問的感覺，這樣其實不太好。

對於這樣的評論，筆者是有部分認可的──雖然我佩服龔先生的學問。這是因為龔先生本就愛玩，本就愛旅行、愛跑來跑去──身邊不可能帶一大堆書籍與資料，不可能長時間只在某一定點做研究，而且他的才性本就頗長於創新、創見，而較短於證成，因此，他之喜歡每個學術主題、領域都沾一下，都蜻蜓點水一下，且常沒深入去探討或處理，不也是很正常的嗎？

### ㈢可以其治學廣度及學術創見之長，以補當代新儒家或鵝湖學派狹窄化與偏執化儒學之短。

以唐君毅與牟宗三兩先生──尤其是牟先生──及其弟子與再傳弟子們為主

---

❸　因當時班上同學都很佩服岑老師的學問及學術能力（按：後來 10 位同學中，竟有 4 位請他當碩士論文指導教授），而顏老師深知龔先生學問之長，遂告知我們兩位老師學問之優點與特色所在，以指引我們能分別學習到他們各自的優點。

❹　上引顏師之說，只是相近的大略記憶耳，而未必與其所說的內容完全相同。

的當代新儒家學派（或「鵝湖學派」），可說是有史以來，從「哲學」或「思想體系」的角度，將儒學詮釋得最清楚、最專業與最深入的學派了。但因他們主要是從「哲學」的角度來研究儒學，並把儒學僅視為「儒家哲學」❷，同時也只重在儒家哲學的「形上學」與「倫理學」方面的闡述，而將儒家哲學建構成一套系統性與理論性極強的「生命的學問」，所以招致了學界的諸多批評：

⑴有的認為他們把儒學「知識化」與「理論化」，從而建立了儒學的「學統」——雖然他們的初衷是想延續「道統」，並講明及開出「政統」的；⑵有的主張他們把儒學「學院化」了，只在大學系所中講儒學，而與大學校院外的普羅大眾的生活既不相關，也無助益；⑶有的不屑於他們自居為儒家的正統繼承者，把儒學宗教化，自己建構起唯我獨尊的「牟門教」，而視其他講論與研究儒學者為異端或旁門；⑷有的認為他們把儒學窄化了，把儒學窄化成只是「儒家哲學」，只是「道德的形上學」，只是道德的「本體論」與「工夫論」；⑸有的則認為他們只單就個體生命講「生命的儒學」，而忽略了儒學的生活面向與社會面向，所以應該要轉向講「生活的儒學」與「社會的儒學」等。

上述的批評，當然各有所見，也各有其道理，不過，筆者倒是認為：把儒學講成主要是「儒家哲學」，把儒學「知識化」、「理論化」與「學院化」，並為儒家哲學建立了所謂的「學統」，同時還把儒學講成是「生命的學問」，正是當代新儒家的最大特色與貢獻所在。只是，當代新儒家的最大特色與貢獻所在，也正是其限制與缺憾所在。這是因為：歷史上真實存在的儒學，從來就不只是一套高深的知識與理論而已！也從來就不只是單就個體生命所講的一套「生命的儒學」而已！而是落實於生活與群體之中的成己成人成物、內聖外王，以及經世致用的學問及踐履；就算我們純粹以知識的角度來看儒學，則儒學也不只是「儒家哲學」或「儒家形上學」而已！它還包含了經、史、子、集等各方面的學問，因此，當代新儒家只把儒學視為「儒家哲學」及「生命的學問」，其實是過度窄化與偏執化了儒學，而大有商榷之餘地的。

---

❷ 當然，當代新儒家學派認為儒學是「學究天人的內聖外王之學」，是「道德仁禮一體的一貫之學」，不過，這仍舊只是「哲學」進路下的說法。換言之，對他們來說，儒學乃是：「學究天人的內聖外王之『哲學』」與「道德仁禮一體的一貫之『哲學』」。

依筆者淺見，學問涵蓋面至廣，學術創見又多，且又為當代新儒家「講友」❷❶與「諍友」❷❷的龔先生，正可以其治學廣度及學術創見之長，以補當代新儒家狹窄化與偏執化儒學之短。雖然龔先生曾說：他讀牟先生之書，「越讀越覺得其中別有一種引人入勝之處，思力透闢，架構謹嚴，令人無法漠視，而且事實上也極具啟發性」❷❸，但其實他一直主張：

> 現今應將生命的儒學（筆者按：此係牟先所主張與成就者），轉向生活的儒學。擴大儒學的實踐性，由道德實踐而及於生活實踐、社會實踐。除了講德行美之外，還要講生活美、社會人文風俗美……恢復古儒家治平之學，讓儒學在社會生活中全面復活起來，而非僅一二人慎獨於荒齋老屋之間，自盡其心自知其性而自謂能上達於天也。❷❹

也曾對牟先生之說不表贊同：

> 我基本上是反對牟先生之講法的。他論孟子、論荀子、論陽明、論歷史哲學、論朱熹陳同甫……論明末清初，我統統不贊成。我覺得他經學甚疏、歷史甚隔、文學根本不懂，詮解文獻，尤多偏宕，無法讓我信服。❷❺

所以他其實是「反對」（破）牟先生（及當代新儒家）之說，而另「主張」（立）「生活的儒學」以替代「生命的儒學」的。為何龔先生會反對牟先生之說？又為何他會主張「生活的儒學」而不贊同「生命的儒學」？就是因為他認為牟先生及當代新儒家諸師友們的學問廣度不夠，太專、太窄，以及偏離人的日用倫常與社會生活，換言之，就是過度窄化與偏執化了儒學——窄化成「儒家哲學」、「道

---

❷❶ 此係上海社科院羅義俊先生所說，而為龔先生所同意者。參見龔鵬程：《龔鵬程四十自述》，〈交友〉，頁162。

❷❷ 「諍友」一詞，係筆者所自行提出者。

❷❸ 《龔鵬程四十自述》，〈交友〉，頁161。

❷❹ 龔鵬程：〈人間佛教與生活儒學〉，收入《普門學報》第一期，2001年1月。

❷❺ 《龔鵬程四十自述》，〈交友〉，頁161。

德形上學」；偏執化成「生命的儒學」，因此，本文才主張：可以龔先生治學的廣度及學術創見之長，以補當代新儒家或鵝湖學派狹窄化與偏執化儒學之短。

## (四)治學肇始於「習武練拳」；治學的「核心信念與最高嚮往」，以及兩大「問題意識」，分別是：「孔子之道」，以及「如何安頓自己的生命？」❷⑥與「如何安頓所處的社會？」❷⑦

龔先生的學問既是如此博大，著作既是如繁複，那我們不禁要問：他治學的起點在哪裡呢？又，他治學的核心信念與最高嚮往是什麼？還有，他治學過程中的主要問題意識究竟是什麼？

對於第一個問題——「他治學的起點在哪裡？」，我們從他接受《China Yes》雜誌訪談的內容中，便可清楚得知：乃是「習武練拳」。龔先生說：

> 我很小就練拳，我練大陸的一種拳法，但我的對手練的是臺灣拳，那我該不該瞭解他的套路，我要知己知彼，要搜集全部的拳譜。搜集的過程就積累了文獻學的方法。因為我練拳，然後很自然就對中國的武俠小說、俠義傳統產生興趣……練武經常受傷，那我又開始研究中醫、中藥……接下來，我瞭解大陸的少林、武當等武學，他們的文化背景後面遠遠地站立著太極、八卦等概念，那我又開始研究與之相關的宗教觀念等等。後來研究市井文化，我還和幫派、社團打交道，研究他們和政府的關係等等。「逼上梁山」的成語講的就是這樣的關係。❷⑧

又說：

> 從一個點——武術——進去，要想精通，所有領域就都要瞭解。我的研究是整體的系統。我同時可以思考並做很多方面的研究，因為研究物件他們

---

❷⑥ 此問題即「如何獨善其身？」之意。

❷⑦ 此問題近於「如何用以孔子之道為核心的中華文化來轉化與提升社會？」之意。

❷⑧ 參閱 http://mag.chinayes.com/MagazineBase/thzz/1469/20081124150229553_5.shtml 網頁。

本身都是互相聯繫的。㉙

由龔先生的這兩段話，就足以證明：本文所持龔先生治學係肇始於「習武練拳」的論點，乃是言之成理與斷之有據的。㉚

而第二個問題——「他治學的核心信念與最高嚮往是什麼？」，本文認為是「孔子之道」㉛。以下的諸引文，便可做為本文論點的理據：

「我對自己不是沒有期待的，影響我最大的是我小學時讀到的一本《孔子傳》。」書的內容很簡單，講的孔子生平。但從那個時候開始，孔子成為了少年龔鵬程心中的典範。他覺得在心理上和孔子很近，一進大學就寫書，在他看來，一是通過書寫來整理思緒，另外就是著書立說，可以像孔子那樣立言。「我的言說能否影響別人是另外一回事，起碼證明我活過了，這就是不朽。」㉜

我是一個讀孔孟之書的人，幼受仁義之教，長而欲以聖賢人格為依歸。㉝

我喜歡（曲阜孔府、孔廟、孔林與祭孔）這種氣氛，也明白孔子墓就是我文化生命的歸骨之所。在墓前站立時，我深切感覺到我也正躺在裡面。㉞

孔廟，是人類文明史上的奇蹟……迄今，二千五百多年了……中國沒有一個廟比得上它，世上有沒有這樣的例子……耶穌、釋迦、穆罕默德等人，非不偉大，但總都還要攀扯皇室血統或依附上帝，……非豪傑之士不待帝

---

㉙　同上。

㉚　此外，在《龔鵬程四十自述》的〈逆俗〉與〈問道〉等章中，亦有若干類似的說法。

㉛　即孔子的「一以貫之之道」——道德仁「藝」（禮）、內聖外王、立己立人、成己成人的身心、群己與天人通貫之道。

㉜　引自 http://big5.xinhuanet.com/gate/big5/news.xinhuanet.com/book/2010-05/21/c_12128151.htm，〈龔鵬程：從西學到國學，從臺灣到北京〉一文。

㉝　《龔鵬程四十自述》，〈困知〉，頁 317。

㉞　同上，〈藏史〉，頁 381。

> 王而後興者也，其廟堂也不能屹立兩千載。㉟

> 我喜歡孔子。故旅行每過州府，輒要訪謁文廟。連去越南、琉球、日本、韓
> 國也不例外。亦曾參加過大陸的孔廟保護協會的年會，並在臺灣佛光大學
> 成立了一個孔廟研究中心，推動亞洲孔廟聯誼會……佛光大學開校啟教時
> 也是祭孔的……我喜歡……仰望老夫子殿堂上的牌位和聯區，靜靜地體會
> 夫子之道的尊榮與寂寞。那也就是我的寂寞。這種寂寞，只有孔子才能了
> 解，所以我格外喜歡到孔廟去兀坐、去徘徊……有一年去雲南……的建水，
> 竟看見規模宏大的文廟……不覺怦然興感，與同行者都跪下去磕了頭。㊱

　　我們從「孔子成為了少年龔鵬程心中的典範」、「他覺得在心理上和孔子很
近」、「可以像孔子那樣立言」、「我是一個讀孔孟之書的人，幼受仁義之教，
長而欲以聖賢人格為依歸」、「孔子墓就是我文化生命的歸骨之所」、「孔廟，
是人類文明史上的奇蹟……中國沒有一個廟比得上它，世上有沒有這樣的例子」、
「我喜歡孔子」、「夫子之道的尊榮與寂寞，那也就是我的寂寞」與「這種寂寞，
只有孔子才能了解」等語句，以及他看到雲南建水的孔廟，便「跪下去磕了頭」
這件事，便可合理推知：「孔子」確實是龔先生心中最高的人格典範；而「孔子
之道」，也確實是龔先生治學的「核心信念與最高嚮往」。
　　至於第三個問題——「他治學過程中的主要問題意識究竟是什麼？」雖然就
筆者所知與閱聽所及，龔先生似乎未曾在其著作、上課或演講中明白說出（按：他
或許自己心裡很清楚，但卻沒有很清楚地表示），但經由筆者仔細研讀過他所著的《龔鵬
程四十自述》一書、大量書報及網路文章、若干受訪文稿，以及親自打電話請教
過龔先生本人後，可以很明確斷定：龔先生一生的治學（加上辦學與做事等）過程，
主要有「兩大問題意識」：前半生是「如何安頓自己的生命？」而後半生，則是
「如何安頓所處的社會？」
　　由於龔先生是一個性格很複雜，生命力極強，且多情、多愁與善感——含孤

---

㉟　龔鵬程：《孤獨的眼睛》（臺北：九歌出版社，2005 年 11 月），〈孔廟〉，頁 245。
㊱　同上，頁 246-248。

獨感、存在感、時代感、歷史感、失鄉感與飄零感等,同時求知欲又很強的人,因此,他早年的生命充滿了各種問題,而亟需得到安頓。所以他前半生的求知為學,當然是為了要安頓自家血氣未定、感性輕狂及失根漂泊的生命**❸❼**;而等到他後半生當大學的學術與行政主管,當政府官員,以及在社會上努力興學、辦學與做事時,則問題意識便已逐漸擴大:由安頓自家生命轉而安頓我們所處的社會;由立己轉而立人;由成己轉而成人;由「獨善其身」轉而「兼善天下」。而由於孔子乃是他心中最高的人格典範,孔子之道是他治學的核心信念與最高嚮往,因此,他乃效法孔子通過辦學、講學等教育途徑,來達成淑世救世的目標。而他後半生這樣的問題意識與作法,其實也就是:「如何用以孔子之道為核心的中華文化,來轉化與提升社會?」或「如何用以孔子之道為核心的中華文化,來化成天下,以再現充滿人文精神的禮樂世界?」而此點,我們從《龔鵬程四十自述》最後一章名為〈返本〉,以及〈返本〉中所提及的「大學……是『大人之學』……是師友坐而論道的場所……是宋明書院的典型,更是中國傳統教育的宗趣。孔子自衛返魯,刪詩書、正禮樂,贊易而作春秋,豈僅為知識整理、典籍編校而已乎?這是志於道者,用其心血以傳其道哩。我尚無道可傳,但將繼此更求吾道」(頁422)等語句,便可窺知一二。

## ㈤博學廣著,多才多藝,但欠缺具代表性、分量極重、足以傳之後世的風雨名山之著。

龔先生的學問,除了有上述的幾點特色及問題外,還有另一點也值得我們來探討,同時探討之所得,也值得我們來對他作一善意的建議,那就是:

龔先生雖然如黃藥師般多才多藝,也雖然博學廣著,但他似乎欠缺了一項在專業上十分精緻深入,足以永傳後世,且學術分量極重,而能代表其學術成就的煌煌鉅著。我們若以金庸武俠小說來比擬,則洪七公、喬峰與郭靖等,有剛猛至極、天下無雙的「降龍十八掌」;西毒歐陽鋒有殺傷力驚人的「蛤蟆功」;楊過有

---

**❸❼** 雖然龔先生在《龔鵬程四十自述》中也曾說:「我讀書為學,就是讀書為學,不為什麼。」(卷1,〈遊學〉,頁 79)但依筆者淺見,就算他讀書只是興趣,而不為了什麼其他目的,但究其實,還是為了滿足他那強烈的好奇心與求知欲。而滿足強烈的好奇心與求知欲,其實也就是滿足生命的知性本能。所以說到底,龔先生的讀書為學,為的還是安頓自家的生命。

威力萬鈞的「黯然銷魂掌」；周伯通有自創的「空明掌」與「雙手互搏術」；張三豐有「太極拳」及「太極劍」；張無忌有「九陽神功」及「乾坤大挪移」；風清揚與令狐沖有「獨孤九劍」；任我行有「吸星大法」；東方不敗有「葵花寶典神功」；南帝有「一陽指」；段譽有「凌波微步」及「六脈神劍」。即連多才多藝的東邪黃藥師本人，「彈指神通」與「落英神劍掌」的威力，也是非同小可的。

以上諸俠客或武術宗師們均有其代表性的武功，而可做為其人之識別標誌。使我們一聽到武功名稱，便可知該武功的創立者、習用者或代表者是誰。但，龔先生的代表武功是什麼呢？感覺上好像沒那麼明顯？！

而若以學術界的情形來立論，則愛因斯坦有《狹義相對論》與《廣義相對論》；達爾文有《進化論》；佛洛依德有《夢的解析》與《性學三論》；康德有三大《批判》；司馬遷有《史記》；司馬光有《資治通鑑》；羅貫中有《三國演義》；熊十力有《新唯識論》與《體用論》等；王國維有《人間詞話》等；牟宗三有《心體與性體》與《佛性與般若》等……但，龔先生呢？在其近百種的著作中，究竟哪一種可做為其代表性、標誌性的風雨名山之著呢？

依筆者淺見，截至目前為止，好像還沒有。故本文要在此建議龔先生：

能以其如東邪般的深厚內力與才氣，在中晚年好好靜下心來，挑一項最屬害的專長，然後深入、持續地去作研究，以撰寫出最足以代表其學術功力的煌煌鉅著，以完成其「立言」的不朽心願。❸

## ㈥對中國傳統文化與社會「五大傳統說」（五教說）之省思。

龔先生的學問創見固然甚多，但其實仍有不少值得再商議之處。譬如：他將中國傳統文化與社會分成「五大傳統」（五教）──「儒」、「道」、「釋」、「文」、「武」──的說法，筆者便認為可再商榷。龔先生說：

---

❸　http://big5.xinhuanet.com/gate/big5/news.xinhuanet.com/book/2010-05/21/c_12128151.htm，〈龔鵬程：從西學到國學，從臺灣到北京〉一文中寫著：「他（筆者按：指龔先生）覺得在心理上和孔子很近，一進大學就寫書，在他看來，一是通過書寫來整理思緒，另外就是著書立說，可以像孔子那樣立言。『我的言說能否影響別人是另外一回事，起碼證明我活過了，這就是不朽。』因為讀書和想要立言的願望，龔鵬程非常刻苦，有一段時間整天坐著看書寫字，屁股上都化膿流血水了。」

談中國傳統文化與社會，誰都明白儒、道、釋三教乃其骨幹，脫離三教而論之，便成蹈虛。但僅說三教，其實仍是不夠的。雖然當今之世，求能通曉三教者，殆已難覓其人。然三教之外，中國卻還有兩大傳統是不能不予掌握的，那是什麼呢？一是文；二是俠。文是由文字崇拜、文人階層、文學藝術等所形成之相關文化狀況；俠是由俠客崇拜而造就的社會肌理。不知此，即不能體會中國人的行動、思維與感情，亦不能切察中國社會之底蘊。猶如不知武士之歷史、階層及精神就不可能了解日本；僅知基督教而不知騎士制度與傳統，即不能深入歐洲的文化那樣。欲明中國，須知五教：儒、道、釋、文、俠。五教關係不是分立的，彼此參互交攝。❸⑨

因「儒」、「道」、「釋」三教影響傳統中國人及中國社會甚深，故它們為中國傳統文化與社會之三大骨幹及三大傳統，乃世所公認者，因此，筆者對此並無任何異議；而龔先生所持的「文是由文字崇拜、文人階層、文學藝術等所形成之相關文化狀況」❹⓪，以及「俠是由俠客崇拜而造就的社會肌理」❹①兩論點，也的確道出了傳統中國文化與社會的實際狀況，故筆者亦表贊同。唯令筆者稍感不安的是：

在我從小到大的所見、所聞、所讀、所思及所接觸的大量資訊與人、事、景、物中，我發現：「陰陽」（陰陽五行）的思想或文化，其實也是可以與儒、道、釋三家並列而毫不遜色的。舉凡中華（與東亞）文化及社會中的宅第、風水、天文、地理、星象、曆法、命相、姓名、開工、破土、奠基、營建、經商、中醫、中藥、武術、書法、國畫、文學、音樂、建築、世界觀、人生觀、價值觀、婚姻觀、愛情觀，以及各種婚、喪、喜、慶與食、衣、住、行等方面，無一不受到陰陽五行思想所浸潤與所影響。因為陰陽五行思想對中國（及東亞）文化與社會，有如此重

---

❸⑨ 引自龔鵬程的 BLOG，http://blog.sina.com.cn/s/blog_492808ed0100br57.html，龔鵬程：〈文化符號學大陸版序〉。

❹⓪ 我們只需看小學、散文、韻文、文人、雅士、書、畫、琴、棋及兩岸故宮博物院之大量典藏等，便可知龔先生所言不虛。

❹① 我們只消看華人戲劇、電影、小說中之大量武俠、武術、俠義、俠客與功夫等內容，便可知龔先生之所說，確實是言之成理的。

大及深遠的影響，所以筆者認為：

應擴大龔先生的「儒」、「道」、「釋」、「文」、「俠」「五大傳統說」（五教說）為：「儒」、「道」、「釋」、「文」、「俠」與「陰陽五行」「六大傳統說」（六教說），如此才比較符合中國文化與社會的實情。❷

## ㈦同意並附和余英時對傳統儒學在當代之處境，僅成「游魂」的論點之省思。

龔先生為學雖然所宗在孔子，但他對孔子所創建的儒學在當代的處境及命運之看法，卻同於或近於余英時先生的「游魂說」——傳統儒學在當代的處境，如同失去軀殼的飄蕩靈魂一樣的說法。而這樣的說法，事實上是讓筆者深感不安的。我們先來看龔先生怎麼說，然後再對他的說法作一省思：

> 儒家思想，其實就具體活在這樣（筆者按：舊的農業與禮教）的社會中。但社會現代化之後，社會組織結構已然產生了許多變化。再經文革破四舊之衝擊，儒家的社會性載體破壞極為嚴重，它已從家庭、宗族、鄉里、教育體系、宗教生活中脫離出來，只做為一種思想、學說、概念、倫理價值的存在。因此余英時先生曾以「游魂」來形容它。游魂沒有軀體，故亦無具體實踐性，只是崇者尊之為神、反對者視其為鬼罷了。它不能白晝現形，表現在我們的日常生活中。我們現在的儒學界，長期以來，只會做哲學思辨與抽象研究，不擅長做結合社會實踐的具體工作，亦不重視化民成俗。研究多集中在做某某學者思想之分析、或某某學說之討論，用一些抽象術語、概念談談道德主體、天人合一，固然可講得頭頭是道，可是對於游魂之為神為聖，說得再多，也不能認為儒學便已復甦了，要讓儒學復甦，必須重新

---

❷ 其實若就整個東亞世界來說，則「陰陽」思想，可能比「道」與「俠」的影響力來得更大更廣：日、韓、越南及東南亞華人社會，都深受陰陽思想影響；而「道教」與「武俠」，雖深深影響華人社會，但似乎對日本的影響較小。

使其有軀體……儒學舊的軀體早已破損……沒有身體，終是游魂。❹

> 我們只能是分裂的。具體生活是現代、意識內涵則遙思古人。那些傳統哲學所含之精神價值，確實只是精神性的存在。余英時先生乃因此而說當代社會中儒家思想只是一種「游魂」，無軀體可以附麗，在具體生活中無法落實踐履之。所以當代儒學，事實上大抵僅以一種學術思想的方式，存活於大學等學術研究機構中。跟社會上大多數人之作息、生活方式、倫理行為不甚相干。❹

對於龔先生的說法，筆者在此並不想直接批駁，而只願釐清其說，以及提出自己的所見所感，以供龔先生及諸先進參考：

筆者認為：儒學是「一體多面」之學。有「學術的儒學」、「政治的儒學」、「宗教的儒學」、「財經的儒學」、「修身的儒學」與「民俗的儒學」等；有「理論的儒學」與「實踐（務）的儒學」等；有「內聖的儒學」與「外王的儒學」等；有「天道論的儒學」與「人道論的儒學」等；有「生命的儒學」、「生活的儒學」與「社會的儒學」等；有「帝制性的儒學」、「批判性的儒學」與「生活化的儒學」等❹；有「精神性的儒學」與「物質性的儒學」。因此，縱然當代的社會組織結構已經西化或現代化了，但這麼多面向的儒學並不會因此就憑空消失，而是轉化成不同的樣貌存在：或「顯」──如「學術化的儒學」、「生命的儒學」、「理論的儒學」與「精神性的儒學」等；或「隱」──如「政治的儒學」、「宗教的儒學」與「社會的儒學」等。所以，傳統儒學並不像余、龔兩先生所說的成為「游魂」，成為只是「精神性的存有」，而是確實存在於當代華人與華人社會，以及東亞人與東亞社會之中。更何況凡對儒學有所了解者，都應知道：「道」不可言「有」「無」，而只應說「隱」「顯」，因「道」是永遠存在而不可說「無」的。

---

❹ 引自龔鵬程的部落格 http://gungpc.blog.163.com/blog/static/117145957200911425017315/，龔鵬程：〈為游魂覓肉身〉。

❹ 龔鵬程：〈人間佛教與生活儒學〉，收入《普門學報》第一期，2001 年 1 月。

❹ 如林安梧先生即認為：儒學有「帝制性的儒學」、「批判性的儒學」與「生活化的儒學」等面向。

　　筆者之所以主張：儒學確實存在於當代華人與華人社會，以及東亞人與東亞社會之中，其實還有一個更堅強的理據與信念，那就是：筆者自幼的生長環境，以及成長過程中所親身經歷的臺灣社會，所給筆者的感觸及體會：

　　筆者係生長於臺灣臺北縣三芝鄉與石門鄉的農家，從小種稻、種菜、曬穀、牧牛、養豬、養雞、爬樹、打陀螺與玩泥巴長大；成年後的大學及碩士班7年求學生涯，皆於中壢郊區度過；當兵退伍後，又在臺南、高雄等地工作與求學達17年之久。這麼多年的親身經歷及體驗告訴我：儒學在當代臺灣社會，絕對不是「游魂」，而是「活生生」地存在、並內化於臺灣廣大庶民的生命與生活之中。在三芝鄉與石門鄉的山坡、田野、街上與海邊，儒家所重視的忠義、誠信、厚道、孝順、尊長、仁慈、友愛、勤勞、節儉、敬天、報恩、容忍、樂天、知命、顧家、惜福、愛物、負責、好客、以客為尊、為人著想、重義輕利等傳統美德處處可見，隨處均可體現於村夫農婦的生命與生活中；在中壢中央大學附近的客家村落，情形也與三芝、石門兩地相近。所差別者，只是客家人的家族組織更龐大，家族與倫理觀念更濃烈，祭祀天地、神明、祖先的儀式更隆重，各種慶典也更熱鬧，同時還比三芝、石門兩地的河洛人（閩南人）更節儉、更勤勞與更打拼；而南臺灣的高雄、臺南（與雲林、嘉義）等地，則除了百姓的政治認同比較偏「綠」、個性較坦率與直接，同時愛鄉護土的觀念更強外，在保存傳統儒學與中華文化上，甚至於還遠在北部之上，故南臺灣的民間社會，是比北臺灣還要有中國味的。❹

　　我們可以這麼說：臺獨意識最強的臺南、高雄等地，其實是保留最多傳統儒家與中華文化的地區。只是當地百姓「日用而不知」而已──不！應該這樣說：臺灣北部都會區──尤其是臺北市，保存較多的儒家與中華文化之菁英、上層及大傳統部分；而臺灣其他非都會地區──尤其是臺南、高雄、雲林、嘉義等地及客家村落，則保存較多的儒家與中華文化之庶民、下層及小傳統部分。

　　此外，有去過日本、韓國及新加坡等國的人，都應可明顯感受到：當地的社

---

❹　在臺灣，最有傳統民俗節慶氣氛的，不在北部，而在南部。各種大大小小的道教、佛教寺廟，也到處林立。基本上，南部每一村里，都至少有一王爺或千歲廟，而且這些廟不僅是地方的信仰中心，同時也是村里民活動中心、育樂中心與政治中心。甚至還有很多地方士紳，就在廟裡擺桌椅教小孩讀書，因此，有些廟也肩負教育子弟的功能。而上述兩例，即可適度反映出：南臺灣還是很有中國文化之味道的。

會與人民，還是深具儒家或中華文化之特色的。其中，日本更可說是當代的禮儀或禮樂之邦──近現代日本軍國主義不算在內的話。因此，說儒學只是「游魂」，其實只是余先生身為一社會菁英學者，與廣大百姓生活有隔，所形成的「士大夫之見」而已！**❼**也可能只是龔先生一直有客居他鄉、游學各地的生活經歷及社會邊緣人性格的內心反映罷了！

而除了上述七點之外，龔先生的學問，其實還有第(八)點可說與可待商榷的，那就是：他對現代化與現代性之解釋不夠深入與貼切，同時亦似乎有反民主理念與實務之嫌。而因此點牽涉到的問題較多，又因研討會的論文篇幅不宜過大，以及截稿在即，故本文在此就只能點出問題所在，而不擬對它再多作論述了。**❽**

# 四、結論

經由以上的論述，我們可以得到以下兩點結論：

一、有關龔先生其「人」，至少有八點可說：㈠若以金庸武俠小說中的人物來類比，則龔先生的個性，就像楊過、黃藥師、洪七公、令狐沖與韋小寶等人的綜合體；㈡若依美國心理學家荷倫（Holland）的人格類型理論來論，則龔先生似藝術型、研究型、社會型與企業型人格類型的綜合體；㈢龔先生的獨立思考與批判能力特強，不僅喜歡挖掘問題，且頗有創見，同時又愛唱反調，天生帶有「反骨」性格；㈣龔先生頗企慕至聖先師孔子，唯力不能至；自身帶有邪氣，但又特喜得性情之正與行事之宜的孔子；㈤龔先個性十分孤傲、對庸俗酬酢相當不屑，但為了現實的利害及理想之實現，又不得不應世，而且還頗有應世之能力；㈥龔先生對中華民族、歷史、文化、山川地理與風土文物等，充滿了相當濃厚的感情與認同；㈦龔先生的存在感、時代感與歷史滄桑感非常強烈；㈧龔先生頗具社會邊緣人或異鄉人的流浪性格。

二、關於龔先生其「學」，也至少有八點可說：㈠龔先生的「治學」領域甚

---

**❼** 對此，林安梧教授亦有類似的見解。

**❽** 有關現代化的問題，就筆者研讀與思考所及，我認為兩岸的學人中，勞思光先生的講法最為精闢，故筆者擬在此建議龔先生，或可參勞先生所著之《中國文化路向問題的新檢討》（臺北：東大圖書公司，1993 年）一書。以龔先生之聰慧及創意，想必讀完之後定會有另一番新見才是！

廣，幾乎涵蓋了人文社會學領域各種學科在內；㈡龔先生「為學」常能看到別人看不到的問題，能提出別人提不出的見解。在發現脈絡之創意強、創見多，且常能形成各個研究的主題、領域或傳統；㈢可以其治學廣度及學術創見之長，以補當代新儒家學派狹窄化與偏執化儒學之短；㈣龔先生治學肇始於「習武練拳」。治學的「核心信念與最高嚮往」及兩大「問題意識」，分別是：「孔子之道」，以及「如何安頓自己的生命？」（獨善其身）與「如何安頓所處的社會？」（兼善天下）；㈤博學廣著，多才多藝，惜欠缺具代表性，且分量極重，而足以傳之後世的風雨名山之著；㈥對中國傳統文化與社會的「五大傳統說」（五教說），有待商榷；㈦同意並附和余英時，對傳統儒學在當代之處境僅成「游魂」的論點，亦有待商榷；㈧對現代化與現代性之解釋不夠深入與貼切，同時亦似乎有反自由、民主的理念與實務之嫌。

# 參考資料舉要

余英時：《猶記風吹水上鱗——錢穆與中國現代學術》，臺北：三民書局，1991 年。

林安梧：《中國近現代思想觀念史論》，臺北：臺灣學生書局，1995 年。

林安梧：《儒學革命論》，臺北：臺灣學生書局，1998 年。

金　庸：《射鵰英雄傳》，臺北：遠流出版公司，1998 年。

金　庸：《神鵰俠侶》，臺北：遠流出版公司，1986-1988 年。

金　庸：《笑傲江湖》，臺北：遠流出版公司，1995 年。

金　庸：《鹿鼎記》，臺北：遠流出版公司，1986 年。

陸啟超：《生涯規劃》，臺北：全威圖書公司，2003 年。

黃俊雄：《雲州大儒俠》（電視布袋戲）。

黃強華、黃文擇：《霹靂布袋戲》（電視布袋戲）。

勞思光：《中國文化路向問題的新檢討》，臺北：東大圖書公司，1993 年。

龔鵬程：《龔鵬程四十自述》，臺北：金楓出版社，1996 年。

龔鵬程：《孤獨的眼睛》，臺北：九歌出版社，2005 年。

龔鵬程：《自由的翅膀》，臺北：九歌出版社，2007 年。

龔鵬程：《文化符號學》，臺北：臺灣學生書局，2001 年。

龔鵬程：《文學散步》，臺北：臺灣學生書局，2003 年。

龔鵬程：《道教新論》，臺北：臺灣學生書局，1991 年。

龔鵬程：《江西詩社宗派研究》，臺北：文史哲出版社，1983 年。

龔鵬程：《俠的精神文化史論》，臺北：風雲時代出版社，2004 年。

龔鵬程：《文學批評的視野》，臺北：大安出版社，1990 年。

龔鵬程：《思想與文化》，臺北：業強出版公司，1986 年。

龔鵬程：《近代思想史散論》，臺北：東大圖書公司，1991 年。

龔鵬程：《詩史本色與妙悟》，臺北：臺灣學生書局，1986 年。

龔鵬程：《經典與現代生活》，臺北：聯合文學出版社，2000 年。

龔鵬程：《臺灣文學在臺灣》，臺北：駱駝出版社，1997 年。

龔鵬程：《飲食男女生活美學》，臺北：立緒文化公司，1998 年。

龔鵬程：〈人間佛教與生活儒學〉，《普門學報》第一期，2001 年 1 月。

http://mag.chinayes.com/MagazineBase/thzz/1469/20081124150229553_5.shtml，〈無法言說龔鵬程〉，《臺海雜誌》，08 年 7 月期。

http://big5.xinhuanet.com/gate/big5/news.xinhuanet.com/book/2010-05/21/c_12128151.htm，〈龔鵬程：從西學到國學，從臺灣到北京〉，《新華網》，2010 年 05 月 21 日 16:32:27。

http://blog.sina.com.cn/s/blog_492808ed0100br57.html，龔鵬程：〈文化符號學大陸版序〉，《龔鵬程的 BLOG》，2008 年 11 月 23 日 12:43:17。

http://gungpc.blog.163.com/blog/static/117145957200911425017315/，龔鵬程：〈為游魂覓肉身〉，《龔鵬程的部落格》，2009 年 12 月 04 日 09:44:41。

國家圖書館出版品預行編目資料

學海奇觀——龔鵬程學思初探

龔鵬程學術與文學研討會編. – 初版. – 臺北市：臺灣學生，2010.12
面；公分
ISBN 978-957-15-1511-3 (平裝)

1. 龔鵬程 2. 學術思想 3. 文集

112.807                                          99024255

學海奇觀——龔鵬程學思初探

主　　　編：龔鵬程學術與文學研討會編
出　版　者：臺灣學生書局有限公司
發　行　人：楊　　　雲　　　龍
發　行　所：臺灣學生書局有限公司
　　　　　　臺北市和平東路一段七十五巷十一號
　　　　　　郵政劃撥帳號：00024668
　　　　　　電話：(02)23928185
　　　　　　傳眞：(02)23928105
　　　　　　E-mail：student.book@msa.hinet.net
　　　　　　http://www.studentbooks.com.tw

本書局登
記證字號：行政院新聞局局版北市業字第玖捌壹號

印　刷　所：長欣彩色印刷公司
　　　　　　中和市永和路三六三巷四二號
　　　　　　電話：(02)22268853

定價：精裝新臺幣九〇〇元

西元二〇一〇年十二月初版